감정
평가사 1차

민법 | 경제학원론 | 부동산학원론 |
감정평가관계법규 | 회계학

전과목 5개년 기출문제집

시대에듀

Always with you

사람의 인연은 길에서 우연하게 만나거나 함께 살아가는 것만을 의미하지는 않습니다.
책을 펴내는 출판사와 그 책을 읽는 독자의 만남도 소중한 인연입니다.
시대에듀는 항상 독자의 마음을 헤아리기 위해 노력하고 있습니다.
늘 독자와 함께하겠습니다.

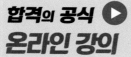

보다 깊이 있는 학습을 원하는 수험생들을 위한
시대에듀의 동영상 강의가 준비되어 있습니다.
www.sdedu.co.kr ➡ 회원가입(로그인) ➡ 강의 살펴보기

최신기출문제를 효율적으로 학습할 수 있도록 구성한 도서!

감정평가란 부동산, 동산을 포함하여 토지, 건물, 기계기구, 항공기, 선박, 유가증권, 영업권과 같은 유·무형의 재산에 대한 경제적 가치를 판정하여 그 결과를 가액으로 표시하는 행위를 뜻합니다. 이러한 평가를 하기 위해서는 변해가는 경제상황 및 이에 기반한 다양한 이론과 법령을 알아야 하며, 그 분량이 매우 많습니다.

큐넷에 공지된 최근 5년간의 감정평가사 국가자격시험 통계자료를 보면 1차 시험의 합격률은 평균 30% 초반대입니다. 대신 2차 시험의 합격률은 그보다 훨씬 낮은 15% 정도입니다. 이 자료를 분석해보면 감정평가사 시험에 합격하기 위해서는 폭넓은 관련 지식과 이를 활용하는 능력이 필요하다는 것을 알 수 있습니다.

감정평가사 1차 시험 응시인원은 매년 꾸준히 증가하고 있습니다. 지난해 5,515명에서 올해 5,755명으로, 이에 따라 변별력을 갖추기 위해 1차 시험의 난이도도 다소 상승하여 지난해 32.15%의 합격률에서 올해는 23.28%로 크게 감소하였습니다. 이처럼 늘어나는 응시인원과, 어려워지는 1차 시험에 합격하기 위해 보다 철저한 학습과 끊임없는 노력이 필요할 것입니다. 이 책은 감정평가사가 되기 위한 첫 관문인 1차 시험을 대비하기 위해 최신기출문제를 효율적으로 학습할 수 있도록 분석하여 구성한 도서입니다. 전과목 5개년 기출문제를 수록하고 개정법령 및 판례를 반영하여, 수험생들이 최근 1차 시험 기출문제의 출제경향을 파악하고 이에 맞게끔 대비할 수 있도록 하였습니다.

이 도서의 특징은 다음과 같습니다.

첫째 ▌〈전과목 5개년 기출문제(2024~2020)〉를 수록하여 최근 시험의 출제경향을 파악할 수 있도록 하였습니다.
둘째 ▌최신 개정법령 및 판례를 반영하였습니다.
셋째 ▌〈정답 한눈에 보기〉를 통해 빠르게 채점하고, 〈OCR 답안지〉를 이용해 실제 시험처럼 실력점검을 할 수 있도록 구성하였습니다.

감정평가사 시험을 준비하는 수험생 여러분께 본 도서가 합격을 위한 디딤돌이 될 수 있기를 바랍니다.

편저자 드림

감정평가사 시험개요

⊘ 수행직무

- 정부에서 매년 고시하는 공시지가와 관련된 표준지의 조사·평가
- 기업체 등의 의뢰와 관련된 자산의 재평가
- 금융기관, 보험회사, 신탁회사의 의뢰와 관련된 토지 및 동산에 대한 평가
- 주택단지나 공업단지 조성 및 도로개설 등과 같은 공공사업 수행

⊘ 시험과목(감정평가 및 감정평가사에 관한 법률 시행령 제9조)

시험구분	시험과목
제1차 시험	❶ 「민법」 중 총칙, 물권에 관한 규정 ❷ 경제학원론 ❸ 부동산학원론 ❹ 감정평가관계법규 (「국토의 계획 및 이용에 관한 법률」, 「건축법」, 「공간정보의 구축 및 관리 등에 관한 법률」 중 지적에 관한 규정, 「국유재산법」, 「도시 및 주거환경정비법」, 「부동산등기법」, 「감정평가 및 감정평가사에 관한 법률」, 「부동산 가격공시에 관한 법률」 및 「동산· 채권 등의 담보에 관한 법률」) ❺ 회계학 ❻ 영어(영어시험성적 제출로 대체)
제2차 시험	❶ 감정평가실무 ❷ 감정평가이론 ❸ 감정평가 및 보상 법규 (「감정평가 및 감정평가사에 관한 법률」, 「공익사업을 위한 토지 등의 취득 및 보상에 관한 법률」, 「부동산 가격공시에 관한 법률」)

※ 시험과 관련하여 법률, 회계처리기준 등을 적용하여 정답을 구하여야 하는 문제는 시험시행일 현재 시행 중인 법률, 회계처리
   기준 등을 적용하여 그 정답을 구하여야 함
※ 회계학 과목의 경우 한국채택국제회계기준(K-IFRS)만 적용하여 출제
※ 장애인 등 응시 편의 제공으로 시험시간 연장 시 수험인원과 효율적인 시험 집행을 고려하여 시행기관에서 휴식 및 중식 시간을
   조정할 수 있음

⊘ 과목별 시험시간

시험구분	교시	시험과목	입실완료	시험시간	시험방법
제1차 시험	1교시	❶ 민법(총칙, 물권) ❷ 경제학원론 ❸ 부동산학원론	09:00	09:30~11:30(120분)	객관식 5지 택일형
	2교시	❹ 감정평가관계법규 ❺ 회계학	11:50	12:00~13:20(80분)	
제2차 시험	1교시	감정평가실무	09:00	09:30~11:10(100분)	과목별 4문항 (주관식)
	중식시간 11:10~12:10(60분)				
	2교시	감정평가이론	12:10	12:30~14:10(100분)	
	휴식시간 14:10~14:30(20분)				
	3교시	감정평가 및 보상법규	14:30	14:40~16:20(100분)	

⊘ 응시자격

감정평가 및 감정평가사에 관한 법률 제12조의 다음 각호 중 어느 하나에 해당하는 결격사유가 없는 사람

❶ 삭제 〈2021. 7. 20.〉
❷ 파산선고를 받은 사람으로서 복권되지 아니한 사람
❸ 금고 이상의 실형을 선고받고 그 집행이 종료(집행이 종료된 것으로 보는 경우를 포함한다)되거나 그 집행이 면제된 날부터 3년이 지나지 아니한 사람
❹ 금고 이상의 형의 집행유예를 받고 그 유예기간이 만료된 날부터 1년이 지나지 아니한 사람
❺ 금고 이상의 형의 선고유예를 받고 그 선고유예기간 중에 있는 사람
❻ 제13조에 따라 감정평가사 자격이 취소된 후 3년이 지나지 아니한 사람
❼ 제39조 제1항 제11호 및 제12호에 따라 자격이 취소된 후 5년이 지나지 아니한 사람

※ 결격사유 기준일은 해당연도 최종합격자 발표일 기준
※ 제1호가 삭제됨에 따라 미성년자, 피성년후견인·피한정후견인은 감정평가사 자격 취득이 가능합니다(단, 업무개시는 성년 이후 허용).

⊘ 감정평가사 시험 통계자료

구분		2020년(31회)	2021년(32회)	2022년(33회)	2023년(34회)	2024년(35회)
1차	대상	2,535명	4,019명	4,513명	6,484명	6,746명
	응시	2,028명	3,176명	3,642명	5,515명	5,755명
	응시율	80%	79%	80.7%	85.06%	85.31%
	합격	472명	1,171명	877명	1,773명	1,340명
	합격률	23.27%	36.9%	24.08%	32.15%	23.28%
2차	대상	1,419명	1,905명	2,227명	2,655명	24.07.13. 실시 예정
	응시	1,124명	1,531명	1,803명	2,377명	
	응시율	79.21%	80.36%	80.96%	89.53%	
	합격	184명	203명	202명	204명	
	합격률	16.37%	13.26%	11.20%	8.58%	

⊘ 합격기준

구분	원서접수기간	시험장소	시행지역	시험일자	합격자발표
제1차 시험	2024.02.19.(월) 09:00 ~02.23.(금) 18:00	원서접수 시 수험자 직접 선택	서울, 부산, 대구, 광주, 대전	2024.04.06.(토)	2024.05.08.(수)
제2차 시험	2024.05.20.(월) 09:00 ~05.24.(금) 18:00		서울, 부산	2024.07.13.(토)	2024.10.16.(수)

※ 제2차 시험 응시자(시험의 일부 면제자)도 제1차 시험과 동일한 접수기간 내에 원서접수를 하여야 시험응시가 가능합니다.
※ 원서 접수기간 중에는 24시간 접수 가능(단, 원서접수 마감일은 18:00까지 접수 가능)하며, 접수기간 종료 후에는 응시원서 접수가 불가합니다.
※ 시험일정은 변경될 수 있으므로 최신 시험일정을 큐넷 홈페이지에서 반드시 확인하시기 바랍니다.

감정평가사 1차 시험 출제 리포트

⊘ 감정평가관계법규

구 분	31회	32회	33회	34회	35회	전체 통계	
						합 계	비 율
국토의 계획 및 이용에 관한 법률	13	13	13	13	13	65	32.5%
부동산 가격 공시에 관한 법률	3	3	3	3	3	15	7.5%
감정평가 및 감정평가사에 관한 법률	3	3	3	3	3	15	7.5%
국유재산법	4	4	4	4	4	20	10%
건축법	4	4	4	4	4	20	10%
공간정보의 구축 및 관리 등에 관한 법률	4	4	4	4	4	20	10%
부동산 등기법	4	4	4	4	4	20	10%
동산 · 채권 등의 담보에 관한 법률	1	1	1	1	1	5	2.5%
도시 및 주거환경 정비법	4	4	4	4	4	20	10%
총 계	40	40	40	40	40	200	100%

⊘ 부동산학원론

구 분		31회	32회	33회	34회	35회	전체 통계	
							합 계	비 율
부동산학 총론	부동산학 개관	1	–	–	–	–	1	0.5%
	부동산의 개념과 분류	1	3	–	3	3	10	5%
	부동산 특성과 속성	3	1	3	1	1	9	4.5%
	소 계	5	4	3	4	4	20	10%
부동산학 각론	부동산경제론	2	3	2	4	4	15	7.5%
	부동산시장론	2	3	3	2	3	13	6.5%
	부동산정책론	5	2	5	3	2	17	8.5%
	부동산투자론	7	5	5	5	6	28	14%
	부동산금융론	3	5	5	4	4	21	10.5%
	부동산개발 및 관리론	5	3	4	4	5	21	10.5%
	권리분석과 중개 및 마케팅	4	5	6	7	3	25	12.5%
	소 계	28	26	30	29	27	140	70%

부동산학 감정평가론		31회	32회	33회	34회	35회	합계	비율
	감정평가기초이론	1	3	–	–	3	7	3.5%
	감정평가 3방식	6	4	7	6	6	29	14.5%
	부동산가격공시제도	–	1	–	–	–	1	0.5%
	기 타	–	2	–	1	–	3	1.5%
	소 계	7	10	7	7	9	40	20%
총 계		40	40	40	40	40	200	100%

⊘ 민법

구 분		31회	32회	33회	34회	35회	전체 통계	
							합 계	비 율
민법총칙	민법 일반	1	1	1	1	1	5	2.5%
	사권의 일반이론	–	1	1	2	1	5	2.5%
	권리의 주체	4	5	5	4	5	23	11.5%
	권리의 객체	1	1	1	1	1	5	2.5%
	법률행위	3	2	2	1	1	9	4.5%
	의사표시	4	4	3	3	3	17	8.5%
	대리제도	2	2	2	2	3	11	5.5%
	무효와 취소	–	1	2	3	2	8	4%
	조건과 기한	1	1	1	1	1	5	2.5%
	기 간	1	–	–	–	–	1	0.5%
	소멸시효	3	2	2	2	2	11	5.5%
	소 계	20	20	20	20	20	100	50%
물권법	물권법총론	2	–	1	1	2	6	3%
	물권변동	3	2	1	2	3	11	5.5%
	점유권	2	2	1	3	1	9	4.5%
	소유권	6	8	6	4	6	30	15%
	용익물권	3	4	4	4	3	18	9%
	담보물권	4	4	7	6	5	26	13%
	소 계	20	20	20	20	20	100	50%
총 계		40	40	40	40	40	200	100%

감정평가사 1차 시험 출제 리포트

⊘ 경제학원론

구 분		31회	32회	33회	34회	35회	전체 통계	
							합 계	비 율
미시경제학	수요 · 공급이론	4	4	4	3	3	18	9%
	소비자선택이론	4	1	3	2	4	14	7%
	생산과 비용	4	5	3	1	5	18	9%
	완전경쟁시장	3	1	2	1	3	10	5%
	독점시장	2	1	2	3	2	10	5%
	과점시장, 독점적 경쟁시장	1	2	3	3	–	9	4.5%
	소득분배	1	–	1	1	–	3	1.5%
	임금, 이자, 지대	–	–	2	1	–	3	1.5%
	일반균형, 후생경제학	3	2	1	1	2	9	4.5%
	시장실패	–	4	1	4	1	10	5%
	소 계	22	20	22	20	20	104	52%
거시경제학	거시경제학과 거시경제지표	2	2	–	2	1	7	3.5%
	균형국민소득의 결정	1	3	1	2	3	10	5%
	소비, 투자	1	–	2	1	1	5	2.5%
	재정과 재정정책	1	1	–	–	–	2	1%
	화폐와 금융	1	4	1	1	2	9	4.5%
	총수요 · 총공급이론	4	2	4	7	4	21	10.5%
	실업과 인플레이션	–	5	2	3	2	12	6%
	경기변동, 안정화정책	1	–	2	–	2	5	2.5%
	경제성장	3	1	3	2	2	11	5.5%
	소 계	14	18	15	18	17	82	41%
국제경제학	국제무역론	1	–	1	1	–	3	1.5%
	국제수지와 환율	3	2	2	1	3	11	5.5%
	소 계	4	2	3	2	3	14	7%
총 계		40	40	40	40	40	200	100%

⊘ 회계학

구 분		31회	32회	33회	34회	35회	전체 통계	
							합 계	비 율
재무회계	회계의 기초이론	–	1	1	1	–	3	1.5%
	재무회계의 이론체계	4	2	5	2	3	16	8%
	현금 및 현금성자산과 채권채무	1	1	1	1	–	4	2%
	금융자산	2	1	2	2	1	8	4%
	재고자산	2	2	4	2	2	12	6%
	유형자산 및 투자부동산	10	4	4	7	7	32	16%
	무형자산	1	2	1	1	1	6	3%
	자본	2	3	2	2	3	12	6%
	금융부채와 사채	2	1	1	2	5	11	5.5%
	충당부채와 퇴직급여	1	3	3	3	3	13	6.5%
	수익	2	4	2	3	1	12	6%
	회계변경과 오류수정	–	2	1	–	2	5	2.5%
	법인세 및 리스회계	2	2	1	2	1	8	4%
	현금흐름표	1	1	2	2	–	6	3%
	보고기간 후 사건 및 기타	–	1	–	–	1	2	1%
	소 계	30	30	30	30	30	150	75%
원가회계	원가관리회계의 기초이론	–	–	1	–	–	1	0.5%
	원가흐름 및 원가배분	2	1	2	1	2	8	4%
	개별/종합/결합원가계산/ABC	2	1	2	2	2	9	4.5%
	표준원가계산/변동원가계산	2	2	2	2	2	10	5%
	원가추정과 CVP분석	2	2	1	3	1	9	4.5%
	단기의사결정	1	2	1	1	–	5	2.5%
	장기의사결정 및 기타	1	2	1	1	3	8	4%
	소 계	10	10	10	10	10	50	25%
총 계		40	40	40	40	40	200	100%

이 책의 구성과 특징

전과목 최신기출문제

제1교시

제1과목 | 민법

01 민법의 법원(法源)에 관한 설명으로 옳지 않은 것은? (다툼이 있으면 판례에 따름)

① 민사에 관한 헌법재판소의 결정은 민법의 법원이 될 수 있다.
② 사적자치가 인정되는 분야의 제정법이 주로 임의규정인 경우, 사실인 관습은 법률행위 해석기준이
될 수 있다.
③ 법원(法院)은 판례변경을 통해 기존 관습법의 효력을 부정할 수 있다.
④ 관습법은 사회 구성원의 법적 확신으로 성립된 것이므로 제정법과 배치되는 경우에는 관습법이 우선
한다.
⑤ 법원(法院)은 관습법에 관한 당사자의 주장이 없더라도 직권으로 그 존재를 확정할 수 있다.

02 신의성실의 원칙에 관한 설명으로 옳지 않은 것은? (

① 숙박계약상 숙박업자는 투숙객의 안전을 배려하
② 입원계약상 병원은 입원환자에 대하여 휴대품 도
상 보호의무가 있다.
③ 기획여행계약상 여행업자는 여행객의 신체나 재
④ 계약성립의 기초가 되지 않은 사정의 변경으로
수 없게 되어 손해를 입은 경우, 그 계약의 효력
의칙에 반한다.
⑤ 토지거래허가구역 내의 토지에 관해 허가를 받지
로 그 계약의 무효를 주장하는 것은 특별한 사정

제1교시

제2과목 | 경제학원론

01 ( )에 들어갈 내용으로 옳은 것은?

아래 그림과 같이 두 재화 X, Y에 대한 갑의 예산선이 AC에서 BC로 변했을 때, Y재 가격이 변하지 않았다면, X재 가
격은 (ㄱ)하고, 소득은 (ㄴ)한 것이다.

① ㄱ: 하락, ㄴ: 감소
② ㄱ: 하락, ㄴ: 증가
③ ㄱ: 불변, ㄴ: 감소
④ ㄱ: 상승, ㄴ: 증가
⑤ ㄱ: 상승, ㄴ: 불변

02 재화의 특성에 관한 설명으로 옳은 것은?

① 사치재는 수요의 가격탄력성이 1보다 큰 재화를 말한다.
② 열등재는 가격이 오르면 수요가 감소하는 재화를 말한다.
③ 절댓값으로 볼 때, 가격효과가 소득효과보다 큰 열등재를 기펜재(Giffen goods)라고 한다.
④ 두 상품이 완전 대체재이면 무차별 곡선은 원점에 대하여 볼록한 모양이다.
⑤ 수요가 가격 탄력적인 상품을 판매하는 기업이 가격을 내리면 판매수입은 증가한다.

전과목 5개년 기출문제(2024~2020)를 수록하여 최근 시험의 출제경향을 파악할 수 있도록 하였습니다.

실력 파악을 위한 난도 구분 & 더 알아보기

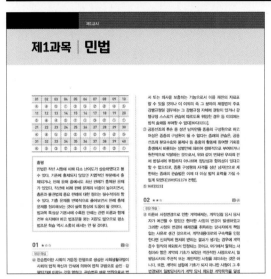

문제의 난도 표시를 통해 자신의 실력을 점검할 수 있습니다. 그리고 〈더 알아보기〉를 통해 문제와 관련된 학습 내용을 파악할 수 있습니다.

정답 한눈에 보기 & OCR 답안지

실전처럼 체크하고 간편하게 잘라 쓸 수 있는 정답표와 마킹표를 활용해 보세요.

이 책의 차례

최신기출

2024년 제35회
기출문제

제1교시   민법 / 경제학원론 / 부동산학원론

제2교시   감정평가관계법규 / 회계학

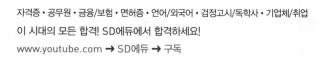

제1과목 | 민법

01 민법의 법원(法源)에 관한 설명으로 옳지 <u>않은</u> 것은? (다툼이 있으면 판례에 따름)

① 민사에 관한 헌법재판소의 결정은 민법의 법원이 될 수 있다.

② 사적자치가 인정되는 분야의 제정법이 주로 임의규정인 경우, 사실인 관습은 법률행위 해석기준이 될 수 있다.

③ 법원(法院)은 판례변경을 통해 기존 관습법의 효력을 부정할 수 있다.

④ 관습법은 사회 구성원의 법적 확신으로 성립된 것이므로 제정법과 배치되는 경우에는 관습법이 우선한다.

⑤ 법원(法院)은 관습법에 관한 당사자의 주장이 없더라도 직권으로 그 존재를 확정할 수 있다.

02 신의성실의 원칙에 관한 설명으로 옳지 <u>않은</u> 것은? (다툼이 있으면 판례에 따름)

① 숙박계약상 숙박업자는 투숙객의 안전을 배려하여야 할 신의칙상 보호의무를 부담한다.

② 입원계약상 병원은 입원환자에 대하여 휴대품 도난 방지를 위하여 필요한 적절한 조치를 할 신의칙상 보호의무가 있다.

③ 기획여행계약상 여행업자는 여행객의 신체나 재산의 안전을 배려할 신의칙상 보호의무를 부담한다.

④ 계약성립의 기초가 되지 않은 사정의 변경으로 일방당사자가 계약 당시 의도한 계약 목적을 달성할 수 없게 되어 손해를 입은 경우, 그 계약의 효력을 그대로 유지하는 것은 특별한 사정이 없는 한 신의칙에 반한다.

⑤ 토지거래허가구역 내의 토지에 관해 허가를 받지 않고 매매계약을 체결한 자가 허가가 없음을 이유로 그 계약의 무효를 주장하는 것은 특별한 사정이 없는 한 신의칙에 반하지 않는다.

03 의사무능력자 甲은 乙은행으로부터 5천만 원을 차용하는 대출거래약정을 체결하면서 그 담보로 자신의 X부동산에 근저당권을 설정하고 乙 명의로 그 설정등기를 마쳐주었다. 이에 관한 설명으로 옳은 것을 모두 고른 것은? (다툼이 있으면 판례에 따름)

> ㄱ. 甲과 乙이 체결한 대출거래약정 및 근저당권설정계약은 무효이다.
> ㄴ. 甲은 그 선의 · 악의를 묻지 않고 乙에 대하여 현존이익을 반환할 책임이 있다.
> ㄷ. 만약 甲이 乙로부터 대출받은 금원을 곧바로 丙에게 다시 대여하였다면, 乙은 甲에게 丙에 대한 부당이득반환채권의 양도를 구할 수 있다.

① ㄱ
② ㄴ
③ ㄷ
④ ㄱ, ㄴ
⑤ ㄱ, ㄴ, ㄷ

04 제한능력자에 관한 설명으로 옳은 것은?

① 미성년자가 법정대리인으로부터 허락을 얻은 특정한 영업에 관해서는 법정대리인의 대리권이 소멸한다.
② 제한능력을 이유로 하는 취소는 특별한 사정이 없는 한 선의의 제3자에게 대항할 수 없다.
③ 제한능력자의 단독행위는 유효한 추인이 있은 후에도 상대방이 거절할 수 있다.
④ 가정법원은 취소할 수 없는 피성년후견인의 법률행위의 범위를 정할 수 없다.
⑤ 가정법원은 정신적 제약으로 특정한 사무에 관해 후원이 필요한 사람에 대해서는 본인의 의사에 반하더라도 특정후견 심판을 할 수 있다.

05 비법인사단 A의 유일한 대표자 甲은 乙에게 대표자로서의 모든 권한을 포괄적으로 위임하고 자신은 이사의 직무를 집행하지 않았다. 이에 관한 설명으로 옳은 것을 모두 고른 것은? (다툼이 있으면 판례에 따름)

> ㄱ. 甲의 행위는 이사의 직무상 선량한 관리자의 주의의무를 위반한 행위이다.
> ㄴ. 乙이 A의 사실상 대표자로서 丙과 금전소비대차계약을 체결한 경우, 그 계약의 효력은 원칙적으로 A에게 미친다.
> ㄷ. 乙이 A의 사실상 대표자로서 사무를 집행하면서 그 직무에 관한 불법행위로 丁에게 손해를 입힌 경우, A는 丁에 대하여 법인의 불법행위로 인한 손해배상책임을 부담한다.

① ㄱ
② ㄴ
③ ㄱ, ㄷ
④ ㄴ, ㄷ
⑤ ㄱ, ㄴ, ㄷ

06 사단법인 A의 대표이사 甲이 A를 대표하여 乙과 금전소비대차계약을 체결하였다. 이에 관한 설명으로 옳지 <u>않은</u> 것은? (다툼이 있으면 판례에 따름)

① 甲이 A를 위하여 적법한 대표권 범위 내에서 계약을 체결한 경우, 그 계약의 효력은 A에게 미친다.

② 甲이 자신의 사익을 도모할 목적으로 대표권 범위 내에서 계약을 체결한 경우, 乙이 이 사실에 대해 알았다면 계약은 A에 대하여 효력이 없다.

③ A의 정관에 甲이 금전소비대차계약을 체결할 수 없다는 규정이 있었지만 이를 등기하지 않은 경우, 乙이 이 사실에 대해 알았다면 A는 그 정관 규정으로 乙에게 대항할 수 있다.

④ A의 乙에 대한 계약상 채무불이행책임 여부를 판단하는 경우, 원칙적으로 A의 고의·과실은 甲을 기준으로 결정한다.

⑤ 만약 계약의 체결이 甲과 A의 이해가 상반하는 사항인 경우, 甲은 계약체결에 대해 대표권이 없다.

07 민법상 사단법인에 관한 설명으로 옳지 <u>않은</u> 것은? (다툼이 있으면 판례에 따름)

① 설립자가 법인의 해산사유를 정하는 경우에는 정관에 그 사유를 기재하여야 한다.

② 사원총회 결의에 의한 정관의 해석은 정관의 규범적 의미와 다르더라도 법인의 구성원을 구속하는 효력이 있다.

③ 사원의 지위는 정관에 달리 정함이 없으면 양도할 수 없다.

④ 정관에 이사의 해임사유에 관한 규정이 있는 경우, 법인은 특별한 사정이 없는 한 정관에서 정하지 않은 사유로 이사를 해임할 수 없다.

⑤ 법원의 직무집행정지 가처분결정에 의해 권한이 정지된 대표이사가 그 정지기간 중 체결한 계약은 그 후 가처분신청이 취하되었더라도 무효이다.

08 권리의 객체에 관한 설명으로 옳지 <u>않은</u> 것은? (다툼이 있으면 판례에 따름)

① 토지의 개수는 「공간정보의 구축 및 관리 등에 관한 법률」에 의한 지적공부상 토지의 필수(筆數)를 표준으로 결정된다.

② 1필의 토지의 일부가 「공간정보의 구축 및 관리 등에 관한 법률」상 분할절차 없이 분필등기가 된 경우, 그 분필등기가 표상하는 부분에 대한 등기부취득시효가 인정될 수 있다.

③ 주물에 대한 점유취득시효의 효력은 점유하지 않은 종물에 미치지 않는다.

④ 주물의 상용에 제공된 X동산이 타인 소유이더라도 주물에 대한 경매의 매수인이 선의취득 요건을 구비하는 경우, 그 매수인은 X의 소유권을 취득할 수 있다.

⑤ 명인방법을 갖춘 미분리과실은 독립한 물건으로서 거래의 객체가 될 수 있다.

09 불공정한 법률행위에 관한 설명으로 옳지 <u>않은</u> 것은? (다툼이 있으면 판례에 따름)

① 불공정한 법률행위에 해당하는지는 원칙적으로 법률행위 시를 기준으로 판단한다.
② 대리인에 의한 법률행위의 경우, 궁박 상태의 여부는 본인을 기준으로 판단한다.
③ 경매에는 불공정한 법률행위에 관한 민법 제104조가 적용되지 않는다.
④ 불공정한 법률행위는 추인으로 유효로 될 수 없지만 법정추인은 인정된다.
⑤ 불공정한 법률행위는 이를 기초로 새로운 이해관계를 맺은 선의의 제3자에 대해서도 무효이다.

10 의사표시에 관한 설명으로 옳지 <u>않은</u> 것은? (다툼이 있으면 판례에 따름)

① 의사표시자가 통지를 발송한 후 사망하더라도 그 의사표시의 효력에 영향을 미치지 않는다.
② 통정허위표시의 경우, 통정의 동기나 목적은 허위표시의 성립에 영향이 없다.
③ 통정허위표시로 무효인 경우, 당사자는 가장행위의 채무불이행이 있더라도 이를 이유로 하는 손해배상을 청구할 수 없다.
④ 착오로 인하여 표의자가 경제적 불이익을 입지 않는 경우에는 특별한 사정이 없는 한 중요부분의 착오라고 할 수 없다.
⑤ 상대방이 표의자의 착오를 알고 이용하였더라도 착오가 표의자의 중대한 과실로 인한 경우에는 표의자는 착오를 이유로 그 의사표시를 취소할 수 없다.

11 사기 · 강박에 의한 의사표시에 관한 설명으로 옳은 것은? (다툼이 있으면 판례에 따름)

① 피기망자에게 손해를 가할 의사는 사기에 의한 의사표시의 성립요건이다.
② 상대방이 불법으로 어떤 해악을 고지하였다면, 표의자가 이로 말미암아 공포심을 느끼지 않았더라도 강박에 의한 의사표시에 해당한다.
③ 상대방의 대리인이 한 사기는 제3자의 사기에 해당한다.
④ 단순히 상대방의 피용자에 지나지 않는 사람이 한 강박은 제3자의 강박에 해당하지 않는다.
⑤ 매도인을 기망하여 부동산을 매수한 자로부터 그 부동산을 다시 매수한 제3자는 특별한 사정이 없는 한 선의로 추정된다.

12 甲은 乙의 임의대리인이다. 이에 관한 설명으로 옳은 것은? (다툼이 있으면 판례에 따름)

① 甲이 乙로부터 매매계약체결의 대리권을 수여받아 매매계약을 체결하였더라도 특별한 사정이 없는 한 甲은 그 계약에서 정한 중도금과 잔금을 수령할 권한은 없다.

② 甲이 乙로부터 금전소비대차 계약을 체결할 대리권을 수여받은 경우, 특별한 사정이 없는 한 甲은 그 계약을 해제할 권한도 가진다.

③ 乙이 사망하더라도 특별한 사정이 없는 한 甲의 대리권은 소멸하지 않는다.

④ 미성년자인 甲이 乙로부터 매매계약체결의 대리권을 수여받아 매매계약을 체결한 경우, 乙은 甲이 체결한 매매계약을 甲이 미성년자임을 이유로 취소할 수 없다.

⑤ 甲이 부득이한 사유로 丙을 복대리인으로 선임한 경우, 丙은 甲의 대리인이다.

13 표현대리에 관한 설명으로 옳지 <u>않은</u> 것은? (다툼이 있으면 판례에 따름)

① 표현대리행위가 성립하는 경우, 상대방에게 과실이 있더라도 과실상계의 법리를 유추적용하여 본인의 책임을 경감할 수 없다.

② 상대방의 유권대리 주장에는 표현대리의 주장이 포함되는 것은 아니므로 이 경우 법원은 표현대리의 성립여부까지 판단해야 하는 것은 아니다.

③ 민법 제126조의 권한을 넘은 표현대리 규정은 법정대리에도 적용된다.

④ 복대리인의 대리행위에 대해서는 표현대리가 성립할 수 없다.

⑤ 수권행위가 무효인 경우, 민법 제129조의 대리권 소멸 후의 표현대리가 적용되지 않는다.

14 乙은 대리권 없이 甲을 위하여 甲 소유의 X토지를 丙에게 매도하였다. 이에 관한 설명으로 옳지 <u>않은</u> 것은? (다툼이 있으면 판례에 따름)

① 乙이 丙으로부터 받은 매매대금을 甲이 수령한 경우, 특별한 사정이 없는 한 甲은 위 매매계약을 추인한 것으로 본다.

② 甲이 乙을 상대로 위 매매계약의 추인을 한 경우, 그 사실을 丙이 안 때에는 甲은 丙에게 추인의 효력을 주장할 수 있다.

③ 甲을 단독상속한 乙이 자신의 매매행위가 무효임을 주장하는 것은 신의칙에 반하여 허용되지 않는다.

④ 丙이 甲에게 기간을 정하여 그 추인 여부의 확답을 최고하였으나 甲이 기간 내에 확답을 발송하지 않으면 추인은 거절한 것으로 본다.

⑤ 甲이 추인을 하더라도 丙은 乙을 상대로 무권대리인의 책임에 따른 손해배상을 청구할 수 있다.

15 甲은 토지거래허가구역 내에 있는 자신의 X토지에 대해 허가를 받을 것을 전제로 乙에게 매도하는 계약을 체결하였으나 아직 허가는 받지 않은 상태이다. 이에 관한 설명으로 옳지 <u>않은</u> 것은? (다툼이 있으면 판례에 따름)

① 乙은 甲에게 계약의 이행을 청구할 수 없다.

② 甲이 토지거래허가신청절차에 협력하지 않는 경우, 乙은 이를 이유로 계약을 해제할 수 있다.

③ 토지거래허가구역 지정이 해제된 경우, 특별한 사정이 없는 한 위 매매계약은 확정적으로 유효하다.

④ 甲과 乙이 토지거래허가를 받으면 위 매매계약은 소급해서 유효로 되므로 허가 후에 새로 매매계약을 체결할 필요는 없다.

⑤ 甲의 사기에 의하여 위 매매계약이 체결된 경우, 乙은 토지거래허가를 신청하기 전이라도 甲의 사기를 이유로 매매계약을 취소할 수 있다.

16 취소에 관한 설명으로 옳지 <u>않은</u> 것은? (다툼이 있으면 판례에 따름)

① 매도인에 의해 매매계약이 적법하게 해제된 후에는 매수인은 그 매매계약을 착오를 이유로 취소할 수 없다.

② 법률행위의 취소를 전제로 한 이행거절 가운데는 특별한 사정이 없는 한 취소의 의사표시가 포함된 것으로 볼 수 있다.

③ 취소할 수 있는 법률행위가 일단 취소된 후에는 취소할 수 있는 법률행위의 추인에 의하여 이를 다시 확정적으로 유효하게 할 수는 없다.

④ 취소권은 추인할 수 있는 날로부터 3년내에 법률행위를 한 날로부터 10년내에 행사하여야 한다.

⑤ 취소할 수 있는 법률행위의 취소권의 행사기간은 제척기간이다.

17 조건과 기한에 관한 설명으로 옳지 <u>않은</u> 것은?

① 기성조건이 정지조건이면 조건 없는 법률행위가 된다.

② 불능조건이 해제조건이면 조건 없는 법률행위가 된다.

③ 불법조건은 그 조건만이 무효가 되고 그 법률행위는 조건 없는 법률행위로 된다.

④ 기한은 당사자의 특약에 의해서도 소급효를 인정할 수 없다.

⑤ 기한은 원칙적으로 채무자의 이익을 위한 것으로 추정한다.

18 소멸시효의 기산점이 잘못 연결된 것은? (다툼이 있으면 판례에 따름)

① 불확정기한부 채권 – 기한이 객관적으로 도래한 때
② 부당이득반환청구권 – 기한의 도래를 안 때
③ 정지조건부 권리 – 조건이 성취된 때
④ 부작위를 목적으로 하는 채권 – 위반행위를 한 때
⑤ 선택채권 – 선택권을 행사할 수 있을 때

19 소멸시효의 중단에 관한 설명으로 옳지 <u>않은</u> 것은? (다툼이 있으면 판례에 따름)

① 응소행위로 인한 시효중단의 효력은 원고가 소를 제기한 때에 발생한다.
② 물상보증인이 제기한 저당권설정등기 말소등기청구의 소에 응소한 채권자 겸 저당권자의 행위는 시효중단사유가 아니다.
③ 재판상의 청구로 중단된 시효는 재판이 확정된 때부터 새로이 진행한다.
④ 가압류에 의한 시효중단의 효력은 가압류신청을 한 때에 소급한다.
⑤ 채권의 양수인이 채권양도의 대항요건을 갖추지 못한 상태에서 채무자를 상대로 재판상의 청구를 하는 것은 소멸시효 중단사유에 해당한다.

20 통정허위표시의 무효를 이유로 대항할 수 없는 '제3자'에 해당하지 <u>않는</u> 자는? (다툼이 있으면 판례에 따름)

① 가장소비대차의 계약상의 지위를 이전 받은 자
② 가장매매의 목적물에 대하여 저당권을 취득한 자
③ 가장의 금전소비대차에 기한 대여금채권을 가압류한 자
④ 가장매매에 의한 매수인으로부터 목적 부동산을 매수하여 소유권이전등기를 마친 자
⑤ 가장의 전세권설정계약에 기하여 등기가 마쳐진 전세권에 관하여 저당권을 취득한 자

21 물권에 관한 설명으로 옳지 <u>않은</u> 것은? (다툼이 있으면 판례에 따름)

① 적법한 분할절차를 거치지 않은 채 토지 중 일부만에 관하여 소유권보존등기를 할 수 없다.

② 온천에 관한 권리는 관습법상의 물권이 아니다.

③ 1필 토지의 일부도 점유취득시효의 대상이 될 수 있다.

④ 부속건물로 등기된 창고건물은 분할등기 없이 원채인 주택과 분리하여 경매로 매각될 수 있다.

⑤ 지상권은 저당권의 객체가 될 수 있다.

22 甲이 乙 소유 X토지에 권원없이 Y건물을 신축하여 소유하고 있다. 이에 관한 설명으로 옳은 것은? (다툼이 있으면 판례에 따름)

① 乙은 Y를 관리하는 甲의 직원 A에게 X의 반환청구를 할 수 있다.

② 甲이 법인인 경우 乙은 甲의 대표이사 B 개인에게 X의 반환청구를 할 수 있다.

③ 乙이 甲에게 X의 반환청구를 하여 승소한 경우, 乙은 甲에게 Y에서 퇴거할 것을 청구할 수 있다.

④ 미등기인 Y를 丙이 매수하여 인도받았다면 乙은 丙을 상대로 건물철거 청구를 할 수 있다.

⑤ 乙은 甲에 대한 X의 반환청구권을 유보하고 X의 소유권을 丁에게 양도할 수 있다.

23 등기에 의하여 추정되지 <u>않는</u> 것은? (다툼이 있으면 판례에 따름)

① 환매특약등기 – 특약의 진정성립

② 대리인에 의한 소유권이전등기 – 적법한 대리행위의 존재

③ 저당권등기 – 피담보채권의 존재

④ 부적법하게 말소된 등기 – 말소된 등기상 권리의 존재

⑤ 토지등기부의 표제부 – 등기부상 면적의 존재

24 甲이 乙 소유 X도자기에 관해 무단으로 丙에게 질권을 설정해 주었고, 丙은 질권의 선의취득을 주장하고 있다. 이에 관한 설명으로 옳지 않은 것은? (다툼이 있으면 판례에 따름)

① 丙은 평온·공연하게 X의 점유를 취득하였어야 한다.

② 丙은 甲이 소유자가 아니라는 사실에 대하여 그 자신이 선의이고 무과실이라는 사실을 증명하여야 한다.

③ 丙이 甲과 질권설정계약을 체결할 당시 선의였다면 질물의 인도를 받을 때 악의라도 丙의 선의취득은 인정된다.

④ 丙이 X에 대하여 甲이 직접점유를 취득하는 형태로 점유를 취득한 경우, 丙의 선의취득은 인정되지 아니한다.

⑤ 만약 甲이 미성년자임을 이유로 丙과의 질권설정계약을 취소하면 丙은 선의취득을 할 수 없다.

25 점유자와 회복자의 관계에 관한 설명으로 옳은 것은? (다툼이 있으면 판례에 따름)

① 지상권자는 선의점유자라도 자주점유자가 아니므로 과실수취권이 인정되지 아니한다.

② 타주점유자가 점유물을 반환하는 경우, 점유자는 특별한 사정이 없는 한 회복자에 대하여 점유물을 보존하기 위하여 지출한 금액의 상환을 청구할 수 있다.

③ 악의의 점유자는 과실(過失)없이 과실(果實)을 수취하지 못한 경우에도 그 대가를 보상하여야 한다.

④ 점유물이 점유자의 책임있는 사유로 멸실된 경우, 선의의 타주점유자는 이익이 현존하는 한도에서 배상하여야 한다.

⑤ 점유자가 점유물에 유익비를 지출한 경우, 특별한 사정이 없는 한 점유자는 회복자에 대하여 그 가액의 증가가 현존한 경우에 한하여 점유자의 선택에 좇아 그 지출금액이나 증가액의 상환을 청구할 수 있다.

26 상린관계에 관한 설명으로 옳지 않은 것은?

① 경계에 설치된 담이 공유인 경우, 공유자는 그 분할을 청구할 수 있다.

② 인접하여 토지를 소유한 자는 다른 관습이 없으면 공동비용으로 통상의 경계표나 담을 설치할 수 있다.

③ 경계표 설치를 위한 측량비용은 다른 관습이 없으면 토지의 면적에 비례하여 부담한다.

④ 인접지의 수목뿌리가 경계를 넘은 경우, 토지소유자는 임의로 그 뿌리를 제거할 수 있다.

⑤ 건물을 축조함에는 특별한 관습 또는 약정이 없으면 경계로부터 반미터 이상의 거리를 두어야 한다.

27 시효취득의 대상이 <u>아닌</u> 것은? (다툼이 있으면 판례에 따름)

① 지상권

② 저당권

③ 소유권

④ 계속되고 표현된 지역권

⑤ 동산질권

28 부합에 관한 설명으로 옳지 <u>않은</u> 것은? (다툼이 있으면 판례에 따름)

① 부동산에 부합되어 동산의 소유권이 소멸한 때에는 그 동산을 목적으로 한 다른 권리도 소멸한다.

② 부합한 동산 간의 주종을 구별할 수 없는 때에는 특약이 없는 한 동산의 소유자는 부합당시 가액의 비율로 합성물을 공유한다.

③ X토지 소유자의 승낙없이 토지임차인의 승낙만 받아 제3자가 X에 수목을 심은 경우, 그 수목은 X에 부합하지 않으므로 제3자가 식재한 수목임을 알지 못하는 X의 양수인은 그 수목을 벌채할 수 없다.

④ 타인의 권원에 기하여 부동산에 부합된 물건이 부동산의 구성부분이 된 경우, 부동산의 소유자는 방해배제청구권에 기하여 부합물의 철거를 청구할 수 없다.

⑤ 건물의 증축부분이 축조 당시 독립한 권리의 객체성을 상실하여 본건물에 부합된 후 구조의 변경 등으로 독립한 권리의 객체성을 취득하게 된 때에는 본건물과 독립하여 거래의 대상이 될 수 있다.

29 물권의 소멸에 관한 설명으로 옳지 <u>않은</u> 것은? (다툼이 있으면 판례에 따름)

① X토지에 甲이 1번 저당권, 乙이 2번 저당권을 취득하고, 丙이 X토지를 가압류한 후 乙이 X토지를 매수하여 소유권을 취득한 경우 乙의 저당권은 혼동으로 소멸하지 않는다.

② 유치권자가 유치권 성립 후에 이를 포기하는 의사표시를 한 경우에도 점유를 반환하여야 유치권은 소멸한다.

③ 점유권과 소유권은 혼동으로 소멸하지 아니한다.

④ 지역권은 20년간 행사하지 않으면 시효로 소멸한다.

⑤ 후순위 저당권이 존재하는 주택을 대항력을 갖춘 임차인이 경매절차에서 매수한 경우, 임차권은 혼동으로 소멸한다.

30 甲은 그 소유 X토지에 대한 배타적 사용·수익권을 포기하고 타인(사인, 국가 등 일반 공중)의 통행을 위한 용도로 제공하였다. 이에 관한 설명으로 옳지 않은 것은? (다툼이 있으면 판례에 따름)

① 甲은 그 타인에 대하여 X의 인도청구를 할 수 없다.

② 甲이 X에 대한 소유권을 보유한 채 사용·수익권을 대세적·영구적으로 포기하는 것은 허용되지 않는다.

③ 甲은 일반 공중의 통행을 방해하지 않는 범위에서 X를 처분할 수 있다.

④ 甲의 상속인의 X에 대한 배타적 사용·수익권도 제한된다.

⑤ 만약 甲이 X를 일반 공중의 통행목적이 아니라 지상건물의 소유자만을 위하여 배타적 사용·수익권을 포기한 경우, 특별한 사정이 없는 한 X의 매수인의 배타적 사용·수익권 행사는 제한된다.

31 X토지를 3분의 1씩 공유하는 甲, 乙, 丙의 법률관계에 관한 설명으로 옳은 것은? (다툼이 있으면 판례에 따름)

① 甲이 乙과 丙의 동의 없이 X토지 중 3분의 1을 배타적으로 사용하는 경우, 乙은 방해배제를 청구할 수 없다.

② 甲과 乙이 협의하여 X토지를 매도하면 그 효력은 丙의 지분에도 미친다.

③ 丁이 X토지의 점유를 무단으로 침해하고 있는 경우, 甲은 X토지 중 자신의 지분에 한하여 반환을 청구할 수 있다.

④ 甲이 자신의 지분을 포기하더라도 乙과 丙이 이전등기를 하여야 甲의 지분을 취득한다.

⑤ 丙이 1년 이상 X토지의 관리비용을 부담하지 않은 경우, 甲과 乙은 丙의 지분을 무상으로 취득할 수 있다.

32 X토지를 3분의 1씩 공유하는 甲, 乙, 丙의 공유물분할에 관한 설명으로 옳지 않은 것은? (다툼이 있으면 판례에 따름)

① 甲은 乙과 丙의 동의를 얻지 않고서 공유물의 분할을 청구할 수 있다.

② 甲, 乙, 丙이 3년간 공유물을 분할하지 않기로 합의한 것은 유효하다.

③ 공유물분할의 소에서 법원은 X를 甲의 단독소유로 하고 乙과 丙에게 지분에 대한 합리적인 가액을 지급하도록 할 수 있다.

④ 甲의 지분 위에 설정된 근저당권은 공유물분할이 되어도 특단의 합의가 없는 한 X 전부에 관하여 종전의 지분대로 존속한다.

⑤ 甲, 乙, 丙 사이에 공유물분할에 관한 협의가 성립하였으나 분할협의에 따른 지분이전 등기에 협조하지 않으면 공유물분할의 소를 제기할 수 있다.

33 지상권에 관한 설명으로 옳지 <u>않은</u> 것은? (다툼이 있으면 판례에 따름)

① 저당물의 담보가치를 유지하기 위해 설정된 지상권은 피담보채권이 소멸하면 함께 소멸한다.

② 기존 건물의 사용을 목적으로 설정된 지상권은 그 존속기간을 30년 미만으로 정할 수 있다.

③ 수목의 소유를 목적으로 하는 지상권이 존속기간의 만료로 소멸한 경우, 특약이 없는 한 지상권자가 존속기간 중 심은 수목의 소유권은 지상권설정자에게 귀속된다.

④ 양도가 금지된 지상권의 양수인은 양수한 지상권으로 지상권설정자에게 대항할 수 있다.

⑤ 토지양수인이 지상권자의 지료 지급이 2년 이상 연체되었음을 이유로 지상권소멸청구를 하는 경우, 종전 토지소유자에 대한 연체기간의 합산을 주장할 수 없다.

34 토지전세권에 관한 설명으로 옳은 것을 모두 고른 것은? (다툼이 있으면 판례에 따름)

> ㄱ. 전세권의 존속기간이 만료하면 전세권의 용익물권적 권능은 전세권설정등기의 말소 없이도 당연히 소멸한다.
> ㄴ. 전세금의 지급은 전세권의 성립요소가 되는 것이므로 기존의 채권으로 전세금 지급을 대신할 수 없다.
> ㄷ. 전세권 존속기간이 시작되기 전에 마친 전세권설정등기도 특별한 사정이 없는 한 유효한 것으로 추정된다.
> ㄹ. 당사자가 채권담보의 목적으로 전세권을 설정하였으나 설정과 동시에 목적물을 인도하지 않았다면, 장차 전세권자가 목적물을 사용·수익하기로 하였더라도 그 전세권은 무효이다.

① ㄱ, ㄴ   ② ㄱ, ㄷ
③ ㄱ, ㄹ   ④ ㄴ, ㄹ
⑤ ㄷ, ㄹ

35 유치권에 관한 설명으로 옳은 것은? (다툼이 있으면 판례에 따름)

① 피담보채권이 존재한다면 타인의 물건에 대한 점유가 불법행위로 인한 것인 때에도 유치권이 성립한다.

② 유치권자가 유치물 소유자의 승낙 없이 유치물을 임대한 경우, 특별한 사정이 없는 한 유치물의 소유자는 유치권의 소멸을 청구할 수 없다.

③ 목적물에 대한 점유를 상실한 경우, 유치권자가 점유회수의 소를 제기하여 점유를 회복할 수 있다는 것만으로는 유치권이 인정되지 않는다.

④ 채무자를 직접점유자로 하여 채권자가 간접점유를 하였더라도 채권자는 유효하게 유치권을 취득할 수 있다.

⑤ 저당물의 제3취득자가 저당물의 개량을 위하여 유익비를 지출한 때에는 민법 제367조에 의한 비용상환청구권을 피담보채권으로 삼아 유치권을 행사할 수 있다.

36 유치권이 유효하게 성립할 수 있는 경우는? (다툼이 있으면 판례에 따름)

① 주택수선공사를 한 수급인이 공사대금채권을 담보하기 위하여 주택을 점유한 경우
② 임대인이 지급하기로 약정한 권리금의 반환청구권을 담보하기 위하여 임차인이 상가건물을 점유한 경우
③ 매도인이 매수인에 대한 매매대금채권을 담보하기 위하여 매매목적물을 점유한 경우
④ 주택신축을 위하여 수급인에게 공급한 건축자재에 대한 대금채권을 담보하기 위하여 그 공급자가 주택을 점유한 경우
⑤ 임차인이 임차보증금반환채권을 담보하기 위하여 임차목적물을 점유한 경우

37 질권에 관한 설명으로 옳지 <u>않은</u> 것은?

① 질물보다 다른 재산이 먼저 경매된 경우, 질권자는 그 매각대금으로부터 배당을 받을 수 없다.
② 질권자가 채권 일부를 변제받았더라도 질물 전부에 대하여 그 권리를 행사할 수 있다.
③ 질물이 멸실된 경우에도 그로 인하여 질권설정자가 받을 금전을 압류하면 질권의 효력이 그 금전에 미친다.
④ 정당한 이유 있는 때에는 질권자는 채무자 및 질권설정자에게 통지하고 감정자의 평가에 의하여 질물로 직접 변제에 충당할 것을 법원에 청구할 수 있다.
⑤ 질권자는 그 권리의 범위 내에서 자기의 책임으로 질물을 전질할 수 있다.

38 저당권의 효력이 미치는 범위에 관한 설명으로 옳지 <u>않은</u> 것은? (다툼이 있으면 판례에 따름)

① 담보권 실행을 위하여 저당부동산을 압류한 경우, 저당부동산의 압류 이후 발생한 차임채권에는 저당권의 효력이 미친다.
② 주물 그 자체의 효용과는 직접 관계없지만 주물 소유자의 상용에 공여되고 있는 물건이 경매목적물로 평가되었다면 경매의 매수인이 소유권을 취득한다.
③ 구분건물의 전유부분에 대한 저당권의 효력은 특별한 사정이 없는 한 대지사용권에도 미친다.
④ 기존건물에 부합된 증축부분이 기존건물에 대한 경매절차에서 경매목적물로 평가되지 아니하였더라도 경매의 매수인이 증축부분의 소유권을 취득한다.
⑤ 특약이 없는 한 건물에 대한 저당권의 효력은 건물의 소유를 목적으로 하는 지상권에도 미친다.

39 법정지상권이 성립하는 경우를 모두 고른 것은? (특별한 사정은 없고, 다툼이 있으면 판례에 따름)

> ㄱ. X토지에 저당권을 설정한 甲이 저당권자 乙의 동의를 얻어 Y건물을 신축하였으나 저당권 실행 경매에서 丙이 X토지의 소유권을 취득한 경우
>
> ㄴ. 甲 소유의 X토지와 그 지상건물에 공동저당권이 설정된 후 지상건물을 철거하고 Y건물을 신축하였고 저당권의 실행으로 X토지의 소유자가 달라진 경우
>
> ㄷ. X토지를 소유하는 甲이 乙과 함께 그 지상에 Y건물을 신축·공유하던 중 X토지에 저당권을 설정하였고 저당권 실행 경매에서 丙이 X토지의 소유권을 취득한 경우

① ㄱ
② ㄷ
③ ㄱ, ㄴ
④ ㄴ, ㄷ
⑤ ㄱ, ㄴ, ㄷ

40 甲은 乙에 대한 3억 원의 채권을 담보하기 위하여 乙 소유 X토지와 丙 소유 Y토지에 대하여 각각 1번 공동저당권을 취득하였고, 丁은 X에 대하여 피담보채권액 2억 원의 2번 저당권을 취득하였다. 그 후, 甲이 Y에 대한 경매를 신청하여 매각대금 2억 원을 배당받은 후 X에 대한 경매를 신청하여 X가 3억 원에 매각된 경우, 丁이 X의 매각대금에서 배당받을 수 있는 금액은? (경매비용·이자 등은 고려하지 않으며, 다툼이 있으면 판례에 따름)

① 0원
② 5천만 원
③ 1억 원
④ 1억 5천만 원
⑤ 2억 원

제2과목 | 경제학원론

01 (   )에 들어갈 내용으로 옳은 것은?

아래 그림과 같이 두 재화 X, Y에 대한 갑의 예산선이 AC에서 BC로 변했을 때, Y재 가격이 변하지 않았다면, X재 가격은 (ㄱ)하고, 소득은 (ㄴ)한 것이다.

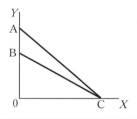

① ㄱ: 하락, ㄴ: 감소
② ㄱ: 하락, ㄴ: 증가
③ ㄱ: 불변, ㄴ: 감소
④ ㄱ: 상승, ㄴ: 증가
⑤ ㄱ: 상승, ㄴ: 불변

02 재화의 특성에 관한 설명으로 옳은 것은?

① 사치재는 수요의 가격탄력성이 1보다 큰 재화를 말한다.
② 열등재는 가격이 오르면 수요가 감소하는 재화를 말한다.
③ 절댓값으로 볼 때, 가격효과가 소득효과보다 큰 열등재를 기펜재(Giffen goods)라고 한다.
④ 두 상품이 완전 대체재이면 무차별 곡선은 원점에 대하여 볼록한 모양이다.
⑤ 수요가 가격 탄력적인 상품을 판매하는 기업이 가격을 내리면 판매수입은 증가한다.

03 두 재화 X, Y에 대한 갑의 효용함수가 $U = X + Y + \min\{X, Y\}$일 때, 갑의 무차별 곡선으로 적절한 것은?

①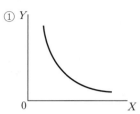

②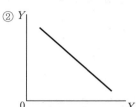

③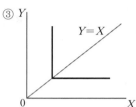

④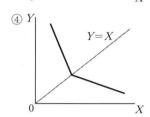

⑤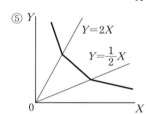

04 두 재화 X, Y에 대해 효용을 극대화하는 갑의 효용함수가 $U(X, Y) = (X+2)(Y+1)$이다. 한계대체율이 4이고, X재 선택은 14일 때, Y재의 선택은? (단, 한계대체율은 $\left| \dfrac{dY}{dX} \right|$이다.)

① 10
② 18
③ 32
④ 63
⑤ 68

05 등량곡선에 관한 설명으로 옳은 것을 모두 고른 것은? (단, 한계기술대체율은 절댓값으로 나타낸다.)

> ㄱ. 한계기술대체율은 두 생산요소의 한계생산 비율과 같다.
> ㄴ. 두 생산요소 사이에 완전 대체가 가능하다면 등량곡선은 직선이다.
> ㄷ. 등량곡선이 원점에 대해 볼록한 모양이면 한계기술대체율체감의 법칙이 성립한다.
> ㄹ. 콥-더글러스(Cobb–Douglas) 생산함수의 한계기술대체율은 0이다.

① ㄱ, ㄴ
② ㄴ, ㄷ
③ ㄷ, ㄹ
④ ㄱ, ㄴ, ㄷ
⑤ ㄱ, ㄴ, ㄷ, ㄹ

06 완전경쟁시장에서 모든 기업이 이윤을 극대화하고 있는 산업 A는 비용곡선이 $C(Q)=2+\dfrac{Q^2}{2}$인 100개의 기업과 $C(Q)=\dfrac{Q^2}{10}$인 60개의 기업으로 구성되어 있다. 신규 기업의 진입이 없을 때, 가격이 2보다 큰 경우 산업 A의 공급곡선은? (단, Q는 생산량이다.)

① $Q=200P$
② $Q=300P$
③ $Q=400P$
④ $Q=415P$
⑤ $Q=435P$

07 완전경쟁시장에서 기업 A가 생산하는 휴대폰의 가격이 100이고, 총비용함수가 $TC=4Q^2+4Q+100$일 때, 이윤을 극대화하는 (ㄱ)생산량과 극대화된 (ㄴ)이윤은? (단, Q는 생산량이다.)

① ㄱ: 10, ㄴ: 476
② ㄱ: 10, ㄴ: 566
③ ㄱ: 10, ㄴ: 1000
④ ㄱ: 12, ㄴ: 476
⑤ ㄱ: 12, ㄴ: 566

08 시장실패를 발생시키는 요인으로 옳지 <u>않은</u> 것은?

① 역선택
② 규모에 대한 수익체감 기술
③ 긍정적 외부성
④ 불완전한 정보
⑤ 소비의 비경합성과 배제불가능성

09 두 재화 X, Y에 대해 양(+)의 소득 M을 가지고 효용을 극대화하는 갑의 효용함수는 $U(X, Y) = X + Y$ 이다. Y재 가격은 6이며, X재 가격은 5에서 8로 상승하였다. 이에 관한 설명으로 옳은 것은?

① X재 수요량 변화는 대체효과에 기인한다.
② X재 수요량 변화는 소득효과에 기인한다.
③ Y재 수요량 변화는 없다.
④ 수요량 변화의 1/3은 대체효과에 기인한다.
⑤ 수요량 변화의 2/3는 소득효과에 기인한다.

10 독점기업의 독점력과 가격규제 정책에 관한 설명으로 옳지 <u>않은</u> 것은?

① 러너의 독점력지수(Lerner index of monopoly power)는 수요곡선 상의 이윤극대화점에서 측정한 수요의 가격탄력성의 역수와 같은 값이다.
② 한계비용가격설정은 자연독점 기업에게 손실을 초래한다.
③ 평균비용가격설정은 기업이 손실을 보지 않으면서 가능한 많은 상품을 낮은 가격에 공급하도록 유도할 수 있다.
④ 이중가격설정(two-tier pricing)은 한계비용가격설정의 장점을 살리면서도 독점기업의 손실을 줄일 수 있도록 하는 정책이다.
⑤ 이중가격설정은, 낮은 가격은 한계비용과 한계수입이 일치하는 가격으로, 높은 가격은 한계비용곡선과 수요곡선이 교차하는 지점의 가격으로 판매하도록 하는 정책이다.

11 수요와 공급의 가격탄력성에 관한 설명으로 옳은 것을 모두 고른 것은?

> ㄱ. 수요곡선이 수직선인 경우, 수요의 가격탄력성은 수요곡선 상의 모든 점에서 동일하다.
> ㄴ. 수요곡선이 직각쌍곡선 형태인 경우, 수요의 가격탄력성은 수요곡선 상의 모든 점에서 동일하다.
> ㄷ. 공급곡선이 원점을 지나는 직선인 경우, 공급의 가격탄력성은 기울기와 관계없이 동일하다.
> ㄹ. 수요곡선이 우하향하는 직선인 경우, 수요의 가격탄력성은 수요곡선 상의 모든 점에서 동일하다.

① ㄱ
② ㄱ, ㄴ
③ ㄱ, ㄴ, ㄷ
④ ㄴ, ㄷ, ㄹ
⑤ ㄱ, ㄴ, ㄷ, ㄹ

12 정부의 실효성 있는 가격규제의 효과에 관한 설명으로 옳은 것은? (단, 수요곡선은 우하향, 공급곡선은 우상향한다.)

① 가격상한제가 실시되면, 시장에서의 실제 거래량은 실시 이전보다 증가할 것이다.
② 가격하한제가 실시되면, 시장에서의 실제 거래량은 실시 이전보다 증가할 것이다.
③ 최저임금제는 가격상한제에 해당하는 가격규제이다.
④ 가격하한제가 실시되면, 초과수요가 발생하여 암시장이 형성된다.
⑤ 가격상한제와 가격하한제 모두 자중손실(deadweight loss)이 발생한다.

13 비용곡선에 관한 설명으로 옳은 것을 모두 고른 것은?

> ㄱ. 기술진보는 평균비용곡선을 아래쪽으로 이동시킨다.
> ㄴ. 규모에 대한 수익이 체증하는 경우 장기평균비용곡선은 우하향한다.
> ㄷ. 단기에서 기업의 평균비용곡선은 한계비용곡선의 최저점에서 교차한다.
> ㄹ. 규모의 경제가 있으면 평균비용곡선은 수평이다.

① ㄱ, ㄴ
② ㄱ, ㄷ
③ ㄴ, ㄷ
④ ㄴ, ㄹ
⑤ ㄷ, ㄹ

14 완전경쟁시장에서 비용을 극소화하는 기업 A의 생산함수는 $Q(L, K) = L^{0.5}K^{0.5}$이고, 생산요소 L, K의 가격이 각각 12, 24일 때, 두 생산요소의 투입관계는? (단, Q는 생산량이다.)

① $L = K$

② $L = 0.5K$

③ $L = 2K$

④ $L = 12K$

⑤ $L = 24K$

15 사회후생함수에 관한 설명으로 옳지 <u>않은</u> 것은?

① 평등주의 경향이 강할수록 사회무차별 곡선은 원점에 대해 더 오목한 모양을 갖는다.

② 평등주의적 사회후생함수는 개인들의 효용수준의 차이를 반영해야 한다는 평등주의적 가치판단을 근거로 한다.

③ 공리주의자의 사회후생함수는 사회구성원의 효용수준에 동일한 가중치를 부여한다.

④ 롤즈(J. Rawls)의 가치판단을 반영한 사회무차별곡선은 L자 모양이다.

⑤ 롤즈의 최소극대화 원칙(maxmin principle)은 한 사회에서 가장 가난한 사람의 생활수준을 가능한 한 크게 개선시키는 것이 재분배정책의 최우선 과제라는 주장이다.

16 독점 기업 A의 비용 함수는 $C(Q) = 750 + 5Q$이고, 역수요함수는 $P = 140 - Q$이다. 이 기업이 '독점을 규제하는 법률'에 따라 한계비용과 동일하게 가격을 설정한다면, 이에 관한 설명으로 옳은 것은? (단, Q는 수량, P는 가격이다.)

① 양$(+)$의 이윤을 얻는다.

② 이윤은 0이다.

③ 손실이 375이다.

④ 손실이 450이다.

⑤ 손실이 750이다.

17 기업 A의 고정비용은 400이고, 단기생산함수는 $Q=4L^{0.5}$이다. 가변생산요소의 가격이 400일 때, 단기 총비용곡선은? (단, Q는 생산량, L은 가변생산요소이다.)

① $\dfrac{400}{Q}+400$

② $800Q$

③ $400Q+400$

④ $0.25Q^2+400$

⑤ $25Q^2+400$

18 사회후생 관점에서 자원의 효율적 활용에 관한 설명으로 옳지 <u>않은</u> 것은?

① 계약곡선 상의 점들은 생산의 효율성을 보장하는 점들의 집합이다.

② 효용가능곡선은 주어진 상품을 두 사람에게 배분할 때, 두 사람이 얻을 수 있는 최대한의 효용수준의 조합이다.

③ 효용가능경계란 한 경제에 존재하는 경제적 자원을 가장 효율적으로 배분했을 때 얻을 수 있는 효용수준의 조합이다.

④ 종합적 효율성(overall efficiency)이란 생산의 효율성과 교환의 효율성이 동시에 달성된 상태를 말한다.

⑤ 생산가능곡선은 한 나라의 경제가 주어진 생산요소와 생산기술을 사용하여 최대한 생산할 수 있는 산출물들의 조합이다.

19 완전경쟁시장에서 이윤 극대화를 추구하는 기업 A의 공급곡선은 $Q_A(P)=\dfrac{P}{2}$이다. 이 기업의 생산량이 5일 때, 가변비용은? (단, Q_A는 공급량, P는 가격이다.)

① 23

② 25

③ 37.5

④ 46

⑤ 50

20 기업 A가 직면하는 노동공급곡선은 $w=60+0.08L$이다. 현재 기업 A가 1000의 노동량을 고용할 때, 노동의 한계요소비용은? (단, w는 임금률, L은 노동량이다.)

① 임금률보다 80 크다.

② 임금률보다 160 크다.

③ 임금률과 같다.

④ 임금률보다 80 작다.

⑤ 임금률보다 160 작다.

21 두 재화 X, Y만을 생산하는 A국의 2022년과 2023년의 생산량과 가격이 아래와 같다. 2023년의 전년 대비 (ㄱ)경제성장률(실질GDP증가율)과 평균적인 가계의 소비조합이 X재 2단위, Y재 1단위일 때 (ㄴ)소비자물가상승률은? (단, 기준연도는 2022년이다.)

연도	X		Y	
	수량	가격	수량	가격
2022년	100	10	80	50
2023년	100	15	100	40

① ㄱ: 10%, ㄴ: 0%

② ㄱ: 10%, ㄴ: 10%

③ ㄱ: 20%, ㄴ: -10%

④ ㄱ: 20%, ㄴ: 0%

⑤ ㄱ: 25%, ㄴ: 10%

22 2023년에 기업 A는 한국에서 생산한 부품 100억 달러를 베트남 현지 공장에 수출하였다. 같은 해에 베트남 현지 공장에서 그 부품을 조립하여 소비재 완제품 200억 달러를 만들어 그 중 50억 달러는 한국에 수출하고, 140억 달러는 미국에 수출하였으며 10억 달러는 재고로 남았다. 이월된 재고 10억 달러는 2024년 베트남 국내에서 모두 판매되었다. 이에 관한 설명으로 옳은 것은?

① 2023년 한국의 GDP는 50억 달러이다.

② 2023년 베트남의 GDP는 200억 달러이다.

③ 2023년 베트남의 투자는 10억 달러이다.

④ 2023년 베트남의 순수출은 190억 달러이다.

⑤ 2024년 베트남의 소비와 GDP는 각각 10억 달러이다.

23 A국 국민소득계정의 구성항목에서 민간투자가 50, 정부소비와 정부투자가 각각 40과 60, 조세가 50이고, 수출과 수입이 동일할 때, 민간저축은?

① 40

② 50

③ 80

④ 100

⑤ 120

24 필립스곡선이 단기에는 우하향하고 장기에는 수직인 경제에서 중앙은행은 테일러 준칙(Taylor's rule)에 의해 통화정책을 시행한다. 중앙은행이 높은 인플레이션율을 낮추기 위해 인플레이션 감축정책(디스인플레이션 정책)을 시행할 때, 이에 관한 설명으로 옳은 것을 모두 고른 것은?

> ㄱ. 기대인플레이션이 빨리 조정될수록 장기균형에 빨리 도달한다.
> ㄴ. 단기에는 실질이자율이 하락한다.
> ㄷ. 단기에는 총생산이 감소하여 경기침체가 나타난다.

① ㄱ

② ㄴ

③ ㄱ, ㄷ

④ ㄴ, ㄷ

⑤ ㄱ, ㄴ, ㄷ

25 중앙은행이 아래와 같은 손실함수를 최소화하도록 인플레이션율을 결정하려고 한다.

$$L(\pi_t) = -0.5(\pi_t - \pi_t^e) + 0.5(\pi_t)^2$$

중앙은행의 정책결정 이전에 민간의 기대인플레이션율이 0으로 고정되어 있을 때, 중앙은행이 결정하는 인플레이션율은? (단, $L(\pi_t)$, π_t, π_t^e는 각각 손실함수, 인플레이션율, 민간의 기대인플레이션율이다.)

① 0

② 0.5

③ 1

④ 1.5

⑤ 2

26 통화정책에 관한 설명으로 옳지 <u>않은</u> 것은?

① 공개시장 매입은 본원통화를 증가시켜 이자율을 하락시킨다.

② 재할인율 인상은 재할인대출을 감소시켜 이자율을 상승시킨다.

③ 자산가격경로는 이자율이 하락할 경우 자산가격이 상승하여 부(富)의 효과로 소비가 증가하는 경로이다.

④ 신용경로는 중앙은행이 화폐공급을 축소할 경우 은행대출이 감소되어 기업투자와 가계소비가 위축되는 경로이다.

⑤ 환율경로는 이자율이 상승할 경우 자국통화가치가 하락하여 순수출이 증가하는 경로이다.

27 아래와 같은 고전학파 모형에서 정부지출이 150에서 200으로 증가할 경우 실질이자율과 민간투자의 변화에 관한 설명으로 옳은 것은? (단, S, $\overline{Y}$, $\overline{T}$, $\overline{G}$, I, r, $s(r)$은 각각 총저축, 총생산, 조세, 정부지출, 투자, 실질이자율(%), 민간저축률이며, 민간저축률은 실질이자율의 함수이다.)

> - $S = s(r)(\overline{Y} - \overline{T}) + (\overline{T} - \overline{G})$
> - $I = 200 - 10r$
> - $\overline{Y} = 1000$, $\overline{T} = 200$, $\overline{G} = 150$
> - $s(r) = 0.05r$

① 실질이자율은 1%포인트 상승하고 민간투자는 10 감소한다.

② 실질이자율은 3%포인트 상승하고 민간투자는 30 감소한다.

③ 실질이자율은 5%포인트 상승하고 민간투자는 50 감소한다.

④ 실질이자율과 민간투자는 변화가 없다.

⑤ 실질이자율은 1%포인트 하락하고 민간투자는 10 증가한다.

28 소비이론에 관한 설명 중 옳은 것은?

① 케인즈(Keynes)의 소비이론에 따르면 이자율이 소비의 주요 결정요인이다.

② 생애주기가설에 따르면 은퇴연령의 변화 없이 기대수명이 증가하면 소비가 감소한다.

③ 리카도 등가(Ricardian equivalence)정리는 케인즈의 소비함수에 기초한 이론이다.

④ 케인즈의 소비이론은 소비자들의 소비평탄화(consumption smoothing)를 강조한다.

⑤ 소비에 대한 임의보행(random walk)가설은 유동성제약에 직면한 소비자의 소비 선택을 설명한다.

29 아래와 같은 거시경제모형의 초기 균형에서 정부지출을 1만큼 증가시킬 때, 균형국민소득의 증가분은? (단, Y, C, I, G, T는 각각 국민소득, 소비, 투자, 정부지출, 조세이다.)

- $Y = C + I + G$
- $C = 1 + 0.5(Y - T)$
- $I = 2$
- $G = 10$
- $T = 2 + 0.2Y$

① 1.2

② $\dfrac{4}{3}$

③ $\dfrac{5}{3}$

④ 2

⑤ 2.5

30 아래의 거시경제모형에서 균형이자율은? (단, Y, C, I, G, T, r은 각각 국민소득, 소비, 투자, 정부지출, 조세, 이자율이다.)

- $Y = C + I + G$
- $Y = 20$
- $G = T = 10$
- $C = 2 + 0.8(Y - T)$
- $I = 2 - 10r$

① 0.1

② 0.2

③ 0.25

④ 0.4

⑤ 0.5

갑국의 생산함수는 $Y = AK^{0.5}L^{0.5}$이다. 자본량과 노동량의 증가율은 각각 4%와 -2%이고 총생산량 증가율이 5%라면, 솔로우 잔차(Solow residual)는? (단, Y는 총생산량, K는 자본량, L은 노동량, $A>0$이다.)

① 1%

② 2%

③ 3%

④ 4%

⑤ 5%

32 한국과 미국의 인플레이션율이 각각 3%와 5%이다. 구매력평가설과 이자율평가설(interest parity theory)이 성립할 때, 미국의 명목이자율이 5%라면, 한국의 명목이자율은? (단, 기대인플레이션율은 인플레이션율과 동일하다.)

① 1%

② 2%

③ 3%

④ 4%

⑤ 5%

33 1인당 생산함수가 $y = 0.5k^{0.2}$, 자본의 감가상각률이 0.1, 저축률이 0.2인 솔로우(Solow) 경제성장모형에 관한 설명으로 옳은 것을 모두 고른 것은? (단, y는 1인당 생산량, k는 1인당 자본량이고, 인구증가와 기술진보는 없다.)

> ㄱ. 현재 1인당 자본량이 2일 때, 1인당 투자는 증가한다.
> ㄴ. 현재 1인당 자본량이 2일 때, 1인당 자본의 감가상각은 1인당 저축보다 작다.
> ㄷ. 균제상태(steady state)에서 벗어나 있는 경우, 현재 1인당 자본량에 관계없이, 1인당 생산량의 변화율은 0으로 수렴한다.
> ㄹ. 균제상태의 1인당 자본량은 황금률(Golden Rule) 수준과 같다.

① ㄱ, ㄴ

② ㄱ, ㄷ

③ ㄴ, ㄷ

④ ㄴ, ㄹ

⑤ ㄷ, ㄹ

34 고정환율제를 채택하고 있는 정부가 시장균형환율보다 높은 수준의 환율을 설정했다고 할 때, 즉 자국통화가치를 균형수준보다 낮게 설정한 경우, 옳은 것을 모두 고른 것은?

> ㄱ. 투기적 공격이 발생하면 국내 통화공급이 감소한다.
> ㄴ. 투기적 공격이 발생하면 외환보유고가 감소한다.
> ㄷ. 자본이동이 완전히 자유로운 경우, 중앙은행은 독립적으로 통화공급을 결정할 수 없다.
> ㄹ. 투자자들이 국내통화의 평가절상을 기대하게 되면, 국내통화로 계산된 외국채권의 기대수익률이 하락한다.

① ㄱ, ㄴ
② ㄱ, ㄹ
③ ㄴ, ㄷ
④ ㄷ, ㄹ
⑤ ㄴ, ㄷ, ㄹ

35 폐쇄경제 IS-LM모형에 관한 설명으로 옳은 것은?

① 화폐수요의 이자율 탄력성이 0이면 경제는 유동성함정(liquidity trap) 상태에 직면한다.
② LM곡선이 수직선이고 IS곡선이 우하향하면, 완전한 구축효과(crowding-out effect)가 나타난다.
③ IS곡선이 수평선이고 LM곡선이 우상향하면, 통화정책은 국민소득에 영향을 미치지 않는다.
④ 소비가 이자율에 영향을 받을 때, 피구효과(Pigou effect)가 발생한다.
⑤ IS곡선이 우하향할 때, IS곡선의 위쪽에 있는 점은 생산물시장이 초과수요 상태이다.

36 아래의 폐쇄경제 IS-LM 모형에서 중앙은행은 균형이자율을 현재보다 5만큼 높이는 긴축적 통화정책을 실시하여 균형국민소득을 감소시키고자 한다. 현재 명목화폐공급량(M)이 40일 때, 이를 달성하기 위한 명목화폐공급량의 감소분은? (단, r은 이자율, Y는 국민소득, M^d는 명목화폐수요량, P는 물가수준이고 1로 고정되어 있다.)

> • IS 곡선: $r = 120 - 5Y$
> • 실질화폐수요함수: $\dfrac{M^d}{P} = 3Y - r$

① 5
② 8
③ 10
④ 15
⑤ 20

37 현재 한국과 미국의 햄버거 가격이 각각 5,000원, 5달러인 경우, 이에 관한 설명으로 옳은 것을 모두 고른 것은? (단, 햄버거를 대표상품으로 한다.)

> ㄱ. 현재 구매력평가 환율은 1,000(원/달러)이다.
> ㄴ. 변동환율제도하에서 현재 환율이 1,100(원/달러)이다. 장기적으로 구매력 평가설이 성립하고 미국의 햄버거 가격과 환율이 변하지 않는다면, 장기적으로 한국의 햄버거 가격은 상승한다.
> ㄷ. 변동환율제도하에서 현재 환율이 1,100(원/달러)이다. 장기적으로 구매력 평가설이 성립하고 한국과 미국의 햄버거 가격이 변하지 않는다면, 장기적으로 환율은 상승한다.

① ㄱ   ② ㄷ
③ ㄱ, ㄴ   ④ ㄴ, ㄷ
⑤ ㄱ, ㄴ, ㄷ

38 거시경제이론과 관련된 경제학파에 대한 설명으로 옳은 것은?

① 새케인즈학파(New Keynesian)는 단기 필립스곡선이 수직이라고 주장한다.
② 새케인즈학파는 가격 신축성에 근거하여 경기변동을 설명한다.
③ 새케인즈학파는 단기에서 화폐중립성이 성립한다고 주장한다.
④ 실물경기변동이론에 따르면 경기변동국면에서 소비의 최적화가 달성된다.
⑤ 새고전학파는 메뉴비용의 존재가 경기변동에 중요한 역할을 한다고 주장한다.

39 t시점의 실업률은 10%, 경제활동참가율은 50%이다. t시점과 $t+1$시점 사이에 아래와 같은 변화가 발생할 때, $t+1$시점의 실업률은? (단, 취업자와 비경제활동인구 사이의 이동은 없고, 소수점 둘째자리에서 반올림하여 소수점 첫째자리까지 구한다.)

> • 실업자 중에서
>   – 취업에 성공하는 비율(구직률): 20%
>   – 구직을 단념하여 비경제활동인구로 편입되는 비율: 10%
> • 취업자 중에서 실직하여 구직활동을 하는 비율(실직률): 1%
> • 비경제활동인구 중에서 구직활동을 시작하는 비율: 1%

① 8.9%   ② 9.5%
③ 9.9%   ④ 10.0%
⑤ 10.5%

40 모든 사람들이 화폐(M2)를 현금 25%, 요구불예금 25%, 저축성예금 50%로 나누어 보유하고, 은행의 지급준비율은 요구불예금과 저축성예금에 대하여 동일하게 10%라고 할 때, M2 통화승수는? (단, 소수점 둘째자리에서 반올림하여 소수점 첫째자리까지 구한다.)

① 2.5

② 2.8

③ 3.1

④ 3.6

⑤ 4.5

제3과목 | 부동산학원론

01 토지의 일부로 간주되는 정착물에 해당하는 것을 모두 고른 것은?

> ㄱ. 가식 중에 있는 수목
> ㄴ. 매년 경작의 노력을 요하지 않는 다년생 식물
> ㄷ. 건물
> ㄹ. 소유권보존등기된 입목
> ㅁ. 구거
> ㅂ. 경작수확물

① ㄱ, ㅂ
② ㄴ, ㅁ
③ ㄷ, ㄹ
④ ㄹ, ㅁ
⑤ ㅁ, ㅂ

02 공인중개사법령상 개업공인중개사에 관한 내용으로 옳지 <u>않은</u> 것은?

① 개업공인중개사는 그 사무소의 명칭에 "공인중개사사무소" 또는 "부동산중개"라는 문자를 사용하여야 한다.

② 개업공인중개사가 아닌 자는 중개대상물에 대한 표시·광고를 하여서는 아니 된다.

③ 개업공인중개사는 「민사집행법」에 의한 경매 및 「국세징수법」 그 밖의 법령에 의한 공매대상 부동산에 대한 권리분석 및 취득의 알선과 매수신청 또는 입찰신청의 대리를 할 수 있다.

④ 개업공인중개사는 대통령령으로 정하는 기준과 절차에 따라 등록관청의 허가를 받아 그 관할 구역 외의 지역에 분사무소를 둘 수 있다.

⑤ 개업공인중개사는 다른 사람에게 자기의 성명 또는 상호를 사용하여 중개업무를 하게 하거나 자기의 중개사무소등록증을 양도 또는 대여하는 행위를 하여서는 아니된다.

03 주택법령상 주택의 정의에 관한 설명으로 옳은 것은?

① 민영주택은 임대주택을 제외한 주택을 말한다.

② 세대구분형 공동주택은 공동주택의 주택 내부 공간의 일부를 세대별로 구분하여 생활이 가능한 구조로 하되, 그 구분된 공간의 일부를 구분소유 할 수 있는 주택으로서 대통령령으로 정하는 건설기준, 설치기준, 면적기준 등에 적합한 주택을 말한다.

③ 도시형 생활주택은 300세대 미만의 국민주택규모에 해당하는 주택으로서 대통령령으로 정하는 주택을 말한다.

④ 에너지절약형 친환경주택은 저에너지 건물 조성기술 등 대통령령으로 정하는 기술을 이용하여 에너지 사용량을 절감하거나 이산화탄소 배출량을 증대할 수 있도록 건설된 주택을 말한다.

⑤ 장수명 주택은 구조적으로 오랫동안 유지·관리될 수 있는 내구성을 갖추고 있어 내부 구조를 쉽게 변경할 수 없는 주택을 말한다.

04 지방세법령상 토지에 관한 재산세 과세대상 중 별도합산과세대상인 것은?

① 공장용지·전·답·과수원 및 목장용지로서 대통령령으로 정하는 토지

② 국가 및 지방자치단체 지원을 위한 특정목적 사업용 토지로서 대통령령으로 정하는 토지

③ 국토의 효율적 이용을 위한 개발사업용 토지로서 대통령령으로 정하는 토지

④ 산림의 보호육성을 위하여 필요한 임야 및 종중 소유 임야로서 대통령령으로 정하는 임야

⑤ 철거·멸실된 건축물 또는 주택의 부속토지로서 대통령령으로 정하는 부속토지

05 건축원자재 가격의 하락에 따른 영향을 디파스퀠리-위튼(DiPasquale & Wheaton)의 사분면 모형을 통해 설명한 것으로 옳지 않은 것은? (단, 주어진 조건에 한함)

① 건축원자재 가격의 하락으로 인해 부동산개발부문에서 신규건설비용이 하락한다.

② 주어진 부동산자산가격 수준에서 부동산개발의 수익성이 높아지므로 신규건설량이 증가한다.

③ 새로운 장기균형에서 균형공간재고는 감소한다.

④ 새로운 장기균형에서 부동산공간시장의 균형임대료는 하락한다.

⑤ 새로운 장기균형에서 부동산자산시장의 균형가격은 하락한다.

06 토지의 분류 및 용어에 관한 설명으로 옳은 것을 모두 고른 것은?

> ㄱ. 획지(劃地)는 인위적, 자연적, 행정적 조건에 따라 다른 토지와 구별되는 가격수준이 비슷한 일단의 토지를 말한다.
> ㄴ. 후보지(候補地)는 용도적 지역의 분류 중 세분된 지역 내에서 용도에 따라 전환되는 토지를 말한다.
> ㄷ. 공지(空地)는 관련법령이 정하는 바에 따라 안전이나 양호한 생활환경을 확보하기 위해 건축하면서 남겨놓은 일정 면적의 토지를 말한다.
> ㄹ. 갱지(更地)는 택지 등 다른 용도로 조성되기 이전 상태의 토지를 말한다.

① ㄱ
② ㄹ
③ ㄱ, ㄷ
④ ㄴ, ㄹ
⑤ ㄱ, ㄷ, ㄹ

07 부동산 중개계약에 관한 설명으로 (   )에 들어갈 것으로 옳은 것은?

> (ㄱ): 중개의뢰인이 특정한 개업공인중개사를 정하여 그 개업공인중개사에게 한정하여 해당 중개대상물을 중개하도록 하는 중개계약
> (ㄴ): 중개의뢰인이 해당 중개대상물의 중개를 불특정 다수의 개업공인중개사에게 의뢰하고 먼저 거래를 성사시킨 개업공인중개사에게 보수를 지급하는 중개계약

① ㄱ: 일반중개계약, ㄴ: 전속중개계약
② ㄱ: 일반중개계약, ㄴ: 공동중개계약
③ ㄱ: 전속중개계약, ㄴ: 공동중개계약
④ ㄱ: 공동중개계약, ㄴ: 일반중개계약
⑤ ㄱ: 전속중개계약, ㄴ: 일반중개계약

08 지방세기본법상 부동산 관련 조세 중 시·군세(광역시의 군세 포함)에 해당하는 것으로 옳게 묶인 것은?
① 취득세, 지방소득세
② 재산세, 지방소비세
③ 재산세, 지방소득세
④ 취득세, 등록면허세
⑤ 등록면허세, 지방소비세

09 외부효과에 관한 내용으로 (   )에 들어갈 것으로 옳은 것은?

> • 부동산의 특성 중에서 (ㄱ)은 외부효과를 발생시킨다.
> • 부동산시장 참여자가 자신들의 행동이 초래하는 외부효과를 의사결정에서 감안하도록 만드는 과정을 외부효과의 (ㄴ)
>   라 한다.

① ㄱ: 부동성, ㄴ: 유동화
② ㄱ: 부동성, ㄴ: 내부화
③ ㄱ: 인접성, ㄴ: 유동화
④ ㄱ: 개별성, ㄴ: 내부화
⑤ ㄱ: 개별성, ㄴ: 유동화

10 빈집 및 소규모주택 정비에 관한 특례법상 소규모주택정비사업에 해당하지 <u>않는</u> 것은?

① 빈집정비사업
② 자율주택정비사업
③ 가로주택정비사업
④ 소규모재건축사업
⑤ 소규모재개발사업

11 감정평가에 관한 규칙에 관한 내용으로 옳지 <u>않은</u> 것은?

① 대상물건에 대한 감정평가액은 시장가치를 기준으로 결정한다.
② 감정평가는 기준시점에서의 대상물건의 이용상황(불법적이거나 일시적인 이용은 제외한다) 및 공법
   상 제한을 받는 상태를 기준으로 한다.
③ 감정평가는 대상물건마다 개별로 하여야 한다.
④ 감정평가법인등이 토지를 감정평가할 때에는 수익환원법을 적용해야 한다.
⑤ 하나의 대상물건이라도 가치를 달리하는 부분은 이를 구분하여 감정평가할 수 있다.

12 다음 자료를 활용하여 원가법으로 평가한 대상건물의 가액은? (단, 주어진 조건에 한함)

- 대상건물: 철근콘크리트구조, 다가구주택, 연면적 350m²
- 기준시점: 2024.04.05.
- 사용승인시점: 2013.06.16.
- 사용승인시점의 적정한 신축공사비: 1,000,000원/m²
- 건축비지수
  - 기준시점: 115
  - 사용승인시점: 100
- 경제적 내용연수: 50년
- 감가수정방법: 정액법(만년감가기준)
- 내용연수 만료시 잔존가치 없음

① 313,000,000원
② 322,000,000원
③ 342,000,000원
④ 350,000,000원
⑤ 352,000,000원

13 원가방식에 관한 설명으로 옳은 것을 모두 고른 것은?

ㄱ. 원가법과 적산법은 원가방식에 해당한다.
ㄴ. 재조달원가는 실제로 생산 또는 건설된 방법 여하에 불구하고 도급방식을 기준으로 산정한다.
ㄷ. 대상부동산이 가지는 물리적 특성인 지리적 위치의 고정성에 의해서 경제적 감가요인이 발생한다.
ㄹ. 정액법, 정률법, 상환기금법은 대상부동산의 내용연수를 기준으로 하는 감가수정방법에 해당한다.

① ㄱ, ㄴ
② ㄷ, ㄹ
③ ㄱ, ㄴ, ㄹ
④ ㄱ, ㄷ, ㄹ
⑤ ㄱ, ㄴ, ㄷ, ㄹ

14 감정평가 실무기준상 수익방식에 관한 내용으로 옳은 것은?

① 직접환원법은 복수기간의 순수익을 적절한 환원율로 환원하여 대상물건의 가액을 산정하는 방법을 말한다.
② 수익가액이란 수익분석법에 따라 산정된 가액을 말한다.
③ 순수익은 대상물건에 귀속하는 적절한 수익으로서 가능총수익에서 운영경비를 공제하여 산정한다.
④ 직접환원법에서 사용할 환원율은 투자결합법으로 구하는 것을 원칙으로 한다.
⑤ 할인현금흐름분석법의 적용에 따른 복귀가액은 보유기간 경과 후 초년도의 순수익을 추정하여 최종 환원율로 환원한 후 매도비용을 공제하여 산정한다.

15 부동산 가격의 제원칙에 관한 내용으로 옳지 <u>않은</u> 것은?

① 부동산의 가격이 대체·경쟁관계에 있는 유사한 부동산의 영향을 받아 형성되는 것은 대체의 원칙에 해당된다.
② 부동산의 가격이 경쟁을 통해 초과이윤이 없어지고 적합한 가격이 형성되는 것은 경쟁의 원칙에 해당된다.
③ 부동산의 가격이 부동산을 구성하고 있는 각 요소가 기여하는 정도에 영향을 받아 형성되는 것은 기여의 원칙에 해당된다.
④ 부동산의 가격이 내부적인 요인에 의하여 긍정적 또는 부정적 영향을 받아 형성되는 것은 적합의 원칙에 해당된다.
⑤ 부동산 가격의 제원칙은 최유효이용의 원칙을 상위원칙으로 하나의 체계를 형성하고 있다.

16 감정평가에 관한 규칙상 주된 평가방법으로 수익환원법을 적용해야 하는 것은 모두 몇 개인가?

• 광업재단	• 상표권
• 영업권	• 특허권
• 전용측선이용권	• 과수원

① 2개
② 3개
③ 4개
④ 5개
⑤ 6개

17 감정평가의 지역분석에 관한 내용으로 옳은 것은?

① 인근지역이란 감정평가의 대상이 된 부동산이 속한 지역으로서 부동산의 이용이 동질적이고 가치형성요인 중 지역요인을 공유하는 지역을 말한다.

② 유사지역이란 대상부동산이 속한 지역으로서 인근지역과 유사한 특성을 갖는 지역을 말한다.

③ 동일수급권이란 대상부동산과 수요 · 공급 관계가 성립하고 가치 형성에 서로 영향을 미치지 않는 관계에 있는 다른 부동산이 존재하는 권역을 말한다.

④ 지역분석은 대상지역 내 토지의 최유효이용 및 대상부동산의 가격을 판정하는 것이다.

⑤ 지역분석은 개별분석 이후에 실시하는 것이 일반적이다.

18 토지와 건물로 구성된 대상건물의 연간 감가율(자본회수율)은? (단, 주어진 조건에 한함)

- 거래가격: 20억원
- 순영업소득: 연 1억 8천만원
- 가격구성비: 토지 80%, 건물 20%
- 토지환원율, 건물상각후환원율: 각 연 8%

① 4%

② 5%

③ 6%

④ 7%

⑤ 8%

19 토지의 특성과 감정평가에 관한 내용이다. ( )에 들어갈 것으로 옳은 것은?

- (ㄱ)은 장래편익의 현재가치로 평가하게 한다.
- (ㄴ)은 원가방식의 평가를 어렵게 한다.
- (ㄷ)은 개별요인의 분석과 사정보정을 필요하게 한다.

① ㄱ: 영속성, ㄴ: 부증성, ㄷ: 개별성

② ㄱ: 개별성, ㄴ: 영속성, ㄷ: 부동성

③ ㄱ: 영속성, ㄴ: 개별성, ㄷ: 부증성

④ ㄱ: 부증성, ㄴ: 영속성, ㄷ: 개별성

⑤ ㄱ: 영속성, ㄴ: 개별성, ㄷ: 부동성

20 대상물건에 관한 감정평가방법으로 옳지 않은 것은? (단, 주어진 조건에 한함)

① 주택으로 쓰는 층수가 4개 층으로 1개 동의 바닥면적의 합계가 700제곱미터인 건물에서 구분소유 부동산의 감정평가액은 합리적인 배분기준에 따라 토지가액과 건물가액으로 구분하여 표시할 수 있다.

② 주택으로 쓰는 층수가 3개 층으로 15세대가 거주할 수 있고 주택으로 쓰이는 바닥면적의 합계가 600제곱미터인 1개 동이며 구분소유가 아닌 건물의 감정평가는 토지와 건물을 일괄평가하는 것을 원칙으로 한다.

③ 주택으로 쓰는 층수가 6개 층인 건물에서 구분소유 부동산의 감정평가는 거래사례비교법으로 하는 것을 원칙으로 한다.

④ 주택으로 쓰는 층수가 4개 층으로 1개 동의 바닥면적의 합계가 500제곱미터인 건물에서 구분소유 부동산의 감정평가는 토지와 건물을 일괄평가하는 것을 원칙으로 한다.

⑤ 구분소유 부동산을 감정평가할 때에는 층별·위치별 효용요인을 반영하여야 한다.

21 X 노선 신역사가 들어선다는 정보가 있다. 만약 부동산 시장이 할당효율적이라면 투자자가 최대한 지불할 수 있는 정보비용의 현재가치는? (단, 제시된 가격은 개발정보의 실현 여부에 의해 발생하는 가격차이만을 반영하고, 주어진 조건에 한함)

- X 노선 신역사 예정지 인근에 일단의 A 토지가 있다.
- 1년 후 도심에 X 노선 신역사가 들어설 확률이 60%로 알려져 있다.
- 1년 후 도심에 X 노선 신역사가 들어서면 A 토지의 가격은 5억 5,000만원, 신역사가 들어서지 않으면 2억 7,500만원으로 예상된다.
- 투자자의 요구수익률(할인율)은 연 10%이다.

① 5천만원
② 1억원
③ 1억 5천만원
④ 2억원
⑤ 2억 5천만원

22 부동산의 수요와 공급에 관한 설명으로 옳지 <u>않은</u> 것은? (단, 우하향하는 수요곡선과 우상향하는 공급곡선을 가정하며, 다른 조건은 동일함)

① 단기적으로 가격이 상승해도 부동산의 공급량이 크게 증가할 수 없기 때문에 공급이 비탄력적이다.

② 부동산의 공급량은 주어진 가격 수준에서 일정기간에 판매하고자 하는 최대수량이다.

③ 용도전환 및 개발이 가능한 장기에는 공급의 탄력성이 커진다.

④ 부동산의 수요량은 구매능력을 갖춘 수요자들이 구매하려는 수량이므로 유효수요를 의미한다.

⑤ 공급의 가격탄력성이 작을수록 수요변화시 균형가격의 변동폭은 작지만 균형거래량의 변동폭은 크다.

23 다음 중 유량(flow)의 경제변수가 <u>아닌</u> 것은?

① 소득
② 수출
③ 재산
④ 소비
⑤ 투자

24 부동산 증권에 관한 설명으로 옳은 것을 모두 고른 것은?

ㄱ. MPTS(Mortgage Pass-Through Securities)는 채권을 표시하는 증권으로 원리금수취권과 주택저당에 대한 채권을 모두 투자자에게 이전하는 증권이다.

ㄴ. MBB(Mortgage-Backed Bond)는 모기지 풀(Pool)에서 발생하는 현금흐름으로 채권의 원리금이 지급되고, 모기지 풀의 현금흐름으로 채권의 원리금 지급이 안 될 경우 발행자가 초과부담을 제공하는 채권이다.

ㄷ. CMO(Collateralized Mortgage Obligation)는 원금과 조기상환대금을 받아갈 순서를 정한 증권으로 증권별로 만기가 일치하도록 만든 자동이체형 증권이다.

ㄹ. MPTB(Mortgage Pay-Through Bond)는 채권으로 발행자의 대차대조표에 부채로 표시된다.

ㅁ. 금융기관은 MBS(Mortgage-Backed Securities)를 통해 자기자본비율(BIS)을 높일 수 있다.

① ㄱ, ㄴ, ㄷ
② ㄱ, ㄴ, ㄹ
③ ㄱ, ㄷ, ㅁ
④ ㄴ, ㄹ, ㅁ
⑤ ㄷ, ㄹ, ㅁ

25 프로젝트 파이낸싱(PF)에 관한 설명으로 옳지 <u>않은</u> 것은?

① 사업주의 대차대조표에 부채로 표시되어 사업주의 부채비율에 영향을 미친다.

② 프로젝트 자체의 수익성과 향후 현금흐름을 기초로 개발에 필요한 자금을 조달한다.

③ 대출기관은 시행사에게 원리금상환을 요구하고, 시행사가 원리금을 상환하지 못하면 책임준공의 의무가 있는 시공사에게 채무상환을 요구할 수 있다.

④ 금융기관은 부동산개발사업의 사업주와 자금공여 계약을 체결한다.

⑤ 프로젝트 파이낸싱의 구조는 비소구금융이 원칙이나, 제한적 소구금융의 경우도 있다.

26 다음의 조건을 가진 오피스텔의 대부비율(LTV)은? (단, 연간 기준이며, 주어진 조건에 한함)

• 순영업소득: 4천만원	• 매매가격: 4억원
• 부채감당률: 2	• 저당상수: 0.1

① 20%

② 30%

③ 40%

④ 50%

⑤ 60%

27 아파트시장의 균형가격과 균형거래량에 관한 설명으로 옳지 <u>않은</u> 것은? (단, 완전탄력적과 완전비탄력적 조건이 없는 경우는 수요와 공급의 법칙에 따르며, 다른 조건은 동일함)

① 수요의 증가폭이 공급의 증가폭보다 클 경우, 균형가격은 하락하고 균형거래량은 증가한다.

② 균형상태인 아파트시장에서 건축원자재의 가격이 상승하면 균형가격은 상승하고 균형거래량은 감소한다.

③ 공급이 가격에 대해 완전탄력적인 경우, 수요가 증가하면 균형가격은 변하지 않고 균형거래량만 증가한다.

④ 공급이 가격에 대해 완전비탄력적인 경우, 수요가 증가하면 균형가격은 상승하고 균형거래량은 변하지 않는다.

⑤ 공급의 감소폭이 수요의 감소폭보다 클 경우, 균형가격은 상승하고 균형거래량은 감소한다.

28 부동산투자회사법령상 부동산투자회사에 관한 내용으로 옳지 <u>않은</u> 것은?

① 영업인가를 받거나 등록을 한 날부터 최저자본금준비기간이 지난 자기관리 부동산투자회사의 최저 자본금은 70억원 이상이 되어야 한다.

② 최저자본금준비기간이 끝난 후에는 매 분기 말 현재 총자산의 100분의 80 이상을 부동산, 부동산 관련 증권 및 현금으로 구성하여야 한다. 이 경우 총자산의 100분의 70 이상은 부동산(건축 중인 건축물을 포함한다)이어야 한다.

③ 부동산투자회사는 부동산 등 자산의 운용에 관하여 회계처리를 할 때에는 금융감독원이 정하는 회계처리기준에 따라야 한다.

④ 부동산투자회사의 상근 임원은 다른 회사의 상근 임직원이 되거나 다른 사업을 하여서는 아니 된다.

⑤ 위탁관리 부동산투자회사란 자산의 투자·운용을 자산관리회사에 위탁하는 부동산투자회사를 말한다.

29 아파트시장에서 아파트의 수요곡선을 우측(우상향)으로 이동시킬 수 있는 요인은 모두 몇 개인가? (단, 다른 조건은 동일함)

- 아파트 가격의 하락
- 대체 주택 가격의 상승
- 총부채원리금상환비율(DSR) 규제 완화
- 가구수 증가
- 모기지 대출(mortgage loan) 금리의 상승
- 수요자의 실질 소득 감소
- 부채감당률(DCR) 규제 강화

① 2개
② 3개
③ 4개
④ 5개
⑤ 6개

30 부동산금융에 관한 설명으로 옳은 것은? (단, 주어진 조건에 한함)

① 콜옵션(call option)은 저당대출 대출자에게 주어진 조기상환권이다.

② 금융기관은 위험을 줄이기 위해 부채감당률이 1보다 작은 대출안의 작은 순서대로 대출을 실행한다.

③ 대출수수료와 조기상환수수료를 차입자가 부담하는 경우, 차입자의 실효이자율은 조기상환시점이 앞당겨질수록 하락한다.

④ 대출조건이 동일할 경우 대출채권의 듀레이션(평균회수기간)은 원리금균등분할상환방식이 원금균등분할상환방식보다 더 길다.

⑤ 고정금리방식의 대출에서 총상환액은 원리금균등분할상환방식이 원금균등분할상환방식보다 더 작다.

31 부동산투자의 수익과 위험에 관한 설명으로 옳지 않은 것은?

① 다양한 자산들로 분산된 포트폴리오는 체계적 위험을 감소시킨다.

② 위험회피형 투자자는 위험 증가에 따른 보상으로 높은 기대수익률을 요구한다.

③ 동일한 자산들로 구성된 포트폴리오라도 자산들의 구성비중에 따라 포트폴리오의 수익과 위험이 달라진다.

④ 시장상황에 대한 자산가격의 민감도가 높을수록 수익률의 표준편차는 커진다.

⑤ 지분투자수익률은 지분투자자의 투자성과를 나타낸다.

32 다음에서 설명하는 민간투자 사업방식은?

- 시설의 소유권은 시설의 준공과 함께 정부 등에 귀속
- 사업시행자는 일정기간의 시설관리 운영권을 획득
- 사업시행자는 시설의 최종수요자로부터 이용료를 징수하여 투자비를 회수
- SOC시설 소유권을 민간에 넘기는 것이 부적절한 경우에 주로 사용

① BOT(build-operate-transfer)방식

② BTO(build-transfer-operate)방식

③ BLT(build-lease-transfer)방식

④ LBO(lease-build-operate)방식

⑤ BOO(build-own-operate)방식

33 다음과 같은 조건에서 대상부동산의 수익가액 산정시 적용할 환원이율(capitalization rate)은? (단, 주어진 조건에 한함)

- 가능총소득(PGI): 연 85,000,000원
- 공실상당액: 가능총소득의 5%
- 재산관리수수료: 가능총소득의 2%
- 유틸리티비용: 가능총소득의 2%
- 관리직원인건비: 가능총소득의 3%
- 부채서비스액: 연 20,000,000원
- 대부비율: 25%
- 대출조건: 이자율 연 4%로 28년간 매년 원리금균등분할상환(고정금리)
- 저당상수(이자율 연 4%, 기간 28년): 0.06

---

① 5.61%　　　　　　　　② 5.66%

③ 5.71%　　　　　　　　④ 5.76%

⑤ 5.81%

34 부동산투자에 관한 설명으로 옳지 <u>않은</u> 것은? (단, 주어진 조건에 한함)

① 영업비용비율(OER)은 운영경비(OE)를 유효총소득(EGI)으로 나눈 비율이다.

② 총부채상환비율(DTI)이 높을수록 차입자의 부채상환가능성이 낮아진다.

③ 채무불이행률(DR)은 유효총소득(EGI)으로 운영경비(OE)와 부채서비스(DS)를 감당할 수 있는 정도를 나타낸다.

④ 총투자수익률(ROI)은 총투자액을 순영업소득(NOI)으로 나눈 비율이다.

⑤ 지분투자수익률(ROE)은 세후현금흐름(ATCF)을 지분투자액으로 나눈 비율이다.

35 부동산 마케팅활동에 관한 설명으로 옳지 <u>않은</u> 것은?

① 시장세분화란 부동산시장에서 마케팅활동을 수행하기 위하여 구매자의 집단을 세분화하는 것이다.

② 세분시장은 그 규모와 구매력 등의 특성이 측정될 수 있어야 한다.

③ 세분시장은 개념적으로 구분될 수 있으며 마케팅 믹스 요소에 대해 동일하게 반응한다.

④ 표적시장이란 세분화된 시장 중 가장 효과적인 성과가 기대되어 마케팅활동의 수행대상이 되는 시장을 말한다.

⑤ 포지셔닝은 표적시장에서 고객의 욕구를 파악하여 경쟁제품과 차별화된 자사제품의 개념을 정해 이를 소비자의 지각 속에 적절히 위치시키는 것이다.

36 부동산투자분석에 관한 내용으로 옳지 <u>않은</u> 것은?

① 동일한 현금흐름을 가지는 투자안이라도 투자자의 요구수익률에 따라 순현재가치는 달라질 수 있다.
② 서로 다른 내부수익률을 가지는 두 자산에 동시에 투자하는 투자안의 내부수익률은 각 자산의 내부수익률을 더한 것과 같다.
③ 동일한 투자안에 대해 내부수익률이 복수로 존재할 수 있다.
④ 내부수익률법에서는 내부수익률과 요구수익률을 비교하여 투자의사결정을 한다.
⑤ 투자규모에 차이가 나는 상호배타적인 투자안을 검토할 때, 순현재가치법과 수익성지수법을 통한 의사결정이 달라질 수 있다.

37 부동산관리의 위탁관리방식에 관한 설명으로 옳지 <u>않은</u> 것은?

① 신뢰도가 높은 업체를 선정하는 것이 중요하다.
② 관리업무의 전문성과 효율성을 제고할 수 있다.
③ 오피스빌딩과 같은 대형건물의 관리에 유용하다.
④ 관리환경 변화에 대한 예측과 적응에 유리하다.
⑤ 자기관리방식보다 기밀유지 측면에서 유리하다.

38 부동산투자에서 (ㄱ)타인자본을 활용하지 않은 경우와 (ㄴ)타인자본을 40% 활용하는 경우, 각각의 1년간 자기자본수익률(%)은? (단, 주어진 조건에 한함)

- 부동산 매입가격: 10,000만원
- 1년 후 부동산 처분
- 순영업소득(NOI): 연 500만원(기간 말 발생)
- 보유기간 동안 부동산가격 상승률: 연 2%
- 대출조건: 이자율 연 4%, 대출기간 1년, 원리금은 만기일시상환

① ㄱ: 7.0, ㄴ: 7.0
② ㄱ: 7.0, ㄴ: 8.0
③ ㄱ: 7.0, ㄴ: 9.0
④ ㄱ: 7.5, ㄴ: 8.0
⑤ ㄱ: 7.5, ㄴ: 9.0

39 다음은 매장의 매출액이 손익분기점 매출액 이하이면 기본임대료만 지급하고, 손익분기점 매출액 초과이면 초과매출액에 대하여 일정 임대료율을 적용한 추가임대료를 기본임대료에 가산하여 임대료를 지급하는 비율임대차(percentage lease) 방식의 임대차계약의 조건이다. 이 임대차계약에서 계약기간 동안 지급할 것으로 예상되는 임대료의 합계는? (단, 주어진 조건에 한함)

> - 계약기간: 1년(1월~12월)
> - 매장 임대면적: 200m²
> - 임대면적당 기본임대료: 월 5만원/m²
> - 손익분기점 매출액: 월 2,000만원
> - 각 월별 예상매출액
>   - 1월~7월: 8만원/m²
>   - 8월~12월: 20만원/m²
> - 손익분기점 초과시 초과매출액에 대한 임대료율: 10%

① 11,000만원
② 11,500만원
③ 12,000만원
④ 12,500만원
⑤ 13,000만원

40 부동산개발방식에 관한 설명으로 옳은 것을 모두 고른 것은?

> ㄱ: 토지소유자와의 약정에 의해 수익증권을 발행하고 수익증권의 소유자에게 수익을 배당하는 방식
> ㄴ: 원래의 토지소유자에게 사업 후 사업에 소요된 비용 등을 제외하고 면적비율에 따라 돌려주는 방식
> ㄷ: 공익성이 강하고 대량공급이 가능한 택지개발사업에서 주로 수행하는 방식

① ㄱ: 신탁방식, ㄴ: 환지방식, ㄷ: 공영개발방식
② ㄱ: 신탁방식, ㄴ: 수용방식, ㄷ: 공영개발방식
③ ㄱ: 사업위탁방식, ㄴ: 환지방식, ㄷ: 민간개발방식
④ ㄱ: 사업위탁방식, ㄴ: 수용방식, ㄷ: 민간개발방식
⑤ ㄱ: 컨소시엄방식, ㄴ: 수용방식, ㄷ: 민관협력개발방식

제4과목 | 감정평가관계법규

01 국토의 계획 및 이용에 관한 법령상 기반시설과 그 해당 시설의 연결로 옳지 <u>않은</u> 것은?

① 공간시설 – 녹지
② 유통 · 공급시설 – 공동구
③ 공공 · 문화체육시설 – 공공청사
④ 환경기초시설 – 도축장
⑤ 방재시설 – 유수지

02 국토의 계획 및 이용에 관한 법령상 광역도시계획에 관한 설명으로 옳은 것은?

① 군수는 도지사에게 광역계획권의 지정을 요청할 수 없다.
② 도지사가 광역계획권을 변경하려면 중앙도시계획위원회의 심의를 거쳐 관계 중앙행정기관의 장의 승인을 받아야 한다.
③ 국토교통부장관은 광역계획권을 변경하면 지체 없이 관계 중앙행정기관의 장에게 그 사실을 통보하여야 한다.
④ 광역계획권을 지정한 날부터 2년이 지날 때까지 시장 · 군수의 광역도시계획 승인 신청이 없는 경우에는 관할 도지사가 광역도시계획을 수립한다.
⑤ 국토교통부장관은 기초조사정보체계를 구축한 경우 등록된 정보의 현황을 5년마다 확인하고 변동사항을 반영하여야 한다.

03 국토의 계획 및 이용에 관한 법령상 도시 · 군관리계획에 관한 설명으로 옳지 <u>않은</u> 것은?

① 국토교통부장관은 국가계획과 관련된 경우에는 직접 도시 · 군관리계획을 입안할 수 있다.
② 도시 · 군관리계획은 광역도시계획과 도시 · 군기본계획에 부합되어야 한다.
③ 주민은 지구단위계획의 수립에 관한 사항에 대하여 도시 · 군관리계획의 입안을 제안할 수 있다.
④ 도시 · 군관리계획의 입안을 제안받은 자는 제안된 도시 · 군관리계획의 입안 및 결정에 필요한 비용의 전부를 제안자에게 부담시킬 수는 없다.
⑤ 주거지역에 도시 · 군관리계획을 입안하는 경우 토지적성평가를 실시하지 아니할 수 있다.

04 국토의 계획 및 이용에 관한 법령상 용도지역·용도지구의 내용으로 옳지 <u>않은</u> 것은?

① 제2종일반주거지역: 중고층주택을 중심으로 편리한 주거환경을 조성하기 위하여 필요한 지역
② 일반상업지역: 일반적인 상업기능 및 업무기능을 담당하게 하기 위하여 필요한 지역
③ 생산녹지지역: 주로 농업적 생산을 위하여 개발을 유보할 필요가 있는 지역
④ 시가지방재지구: 건축물·인구가 밀집되어 있는 지역으로서 시설 개선 등을 통하여 재해 예방이 필요한 지구
⑤ 집단취락지구: 개발제한구역안의 취락을 정비하기 위하여 필요한 지구

05 국토의 계획 및 이용에 관한 법령상 공동구에 관한 설명으로 옳은 것은?

① 「도시개발법」에 따른 100만제곱미터 규모의 도시개발구역에서 개발사업을 시행하는 자는 공동구를 설치하여야 한다.
② 통신선로는 공동구협의회의 심의를 거쳐야 수용할 수 있다.
③ 공동구의 설치비용은 「국토의 계획 및 이용에 관한 법률」 또는 다른 법률에 특별한 규정이 있는 경우를 제외하고는 공동구 점용예정자와 사업시행자가 부담한다.
④ 부담금의 납부통지를 받은 공동구 점용예정자는 공동구설치공사가 착수되기 전에 부담액의 3분의 2 이상을 납부하여야 한다.
⑤ 공동구관리자는 1년에 2회 이상 공동구의 안전점검을 실시하여야 한다.

06 국토의 계획 및 이용에 관한 법령상 개발행위허가 시 개발행위 규모의 제한을 받는 경우 용도지역별로 허용되는 토지형질변경면적으로 옳은 것은?

① 자연환경보전지역: 5천제곱미터 미만
② 자연녹지지역: 3만제곱미터 미만
③ 공업지역: 1만제곱미터 미만
④ 생산녹지지역: 5천제곱미터 미만
⑤ 주거지역: 3만제곱미터 미만

07 국토의 계획 및 이용에 관한 법령상 용도지역별 건폐율의 최대한도가 큰 순서대로 나열된 것은? (단, 조례 및 기타 강화·완화조건은 고려하지 않음)

ㄱ. 제2종전용주거지역	ㄴ. 유통상업지역
ㄷ. 일반공업지역	ㄹ. 농림지역

① ㄴ - ㄱ - ㄷ - ㄹ
② ㄴ - ㄷ - ㄱ - ㄹ
③ ㄷ - ㄴ - ㄹ - ㄱ
④ ㄷ - ㄹ - ㄱ - ㄴ
⑤ ㄹ - ㄷ - ㄴ - ㄱ

08 국토의 계획 및 이용에 관한 법령상 개발행위허가를 받은 자가 행정청인 경우 개발행위에 따른 공공시설의 귀속에 관한 설명으로 옳지 <u>않은</u> 것은?

① 개발행위허가를 받은 자가 새로 설치한 공공시설은 그 시설을 관리할 관리청에 무상으로 귀속된다.
② 개발행위허가를 받은 자가 기존의 공공시설에 대체되는 공공시설을 설치한 경우 종래의 공공시설은 개발행위허가를 받은 자에게 무상으로 귀속된다.
③ 새로 설치된 공공시설의 귀속시점은 준공검사를 받은 날이다.
④ 개발행위허가를 받은 자는 개발행위가 끝나 준공검사를 마친 때에는 해당 시설의 관리청에 공공시설의 종류와 토지의 세목을 통지하여야 한다.
⑤ 개발행위허가를 받은 자는 그에게 귀속된 공공시설의 처분으로 인한 수익금을 도시·군계획사업 외의 목적에 사용하여서는 아니 된다.

09 국토의 계획 및 이용에 관한 법령상 개발밀도관리구역에 관한 설명으로 옳지 <u>않은</u> 것은?

① 공업지역에서의 개발행위로 기반시설의 수용능력이 부족할 것이 예상되는 지역 중 기반시설의 설치가 곤란한 지역을 개발밀도관리구역으로 지정할 수 있다.
② 개발밀도관리구역에서는 해당 용도지역에 적용되는 용적률 최대한도의 30퍼센트 범위에서 용적률을 강화하여 적용한다.
③ 개발밀도관리구역을 변경하려면 해당 지방자치단체에 설치된 지방도시계획위원회의 심의를 거쳐야 한다.
④ 지정권자는 개발밀도관리구역을 지정한 경우 그 사실을 당해 지방자치단체의 공보에 게재하는 방법으로 고시하여야 한다.
⑤ 개발밀도관리구역의 지정기준을 정할 때 고려되는 기반시설에 수도공급설비도 포함된다.

10 국토의 계획 및 이용에 관한 법률상 성장관리계획에 관한 조문의 일부이다. ( )에 들어갈 숫자로 옳은 것은?

> 성장관리계획구역에서는 다음 각 호의 구분에 따른 범위에서 성장관리계획으로 정하는 바에 따라 특별시 · 광역시 · 특별자치시 · 특별자치도 · 시 또는 군의 조례로 정하는 비율까지 건폐율을 완화하여 적용할 수 있다.
> 1. 계획관리지역: (ㄱ)퍼센트 이하
> 2. 생산관리지역 · 농림지역 및 대통령령으로 정하는 녹지지역: (ㄴ)퍼센트 이하

① ㄱ: 30, ㄴ: 20
② ㄱ: 30, ㄴ: 30
③ ㄱ: 50, ㄴ: 30
④ ㄱ: 50, ㄴ: 50
⑤ ㄱ: 60, ㄴ: 50

11 국토의 계획 및 이용에 관한 법령상 용도지역에 관한 설명으로 옳은 것은?

① 용도지역을 세분하는 지정은 도시 · 군기본계획으로도 할 수 있다.
② 하나의 시 · 도 안에서 둘 이상의 시 · 군에 걸쳐 지정되는 용도지역에 대해서는 국토교통부장관이 직접 도시 · 군관리계획을 입안할 수 있다.
③ 하천의 매립목적이 그 매립구역과 이웃하고 있는 용도지역의 내용과 같으면 도시 · 군관리계획의 입안 및 결정 절차 없이 그 매립준공구역은 이웃하고 있는 용도지역으로 지정된 것으로 본다.
④ 「산업입지 및 개발에 관한 법률」에 따라 국가산업단지로 지정된 지역은 「국토의 계획 및 이용에 관한 법률」에 따른 도시지역으로 결정 · 고시된 것으로 본다.
⑤ 「택지개발촉진법」에 따른 택지개발지구가 개발사업의 완료로 해제되는 경우 그 지역은 택지개발지구를 지정하기 이전의 용도지역으로 환원된 것으로 본다.

12 국토의 계획 및 이용에 관한 법령상 시가화조정구역에 관한 설명으로 옳지 <u>않은</u> 것은?

① 시가화를 유보할 수 있는 기간은 5년 이상 20년 이내이다.
② 시가화조정구역의 지정에 관한 도시 · 군관리계획 결정이 있는 경우 결정 당시 이미 허가를 받아 공사에 착수한 자는 관할 관청에 신고하고 그 공사를 계속할 수 있다.
③ 시가화조정구역에서 해제되는 구역 중 계획적인 개발 또는 관리가 필요한 지역에 대하여는 지구단위계획구역을 지정할 수 있다.
④ 시가화조정구역에서 입목의 조림 또는 육림은 관할 관청에 신고하고 그 행위를 할 수 있다.
⑤ 시가화조정구역의 지정에 관한 도시 · 군관리계획의 결정은 시가화 유보기간이 끝난 날의 다음날부터 그 효력을 잃는다.

13 국토의 계획 및 이용에 관한 법령상 입지규제최소구역에 대하여 적용하지 않을 수 있는 법률 규정에 해당하지 **않는** 것은?

① 「건축법」 제43조에 따른 공개 공지 등의 확보
② 「주택법」 제35조에 따른 부대시설의 설치기준
③ 「주차장법」 제19조에 따른 부설주차장의 설치
④ 「문화예술진흥법」 제9조에 따른 건축물에 대한 미술작품의 설치
⑤ 「도시공원 및 녹지 등에 관한 법률」 제14조에 따른 녹지 확보기준

14 부동산 가격공시에 관한 법령상 표준주택가격의 조사·산정보고서에 포함되는 사항을 모두 고른 것은?

> ㄱ. 주택 대지의 용도지역
> ㄴ. 주건물 구조 및 층수
> ㄷ. 「건축법」에 따른 사용승인연도
> ㄹ. 도로접면

① ㄱ, ㄴ
② ㄷ, ㄹ
③ ㄱ, ㄴ, ㄷ
④ ㄴ, ㄷ, ㄹ
⑤ ㄱ, ㄴ, ㄷ, ㄹ

15 부동산 가격공시에 관한 법령상 비주거용 부동산가격의 공시에 관한 설명으로 옳지 **않은** 것은?

① 공시기준일 이후에 「건축법」에 따른 대수선이 된 비주거용 일반부동산은 해당 비주거용 개별부동산가격의 공시기준일을 다르게 할 수 있다.
② 비주거용 표준부동산의 임시사용승인일은 비주거용 표준부동산가격의 공시사항에 포함되지 않는다.
③ 비주거용 표준부동산가격은 국가 등이 그 업무와 관련하여 비주거용 개별부동산가격을 산정하는 경우에 그 기준이 된다.
④ 국토교통부장관은 비주거용 집합부동산가격을 공시하기 위하여 그 가격을 산정할 때에는 비주거용 집합부동산의 소유자와 그 밖의 이해관계인의 의견을 들어야 한다.
⑤ 국토교통부장관은 공시한 비주거용 집합부동산가격의 오기를 정정하려는 경우에는 중앙부동산가격공시위원회의 심의를 거치지 아니할 수 있다.

16 부동산 가격공시에 관한 법령상 지가의 공시에 관한 설명으로 옳은 것은?

① 개별공시지가에 이의가 있는 자는 그 결정·공시일부터 60일 이내에 서면으로 관할 관청에 이의를 신청할 수 있다.
② 표준지공시지가의 단위면적은 3.3제곱미터로 한다.
③ 개발부담금의 부과대상이 아닌 토지에 대하여는 개별공시지가를 결정·공시하여야 한다.
④ 표준지공시지가의 공시에는 표준지에 대한 지목 및 용도지역이 포함되어야 한다.
⑤ 개별공시지가의 결정·공시에 드는 비용은 30퍼센트 이내에서 국고에서 보조한다.

17 감정평가 및 감정평가사에 관한 법령상 감정평가사에 대한 징계의 종류가 <u>아닌</u> 것은?

① 견책
② 자격의 취소
③ 2년 이하의 업무정지
④ 등록의 취소
⑤ 6개월 이하의 자격의 정지

18 감정평가 및 감정평가사에 관한 법령상 감정평가법인에 관한 설명으로 옳지 <u>않은</u> 것은?

① 감정평가법인은 전체 사원 또는 이사의 100분의 90 이상을 감정평가사로 두어야 한다.
② 국토교통부장관은 감정평가법인등이 장부 등의 검사를 거부 또는 방해한 경우에는 그 설립인가를 취소할 수 있다.
③ 감정평가법인등은 토지등의 매매업을 직접 하여서는 아니 된다.
④ 감정평가법인의 자본금은 2억원 이상이어야 한다.
⑤ 감정평가법인의 대표사원 또는 대표이사는 감정평가사여야 한다.

19 감정평가 및 감정평가사에 관한 법령상 감정평가사에 관한 설명으로 옳지 <u>않은</u> 것은?

① 감정평가사는 감정평가업을 하기 위하여 1개의 사무소만을 설치할 수 있다.

② 견책을 받은 감정평가사는 감정평가사 교육연수의 대상자에 포함된다.

③ 국유재산을 관리하는 기관에서 5년 이상 감정평가와 관련된 업무에 종사한 사람에 대해서는 감정평가사시험 중 제1차 시험을 면제한다.

④ 국토교통부장관은 등록한 감정평가사가 파산선고를 받고 복권되지 아니한 경우에는 그 등록을 취소하여야 한다.

⑤ 등록한 감정평가사는 5년마다 그 등록을 갱신하여야 한다.

20 국유재산법상 용어의 정의이다. ( )에 들어갈 내용으로 옳은 것은?

> • (ㄱ)(이)란 국가 외의 자가 제5조 제1항 각 호에 해당하는 재산의 소유권을 무상으로 국가에 이전하여 국가가 이를 취득하는 것을 말한다.
> • (ㄴ)이란 사용허가나 대부계약 없이 국유재산을 사용 · 수익하거나 점유한 자에게 부과하는 금액을 말한다.
> • 총괄청이란 (ㄷ)을 말한다.

① ㄱ: 기부채납, ㄴ: 부담금, ㄷ: 중앙관서의 장

② ㄱ: 무상양도, ㄴ: 변상금, ㄷ: 기획재정부장관

③ ㄱ: 기부채납, ㄴ: 변상금, ㄷ: 기획재정부장관

④ ㄱ: 무상양도, ㄴ: 변상금, ㄷ: 중앙관서의 장

⑤ ㄱ: 기부채납, ㄴ: 부담금, ㄷ: 기획재정부장관

21 국유재산법령상 국유재산에 관한 설명으로 옳지 <u>않은</u> 것은?

① 정부시설에서 사용하는 궤도차량으로서 해당 시설의 폐지와 함께 포괄적으로 용도폐지된 것은 해당 시설이 폐지된 후에는 국유재산으로 하지 아니한다.

② 총괄청은 일반재산을 보존용재산으로 전환하여 관리할 수 있다.

③ 등기가 필요한 국유재산이 부동산인 경우 그 권리자의 명의는 국(國)으로 하되 소관 중앙관서의 명칭을 함께 적어야 한다.

④ 총괄청이나 중앙관서의 장은 소유자 없는 부동산을 국유재산으로 취득한다.

⑤ 지상권, 전세권, 광업권은 국유재산의 범위에 속한다.

22 국유재산법령상 행정재산의 사용허가에 관한 설명으로 옳은 것은?

① 사용허가를 받은 자는 허가기간이 끝난 경우에는 중앙관서의 장이 미리 상태의 변경을 승인하였더라도 그 재산을 원래 상태대로 반환하여야 한다.

② 경작용으로 실경작자에게 사용허가를 하는 경우에는 수의의 방법으로 사용허가를 받을 자를 결정할 수 없다.

③ 중앙관서의 장은 사용허가를 받은 자가 해당 재산의 보존을 게을리한 경우 그 허가를 철회할 수 있다.

④ 사용허가에 관하여는 「국유재산법」에서 정한 것을 제외하고는 「민법」의 규정을 준용한다.

⑤ 사용허가를 받은 자가 그 재산에 대하여 유지ㆍ보수 외의 시설을 설치하려는 때에는 총괄청의 허가를 받아야 한다.

23 국유재산법령상 일반재산에 관한 설명으로 옳지 <u>않은</u> 것은?

① 국가가 매각한 일반재산을 일정기간 계속하여 점유ㆍ사용하는 경우에는 매각대금이 완납되기 전에 매각재산의 소유권을 이전할 수 있다.

② 일반재산을 매각한 경우에 매수자가 매각대금을 체납하면 그 매각계약을 해제할 수 있다.

③ 일반재산의 매각대금이 3천만원을 초과하는 경우 매각대금을 5년 이내의 기간에 걸쳐 나누어 내게 할 수 있다.

④ 일반재산을 용도를 지정하여 매각하는 경우에는 매수자는 매각일부터 10년 이상 지정된 용도로 활용하여야 한다.

⑤ 부동산신탁을 취급하는 신탁업자에게 신탁하여 개발된 일반재산의 대부기간은 30년 이내로 할 수 있으며, 20년의 범위에서 한 차례만 연장할 수 있다.

24 건축법령상 용어의 정의에 관한 설명으로 옳지 <u>않은</u> 것은?

① 기존 건축물의 전부를 해체하고 그 대지에 종전과 같은 규모의 범위에서 건축물을 다시 축조하는 것은 "개축"에 해당한다.

② "재축"에 해당하려면 연면적 합계는 종전 규모 이하로 하여야 한다.

③ "이전"이란 건축물의 주요구조부를 해체하지 아니하고 같은 대지의 다른 위치로 옮기는 것을 말한다.

④ 16층 이상인 건축물은 그 용도에 관계없이 "다중이용 건축물"이다.

⑤ 기둥과 기둥 사이의 거리가 15미터 이상인 건축물은 "특수구조 건축물"이다.

25 건축법령상 시설군과 그에 속하는 건축물의 용도의 연결로 옳지 <u>않은</u> 것은?

① 영업시설군 – 운동시설
② 주거업무시설군 – 교정시설
③ 문화집회시설군 – 장례시설
④ 교육 및 복지시설군 – 의료시설
⑤ 그 밖의 시설군 – 동물 및 식물 관련 시설

26 건축법령상 특별가로구역에 관한 조문의 내용이다. ( )에 들어갈 내용으로 옳은 것은?

> 국토교통부장관 및 허가권자는 「건축법」 및 관계 법령에 따라 일부 규정을 적용하지 아니하거나 완화하여 적용할 수 있도록 (ㄱ)에서 (ㄴ)에 접한 대지의 일정 구역을 특별가로구역으로 지정할 수 있다.

① ㄱ: 개발진흥지구,
   ㄴ: 허가권자가 리모델링 활성화가 필요하다고 인정하여 지정 · 공고한 지역 안의 도로
② ㄱ: 경관지구,
   ㄴ: 「지역문화진흥법」에 따른 문화지구 안의 도로
③ ㄱ: 개발진흥지구,
   ㄴ: 보행자전용도로로서 도시미관 개선을 위하여 허가권자가 건축조례로 정하는 도로
④ ㄱ: 경관지구,
   ㄴ: 「도시 및 주거환경정비법」에 따른 정비구역 안의 도로
⑤ ㄱ: 개발진흥지구,
   ㄴ: 건축선을 후퇴한 대지에 접한 도로로서 허가권자가 건축조례로 정하는 도로

27 건축법령상 소음 방지를 위한 일정한 기준에 따라 층간바닥(화장실의 바닥은 제외)을 설치해야 하는 건축물이 <u>아닌</u> 것은? (단, 건축법령상의 특례는 고려하지 않음)

① 업무시설 중 오피스텔
② 단독주택 중 다가구주택
③ 교육연구시설 중 도서관
④ 숙박시설 중 다중생활시설
⑤ 제2종 근린생활시설 중 다중생활시설

28 공간정보의 구축 및 관리 등에 관한 법령상 지목과 그를 지적도 및 임야도에 등록하는 때 표기하는 부호의 연결로 옳지 <u>않은</u> 것은?

① 주차장 – 차
② 양어장 – 양
③ 유원지 – 원
④ 공장용지 – 장
⑤ 주유소용지 – 유

29 공간정보의 구축 및 관리 등에 관한 법령상 등록전환을 신청할 수 있는 경우가 <u>아닌</u> 것은?

① 「건축법」에 따른 건축신고를 한 경우
② 도시 · 군관리계획선에 따라 토지를 분할하는 경우
③ 「산지관리법」에 따른 산지일시사용허가를 받은 경우
④ 지적도에 등록된 토지가 사실상 형질변경되었으나 지목변경을 할 수 없는 경우
⑤ 대부분의 토지가 등록전환되어 나머지 토지를 임야도에 계속 존치하는 것이 불합리한 경우

30 공간정보의 구축 및 관리 등에 관한 법령상 지목에 관한 설명으로 옳은 것을 모두 고른 것은?

ㄱ. 지목의 설정은 필지마다 하나의 지목을 설정하는 방법으로 한다.
ㄴ. 송유시설의 부지는 지목을 잡종지로 한다.
ㄷ. 건축물의 용도가 변경된 경우는 지목변경을 신청할 수 없다.
ㄹ. 지적소관청은 지목변경을 하려면 시 · 도지사의 승인을 받아야 한다.

① ㄱ, ㄴ
② ㄱ, ㄷ
③ ㄷ, ㄹ
④ ㄱ, ㄴ, ㄹ
⑤ ㄴ, ㄷ, ㄹ

31 공간정보의 구축 및 관리 등에 관한 법령상 토지소유자에 관한 설명으로 옳은 것은?

① 토지대장에 토지소유자의 주민등록번호는 등록하지 않는다.
② 공유지연명부의 등록사항에 토지소유자의 변경 원인은 포함되지 않는다.
③ 토지의 이동(異動)이 있는 경우에도 토지소유자의 신청이 없으면 지적소관청은 지적공부에 등록하는 지목 또는 경계를 직권으로 결정할 수 없다.
④ 지적공부에 등록된 토지가 바다로 된 경우 토지소유자는 지적공부의 등록말소 신청을 할 수 없다.
⑤ 공공사업에 따라 지목이 도로가 되는 토지를 합병하려는 경우 토지소유자가 하여야 할 합병 신청을 해당 사업의 시행자가 대신할 수 있다.

32 부동산등기법령상 대표자나 관리인이 있는 법인 아닌 사단(이하 '비법인사단')에 속하는 부동산의 등기에 관한 설명으로 옳은 것은?

① 등기에 관하여는 비법인사단의 대표자나 관리인을 등기권리자 또는 등기의무자로 한다.
② 비법인사단의 부동산등기용등록번호는 소재지 관할 등기소의 등기관이 부여한다.
③ 권리에 관한 등기를 비법인사단의 명의로 할 때에는 그 대표자나 관리인의 성명, 주소를 등기사항으로 기록하지 않아도 된다.
④ 비법인사단은 사용자등록을 하고 등기에 관하여 전자신청을 할 수 있다.
⑤ 비법인사단의 대표자나 관리인이 등기를 신청한 경우 등기관은 등기를 마치면 그 대표자나 관리인에게 등기필정보를 통지한다.

33 부동산등기법령상 권리에 관한 등기에 관한 설명으로 옳은 것은?

① 임차권을 정지조건부로 설정하는 청구권을 보전하려는 경우에도 가등기를 할 수 있다.
② 등기관이 등기를 마친 후 그 등기가 신청할 권한이 없는 자가 신청한 것임을 발견한 때에는 등기를 직권말소한다는 뜻을 통지하여야 한다.
③ 환매특약등기는 이해관계 있는 제3자의 승낙이 없는 경우 부기로 할 수 없다.
④ 미등기의 토지에 대해 매매계약서에 의하여 소유권을 증명하는 자는 그 토지에 관한 소유권보존등기를 신청할 수 있다.
⑤ 등기관이 직권으로 등기를 말소한 처분에 대하여 관할 법원에 이의를 신청하면 등기말소처분은 효력이 정지된다.

34 부동산등기법령상 등기사무에 관한 설명으로 옳지 <u>않은</u> 것은?

① 등기관은 접수번호의 순서에 따라 등기사무를 처리하여야 한다.

② 등기관은 등기사무를 처리한 때에는 등기사무를 처리한 등기관이 누구인지 알 수 없도록 조치하여야 한다.

③ 토지등기부와 건물등기부는 영구히 보존하여야 한다.

④ 등기부를 편성할 때 1동의 건물을 구분한 건물에 있어서는 1동의 건물에 속하는 전부에 대하여 1개의 등기기록을 사용한다.

⑤ 폐쇄한 등기기록의 열람 청구는 관할 등기소가 아닌 등기소에 대하여도 할 수 있다.

35 부동산등기법령상 구분건물에 대한 등기에 관한 설명으로 옳지 <u>않은</u> 것은?

① 등기관은 구분건물인 경우 건물 등기기록의 표제부에 도면의 번호를 기록하여야 한다.

② 구분건물이 속하는 1동 전부가 멸실된 경우에는 그 구분건물의 소유권의 등기명의인은 1동의 건물에 속하는 다른 구분건물의 소유권의 등기명의인을 대위하여 1동 전부에 대한 멸실등기를 신청할 수 있다.

③ 1동의 건물에 속하는 구분건물 중 일부만에 관하여 소유권보존등기를 신청하는 경우에는 나머지 구분건물의 표시에 관한 등기를 동시에 신청하여야 한다.

④ 대지권이 등기된 구분건물의 등기기록에는 건물만에 관한 저당권설정등기를 할 수 있다.

⑤ 구분건물에 대하여는 전유부분마다 부동산고유번호를 부여한다.

36 동산 · 채권 등의 담보에 관한 법령상 담보등기에 관한 설명으로 옳은 것은?

① 장래에 취득할 동산은 특정할 수 있는 경우에도 이를 목적으로 담보등기를 할 수 없다.

② 등기명의인 표시의 변경의 등기는 등기명의인 단독으로 신청할 수 있다.

③ 담보권자가 담보권의 존속기간을 갱신하려면 그 존속기간 만료 전후 1개월 내에 연장등기를 신청하여야 한다.

④ 포괄승계로 인한 등기는 등기권리자 또는 등기의무자 단독으로 신청할 수 있다.

⑤ 담보목적물인 동산이 멸실된 경우 그 말소등기의 신청은 담보권설정자가 하여야 한다.

37 도시 및 주거환경정비법령상 정비사업에 관한 설명으로 옳은 것은?

① 재개발사업이란 정비기반시설은 양호하나 노후·불량건축물에 해당하는 공동주택이 밀집한 지역에서 주거환경을 개선하기 위한 사업을 말한다.

② 재건축사업의 경우 정비구역의 지정권자는 하나의 정비구역을 둘 이상의 정비구역으로 분할하여 지정할 수 없다.

③ 재건축사업은 관리처분계획에 따라 건축물을 공급하거나 환지로 공급하는 방법으로 한다.

④ 재개발사업의 시행자가 작성하는 사업시행계획서에는 임시거주시설을 포함한 주민이주대책이 포함되어야 한다.

⑤ 토지등소유자가 20인 미만인 경우에는 토지등소유자가 직접 재개발사업을 시행할 수 없다.

38 도시 및 주거환경정비법령상 주택재개발조합이 조합설립인가를 받은 사항 중 시장·군수등에게 신고하고 변경할 수 있는 사항을 모두 고른 것은? (단, 정관 및 조례는 고려하지 않음)

> ㄱ. 착오임이 명백한 사항
> ㄴ. 토지의 매매로 조합원의 권리가 이전된 경우의 조합원의 교체
> ㄷ. 정비구역의 면적이 15퍼센트 변경됨에 따라 변경되어야 하는 사항
> ㄹ. 조합의 명칭

① ㄱ, ㄴ

② ㄴ, ㄷ

③ ㄷ, ㄹ

④ ㄱ, ㄴ, ㄹ

⑤ ㄱ, ㄷ, ㄹ

39 도시 및 주거환경정비법령상 정비구역에 관한 설명으로 옳은 것은?

① 광역시의 군수가 정비계획을 입안한 경우에는 직접 정비구역을 지정할 수 있다.

② 정비구역에서 건축물의 용도만을 변경하는 경우에는 따로 시장·군수등의 허가를 받지 않아도 된다.

③ 재개발사업을 시행하는 지정개발자가 사업시행자 지정일부터 3년이 되는 날까지 사업시행계획인가를 신청하지 않은 경우 해당 정비구역을 해제하여야 한다.

④ 토지등소유자는 공공재개발사업을 추진하려는 경우 정비계획의 입안권자에게 정비계획의 입안을 제안할 수 있다.

⑤ 정비구역이 해제된 경우에도 정비계획으로 변경된 용도지역, 정비기반시설 등은 정비구역 지정 이후의 상태로 존속한다.

40 도시 및 주거환경정비법령상 재건축사업의 관리처분계획에 관한 설명으로 옳은 것은?

① 관리처분계획에 포함될 분양대상자별 분양예정인 건축물의 추산액을 평가하기 위하여 시장·군수등이 선정·계약한 감정평가법인등을 변경하는 경우에는 조합총회의 의결을 거치지 않아도 된다.

② 토지등소유자에 대한 사업시행자의 매도청구에 대한 판결에 따라 관리처분계획을 변경하는 경우에는 시장·군수등의 변경인가를 받아야 한다.

③ 사업시행자는 관리처분계획이 인가·고시된 날부터 90일 이내에 분양신청을 하지 않은 자와 손실보상에 관한 협의를 하여야 한다.

④ 관리처분계획에 포함되는 세입자별 손실보상을 위한 권리명세 및 그 평가액은 시장·군수등이 선정한 2인 이상의 감정평가법인등이 평가한 금액을 산술평균하여 산정한다.

⑤ 시장·군수등이 직접 관리처분계획을 수립하는 경우에는 토지등소유자의 공람 및 의견청취절차를 생략할 수 있다.

제5과목 | 회계학

※ 아래의 문제들에서 특별한 언급이 없는 한 기업의 보고기간(회계기간)은 매년 1월 1일부터 12월 31일까지이다. 또한, 기업은 주권상장법인으로 계속해서 한국채택국제회계기준(K-IFRS)을 적용해오고 있다고 가정한다. 단, 자료에서 제시한 모든 항목과 금액은 중요하며, 자료에서 제시한 것 이외의 사항은 고려하지 않고 답한다. 예를 들어, 법인세에 대한 언급이 없으면 법인세 효과는 고려하지 않는다.

01 재무보고를 위한 개념체계에 관한 설명으로 옳지 <u>않은</u> 것은?

① 경제적효익의 유입가능성이나 유출가능성이 낮더라도 자산이나 부채가 존재할 수 있다.

② 부채가 발생하거나 인수할 때의 역사적 원가는 발생시키거나 인수하면서 수취한 대가에서 거래원가를 가산한 가치이다.

③ 매각이나 소비되는 자산의 원가에 대한 정보와 수취한 대가에 대한 정보는 예측가치를 가질 수 있다.

④ 가격 변동이 유의적일 경우, 현행원가를 기반으로 한 이익은 역사적 원가를 기반으로 한 이익보다 미래 이익을 예측하는데 더 유용할 수 있다.

⑤ 합리적인 추정의 사용은 재무정보 작성의 필수적인 부분이며 추정치를 명확하고 정확하게 기술하고 설명한다면 정보의 유용성을 훼손하지 않는다.

02 재무제표 표시에 관한 설명으로 옳은 것은?

① 기업이 재무상태표에 유동자산과 비유동자산, 그리고 유동부채와 비유동부채로 구분하여 표시하는 경우, 이연법인세자산은 유동자산으로 분류한다.

② 한국채택국제회계기준을 준수하여 작성된 재무제표는 국제회계기준을 준수하여 작성된 재무제표임을 주석으로 공시할 수 있다.

③ 환경 요인이 유의적인 산업에 속해 있는 경우나 종업원이 재무제표이용자인 경우 재무제표 이외에 환경보고서나 부가가치보고서도 한국채택국제회계기준을 적용하여 작성한다.

④ 부적절한 회계정책은 이에 대하여 공시나 주석 또는 보충자료를 통해 설명하여 정당화될 수 있다.

⑤ 당기손익과 기타포괄손익은 별개의 손익계산서가 아닌 단일의 포괄손익계산서로 작성되어야 한다.

03 (주)감평의 20×1년 기말재고자산에 대한 자료가 다음과 같다.

항목	원가	확정판매계약가격	일반판매가격	현행대체원가
제품 A	₩1,000	₩900	₩950	–
제품 B	1,200	–	1,250	–
원재료 A	1,100	–	–	₩1,000
원재료 B	1,000	–	–	900

- 제품 A는 모두 확정판매계약을 이행하기 위하여 보유하고 있으며, 제품 A와 제품 B는 판매시 계약가격 또는 일반판매가격의 10%에 해당하는 판매비용이 소요될 것으로 예상된다.
- 원재료 A를 이용하여 생산하는 제품은 원가 이상으로 판매될 것으로 예상된다.
- 원재료 B를 이용하여 생산하는 제품의 원가는 순실현가능가치를 초과할 것으로 예상된다.

모든 재고자산에 대해 항목별기준을 적용할 때 20×1년도에 인식할 재고자산평가손실은? (단, 재고자산감모는 발생하지 않았으며, 기초재고자산평가충당금은 없다.)

① ₩300
② ₩335
③ ₩350
④ ₩365
⑤ ₩380

04 (주)감평은 재고자산을 원가기준 선입선출소매재고법으로 측정한다. 20×1년 재고자산 자료가 다음과 같을 때, 매출원가는? (단, 평가손실과 감모손실은 발생하지 않았다.)

항목	원가	판매가
기초재고액	₩1,000	₩1,500
당기매입액	9,000	11,500
인상액	–	1,400
인상취소액	–	800
인하액	–	700
인하취소액	–	600
당기매출액	–	9,500

① ₩6,800
② ₩7,000
③ ₩7,160
④ ₩7,315
⑤ ₩7,375

05 (주)감평은 20×1년 초 종업원 100명에게 각각 현금결제형 주가차액보상권 10개씩을 3년의 용역조건으로 부여하였다. 20×1년에 실제로 5명이 퇴사하였으며, 20×2년에 8명, 20×3년에 12명이 각각 추가로 퇴사할 것으로 추정하였다. 20×2년에는 실제로 7명이 퇴사하였고, 20×3년에 추가로 15명이 퇴사할 것으로 추정하였으며, 20×3년 말 최종가득자는 75명, 권리행사자는 40명이다. 주가차액보상권의 공정가치가 각각 20×1년 말 ₩14, 20×2년 말 ₩15, 20×3년 말 ₩17이고, 20×3년 말 내재가치는 ₩16일 때, 동 주가차액보상권과 관련하여 20×3년 인식할 보상비용(순액)은?

① ₩5,050

② ₩5,450

③ ₩5,950

④ ₩6,400

⑤ ₩6,800

06 (주)감평의 20×1년도 재무제표 및 자본 관련 자료가 다음과 같을 때 총자산이익률은? (단, 총자산이익률 계산시 평균자산을 이용한다.)

• 기초자산	₩10,000	• 기말자산	₩11,000
• 기초부채	9,000	• 기말부채	9,500
• 무상증자 실시	₩250	• 주식배당 결의	₩100
• 자기주식 취득	150	• 현금배당 결의	165
• 당기순이익 발생	?	• 기타포괄이익 발생	80

① 7%

② 9%

③ 11%

④ 13%

⑤ 15%

07 20×1년 초 설립된 (주)감평의 20×1년 주식과 관련된 자료가 다음과 같다.

> - 20×1년 초 유통보통주식수: 3,000주
> - 4월 초 모든 주식에 대하여 10% 무상증자 실시
> - 7월 초 전환사채의 보통주 전환: 900주
> - 10월 초 주주우선배정 방식으로 보통주 1,000주 유상증자 실시(발행금액: 주당 ₩2,000, 증자 직전 주식의 공정가치: 주당 ₩2,500)

무상신주는 원구주에 따르고, 유상증자대금은 10월 초 전액 납입완료되었을 때, 20×1년 가중평균유통보통주식수는? (단, 유통보통주식수는 월할계산한다.)

① 3,796주   ② 3,875주
③ 4,000주   ④ 4,082주
⑤ 4,108주

08 (주)감평은 20×1년부터 20×3년까지 매년 말 다음과 같이 기말재고자산을 과소 또는 과대계상하였으며 오류수정 전 20×2년도와 20×3년도의 당기순이익은 각각 ₩200과 ₩250이다. 20×3년도 장부가 마감되기 전 오류를 발견하고 해당 오류가 중요하다고 판단하였을 경우, 오류수정 후 20×3년도 당기순이익은?

20×1년도	20×2년도	20×3년도
₩30 과소계상	₩10 과소계상	₩20 과대계상

① ₩190   ② ₩220
③ ₩230   ④ ₩240
⑤ ₩250

09 20×1년 초 설립된 (주)감평의 자본계정은 다음과 같으며, 설립 후 20×3년 초까지 자본금 변동은 없었다. 우선주에 대해서는 20×1년도에 배당가능이익이 부족하여 배당금을 지급하지 못한 (주)감평이 20×3년 초 ₩500의 현금배당을 결의하였을 때, 우선주에 배분될 배당금은?

> - 보통주 자본금: 액면금액 ₩20, 발행주식수 200주(배당률 4%)
> - 우선주 자본금: 액면금액 ₩20, 발행주식수 50주(누적적, 완전참가적, 배당률 5%)

① ₩100   ② ₩108
③ ₩140   ④ ₩148
⑤ ₩160

10 20×1년 초 설립된 (주)감평은 커피머신 1대를 이전(₩300)하면서 2년간 일정량의 원두를 공급(₩100)하기로 하는 계약을 체결하여 약속을 이행하고 현금 ₩400을 수령하였다. 이 계약이 고객과의 계약에서 생기는 수익의 기준을 모두 충족할 때 수익 인식 5단계 과정에 따라 순서대로 옳게 나열한 것은? (단, 거래가격의 변동 요소는 고려하지 않는다.)

ㄱ. 거래가격을 ₩400으로 산정

ㄴ. 고객과의 계약에 해당하는지 식별

ㄷ. 거래가격 ₩400을 커피머신 1대 이전에 대한 수행의무 1(₩300)과 2년간 원두공급에 대한 수행의무 2(₩100)에 배분

ㄹ. 커피머신 1대 이전의 수행의무 1과 2년간 원두 공급의 수행의무 2로 수행의무 식별

ㅁ. 수행의무 1(₩300)은 커피머신이 인도되는 시점에 수익을 인식하며, 수행의무 2(₩100)는 2년간 기간에 걸쳐 수익인식

---

① ㄱ →ㄴ →ㄷ →ㄹ →ㅁ

② ㄴ→ ㄱ →ㅁ → ㄷ →ㄹ

③ ㄴ→ ㄹ → ㄱ→ ㄷ→ ㅁ

④ ㅁ→ ㄷ →ㄱ →ㄴ →ㄹ

⑤ ㅁ→ ㄹ →ㄴ → ㄱ →ㄷ

11 (주)감평은 20×1년 1월 1일에 액면금액 ₩1,000(표시이자율: 연 5%, 이자지급일: 매년 12월 31일, 만기: 20×3년 12월 31일)인 사채를 발행하였다. 발행당시 유효이자율은 연 10%이고, 사채의 발행금액은 ₩876이다. (주)감평은 동 사채의 일부를 20×2년 6월 30일에 조기상환(상환가액 ₩300, 사채상환이익 ₩84)했다. (주)감평의 20×2년 말 재무상태표 상 사채 장부금액(순액)은? (단, 화폐금액은 소수점 첫째자리에서 반올림하며, 단수차이로 인한 오차는 가장 근사치를 선택한다.)

① ₩400

② ₩474

③ ₩500

④ ₩574

⑤ ₩650

12 (주)감평은 20×1년 1월 1일 다음과 같은 조건의 비분리형 신주인수권부사채를 액면발행하였다.

- 액면금액: ₩1,000
- 표시이자율: 연 5%
- 사채발행시 신주인수권이 부여되지 않은 일반사채의 시장이자율: 연 12%
- 이자지급일: 매년 12월 31일
- 행사가격: 1주당 ₩200
- 발행주식의 액면금액: 1주당 ₩100
- 만기상환일: 20×3년 12월 31일
- 상환조건: 신주인수권 미행사시 상환기일에 액면금액의 113.5%를 일시상환

20×2년 초 상기 신주인수권의 60%가 행사되어 3주가 발행되었다. 20×2년 초 상기 신주인수권의 행사로 인해 증가하는 (주)감평의 주식발행초과금은? (단, 신주인수권 행사시 신주인수권대가는 주식발행초과금으로 대체한다. 화폐금액은 소수점 첫째자리에서 반올림하며, 단수차이로 인한 오차는 가장 근사치를 선택한다.)

기간	단일금액 ₩1의 현재가치		정상연금 ₩1의 현재가치	
	5%	12%	5%	12%
1	0.9524	0.8928	0.9524	0.8928
2	0.9070	0.7972	1.8594	1.6900
3	0.8638	0.7118	2.7232	2.4018

① ₩308
② ₩335
③ ₩365
④ ₩408
⑤ ₩435

13 20×1년 초 설립된 (주)감평은 우유생산을 위하여 20×1년 2월 1일 어미 젖소 2마리(1마리당 순공정가치 ₩1,500)를 1마리당 ₩1,500에 취득하였으며, 관련 자료는 다음과 같다.

- 20×1년 12월 27일 처음으로 우유 100리터(l)를 생산하였으며, 동 일자에 생산된 우유 1리터(l)당 순공정가치는 ₩10이다.
- 20×1년 12월 28일 (주)감평은 생산된 우유 100리터(l) 전부를 거래처인 (주)대한에 1리터(l)당 ₩12에 판매하였다.
- 20×1년 12월 29일 송아지 1마리가 태어났다. 이 시점의 송아지 순공정가치는 1마리당 ₩300이다.
- 20×1년 말 어미 젖소와 송아지의 수량 변화는 없으며, 기말 현재 어미 젖소의 순공정가치는 1마리당 ₩1,600이고 송아지의 순공정가치는 1마리당 ₩250이다.

(주)감평의 20×1년도 포괄손익계산서 상 당기순이익 증가액은?

① ₩1,000
② ₩1,350
③ ₩1,500
④ ₩1,650
⑤ ₩2,000

14 (주)감평은 20×1년 초 A사 주식 10주(보통주, @₩100)를 수수료 ₩100을 포함한 ₩1,100에 취득하여 당기손익–공정가치측정 금융자산으로 분류하였다. (주)감평은 20×2년 7월 1일 A사 주식 5주를 1주당 ₩120에 매각하고, 거래수수료로 매각대금의 3%와 거래세로 매각대금의 2%를 각각 지급하였다. A사 주식의 1주당 공정가치는 20×1년 말 ₩90이고, 20×2년 말 ₩110일 때, (주)감평의 20×2년도 포괄손익계산서의 당기순이익 증가액은?

① ₩0

② ₩100

③ ₩140

④ ₩180

⑤ ₩220

15 리스제공자 입장에서 일반적으로 금융리스로 분류될 수 있는 조건이 <u>아닌</u> 것은?

① 리스기간 종료시점에 기초자산의 소유권을 그 시점의 공정가치에 해당하는 변동 지급액으로 이전하는 경우

② 기초자산의 소유권이 이전되지는 않더라도 리스기간이 기초자산의 경제적 내용연수의 상당 부분(major part)을 차지하는 경우

③ 리스약정일 현재, 리스료의 현재가치가 적어도 기초자산 공정가치의 대부분에 해당하는 경우

④ 기초자산이 특수하여 해당 리스이용자만이 주요한 변경 없이 사용할 수 있는 경우

⑤ 리스이용자가 선택권을 행사할 수 있는 날의 공정가치보다 충분히 낮을 것으로 예상되는 가격으로 기초자산을 매수할 수 있는 선택권을 가지고 있고, 그 선택권을 행사할 것이 리스약정일 현재 상당히 확실한 경우

16 충당부채를 인식할 수 있는 상황을 모두 고른 것은? (단, 금액은 모두 신뢰성 있게 측정할 수 있다.)

> ㄱ. 법률에 따라 항공사의 항공기를 3년에 한 번씩 정밀하게 정비하도록 하고 있는 경우
> ㄴ. 새로운 법률에 따라 매연 여과장치를 설치하여야 하는데, 기업은 지금까지 매연 여과장치를 설치하지 않은 경우
> ㄷ. 법적규제가 아직 없는 상태에서 기업이 토지를 오염시켰지만, 이에 대한 법률 제정이 거의 확실한 경우
> ㄹ. 기업이 토지를 오염시킨 후 법적의무가 없음에도 불구하고 오염된 토지를 정화한다는 방침을 공표하고 준수하는 경우

① ㄱ, ㄴ

② ㄱ, ㄷ

③ ㄴ, ㄷ

④ ㄴ, ㄹ

⑤ ㄷ, ㄹ

17 (주)감평은 20×1년 초 토지 A(취득원가 ₩1,000)와 토지 B(취득원가 ₩2,000)를 각각 취득하고, 재평가 모형을 적용하였다. 동 2건의 토지에 대하여 공정가치가 다음과 같을 때, 각 연도별 당기순이익 또는 기타포괄이익에 미치는 영향으로 옳은 것은? (단, 토지에 대한 재평가잉여금의 일부를 이익잉여금으로 대체하지 않는다.)

	20×1년 말	20×2년 말	20×3년 말
토지 A	₩1,100	₩950	₩920
토지 B	1,700	2,000	2,100

① 20×1년 말 토지 A로부터 당기순이익 ₩100이 증가한다.
② 20×2년 말 토지 A로부터 당기순이익 ₩150이 감소한다.
③ 20×2년 말 토지 B로부터 기타포괄이익 ₩300이 증가한다.
④ 20×3년 말 토지 A로부터 기타포괄이익 ₩30이 감소한다.
⑤ 20×3년 말 토지 B로부터 기타포괄이익 ₩100이 증가한다.

18 (주)감평은 (주)대한이 발행한 사채(발행일 20×1년 1월 1일, 액면금액 ₩1,000, 표시이자율 연 8%, 매년 말 이자지급, 20×4년 12월 31일에 일시상환)를 20×1년 1월 1일에 사채의 발행가액으로 취득하였다(취득 시 신용이 손상되어 있지 않음). (주)감평은 취득한 사채를 상각후원가로 측정하는 금융자산으로 분류하였으며, 사채발행시점의 유효이자율은 연 10%이다. (주)감평은 (주)대한으로부터 20×1년도 이자 ₩80은 정상적으로 수취하였으나 20×1년 말에 상각후원가로 측정하는 금융자산의 신용이 손상되었다고 판단하였다. (주)감평은 채무불이행을 고려하여 20×2년부터 20×4년까지 현금흐름에 대해 매년말 수취할 이자는 ₩50, 만기에 수취할 원금은 ₩800으로 추정하였다. (주)감평의 20×1년도 포괄손익계산서의 당기순이익에 미치는 영향은? (단, 화폐금액은 소수점 첫째자리에서 반올림하며, 단수차이로 인한 오차는 가장 근사치를 선택한다.)

기간	단일금액 ₩1의 현재가치		정상연금 ₩1의 현재가치	
	8%	10%	8%	10%
3	0.7938	0.7513	2.5771	2.4868
4	0.7350	0.6830	3.3120	3.1698

① ₩94 감소
② ₩94 증가
③ ₩132 감소
④ ₩226 감소
⑤ ₩226 증가

19 (주)감평은 20×1년 1월 1일에 액면금액 ₩900, 표시이자율 연 5%, 매년 말 이자를 지급하는 조건의 사채(매년 말에 액면금액 ₩300씩을 상환하는 연속상환사채)를 발행하였다. 사채발행 당시의 유효이자율은 연 6%이다. (주)감평의 20×2년 말 재무상태표 상 사채의 장부금액(순액)은? (단, 화폐금액은 소수점 첫째자리에서 반올림하며, 단수차이로 인한 오차는 가장 근사치를 선택한다.)

기간	단일금액 ₩1의 현재가치		정상연금 ₩1의 현재가치	
	5%	6%	5%	6%
1	0.9524	0.9434	0.9524	0.9434
2	0.9070	0.8900	1.8594	1.8334
3	0.8638	0.8396	2.7232	2.6730

① ₩298

② ₩358

③ ₩450

④ ₩550

⑤ ₩592

20 특수관계자 공시에 관한 설명으로 옳지 <u>않은</u> 것은?

① 보고기업에 유의적인 영향력이 있는 개인이나 그 개인의 가까운 가족은 보고기업의 특수관계자로 보며, 이 때 개인의 가까운 가족의 범위는 자녀 및 배우자로 한정한다.

② 지배기업과 종속기업 사이의 관계는 거래의 유무에 관계없이 공시한다.

③ 특수관계자거래가 있는 경우, 재무제표에 미치는 특수관계의 잠재적 영향을 파악하는 데 필요한 거래, 채권·채무 잔액에 대한 정보뿐만 아니라 특수관계의 성격도 공시한다.

④ 기업의 재무제표에 미치는 특수관계자거래의 영향을 파악하기 위하여 분리하여 공시할 필요가 있는 경우를 제외하고는 성격이 유사한 항목은 통합하여 공시할 수 있다.

⑤ 지배기업과 최상위 지배자가 일반이용자가 이용할 수 있는 연결재무제표를 작성하지 않는 경우에는 일반이용자가 이용할 수 있는 연결재무제표를 작성하는 가장 가까운 상위의 지배기업의 명칭도 공시한다.

21 (주)감평은 20×1년 1월 1일에 달러표시 사채(액면금액 $1,000)를 $920에 할인발행하였다. 동 사채는 매년 12월 31일에 액면금액의 연 3% 이자를 지급하며, 20×3년 12월 31일에 일시상환한다. 사채발행일 현재 유효이자율은 연 6%이다. 환율이 다음과 같을 때, (주)감평의 20×1년도 포괄손익계산서의 당기순이익에 미치는 영향은? (단, (주)감평의 기능통화는 원화이다. 화폐금액은 소수점 첫째자리에서 반올림하며, 단수차이로 인한 오차는 가장 근사치를 선택한다.)

환율(₩/$)	20×1.1.1.	20×1.12.31.	20×1년 평균
	1,300	1,250	1,280

① ₩400 감소
② ₩400 증가
③ ₩37,500 증가
④ ₩60,000 감소
⑤ ₩70,000 감소

22 (주)감평은 20×1년 초 유형자산인 기계장치를 ₩50,000에 취득(내용연수 5년, 잔존가치 ₩0, 정액법 상각)하여 사용하고 있다. 20×2년 중 자산손상의 징후를 발견하고 손상차손을 인식하였으나 20×3년 말 손상이 회복되었다고 판단하였다. 동 기계장치의 순공정가치와 사용가치가 다음과 같을 때, 20×2년 말 인식할 손상차손(A)과 20×3년 말 인식할 손상차손환입액(B)은? (단, 동 기계장치는 원가모형을 적용한다.)

구분	순공정가치	사용가치
20×2년 말	₩15,000	₩18,000
20×3년 말	21,000	17,000

	A	B
①	₩12,000	₩8,000
②	₩12,000	₩9,000
③	₩15,000	₩8,000
④	₩15,000	₩9,000
⑤	₩15,000	₩12,000

23 도소매업을 영위하는 (주)감평은 20×1년 초 건물을 취득(취득원가 ₩10,000, 내용연수 5년, 잔존가치 ₩0, 정액법 상각)하였다. 공정가치가 다음과 같을 때, (주)감평이 동 건물을 유형자산으로 분류하고 재평가모형을 적용하였을 경우(A)와 투자부동산으로 분류하고 공정가치모형을 적용한 경우(B), 20×2년 당기순이익에 미치는 영향은?

구분	20×1년 말	20×2년 말
공정가치	₩9,000	₩11,000

	A	B
①	영향없음	₩1,000 증가
②	₩2,250 감소	₩1,000 증가
③	₩2,250 감소	₩2,000 증가
④	₩2,000 감소	₩2,000 증가
⑤	₩2,000 증가	영향없음

24 (주)감평은 20×1년 초 유류저장고(취득원가 ₩13,000, 내용연수 5년, 잔존가치 ₩1,000, 정액법 상각)를 취득하고 원가모형을 적용하였다. 동 설비는 내용연수가 종료되면 원상 복구해야 할 의무가 있으며, 복구시점에 ₩3,000이 소요될 것으로 예상된다. 이는 충당부채의 인식요건을 충족하며, 복구원가에 적용할 할인율이 연 7%일 경우 동 유류저장고와 관련하여 20×1년도 포괄손익계산서에 인식할 비용은? (단, 단일금액 ₩1의 현가계수(5년, 7%)는 0.7130이며, 화폐금액은 소수점 첫째자리에서 반올림하고 단수차이로 인한 오차는 가장 근사치를 선택한다.)

① ₩2,139
② ₩2,828
③ ₩2,978
④ ₩4,208
⑤ ₩6,608

25 20×1년 1월 1일에 설립된 (주)감평은 확정급여제도를 운영하고 있다. 20×1년도 관련 자료가 다음과 같을 때, 20×1년 말 재무상태표의 기타포괄손익누계액에 미치는 영향은? (단, 확정급여채무 계산 시 적용하는 할인율은 연 10%이다.)

기초 확정급여채무의 현재가치	₩120,000
기초 사외적립자산의 공정가치	90,000
퇴직급여 지급액(사외적립자산에서 기말 지급)	10,000
당기 근무원가	60,000
사외적립자산에 기여금 출연(기말 납부)	20,000
기말 확정급여채무의 현재가치	190,000
기말 사외적립자산의 공정가치	110,000

① ₩2,000 감소

② ₩2,000 증가

③ 영향없음

④ ₩7,000 감소

⑤ ₩7,000 증가

26 생물자산에 관한 설명으로 옳지 않은 것은?

① 어떠한 경우에도 수확시점의 수확물은 공정가치에서 처분부대원가를 뺀 금액으로 측정한다.

② 수확 후 조림지에 나무를 다시 심는 원가는 생물자산의 원가에 포함된다.

③ 최초의 원가 발생 이후에 생물적 변환이 거의 일어나지 않는 경우 원가가 공정가치의 근사치가 될 수 있다.

④ 생물자산이나 수확물을 미래 일정시점에 판매하는 계약을 체결할 때, 공정가치는 시장에 참여하는 구매자와 판매자가 거래하게 될 현행시장의 상황을 반영하기 때문에 계약가격이 공정가치의 측정에 반드시 목적적합한 것은 아니다.

⑤ 생물자산이나 수확물을 유의적인 특성에 따라 분류하면 해당 자산의 공정가치 측정이 용이할 수 있을 것이다.

27 무형자산의 회계처리에 관한 설명으로 옳은 것을 모두 고른 것은?

> ㄱ. 경영자가 의도하는 방식으로 운용될 수 있으나 아직 사용하지 않고 있는 기간에 발생한 원가는 무형자산의 장부금액에 포함한다.
> ㄴ. 자산을 사용가능한 상태로 만드는데 직접적으로 발생하는 종업원 급여와 같은 직접 관련되는 원가는 무형자산의 원가에 포함한다.
> ㄷ. 최초에 비용으로 인식한 무형항목에 대한 지출은 그 이후에 무형자산의 원가를 신뢰성 있게 측정할 수 있다면 무형자산으로 인식할 수 있다.
> ㄹ. 새로운 지역에서 또는 새로운 계층의 고객을 대상으로 사업을 수행하는데서 발생하는 원가 등은 무형자산 원가에 포함하지 않는다.

① ㄱ, ㄴ
② ㄱ, ㄷ
③ ㄱ, ㄹ
④ ㄴ, ㄷ
⑤ ㄴ, ㄹ

28 매각예정으로 분류된 비유동자산 또는 처분자산집단의 회계처리에 관한 설명으로 옳지 <u>않은</u> 것은?

① 매각예정으로 분류된 비유동자산(또는 처분자산집단)은 공정가치에서 처분부대원가를 뺀 금액과 장부금액 중 큰 금액으로 측정한다.
② 1년 이후에 매각될 것으로 예상된다면 처분부대원가는 현재가치로 측정하고, 기간 경과에 따라 발생하는 처분부대원가 현재가치의 증가분은 금융원가로서 당기손익으로 회계처리한다.
③ 매각예정으로 분류하였으나 중단영업의 정의를 충족하지 않는 비유동자산(또는 처분자산집단)을 재측정하여 인식하는 평가손익은 계속영업손익에 포함한다.
④ 비유동자산이 매각예정으로 분류되거나 매각예정으로 분류된 처분자산집단의 일부이면 그 자산은 감가상각(또는 상각)하지 아니한다.
⑤ 매각예정으로 분류된 처분자산집단의 부채와 관련된 이자와 기타 비용은 계속해서 인식한다.

29. (주)감평은 20×1년 4월 1일 업무용 기계장치를 취득(취득원가 ₩61,000, 내용연수 5년, 잔존가치 ₩1,000)하여 정액법으로 감가상각하였다. (주)감평은 20×2년 10월 1일 동 기계장치의 감가상각방법을 연수합계법으로 변경하고 남은 내용연수도 3년으로 재추정하였으며, 잔존가치는 변경하지 않았다. 20×2년도 포괄손익계산서에 인식할 기계장치의 감가상각비는? (단, 동 기계장치는 원가모형을 적용하며, 감가상각은 월할계산한다.)

① ₩5,250

② ₩9,150

③ ₩12,200

④ ₩13,250

⑤ ₩14,250

30. (주)감평과 (주)한국은 사용 중인 유형자산을 상호 교환하여 취득하였다. 동 교환거래에서 (주)한국의 유형자산 공정가치가 (주)감평의 유형자산 공정가치보다 더 명백하며, (주)감평은 (주)한국으로부터 추가로 현금 ₩3,000을 수취하였다. 두 회사가 보유하고 있는 유형자산의 장부금액과 공정가치가 다음과 같을 때, (주)감평과 (주)한국이 인식할 유형자산처분손익은? (단, 두 자산의 공정가치는 신뢰성 있게 측정할 수 있으며, 상업적 실질이 있다.)

구분	(주)감평	(주)한국
장부금액(순액)	₩10,000	₩8,000
공정가치	9,800	7,900

	(주)감평	(주)한국
①	손실 ₩200	손실 ₩100
②	손실 ₩200	손실 ₩1,200
③	이익 ₩200	이익 ₩900
④	이익 ₩900	손실 ₩100
⑤	이익 ₩900	손실 ₩1,200

31 (주)감평은 정상원가계산제도를 채택하고 있으며, 20×1년 재고자산은 다음과 같다.

구분	기초	기말
직접재료	₩5,000	₩6,000
재공품	10,000	12,000
제품	7,000	5,000

20×1년 매출액 ₩90,000, 직접재료 매입액 ₩30,000, 직접노무원가 발생액은 ₩20,000이고, 시간당 직접노무원가는 ₩20이다. 직접노무시간을 기준으로 제조간접원가를 예정배부할 때 20×1년 제조간접원가 예정배부율은? (단, 20×1년 매출총이익률은 30%이다.)

① ₩10

② ₩12

③ ₩14

④ ₩16

⑤ ₩18

32 (주)감평은 두 개의 제조부문 P1, P2와 두 개의 보조부문 S1, S2를 통해 제품을 생산하고 있다. S1과 S2의 부문원가는 각각 ₩60,000과 ₩30,000이다. 다음 각 부문간의 용역수수 관계를 이용하여 보조부문원가를 직접배분법으로 제조부문에 배분할 때 P2에 배분될 보조부문원가는? (단, S1은 기계시간, S2는 kW에 비례하여 배분한다.)

제공 \ 사용	제조부문		보조부문	
	P1	P2	S1	S2
S1	30기계시간	18기계시간	5기계시간	8기계시간
S2	160kW	240kW	80kW	50kW

① ₩18,000

② ₩22,500

③ ₩37,500

④ ₩40,500

⑤ ₩55,500

33 (주)감평은 종합원가계산제도를 채택하고 있으며, 제품 X의 생산관련 자료는 다음과 같다.

구 분	물 량
기초재공품(전환원가 완성도)	60단위(70%)
당기착수량	300단위
기말재공품(전환원가 완성도)	80단위(50%)

직접재료는 공정 초에 전량 투입되고, 전환원가(conversion cost, 또는 가공원가)는 공정 전반에 걸쳐 균등하게 발생한다. 품질검사는 전환원가(또는 가공원가) 완성도 80% 시점에 이루어지며, 당기에 품질검사를 통과한 합격품의 5%를 정상공손으로 간주한다. 당기에 착수하여 완성된 제품이 200단위일 때 비정상공손 수량은? (단, 재고자산의 평가방법은 선입선출법을 적용한다.)

① 7단위
② 10단위
③ 13단위
④ 17단위
⑤ 20단위

34 (주)감평은 20×1년 초 영업을 개시하였으며, 표준원가계산제도를 채택하고 있다. 직접재료 kg당 실제 구입가격은 ₩5, 제품 단위당 직접재료 표준원가는 ₩6(2kg×₩3/kg)이다. 직접재료원가에 대한 차이 분석결과 구입가격차이가 ₩3,000(불리), 능률차이가 ₩900(유리)이다. 20×1년 실제 제품 생산량이 800 단위일 때, 기말 직접재료 재고수량은? (단, 기말재공품은 없다.)

① 50kg
② 100kg
③ 130kg
④ 200kg
⑤ 230kg

35 (주)감평은 20×1년 초 영업을 개시하였으며, 제품 X를 생산·판매하고 있다. 재고자산 평가방법은 선입선출법을 적용하고 있으며, 20×1년 1분기와 2분기의 영업활동 결과는 다음과 같다.

구 분	1분기	2분기
생산량	500단위	800단위
전부원가계산에 의한 영업이익	₩7,000	₩8,500
변동원가계산에 의한 영업이익	5,000	6,000

1분기와 2분기의 판매량이 각각 400단위와 750단위일 때, 2분기에 발생한 고정제조간접원가는? (단, 각 분기별 단위당 판매가격, 단위당 변동원가는 동일하며, 재공품 재고는 없다.)

① ₩20,000

② ₩22,000

③ ₩24,000

④ ₩26,000

⑤ ₩30,000

36 (주)감평은 결합공정을 거쳐 주산품 A, B와 부산품 F를 생산하여 주산품 A, B는 추가가공한 후 판매하고, 부산품 F의 회계처리는 생산시점에서 순실현가치법(생산기준법)을 적용한다. (주)감평의 당기 생산 및 판매 자료는 다음과 같다.

구분	분리점 이후 추가가공원가	추가가공 후 단위당 판매가격	생산량	판매량
A	₩1,000	₩60	100단위	80단위
B	200	30	140	100
F	500	30	50	40

결합원가 ₩1,450을 분리점에서의 순실현가능가치 기준으로 각 제품에 배분할 때 주산품 A의 매출총이익은? (단, 기초 재고자산은 없다.)

① ₩2,714

② ₩2,800

③ ₩2,857

④ ₩3,714

⑤ ₩3,800

37 (주)감평은 제품 A를 생산하여 단위당 ₩1,000에 판매하고 있다. 제품 A의 단위당 변동원가는 ₩600, 총고정원가는 연 ₩30,000이다. (주)감평이 20×1년 법인세 차감후 순이익 ₩12,500을 달성하기 위한 제품 A의 판매수량은? (단, 법인세율은 ₩10,000 이하까지는 20%, ₩10,000 초과분에 대해서는 25%이다.)

① 85단위   ② 95단위
③ 105단위   ④ 115단위
⑤ 125단위

38 (주)감평은 두 개의 사업부 X와 Y를 운영하고 있으며, 최저필수수익률은 10%이다. 20×1년 사업부 X와 Y의 평균영업자산은 각각 ₩70,000과 ₩50,000이다. 사업부 X의 투자수익률은 15%이고, 사업부 X의 잔여이익이 사업부 Y보다 ₩2,500 더 클 때 사업부 Y의 투자수익률은?

① 11%   ② 12%
③ 13%   ④ 14%
⑤ 15%

39 (주)감평의 20×1년 말 재무상태표 매출채권 잔액은 ₩35,000이며, 이 중 ₩5,000은 11월 판매분이다. 매출채권은 판매한 달에 60%, 그 다음 달에 30%, 그 다음 다음 달에 10%가 회수되며, 판매한 달에 회수한 매출채권에 대해 5%를 할인해준다. 20×2년 1월 판매예산이 ₩100,000일 때, 1월 말의 예상 현금유입액은? (단, 매출은 전액 신용매출로 이루어진다.)

① ₩27,500   ② ₩52,000
③ ₩62,500   ④ ₩79,500
⑤ ₩84,500

40 최신의 관리회계기법에 관한 설명으로 옳지 않은 것은?

① 목표원가는 목표가격에서 목표이익을 차감하여 결정한다.
② 카이젠원가계산은 제조이전단계에서의 원가절감에 초점을 맞추고 있다.
③ 균형성과표는 조직의 전략과 성과평가시스템의 연계를 강조하고 있다.
④ 품질원가의 분류에서 내부실패원가는 불량품의 재작업원가나 폐기원가 등을 말한다.
⑤ 제품수명주기원가계산은 단기적 의사결정보다는 장기적 의사결정에 더욱 유용하다.

감정평가사 1차 전과목 5개년 기출문제집

감정평가사 1차
문제편

※ 복수정답, 또는 개정법령 반영으로 인해 기출문제를 변경한 경우 〈변형〉 표시를 하였습니다.

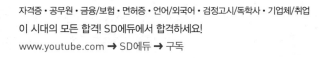

PART 01

2023년 제34회 기출문제

| 제1교시 | 민법 / 경제학원론 / 부동산학원론 |
| 제2교시 | 감정평가관계법규 / 회계학 |

제1과목 | 민법

01 민법의 법원(法源)에 관한 설명으로 옳은 것은? (다툼이 있으면 판례에 따름)

① 민법 제1조에서 민법의 법원으로 규정한 '민사에 관한 법률'은 민법전만을 의미한다.
② 민법 제1조에서 민법의 법원으로 규정한 '관습법'에는 사실인 관습이 포함된다.
③ 대법원이 정한 「공탁규칙」은 민법의 법원이 될 수 없다.
④ 헌법에 의하여 체결·공포된 국제조약은 그것이 민사에 관한 것이더라도 민법의 법원이 될 수 없다.
⑤ 미등기무허가 건물의 양수인에게는 소유권에 준하는 관습법상의 물권이 인정되지 않는다.

02 제한능력에 관한 설명으로 옳지 않은 것은? (다툼이 있으면 판례에 따름)

① 성년후견인은 여러 명을 둘 수 있다.
② 가정법원은 본인의 청구에 의하여 취소할 수 없는 피성년후견인의 법률행위의 범위를 변경할 수 있다.
③ 가정법원이 피성년후견인에 대하여 한정후견개시의 심판을 할 때에는 종전의 성년후견의 종료 심판을 하여야 한다.
④ 한정후견의 개시를 청구한 사건에서 의사의 감정 결과 성년후견 개시의 요건을 충족하고 있다면 법원은 본인의 의사를 고려하지 않고 성년후견을 개시할 수 있다.
⑤ 특정후견의 심판이 있은 후에 피특정후견인이 특정후견인의 동의 없이 재산상의 법률행위를 하더라도 이는 취소의 대상이 되지 않는다.

03 부재자의 재산관리에 관한 설명으로 옳지 않은 것은? (다툼이 있으면 판례에 따름)

① 부재자로부터 재산처분권한을 수여받은 재산관리인은 그 재산을 처분함에 있어 법원의 허가를 받을 필요가 없다.
② 부재자가 재산관리인을 정하지 않은 경우, 부재자의 채권자는 재산관리에 필요한 처분을 명할 것을 법원에 청구할 수 있다.
③ 법원이 선임한 재산관리인은 법원의 허가 없이 부재자의 재산에 대한 차임을 청구할 수 있다.
④ 재산관리인의 처분행위에 대한 법원의 허가는 이미 행한 처분행위를 추인하는 방법으로 할 수 있다.
⑤ 부재자가 사망한 사실이 확인되면 부재자 재산관리인 선임결정이 취소되지 않더라도 관리인의 권한은 당연히 소멸한다.

04 민법상 법인의 정관에 관한 설명으로 옳은 것은? (다툼이 있으면 판례에 따름)

① 감사의 임면에 관한 사항은 정관의 필요적 기재사항이다.

② 정관의 임의적 기재사항은 정관에 기재되더라도 정관의 변경절차 없이 변경할 수 있다.

③ 정관변경의 의결정족수가 충족되면 주무관청의 허가가 없어도 정관변경의 효력이 생긴다.

④ 재단법인이 기본재산을 편입하는 행위는 주무관청의 허가를 받지 않아도 유효하다.

⑤ 재단법인의 기본재산에 관한 저당권 설정행위는 특별한 사정이 없는 한 주무관청의 허가를 얻을 필요가 없다.

05 비법인사단에 관한 설명으로 옳지 <u>않은</u> 것은? (다툼이 있으면 판례에 따름)

① 비법인사단의 대표자는 자신의 업무를 타인에게 포괄적으로 위임할 수 있다.

② 정관이나 규약에 달리 정함이 없는 한, 사원총회의 결의를 거치지 않은 총유물의 관리행위는 무효이다.

③ 고유한 의미의 종중은 종중원의 신분이나 지위를 박탈할 수 없고, 종중원도 종중을 탈퇴할 수 없다.

④ 고유한 의미의 종중은 자연발생적 종족단체이므로 특별한 조직행위나 성문의 규약을 필요로 하지 않는다.

⑤ 비법인사단의 사원이 집합체로서 물건을 소유할 때에는 총유로 한다.

06 형성권으로만 모두 연결된 것은?

① 저당권-취소권-동의권

② 상계권-준물권-예약완결권

③ 해제권-취소권-지상물매수청구권

④ 추인권-해지권-물권적 청구권

⑤ 해지권-부양청구권-부속물매수청구권

07 민법상 법인의 기관에 관한 설명으로 옳은 것은? (다툼이 있으면 판례에 따름)

① 이사의 변경등기는 대항요건이 아니라 효력발생요건이다.

② 이사가 수인인 경우, 특별한 사정이 없는 한 법인의 사무에 관하여 이사는 공동으로 법인을 대표한다.

③ 사단법인의 정관 변경에 관한 사원총회의 권한은 정관에 의해 박탈할 수 있다.

④ 이사회에서 법인과 어느 이사와의 관계사항을 의결하는 경우, 그 이사는 의사정족수 산정의 기초가 되는 이사의 수에 포함된다.

⑤ 법인의 대표권 제한에 관한 사항이 등기되지 않았더라도 법인은 대표권 제한에 대해 악의인 제3자에게 대항할 수 있다.

08 물건에 관한 설명으로 옳지 <u>않은</u> 것은? (다툼이 있으면 판례에 따름)

① 주물의 구성부분은 종물이 될 수 없다.

② 1필의 토지의 일부는 분필절차를 거치지 않는 한 용익물권의 객체가 될 수 없다.

③ 국립공원의 입장료는 법정과실이 아니다.

④ 주물과 장소적 밀접성이 인정되더라도 주물 그 자체의 효용과 직접 관계가 없는 물건은 종물이 아니다.

⑤ 저당권 설정행위에 "저당권의 효력이 종물에 미치지 않는다."는 약정이 있는 경우, 이를 등기하지 않으면 그 약정으로써 제3자에게 대항할 수 없다.

09 법률행위의 목적에 관한 설명으로 옳은 것을 모두 고른 것은?

> ㄱ. 甲이 乙에게 매도한 건물이 계약체결 후 甲의 방화로 전소하여 그에게 이전할 수 없게 된 경우, 甲의 손해배상책임이 문제될 수 있다.
> ㄴ. 甲이 乙에게 매도한 토지가 계약체결 후 재결수용으로 인하여 乙에게 이전 할 수 없게 된 경우, 위험부담이 문제될 수 있다.
> ㄷ. 甲이 乙에게 매도하기로 한 건물이 계약체결 전에 지진으로 전파(全破)된 경우, 계약체결상의 과실책임이 문제될 수 있다.

① ㄴ

② ㄱ, ㄴ

③ ㄱ, ㄷ

④ ㄴ, ㄷ

⑤ ㄱ, ㄴ, ㄷ

10 반사회적 법률행위로서 무효가 <u>아닌</u> 것은? (다툼이 있으면 판례에 따름)

① 변호사가 민사소송의 승소대가로 성공보수를 받기로 한 약정
② 도박자금에 제공할 목적으로 금전을 대여하는 행위
③ 수증자가 부동산 매도인의 배임행위에 적극 가담하여 체결한 부동산 증여계약
④ 마약대금채무의 변제로서 토지를 양도하기로 한 계약
⑤ 처음부터 보험사고를 가장하여 오로지 보험금을 취득할 목적으로 체결한 생명보험계약

11 통정허위표시에 관한 설명으로 옳은 것은? (다툼이 있으면 판례에 따름)

① 통정허위표시에 의한 급부는 특별한 사정이 없는 한 불법원인급여이다.
② 대리인이 대리권의 범위 안에서 현명하여 상대방과 통정허위표시를 한 경우, 본인이 선의라면 특별한 사정이 없는 한 그는 허위표시의 유효를 주장할 수 있다.
③ 가장행위인 매매계약이 무효라면 은닉행위인 증여계약도 당연히 무효이다.
④ 통정허위표시의 무효로부터 보호되는 선의의 제3자는 통정허위표시를 알지 못한 것에 대해 과실이 없어야 한다.
⑤ 가장매매계약의 매수인과 직접 이해관계를 맺은 제3자가 악의라 하더라도 그와 다시 법률상 이해관계를 맺은 전득자가 선의라면 가장매매계약의 무효로써 전득자에게 대항할 수 없다.

12 착오로 인한 의사표시에 관한 설명으로 옳지 <u>않은</u> 것은? (다툼이 있으면 판례에 따름)

① 매도인의 하자담보책임이 성립하더라도 착오를 이유로 한 매수인의 취소권은 배제되지 않는다.
② 계약 당시를 기준으로 하여 장래의 미필적 사실의 발생에 대한 기대나 예상이 빗나간 경우, 착오취소는 인정되지 않는다.
③ 동기의 착오는 동기가 표시되어 해석상 법률행위의 내용으로 된 경우에 한해서만 유일하게 고려된다.
④ 매매계약에서 매수인이 목적물의 시가에 관해 착오를 하였더라도 이는 원칙적으로 중요부분의 착오에 해당하지 않는다.
⑤ 상대방이 표의자의 착오를 알면서 이용하였다면 표의자의 착오에 중대한 과실이 있더라도 착오취소가 인정된다.

13 의사표시의 효력발생에 관한 설명으로 옳지 <u>않은</u> 것은? (다툼이 있으면 판례에 따름)

① 의사표시의 발신 후 표의자가 사망하였다면, 그 의사표시는 상대방에게 도달하더라도 무효이다.

② 의사표시의 효력발생시기에 관해 도달주의를 규정하고 있는 민법 제111조는 임의규정이다.

③ 상대방이 정당한 사유 없이 의사표시의 수령을 거절하더라도 상대방이 그 의사표시의 내용을 알 수 있는 객관적 상태에 놓여 있다면 그 의사표시는 효력이 있다.

④ 재단법인 설립행위의 효력발생을 위해서는 의사표시의 도달이 요구되지 않는다.

⑤ 미성년자는 그 행위능력이 제한되고 있는 범위에서 수령무능력자이다.

14 법률행위의 대리에 관한 설명으로 옳지 <u>않은</u> 것은? (다툼이 있으면 판례에 따름)

① 무권대리인의 상대방에 대한 책임은 대리권의 흠결에 관하여 대리인에게 귀책사유가 있는 경우에만 인정된다.

② 민법 제124조에서 금지하는 자기계약이 행해졌다면 그 계약은 유동적 무효이다.

③ 행위능력자인 임의대리인이 성년후견개시 심판을 받아 제한능력자가 되면 그의 대리권은 소멸한다.

④ 대리인이 수인인 경우, 법률 또는 수권행위에서 다른 정함이 없으면 각자가 본인을 대리한다.

⑤ 상대방 없는 단독행위의 무권대리는 특별한 사정이 없는 한 확정적 무효이다.

15 복대리에 관한 설명으로 옳은 것은? (다툼이 있으면 판례에 따름)

① 복대리인은 대리인의 대리인이다.

② 복대리인은 본인에 대해 어떠한 권리·의무도 부담하지 않는다.

③ 복대리인이 선임되면 복대리인의 대리권 범위 내에서 대리인의 대리권은 잠정적으로 소멸한다.

④ 대리인이 복대리인을 선임한 후 사망하더라도 특별한 사정이 없는 한 그 복대리권은 소멸하지 않는다.

⑤ 복임권 없는 대리인에 의해 선임된 복대리인의 대리행위에 대해서도 권한을 넘은 표현대리에 관한 규정이 적용될 수 있다.

16 법률행위의 무효에 관한 설명으로 옳지 <u>않은</u> 것은? (다툼이 있으면 판례에 따름)

① 무권대리행위에 대한 본인의 추인은 다른 의사표시가 없는 한 소급효를 가진다.

② 법률행위의 일부분이 무효일 때, 그 나머지 부분의 유효성을 판단함에 있어 나머지 부분을 유효로 하려는 당사자의 가정적 의사를 고려하여야 한다.

③ 토지거래허가구역 내의 토지를 매매한 당사자가 계약체결시부터 허가를 잠탈할 의도였더라도, 그 후 해당 토지에 대한 허가구역 지정이 해제되었다면 위 매매계약은 유효가 된다.

④ 무효인 법률행위를 추인에 의하여 새로운 법률행위로 보기 위해서는 당사자가 그 무효를 알고서 추인하여야 한다.

⑤ 처분권자는 명문의 규정이 없더라도 처분권 없는 자의 처분행위를 추인하여 이를 유효하게 할 수 있다.

17 법률행위의 취소에 관한 설명으로 옳지 <u>않은</u> 것은? (다툼이 있으면 판례에 따름)

① 취소권의 단기제척기간은 취소할 수 있는 날로부터 3년이다.

② 취소권의 행사시 반드시 취소원인의 진술이 함께 행해져야 하는 것은 아니다.

③ 취소할 수 있는 법률행위의 상대방이 그 행위로 취득한 특정의 권리를 양도한 경우, 양수인이 아닌 원래의 상대방에게 취소의 의사표시를 하여야 한다.

④ 노무자의 노무가 일정 기간 제공된 후 행해진 고용계약의 취소에는 소급효가 인정되지 않는다.

⑤ 매도인이 매매계약을 적법하게 해제한 후에도 매수인은 그 매매계약을 착오를 이유로 취소할 수 있다.

18 법률행위 부관인 조건에 관한 설명으로 옳지 <u>않은</u> 것은? (다툼이 있으면 판례에 따름)

① 물권행위에는 조건을 붙일 수 없다.

② 조건이 되기 위해서는 법률이 요구하는 것이 아니라 당사자가 임의로 부가한 것이어야 한다.

③ 조건의 성취를 의제하는 효과를 발생시키는 조건성취 방해행위에는 과실에 의한 행위도 포함된다.

④ 부첩(夫妾)관계의 종료를 해제조건으로 하는 부동산 증여계약은 해제조건뿐만 아니라 증여계약도 무효이다.

⑤ 당사자의 특별한 의사표시가 없는 한 정지조건이든 해제조건이든 그 성취의 효력은 소급하지 않는다.

19 소멸시효에 관한 설명으로 옳지 **않은** 것은? (다툼이 있으면 판례에 따름)

① 손해배상청구권에 대해 법률이 제척기간을 규정하고 있더라도 그 청구권은 소멸시효에 걸린다.

② 동시이행의 항변권이 붙어 있는 채권은 그 항변권이 소멸한 때로부터 소멸시효가 기산한다.

③ 채권양도 후 대항요건을 갖추지 못한 상태에서 양수인이 채무자를 상대로 소를 제기하면 양도된 채권의 소멸시효는 중단된다.

④ 비법인사단이 채무를 승인하여 소멸시효를 중단시키는 것은 사원총회의 결의를 요하는 총유물의 관리·처분행위가 아니다.

⑤ 채권의 소멸시효 완성 후 채무자가 채권자에게 그 담보를 위해 저당권을 설정해 줌으로써 소멸시효의 이익을 포기했다면 그 효력은 그 후 저당부동산을 취득한 제3자에게도 미친다.

20 甲의 乙에 대한 채권의 소멸시효 완성을 독자적으로 원용할 수 있는 자를 모두 고른 것은? (다툼이 있으면 판례에 따름)

ㄱ. 甲이 乙에 대한 채권을 보전하기 위하여 행사한 채권자취소권의 상대방이 된 수익자
ㄴ. 乙의 일반채권자
ㄷ. 甲의 乙에 대한 채권을 담보하기 위한 유치권이 성립된 부동산의 매수인
ㄹ. 甲의 乙에 대한 채권을 담보하기 위해 저당권이 설정된 경우, 그 후순위 저당권자

① ㄱ, ㄴ
② ㄱ, ㄷ
③ ㄴ, ㄹ
④ ㄱ, ㄷ, ㄹ
⑤ ㄴ, ㄷ, ㄹ

21 물권의 객체에 관한 설명으로 옳은 것은? (다툼이 있으면 판례에 따름)

① 지상권은 물건이 아니므로 저당권의 객체가 될 수 없다.

② 법률상 공시방법이 인정되지 않는 유동집합물이라도 특정성이 있으면 이를 양도담보의 목적으로 할 수 있다.

③ 저당권과 질권은 서로 다른 물권이므로 하나의 물건에 관하여 동시에 성립할 수 있다.

④ 토지소유권은 토지의 상하에 미치므로 지상공간의 일부만을 대상으로 하는 구분지상권은 원칙적으로 허용되지 않는다.

⑤ 기술적인 착오 없이 작성된 지적도에서의 경계가 현실의 경계와 다르다면, 토지소유권의 범위는 원칙적으로 현실의 경계를 기준으로 확정하여야 한다.

22 법률에서 정하는 요건이 충족되면 당연히 성립하는 법정담보물권에 해당하는 것은?

① 유치권
② 채권질권
③ 법정지상권
④ 전세권저당권
⑤ 동산·채권 등의 담보에 관한 법률에 따른 동산담보권

23 등기의 유효요건에 관한 설명으로 옳지 <u>않은</u> 것은? (다툼이 있으면 판례에 따름)

① 물권에 관한 등기가 원인 없이 말소되더라도 특별한 사정이 없는 한 그 물권의 효력에는 영향을 미치지 않는다.
② 미등기건물의 승계취득자가 원시취득자와의 합의에 따라 직접 소유권보존등기를 마친 경우, 그 등기는 실체관계에 부합하는 등기로서 유효하다.
③ 멸실된 건물의 보존등기를 멸실 후에 신축된 건물의 보존등기로 유용할 수 없다.
④ 중복된 소유권보존등기의 등기명의인이 동일인이 아닌 경우, 선등기가 원인무효가 아닌 한 후등기는 무효이다.
⑤ 토지거래허가구역 내의 토지에 대한 최초매도인과 최후매수인 사이의 중간생략등기에 관한 합의만 있더라도, 그에 따라 이루어진 중간생략등기는 실체관계에 부합하는 등기로서 유효하다.

24 등기를 마치지 않더라도 물권변동의 효력이 발생하는 경우는? (다툼이 있으면 판례에 따름)

① 지상권설정계약에 따른 지상권의 취득
② 피담보채권의 시효소멸에 따른 저당권의 소멸
③ 공익사업에 필요한 토지에 관하여 토지소유자와 관계인 사이의 협의에 의한 토지소유권의 취득
④ 공유토지의 현물분할에 관한 조정조서의 작성에 따른 공유관계의 소멸
⑤ 당사자 사이의 법률행위를 원인으로 한 소유권이전등기절차 이행의 소에서의 승소판결에 따른 소유권의 취득

25 동산의 선의취득에 관한 설명으로 옳지 <u>않은</u> 것은? (다툼이 있으면 판례에 따름)

① 등기나 등록에 의하여 공시되는 동산은 원칙적으로 선의취득의 대상이 될 수 없다.

② 선의취득이 성립하기 위해서는 양도인이 무권리자라고 하는 점을 제외하고는 아무런 흠이 없는 거래행위이어야 한다.

③ 양도인이 제3자에 대한 반환청구권을 양수인에게 양도하고 지명채권 양도의 대항요건을 갖춘 경우, 선의취득에 필요한 점유의 취득 요건을 충족한다.

④ 동산질권의 선의취득을 저지하기 위해서는 취득자의 점유취득이 과실에 의한 것임을 동산의 소유자가 증명하여야 한다.

⑤ 양수인이 도품을 공개시장에서 선의·무과실로 매수한 경우, 피해자는 양수인이 지급한 대가를 변상하고 그 물건의 반환을 청구할 수 있다.

26 자주점유에 관한 설명으로 옳지 <u>않은</u> 것은? (다툼이 있으면 판례에 따름)

① 점유매개자의 점유는 타주점유에 해당한다.

② 부동산의 매매 당시에는 그 무효를 알지 못하였으나 이후 매매가 무효임이 밝혀지더라도 특별한 사정이 없는 한, 매수인의 점유는 여전히 자주점유이다.

③ 양자간 등기명의신탁에 있어서 부동산 명의수탁자의 상속인에 의한 점유는 특별한 사정이 없는 한, 자주점유에 해당하지 않는다.

④ 공유토지 전부를 공유자 1인이 점유하고 있는 경우, 특별한 사정이 없는 한 다른 공유자의 지분비율 범위에 대해서는 타주점유에 해당한다.

⑤ 자주점유의 판단기준인 소유의 의사 유무는 점유취득의 원인이 된 권원의 성질이 아니라 점유자의 내심의 의사에 따라 결정된다.

27 점유자와 회복자의 관계에 관한 설명으로 옳은 것은? (다툼이 있으면 판례에 따름)

① 선의의 점유자라도 점유물의 사용으로 인한 이익은 회복자에게 반환하여야 한다.

② 임차인이 지출한 유익비는 임대인이 아닌 점유회복자에 대해서도 민법 제203조 제2항에 근거하여 상환을 청구할 수 있다.

③ 과실수취권 있는 선의의 점유자란 과실수취권을 포함하는 본권을 가진다고 오신할 만한 정당한 근거가 있는 점유자를 가리킨다.

④ 선의점유자에 대해서는 점유에 있어서의 과실(過失) 유무를 불문하고 불법행위를 이유로 한 손해배상책임이 배제된다.

⑤ 점유물이 타주점유자의 책임 있는 사유로 멸실된 경우, 그가 선의의 점유자라면 현존이익의 범위에서 손해배상책임을 진다.

28 상린관계에 관한 설명으로 옳지 <u>않은</u> 것은? (다툼이 있으면 판례에 따름)

① 인접하는 토지를 소유한 자들이 공동비용으로 통상의 경계표를 설치하는 경우, 다른 관습이 없으면 측량비용은 토지의 면적에 비례하여 부담한다.
② 지상권자 상호간에도 상린관계에 관한 규정이 준용된다.
③ 주위토지통행권은 장래의 이용을 위하여 인정될 수 있으므로, 그 범위와 관련하여 장래의 이용상황까지 미리 대비하여 통행로를 정할 수 있다.
④ 건물을 축조함에는 특별한 관습이 없으면 경계로부터 반미터 이상의 거리를 두어야 한다.
⑤ 경계에 설치된 경계표나 담은 특별한 사정이 없는 한, 상린자의 공유로 추정한다.

29 부동산의 점유취득시효에 관한 설명으로 옳지 <u>않은</u> 것은? (다툼이 있으면 판례에 따름)

① 집합건물의 공용부분은 취득시효에 의한 소유권 취득의 대상이 될 수 없다.
② 시효완성을 이유로 한 소유권취득의 효력은 점유를 개시한 때로 소급하지 않으며 등기를 함으로써 장래를 향하여 발생한다.
③ 점유자가 점유 개시 당시에 소유권 취득의 원인이 될 수 있는 법률행위가 없다는 사실을 알면서 타인 소유의 토지를 무단점유한 것이 증명된 경우, 그 토지 소유권의 시효취득은 인정되지 않는다.
④ 시효완성자는 취득시효의 기산점과 관련하여 점유기간을 통틀어 등기명의인이 동일한 경우에는 임의의 시점을 기산점으로 할 수 있다.
⑤ 시효이익의 포기는 특별한 사정이 없는 한, 시효취득자가 취득시효완성 당시의 진정한 소유자에 대하여 하여야 한다.

30 부합에 관한 설명으로 옳지 <u>않은</u> 것은? (다툼이 있으면 판례에 따름)

① 부동산에의 부합 이외에 동산 상호 간의 부합도 인정된다.
② 동산 이외에 부동산은 부합물이 될 수 없다.
③ 동일인 소유의 부동산과 동산 상호 간에는 원칙적으로 부합이 인정되지 않는다.
④ 분리가 가능하지만 분리할 경우 상호 부착되거나 결합된 물건의 경제적 가치가 심하게 손상되는 경우에도 부합이 인정된다.
⑤ 부동산의 소유자는 원칙적으로 그 부동산에 부합한 물건의 소유권을 취득한다.

31 공동소유에 관한 설명으로 옳지 <u>않은</u> 것은? (다툼이 있으면 판례에 따름)

① 공유자는 다른 공유자의 동의없이 공유물을 처분하거나 변경하지 못한다.

② 합유는 수인이 조합체로서 물건을 소유하는 형태이고, 조합원은 자신의 지분을 조합원 전원의 동의 없이 처분할 수 없다.

③ 합유물에 대한 보존행위는 합유자 전원의 동의를 요하지 않는다.

④ 구조상 · 이용상 독립성이 있는 건물부분이라 하더라도 구분소유적 공유관계는 성립할 수 없다.

⑤ 공유물분할 금지약정은 갱신할 수 있다.

32 부동산 실권리자명의 등기에 관한 법률에 대한 설명으로 옳은 것은? (다툼이 있으면 판례에 따름)

① 명의신탁자에게 법률효과를 직접 귀속시킬 의도의 매매계약을 체결한 사정이 인정되더라도, 부동산 매매계약서에 명의수탁자가 매수인으로 기재되어 있다면 계약명의신탁으로 보아야 한다.

② 부동산소유권 또는 그 공유지분은 명의신탁 대상이 되지만, 용익물권은 명의신탁의 대상이 될 수 없다.

③ 탈법적 목적이 없는 종중재산의 명의신탁에 있어서 종중은 명의신탁재산에 대한 불법점유자 내지 불법등기명의자에 대하여 직접 그 인도 또는 등기말소를 청구할 수 있다.

④ 탈법적 목적이 없더라도 사실혼 배우자간의 명의신탁은 무효이다.

⑤ 계약당사자인 매수인이 명의수탁자라는 사정을 매도인이 알지 못하였더라도, 매매로 인한 물권변동은 무효이다.

33 지상권에 관한 설명으로 옳은 것은? (다툼이 있으면 판례에 따름)

① 건물의 소유를 목적으로 하는 지상권의 양도는 토지소유자의 동의를 요한다.

② 지료합의가 없는 지상권 설정계약은 무효이다.

③ 수목의 소유를 목적으로 하는 지상권의 최단존속기간은 10년이다.

④ 지상권이 설정된 토지의 소유자는 그 지상권자의 승낙 없이 그 토지 위에 구분지상권을 설정할 수 있다.

⑤ 「장사 등에 관한 법률」 시행 이전에 설치된 분묘에 관한 분묘기지권의 시효취득은 법적 규범으로 유지되고 있다.

34 지역권에 관한 설명으로 옳지 <u>않은</u> 것은? (다툼이 있으면 판례에 따름)

① 지역권은 요역지의 사용가치를 높이기 위해 승역지를 이용하는 것을 내용으로 하는 물권이다.

② 요역지와 승역지는 서로 인접한 토지가 아니어도 된다.

③ 요역지 공유자 중 1인에 대한 지역권 소멸시효의 정지는 다른 공유자를 위하여도 효력이 있다.

④ 지역권자는 승역지의 점유침탈이 있는 경우, 지역권에 기하여 승역지 반환청구권을 행사할 수 있다.

⑤ 지역권은 계속되고 표현된 것에 한하여 시효취득할 수 있다.

35 전세권에 관한 설명으로 옳은 것은? (다툼이 있으면 판례에 따름)

① 건물 일부의 전세권자는 나머지 건물 부분에 대해서도 경매신청권이 있다.

② 전세권 설정계약의 당사자는 전세권의 사용·수익권능을 배제하고 채권담보만을 위한 전세권을 설정할 수 있다.

③ 전세권설정시 전세금 지급은 전세권 성립의 요소이다.

④ 전세권자는 특별한 사정이 없는 한 전세권의 존속기간 내에서 전세목적물을 타인에게 전전세 할 수 없다.

⑤ 전세권이 소멸된 경우, 전세권자의 전세목적물의 인도는 전세금의 반환보다 선이행되어야 한다.

36 유치권에 관한 설명으로 옳지 <u>않은</u> 것은? (다툼이 있으면 판례에 따름)

① 유치물의 소유자가 변동된 후 유치권자가 유치물에 관하여 새로이 유익비를 지급하여 가격증가가 현존하는 경우, 유치권자는 그 유익비를 피보전채권으로 하여서도 유치권을 행사할 수 있다.

② 다세대주택의 창호공사를 완성한 하수급인이 공사대금채권 잔액을 변제받기 위하여 그 중한 세대를 점유하는 유치권 행사는 인정되지 않는다.

③ 수급인의 재료와 노력으로 건물을 신축한 경우, 특별한 사정이 없는 한 그 건물에 대한 수급인의 유치권은 인정되지 않는다.

④ 유치권의 목적이 될 수 있는 것은 동산, 부동산 그리고 유가증권이다.

⑤ 유치권자가 유치물에 대한 보존행위로서 목적물을 사용하는 것은 적법하다.

37 질권에 관한 설명으로 옳지 <u>않은</u> 것은? (다툼이 있으면 판례에 따름)

① 점유개정에 의한 동산질권설정은 인정되지 않는다.
② 질권자는 채권 전부를 변제받을 때까지 질물 전부에 대하여 그 권리를 행사할 수 있다.
③ 질물이 공용징수된 경우, 질권자는 질권설정자가 받을 수용보상금에 대하여도 질권을 행사할 수 있다.
④ 전질은 질물소유자인 질권설정자의 승낙이 있어도 허용되지 않는다.
⑤ 부동산의 사용, 수익을 내용으로 하는 질권은 물권법정주의에 반한다.

38 저당권에 관한 설명으로 옳지 <u>않은</u> 것은? (다툼이 있으면 판례에 따름)

① 채권자와 제3자가 불가분적 채권자의 관계에 있다고 볼 수 있는 경우에는 그 제3자 명의의 저당권등기도 유효하다.
② 근저당권설정자가 적법하게 기본계약을 해지하면 피담보채권은 확정된다.
③ 무효인 저당권등기의 유용은 그 유용의 합의 전에 등기상 이해관계가 있는 제3자가 없어야 한다.
④ 저당부동산의 제3취득자는 부동산의 개량을 위해 지출한 유익비를 그 부동산의 경매대가에서 우선변제받을 수 없다.
⑤ 저당권자가 저당부동산을 압류한 이후에는 저당권설정자의 저당부동산에 관한 차임채권에도 저당권의 효력이 미친다.

39 乙명의의 저당권이 설정되어 있는 甲소유의 X토지 위에 Y건물이 신축된 후, 乙의 저당권이 실행된 경우에 관한 설명으로 옳은 것을 모두 고른 것은? (다툼이 있으면 판례에 따름)

ㄱ. 甲이 Y건물을 신축한 경우, 乙은 Y건물에 대한 경매도 함께 신청할 수 있으나 Y건물의 경매대가에서 우선변제를 받을 수는 없다.
ㄴ. Y건물을 甲이 건축하였으나 경매 당시 제3자 소유로 된 경우, 乙은 Y건물에 대한 경매도 함께 신청할 수 있다.
ㄷ. Y건물이 X토지의 지상권자인 丙에 의해 건축되었다가 甲이 Y건물의 소유권을 취득하였다면 乙은 Y건물에 대한 경매도 함께 신청할 수 있다.

① ㄴ
② ㄱ, ㄴ
③ ㄱ, ㄷ
④ ㄴ, ㄷ
⑤ ㄱ, ㄴ, ㄷ

40 법정지상권의 성립에 관한 설명으로 옳지 <u>않은</u> 것은? (다툼이 있으면 판례에 따름)

① 토지에 저당권이 설정된 후에 저당권자의 동의를 얻어 건물이 신축된 경우라도 법정지상권은 성립한다.

② 토지의 정착물로 볼 수 없는 가설 건축물의 소유를 위한 법정지상권은 성립하지 않는다.

③ 무허가건물이나 미등기건물을 위해서도 관습법상의 법정지상권이 인정될 수 있다.

④ 토지공유자 중 1인이 다른 공유자의 동의를 얻어 그 지상에 건물을 소유하면서 자신의 토지지분에 저당권을 설정한 후 그 실행경매로 인하여 그 공유지분권자와 건물소유자가 달라진 경우에는 법정지상권이 성립하지 않는다.

⑤ 동일인 소유의 토지와 건물 중 건물에 전세권이 설정된 후 토지소유자가 바뀐 경우, 건물소유자가 그 토지에 대하여 지상권을 취득한 것으로 본다.

제2과목 │ 경제학원론

01 X재의 시장수요곡선과 시장공급곡선이 각각 $Q_D = 100 - 2P$, $Q_S = 20$이다. 정부가 X재 한 단위당 10의 세금을 공급자에게 부과한 이후 X재의 시장가격은? (단, Q_D는 수요량, Q_S는 공급량, P는 가격이다.)

① 10

② 20

③ 30

④ 40

⑤ 50

02 수요 및 공급의 탄력성에 관한 설명으로 옳은 것은?

① 수요의 교차탄력성이 양(+)이면 두 재화는 보완관계이다.

② 수요의 소득탄력성이 0보다 큰 상품은 사치재이다.

③ 수요곡선이 수평이면 수요곡선의 모든 점에서 가격탄력성은 0이다.

④ 공급곡선의 가격축 절편이 양(+)의 값을 갖는 경우에는 공급의 가격탄력성이 언제나 1보다 작다.

⑤ 원점에서 출발하는 우상향 직선의 공급의 가격탄력성은 언제나 1의 값을 갖는다.

03 시장수요함수와 시장공급함수가 각각 $Q_D = 36 - 4P$, $Q_S = -4 + 4P$, 일 때, 시장균형에서 (ㄱ)생산자잉여와 (ㄴ)소비자잉여는? (단, Q_D는 수요량, Q_S는 공급량, P는 가격이다.)

① ㄱ : 32, ㄴ : 32

② ㄱ : 25, ㄴ : 25

③ ㄱ : 25, ㄴ : 32

④ ㄱ : 32, ㄴ : 25

⑤ ㄱ : 0, ㄴ : 64

04 두 재화 X, Y를 소비하는 갑의 효용함수가 $U = XY^2$이고, X재의 가격은 1, Y재의 가격은 2, 소득은 90이다. 효용함수와 소득이 각각 $U = \sqrt{XY}$, 100으로 변경되었을 경우, 갑의 효용이 극대화되는 X재와 Y재의 구매량의 변화로 옳은 것은?

① X재 10 증가, Y재 5 감소
② X재 10 증가, Y재 5 증가
③ X재 20 증가, Y재 5 감소
④ X재 20 증가, Y재 10 감소
⑤ X재 20 증가, Y재 10 증가

05 소비자이론에 관한 설명으로 옳은 것을 모두 고른 것은?

ㄱ. 무차별곡선은 효용을 구체적인 수치로 표현할 수 있다는 가정 하에 같은 만족을 주는 점들을 연결한 것이다.
ㄴ. 상품의 특성에 따라 무차별곡선은 우상향 할 수도 있다.
ㄷ. 열등재이면서 대체효과보다 소득효과의 절대적 크기가 매우 클 경우 그 재화는 기펜재(Giffen goods)이다.
ㄹ. 유행효과(bandwagon effect)가 존재하면 독자적으로 결정한 개별수요의 수평적 합은 시장수요이다.

---

① ㄱ, ㄴ
② ㄱ, ㄷ
③ ㄱ, ㄹ
④ ㄴ, ㄷ
⑤ ㄴ, ㄹ

06 생산자이론에 관한 설명으로 옳지 <u>않은</u> 것은?

① 한계기술대체율은 등량곡선의 기울기를 의미한다.
② 등량곡선이 직선일 경우 대체탄력성은 무한대의 값을 가진다.
③ 0차 동차생산함수는 규모수익불변의 성격을 갖는다.
④ 등량곡선이 원점에 대해 볼록하다는 것은 한계기술대체율이 체감하는 것을 의미한다.
⑤ 규모수익의 개념은 장기에 적용되는 개념이다.

07 독점기업 A가 직면한 수요곡선이 $Q=100-2P$이고, 총비용함수가 $TC=Q^2+20Q$일 때, 기업 A의 이윤을 극대화하는 (ㄱ)생산량과 (ㄴ)이윤은? (단, Q는 생산량, P는 가격이다.)

① ㄱ : 10, ㄴ : 150
② ㄱ : 10, ㄴ : 200
③ ㄱ : 20, ㄴ : 250
④ ㄱ : 20, ㄴ : 300
⑤ ㄱ : 30, ㄴ : 350

08 독점 및 독점적 경쟁시장에 관한 설명으로 옳은 것은?

① 자연독점은 규모의 불경제가 존재할 때 발생한다.
② 순수독점은 경제적 순손실(deadweight loss)을 발생시키지 않는다.
③ 독점적 경쟁시장의 장기균형에서 각 기업은 0의 이윤을 얻고 있다.
④ 독점적 경쟁시장은 동질적 상품을 가정하고 있다.
⑤ 독점적 경쟁시장에서 기업들은 비가격경쟁이 아니라 가격경쟁을 한다.

09 꾸르노(Cournot) 복점모형에서 시장수요곡선이 $Q=20-P$이고, 두 기업 A와 B의 한계비용이 모두 10으로 동일할 때, 꾸르노 균형에서의 산업전체 산출량은? (단, Q는 시장전체의 생산량, P는 가격이다.)

① 10/3
② 20/3
③ 40/3
④ 50/3
⑤ 60/3

10 게임이론에 관한 설명으로 옳은 것은?

① 내쉬균형은 상대방의 전략에 관계없이 자신에게 가장 유리한 전략을 선택하는 것을 말한다.
② 복점시장에서의 내쉬균형은 하나만 존재한다.
③ 어떤 게임에서 우월전략균형이 존재하지 않더라도 내쉬균형은 존재할 수 있다.
④ 순차게임에서는 내쉬조건만 충족하면 완전균형이 된다.
⑤ 승자의 불행(winner's curse) 현상을 방지하기 위해 최고가격 입찰제(first-price sealed-bid auction)가 도입되었다.

11 복점시장에서 기업 1과 기업 2는 각각 a와 b의 전략을 갖고 있다. 성과 보수 행렬이 다음과 같을 때, 내쉬균형을 모두 고른 것은? (단, 보수 행렬 내 괄호 안 왼쪽은 기업 1의 보수, 오른쪽은 기업 2의 보수이다.)

		기업 2	
		전략 a	전략 b
기업 1	전략 a	(16, 8)	(8, 6)
	전략 b	(3, 7)	(10, 11)

① (16, 8)
② (10, 11)
③ (8, 6), (10, 11)
④ (16, 8), (3, 7)
⑤ (16, 8), (10, 11)

12 완전경쟁시장의 장기균형의 특징에 관한 설명으로 옳은 것을 모두 고른 것은? (단, LMC는 장기한계비용, LAC는 장기평균비용, P는 가격이다.)

> ㄱ. P=LMC이다.
> ㄴ. P>LAC이다.
> ㄷ. 각 기업의 정상이윤이 0이다.
> ㄹ. 시장의 수요량과 공급량이 같다.
> ㅁ. 더 이상 기업의 진입과 이탈이 일어나지 않는 상태를 말한다.

① ㄱ, ㄴ, ㄷ
② ㄱ, ㄹ, ㅁ
③ ㄴ, ㄹ, ㅁ
④ ㄷ, ㄹ, ㅁ
⑤ ㄴ, ㄷ, ㄹ, ㅁ

13 생산요소시장에 관한 설명으로 옳은 것을 모두 고른 것은?

> ㄱ. 수요독점의 노동시장에서 수요독점자가 지불하는 임금률은 노동의 한계수입생산보다 낮다.
> ㄴ. 노동시장의 수요독점은 생산요소의 고용량과 가격을 완전경쟁시장에 비해 모두 더 낮은 수준으로 하락시킨다.
> ㄷ. 생산요소의 공급곡선이 수직선일 경우 경제적 지대(economic rent)는 발생하지 않는다.
> ㄹ. 전용수입(transfer earnings)은 고용된 노동을 현재 수준으로 유지하기 위해 생산요소의 공급자가 받아야 하겠다는 최소한의 금액이다.

① ㄷ, ㄹ
② ㄱ, ㄴ, ㄷ
③ ㄱ, ㄴ, ㄹ
④ ㄴ, ㄷ, ㄹ
⑤ ㄱ, ㄴ, ㄷ, ㄹ

14 소득분배에 관한 설명으로 옳은 것을 모두 고른 것은?

> ㄱ. 국민소득이 임금, 이자, 이윤, 지대 등으로 나누어지는 몫이 얼마인지 보는 것이 계층별 소득분배이다.
> ㄴ. 로렌츠곡선이 대각선에 가까울수록 보다 불평등한 분배 상태를 나타낸다.
> ㄷ. 두 로렌츠곡선이 교차하면 소득분배 상태를 비교하기가 불가능하다.
> ㄹ. 지니계수 값이 1에 가까울수록 보다 불평등한 분배 상태를 나타낸다.

① ㄱ, ㄴ
② ㄱ, ㄷ
③ ㄴ, ㄷ
④ ㄴ, ㄹ
⑤ ㄷ, ㄹ

15 후생경제이론에 관한 설명으로 옳지 <u>않은</u> 것은?

① 계약곡선 위의 모든 점은 파레토효율적 배분을 대표한다.
② 일정한 전제하에서 왈라스균형은 일반경쟁균형이 될 수 있다.
③ 차선의 이론에 따르면 점진적 접근방식에 의한 부분적 해결책이 최선은 아닐 수 있다.
④ 후생경제학의 제1정리에 따르면 일반경쟁균형의 배분은 파레토효율적이다.
⑤ 후생경제학의 제2정리는 재분배를 위한 목적으로 가격체계에 개입하는 것에 정당성을 부여한다.

16 외부성에 관한 설명으로 옳은 것은?

① 생산의 부정적 외부성이 있는 경우 사회적 최적생산량이 시장균형생산량보다 크다.
② 생산의 부정적 외부성이 있는 경우 사적 한계비용이 사회적 한계비용보다 작다.
③ 소비의 부정적 외부성이 있는 경우 사적 한계편익이 사회적 한계편익보다 작다.
④ 코즈(R. Coase)의 정리는 거래비용의 크기와 무관하게 민간경제주체들이 외부성을 스스로 해결할 수 있다는 정리를 말한다.
⑤ 공유자원의 비극(tragedy of the commons)은 긍정적 외부성에서 발생한다.

17 가격차별에 관한 설명으로 옳지 <u>않은</u> 것은?

① 극장에서의 조조할인 요금제는 가격차별의 한 예이다.

② 이부가격제(two-part pricing)는 가격차별 전략 중 하나이다.

③ 제3급 가격차별을 가능하게 하는 조건 중 하나는 전매가 불가능해야 한다는 것이다.

④ 제3급 가격차별의 경우 수요의 가격 탄력성이 상대적으로 작은 시장에서 더 낮은 가격이 설정된다.

⑤ 제1급 가격차별에서는 소비자잉여가 발생하지 않는다.

18 정보재(information goods)의 기본적인 특성에 관한 설명으로 옳은 것을 모두 고른 것은?

> ㄱ. 상품에 포함된 정보가 상품으로서의 특성을 결정하는 것을 정보재라 한다.
> ㄴ. 정보재는 초기 개발비용이 크고 한계비용이 0에 가깝기 때문에 규모의 불경제가 일어난다.
> ㄷ. 정보재에는 쏠림현상(tipping)과 같은 네트워크효과가 나타난다.
> ㄹ. 정보재의 경우 무료견본을 나눠 주는 것은 잠김효과(lock-in effect)를 노린 마케팅 전략이다.

① ㄱ, ㄹ

② ㄴ, ㄷ

③ ㄱ, ㄴ, ㄷ

④ ㄱ, ㄷ, ㄹ

⑤ ㄴ, ㄷ, ㄹ

19 정보의 비대칭성에 관한 설명으로 옳은 것은?

① 도덕적 해이(moral hazard)는 감춰진 속성(hidden characteristics)과 관련된다.

② 직업감독제도는 역선택(adverse selection)방지를 위한 효율적인 수단이다.

③ 자동차보험에서 기초공제(initial deduction)제도를 두는 이유는 역선택 방지를 위함이다.

④ 상품시장에서 역선택 방지를 위해 품질보증제도를 도입한다.

⑤ 노동시장에서 교육수준을 선별의 수단으로 삼는 이유는 도덕적 해이를 방지하기 위함이다.

20 기업 A의 사적한계비용 $MC = \frac{1}{2}Q + 300$, $P = 500$이고 기업 A가 발생시키는 환경오염 피해액은 단위당 100이다. 기업 A의 사회적 최적산출량은? (단, 완전경쟁시장을 가정하고, Q는 산출량, P는 가격이다.)

① 200
② 400
③ 600
④ 800
⑤ 1,000

21 고전학파의 국민소득결정모형에 관한 설명으로 옳지 <u>않은</u> 것은?

① 세이의 법칙(Say's law)이 성립하여, 수요측면은 국민소득 결정에 영향을 미치지 못한다.
② 물가와 임금 등 모든 가격이 완전히 신축적이고, 노동시장은 균형을 달성한다.
③ 노동시장의 수요는 실질임금의 함수이다.
④ 노동의 한계생산이 노동시장의 수요를 결정하는 중요한 요인이다.
⑤ 통화공급이 증가하여 물가가 상승하면, 노동의 한계생산이 증가한다.

22 국내총생산에 관한 설명으로 옳지 <u>않은</u> 것은?

① 국내총생산은 시장에서 거래되는 최종생산물만 포함한다.
② 국내순생산은 국내총생산에서 고정자본소모를 제외한 부분이다.
③ 명목국내총생산은 재화와 서비스의 생산의 가치를 경상가격으로 계산한 것이다.
④ 3면 등가의 원칙으로 국내총생산은 국내총소득과 일치한다.
⑤ 국내총생산은 요소비용국내소득에 순간접세와 고정자본소모를 더한 것이다.

23 다음과 같은 균형국민소득 결정모형에서 정부지출이 220으로 증가할 경우 (ㄱ)새로운 균형소득과 (ㄴ)소득의 증가분은? (단, 폐쇄경제를 가정한다.)

• $C = 120 + 0.8(Y-T)$	• Y : 국내총생산	• C : 소비
• 투자(I) = 100	• 정부지출(G) = 200	• 조세(T) = 200

① ㄱ : 1,400, ㄴ : 100
② ㄱ : 1,400, ㄴ : 200
③ ㄱ : 1,420, ㄴ : 100
④ ㄱ : 1,420, ㄴ : 200
⑤ ㄱ : 1,440, ㄴ : 200

24 A국의 사과와 배에 대한 생산량과 가격이 다음과 같다. 파셰물가지수(Paasche price index)를 이용한 2010년 대비 2020년의 물가상승률은? (단, 2010년을 기준년도로 한다.)

	2010년			2020년	
재화	수량	가격	재화	수량	가격
사과	100	2	사과	200	3
배	100	2	배	300	4

① 80%
② 150%
③ 250%
④ 350%
⑤ 450%

25 소비와 투자에 관한 설명으로 옳지 않은 것은?

① 소비수요는 사전적으로 계획된 소비를 말한다.
② 고전학파는 투자가 이자율이 아니라 소득에 의해 결정된다고 주장한다.
③ 케인즈(J. Keynes)에 의하면 소비수요를 결정하는 중요한 요인은 현재의 절대소득이다.
④ 독립투자수요는 내생변수와 관계없이 외생적으로 결정된다.
⑤ 평균소비성향은 소비를 소득으로 나누어 계산한다.

26 본원통화에 관한 설명으로 옳지 <u>않은</u> 것은?

① 본원통화는 현금통화와 은행의 지급준비금의 합과 같다.

② 본원통화는 중앙은행의 화폐발행액과 은행의 중앙은행 지급준비예치금의 합과 같다.

③ 중앙은행의 대차대조표상의 순대정부대출이 증가하면 본원통화는 증가한다.

④ 중앙은행의 대차대조표상의 순해외자산이 증가하면 본원통화는 증가한다.

⑤ 추가로 발행된 모든 화폐가 은행의 시재금(vault cash)으로 보관된다면 본원통화는 증가하지 않는다.

27 IS−LM곡선에 관한 설명으로 옳은 것을 모두 고른 것은? (단, 폐쇄경제를 가정한다.)

> ㄱ. 투자가 이자율에 영향을 받지 않는다면 LM곡선은 수직선이 된다.
> ㄴ. 투자가 이자율에 영향을 받지 않는다면 IS곡선은 수직선이 된다.
> ㄷ. 통화수요가 이자율에 영향을 받지 않는다면 LM곡선은 수직선이 된다.
> ㄹ. 통화수요가 소득에 영향을 받는다면 LM곡선은 수직선이 된다.

① ㄱ, ㄴ

② ㄱ, ㄷ

③ ㄴ, ㄷ

④ ㄴ, ㄹ

⑤ ㄷ, ㄹ

28 폐쇄경제 IS−LM모형에서 투자의 이자율 탄력성이 무한대인 경우, 중앙은행이 긴축통화정책을 실행할 시 예상되는 효과로 옳은 것을 모두 고른 것은? (단, LM곡선은 우상향한다.)

ㄱ. 국민소득 감소	ㄴ. 이자율 증가
ㄷ. 이자율 불변	ㄹ. 국민소득 증가
ㅁ. 이자율 감소	

① ㄱ, ㄴ

② ㄱ, ㄷ

③ ㄱ, ㅁ

④ ㄴ, ㄹ

⑤ ㄷ, ㄹ

34 필립스곡선에 관한 설명으로 옳지 <u>않은</u> 것은?

① 필립스(A. W. Phillips)는 임금상승률과 실업률간 음(−)의 경험적 관계를 발견했다.

② 우상향하는 단기 총공급곡선과 오쿤의 법칙(Okun's Law)을 결합하면 필립스곡선의 이론적 근거를 찾을 수 있다.

③ 적응적 기대를 가정하면 장기에서도 필립스곡선은 우하향한다.

④ 단기 총공급곡선이 가파른 기울기를 가질수록 필립스곡선은 가파른 기울기를 가진다.

⑤ 새고전학파(New Classical)는 합리적 기대를 가정할 경우 국민소득의 감소 없이 인플레이션을 낮출 수 있다고 주장한다.

35 A국의 중앙은행은 필립스곡선, 성장률과 실업률의 관계, 이자율 준칙에 따라 이자율을 결정한다. 현재 목표물가상승률이 2%, 자연실업률이 3%이고, 국내총생산은 잠재국내총생산, 물가상승률은 목표물가상승률, 그리고 실업률은 자연실업률과 같다고 가정할 때, 이에 관한 설명으로 옳지 <u>않은</u> 것은? (단, r, π, π^e, π^T, u, u_n, u_{-1}, Y, Y^P는 각각 이자율, 물가상승률, 기대물가상승률, 목표물가상승률, 실업률, 자연실업률, 전기의 실업률, 국내총생산, 잠재국내총생산이다.)

- 필립스곡선 : $\pi = \pi^e - 0.5(u - u_n)$
- 이자율 준칙 : $r = \pi + 2.0\% + 0.5(\pi - \pi^T) + 0.5G$
- 성장률과 실업률의 관계 : 국내총생산의 성장률 $= 3\% - 2(u - u_{-1})$
- $G = \dfrac{(Y - Y^P)}{Y^P} \times 100$

① 현재 이자율은 4%이다.

② 현재 기대물가상승률은 2%이다.

③ 실업률이 5%로 상승하고 기대물가상승률이 변화하지 않았다면, 물가상승률은 1%이다.

④ 기대물가상승률이 3%로 상승하면, 이자율은 5.5%이다.

⑤ 실업률이 1%로 하락하고, 기대물가상승률이 3%로 상승하면, 이자율은 7%이다.

36 총수요곡선 및 총공급곡선에 관한 설명으로 옳지 <u>않은</u> 것을 모두 고른 것은?

ㄱ. 총수요곡선은 물가수준과 재화 및 용역의 수요량간의 관계를 보여준다.
ㄴ. 통화수요 또는 투자가 이자율에 영향을 받지 않을 경우 총수요곡선은 수평이 된다.
ㄷ. 단기적으로 가격이 고정되어 있을 경우 총공급곡선은 수평이 된다.
ㄹ. 정부지출의 변화는 총수요곡선 상에서의 변화를 가져온다.

① ㄱ, ㄴ
② ㄱ, ㄷ
③ ㄴ, ㄷ
④ ㄴ, ㄹ
⑤ ㄷ, ㄹ

37 장기적으로 경제성장을 촉진시킬 수 있는 방법으로 옳은 것을 모두 고른 것은?

ㄱ. 투자지출을 증가시켜 실물 자본을 증가시킨다.
ㄴ. 저축률을 낮추어 소비를 증가시킨다.
ㄷ. 교육 투자지출을 증가시켜 인적 자본을 증가시킨다.
ㄹ. 연구개발에 투자하여 새로운 기술을 개발하고 실용화한다.

① ㄱ, ㄴ
② ㄴ, ㄷ
③ ㄷ, ㄹ
④ ㄱ, ㄷ, ㄹ
⑤ ㄱ, ㄴ, ㄷ, ㄹ

38 다음과 같은 생산함수에 따라 생산되는 단순경제를 가정할 때, 솔로우 모형의 균제상태(steady-state) 조건을 이용한 균제상태에서의 (ㄱ)1인당 소득과 (ㄴ)1인당 소비수준은? (단, 인구증가와 기술진보는 없다고 가정하며, K는 총자본, L은 총노동, δ는 감가상각률, s는 저축률이다.)

> • $Y = F(K, L) = \sqrt{KL}$
> • $\delta = 20\%$
> • s = 40%

① ㄱ : 1, ㄴ : 1
② ㄱ : 2, ㄴ : 1.2
③ ㄱ : 2, ㄴ : 1.6
④ ㄱ : 4, ㄴ : 2.2
⑤ ㄱ : 4, ㄴ : 2.4

39 보호무역을 옹호하는 주장의 근거가 <u>아닌</u> 것은?

① 자유무역으로 분업이 강력하게 진행되면 국가 안전에 대한 우려가 발생할 수 있다.
② 관세를 부과하면 경제적 순손실(deadweight loss)이 발생한다.
③ 환경오염도피처가 된 거래상대국으로부터 유해한 물질이 자유무역으로 인해 수입될 가능성이 높다.
④ 정부가 신생 산업을 선진국으로부터 보호해서 육성해야 한다.
⑤ 자유무역은 국내 미숙련근로자의 임금에 부정적 영향을 줄 수 있다.

40 소규모 개방경제의 먼델-플레밍(Mundell-Fleming)모형에서 정부의 재정긴축이 미치는 영향으로 옳은 것은? (단, 초기의 균형상태, 완전한 자본이동과 고정환율제, 국가별 물가수준 고정을 가정한다.)

① IS곡선 우측이동
② 국민소득 감소
③ LM곡선 우측이동
④ 통화공급 증가
⑤ 원화가치 하락

제3과목 | 부동산학원론

01 토지의 분류 및 용어에 관한 설명으로 옳은 것은?

① 획지(劃地)는 하나의 필지 중 일부에 대해서도 성립한다.
② 건부지(建敷地)는 건축물의 부지로 이용중인 토지 또는 건축물의 부지로 이용가능한 토지를 말한다.
③ 나지(裸地)는 택지 중 정착물이 없는 토지로서 공법상 제한이 없는 토지를 말한다.
④ 제내지(堤內地)는 제방으로부터 하심측으로의 토지를 말한다.
⑤ 일단지(一團地)는 용도상 불가분의 관계에 있는 두 필지 이상을 합병한 토지를 말한다.

02 감정평가사 A가 실지조사를 통해 확인한 1개 동의 건축물 현황이 다음과 같다. 건축법령상 용도별 건축물의 종류는?

> • 1층 전부를 필로티 구조로 하여 주차장으로 사용하며, 2층부터 5층까지 주택으로 사용함
> • 주택으로 쓰는 바닥면적의 합계가 1,000m²임
> • 세대수 합계가 16세대로서 모든 세대에 취사시설이 설치됨

① 아파트   ② 기숙사
③ 연립주택   ④ 다가구주택
⑤ 다세대주택

03 등기를 통해 소유권을 공시할 수 있는 물건 또는 권리는 몇 개인가?

> • 총톤수 30톤인 기선(機船)   • 적재용량 25톤인 덤프트럭
> • 최대 이륙중량 400톤인 항공기   • 동력차 2량과 객차 8량으로 구성된 철도차량
> • 면허를 받아 김 양식업을 경영할 수 있는 권리
> • 5천만 원을 주고 구입하여 심은 한 그루의 소나무

① 1개   ② 2개
③ 3개   ④ 4개
⑤ 5개

04 주택법령상 준주택에 해당하지 <u>않는</u> 것은?

① 건축법령상 공동주택 중 기숙사
② 건축법령상 업무시설 중 오피스텔
③ 건축법령상 숙박시설 중 생활숙박시설
④ 건축법령상 제2종 근린생활시설 중 다중생활시설
⑤ 건축법령상 노유자시설 중 노인복지시설로서 「노인복지법」상 노인복지주택

05 토지의 특성과 내용에 관한 설명으로 옳지 <u>않은</u> 것은?

① 토지는 시간의 경과에 의해 마멸되거나 소멸되지 않으므로 투자재로서 선호도가 높다.
② 물리적으로 완전히 동일한 토지는 없으므로 부동산시장은 불완전경쟁시장이 된다.
③ 토지는 공간적으로 연결되어 있으므로 외부효과를 발생시키고, 개발이익 환수의 근거가 된다.
④ 토지는 용익물권의 목적물로 활용할 수 있으므로 하나의 토지에 다양한 물권자가 존재할 수 있다.
⑤ 토지의 소유권은 정당한 이익있는 범위내에서 토지의 상하에 미치며, 한계고도와 한계심도의 범위는 법률로 정하고 있다.

06 감정평가사 A는 표준지공시지가의 조사 · 평가를 의뢰받고 실지조사를 통해 표준지에 대해 다음과 같이 확인하였다. 표준지조사 · 평가보고서상 토지특성 기재방법의 연결이 옳은 것은?

> ㄱ. 토지이용상황 : 주변의 토지이용상황이 '전'으로서 돈사와 우사로 이용되고 있음
> ㄴ. 도로접면 : 폭 10미터의 도로와 한면이 접하면서 자동차 통행이 불가능한 폭 2미터의 도로에 다른 한면이 접함

① ㄱ : 전기타, ㄴ : 중로한면
② ㄱ : 전기타, ㄴ : 소로한면
③ ㄱ : 전축사, ㄴ : 소로각지
④ ㄱ : 전축사, ㄴ : 소로한면
⑤ ㄱ : 목장용지, ㄴ : 소로한면

07 아파트 가격이 5% 하락함에 따라 아파트의 수요량 4% 증가, 아파트의 공급량 6% 감소, 연립주택의 수요량이 2% 증가하는 경우, (ㄱ)아파트 공급의 가격탄력성, (ㄴ)아파트와 연립주택의 관계는? (단, 수요의 가격탄력성은 절댓값이며, 주어진 조건에 한함)

① ㄱ : 탄력적, ㄴ : 보완재
② ㄱ : 비탄력적, ㄴ : 보완재
③ ㄱ : 탄력적, ㄴ : 대체재
④ ㄱ : 비탄력적, ㄴ : 대체재
⑤ ㄱ : 단위탄력적, ㄴ : 대체재

08 부동산의 가격탄력성과 균형변화에 관한 설명으로 옳지 않은 것은? (단, 완전탄력적과 완전비탄력적 조건이 없는 경우 수요와 공급법칙에 따르며, 다른 조건은 동일함)

① 공급이 완전비탄력적일 경우, 수요가 증가하면 균형가격은 상승하고 균형량은 불변이다.
② 수요가 완전비탄력적일 경우, 공급이 감소하면 균형가격은 상승하고 균형량은 불변이다.
③ 수요가 완전탄력적일 경우, 공급이 증가하면 균형가격은 불변이고 균형량은 증가한다.
④ 공급이 증가하는 경우, 수요의 가격탄력성이 작을수록 균형가격의 하락폭은 크고 균형량의 증가폭은 작다.
⑤ 수요가 증가하는 경우, 공급의 가격탄력성이 작을수록 균형가격의 상승폭은 작고 균형량의 증가폭은 크다.

09 저량(stock)의 경제변수가 아닌 것은?

① 가계 자산
② 주택 가격
③ 주택 재고량
④ 주택 보급률
⑤ 신규주택 공급량

10 부동산시장에 관한 설명으로 옳은 것은?

① 할당 효율적 시장은 완전경쟁시장을 의미하며 불완전경쟁시장은 할당 효율적 시장이 될 수 없다.

② 완전경쟁시장이나 강성 효율적 시장에서는 할당 효율적인 시장만 존재한다.

③ 약성 효율적 시장에서 과거의 역사적 정보를 통해 정상 이상의 수익을 획득할 수 있다.

④ 완전경쟁시장에서는 초과이윤이 발생할 수 있다.

⑤ 준강성 효율적 시장에서 공표된 정보는 물론 공표되지 않은 정보도 시장가치에 반영된다.

11 부동산시장의 수요와 공급의 가격탄력성에 관한 설명으로 옳지 <u>않은</u> 것은? (단, 다른 조건은 동일함)

① 측정하는 기간이 길수록 수요의 탄력성은 더 탄력적이다.

② 공급의 탄력성은 생산요소를 쉽게 얻을 수 있는 상품일수록 더 탄력적이다.

③ 수요의 탄력성이 탄력적일 경우 임대료가 상승하면 전체 임대수입은 감소한다.

④ 대체재가 많을수록 수요의 탄력성은 더 탄력적이다.

⑤ 제품의 가격이 가계소득에서 차지하는 비중이 작을수록 수요의 탄력성이 더 탄력적이다.

12 A도시와 B도시 사이에 있는 C도시는 A도시로부터 5km, B도시로부터 10km 떨어져 있다. 각 도시의 인구 변화가 다음과 같을 때, 작년에 비해 금년에 C도시로부터 B도시의 구매활동에 유인되는 인구수의 증가는? (단, 레일리(W.Reilly)의 소매인력법칙에 따르고, C도시의 모든 인구는 A도시와 B도시에서만 구매하며, 다른 조건은 동일함)

구분	작년 인구수	금년 인구수
A도시	5만 명	5만 명
B도시	20만 명	30만 명
C도시	2만 명	3만 명

① 6,000명

② 7,000명

③ 8,000명

④ 9,000명

⑤ 10,000명

13 시장실패의 원인으로 옳지 <u>않은</u> 것은?

① 외부효과
② 정보의 대칭성
③ 공공재의 공급
④ 불완전경쟁시장
⑤ 시장의 자율적 조절기능 상실

14 외부효과에 관한 설명으로 옳은 것은?

① 외부효과란 거래 당사자가 시장메카니즘을 통하여 상대방에게 미치는 유리하거나 불리한 효과를 말한다.
② 부(−)의 외부효과는 의도되지 않은 손해를 주면서 그 대가를 지불하지 않는 외부경제라고 할 수 있다.
③ 정(+)의 외부효과는 소비에 있어 사회적 편익이 사적 편익보다 큰 결과를 초래한다.
④ 부(−)의 외부효과에는 보조금 지급이나 조세경감의 정책이 필요하다.
⑤ 부(−)의 외부효과는 사회적 최적생산량보다 시장생산량이 적은 과소생산을 초래한다.

15 투자부동산 A에 관한 투자분석을 위해 관련 자료를 수집한 내용은 다음과 같다. 이 경우 순영업소득은? (단, 주어진 자료에 한하며, 연간 기준임)

• 유효총소득 : 360,000,000원	• 직원 인건비 : 80,000,000원
• 대출원리금 상환액 : 50,000,000원	• 감가상각비 : 40,000,000원
• 수도광열비 : 36,000,000원	• 용역비 : 30,000,000원
• 수선유지비 : 18,000,000원	• 재산세 : 18,000,000원
• 공실손실상당액 · 대손충당금 : 18,000,000원	• 사업소득세 : 3,000,000원

① 138,000,000원
② 157,000,000원
③ 160,000,000원
④ 178,000,000원
⑤ 258,000,000원

16 부동산투자와 위험에 관한 설명으로 옳은 것은?

① 상업용 부동산투자는 일반적으로 다른 상품에 비하여 초기투자비용이 많이 들며 투자비용의 회수기간이 길지만 경기침체에 민감하지 않아 투자위험이 낮다.

② 시장위험이란 부동산이 위치한 입지여건의 변화 때문에 발생하는 위험으로서, 부동산시장의 수요·공급과 관련된 상황의 변화와 관련되어 있다.

③ 사업위험이란 부동산 사업자체에서 발생하는 수익성 변동의 위험을 말하며 시장위험, 입지위험, 관리·운영위험 등이 있다.

④ 법·제도적 위험에는 소유권위험, 정부정책위험, 정치적위험, 불가항력적 위험, 유동성 위험이 있다.

⑤ 위험과 수익간에는 부(−)의 관계가 성립한다.

17 부동산투자에 관한 설명으로 옳은 것은?

① 부동산투자는 부동산이 갖고 있는 고유한 특성이 있지만 환금성, 안전성 측면에서 주식 투자와 다르지 않다.

② 부동산은 실물자산이기 때문에 인플레이션 방어 능력이 우수하여 디플레이션과 같은 경기침체기에 좋은 투자대상이다.

③ 부동산은 다른 투자상품에 비하여 거래비용의 부담이 크지만 부동산시장은 정보의 대칭성으로 인한 효율적 시장이다.

④ 부동산투자는 부동산의 사회적·경제적·행정적 위치의 가변성 등으로 인해 부동산시장의 변화를 면밀히 살펴야 한다.

⑤ 투자의 금융성이란 투자자가 투자자산을 필요한 시기에 손실없이 현금으로 전환할 수 있는 안전성의 정도를 말한다.

18 부동산투자에 관한 설명으로 옳은 것을 모두 고른 것은?

ㄱ. 순현재가치(NPV)법이란 투자로부터 발생하는 현재와 미래의 모든 현금흐름을 적절한 할인율로 할인하여 현재가치로 환산하고 이를 통하여 투자의사결정에 이용하는 기법이다.

ㄴ. 추계된 현금수지에 대한 위험을 평가하는 위험할증률의 추계는 투자기간의 결정 및 현금수지에 대한 예측 이전에 해야 한다.

ㄷ. 내부수익률(IRR)이란 투자로부터 발생하는 미래의 현금흐름의 순현재가치와 부동산가격을 1로 만드는 할인율을 말한다.

ㄹ. 수익성지수(PI)는 투자로 인해 발생하는 현금유입의 현재가치를 현금유출의 현재가치로 나눈 비율로서 1보다 크면 경제적 타당성이 있는 것으로 판단한다.

---

① ㄱ, ㄹ
② ㄴ, ㄷ
③ ㄱ, ㄴ, ㄷ
④ ㄱ, ㄴ, ㄹ
⑤ ㄱ, ㄴ, ㄷ, ㄹ

19 화폐의 시간가치에 관한 설명으로 옳지 <u>않은</u> 것은?

① 인플레이션, 화폐의 시차선호, 미래의 불확실성은 화폐의 시간가치를 발생시키는 요인이다.
② 감채기금이란 일정기간 후에 일정금액을 만들기 위해 매 기간 납입해야 할 금액을 말한다.
③ 연금의 미래가치란 매 기간 마다 일정금액을 불입해 나갈 때, 미래 일정시점에서의 불입금액 총액의 가치를 말한다.
④ 현재가치에 대한 미래가치를 산출하기 위하여 사용하는 이율을 이자율이라 하고, 미래가치에 대한 현재가치를 산출하기 위하여 사용하는 이율을 할인율이라 한다.
⑤ 부동산 경기가 침체하는 시기에 상업용 부동산의 수익이 일정함에도 불구하고 부동산 가격이 떨어지는 것은 할인율이 낮아지기 때문이다.

20 A씨는 주택을 구입하고자 한다. 다음 조건과 같이 기존 주택저당대출을 승계할 수 있다면 신규 주택저당대출 조건과 비교할 때, 이 승계권의 가치는 얼마인가? (단, 주어진 자료에 한함)

- 기존 주택저당대출 조건
  - 현재 대출잔액 : 1억 5천만 원
  - 원리금균등분할상환방식 : 만기 20년, 대출금리 5%, 고정금리대출
- 신규 주택저당대출 조건
  - 대출금액 : 1억 5천만 원
  - 원리금균등분할상환방식 : 만기 20년, 대출금리 7%, 고정금리대출
- 월 기준 연금현가계수
  - (5%, 20년) : 150
  - (7%, 20년) : 125

① 2,000만 원
② 2,250만 원
③ 2,500만 원
④ 2,750만 원
⑤ 3,000만 원

21 주택금융의 상환방식에 관한 설명으로 옳지 <u>않은</u> 것은?

① 만기일시상환방식은 대출만기 때까지는 원금상환이 전혀 이루어지지 않기에 매월 내는 이자가 만기 때까지 동일하다.

② 원금균등분할상환방식은 대출 초기에 대출원리금의 지급액이 가장 크기에 차입자의 원리금지급 부담도 대출 초기에 가장 크다.

③ 원리금균등분할상환방식은 매기의 대출원리금이 동일하기에 대출 초기에는 대체로 원금상환 부분이 작고 이자지급 부분이 크다.

④ 점증상환방식은 초기에 대출이자를 전부 내고, 나머지 대출원금을 상환하는 방식으로 부의 상환(negative amortization)이 일어날 수 있다.

⑤ 원금균등분할상환방식이나 원리금균등분할상환방식에서 거치기간을 별도로 정할 수 있다.

22 프로젝트 금융에 관한 설명으로 옳은 것은?

① 기업전체의 자산 또는 신용을 바탕으로 자금을 조달하고, 기업의 수익으로 원리금을 상환하거나 수익을 배당하는 방식의 자금조달기법이다.

② 프로젝트 사업주는 기업 또는 개인일 수 있으나, 법인은 될 수 없다.

③ 프로젝트 사업주는 대출기관으로부터 상환청구를 받지는 않으나, 이러한 방식으로 조달한 부채는 사업주의 재무상태표에는 부채로 계상된다.

④ 프로젝트 회사가 파산 또는 청산할 경우, 채권자들은 프로젝트 회사에 대해 원리금상환을 청구할 수 없다.

⑤ 프로젝트 사업주의 도덕적 해이를 방지하기 위해 금융기관은 제한적 소구금융의 장치를 마련해두기도 한다.

23 부동산금융 및 투자에 관한 설명으로 옳지 않은 것은?

① 부동산금융은 부동산의 매입이나 매각, 개발 등과 관련하여 자금이나 신용을 조달하거나 제공하는 것을 말한다.

② 부동산의 특성과 관련하여 분할거래의 용이성과 생산의 장기성으로 인해 부동산금융은 부동산의 거래나 개발 등에서 중요한 역할을 하게 된다.

③ 부동산투자에서 지분투자자가 대상 부동산에 가지는 권한을 지분권이라 하고, 저당투자자가 대상 부동산에 가지는 권한을 저당권이라 한다.

④ 부동산보유자는 보유부동산의 증권화를 통해 유동성을 확보할 수 있다.

⑤ 부동산금융이 일반금융과 다른 점으로는 담보기능과 감가상각 및 차입금 이자에 대한 세금감면이 있다.

24 부동산시장세분화에 관한 설명으로 옳지 <u>않은</u> 것은?

① 시장세분화는 가격차별화, 최적의사결정, 상품차별화 등에 기초하여 부동산시장을 서로 다른 둘 또는 그 이상의 상위시장으로 묶는 과정이다.

② 시장을 세분화하는데 주로 사용되는 기준으로는 지리적 변수, 인구통계학**적 변수**, 심리적 변수, 행동적 변수 등이 있다.

③ 시장세분화전략은 세분된 시장을 대상으로 상품의 판매 지향점을 명확히 하는 것을 말한다.

④ 부동산회사가 세분시장을 평가할 때, 우선해야 할 사항으로 적절한 시장규모와 성장성을 들 수 있다.

⑤ 세분시장에서 경쟁력과 매력도를 평가할 때 기존 경쟁자의 위협, 새로운 경쟁자의 위협, 대체재의 위협, 구매자의 협상력 증가 위협, 공급자의 협상력 증가 위협 등을 고려한다.

25 다음 설명에 모두 해당하는 부동산개발방식은?

> • 사업부지를 소유하고 있는 토지소유자가 개발이 완료된 후 개발업자나 시공사에게 공사대금을 완공된 일부의 건물로 변제하고, 나머지는 분양하거나 소유하는 형태이다.
> • 토지소유자는 대상 부지의 소유권을 소유한 상태에서 개발사업이 진행되도록 유도할 수 있고, 그 결과 발생되는 부동산 가치의 상승분을 취득할 수 있는 이점이 있다.

① 공영개발방식　　　　　　　　　　② 직접개발방식
③ 대물교환방식　　　　　　　　　　④ 토지신탁방식
⑤ BTL사업방식

26 부동산개발사업의 위험에 관한 설명이다. (　)에 들어갈 내용으로 옳은 것은?

> • (ㄱ)은 추정된 토지비, 건축비, 설계비 등 개발비용의 범위 내에서 개발이 이루어져야 하는데, 인플레이션 및 예상치 못한 개발기간의 장기화 등으로 발생할 수 있다.
> • (ㄴ)은 용도지역제와 같은 토지이용규제의 변화와 관계기관 인허가 승인의 불확실성 등으로 야기될 수 있다.
> • (ㄷ)은 개발기간 중 이자율의 변화, 시장침체에 따른 공실의 장기화 등이 원인일 수 있다.

① ㄱ : 시장위험, ㄴ : 계획위험, ㄷ : 비용위험
② ㄱ : 시장위험, ㄴ : 법률위험, ㄷ : 비용위험
③ ㄱ : 비용위험, ㄴ : 계획위험, ㄷ : 시장위험
④ ㄱ : 비용위험, ㄴ : 법률위험, ㄷ : 시장위험
⑤ ㄱ : 비용위험, ㄴ : 법률위험, ㄷ : 계획위험

27 도시 및 주거환경정비법령상 다음에 해당하는 정비사업은?

> 도시저소득 주민이 집단거주하는 지역으로서 정비기반시설이 극히 열악하고 노후·불량건축물이 과도하게 밀집한 지역의 주거환경을 개선하거나 단독주택 및 다세대주택이 밀집한 지역에서 정비기반시설과 공동이용시설 확충을 통하여 주거환경을 보전·정비·개량하기 위한 사업

① 도시환경정비사업　　　　　　　　② 주거환경개선사업
③ 주거환경관리사업　　　　　　　　④ 가로주택정비사업
⑤ 재정비촉진사업

28 부동산신탁에 관한 설명으로 옳지 않은 것은?

① 신탁회사의 전문성을 통해 이해관계자들에게 안전성과 신뢰성을 제공해 줄 수 있다.

② 부동산신탁의 수익자란 신탁행위에 따라 신탁이익을 받는 자를 말하며, 위탁자가 지정한 제3자가 될 수도 있다.

③ 부동산신탁계약에서의 소유권 이전은 실질적 이전이 아니라 등기부상의 형식적 소유권 이전이다.

④ 신탁재산은 법률적으로 수탁자에게 귀속되지만 수익자를 위한 재산이므로 수탁자의 고유재산 및 위탁자의 고유재산으로부터 독립된다.

⑤ 부동산담보신탁은 저당권 설정보다 소요되는 경비가 많고, 채무불이행 시 부동산 처분 절차가 복잡하다.

29 공인중개사법령상 개업공인중개사가 인터넷을 이용하여 중개대상물인 건축물에 관한 표시 · 광고를 할 때 명시하여야 하는 사항이 <u>아닌</u> 것은?

① 건축물의 방향

② 건축물의 소유자

③ 건축물의 총 층수

④ 건축물의 준공검사를 받은 날

⑤ 건축물의 주차대수 및 관리비

30 공인중개사법령상 중개계약 시 거래계약서에 기재하여야 하는 사항은 모두 몇 개인가?

> • 물건의 표시
> • 권리이전의 내용
> • 물건의 인도일시
> • 거래당사자의 인적 사항
> • 거래금액 · 계약금액 및 그 지급일자 등 지급에 관한 사항
> • 계약의 조건이나 기한이 있는 경우에는 그 조건 또는 기한

① 2개

② 3개

③ 4개

④ 5개

⑤ 6개

31 우리나라의 부동산조세정책에 관한 설명으로 옳은 것을 모두 고른 것은?

> ㄱ. 부가가치세와 등록면허세는 국세에 속한다.
> ㄴ. 재산세와 상속세는 신고납부방식이다.
> ㄷ. 증여세와 재산세는 부동산의 보유단계에 부과한다.
> ㄹ. 상속세와 증여세는 누진세율을 적용한다.

① ㄹ
② ㄱ, ㄹ
③ ㄴ, ㄷ
④ ㄱ, ㄴ, ㄷ
⑤ ㄱ, ㄴ, ㄹ

32 우리나라의 부동산등기제도와 권리분석에 관한 설명으로 옳지 않은 것은?

① 소유권이전등기 청구권을 확보하기 위해 처분금지가처분의 등기가 가능하다.
② 현재 환매(특약)등기제와 예고등기제는 「부동산등기법」상 폐지되었다.
③ 등기의 순서는 같은 구(區)에서 한 등기 상호간에는 순위번호에 따른다.
④ 근저당권과 담보가등기는 부동산경매에서 말소기준권리가 된다.
⑤ 부동산임차권은 부동산물권이 아니지만 등기할 수 있다.

33 등기사항전부증명서의 갑구(甲區)에서 확인할 수 없는 내용은?

① 가압류
② 가등기
③ 소유권
④ 근저당권
⑤ 강제경매개시결정

34 토지에 관한 강제경매절차에서 토지의 부합물로서 낙찰자가 소유권을 취득할 수 있는 경우를 모두 고른 것은? (다툼이 있으면 판례에 의함)

> ㄱ. 토지소유자가 마당에 설치한 연못
> ㄴ. 타인이 토지소유자의 동의 없이 임의로 심은 조경수
> ㄷ. 토지에 지상권을 가진 자가 경작을 위해 심은 감나무
> ㄹ. 기둥, 지붕 및 주벽의 공사가 완료되어 건물로서의 외관을 갖추었으나 사용승인을 받지 못한 건물

① ㄱ, ㄴ   ② ㄴ, ㄷ
③ ㄱ, ㄴ, ㄷ   ④ ㄱ, ㄷ, ㄹ
⑤ ㄱ, ㄴ, ㄷ, ㄹ

35 감정평가에 관한 규칙과 감정평가 실무기준 상 임대료 감정평가에 관한 설명으로 옳지 <u>않은</u> 것은?
① 임대사례비교법으로 감정평가 할 때 임대사례에 특수한 사정이나 개별적 동기가 반영되어 수집된 임대사례의 임대료가 적절하지 못한 경우에는 사정보정을 통해 그러한 사정이 없었을 경우의 적절한 임대료 수준으로 정상화하여야 한다.
② 시점수정은 대상물건의 임대료 변동률로 함을 원칙으로 한다.
③ 감정평가법인등은 임대료를 감정평가할 때에 임대사례비교법을 적용해야 한다.
④ 적산법은 원가방식에 기초하여 대상물건의 임대료를 산정하는 감정평가방법이다.
⑤ 수익분석법이란 일반기업 경영에 의하여 산출된 총수익을 분석하여 대상물건이 일정한 기간에 산출할 것으로 기대되는 순수익에 대상물건을 계속하여 임대하는 데에 필요한 경비를 더하여 대상물건의 임대료를 산정하는 감정평가방법을 말한다.

36 감정평가방법 중 거래사례비교법과 관련된 설명으로 옳지 <u>않은</u> 것은?
① 거래사례비교법은 실제 거래되는 가격을 준거하므로 현실성이 있으며 설득력이 풍부하다는 장점이 있다.
② 거래사례비교법과 관련된 가격원칙은 대체의 원칙이고, 구해진 가액은 비준가액이라 한다.
③ 거래사례비교법은 대상부동산과 동질ㆍ동일성이 있어서 비교 가능한 사례를 채택하는 것이 중요하다.
④ 거래사례는 위치에 있어서 동일성 내지 유사성이 있어야 하며, 인근지역에 소재하는 경우에는 지역요인비교를 하여야 한다.
⑤ 거래사례에 사정보정요인이 있는 경우 우선 사정보정을 하고, 거래시점과 기준시점간의 시간적 불일치를 정상화하는 작업인 시점수정을 하여야 한다.

37 감정평가방식 중 원가방식에 관련된 설명으로 옳은 것은?

① 원가방식은 대체의 원칙, 수요와 공급의 원칙, 균형의 원칙, 외부의 원칙, 예측의 원칙과 밀접한 관련이 있다.

② 재조달원가란 대상물건을 기준시점에 재생산 또는 재취득하는데 필요한 적정원가의 총액으로서 원칙적으로 그 대상물건 값의 상한선을 나타낸다.

③ 대치원가(replacement cost)란 건축자재, 설비공법 등에 있어 신축시점의 표준적인 것을 사용한 적정원가로서 이미 기능적 감가는 반영되어 있다.

④ 재조달원가를 구하는 방법은 직접법으로 총가격적산법(총량조사법), 변동율적용법(비용지수법) 등이 있고, 간접법으로 부분별단가적용법, 단위비교법 등이 있다.

⑤ 감가수정에 있어서 감가요인은 물리적요인, 기능적요인, 경제적요인이 있으며, 감가상각에 있어서 감가요인은 물리적요인, 경제적요인이 있다.

38 다음 조건을 가진 부동산을 통해 산출한 내용으로 옳지 <u>않은</u> 것은? (단, 주어진 조건에 한함)

- 가능총소득(PGI) : 연 150,000,000원
- 공실손실상당액·대손충당금 : 가능총소득의 10%
- 운영경비(OE) : 유효총소득의 30%
- 대출원리금 상환액 : 연 40,000,000원
- 가격구성비 : 토지 40%, 건물 60%
- 토지환원이율 : 연 3%, 건물환원이율 : 연 5%

① 운영경비는 40,500,000원이다.

② 종합환원이율은 연 4.2%이다.

③ 순영업소득(NOI)은 94,500,000원이다.

④ 유효총소득(EGI)은 135,000,000원이다.

⑤ 세전현금흐름(BTCF)은 53,500,000원이다.

39 다음 자료를 활용하여 공시지가기준법으로 평가한 대상토지의 시산가액(m^2당 단가)은?

- 대상토지 현황 : A시 B구 C동 101번지, 일반상업지역, 상업나지
- 기준시점 : 2023.04.08.
- 비교표준지 : A시 B구 C동 103번지, 일반상업지역, 상업나지
  2023.01.01.기준 표준지공시지가 10,000,000원/m^2
- 지가변동률 : 1) 2023.01.01. ~ 2023.03.31. : −5.00%
  2) 2023.04.01. ~ 2023.04.08. : −2.00%
- 지역요인 : 비교표준지는 대상토지의 인근지역에 위치함
- 개별요인 : 대상토지는 비교표준지 대비 획지조건에서 4% 열세하고, 환경조건에서 5% 우세하며, 다른 조건은 동일함
- 그 밖의 요인 보정 : 대상토지 인근지역의 가치형성요인이 유사한 정상적인 거래사례 및 평가사례 등을 고려하여 그 밖의 요인으로 20% 증액 보정함
- 상승식으로 계산할 것
- 산정된 시산가액의 천 원 미만은 버릴 것

① 11,144,000원
② 11,168,000원
③ 11,190,000원
④ 11,261,000원
⑤ 11,970,000원

40 감정평가에 관한 규칙의 내용으로 옳지 않은 것은?

① 시장가치란 감정평가의 대상이 되는 토지등이 통상적인 시장에서 충분한 기간 동안 거래를 위하여 공개된 후 그 대상물건의 내용에 정통한 당사자 사이에 신중하고 자발적인 거래가 있을 경우 성립될 가능성이 가장 높다고 인정되는 대상물건의 가액을 말한다.

② 일체로 이용되고 있는 대상물건의 일부분에 대하여 감정평가하여야 할 특수한 목적이나 합리적인 이유가 있는 경우에는 그 부분에 대하여 감정평가할 수 있다.

③ 감정평가는 대상물건마다 개별로 하여야 하되, 가치를 달리하는 부분은 이를 구분하여 감정평가할 수 있다.

④ 감정평가법인등은 과수원을 감정평가할 때에 공시지가기준법을 적용해야 한다.

⑤ 감정평가는 기준시점에서의 대상물건의 이용상황(불법적이거나 일시적인 이용은 제외한다) 및 공법상 제한을 받는 상태를 기준으로 한다.

제4과목 | 감정평가관계법규

01 국토의 계획 및 이용에 관한 법령상 도시의 지속가능성 및 생활인프라 수준평가에 관한 설명으로 옳지 <u>않</u><u>은</u> 것은?

① 도시의 지속가능성 및 생활인프라 수준의 최종평가 주체는 시 · 도지사이다.

② 지속가능성 평가기준에서는 토지이용의 효율성, 환경친화성, 생활공간의 안전성 · 쾌적성 · 편의성 등에 관한 사항을 고려하여야 한다.

③ 국가와 지방자치단체는 지속가능성 및 생활인프라 수준 평가 결과를 도시 · 군계획의 수립 및 집행에 반영하여야 한다.

④ 생활인프라 평가기준에서는 보급률 등을 고려한 생활인프라 설치의 적정성, 이용의 용이성 · 접근 성 · 편리성 등에 관한 사항을 고려하여야 한다.

⑤ 「도시재생 활성화 및 지원에 관한 특별법」에 따른 도시재생 활성화를 위한 비용의 보조 또는 융자에 지속가능성 및 생활인프라 수준 평가결과를 활용하도록 할 수 있다.

02 국토의 계획 및 이용에 관한 법령상 광역도시계획에 관한 설명으로 옳은 것은?

① 광역계획권이 둘 이상의 시 · 도의 관할 구역에 걸쳐 있는 경우에는 관할 시 · 도지사가 공동으로 광 역도시계획을 수립한다.

② 광역계획권을 지정한 날부터 2년이 지날 때까지 관할 시 · 도지사로부터 광역도시계획의 승인 신청 이 없는 경우에는 국토교통부장관이 광역도시계획을 수립한다.

③ 중앙행정기관의 장, 시 · 도지사, 시장 또는 군수는 국토교통부장관이나 도지사에게 광역계획권의 지 정 또는 변경을 요청할 수 없다.

④ 도지사가 시장 또는 군수의 요청에 의하여 관할 시장 또는 군수와 공동으로 광역도시계획을 수립하 는 경우에는 국토교통부장관의 승인을 받아야 한다.

⑤ 국토교통부장관, 시 · 도지사, 시장 또는 군수가 기초조사정보체계를 구축한 경우에는 등록된 정보의 현황을 3년마다 확인하고 변동사항을 반영하여야 한다.

03 국토의 계획 및 이용에 관한 법령상 주민이 도시 · 군관리계획 입안권자에게 도시 · 군관리계획의 입안을 제안할 수 있는 사항을 모두 고른 것은?

ㄱ. 시가화조정구역의 지정 및 변경	ㄴ. 기반시설의 설치 · 정비
ㄷ. 지구단위계획의 수립 및 변경	ㄹ. 입지규제 최소구역의 지정 및 변경

① ㄱ, ㄴ
② ㄱ, ㄷ
③ ㄴ, ㄹ
④ ㄴ, ㄷ, ㄹ
⑤ ㄱ, ㄴ, ㄷ, ㄹ

04 국토의 계획 및 이용에 관한 법령상 용도지역과 용적률의 최대한도의 연결로 옳은 것은? (단, 조례 및 기타 강화 · 완화조건은 고려하지 않음)

① 준공업지역 : 350퍼센트
② 근린상업지역 : 1,300퍼센트
③ 계획관리지역 : 100퍼센트
④ 자연환경보전지역 : 150퍼센트
⑤ 제2종일반주거지역 : 150퍼센트

05 국토의 계획 및 이용에 관한 법령상 개발행위의 허가에 관한 설명으로 옳지 <u>않은</u> 것은? (단, 조례는 고려하지 않음)

① 개발행위허가를 제한하고자 하는 자가 시 · 도지사인 경우에는 당해 시 · 도에 설치된 지방도시계획위원회의 심의를 거쳐야 한다.
②「사도법」에 의한 사도개설허가를 받은 토지의 분할은 개발행위허가를 받지 아니하고 할 수 있다.
③ 시장 또는 군수는 개발행위허가에 조건을 붙이려는 때에는 미리 개발행위허가를 신청한 자의 의견을 들어야 한다.
④「사방사업법」에 따른 사방사업을 위한 개발행위는 중앙도시계획위원회와 지방도시계획위원회의 심의를 거치지 아니한다.
⑤ 개발행위허가를 받은 부지면적을 5퍼센트 확장하는 경우에는 별도의 변경허가를 받지 않아도 된다.

06 국토의 계획 및 이용에 관한 법령상 기반시설부담구역에 관한 내용이다. ( )에 들어갈 숫자로 옳은 것은?

> 기반시설부담구역에서 기반시설설치비용의 부과대상인 건축행위는 「국토의 계획 및 이용에 관한 법률」 제2조 제20호에 따른 시설로서 ( )제곱미터(기존 건축물의 연면적 포함)를 초과하는 건축물의 신축·증축 행위로 한다.

① 100 ② 200
③ 300 ④ 400
⑤ 500

07 국토의 계획 및 이용에 관한 법령상 도시·군계획시설부지의 매수청구에 관한 설명으로 옳지 <u>않은</u> 것은? (단, 조례는 고려하지 않음)

① 매수청구를 한 토지의 소유자는 매수의무자가 그 토지를 매수하지 아니하기로 결정한 경우 개발행위 허가를 받아 5층 이하의 제1종근린생활시설을 설치할 수 있다.
② 매수의무자는 매수하기로 결정한 토지에 대하여 매수 결정을 알린 날부터 2년 이내에 매수하여야 한다.
③ 도시·군계획시설채권의 상환기간은 10년 이내로 한다.
④ 지방자치단체인 매수의무자는 토지소유자가 원하는 경우 채권을 발행하여 매수대금을 지급할 수 있다.
⑤ 매수의무자는 매수청구를 받은 날부터 6개월 이내에 매수 여부를 결정하여야 한다.

08 국토의 계획 및 이용에 관한 법령상 지구단위계획에 관한 설명으로 옳지 <u>않은</u> 것은?

① 도시지역 내 지구단위계획구역의 지정목적이 한옥마을을 보존하고자 하는 경우에는 지구단위계획으로 「주차장법」 제19조 제3항의 규정에 의한 주차장 설치기준을 100퍼센트까지 완화하여 적용할 수 있다.
② 주민이 입안을 제안한 경우, 지구단위계획에 관한 도시·군관리계획결정의 고시일부터 3년 이내에 허가를 받아 사업이나 공사에 착수하지 아니하면 그 3년이 된 날에 지구단위계획구역의 지정에 관한 도시·군관리계획결정은 효력을 잃는다.
③ 도시지역 외에서 지정되는 지구단위계획구역에서는 지구단위계획으로 당해 용도지역 또는 개발진흥지구에 적용되는 건폐율의 150퍼센트 및 용적률의 200퍼센트 이내에서 건폐율 및 용적률을 완화하여 적용할 수 있다.
④ 도시지역에 개발진흥지구를 지정하고 당해 지구를 지구단위계획구역으로 지정한 경우에는 지구단위계획으로 당해 용도지역에 적용되는 용적률의 120퍼센트 이내에서 용적률을 완화하여 적용할 수 있다.
⑤ 국토교통부장관은 「도시개발법」에 따라 지정된 도시개발구역의 전부 또는 일부에 대하여 지구단위계획구역을 지정할 수 있다.

09 국토의 계획 및 이용에 관한 법령상 도시·군관리계획의 결정권자가 입지규제최소구역으로 지정할 수 있는 지역에 해당하지 <u>않는</u> 것은?

① 세 개 이상의 노선이 교차하는 대중교통 결절지로부터 1킬로미터 이내에 위치한 지역

②「도시재생 활성화 및 지원에 관한 특별법」에 따른 도시재생활성화지역 중 도시경제기반형 활성화계획을 수립하는 지역

③「도시 및 주거환경정비법」에 따른 노후·불량건축물이 밀집한 상업지역으로 정비가 시급한 지역

④ 창의적인 지역개발이 필요한 지역으로 「빈집 및 소규모주택 정비에 관한 특례법」에 따른 소규모주택 정비사업의 시행구역

⑤ 도시·군기본계획에 따른 도심·부도심

10 국토의 계획 및 이용에 관한 법령상 성장관리계획에 포함되어야 할 사항으로 명시되어 있지 <u>않은</u> 것은?

① 건축물의 용도제한, 건축물의 건폐율 또는 용적률

② 환경관리 및 경관계획

③ 건축물의 디자인 및 건축선

④ 성장관리계획구역 내 토지개발·이용, 기반시설, 생활환경 등의 현황 및 문제점

⑤ 도로, 공원 등 기반시설의 배치와 규모에 관한 사항

11 국토의 계획 및 이용에 관한 법령상 도시·군계획시설사업의 단계별 집행계획에 관한 설명으로 옳은 것은?

① 국토교통부장관은 단계별 집행계획의 수립주체가 될 수 있다.

②「도시 및 주거환경정비법」에 따라 도시·군관리계획의 결정이 의제되는 경우에는 해당 도시·군계획시설결정의 고시일부터 3년 이내에 단계별 집행계획을 수립할 수 있다.

③ 단계별 집행계획은 제1단계 집행계획과 제2단계 집행계획 및 제3단계 집행계획으로 구분하여 수립한다.

④ 3년 이내에 시행하는 도시·군계획시설사업은 제2단계 집행계획에 포함되도록 하여야 한다.

⑤ 단계별 집행계획이 수립되어 공고되면 변경할 수 없다.

12 국토의 계획 및 이용에 관한 법령상 도시·군계획시설사업에 관한 설명으로 옳은 것은?

① 대도시 시장이 작성한 도시·군계획시설사업에 관한 실시계획은 국토교통부장관의 인가를 받아야 한다.

② 도시·군계획시설사업이 둘 이상의 시 또는 군의 관할 구역에 걸쳐 시행되게 되는 경우에는 국토교통부장관이 시행자를 정한다.

③ 도시·군계획시설사업의 대상시설을 둘 이상으로 분할하여 도시·군계획시설사업을 시행할 수 없다.

④ 「한국토지주택공사법」에 따른 한국토지주택공사가 도시·군계획시설사업의 시행자로 지정받기 위해서 제출해야 하는 신청서에 자금조달계획은 포함되지 않는다.

⑤ 「한국전력공사법」에 따른 한국전력공사는 도시·군계획시설사업의 시행자가 될 수 있다.

13 국토의 계획 및 이용에 관한 법령상 국토교통부장관, 시·도지사, 시장 또는 군수나 도시·군계획시설사업의 시행자가 타인의 토지에 출입할 수 있는 경우를 모두 고른 것은?

ㄱ. 도시·군계획에 관한 기초조사	ㄴ. 개발밀도관리구역에 관한 기초조사
ㄷ. 도시·군계획시설사업에 관한 측량	ㄹ. 지가의 동향에 관한 조사

① ㄱ

② ㄴ

③ ㄷ, ㄹ

④ ㄱ, ㄴ, ㄷ

⑤ ㄱ, ㄴ, ㄷ, ㄹ

14 부동산 가격공시에 관한 법령상 표준지공시지가에 관한 설명으로 옳지 <u>않은</u> 것은?

① 국토교통부장관은 개별공시지가의 산정을 위하여 필요하다고 인정하는 경우에는 토지가격비준표를 작성하여 시장·군수 또는 구청장에게 제공하여야 한다.

② 표준지공시지가의 공시에는 표준지의 1제곱미터당 가격이 포함되어야 한다.

③ 표준지공시지가의 공시에는 표준지에 대한 도로상황이 포함되어야 한다.

④ 표준지공시지가에 대한 이의신청은 서면(전자문서 포함)으로 하여야 한다.

⑤ 「산림조합법」에 따른 산림조합은 국유지 취득을 위해 표준지공시지가를 조사·평가할 수 있다.

15 부동산 가격공시에 관한 법령상 개별공시지가에 관한 설명으로 옳지 <u>않은</u> 것은?

① 시 · 도지사는 개별공시지가를 산정한 때에는 중앙부동산가격공시위원회의 심의를 거쳐 이를 공시하여야 한다.

② 표준지로 선정된 토지에 대한 개별공시지가가 결정 · 공시되지 아니한 경우 해당 토지의 표준지공시지가를 개별공시지가로 본다.

③ 공시기준일 이후에 토지의 형질변경으로 「공간정보의 구축 및 관리 등에 관한 법률」에 따른 지목변경이 된 토지는 개별공시지가 공시기준일을 다르게 할 수 있는 토지에 해당한다.

④ 개별공시지가의 결정 · 공시에 소요되는 비용 중 국고에서 보조할 수 있는 비용은 개별공시지가의 결정 · 공시에 드는 비용의 50퍼센트 이내로 한다.

⑤ 토지가격비준표의 적용에 오류가 있는 경우는 개별공시지가를 정정하여야 할 사유에 해당한다.

16 부동산 가격공시에 관한 법령상 주택가격의 공시에 관한 설명으로 옳지 <u>않은</u> 것은?

① 이의신청의 기간 · 절차 및 방법은 표준주택가격을 공시할 때 관보에 공고해야 하는 사항이다.

② 표준주택가격의 공시에는 표준주택의 용도가 포함되어야 한다.

③ 비주거용 집합부동산의 조사 및 산정 지침은 중앙부동산가격공시위원회의 심의 대상이다.

④ 국토교통부장관은 표준주택가격을 조사 · 산정한 때에는 둘 이상의 감정평가법인등의 검증을 받아야 한다.

⑤ 공동주택가격의 공시에는 공동주택의 면적이 포함되어야 한다.

17 감정평가 및 감정평가사에 관한 법령상 국토교통부장관이 한국부동산원에 위탁한 것이 <u>아닌</u> 것은?

① 감정평가서에 대한 표본조사

② 감정평가서의 원본과 관련 서류의 보관

③ 감정평가 타당성조사를 위한 기초자료 수집

④ 감정평가 정보체계의 구축

⑤ 감정평가 정보체계의 운영

18 감정평가 및 감정평가사에 관한 법령상 과징금에 관한 설명이다. ( )에 들어갈 내용을 순서대로 나열한 것은?

> • 감정평가법인에 대한 과징금부과처분의 경우 과징금최고액은 ( )원이다.
> • 과징금납부의무자가 과징금을 분할납부하려면 납부기한 ( )일 전까지 국토교통부장관에게 신청하여야 한다.
> • 과징금을 납부기한까지 납부하지 아니한 경우에는 납부기한의 다음 날부터 과징금을 ( )까지의 기간에 대하여 가산금을 징수할 수 있다.

① 3억, 10, 납부한 날의 전날
② 3억, 30, 납부한 날
③ 5억, 10, 납부한 날의 전날
④ 5억, 10, 납부한 날
⑤ 5억, 30, 납부한 날의 전날

19 감정평가 및 감정평가사에 관한 법령상 과태료의 부과 대상은?
① 감정평가법인등이 아닌 자로서 감정평가업을 한 자
② 사무직원이 될 수 없는 자를 사무직원으로 둔 감정평가법인
③ 둘 이상의 감정평가사사무소를 설치한 사람
④ 구비서류를 거짓으로 작성하여 감정평가사 등록을 한 사람
⑤ 감정평가사 자격증 대여를 알선한 자

20 국유재산법령상 행정재산과 일반재산에 관한 내용으로 옳지 <u>않은</u> 것은?
① 행정재산의 사용허가기간을 갱신받으려는 자는 허가기간이 끝나기 1개월 전에 중앙관서의 장에게 신청하여야 한다.
② 중앙관서의 장은 행정재산의 사용허가를 철회하려는 경우에는 청문을 하여야 한다.
③ 일반재산의 대부계약은 수의계약의 방법으로 대부할 때에는 1회만 갱신할 수 있다.
④ 행정재산의 사용허가가 취소된 경우에는 재산을 원래 상태대로 반환하여야 하지만, 중앙관서의 장이 미리 상태의 변경을 승인한 경우에는 변경된 상태로 반환할 수 있다.
⑤ 일반재산을 매각한 이후 매수자가 매각대금을 체납한 경우 그 계약을 해제할 수 있다.

21 국유재산법령상 국유재산에 관한 설명으로 옳은 것은?

① 재판상 화해에 의해 일반재산에 사권(私權)을 설정할 수 없다.

② 총괄청의 허가를 받은 경우라 할지라도 국유재산에 관한 사무에 종사하는 직원은 그 처리하는 국유재산을 취득할 수 없다.

③ 국가 외의 자는 기부를 조건으로 축조하는 경우에도 국유재산에 영구시설물을 축조할 수 없다.

④ 총괄청은 다음 연도의 국유재산의 관리·처분에 관한 계획의 작성을 위한 지침을 매년 6월 30일까지 중앙관서의 장에게 통보하여야 한다.

⑤ 한국예탁결제원은 총괄청이나 중앙관서의 장등이 증권을 보관·취급하게 할 수 있는 법인에 해당한다.

22 국유재산법령상 행정재산의 사용허가와 일반재산의 처분에 있어 두 번의 일반경쟁입찰에도 낙찰자가 없는 경우 세 번째 입찰부터의 예정가격 조정·결정의 방법에 관한 설명이다. ( )에 들어갈 숫자로 옳은 것은?

> • 행정재산 사용허가의 경우 : 최초 사용료 예정가격의 100분의 (ㄱ)을 최저한도로 하여 매회 100분의 10의 금액만큼 그 예정가격을 낮추는 방법으로 조정할 수 있다.
> • 일반재산 처분의 경우 : 최초 매각 예정가격의 100분의 (ㄴ)을 최저한도로 하여 매회 100분의 10의 금액만큼 그 예정가격을 낮출 수 있다.

① ㄱ : 10, ㄴ : 30
② ㄱ : 10, ㄴ : 50
③ ㄱ : 20, ㄴ : 30
④ ㄱ : 20, ㄴ : 50
⑤ ㄱ : 30, ㄴ : 50

23 국유재산법령상 일반재산에 관한 설명으로 옳지 <u>않은</u> 것은?

① 일반재산의 처분가격은 대통령령으로 정하는 바에 따라 시가(時價)를 고려하여 결정한다.

② 총괄청은 일반재산이 3년 이상 활용되지 않은 경우 이 일반재산을 민간사업자인 법인(외국법인 제외)과 공동으로 개발할 수 있다.

③ 일반재산의 매각에 있어 매각 대금이 완납되기 전에 해당 매각재산의 소유권을 이전하는 경우에는 저당권 설정 등 채권의 확보를 위하여 필요한 조치를 취하여야 한다.

④ 부동산신탁을 취급하는 신탁업자에게 신탁하여 개발된 일반재산의 대부기간은 30년 이내로 할 수 있으며, 20년의 범위에서 한 차례만 연장할 수 있다.

⑤ 일반재산을 현물출자함에 있어 지분증권의 산정가액이 액면가에 미달하는 경우에는 그 지분증권의 액면가에 따라 출자가액을 산정한다.

24 건축법령상 이행강제금에 관한 설명으로 옳은 것을 모두 고른 것은?

> ㄱ. 허가권자는 시정명령을 받은 자가 이를 이행하면 새로운 이행강제금의 부과를 즉시 중지하되, 이미 부과된 이행강제금은 징수하여야 한다.
>
> ㄴ. 동일인이 「건축법」에 따른 명령을 최근 2년 내에 2회 위반한 경우 부과될 금액을 100분의 150의 범위에서 가중하여야 한다.
>
> ㄷ. 허가권자는 최초의 시정명령이 있었던 날을 기준으로 하여 1년에 최대 3회 이내의 범위에서 그 시정명령이 이행될 때까지 반복하여 이행강제금을 부과·징수할 수 있다.

① ㄱ
② ㄴ
③ ㄱ, ㄴ
④ ㄴ, ㄷ
⑤ ㄱ, ㄴ, ㄷ

25 건축법령상 주요구조부의 해체가 없는 등 대수선의 경우로 신고를 하면 건축허가가 의제되는 것은?

① 내력벽의 면적을 20제곱미터 이상 수선하는 것
② 특별피난계단을 수선하는 것
③ 보를 두 개 이상 수선하는 것
④ 지붕틀을 두 개 이상 수선하는 것
⑤ 기둥을 두 개 이상 수선하는 것

26 건축법령상 조정(調停) 및 재정(裁定)에 관한 설명으로 옳지 <u>않은</u> 것은?

① 조정 및 재정을 하기 위하여 국토교통부에 건축분쟁전문위원회를 둔다.
② 부득이한 사정으로 연장되지 않는 한 건축분쟁전문위원회는 당사자의 조정신청을 받으면 60일 이내에 절차를 마쳐야 한다.
③ 조정안을 제시받은 당사자는 제시를 받은 날부터 30일 이내에 수락 여부를 조정위원회에 알려야 한다.
④ 조정위원회는 필요하다고 인정하면 당사자나 참고인을 조정위원회에 출석하게 하여 의견을 들을 수 있다.
⑤ 건축분쟁전문위원회는 재정신청이 된 사건을 조정에 회부하는 것이 적합하다고 인정하면 직권으로 직접 조정할 수 있다.

27 건축법령상 안전영향평가를 실시하여야 할 건축물은 다음 각 호의 어느 하나에 해당하는 건축물이다. ( )에 들어갈 내용으로 옳은 것은?

---

1. 초고층 건축물
2. 연면적(하나의 대지에 둘 이상의 건축물을 건축하는 경우에는 각각의 건축물의 연면적을 말한다)이 (ㄱ)만 제곱미터 이상이고 (ㄴ)층 이상인 건축물

---

① ㄱ : 5, ㄴ : 15
② ㄱ : 7, ㄴ : 15
③ ㄱ : 7, ㄴ : 16
④ ㄱ : 10, ㄴ : 15
⑤ ㄱ : 10, ㄴ : 16

28 공간정보의 구축 및 관리 등에 관한 법령상 용어의 정의에 관한 내용으로 옳지 <u>않은</u> 것은?

① 자치구가 아닌 구의 구청장은 "지적소관청"이 될 수 있다.
② "지목"이란 토지의 주된 용도에 따라 토지의 종류를 구분하여 지적공부에 등록한 것을 말한다.
③ "경계"란 필지별로 경계점들을 직선으로 연결하여 지적공부에 등록한 선을 말한다.
④ "등록전환"이란 지적공부에 등록되어 있지 아니한 토지를 지적공부에 등록하는 것을 말한다.
⑤ "축척변경"이란 지적도에 등록된 경계점의 정밀도를 높이기 위하여 작은 축척을 큰 축척으로 변경하여 등록하는 것을 말한다.

29 공간정보의 구축 및 관리 등에 관한 법령상 지적에 관한 설명으로 옳지 <u>않은</u> 것은?

① 지번은 지적소관청이 지번부여지역별로 차례대로 부여한다.
② 면적의 단위는 제곱미터로 한다.
③ 지적도면의 번호는 경계점좌표등록부에 등록하여야 할 사항에 속한다.
④ 토지소유자는 신규등록할 토지가 있으면 그 사유가 발생한 날부터 90일 이내에 지적소관청에 신규등록을 신청하여야 한다.
⑤ 행정구역의 명칭이 변경되었으면 지적공부에 등록된 토지의 소재는 새로운 행정구역의 명칭으로 변경된 것으로 본다.

30 공간정보의 구축 및 관리 등에 관한 법령상 축척변경에 관한 설명으로 옳지 <u>않은</u> 것은?

① 하나의 지번부여지역에 서로 다른 축척의 지적도가 있는 경우 그 지역의 축척을 변경할 수 있다.

② 축척변경을 하려면 축척변경 시행지역의 토지소유자 2분의 1 이상의 동의를 받아야 한다.

③ 합병하려는 토지가 축척이 다른 지적도에 각각 등록되어 있어 축척변경을 하는 경우 시 · 도지사 또는 대도시 시장의 승인을 요하지 않는다.

④ 도시개발사업의 시행지역에 있는 토지로서 그 사업 시행에서 제외된 토지의 축척변경은 축척변경위원회의 의결을 요하지 않는다.

⑤ 지적소관청은 축척변경 승인을 받았을 때에는 지체 없이 축척변경의 시행에 관한 세부계획을 20일 이상 공고하여야 한다.

31 공간정보의 구축 및 관리 등에 관한 법령상 지목에 관한 설명으로 옳은 것은?

① 토지가 임시적인 용도로 사용될 때에는 지목을 변경할 수 있다.

② 합병하려는 토지의 지목이 서로 다르더라도 소유자가 동일한 경우에는 토지의 합병을 신청할 수 있다.

③ 자동차 정비공장 안에 설치된 급유시설 부지의 지목은 "주유소용지"로 한다.

④ 고속도로의 휴게소 부지의 지목은 "도로"로 한다.

⑤ 토지소유자는 지목변경을 할 토지가 있으면 그 사유가 발생한 날부터 30일 이내에 지적소관청에 지목변경을 신청하여야 한다.

32 부동산등기법령상 표시에 관한 등기에 관한 설명으로 옳지 <u>않은</u> 것은?

① 등기관은 토지 등기기록의 표제부에 등기목적을 기록하여야 한다.

② 토지의 분할이 있는 경우 그 토지 소유권의 등기명의인은 그 사실이 있는 때부터 1개월 이내에 그 등기를 신청하여야 한다.

③ 구분건물로서 그 대지권의 변경이 있는 경우 구분건물의 소유권의 등기명의인은 1동의 건물에 속하는 다른 구분건물의 소유권의 등기명의인을 대위하여 그 등기를 신청할 수 있다.

④ 건물이 구분건물인 경우에 그 건물의 등기기록 중 1동 표제부에 기록하는 등기사항에 관한 변경등기는 그 구분건물과 같은 1동의 건물에 속하는 다른 구분건물에 대하여도 변경등기로서의 효력이 있다.

⑤ 1동의 건물에 속하는 구분건물 중 일부만에 관하여 소유권보존등기를 신청하는 경우에는 나머지 구분건물의 표시에 관한 등기를 동시에 신청하여야 한다.

33 부동산등기법령상 권리에 관한 등기에 관한 설명으로 옳지 <u>않은</u> 것은?

① 국가·지방자치단체·국제기관 및 외국정부의 부동산등기용등록번호는 법무부장관이 지정·고시한다.

② 등기관이 환매특약의 등기를 할 때에는 매수인이 지급한 대금을 기록하여야 한다.

③ 등기원인에 권리의 소멸에 관한 약정이 있을 경우 신청인은 그 약정에 관한 등기를 신청할 수 있다.

④ 등기의 말소를 신청하는 경우에 그 말소에 대하여 등기상 이해관계 있는 제3자가 있을 때에는 제3자의 승낙이 있어야 한다.

⑤ 등기관이 토지에 대하여 소유권경정등기를 하였을 때에는 지체 없이 그 사실을 지적소관청에 알려야 한다.

34 부동산등기법령상 이의에 관한 설명으로 옳은 것을 모두 고른 것은?

ㄱ. 새로운 사실이나 새로운 증거방법을 근거로 이의신청을 할 수 있다.

ㄴ. 등기관은 이의가 이유 없다고 인정하면 이의신청일부터 7일 이내에 의견을 붙여 이의신청서를 관할 지방법원에 보내야 한다.

ㄷ. 이의에는 집행정지의 효력이 없다.

ㄹ. 송달에 대하여는 「민사소송법」을 준용하고, 이의의 비용에 대하여는 「비송사건절차법」을 준용한다.

① ㄱ, ㄴ

② ㄱ, ㄷ

③ ㄱ, ㄹ

④ ㄴ, ㄷ

⑤ ㄷ, ㄹ

35 부동산등기법령상 소유권등기 및 담보권등기에 관한 설명으로 옳지 <u>않은</u> 것은?

① 등기관이 소유권보존등기를 할 때에는 등기원인과 그 연월일을 기록하지 아니한다.

② 미등기의 토지 또는 건물의 경우 수용(收用)으로 인하여 소유권을 취득하였음을 증명하는 자는 소유권보존등기를 신청할 수 있다.

③ 등기관이 동일한 채권에 관하여 3개의 부동산에 관한 권리를 목적으로 하는 저당권설정의 등기를 할 때에는 공동담보목록을 작성하여야 한다.

④ 등기관은 근저당권을 내용으로 하는 저당권설정의 등기를 할 때에는 채권의 최고액을 기록하여야 한다.

⑤ 등기관이 채권의 일부에 대한 대위변제로 인한 저당권 일부이전등기를 할 때에는 변제액을 기록하여야 한다.

36 도시 및 주거환경정비법령상 조합에 관한 설명으로 옳은 것은? 〈변형〉

① 조합이 정관의 기재사항인 조합임원의 수를 변경하려는 때에는 시장·군수등의 인가를 받아야 한다.

② 건설되는 건축물의 설계 개요를 변경하려면 조합총회의 의결을 거치지 않아도 된다.

③ 토지등소유자의 수가 100인을 초과하는 경우 조합에 두는 이사의 수는 7명 이상으로 한다.

④ 조합임원의 임기는 5년 이하의 범위에서 정관으로 정하되, 연임할 수 없다.

⑤ 조합의 대의원회는 조합원의 10분의 1 이상으로 구성하며, 조합장이 아닌 조합임원도 대의원이 될 수 있다.

37 도시 및 주거환경정비법령상 사업시행계획의 변경 시 신고 대상인 경미한 사항의 변경에 해당하지 <u>않는</u> 것은? (단, 조례는 고려하지 않음)

① 대지면적을 10퍼센트의 범위에서 변경하는 때

② 사업시행자의 명칭을 변경하는 때

③ 건축물이 아닌 부대시설의 설치규모를 확대하는 때(위치가 변경되는 경우 포함)

④ 정비계획의 변경에 따라 사업시행계획서를 변경하는 때

⑤ 내장재료를 변경하는 때

38 도시 및 주거환경정비법령상 정비사업에 관한 설명이다. (   )에 들어갈 내용으로 옳은 것은?

> • 시장·군수등이 아닌 사업시행자가 정비사업을 시행하려는 경우에는 사업시행계획서에 정관등과 그 밖에 국토교통부령으로 정하는 서류를 첨부하여 시장·군수등에게 제출하고 사업시행계획(ㄱ)을(를) 받아야 한다.
> • 시장·군수등이 아닌 사업시행자가 정비사업 공사를 완료한 때에는 대통령령으로 정하는 방법 및 절차에 따라 시장·군수등의 준공(ㄴ)을(를) 받아야 한다.

① ㄱ : 승인, ㄴ : 인가

② ㄱ : 승인, ㄴ : 허가

③ ㄱ : 인가, ㄴ : 승인

④ ㄱ : 인가, ㄴ : 인가

⑤ ㄱ : 인가, ㄴ : 허가

39 도시 및 주거환경정비법령상 비용의 부담 등에 관한 설명으로 옳지 <u>않은</u> 것은?

① 사업시행자는 토지등소유자로부터 정비사업비용과 정비사업의 시행과정에서 발생한 수입의 차액을 부과금으로 부과·징수할 수 있다.

② 체납된 부과금 또는 연체료의 부과·징수를 위탁받은 시장·군수등은 지방세 체납처분의 예에 따라 부과·징수할 수 있다.

③ 공동구점용예정자가 부담할 공동구의 설치에 드는 비용의 부담비율은 공동구의 점용예정면적비율에 따른다.

④ 부담금의 납부통지를 받은 공동구점용예정자는 공동구의 설치공사가 착수되기 전에 부담금액의 3분의 1 이상을 납부하여야 한다.

⑤ 시장·군수등은 시장·군수등이 아닌 사업시행자가 시행하는 정비사업의 정비계획에 따라 설치되는 임시거주시설에 대해서는 그 건설비용의 전부를 부담하여야 한다.

40 동산·채권 등의 담보에 관한 법령상 동산담보권에 관한 설명으로 옳은 것은?

① 창고증권이 작성된 동산을 목적으로 담보등기를 할 수 있다.

② 담보권설정자의 사업자등록이 말소된 경우 그에 따라 이미 설정된 동산담보권도 소멸한다.

③ 담보권설정자의 행위에 의한 사유로 담보목적물의 가액(價額)이 현저히 증가된 경우 담보목적물의 일부를 반환받을 수 있다.

④ 동산담보권의 효력은 담보목적물에 대한 압류가 있은 후에 담보권설정자가 그 담보목적물로부터 수취할 수 있는 과실(果實)에 미친다.

⑤ 담보권자와 담보권설정자 간 약정에 따른 동산담보권의 득실변경(得失變更)은 담보등기부에 등기하지 않더라도 그 효력이 생긴다.

제5과목 | 회계학

※ 아래의 문제들에서 특별한 언급이 없는 한 기업의 보고기간(회계기간)은 매년 1월 1일부터 12월 31일까지이다. 또한, 기업은 주권상장법인으로 계속해서 한국채택국제회계기준(K-IFRS)을 적용해오고 있다고 가정하고, 답지항 중에서 물음에 가장 합당한 답을 고르시오. 단, 자료에서 제시한 모든 항목과 금액은 중요하며, 자료에서 제시한 것 이외의 사항은 고려하지 않고 답한다. 예를 들어, 법인세에 대한 언급이 없으면 법인세 효과는 고려하지 않는다.

01 재무제표 표시에 관한 일반사항으로 옳지 <u>않은</u> 것은?

① 서술형 정보는 당기 재무제표를 이해하는 데 목적 적합하더라도 비교정보를 표시하지 아니한다.

② 재무제표가 계속기업 기준으로 작성되지 않을 경우, 그 사실과 함께 재무제표 작성기준과 계속기업으로 보지 않는 이유를 공시하여야 한다.

③ 기업은 현금흐름 정보를 제외하고는 발생기준 회계를 사용하여 재무제표를 작성한다.

④ 중요하지 않은 항목은 성격이나 기능이 유사한 항목과 통합하여 표시할 수 있다.

⑤ 한국채택국제회계기준을 준수하여 작성된 재무제표는 공정하게 표시된 재무제표로 본다.

02 무형자산에 관한 설명으로 옳지 <u>않은</u> 것은?

① 무형자산은 손상의 징후가 있거나 그 자산을 사용하지 않을 때에 상각을 중지한다.

② 무형자산의 인식기준을 충족하지 못해 비용으로 인식한 지출은 그 이후에 무형자산의 원가로 인식할 수 없다.

③ 내부적으로 창출한 영업권은 자산으로 인식하지 아니한다.

④ 개별취득 무형자산은 자산에서 발생하는 미래경제적효익의 유입가능성이 높다는 인식기준을 항상 충족한다.

⑤ 무형자산으로 정의되려면 식별가능성, 자원에 대한 통제와 미래경제적효익의 존재를 충족하여야 한다.

03 투자부동산의 분류에 관한 설명으로 옳지 <u>않은</u> 것은?

① 미사용부동산을 운용리스로 제공한 경우에는 투자부동산으로 분류한다.

② 리스계약에 따라 이전받은 부동산을 다시 제3자에게 임대한다면 리스이용자는 해당 사용권자산을 투자부동산으로 분류한다.

③ 지배기업이 다른 종속기업에게 자가사용 건물을 리스하는 경우 당해 건물은 연결재무제표에 투자부 동산으로 분류할 수 없다.

④ 건물 소유자가 그 건물의 사용자에게 제공하는 부수적 용역의 비중이 경미하면 해당 건물을 투자부 동산으로 분류한다.

⑤ 처분예정인 자가사용부동산은 투자부동산으로 분류한다.

04 (주)감평은 20x1년 1월 종업원 70명에게 향후 3년 동안의 계속 근무 용역제공조건으로 가득되는 주식결 제형 주식선택권을 1명당 50개씩 부여하였다. 권리 부여일 현재 주식선택권의 개당 공정가치는 ₩10(향 후 변동없음)으로 추정되며, 연도별 종업원 퇴직현황은 다음과 같다.

연도	실제 퇴직자(명)	추가 퇴직 예상자(명)
20x1년	6	10
20x2년	8	5

(주)감평의 20x2년 말 재무상태표상 주식선택권 장부금액은?

① ₩8,000

② ₩9,000

③ ₩17,000

④ ₩18,667

⑤ ₩25,500

05 재무보고를 위한 개념체계에 관한 설명으로 옳지 <u>않은</u> 것은?

① 개념체계는 특정 거래나 다른 사건에 적용할 회계기준이 없는 경우에 재무제표 작성자가 일관된 회 계정책을 개발하는 데 도움을 준다.

② 개념체계의 어떠한 내용도 회계기준이나 회계기준의 요구사항에 우선하지 아니한다.

③ 일반목적재무보고의 목적을 달성하기 위해 회계기준위원회는 개념체계의 관점에서 벗어난 요구사항 을 정하는 경우가 있을 수 있다.

④ 개념체계는 수시로 개정될 수 있으며, 개념체계가 개정되면 자동으로 회계기준이 개정된다.

⑤ 개념체계에 기반한 회계기준은 경영진의 책임을 묻기 위한 필요한 정보를 제공한다.

06 20x1년 설립된 (주)감평의 20x1년 주식과 관련된 자료는 다음과 같다.

> • 20x1년 1월 초 유통주식수 : 보통주 5,000주, 우선주 300주
> • 6월 초 모든 주식에 대해 무상증자 10% 실시
> • 10월 초 보통주 자기주식 300주 취득
> • 20x1년도 당기순이익 : ₩900,000

20x1년 (주)감평의 기본주당이익이 ₩162일 때, 우선주 배당금은? (단, 기간은 월할 계산한다.)

① ₩21,150
② ₩25,200
③ ₩27,510
④ ₩32,370
⑤ ₩33,825

07 재무정보의 질적 특성에 관한 설명으로 옳지 않은 것을 모두 고른 것은?

> ㄱ. 오류가 없다는 것은 현상의 기술에 오류나 누락이 없고, 보고 정보를 생산하는 데 사용되는 절차의 선택과 적용 시 절차상 완벽하게 정확하다는 것을 의미한다.
> ㄴ. 재무정보가 과거 평가에 대해 피드백을 제공한다면 확인가치를 갖는다.
> ㄷ. 회계기준위원회는 중요성에 대한 획일적인 계량 임계치를 정하거나 특정한 상황에서 무엇이 중요한 것인지를 미리 결정할 수 있다.
> ㄹ. 목적적합하고 충실하게 표현된 정보의 유용성을 보강시키는 질적 특성으로는 비교가능성, 검증가능성, 적시성 및 이해가능성이 있다.

① ㄱ, ㄴ
② ㄱ, ㄷ
③ ㄱ, ㄹ
④ ㄴ, ㄷ
⑤ ㄷ, ㄹ

08 퇴직급여제도의 용어에 관한 설명으로 옳은 것은?

① 비가득급여 : 종업원의 미래 계속 근무와 관계없이 퇴직급여제도에 따라 받을 권리가 있는 급여

② 약정퇴직급여의 보험수리적 현재가치 : 퇴직급여제도에 의거하여 현직 및 전직 종업원에게 이미 제공한 근무용역에 대해 지급할 예상퇴직급여의 현재가치

③ 급여지급에 이용가능한 총자산 : 제도의 자산에서 약정퇴직급여의 보험수리적 현재가치를 제외한 부채를 차감한 잔액

④ 확정기여제도 : 종업원에게 지급할 퇴직급여금액이 일반적으로 종업원의 임금과 근무연수에 기초하는 산정식에 의해 결정되는 퇴직급여제도

⑤ 기금적립 : 퇴직급여를 지급할 현재의무를 충족하기 위해 사용자와는 구별된 실체(기금)에 자산을 이전하는 것

09 20x1년 말 (주)감평의 올바른 당좌예금 금액을 구하기 위한 자료는 다음과 같다. (주)감평의 입장에서 수정 전 당좌예금계정 잔액에 가산 또는 차감해야 할 금액은?

---

(1) 수정 전 잔액

　　　은행의 당좌예금잔액증명서상 금액 : ₩4,000

　　　(주)감평의 당좌예금 계정원장상 금액 : ₩2,100

(2) 은행과 (주)감평의 당좌예금 수정 전 잔액 차이 원인

• 20x1년 말 현재 (주)감평이 발행·기록한 수표 중 은행에서 미결제된 금액 : ₩1,200

• 20x1년도 은행이 기록한 수수료 미통지 금액 : ₩100

• 20x1년 말 받을어음 추심으로 당좌예금 계좌에 기록되었으나, (주)감평에 미통지된 금액 : ₩1,000

• 20x1년 중 거래처로부터 받아 기록하고 추심 의뢰한 수표 중 은행으로부터 부도 통지 받은 금액 : ₩200

	가산할 금액	차감할 금액
①	₩1,000	₩300
②	₩1,100	₩200
③	₩1,300	₩1,400
④	₩1,400	₩100
⑤	₩2,200	₩300

10 (주)감평은 20x1년 초 전환사채(액면금액 ₩10,000, 만기 3년, 표시이자율 연 3%, 매년 말 이자지급)를 액면발행하였다. 사채 발행 당시 전환권이 없는 일반사채의 시장이자율은 연 8%이며, 전환권 미행사시 만기일에 연 7%의 수익을 보장한다. 동 전환사채가 만기 상환될 경우, 다음 미래가치를 이용하여 계산한 상환할증금은? (단, 금액은 소수점 첫째자리에서 반올림하여 계산한다.)

〈단일금액 ₩1의 미래가치〉

기간	7%	8%
1년	1.070	1.080
2년	1.145	1.166
3년	1.225	1.260

① ₩1,119
② ₩1,286
③ ₩1,299
④ ₩1,376
⑤ ₩1,402

11 (주)감평은 20x1년 초 영업에 사용할 목적으로 특수장비(내용연수 5년, 잔존가치 ₩0, 정액법 감가상각, 원가모형 적용)를 ₩30,000에 취득하여 사용하다가, 20x2년 중 동 특수장비에 심각한 손상이 발생하였다. 특수장비의 회수가능액은 20x2년 말 ₩15,000으로 추정되었다. (주)감평의 20x2년 말 특수장비와 관련된 회계처리가 당기 순이익에 미치는 영향은?

① ₩3,000 증가
② ₩3,000 감소
③ ₩6,000 증가
④ ₩6,000 감소
⑤ ₩9,000 감소

12 (주)감평은 20x1년 초 사채(액면금액 ₩60,000, 표시이자율 연 10%, 매년 말 이자지급, 만기 3년, 매년 말 ₩20,000씩 원금상환 조건)를 발행하였다. 동 사채의 발행당시 유효이자율은 연 12%이다. 다음 현재 가치를 이용하여 계산한 사채의 발행가액과 20x2년도에 인식할 이자비용은? (단, 금액은 소수점 첫째자리에서 반올림하여 계산한다.)

〈단일금액 ₩1의 미래가치〉

기간	10%	12%
1년	0.9091	0.8929
2년	0.8264	0.7972
3년	0.7513	0.7118

	발행가액	20x2년 이자비용
①	₩48,353	₩3,165
②	₩48,353	₩3,279
③	₩52,487	₩3,934
④	₩58,008	₩4,676
⑤	₩58,008	₩6,961

13 (주)감평은 고객에게 매출액의 1%를 사용기간 제한 없는 포인트로 제공한다. 고객은 이 포인트를 (주)감평의 상품 구매대금 결제에 사용할 수 있다. (주)감평의 20x1년도 매출액은 ₩50,000, 포인트의 단위당 공정가치는 ₩10이다. 20x1년에 총 2,500포인트가 사용될 것으로 추정되며, 20x1년 중 500포인트가 실제로 사용되었다. (주)감평이 20x1년 인식할 포인트 관련 매출은?

① ₩0
② ₩1,000
③ ₩1,250
④ ₩1,500
⑤ ₩5,000

14. (주)감평은 20x1년 1월 초에 본사건물을 착공하여 20x2년 11월 말 완공하였다. 본사건물 신축 관련 자료가 다음과 같을 때, (주)감평이 20x1년도에 자본화할 차입원가는? (단, 기간은 월할 계산한다.)

(1) 공사비 지출	일자	금액
	20x1. 1. 1.	₩2,000,000
	20x1. 7. 1.	400,000

(2) 차입금 현황

구분	차입금액	차입기간	연이자율
특정차입금	₩2,000,000	20x1. 7. 1. – 20x1. 12. 31.	3%
일반차입금	100,000	20x1. 1. 1. – 20x2. 6. 30.	5%

① ₩30,000
② ₩35,000
③ ₩50,000
④ ₩65,000
⑤ ₩90,000

15. 20x1년부터 (주)감평은 제품판매 후 2년 동안 제품하자보증을 실시하고 있다. 20x2년도에 판매된 제품에 대하여 경미한 결함은 ₩100, 치명적인 결함은 ₩4,000의 수리비용이 발생한다. 과거 경험에 따르면 10%는 경미한 결함이, 5%는 치명적인 결함이 발생할 것으로 예상된다. 20x1년 말에 제품보증충당부채 잔액은 ₩200이다. 20x2년 기중에 20x1년 판매된 제품에 대한 수리비용이 ₩300 지출되었다면, (주)감평의 20x2년도 재무제표에 보고할 제품보증비와 제품보증충당부채는?

	제품보증비	제품보증충당부채
①	₩100	₩310
②	₩210	₩210
③	₩210	₩310
④	₩310	₩210
⑤	₩310	₩310

16 (주)감평은 20x1년 초 총 계약금액이 ₩1,200인 공사계약을 체결하고, 20x3년 말에 완공하였다. 다음 자료를 기초로 (주)감평이 20x1년도 재무제표에 인식할 공사이익과 계약자산(또는 계약부채)은? (단, 진행률은 누적발생공사원가를 추정총공사원가로 나눈 비율로 계산한다.)

	20x1년	20x2년	20x3년
실제발생 공사원가	₩300	₩500	₩350
완성시까지 예상 추가 공사원가	700	200	–
공사대금 청구액	400	300	500
공사대금 회수액	320	200	680

	공사이익	계약자산(계약부채)
①	₩40	₩40
②	₩60	₩40
③	₩60	₩(40)
④	₩80	₩40
⑤	₩80	₩(40)

17 금융상품에 관한 설명으로 옳지 <u>않은</u> 것은?

① 종류별로 금융상품을 공시하는 경우에는 공시하는 정보의 특성에 맞게, 금융상품의 특성을 고려하여 금융상품을 종류별로 분류하여야 한다.

② 기타포괄손익－공정가치로 측정하는 금융자산의 장부금액은 손실충당금에 의해 감소되지 않는다.

③ 당기손익－공정가치로 측정되는 지분상품은 후속적 공정가치 변동을 기타포괄손익으로 표시하도록 최초 인식시점에 선택할 수 있다.

④ 금융자산과 금융부채를 상계하면 손익이 발생할 수 있다.

⑤ 금융자산의 회수를 합리적으로 예상할 수 없는 경우에는 해당 금융자산의 총 장부금액을 직접 줄인다.

18 (주)감평의 20x2년 자본관련 자료이다. 20x2년 말 자본총계는? (단, 자기주식 거래는 선입선출법에 따른 원가법을 적용한다.)

(1) 기초자본	
• 보통주 자본금(주당 액면금액 ₩500, 발행주식수 40주)	₩20,000
• 보통주 주식발행초과금	4,000
• 이익잉여금	30,000
• 자기주식(주당 ₩600에 10주 취득)	(6,000)
• 자본총계	₩48,000
(2) 기중자본거래	
• 4월 1일 자기주식 20주를 1주당 ₩450에 취득	
• 5월 25일 자기주식 8주를 1주당 ₩700에 처분	
• 6월 12일 자기주식 3주를 소각	
• 8월 20일 주식발행초과금 ₩4,000과 이익잉여금 중 ₩5,000을 재원으로 무상증자 실시	
(3) 20x2년 당기순이익 : ₩50,000	

① ₩77,300
② ₩87,500
③ ₩94,600
④ ₩96,250
⑤ ₩112,600

19 (주)감평의 창고에 보관 중인 20x1년 말 상품 재고실사 금액은 ₩2,840이다. 다음 자료를 반영한 이후 20x1년 말 재무상태표에 표시할 기말상품 금액은?

• 기말 현재 일부 상품(원가 ₩100)을 물류회사에 보관 중이며, 보관료 ₩20을 지급하기로 하였다.
• 수탁회사에 적송한 상품(원가 ₩600) 중 20%는 기말까지 판매되지 않았다.
• 고객에게 발송한 시송품(원가 ₩500) 중 기말 현재 고객으로부터 매입의사표시를 통보받지 못한 상품이 ₩200이다.
• 20x1년 12월 28일에 도착지 인도조건으로 거래처에서 매입한 상품(원가 ₩250)이 기말 현재 운송 중에 있다.

① ₩3,260
② ₩3,510
③ ₩3,560
④ ₩3,740
⑤ ₩3,810

20 (주)감평은 기계장치(장부금액 ₩2,000, 공정가치 ₩3,500)를 제공하고, (주)한국의 건물과 현금 ₩700을 취득하는 교환거래를 하였다. 건물의 공정가치는 ₩2,500으로 기계장치의 공정가치보다 더 명백하며, 이 교환거래는 상업적 실질이 있다고 할 때, (주)감평이 인식할 유형자산처분손익은?

① 유형자산처분손익 ₩0
② 유형자산처분손실 ₩1,200
③ 유형자산처분이익 ₩1,200
④ 유형자산처분손실 ₩2,200
⑤ 유형자산처분이익 ₩2,200

21 (주)감평의 20x1년도 상품관련 자료는 다음과 같다. 기말상품 실사수량은 30개이며, 수량감소분 중 40%는 정상감모손실이다. (주)감평의 20x1년의 매출원가는? (단, 정상감모손실과 평가손실은 매출원가에 포함한다.)

	수량	단위당 취득원가	단위당 판매가격	단위당 순실현가능가치
기초재고	70개	₩60	–	–
매입	100개	₩60	–	–
매출	120개	–	₩80	–
기말재고	50개	–	–	₩50

① ₩7,200
② ₩7,500
③ ₩7,680
④ ₩7,980
⑤ ₩8,700

22 리스에 관한 설명으로 옳은 것을 모두 고른 것은?

> ㄱ. 단기리스나 소액 기초자산 리스를 제외한 모든 리스에 대해서 리스이용자는 사용권자산과 리스부채를 인식해야 한다.
> ㄴ. 리스이용자는 리스의 내재이자율을 쉽게 산정할 수 없는 경우에는 리스제공자의 증분차입이자율을 사용하여 리스료를 할인한다.
> ㄷ. 리스이용자는 사용권자산이 손상되었는지를 판단하고 식별되는 손상차손을 회계처리하기 위하여 자산손상 기준서를 적용한다.
> ㄹ. 투자부동산의 정의를 충족하는 사용권자산은 재무상태표에 투자부동산으로 표시한다.

① ㄱ, ㄴ
② ㄱ, ㄷ
③ ㄷ, ㄹ
④ ㄱ, ㄷ, ㄹ
⑤ ㄴ, ㄷ, ㄹ

23 고객과의 계약에서 생기는 수익에 관한 설명으로 옳은 것은?

① 계약의 결과로 기업의 미래 현금흐름의 위험, 시기, 금액이 변동될 것으로 예상되지 않는 경우에도 고객과의 계약으로 회계처리할 수 있다.

② 계약은 서면으로, 구두로, 기업의 사업 관행에 따라 암묵적으로 체결할 수 있다.

③ 이전할 재화나 용역의 지급조건을 식별할 수 없는 경우라도 고객과의 계약으로 회계처리할 수 있다.

④ 계약변경은 반드시 서면으로만 승인될 수 있다.

⑤ 고객과의 계약에서 식별되는 수행의무는 계약에 분명히 기재한 재화나 용역에만 한정된다.

24 다음은 20x1년 초 설립한 (주)감평의 법인세 관련 자료이다.

• 20x1년 세무조정사항	
– 감가상각비한도초과액	₩55,000
– 정기예금 미수이자	25,000
– 접대비한도초과액	10,000
– 자기주식처분이익	30,000
• 20x1년 법인세비용차감전순이익	₩400,000
• 연도별 법인세율은 20%로 일정하다.	
• 당기 이연법인세자산(부채)은 인식요건을 충족한다.	

20x1년도 법인세비용은?

① ₩80,000

② ₩81,000

③ ₩82,000

④ ₩86,000

⑤ ₩94,000

25 (주)감평은 20x1년 초에 폐기물처리시설(내용연수 5년, 잔존가치 ₩0, 정액법 월할상각)을 ₩1,000,000에 취득하였다. 주변민원으로 20x1년 10월 초부터 3개월간 가동이 일시 중단되었다. 20x2년 초에 사용종료(4년 후)시 환경복구(지출 추정금액 ₩300,000, 현재가치 계산에 적용할 할인율 연 6%)를 조건으로 시설을 재가동하였다. 20x2년도 동 폐기물처리시설의 감가상각비는? (단, 금액은 소수점 첫째자리에서 반올림하여 계산한다.)

기간	단일금액 ₩1의 현재가치(할인율 = 6%)
4	0.7921
5	0.7473

① ₩244,838   ② ₩247,526
③ ₩259,408   ④ ₩268,548
⑤ ₩271,908

26 (주)감평은 20x1년 초 임대수익을 목적으로 건물을 ₩320,000에 취득하고 공정가치 모형을 적용하였다. (주)감평은 20x2년 9월 1일 동 건물을 자가사용건물로 대체하였으며, 정액법(내용연수 10년, 잔존가치 ₩0)으로 상각(월할상각)하고 재평가모형을 적용하였다. 시점별 건물의 공정가치는 다음과 같다.

20x1년 말	20x2년 9월 1일	20x2년 말
₩340,000	₩330,000	₩305,000

동 건물 관련 회계처리가 20x2년 당기순이익에 미치는 영향은?

① ₩14,000 감소   ② ₩21,000 감소
③ ₩24,000 감소   ④ ₩25,000 감소
⑤ ₩35,000 감소

27 (주)감평은 20x1년 초 투자부동산(내용연수 10년, 잔존가치 ₩0, 정액법상각)을 ₩200,000에 취득하고 원가모형을 적용하였다. (주)감평은 20x2년부터 동 투자부동산에 대하여 공정가치모형을 적용하기로 하였으며 이러한 회계변경은 정당하다. 20x1년 말, 20x2년 말 동 투자부동산의 공정가치는 각각 ₩190,000, ₩185,000이다. 회계변경효과를 반영하여 20x2년 말 작성하는 비교재무제표(20x1년, 20x2년)에 표시될 금액에 관한 설명으로 옳은 것은?

① 20x1년도 투자부동산(순액)은 ₩180,000이다.
② 20x1년도 투자부동산 감가상각비는 ₩0이다.
③ 20x1년도 투자부동산평가손익은 ₩0이다.
④ 20x2년도 투자부동산평가이익은 ₩5,000이다.
⑤ 20x2년도 투자부동산(순액)은 ₩190,000이다.

28 (주)감평은 20x1년 초 (주)한국의 의결권주식 20%를 ₩300,000에 취득하고 지분법을 적용하는 관계기업투자주식으로 분류하였다. 취득 당시 (주)한국의 순자산장부금액은 ₩1,000,000이었으며, 토지와 건물(내용연수 10년, 정액법상각)의 장부금액에 비해 공정가치가 각각 ₩100,000, ₩200,000 더 높은 것을 제외하고 자산과 부채의 장부금액은 공정가치와 일치하였다. 20x1년도에 (주)한국은 당기순이익과 기타포괄이익을 각각 ₩100,000, ₩30,000 보고하였으며, ₩15,000의 현금배당을 실시하였다. (주)감평의 20x1년 말 관계기업투자주식의 장부금액은?

① ₩312,000
② ₩316,000
③ ₩319,000
④ ₩320,000
⑤ ₩326,000

29 (주)감평의 매출액은 ₩215,000, 재고구입에 따른 현금유출액은 ₩120,000이다. 다음 (주)감평의 재고자산, 매입채무 변동 자료를 이용할 경우, 매출총이익은?

구분	금액
재고자산 증가액	₩4,000
매입채무 증가액	6,000

① ₩85,000
② ₩89,000
③ ₩91,000
④ ₩93,000
⑤ ₩97,000

30 (주)감평의 20x1년 현금흐름표 작성을 위한 자료이다.

당기순이익	₩147,000	감가상각비	₩5,000
법인세비용	30,000	매출채권 감소액	15,000
유형자산처분이익	20,000	재고자산 증가액	4,000
이자비용	25,000	매입채무 감소액	6,000
이자수익	15,000	배당금수익	8,000

(주)감평의 20x1년 영업에서 창출된 현금은?

① ₩159,000
② ₩161,000
③ ₩167,000
④ ₩169,000
⑤ ₩189,000

31 범용기계장치를 이용하여 제품 X와 Y를 생산·판매하는 (주)감평의 당기 예산 자료는 다음과 같다.

구분	제품 X	제품 Y
단위당 판매가격	₩1,500	₩1,000
단위당 변동원가	1,200	800
단위당 기계가동시간	2시간	1시간
연간 정규시장 판매수량	300단위	400단위
연간 최대기계가동시간	1,000시간	

(주)감평은 신규거래처로부터 제품 Z 200단위의 특별주문을 요청받았다. 제품 Z의 생산에는 단위당 ₩900의 변동원가가 발생하며 단위당 1.5 기계가동시간이 필요하다. 특별주문 수락 시 기존 제품의 정규시장 판매를 일부 포기해야 하는 경우, (주)감평이 제시할 수 있는 단위당 최소판매가격은? (단, 특별주문은 전량 수락하든지 기각해야 한다.)

① ₩900
② ₩1,125
③ ₩1,150
④ ₩1,200
⑤ ₩1,350

32 (주)감평은 제품 X, Y, Z를 생산·판매하고 있으며, 각 제품 관련 자료는 다음과 같다.

구분	제품 X	제품 Y	제품 Z
매출배합비율(매출수량기준)	20%	60%	20%
단위당 공헌이익	₩12	₩15	₩8
손익분기점 매출수량	?	7,800단위	?

(주)감평은 제품 Z의 생산중단을 고려하고 있다. 제품 Z의 생산을 중단하는 경우에 고정비 중 ₩4,000을 회피할 수 있으며, 제품 X와 Y의 매출배합비율(매출수량기준)은 60%와 40%로 예상된다. (주)감평이 제품 Z의 생산을 중단할 경우, 목표이익 ₩33,000을 달성하기 위한 제품 X의 매출수량은?

① 6,900단위
② 7,800단위
③ 8,400단위
④ 8,700단위
⑤ 9,000단위

33 (주)감평은 표준원가계산제도를 채택하고 있으며, 직접노무시간을 기준으로 제조간접원가를 배부한다. 당기 제조간접원가 관련 자료는 다음과 같다.

고정제조간접원가 표준배부율	₩100/시간
변동제조간접원가 표준배부율	₩300/시간
기준조업도(직접노무시간)	5,000시간
실제직접노무시간	4,850시간
실제생산량에 허용된 표준 직접노무시간	4,800시간
제조간접원가 배부차이	₩20,000 과소배부

(주)감평의 당기 제조간접원가 실제 발생액은?

① ₩1,900,000

② ₩1,920,000

③ ₩1,940,000

④ ₩1,960,000

⑤ ₩1,980,000

34 (주)감평은 제품 생산에 필요한 부품 400단위를 매년 외부에서 단위당 ₩1,000에 구입하였다. 그러나 최근 외부구입가격 인상이 예상됨에 따라 해당 부품을 자가제조하는 방안을 검토하고 있다. 다음은 (주)감평이 부품 100단위를 자가제조할 경우의 예상제조원가 자료이다.

직접재료원가	₩25,000
직접노무원가	30,000 (₩100/직접노무시간)
변동제조간접원가	20,000 (직접노무원가의 2/3)
고정제조간접원가	100,000 (전액 유휴생산설비 감가상각비)

(주)감평은 현재 보유하고 있는 유휴생산설비를 이용하여 매년 필요로 하는 부품 400단위를 충분히 자가제조할 수 있을 것으로 예상하고 있으며, 부품은 한 묶음의 크기를 100단위로 하는 묶음생산방식으로 생산할 예정이다. 해당 부품을 자가제조하는 경우, 직접노무시간이 학습률 90%의 누적평균시간 학습모형을 따를 것으로 추정된다. (주)감평이 부품 400단위를 자가제조할 경우, 단위당 제조원가는?

① ₩655

② ₩712

③ ₩750

④ ₩905

⑤ ₩1,000

35 변동원가계산제도를 채택하고 있는 (주)감평의 당기 기초재고자산과 영업이익은 각각 ₩64,000과 ₩60,000이다. 전부원가계산에 의한 (주)감평의 당기 영업이익은 ₩72,000이고, 기말재고자산이 변동원가계산에 의한 기말재고자산에 비하여 ₩25,000이 많은 경우, 당기 전부원가계산에 의한 기초재고자산은?

① ₩58,000

② ₩62,000

③ ₩68,000

④ ₩77,000

⑤ ₩89,000

36 당기에 설립된 (주)감평은 결합공정을 통하여 제품 X와 Y를 생산·판매한다. 제품 X는 분리점에서 즉시 판매하고 있으나, 제품 Y는 추가가공을 거쳐 판매한다. 결합원가는 균등이익률법에 의해 각 제품에 배분되며, 직접재료는 결합공정 초에 전량 투입되고 전환원가는 결합공정 전반에 걸쳐 균등하게 발생한다. 당기에 (주)감평은 직접재료 3,000단위를 투입하여 2,400단위를 제품으로 완성하고, 600단위는 기말재공품(전환원가 완성도 50%)으로 남아 있다. 당기에 발생한 직접재료원가와 전환원가는 각각 ₩180,000과 ₩108,000이다. (주)감평의 당기 생산 및 판매 관련 자료는 다음과 같다.

구분	생산량	판매량	단위당 추가가공원가	단위당 판매가격
제품 X	800단위	800단위	–	₩150
제품 Y	1,600	900	₩15	200

제품 Y의 단위당 제조원가는? (단, 공손 및 감손은 발생하지 않는다.)

① ₩100

② ₩105

③ ₩110

④ ₩115

⑤ ₩120

37 (주)감평은 분권화된 사업부 A와 B를 이익중심점으로 운영한다. 사업부 A는 매년 부품 X를 8,000단위 생산하여 전량 외부시장에 단위당 ₩150에 판매하여 왔다. 최근 사업부 B는 제품 단위당 부품 X가 1단위 소요되는 신제품 Y를 개발하고, 단위당 판매가격 ₩350에 4,000단위를 생산·판매하는 방안을 검토하고 있다. 다음은 부품 X에 대한 제조원가와 신제품 Y에 대한 예상제조원가 관련 자료이다.

구분	부품 X	신제품 Y
단위당 직접재료원가	₩40	₩80
단위당 직접노무원가	35	70
단위당 변동제조간접원가	25	30
연간 고정제조간접원가	200,000	100,000
연간 최대생산능력	10,000단위	5,000단위

사업부 B는 신제품 Y의 생산에 필요한 부품 X를 사내대체하거나 외부로부터 단위당 ₩135에 공급받을 수 있다. 사업부 A는 사내대체를 전량 수락하든지 기각해야 하며, 사내대체 시 외부시장 판매를 일부 포기해야 한다. 사업부 A가 사내대체를 수락할 수 있는 부품 X의 단위당 최소대체가격은?

① ₩100
② ₩125
③ ₩135
④ ₩170
⑤ ₩180

38 (주)감평은 정상개별원가계산제도를 채택하고 있다. 제조간접원가는 직접노무원가의 40%를 예정배부하고 있으며, 제조간접원가 배부차이는 전액 매출원가에서 조정하고 있다. (주)감평의 당기 재고자산 및 원가 관련 자료는 다음과 같다.

구분	기초잔액	기말잔액
직접재료	₩3,200	₩6,200
재공품	8,600	7,200
제품	6,000	8,000

 - 직접재료매입액 : ₩35,000
 - 기초원가(기본원가) : ₩56,000

(주)감평의 당기 제조간접원가 배부차이 조정 후 매출원가가 ₩67,700인 경우, 당기에 발생한 실제 제조간접원가는?

① ₩6,900
② ₩9,700
③ ₩10,700
④ ₩11,300
⑤ ₩12,300

39 단일 제품을 생산·판매하는 (주)감평의 당기 생산 및 판매 관련 자료는 다음과 같다.

단위당 판매가격	₩1,000
단위당 변동제조원가	600
연간 고정제조간접원가	600,000
단위당 변동판매관리비	100
연간 고정판매관리비	120,000

(주)감평은 단위당 판매가격을 10% 인상하고, 변동제조원가 절감을 위한 새로운 기계장치 도입을 검토하고 있다. 새로운 기계장치를 도입할 경우, 고정제조간접원가 ₩90,000이 증가할 것으로 예상된다. (주)감평이 판매가격을 인상하고 새로운 기계장치를 도입할 때, 손익분기점 판매수량 1,800단위를 달성하기 위하여 절감해야 하는 단위당 변동제조원가는?

① ₩50
② ₩52.5
③ ₩70
④ ₩72.5
⑤ ₩75

40 (주)감평은 가중평균법에 의한 종합원가계산제도를 채택하고 있으며, 단일공정을 통해 제품을 생산한다. 모든 원가는 공정 전반에 걸쳐 균등하게 발생한다. (주)감평의 당기 생산 관련 자료는 다음과 같다.

구분	물량(완성도)	직접재료원가	전환원가
기초재공품	100단위 (?)	₩4,300	₩8,200
당기착수	900	20,000	39,500
기말재공품	200 (?)	?	?

(주)감평의 당기 완성품환산량 단위당 원가가 ₩80이고 당기 완성품환산량이 선입선출법에 의한 완성품환산량보다 50단위가 더 많을 경우, 선입선출법에 의한 기말재공품 원가는? (단, 공손 및 감손은 발생하지 않는다.)

① ₩3,500
② ₩4,500
③ ₩5,500
④ ₩6,500
⑤ ₩7,000

PART 02

2022년 제33회
기출문제

제1교시	민법 / 경제학원론 / 부동산학원론
제2교시	감정평가관계법규 / 회계학

제1과목 | 민법

01 민법의 법원(法源)에 관한 설명으로 옳은 것을 모두 고른 것은? (다툼이 있으면 판례에 따름)

> ㄱ. 헌법에 의해 체결·공포된 민사에 관한 조약은 민법의 법원이 되지 않는다.
> ㄴ. 관습법이 되기 위해서는 사회구성원의 법적 확신이 필요하다.
> ㄷ. 관습법은 법령에 저촉되지 않는 한 법칙으로서의 효력이 있다.

① ㄱ
② ㄴ
③ ㄱ, ㄷ
④ ㄴ, ㄷ
⑤ ㄱ, ㄴ, ㄷ

02 신의칙에 관한 설명으로 옳은 것을 모두 고른 것은? (다툼이 있으면 판례에 따름)

> ㄱ. 법원은 당사자의 주장이 없으면 직권으로 신의칙 위반 여부를 판단할 수 없다.
> ㄴ. 무권대리인이 무권대리행위 후 단독으로 본인의 지위를 상속한 경우, 본인의 지위에서 그 무권대리행위의 추인을 거절하는 것은 신의칙에 반한다.
> ㄷ. 부동산거래에서 신의칙상 고지의무의 대상은 직접적인 법령의 규정뿐만 아니라 계약상, 관습상 또는 조리상의 일반원칙에 의해서도 인정될 수 있다.

① ㄱ
② ㄴ
③ ㄱ, ㄷ
④ ㄴ, ㄷ
⑤ ㄱ, ㄴ, ㄷ

03 미성년자 甲과 그의 유일한 법정대리인인 乙에 관한 설명으로 옳은 것은? (다툼이 있으면 판례에 따름)

① 甲이 그 소유 물건에 대한 매매계약을 체결한 후에 미성년인 상태에서 매매대금의 이행을 청구하여 대금을 모두 지급받았다면 乙은 그 매매계약을 취소할 수 없다.

② 乙이 甲에게 특정한 영업에 관한 허락을 한 경우에도 乙은 그 영업에 관하여 여전히 甲을 대리할 수 있다.

③ 甲이 乙의 동의 없이 타인의 적법한 대리인으로서 법률행위를 했더라도 乙은 甲의 제한능력을 이유로 그 법률행위를 취소할 수 있다.

④ 甲이 乙의 동의 없이 신용구매계약을 체결한 이후에 乙의 동의 없음을 이유로 그 계약을 취소하는 것은 신의칙에 반한다.

⑤ 乙이 재산의 범위를 정하여 甲에게 처분을 허락한 경우, 甲이 그에 관한 법률행위를 하기 전에는 乙은 그 허락을 취소할 수 있다.

04 부재와 실종에 관한 설명으로 옳은 것은? (다툼이 있으면 판례에 따름)

① 부재자재산관리인의 권한초과행위에 대한 법원의 허가는 과거의 처분행위를 추인하는 방법으로는 할 수 없다.

② 법원은 선임한 재산관리인에 대하여 부재자의 재산으로 상당한 보수를 지급할 수 있다.

③ 후순위 상속인도 실종선고를 청구할 수 있는 이해관계인에 포함된다.

④ 동일인에 대하여 2차례의 실종선고가 내려져 있는 경우, 뒤에 내려진 실종선고를 기초로 상속관계가 인정된다.

⑤ 실종선고를 받은 자가 실종기간 동안 생존했던 사실이 확인된 경우, 실종선고의 취소 없이도 이미 개시된 상속은 부정된다.

05 민법상 법인에 관한 설명으로 옳지 않은 것은? (다툼이 있으면 판례에 따름)

① 재단법인의 정관변경은 그 정관에서 정한 방법에 따른 경우에도 주무관청의 허가를 얻지 않으면 효력이 없다.

② 사단법인과 어느 사원과의 관계사항을 의결하는 경우에는 원칙적으로 그 사원은 결의권이 없다.

③ 사단법인의 사원자격의 득실에 관한 규정은 정관의 필요적 기재사항이다.

④ 민법상 법인의 청산절차에 관한 규정에 반하는 합의에 의한 잔여재산 처분행위는 특별한 사정이 없는 한 무효이다.

⑤ 청산 중 법인의 청산인은 채권신고기간 내에는 채권자에 대하여 변제할 수 없으므로 법인은 그 기간 동안 지연배상 책임을 면한다.

06 甲사단법인의 대표이사 乙이 외관상 그 직무에 관한 행위로 丙에게 불법행위를 한 경우에 관한 설명으로 옳지 <u>않은</u> 것은? (다툼이 있으면 판례에 따름)

① 乙의 불법행위로 인해 甲이 丙에 대해 손해배상책임을 지는 경우에도 乙은 丙에 대한 자기의 손해배상책임을 면하지 못한다.

② 甲의 손해배상책임 원인이 乙의 고의적인 불법행위인 경우에는 丙에게 과실이 있더라도 과실상계의 법리가 적용될 수 없다.

③ 丙이 乙의 행위가 실제로는 직무에 관한 행위에 해당하지 않는다는 사실을 알았거나 중대한 과실로 알지 못한 경우에는 甲에게 손해배상책임을 물을 수 없다.

④ 甲의 사원 丁이 乙의 불법행위에 가담한 경우, 丁도 乙과 연대하여 丙에 대하여 손해배상책임을 진다.

⑤ 甲이 비법인사단인 경우라 하더라도 甲은 乙의 불법행위로 인한 丙의 손해를 배상할 책임이 있다.

07 甲사단법인이 3인의 이사(乙, 丙, 丁)를 두고 있는 경우에 관한 설명으로 옳지 <u>않은</u> 것은? (다툼이 있으면 판례에 따름)

① 乙, 丙, 丁은 甲의 사무에 관하여 원칙적으로 각자 甲을 대표한다.

② 甲의 대내적 사무집행은 정관에 다른 규정이 없으면 乙, 丙, 丁의 과반수로써 결정한다.

③ 甲의 정관에 乙의 대표권 제한에 관한 규정이 있더라도 이를 등기하지 않으면 그와 같은 정관의 규정에 대해 악의인 제3자에 대해서도 대항할 수 없다.

④ 丙이 제3자에게 甲의 제반 사무를 포괄 위임한 경우, 그에 따른 제3자의 사무대행행위는 원칙적으로 甲에게 효력이 없다.

⑤ 甲의 토지를 丁이 매수하기로 한 경우, 이 사항에 관하여 丁은 대표권이 없으므로 법원은 이해관계인이나 검사의 청구에 의하여 임시이사를 선임하여야 한다.

08 반사회질서의 법률행위로서 무효가 <u>아닌</u> 것은? (다툼이 있으면 판례에 따름)

① 반사회질서적인 조건이 붙은 법률행위

② 상대방에게 표시된 동기가 반사회질서적인 법률행위

③ 부첩(夫妾)관계의 종료를 해제조건으로 하는 증여계약

④ 오로지 보험사고를 가장하여 보험금을 취득할 목적으로 체결한 생명보험계약

⑤ 주택매매계약에서 양도소득세를 면탈할 목적으로 소유권이전등기를 일정 기간 후에 이전받기로 한 특약

09 불공정한 법률행위에 관한 설명으로 옳지 <u>않은</u> 것은? (다툼이 있으면 판례에 따름)

① 급부와 반대급부 사이의 현저한 불균형은 그 무효를 주장하는 자가 증명해야 한다.

② 무경험은 어느 특정 영역에서의 경험부족이 아니라 거래일반에 대한 경험부족을 의미한다.

③ 대리인에 의한 법률행위의 경우, 궁박 상태에 있었는지 여부는 본인을 기준으로 판단한다.

④ 불공정한 법률행위로서 무효인 경우, 원칙적으로 추인에 의하여 유효로 될 수 없다.

⑤ 경매절차에서 매각대금이 시가보다 현저히 저렴한 경우, 그 경매는 불공정한 법률행위로서 무효이다.

10 물건에 관한 설명으로 옳지 <u>않은</u> 것은? (다툼이 있으면 판례에 따름)

① 주물에 대한 압류의 효력은 특별한 사정이 없는 한 종물에는 미치지 않는다.

② 사람의 유골은 매장 · 관리의 대상이 될 수 있는 유체물이다.

③ 전기 기타 관리할 수 있는 자연력은 물건이다.

④ 법정과실은 수취할 권리의 존속기간 일수의 비율로 취득함이 원칙이다.

⑤ 주물만 처분하고 종물은 처분하지 않기로 하는 특약은 유효하다.

11 착오에 의한 의사표시에 관한 설명으로 옳지 <u>않은</u> 것은? (다툼이 있으면 판례에 따름)

① 대리인이 의사표시를 한 경우, 착오의 유무는 본인을 표준으로 판단하여야 한다.

② 착오가 표의자의 중대한 과실로 인한 때에는 표의자는 특별한 사정이 없는 한 그 의사표시를 취소할 수 없다.

③ 착오로 인하여 표의자가 경제적인 불이익을 입지 않았다면 법률행위 내용의 중요부분의 착오라 할 수 없다.

④ 상대방이 표의자의 진의에 동의한 경우, 표의자는 착오를 이유로 그 의사표시를 취소할 수 없다.

⑤ 착오를 이유로 의사표시를 취소하는 자는 착오가 없었더라면 의사표시를 하지 않았을 것이라는 점을 증명하여야 한다.

12 사기·강박에 의한 의사표시에 관한 설명으로 옳지 <u>않은</u> 것은? (다툼이 있으면 판례에 따름)

① 상대방의 기망행위로 의사결정의 동기에 관하여 착오를 일으켜 법률행위를 한 경우, 사기를 이유로 그 의사표시를 취소할 수 있다.

② 상대방이 불법적인 해악의 고지 없이 각서에 서명날인할 것을 강력히 요구하는 것만으로는 강박이 되지 않는다.

③ 부작위에 의한 기망행위로도 사기에 의한 의사표시가 성립할 수 있다.

④ 제3자에 의한 사기행위로 계약을 체결한 경우, 표의자는 먼저 그 계약을 취소하여야 제3자에 대하여 불법행위로 인한 손해배상을 청구할 수 있다.

⑤ 매수인이 매도인을 기망하여 부동산을 매수한 후 제3자에게 저당권을 설정해 준 경우, 특별한 사정이 없는 한 제3자는 매수인의 기망사실에 대하여 선의로 추정된다.

13 상대방 있는 의사표시의 효력발생에 관한 설명으로 옳은 것은? (다툼이 있으면 판례에 따름)

① 의사표시의 도달은 표의자의 상대방이 이를 현실적으로 수령하거나 그 통지의 내용을 알았을 것을 요한다.

② 제한능력자는 원칙적으로 의사표시의 수령무능력자이다.

③ 보통우편의 방법으로 발송된 의사표시는 상당기간 내에 도달하였다고 추정된다.

④ 표의자가 의사표시를 발송한 후 사망한 경우, 그 의사표시는 효력을 잃는다.

⑤ 표의자가 과실로 상대방을 알지 못하는 경우에는 민사소송법 공시송달 규정에 의하여 의사표시의 효력을 발생시킬 수 있다.

14 복대리에 관한 설명으로 옳지 <u>않은</u> 것은? (다툼이 있으면 판례에 따름)

① 대리권이 소멸하면 특별한 사정이 없는 한 복대리권도 소멸한다.

② 복대리인의 대리권은 대리인의 대리권의 범위보다 넓을 수 없다.

③ 복대리인의 대리행위에 대해서는 표현대리가 성립할 수 없다.

④ 법정대리인은 그 책임으로 복대리인을 선임할 수 있다.

⑤ 임의대리인은 본인의 승낙이 있거나 부득이한 사유있는 때가 아니면 복대리인을 선임하지 못한다.

15 甲으로부터 대리권을 수여받지 않은 甲의 처(妻) 乙은, 자신의 오빠 A가 丙에게 부담하는 고가의 외제자동차 할부대금채무에 대하여 甲의 대리인이라고 하면서 甲을 연대보증인으로 하는 계약을 丙과 체결하였다. 이에 관한 설명으로 옳은 것은? (다툼이 있으면 판례에 따름)

① 甲이 乙의 무권대리행위를 추인하기 위해서는 乙의 동의를 얻어야 한다.

② 甲이 자동차할부대금 보증채무액 중 절반만 보증하겠다고 한 경우, 丙의 동의가 없으면 원칙적으로 무권대리행위의 추인으로서 효력이 없다.

③ 乙의 대리행위는 일상가사대리권을 기본대리권으로 하는 권한을 넘은 표현대리가 성립한다.

④ 계약 당시 乙이 무권대리인임을 알지 못하였던 丙이 할부대금보증계약을 철회한 후에도 甲은 乙의 무권대리행위를 추인할 수 있다.

⑤ 계약 당시 乙이 무권대리인임을 알았던 丙은 甲에게 乙의 무권대리행위의 추인 여부의 확답을 최고할 수 없다.

16 법률행위의 무효에 관한 설명으로 옳지 <u>않은</u> 것은? (다툼이 있으면 판례에 따름)

① 매매계약이 약정된 매매대금의 과다로 인하여 불공정한 법률행위에 해당하는 경우, 무효행위의 전환에 관한 민법 제138조가 적용될 수 있다.

② 취소할 수 있는 법률행위를 취소한 후에도 무효인 법률행위의 추인의 요건과 효력으로서 추인할 수 있다.

③ 법률행위의 일부무효에 관한 민법 제137조는 임의규정이다.

④ 집합채권의 양도가 양도금지특약을 위반하여 무효인 경우, 채무자는 집합채권의 일부개별 채권을 특정하여 추인할 수 없다.

⑤ 무효인 가등기를 유효한 등기로 전용하기로 한 약정은 특별한 사정이 없는 한 그때부터 유효하고 이로써 그 가등기가 소급하여 유효한 등기로 전환될 수 없다.

17 법률행위의 취소에 관한 설명으로 옳지 <u>않은</u> 것은? (다툼이 있으면 판례에 따름)

① 취소할 수 있는 미성년자의 법률행위를 친권자가 추인하는 경우, 그 취소의 원인이 소멸한 후에 하여야만 효력이 있다.

② 제한능력자가 그 의사표시를 취소한 경우, 제한능력자는 그 행위로 인하여 받은 이익이 현존하는 한도에서 상환(償還)할 책임이 있다.

③ 강박에 의하여 의사표시를 한 자의 포괄승계인은 그 의사표시를 취소할 수 있다.

④ 취소권은 추인할 수 있는 날로부터 3년 내에, 법률행위를 한 날로부터 10년 내에 행사하여야 한다.

⑤ 의사표시의 취소는 취소기간 내에 소를 제기하는 방법으로만 행사하여야 하는 것은 아니다.

18 법률행위의 조건에 관한 설명으로 옳지 <u>않은</u> 것은?

① 조건의 성취로 인하여 이익을 받을 당사자가 신의성실에 반하여 조건을 성취시킨 때에는 상대방은 그 조건이 성취하지 아니한 것으로 주장할 수 있다.

② 법률행위 당시 이미 성취된 조건을 해제조건으로 하는 법률행위는 조건 없는 법률행위이다.

③ 정지조건이 있는 법률행위는 특별한 사정이 없는 한 조건이 성취한 때로부터 그 효력이 생긴다.

④ 조건 있는 법률행위의 당사자는 조건의 성부가 미정한 동안에 조건의 성취로 인하여 생길 상대방의 이익을 해하지 못한다.

⑤ 조건의 성취가 미정인 권리도 일반규정에 의하여 담보로 할 수 있다.

19 소멸시효의 기산점이 옳게 연결되지 <u>않은</u> 것은? (다툼이 있으면 판례에 따름)

① 부작위를 목적으로 하는 채권 – 위반행위시

② 동시이행의 항변권이 붙어 있는 채권 – 이행기 도래시

③ 이행불능으로 인한 손해배상청구권 – 이행불능시

④ 甲이 자기 소유의 건물 매도시 그 이익을 乙과 분배하기로 약정한 경우 乙의 이익금 분배청구권 – 분배약정시

⑤ 기한이 있는 채권의 이행기가 도래한 후 채권자와 채무자가 기한을 유예하기로 합의한 경우 그 채권 – 변경된 이행기 도래시

20 소멸시효의 중단과 정지에 관한 설명으로 옳지 <u>않은</u> 것은?

① 시효의 중단은 원칙적으로 당사자 및 그 승계인 간에만 효력이 있다.

② 파산절차참가는 채권자가 이를 취소하거나 그 청구가 각하된 때에는 시효중단의 효력이 없다.

③ 부재자재산관리인은 법원의 허가 없이 부재자를 대리하여 상대방의 채권의 소멸시효를 중단시키는 채무의 승인을 할 수 없다.

④ 천재 기타 사변으로 인하여 소멸시효를 중단할 수 없을 때에는 그 사유가 종료한 때로부터 1월내에는 시효가 완성하지 아니한다.

⑤ 부부 중 한쪽이 다른 쪽에 대하여 가지는 권리는 혼인관계가 종료된 때부터 6개월 내에는 소멸시효가 완성되지 아니한다.

21 부동산등기에 관한 설명으로 옳지 <u>않은</u> 것은? (다툼이 있으면 판례에 따름)

① 가등기된 권리의 이전등기는 가등기에 대한 부기등기의 형식으로 할 수 있다.

② 근저당권등기가 원인 없이 말소된 경우, 그 회복등기가 마쳐지기 전이라도 말소된 등기의 등기명의인은 적법한 권리자로 추정된다.

③ 청구권보전을 위한 가등기에 기하여 본등기가 경료되면 본등기에 의한 물권변동의 효력은 가등기한 때로 소급하여 발생한다.

④ 소유권이전등기의 원인으로 주장된 계약서가 진정하지 않은 것으로 증명되었다면 그 등기의 적법추정은 복멸된다.

⑤ 동일 부동산에 관하여 등기명의인을 달리하여 중복된 소유권보존등기가 경료된 경우, 선행보존등기가 원인무효가 아닌 한 후행보존등기는 실체관계에 부합하더라도 무효이다.

22 물권적 청구권에 관한 설명으로 옳지 <u>않은</u> 것은? (다툼이 있으면 판례에 따름)

① 지역권자는 지역권을 방해하는 자에 대하여 방해의 제거를 청구할 수 있다.

② 간접점유자는 제3자의 점유침해에 대하여 물권적 청구권을 행사할 수 있다.

③ 직접점유자가 임의로 점유를 타인에게 양도한 경우에는 그 점유이전이 간접점유자의 의사에 반하더라도 간접점유자의 점유가 침탈된 경우에 해당하지 않는다.

④ 부동산 양도담보의 피담보채무가 전부 변제되었음을 이유로 양도담보권설정자가 행사하는 소유권이전등기말소청구권은 소멸시효에 걸린다.

⑤ 민법 제205조 제2항이 정한 점유물방해제거청구권의 행사를 위한 '1년의 제척기간'은 출소기간이다.

23 甲이 20년간 소유의 의사로 평온, 공연하게 乙소유의 X토지를 점유한 경우에 관한 설명으로 옳은 것을 모두 고른 것은? (다툼이 있으면 판례에 따름)

> ㄱ. X토지가 미등기 상태라면 甲은 등기 없이도 X토지의 소유권을 취득한다.
> ㄴ. 乙은 甲에 대하여 점유로 인한 부당이득반환청구를 할 수 있다.
> ㄷ. 乙이 丙에게 X토지를 유효하게 명의신탁한 후 丙이 甲에 대해 소유자로서의 권리를 행사하는 경우, 특별한 사정이 없는 한 甲은 점유취득시효의 완성을 이유로 이를 저지할 수 있다.

① ㄱ

② ㄷ

③ ㄱ, ㄴ

④ ㄴ, ㄷ

⑤ ㄱ, ㄴ, ㄷ

24 첨부에 관한 설명으로 옳지 <u>않은</u> 것은? (다툼이 있으면 판례에 따름)

① 주종을 구별할 수 있는 동산들이 부합하여 분리에 과다한 비용을 요할 경우, 그 합성물의 소유권은 주된 동산의 소유자에게 속한다.

② 타인이 권원에 의하여 부동산에 부속시킨 동산이 그 부동산과 분리되면 경제적 가치가 없는 경우, 그 동산의 소유권은 부동산 소유자에게 속한다.

③ 양도담보권의 목적인 주된 동산에 甲소유의 동산이 부합되어 甲이 그 소유권을 상실하는 손해를 입은 경우, 특별한 사정이 없는 한 甲은 양도담보권자를 상대로 보상을 청구할 수 있다.

④ 타인의 동산에 가공한 경우, 가공으로 인한 가액의 증가가 원재료의 가액보다 현저히 다액인 때에는 가공자의 소유로 한다.

⑤ 건물의 증축 부분이 기존 건물에 부합하여 기존 건물과 분리해서는 별개의 독립물로서의 효용을 갖지 못하는 경우, 기존 건물에 대한 경매절차에서 경매목적물로 평가되지 않았더라도 매수인은 부합된 증축 부분의 소유권을 취득한다.

25 선의취득에 관한 설명으로 옳지 <u>않은</u> 것은? (다툼이 있으면 판례에 따름)

① 경매에 의해서는 동산을 선의취득할 수 없다.

② 점유개정에 의한 인도로는 선의취득이 인정되지 않는다.

③ 동산질권도 선의취득할 수 있다.

④ 선의취득자는 임의로 선의취득의 효과를 거부하고 종전 소유자에게 동산을 반환받아 갈 것을 요구할 수 없다.

⑤ 점유보조자가 횡령한 물건은 민법 제250조의 도품 · 유실물에 해당하지 않는다.

26 주위토지통행권에 관한 설명으로 옳지 <u>않은</u> 것은? (다툼이 있으면 판례에 따름)

① 토지의 분할로 주위토지통행권이 인정되는 경우, 통행권자는 분할당사자인 통행지 소유자의 손해를 보상하여야 한다.

② 통행지 소유자는 통행지를 배타적으로 점유하고 있는 주위토지통행권자에 대해 통행지의 인도를 청구할 수 있다.

③ 주위토지통행권은 법정의 요건을 충족하면 당연히 성립하고 요건이 없어지면 당연히 소멸한다.

④ 주위토지통행권에 기한 통행에 방해가 되는 축조물을 설치한 통행지 소유자는 그 철거의무를 부담한다.

⑤ 주위토지통행권의 범위는 현재의 토지의 용법에 따른 이용의 범위에서 인정된다.

27 점유에 관한 설명으로 옳은 것은? (다툼이 있으면 판례에 따름)

① 미등기건물의 양수인은 그 건물에 관한 사실상의 처분권을 보유하더라도 건물부지를 점유하고 있다고 볼 수 없다.

② 건물 공유자 중 일부만이 당해 건물을 점유하고 있는 경우, 그 건물의 부지는 건물 공유자 전원이 공동으로 점유하는 것으로 볼 수 있다.

③ 점유자의 권리적법추정 규정(민법 제200조)은 특별한 사정이 없는 한 등기된 부동산에도 적용된다.

④ 선의의 점유자라도 본권에 관한 소에 패소한 때에는 그 패소판결이 확정된 때로부터 악의의 점유자로 본다.

⑤ 진정한 소유자가 점유자를 상대로 소유권이전등기의 말소청구소송을 제기하여 점유자의 패소로 확정된 경우, 그 소가 제기된 때부터 점유자의 점유는 타주점유로 전환된다.

28 甲, 乙, 丙은 X토지를 각각 7분의 1, 7분의 2, 7분의 4의 지분으로 공유하고 있다. 이에 관한 설명으로 옳지 않은 것은? (다툼이 있으면 판례에 따름)

① 甲이, 乙, 丙과의 협의 없이 X토지 전부를 독점적으로 점유하는 경우, 乙은 甲에 대하여 공유물의 보존행위로서 X토지의 인도를 청구할 수 없다.

② 丁이 X토지 전부를 불법으로 점유하는 경우, 甲은 단독으로 X토지 전부의 인도를 청구할 수 있다.

③ 丙이 甲, 乙과의 협의 없이 X토지 전부를 戊에게 임대한 경우, 甲은 戊에게 차임 상당액의 7분의 1을 부당이득으로 반환할 것을 청구할 수 있다.

④ 甲, 乙, 丙 사이의 X토지 사용 · 수익에 관한 특약이 공유지분권의 본질적 부분을 침해하지 않는 경우라면 그 특약을 丙의 특정승계인에게 승계될 수 있다.

⑤ 甲은 특별한 사정이 없는 한 乙, 丙의 동의 없이 X토지에 관한 자신의 지분을 처분할 수 있다.

29 공유물 분할에 관한 설명으로 옳지 않은 것은? (다툼이 있으면 판례에 따름)

① 공유물분할청구권은 형성권에 해당한다.

② 공유관계가 존속하는 한 공유물분할청구권만이 독립하여 시효로 소멸될 수 없다.

③ 부동산의 일부 공유지분 위에 저당권이 설정된 후 그 공유부동산이 현물분할된 경우, 저당권은 원칙적으로 저당권설정자에게 분할된 부분에 집중된다.

④ 공유물분할 청구의 소에서 법원은 원칙적으로 공유물분할을 청구하는 원고가 구하는 방법에 구애받지 않고 재량에 따라 합리적 방법으로 분할을 명할 수 있다.

⑤ 공유자는 특별한 사정이 없는 한 언제든지 공유물의 분할을 청구할 수 있다.

30 관습상의 법정지상권에 관한 설명으로 옳지 **않은** 것은? (다툼이 있으면 판례에 따름)

① 토지 또는 그 지상 건물의 소유권이 강제경매절차로 인하여 매수인에게 이전된 경우, 매수인의 매각 대금 완납시를 기준으로 토지와 그 지상 건물이 동일인 소유에 속하였는지 여부를 판단하여야 한다.

② 관습상의 법정지상권이 성립하였으나 건물 소유자가 토지 소유자와 건물의 소유를 목적으로 하는 토지 임대차계약을 체결한 경우, 그 관습상의 법정지상권은 포기된 것으로 보아야 한다.

③ 관습상의 법정지상권은 이를 취득할 당시의 토지소유자로부터 토지소유권을 취득한 제3자에게 등기 없이 주장될 수 있다.

④ 관습상의 법정지상권이 성립한 후에 건물이 증축된 경우, 그 법정지상권의 범위는 구 건물을 기준으로 그 유지·사용을 위하여 일반적으로 필요한 범위 내의 대지 부분에 한정된다.

⑤ 관습상의 법정지상권 발생을 배제하는 특약의 존재에 관한 주장·증명책임은 그 특약의 존재를 주장하는 측에 있다.

31 지역권에 관한 설명으로 옳지 **않은** 것은? (다툼이 있으면 판례에 따름)

① 통행지역권의 점유취득시효는 승역지 위에 도로를 설치하여 늘 사용하는 객관적 상태를 전제로 한다.

② 요역지의 공유자 중 1인이 지역권을 취득한 때에는 다른 공유자도 이를 취득한다.

③ 요역지의 공유자 중 1인에 의한 지역권소멸시효의 중단은 다른 공유자에게는 효력이 없다.

④ 점유로 인한 지역권 취득기간의 중단은 지역권을 행사하는 모든 공유자에 대한 사유가 아니면 그 효력이 없다.

⑤ 통행지역권을 시효취득한 요역지 소유자는 특별한 사정이 없는 한 승역지에 대한 도로 설치 및 사용에 의하여 승역지 소유자가 입은 손해를 보상해야 한다.

32 전세권에 관한 설명으로 옳지 **않은** 것은? (다툼이 있으면 판례에 따름)

① 전세금의 지급은 전세권 성립의 요소이다.

② 기존 채권으로 전세금의 지급에 갈음할 수 있다.

③ 농경지를 전세권의 목적으로 할 수 있다.

④ 전세금이 경제사정의 변동으로 인하여 상당하지 아니하게 된 때에는 당사자는 장래에 대하여 그 증감을 청구할 수 있다.

⑤ 전세권의 목적물의 전부 또는 일부가 전세권자에 책임있는 사유로 인하여 멸실된 경우, 전세권설정자는 전세권이 소멸된 후 전세금으로써 손해의 배상에 충당할 수 있다.

33 전세권에 관한 설명으로 옳지 <u>않은</u> 것은? (다툼이 있으면 판례에 따름)

① 타인의 토지에 있는 건물에 전세권을 설정한 때에는 전세권의 효력은 그 건물의 소유를 목적으로 한 지상권에 미친다.

② 건물전세권설정자가 건물의 존립을 위한 토지사용권을 가지지 못하여 그가 토지소유자의 건물철거 등 청구에 대항할 수 없는 경우, 전세권자는 토지소유자의 권리행사에 대항할 수 없다.

③ 지상권을 가지는 건물소유자가 그 건물에 전세권을 설정하였으나 그가 2년 이상의 지료를 지급하지 아니하였음을 이유로 지상권설정자가 지상권의 소멸을 청구한 경우, 전세권자의 동의가 없다면 지상권은 소멸되지 않는다.

④ 대지와 건물이 동일한 소유자에 속한 경우에 건물에 전세권을 설정한 때에는 그 대지소유권의 특별 승계인은 전세권설정자에 대하여 지상권을 설정한 것으로 본다.

⑤ 건물에 대한 전세권의 존속기간을 1년 미만으로 정한 때에는 이를 1년으로 한다.

34 민사유치권자 甲에 관한 설명으로 옳지 <u>않은</u> 것은?

① 甲이 수취한 유치물의 과실은 먼저 피담보채권의 원본에 충당하고 그 잉여가 있으면 이자에 충당한다.

② 甲은 피담보채권의 변제를 받기 위하여 유치물을 경매할 수 있다.

③ 甲이 유치권을 행사하더라도 피담보채권의 소멸시효의 진행에는 영향을 미치지 않는다.

④ 甲은 채무자의 승낙이 없더라도 유치물의 보존에 필요한 사용은 할 수 있다.

⑤ 甲은 피담보채권 전부의 변제를 받을 때까지 유치물 전부에 대하여 그 권리를 행사할 수 있다.

35 민사유치권에 관한 설명으로 옳은 것은? (다툼이 있으면 판례에 따름)

① 유치권 배제 특약이 있더라도 다른 법정요건이 모두 충족되면 유치권이 성립한다.

② 채무자는 상당한 담보를 제공하고 유치권의 소멸을 청구할 수 있다.

③ 원칙적으로 유치권은 채권자 자신 소유 물건에 대해서도 성립한다.

④ 채권자가 채무자를 직접점유자로 하여 간접점유하는 경우, 채권자의 점유는 유치권의 요건으로서의 점유에 해당한다.

⑤ 채권자의 점유가 불법행위로 인한 경우에도 유치권이 성립한다.

36 민사동산질권에 관한 설명으로 옳지 <u>않은</u> 것은?

① 질권자는 피담보채권의 변제를 받기 위하여 질물을 경매할 수 있고, 그 매각대금으로부터 일반채권자와 동일한 순위로 변제받는다.

② 질권은 양도할 수 없는 물건을 목적으로 하지 못한다.

③ 질권은 다른 약정이 없는 한 원본, 이자, 위약금, 질권실행의 비용, 질물보존의 비용 및 채무불이행 또는 질물의 하자로 인한 손해배상의 채권을 담보한다.

④ 질권자는 피담보채권의 변제를 받을 때까지 질물을 유치할 수 있으나 자기보다 우선권이 있는 채권자에게 대항하지 못한다.

⑤ 수개의 채권을 담보하기 위하여 동일한 동산에 수개의 질권을 설정한 때에는 그 순위는 설정의 선후에 의한다.

37 민법 제365조의 일괄경매청구권에 관한 설명으로 옳은 것을 모두 고른 것은? (다툼이 있으면 판례에 따름)

ㄱ. 토지에 저당권을 설정한 후 그 설정자가 그 토지에 건물을 축조하여 저당권자가 토지와 함께 그 건물에 대하여도 경매를 청구하는 경우, 저당권자는 그 건물의 경매대가에 대해서도 우선변제를 받을 권리가 있다.

ㄴ. 저당권설정자로부터 저당토지에 대한 용익권을 설정받은 자가 그 토지에 건물을 축조한 후 저당권설정자가 그 건물의 소유권을 취득한 경우, 저당권자는 토지와 건물을 일괄하여 경매를 청구할 수 있다.

ㄷ. 토지에 저당권을 설정한 후 그 설정자가 그 토지에 축조한 건물의 소유권이 제3자에게 이전된 경우, 저당권자는 토지와 건물을 일괄하여 경매를 청구할 수 없다.

① ㄱ

② ㄴ

③ ㄷ

④ ㄴ, ㄷ

⑤ ㄱ, ㄴ, ㄷ

38 민법 제366조의 법정지상권에 관한 설명으로 옳은 것을 모두 고른 것은? (다툼이 있으면 판례에 따름)

ㄱ. 미등기건물의 소유를 위해서도 법정지상권이 성립할 수 있다.

ㄴ. 당사자 사이에 지료에 관하여 협의한 사실이나 법원에 의하여 지료가 결정된 사실이 없다면, 법정지상권자가 지료를 지급하지 않았다고 하더라도 지료 지급을 지체한 것으로 볼 수 없다.

ㄷ. 건물 소유를 위한 법정지상권을 취득한 사람으로부터 경매에 의해 건물소유권을 이전받은 매수인은 특별한 사정이 없는 한 건물의 매수취득과 함께 위 지상권도 당연히 취득 한다.

① ㄱ

② ㄴ

③ ㄱ, ㄷ

④ ㄴ, ㄷ

⑤ ㄱ, ㄴ, ㄷ

39 근저당권에 관한 설명으로 옳지 <u>않은</u> 것은? (다툼이 있으면 판례에 따름)

① 근저당권의 존속기간이나 결산기를 정한 경우, 원칙적으로 결산기가 도래하거나 존속기간이 만료한 때에 그 피담보채무가 확정된다.

② 근저당권의 존속기간이나 결산기를 정하지 않고 피담보채권의 확정방법에 관한 다른 약정이 없는 경우, 근저당권설정자는 근저당권자를 상대로 언제든지 계약 해지의 의사표시를 하여 피담보채무를 확정시킬 수 있다.

③ 근저당권자가 피담보채무의 불이행을 이유로 경매신청을 한 경우, 경매신청시에 근저당권의 피담보채권액이 확정된다.

④ 후순위 근저당권자가 경매를 신청한 경우, 선순위 근저당권의 피담보채권은 매수인이 매각대금을 완납한 때에 확정된다.

⑤ 공동근저당권자가 저당목적 부동산 중 일부 부동산에 대하여 제3자가 신청한 경매절차에 소극적으로 참가하여 우선배당을 받은 경우, 특별한 사정이 없는 한 나머지 저당목적 부동산에 관한 근저당권의 피담보채권도 확정된다.

40 저당권에 관한 설명으로 옳지 <u>않은</u> 것은? (다툼이 있으면 판례에 따름)

① 저당권은 그 담보한 채권과 분리하여 타인에게 양도하거나 다른 채권의 담보로 하지 못한다.

② 저당물의 소유권을 취득한 제3자는 그 저당물에 관한 저당권 실행의 경매절차에서 경매인이 될 수 있다.

③ 특별한 사정이 없는 한 건물에 대한 저당권의 효력은 그 건물에 종된 권리인 건물의 소유를 목적으로 하는 지상권에도 미친다.

④ 전세권을 목적으로 한 저당권이 설정된 후 전세권이 존속기간 만료로 소멸된 경우, 저당권자는 전세금반환채권에 대하여 물상대위권을 행사할 수 있다.

⑤ 저당목적물의 변형물인 물건에 대하여 이미 제3자가 압류하여 그 물건이 특정된 경우에도 저당권자는 스스로 이를 압류하여야 물상대위권을 행사할 수 있다.

제2과목 | 경제학원론

01 재화 X의 시장수요곡선(D)과 시장공급곡선(S)이 아래 그림과 같을 때, 균형가격 (P*)과 균형거래량(Q^*)은? (단, 시장수요곡선과 시장공급곡선은 선형이며, 시장공급곡선은 수평이다)

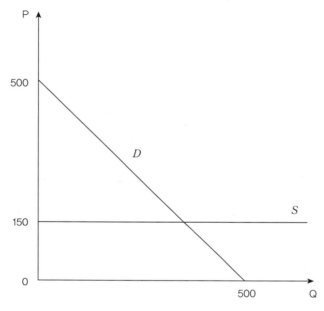

① P*＝150, Q*＝150
② P*＝150, Q*＝350
③ P*＝150, Q*＝500
④ P*＝350, Q*＝150
⑤ P*＝500, Q*＝150

02 기업 A의 생산함수는 Q＝min{L, 2K} 이다. 노동가격은 3이고, 자본가격은 5일 때, 최소 비용으로 110을 생산하기 위한 생산요소 묶음은? (단, Q는 생산량, L은 노동, K는 자본이다)

① L＝55, K＝55
② L＝55, K＝110
③ L＝110, K＝55
④ L＝110, K＝70
⑤ L＝110, K＝110

03 ( )에 들어갈 내용으로 옳은 것은?

> • 소비의 긍정적 외부성이 존재할 때, (ㄱ)이 (ㄴ)보다 크다.
> • 생산의 부정적 외부성이 존재할 때, (ㄷ)이 (ㄹ)보다 작다.

① ㄱ : 사회적 한계편익, ㄴ : 사적 한계편익, ㄷ : 사적 한계비용, ㄹ : 사회적 한계비용
② ㄱ : 사적 한계편익, ㄴ : 사회적 한계편익, ㄷ : 사적 한계비용, ㄹ : 사회적 한계비용
③ ㄱ : 사회적 한계편익, ㄴ : 사적 한계편익, ㄷ : 사회적 한계비용, ㄹ : 사적 한계비용
④ ㄱ : 사적 한계편익, ㄴ : 사적 한계편익, ㄷ : 사회적 한계비용, ㄹ : 사적 한계비용
⑤ ㄱ : 사회적 한계편익, ㄴ : 사적 한계비용, ㄷ : 사적 한계편익, ㄹ : 사회적 한계비용

04 기업 A의 생산함수는 $Q=\sqrt{L}$ 이며, 생산물의 가격은 5, 임금률은 0.5이다. 이윤을 극대화하는 노동투입량(L^*) 과 산출량(Q^*)은? (단, Q는 산출량, L은 노동투입량이며, 생산물시장과 노동시장은 완전경쟁시장이다)

① $L^*=10$, $Q^*=\sqrt{10}$
② $L^*=15$, $Q^*=\sqrt{15}$
③ $L^*=20$, $Q^*=2\sqrt{5}$
④ $L^*=25$, $Q^*=5$
⑤ $L^*=30$, $Q^*=\sqrt{30}$

05 ( )에 들어갈 내용으로 옳지 <u>않은</u> 것은? (단, 수요곡선은 우하향, 공급곡선은 우상향한다)

> 정부는 X재에 대해 종량세를 부과하려고 한다. 동일한 세율로 판매자에게 부과하는 경우와 구매자에게 부과하는 경우를 비교할 때, (   )

① 구매자가 내는 가격은 동일하다.
② 판매자가 받는 가격은 동일하다.
③ 조세수입의 크기는 동일하다.
④ 균형 거래량이 모두 증가한다.
⑤ 총잉여는 모두 감소한다.

06 완전경쟁시장에서 이윤극대화를 추구하는 기업 A의 한계비용(MC), 평균총비용(AC), 평균가변비용(AVC)은 아래 그림과 같다. 시장가격이 P₁, P₂, P₃, P₄, P₅로 주어질 때, 이에 관한 설명으로 옳지 않은 것은?

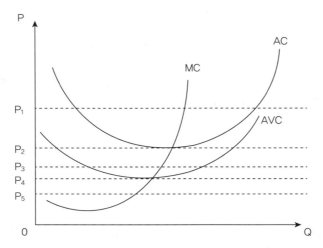

① P₁일 때 총수입이 총비용보다 크다.
② P₂일 때 손익분기점에 있다.
③ P₃일 때 총수입으로 가변비용을 모두 충당하고 있다.
④ P₄일 때 총수입으로 고정비용을 모두 충당하고 있다.
⑤ P₅일 때 조업중단을 한다.

07 기술혁신으로 노동의 한계생산이 증가한다면, (ㄱ)균형 노동량의 변화와 (ㄴ)균형 임금률의 변화는? (단, 생산물시장과 노동시장은 완전경쟁적이며, 노동공급곡선은 우상향, 노동수요곡선은 우하향하고 있다)

① ㄱ : 감소, ㄴ : 감소
② ㄱ : 감소, ㄴ : 증가
③ ㄱ : 감소, ㄴ : 불변
④ ㄱ : 증가, ㄴ : 감소
⑤ ㄱ : 증가, ㄴ : 증가

08 시장 구조를 비교하여 요약·정리한 표이다. (ㄱ)~(ㅁ) 중 옳지 <u>않은</u> 것은? (단, MR은 한계수입, MC는 한계비용, P는 가격이다)

속성	완전경쟁시장	독점적 경쟁시장	독점시장
이윤극대화 조건	(ㄱ) MR=MC	MR=MC	(ㄴ) MR=MC
균형 가격	(ㄷ) P=MC	(ㄹ) P=MC	P > MC
상품 성격	동질적	(ㅁ) 이질적	동질적

① ㄱ
② ㄴ
③ ㄷ
④ ㄹ
⑤ ㅁ

09 ( )에 들어갈 내용으로 옳은 것은?

과점시장에서 보수를 극대화하는 두 기업 A와 B가 각각 전략 1과 전략 2를 통해 아래 표와 같은 보수(payoff)를 얻을 수 있다.

		기업 B	
		전략 1	전략 2
기업 A	전략 1	(22, 10)	(33, 8)
	전략 2	(32, 14)	(30, 12)

※ ( ) 안의 앞의 숫자는 기업 A의 보수, 뒤의 숫자는 기업 B의 보수이다.
• 기업 A와 기업 B가 동시에 전략을 선택할 때, 균형에서 기업 A의 보수는 (ㄱ)이다.
• 기업 A가 먼저 전략을 선택하고 신뢰할 수 있는 방법으로 확약할 때, 균형에서 기업 B의 보수는 (ㄴ)이다.

① ㄱ : 22, ㄴ : 8
② ㄱ : 30, ㄴ : 8
③ ㄱ : 32, ㄴ : 10
④ ㄱ : 32, ㄴ : 14
⑤ ㄱ : 33, ㄴ : 12

10 단일 가격을 부과하던 독점기업이 제1급(first-degree) 가격차별 또는 완전(perfect) 가격차별을 실행하는 경우에 나타나는 변화로 옳은 것을 모두 고른 것은?

> ㄱ. 생산량이 증가한다.
> ㄴ. 이윤이 증가한다.
> ㄷ. 소비자 잉여가 증가한다.
> ㄹ. 총잉여가 감소한다.

① ㄱ, ㄴ
② ㄱ, ㄷ
③ ㄱ, ㄹ
④ ㄴ, ㄷ
⑤ ㄷ, ㄹ

11 소비자 갑의 효용함수는 $U = 3X^2 + Y^2$이며 X재 가격은 6, Y재 가격은 2, 소득은 120이다. 효용을 극대화하는 갑의 최적소비조합(X, Y)은?

① (0, 60)
② (6, 42)
③ (10, 30)
④ (15, 15)
⑤ (20, 0)

12 ( )에 들어갈 내용으로 옳은 것은? (단, P는 가격, Q는 수요량이다)

> 독점기업의 수요곡선은 P = 30 - 2Q이고 현재 가격이 10이다. 이때 수요의 가격탄력성은 (ㄱ)이고, 총수입을 증대시키기 위해 가격을 (ㄴ)해야 한다.

① ㄱ : 비탄력적, ㄴ : 인하
② ㄱ : 비탄력적, ㄴ : 인상
③ ㄱ : 단위탄력적, ㄴ : 유지
④ ㄱ : 탄력적, ㄴ : 인하
⑤ ㄱ : 탄력적, ㄴ : 인상

13 X재 가격이 하락할 때 아래의 설명 중 옳은 것을 모두 고른 것은? (단, X재와 Y재만 존재하며 주어진 소득을 두 재화에 모두 소비한다)

> ㄱ. X재가 정상재인 경우 보상수요곡선은 보통수요곡선보다 더 가파르게 우하향하는 기울기를 가진다.
> ㄴ. X재가 열등재인 경우 보상수요곡선은 우상향한다.
> ㄷ. X재가 기펜재인 경우 보통수요곡선은 우상향하고 보상수요곡선은 우하향한다.

① ㄱ
② ㄴ
③ ㄱ, ㄷ
④ ㄴ, ㄷ
⑤ ㄱ, ㄴ, ㄷ

14 두 재화 X, Y를 소비하는 갑의 효용함수가 $U(X, Y) = X^{0.3}Y^{0.7}$이다. 이에 관한 설명으로 옳지 <u>않은</u> 것은?

① 선호체계는 단조성을 만족한다.
② 무차별곡선은 원점에 대해 볼록하다.
③ 효용을 극대화할 때, 소득소비곡선은 원점을 지나는 직선이다.
④ 효용을 극대화할 때, 가격소비곡선은 X재 가격이 하락할 때 Y재의 축과 평행하다.
⑤ 효용을 극대화할 때, 소득이 2배 증가하면 X재의 소비는 2배 증가한다.

15 두 재화 X재와 Y재를 소비하는 갑은 가격이 $(P_X, P_Y) = (1, 4)$일 때 소비조합 $(X, Y) = (6, 3)$, 가격이 $(P_X, P_Y) = (2, 3)$으로 변화했을 때 소비조합 $(X, Y) = (7, 2)$, 그리고 가격이 $(P_X, P_Y) = (4, 2)$으로 변화했을 때 소비조합 $(X, Y) = (6, 4)$을 선택하였다. 이에 관한 설명으로 옳은 것을 모두 고른 것은?

> ㄱ. 소비조합 $(X, Y) = (6, 3)$이 소비조합 $(X, Y) = (7, 2)$보다 직접 현시선호되었다.
> ㄴ. 소비조합 $(X, Y) = (6, 4)$이 소비조합 $(X, Y) = (7, 2)$보다 직접 현시선호되었다.
> ㄷ. 소비조합 $(X, Y) = (6, 3)$이 소비조합 $(X, Y) = (6, 4)$보다 직접 현시선호되었다.
> ㄹ. 선호체계는 현시선호이론의 약공리를 위배한다.

① ㄱ, ㄴ
② ㄱ, ㄷ
③ ㄱ, ㄹ
④ ㄴ, ㄷ
⑤ ㄷ, ㄹ

16 두 재화 X와 Y만을 소비하는 두 명의 소비자 갑과 을이 존재하는 순수교환경제에서 갑의 효용함수는 $U_{갑}(X_{갑}, Y_{갑}) = \min\{X_{갑}, Y_{갑}\}$, 을의 효용함수는 $U_{을}(X_{을}, Y_{을}) = X_{을} \times Y_{을}$이다. 갑과 을의 초기 부존자원$(X, Y)$이 각각 (30, 60), (60, 30)이고 X재의 가격이 1이다. 일반균형(general equilibrium)에서 Y재의 가격은?

① 1/3

② 1/2

③ 1

④ 2

⑤ 3

17 꾸르노(Cournot) 복점모형에서 시장수요곡선이 $Q = 60 - \dfrac{1}{2}P$이고 두 기업 A, B의 비용함수가 각각 $C_A = 40Q_A + 10$, $C_B = 20Q_B + 50$일 때, 꾸르노 균형에서 총생산량(Q^*)과 가격(P^*)은? (단, Q는 총생산량, P는 가격, Q_A는 기업 A의 생산량, Q_B는 기업 B의 생산량이다)

① Q* : 10, P* : 100

② Q* : 20, P* : 80

③ Q* : 30, P* : 60

④ Q* : 40, P* : 40

⑤ Q* : 50, P* : 20

18 A국에서는 교역 이전 X재의 국내가격이 국제가격보다 더 높다. 교역 이후 국제가격으로 A국이 X재의 초과수요분을 수입한다면, 이로 인해 A국에 나타나는 효과로 옳은 것은? (단, 공급곡선은 우상향, 수요곡선은 우하향한다)

① 교역 전과 비교하여 교역 후 생산자 잉여가 감소한다.

② 교역 전과 비교하여 교역 후 소비자 잉여가 감소한다.

③ 생산자 잉여는 교역 여부와 무관하게 일정하다.

④ 교역 전과 비교하여 교역 후 총잉여가 감소한다.

⑤ 총잉여는 교역 여부와 무관하게 일정하다.

19 노동시장이 수요독점일 때 이에 관한 설명으로 옳은 것을 모두 고른 것은? (단, 생산물 시장은 완전경쟁시장이며, 노동수요곡선은 우하향, 노동공급곡선은 우상향한다)

> ㄱ. 노동의 한계생산가치(value of marginal product of labor)곡선이 노동수요곡선이다.
> ㄴ. 한계요소비용(marginal factor cost)곡선은 노동공급곡선의 아래쪽에 위치한다.
> ㄷ. 균형 고용량은 노동의 한계생산가치곡선과 한계요소비용곡선이 만나는 점에서 결정된다.
> ㄹ. 노동시장이 완전경쟁인 경우보다 균형 임금률이 낮고 균형 고용량이 많다.

① ㄱ, ㄴ
② ㄱ, ㄷ
③ ㄱ, ㄹ
④ ㄴ, ㄷ
⑤ ㄷ, ㄹ

20 독점기업이 공급하는 X재의 시장수요곡선은 $Q=20-P$이고, 기업의 사적 비용함수는 $C=Q^2+20Q+10$이고, 환경오염에 의한 추가적 비용을 포함한 사회적 비용함수는 $SC=2Q^2+20Q+20$이다. 이 경우 사회적으로 바람직한 최적생산량은? (단, Q는 생산량, P는 시장가격이다)

① 24
② 36
③ 60
④ 140
⑤ 164

21 개방경제하에서 국민소득의 구성 항목이 아래와 같을 때 경상수지는? (단, C는 소비, I는 투자, G는 정부지출, T는 조세, S^P는 민간저축이다)

• C=200	• I=50	• G=70
• T=50	• S^P=150	

① 50
② 60
③ 70
④ 80
⑤ 90

22 물가지수에 관한 설명으로 옳은 것을 모두 고른 것은?

> ㄱ. GDP 디플레이터를 산정할 때에는 국내에서 생산되는 모든 최종 재화와 서비스를 대상으로 한다.
> ㄴ. 소비자물가지수의 산정에 포함되는 재화와 서비스의 종류와 수량은 일정 기간 고정되어 있다.
> ㄷ. 생산자물가지수를 산정할 때에는 기업이 생산 목적으로 구매하는 수입품은 제외한다.

① ㄱ
② ㄴ
③ ㄱ, ㄴ
④ ㄱ, ㄷ
⑤ ㄴ, ㄷ

23 A국의 생산가능인구는 100만 명, 경제활동인구는 60만 명, 실업자는 6만 명이다. 실망실업자(구직단념자)에 속했던 10만 명이 구직활동을 재개하여, 그 중 9만 명이 일자리를 구했다. 그 결과 실업률과 고용률은 각각 얼마인가?

① 6%, 54%
② 10%, 54%
③ 10%, 63%
④ 10%, 90%
⑤ 15%, 90%

24 A국의 단기 필립스 곡선이 아래와 같을 때 이에 관한 설명으로 옳지 <u>않은</u> 것은? (단, π, π^e, u, u_n은 각각 인플레이션율, 기대 인플레이션율, 실업률, 자연 실업률이다)

$$\pi - \pi^e = -0.5(u - u_n)$$

① 총공급곡선이 수직선인 경우에 나타날 수 있는 관계이다.
② 총수요 충격이 발생하는 경우에 나타날 수 있는 관계이다.
③ 인플레이션율과 실업률 사이에 단기적으로 상충관계가 있음을 나타낸다.
④ 고용이 완전고용수준보다 높은 경우에 인플레이션율은 기대 인플레이션율보다 높다.
⑤ 인플레이션율을 1%p 낮추려면 실업률은 2%p 증가되어야 한다.

25 A국 중앙은행은 아래의 테일러 규칙(Taylor rule)에 따라 명목정책금리를 조정한다. 이에 관한 설명으로 옳지 <u>않은</u> 것은? {단, 총생산 갭＝(실질GDP－완전고용 실질GDP) / 완전고용 실질GDP이다}

> 명목정책금리＝인플레이션율＋0.02＋0.5×(인플레이션율－0.03)＋0.5×(총생산 갭)

① A국 중앙은행의 인플레이션율 목표치는 3%이다.
② 인플레이션율 목표치를 2%로 낮추려면 명목정책금리를 0.5%p 인하해야 한다.
③ 인플레이션율이 목표치와 동일하고 총생산 갭이 1%인 경우 실질 이자율은 2.5%이다.
④ 완전고용 상태에서 인플레이션율이 2%인 경우에 명목정책금리는 3.5%로 설정해야한다.
⑤ 인플레이션율이 목표치보다 1%p 더 높은 경우에 명목정책금리를 0.5%p 인상한다.

26 아래의 개방경제 균형국민소득 결정모형에서 수출이 100만큼 늘어나는 경우 (ㄱ) 균형소득의 변화분과 (ㄴ) 경상수지의 변화분은? (단, C는 소비, Y는 국민소득, T는 세금, I는 투자, G는 정부지출, X는 수출, M은 수입이며, 수출 증가 이전의 경제상태는 균형이다)

> - $C＝200＋0.7(Y－T)$
> - $I＝200$
> - $G＝100$
> - $T＝100$
> - $X＝300$
> - $M＝0.2(Y－T)$

① ㄱ : 1000, ㄴ : 100
② ㄱ : 1000/3, ㄴ : 100/3
③ ㄱ : 1000/3, ㄴ : 100
④ ㄱ : 200, ㄴ : 60
⑤ ㄱ : 200, ㄴ : 100

27 폐쇄경제 IS-LM과 AD-AS의 동시균형 모형에서 투자를 증가시키되 물가는 원래 수준으로 유지시킬 가능성이 있는 것은? (단, IS곡선은 우하향, LM곡선은 우상향, AD곡선은 우하향, AS곡선은 우상향한다)

① 긴축 재정정책
② 팽창 통화정책
③ 긴축 재정정책과 팽창 통화정책의 조합
④ 팽창 재정정책과 긴축 통화정책의 조합
⑤ 팽창 재정정책과 팽창 통화정책의 조합

28 투자가 실질 이자율에 의해 결정되는 폐쇄경제 IS-LM 모형에서 기대 인플레이션이 상승할 때 나타나는 결과로 옳은 것은? (단, IS곡선은 우하향, LM곡선은 우상향한다)

① 명목 이자율과 실질 이자율이 모두 상승한다.
② 명목 이자율과 실질 이자율이 모두 하락한다.
③ 명목 이자율은 하락하고, 실질 이자율은 상승한다.
④ 실질 이자율은 상승하고, 생산량은 감소한다.
⑤ 실질 이자율은 하락하고, 생산량은 증가한다.

29 폐쇄경제 IS-LM 모형에서 재정정책과 통화정책이 생산량에 미치는 효과의 크기에 관한 설명으로 옳은 것을 모두 고른 것은? (단, IS는 우하향, LM은 우상향하는 직선이다)

ㄱ. 투자가 이자율에 민감할수록 통화정책의 효과가 작다. ㄴ. 화폐수요가 이자율에 민감할수록 재정정책의 효과가 크다. ㄷ. 한계소비성향이 클수록 통화정책의 효과가 크다.

① ㄱ
② ㄷ
③ ㄱ, ㄴ
④ ㄱ, ㄷ
⑤ ㄴ, ㄷ

30 자본이동이 완전한 소규모 개방경제의 먼델-플레밍(Mundell-Fleming)모형에서 변동환율제도인 경우, 긴축 통화정책을 시행할 때 나타나는 경제적 효과를 모두 고른 것은? (단, 물가수준은 고정이다)

ㄱ. 소득 감소 ㄴ. 경상수지 개선 ㄷ. 자국 통화가치 절하 ㄹ. 해외자본 유입

① ㄱ, ㄴ
② ㄱ, ㄷ
③ ㄱ, ㄹ
④ ㄴ, ㄷ
⑤ ㄷ, ㄹ

31 인구 증가와 기술진보가 없는 솔로우(Solow) 경제성장모형에서 1인당 생산함수는 $y = 5k^{0.4}$, 자본의 감가상각률은 0.2일 때, 황금률(Golden rule)을 달성하게 하는 저축률은? (단, y는 1인당 생산량, k는 1인당 자본량이다)

① 0.1
② 0.2
③ 0.25
④ 0.4
⑤ 0.8

32 경기변동이론에 관한 설명으로 옳은 것은?

① 신케인즈 학파(new Keynesian)는 완전경쟁적 시장구조를 가정한다.
② 신케인즈 학파는 총수요 외부효과(aggregate-demand externality)를 통해 가격경직성을 설명한다.
③ 신케인즈 학파는 총공급 충격이 경기변동의 근본 원인이라고 주장한다.
④ 실물경기변동이론은 실질임금의 경직성을 가정한다.
⑤ 실물경기변동이론에 따르면 불경기에는 비용 최소화가 달성되지 않는다.

33 경제성장모형인 Y = AK 모형에서 A는 0.5이고 저축률은 s, 감가상각률은 δ일 때 이에 관한 설명으로 옳은 것은? (단, Y는 생산량, K는 자본량, $0 < s < 1$, $0 < \delta < 1$이다)

① 자본의 한계생산은 체감한다.
② $\delta = 0.1$이고 $s = 0.4$이면 경제는 지속적으로 성장한다.
③ 감가상각률이 자본의 한계생산과 동일하면 경제는 지속적으로 성장한다.
④ $\delta = s$이면 경제는 균제상태(steady-tate)이다.
⑤ 자본의 한계생산이 자본의 평균생산보다 크다.

34 소비이론에 관한 설명으로 옳은 것은?

① 항상소득가설(permanent income hypothesis)에 따르면, 현재소득이 일시적으로 항상소득보다 작게 되면 평균소비성향은 일시적으로 증가한다.

② 생애주기가설(life−cycle hypothesis)은 소비자가 저축은 할 수 있으나 차입에는 제약(borrowing constraints)이 있다고 가정한다.

③ 케인즈 소비함수는 이자율에 대한 소비의 기간별 대체효과를 반영하고 있다.

④ 소비에 대한 임의보행(random walk)가설은 소비자가 근시안적(myopic)으로 소비를 결정한다고 가정한다.

⑤ 항상소득가설은 소비자가 차입제약에 직면한다고 가정한다.

35 토빈 q(Tobin's q)에 관한 설명으로 옳지 <u>않은</u> 것은?

① 법인세가 감소되면 토빈 q는 증가한다.

② q < 1이면, 자본 스톡(capital stock)이 증가한다.

③ 자본의 한계생산물이 증가하면 토빈 q는 증가한다.

④ 자본재의 실질가격이 하락하면 토빈 q는 증가한다.

⑤ 설치된 자본의 시장가치가 하락하면 토빈 q는 감소한다.

36 아래의 폐쇄경제 IS−LM 모형에서 도출된 총수요곡선으로 옳은 것은? (단, r은 이자율, Y는 국민소득, M^d는 명목화폐수요량, P는 물가수준, M^S는 명목화폐공급량이고, Y>20이다)

- IS곡선 : $r = 10 - 0.4Y$
- 실질화폐수요함수 : $\dfrac{M^d}{P} = 0.1Y - r$
- 명목화폐공급함수 : $M^S = 4$

① $P = \dfrac{1}{2(Y-20)}$　　　　② $P = \dfrac{1}{(Y-20)}$

③ $P = \dfrac{2}{(Y-20)}$　　　　④ $P = \dfrac{4}{(Y-20)}$

⑤ $P = \dfrac{8}{(Y-20)}$

37 경제활동인구가 6,000만 명으로 불변인 A국에서 매기 취업자 중 직업을 잃는 비율인 실직률이 0.05이고, 매기 실업자 중 새로이 직업을 얻는 비율인 구직률이 0.2이다. 균제상태(steady-state)에서의 실업자의 수는?

① 500만 명
② 800만 명
③ 900만 명
④ 1,000만 명
⑤ 1,200만 명

38 (   )에 들어갈 내용으로 옳은 것은? (단, 전염병이 발생하기 전의 경제는 균형상태이고, 총공급곡선은 우상향하고 총수요곡선은 우하향한다)

> 폐쇄경제 AD-AS 모형에서 전염병의 발생으로 인하여 총수요와 총공급이 모두 감소할 때, 균형국민소득은 (ㄱ)하고 균형물가수준은 (ㄴ)해(한)다.

① ㄱ : 감소, ㄴ : 감소
② ㄱ : 불확실, ㄴ : 불변
③ ㄱ : 감소, ㄴ : 증가
④ ㄱ : 불변, ㄴ : 불변
⑤ ㄱ : 감소, ㄴ : 불확실

39 갑국의 생산함수는 $Y = AL^{0.6}K^{0.4}$이다. 총요소생산성 증가율은 5%이고, 노동량과 자본량 증가율은 각각 −2%와 5%일 경우, 성장회계에 따른 노동량 1단위당 생산량 증가율은? (단, Y는 총생산량, A는 총요소생산성, L은 노동량, K는 자본량이다)

① 5%
② 5.5%
③ 6.2%
④ 7.2%
⑤ 7.8%

아래의 IS−LM 모형에서 균형민간저축(private saving)은? (단, C는 소비, Y는 국민소득, T는 조세, I 는 투자, r은 이자율, G는 정부지출, M^S는 명목화폐공급량, P는 물가수준, M^d는 명목화폐수요량이다)

• C=8+0.8(Y−T)	• I=14−2r	• G=2
• T=5	• M^S=10	• P=1
• M^d=Y−10r		

① 2

② 4

③ 5

④ 8

⑤ 10

제3과목 | 부동산학원론

01 토지에 관한 설명으로 옳지 <u>않은</u> 것은?

① 공간으로서 토지는 지표, 지하, 공중을 포괄하는 3차원 공간을 의미한다.
② 자연으로서 토지는 인간의 노력에 의해 그 특성을 바꿀 수 없다.
③ 소비재로서 토지는 그 가치가 시장가치와 괴리되는 경우가 있다.
④ 생산요소로서 토지는 그 가치가 토지의 생산성에 영향을 받는다.
⑤ 재산으로서 토지는 사용 · 수익 · 처분의 대상이 된다.

02 부동산활동에 관련된 설명으로 옳은 것을 모두 고른 것은?

> ㄱ. 공유지(共有地)란 1필지의 토지를 2인 이상이 공동으로 소유한 토지로, 지분비율 또는 지분의 위치에 따라 감정평가한다.
> ㄴ. 일단지란 용도상 불가분의 관계에 있고 지가형성요인이 같은 2필지 이상의 토지로, 필지별로 감정평가한다.
> ㄷ. 선하지란 고압선 아래의 토지로, 고압선 등 통과부분의 면적 등 제한의 정도를 고려하여 감정평가한다.
> ㄹ. 맹지란 도로와 접한 면이 없는 토지로, 도로로 사용하기 위한 지역권이 설정되어 있는 경우 도로가 있는 것으로 보고 감정평가한다.
> ㅁ. 환지란 도시개발사업에서 사업 전 토지의 위치 등을 고려하여 소유자에게 재분배하는 사업 후의 토지로, 환지처분 이전에 환지예정지로 지정된 경우에는 종전 토지의 위치 등을 기준으로 감정평가한다.

① ㄱ, ㄴ, ㄷ
② ㄱ, ㄷ, ㄹ
③ ㄱ, ㄷ, ㅁ
④ ㄴ, ㄷ, ㄹ
⑤ ㄴ, ㄹ, ㅁ

03 토지의 특성에 관한 설명이다. ( )에 들어갈 내용으로 옳게 연결된 것은?

- (ㄱ)은 토지에 대한 소유욕을 증대시키며 토지이용을 집약화시킨다.
- (ㄴ)은 임장활동과 지역분석의 근거가 된다.
- (ㄷ)은 토지간의 비교를 어렵게 하며 완전한 대체를 제약시킨다.

① ㄱ : 개별성, ㄴ : 부동성, ㄷ : 영속성
② ㄱ : 영속성, ㄴ : 부동성, ㄷ : 용도의 다양성
③ ㄱ : 영속성, ㄴ : 인접성, ㄷ : 용도의 다양성
④ ㄱ : 부증성, ㄴ : 인접성, ㄷ : 부동성
⑤ ㄱ : 부증성, ㄴ : 부동성, ㄷ : 개별성

04 부동산의 특성에 관한 설명으로 옳은 것의 개수는?

- 용도의 다양성은 최유효이용을 선택할 수 있는 근거가 된다.
- 인접성은 외부효과의 원인이 된다.
- 분할·합병의 가능성은 부동산의 가치를 변화시킨다.
- 부동성은 인근지역과 유사지역의 분류를 가능하게 한다.
- 영속성은 부동산활동을 장기적으로 고려하게 한다.

① 1
② 2
③ 3
④ 4
⑤ 5

05 디파스퀠리-위튼 (DiPasquale & Wheaton)의 사분면 모형에 관한 설명으로 옳지 <u>않은</u> 것은? (단, 주어진 조건에 한함)

① 장기균형에서 4개의 내생변수, 즉 공간재고, 임대료, 자본환원율, 건물의 신규공급량이 결정된다.
② 신축을 통한 건물의 신규공급량은 부동산 자산가격, 생산요소가격 등에 의해 영향을 받는다.
③ 자본환원율은 요구수익률을 의미하며 시장이자율 등에 의해 영향을 받는다.
④ 최초 공간재고가 공간서비스에 대한 수요량과 일치할 때 균형임대료가 결정된다.
⑤ 건물의 신규공급량과 기존 재고의 소멸에 의한 재고량 감소분이 일치할 때 장기균형에 도달한다.

06 A지역 전원주택시장의 시장수요함수가 $Q_D = 2,600 - 2P$이고, 시장공급함수가 $3Q_S = 600 + 4P$일 때, 균형에서 수요의 가격탄력성과 공급의 가격탄력성의 합은? (단, Q_D : 수요량, Q_S : 공급량, P : 가격이고, 가격탄력성은 점탄력성을 말하며, 다른 조건은 동일함)

① $\dfrac{58}{72}$ ② $\dfrac{87}{72}$

③ $\dfrac{36}{29}$ ④ $\dfrac{145}{72}$

⑤ $\dfrac{60}{29}$

07 부동산시장에 대한 정부의 간접개입방식으로 옳게 묶인 것은?

① 임대료상한제, 부동산보유세, 담보대출규제
② 담보대출규제, 토지거래허가제, 부동산거래세
③ 개발부담금제, 부동산거래세, 부동산가격공시제도
④ 지역지구제, 토지거래허가제, 부동산가격공시제도
⑤ 부동산보유세, 개발부담금제, 지역지구제

08 산업입지이론에 관한 설명으로 옳지 <u>않은</u> 것은?

① 베버(A. Weber)는 운송비의 관점에서 특정 공장이 원료지향적인지 또는 시장지향적인지 판단하기 위해 원료지수(material index)를 사용하였다.
② 베버(A. Weber)의 최소비용이론에서는 노동비, 운송비, 집적이익 가운데 운송비를 최적입지 결정에 가장 우선적으로 검토한다.
③ 뢰쉬(A. Lösch)의 최대수요이론에서는 입지분석에 있어 대상지역 내 원자재가 불균등하게 존재한다는 전제하에, 수요가 최대가 되는 지점이 최적입지라고 본다.
④ 아이사드(W. Isard)는 여러 입지 가운데 하나의 입지를 선정할 때 각 후보지역이 가지고 있는 비용 최소 요인을 대체함으로써 최적입지가 달라질 수 있다는 대체원리(substitution principle)를 입지이론에 적용하였다.
⑤ 스미스(D. Smith)의 비용수요통합이론에서는 이윤을 창출할 수 있는 공간한계 내에서는 어디든지 입지할 수 있다는 준최적입지(suboptimal location) 개념을 강조한다.

09 부동산시장의 효율성에 관한 내용으로 옳은 것은?

① 특정 투자자가 얻는 초과이윤이 이를 발생시키는데 소요되는 정보비용보다 크면 배분 효율적 시장이 아니다.

② 약성 효율적 시장은 정보가 완전하고 모든 정보가 공개되어 있으며 정보비용이 없다는 완전경쟁시장의 조건을 만족한다.

③ 부동산시장은 주식시장이나 일반적인 재화시장보다 더 불완전경쟁적이므로 배분 효율성을 달성할 수 없다.

④ 강성 효율적 시장에서는 정보를 이용하여 초과이윤을 얻을 수 있다.

⑤ 약성 효율적 시장의 개념은 준강성 효율적 시장의 성격을 모두 포함하고 있다.

10 주거분리와 여과과정에 관한 설명으로 옳은 것은?

① 여과과정이 원활하게 작동하면 신규주택에 대한 정부지원으로 모든 소득계층이 이득을 볼 수 있다.

② 하향여과는 고소득층 주거지역에서 주택의 개량을 통한 가치상승분이 주택개량비용보다 큰 경우에 발생한다.

③ 다른 조건이 동일할 경우 고가주택에 가까이 위치한 저가주택에는 부(−)의 외부효과가 발생한다.

④ 민간주택시장에서 불량주택이 발생하는 것은 시장실패를 의미한다.

⑤ 주거분리현상은 도시지역에서만 발생하고, 도시와 지리적으로 인접한 근린지역에서는 발생하지 않는다.

11 분양가상한제로 인해 발생할 수 있는 문제점과 그 보완책을 연결한 것으로 옳지 <u>않은</u> 것은?

① 분양주택의 질 하락 – 분양가상한제의 기본 건축비 현실화

② 분양주택 배분 문제 – 주택청약제도를 통한 분양

③ 분양프리미엄 유발 – 분양주택의 전매제한 완화

④ 신규주택 공급량 감소 – 공공의 저렴한 택지 공급

⑤ 신규주택 공급량 감소 – 신규주택건설에 대한 금융지원

12 정부의 주택시장 개입에 관한 설명으로 옳지 <u>않은</u> 것은?

① 주택은 긍정적인 외부효과를 창출하므로 생산과 소비를 장려해야 할 가치재(merit goods)이다.

② 저소득층에 대한 임대주택 공급은 소득의 직접분배효과가 있다.

③ 주택구입능력을 제고하기 위한 정책은 소득계층에 따라 달라진다.

④ 자가주택 보유를 촉진하는 정책은 중산층 형성과 사회안정에 기여한다.

⑤ 주거안정은 노동생산성과 지역사회에 대한 주민참여를 제고하는 효과가 있다.

13 A투자안의 현금흐름이다. 추가투자가 없었을 때의 NPV(ㄱ)와 추가투자로 인한 NPV증감(ㄴ)은? (단, 0기 기준이며, 주어진 자료에 한함)

구분	0기	1기	2기	3기
초기투자	(1억 원)			
NOI		4천만 원	3천만 원	
추가투자			(5천만 원)	
추가투자에 따른 NOI증감			+3천만 원	+4천만 원
현가계수		0.952	0.906	0.862

① ㄱ : −260,000원, ㄴ : +16,360,000원

② ㄱ : −260,000원, ㄴ : +17,240,000원

③ ㄱ : −260,000원, ㄴ : +18,120,000원

④ ㄱ : +260,000원, ㄴ : +16,360,000원

⑤ ㄱ : +260,000원, ㄴ : +17,240,000원

14 부동산투자회사법상 부동산투자회사에 관한 설명으로 옳은 것은?

① 최저자본금준비기간이 지난 위탁관리 부동산투자회사의 자본금은 70억 원 이상이 되어야 한다.

② 자기관리 부동산투자회사의 설립자본금은 3억 원 이상으로 한다.

③ 자기관리 부동산투자회사에 자산운용 전문인력으로 상근하는 감정평가사는 해당 분야에 3년 이상 종사한 사람이어야 한다.

④ 최저자본금준비기간이 끝난 후에는 매 분기 말 현재 총자산의 100분의 80 이상이 부동산(건축 중인 건축물 포함)이어야 한다.

⑤ 위탁관리 부동산투자회사는 해당 연도 이익을 초과하여 배당할 수 있다.

15 부동산투자이론에 관한 설명으로 옳지 <u>않은</u> 것은?

① 변동계수는 수익률을 올리기 위해 감수하는 위험의 비율로 표준편차를 기대수익률로 나눈 값이다.

② 포트폴리오를 구성하면 비체계적 위험을 회피할 수 있다.

③ 위험기피형 투자자는 위험부담에 대한 보상심리로 위험할증률을 요구수익률에 반영한다.

④ 두 개별자산으로 구성된 포트폴리오에서 자산간 상관계수가 양수인 경우에 음수인 경우보다 포트폴리오 위험절감효과가 높다.

⑤ 투자안의 기대수익률이 요구수익률보다 높으면 해당 투자안의 수요증가로 기대수익률이 낮아져 요구수익률에 수렴한다.

16 부동산 투자분석기법에 관한 설명으로 옳은 것은?

① 투자규모가 상이한 투자안에서 수익성지수(PI)가 큰 투자안이 순현재가치(NPV)도 크다.

② 서로 다른 투자안 A, B를 결합한 새로운 투자안의 내부수익률(IRR)은 A의 내부수익률과 B의 내부수익률을 합한 값이다.

③ 순현재가치법과 수익성지수법에서는 화폐의 시간가치를 고려하지 않는다.

④ 투자안마다 단일의 내부수익률만 대응된다.

⑤ 수익성지수가 1보다 크면 순현재가치는 0보다 크다.

17 대출상환방식에 관한 설명으로 옳지 <u>않은</u> 것은? (단, 주어진 조건에 한함)

① 원금균등분할상환방식은 만기에 가까워질수록 차입자의 원리금상환액이 감소한다.

② 원리금균등분할상환방식은 만기에 가까워질수록 원리금상환액 중 원금의 비율이 높아진다.

③ 대출조건이 동일하다면 대출기간동안 차입자의 총원리금상환액은 원금균등분할상환방식이 원리금균등분할상환방식보다 크다.

④ 차입자의 소득에 변동이 없는 경우 원금균등상환방식의 총부채상환비율(DTI)은 만기에 가까워질수록 낮아진다.

⑤ 차입자의 소득에 변동이 없는 경우 원리금균등분할상환방식의 총부채상환비율은 대출기간동안 일정하게 유지된다.

18 A는 다음과 같은 조건을 가지는 원리금균등분할상환방식의 주택저당대출을 받았다. 5년 뒤 대출잔액은 얼마인가? (단, 주어진 자료에 한함)

- 대출액 : 47,400만 원
- 대출만기 : 15년
- 대출금리 : 연 6%, 고정금리
- 원리금은 매월 말 상환
- 연금현가계수(0.5%, 60) : 51.73
- 연금현가계수(0.5%, 120) : 90.07
- 연금현가계수(0.5%, 180) : 118.50

① 20,692만 원
② 25,804만 원
③ 30,916만 원
④ 36,028만 원
⑤ 41,140만 원

19 이자율과 할인율이 연 6%로 일정할 때, A, B, C를 크기 순서로 나열한 것은? (단, 주어진 자료에 한하며, 모든 현금흐름은 연말에 발생함)

- A : 2차년도부터 6차년도까지 매년 250만 원씩 받는 연금의 현재가치
- B : 2차년도부터 6차년도까지 매년 200만 원씩 받는 연금의 6차년도의 미래가치
- C : 1차년도에 40만 원을 받고 매년 전년대비 2%씩 수령액이 증가하는 성장형 영구연금의 현재가치
- 연금현가계수 (6%, 5) : 4.212
- 연금현가계수 (6%, 6) : 4.917
- 연금내가계수 (6%, 5) : 5.637
- 연금내가계수 (6%, 6) : 6.975

① A > B > C
② A > C > B
③ B > A > C
④ B > C > A
⑤ C > B > A

20 부동산증권에 관한 설명으로 옳지 <u>않은</u> 것은?

① 한국주택금융공사는 유동화증권의 발행을 통해 자본시장에서 정책모기지 재원을 조달할 수 있다.

② 금융기관은 주택저당증권(MBS)을 통해 유동성 위험을 감소시킬 수 있다.

③ 저당담보부채권(MBB)의 투자자는 채무불이행위험을 부담한다.

④ 저당이체증권(MPTS)은 지분형 증권이며 유동화기관의 부채로 표기되지 않는다.

⑤ 지불이체채권(MPTB)의 투자자는 조기상환위험을 부담한다.

21 부동산금융에 관한 설명으로 옳지 <u>않은</u> 것은? (단, 주어진 조건에 한함)

① 대출채권의 듀레이션(평균 회수기간)은 만기일시상환대출이 원리금균등분할상환대출보다 길다.

② 대출수수료와 조기상환수수료를 부담하는 경우 차입자의 실효이자율은 조기상환시점이 앞당겨질수록 상승한다.

③ 금리하락기에 변동금리대출은 고정금리대출에 비해 대출자의 조기상환위험이 낮다.

④ 금리상승기에 변동금리대출의 금리조정주기가 짧을수록 대출자의 금리위험은 낮아진다.

⑤ 총부채원리금상환비율(DSR)과 담보인정비율(LTV)은 소득기준으로 채무불이행위험을 측정하는 지표이다.

22 A는 향후 30년간 매월 말 30만 원의 연금을 받을 예정이다. 시중 금리가 연 6%일 때, 이 연금의 현재가치를 구하는 식으로 옳은 것은? (단, 주어진 조건에 한함)

① $30만\ 원 \times \left(1 + \dfrac{0.06}{12}\right)^{30 \times 12}$

② $30만\ 원 \times \left[\dfrac{(1+0.06)^{30} - 1}{0.06}\right]$

③ $30만\ 원 \times \left[\dfrac{1 - (1+0.06)^{-30}}{0.06}\right]$

④ $30만\ 원 \times \left[\dfrac{1 - \left(1 + \dfrac{0.06}{12}\right)^{-30 \times 12}}{\dfrac{0.06}{12}}\right]$

⑤ $30만\ 원 \times \left[\dfrac{\left(1 + \dfrac{0.06}{12}\right)^{30 \times 12} - 1}{\dfrac{0.06}{12}}\right]$

23 부동산관리와 생애주기에 관한 설명으로 옳지 <u>않은</u> 것은?

① 자산관리(Asset Management)란 소유자의 부를 극대화시키기 위하여 대상부동산을 포트폴리오 관점에서 관리하는 것을 말한다.

② 시설관리(Facility Management)란 각종 부동산시설을 운영하고 유지하는 것으로 시설 사용자나 건물주의 요구에 단순히 부응하는 정도의 소극적이고 기술적인 측면의 관리를 말한다.

③ 생애주기상 노후단계는 물리적 · 기능적 상태가 급격히 악화되기 시작하는 단계로 리모델링을 통하여 가치를 올릴 수 있다.

④ 재산관리(Property Management)란 부동산의 운영수익을 극대화하고 자산가치를 증진시키기 위한 임대차관리 등의 일상적인 건물운영 및 관리뿐만 아니라 부동산 투자의 위험관리와 프로젝트 파이낸싱 등의 업무를 하는 것을 말한다.

⑤ 건물의 이용에 의한 마멸, 파손, 노후화, 우발적 사고 등으로 사용이 불가능할 때까지의 기간을 물리적 내용연수라고 한다.

24 건물의 관리방식에 관한 설명으로 옳은 것은?

① 위탁관리방식은 부동산관리 전문업체에 위탁해 관리하는 방식으로 대형건물의 관리에 유용하다.

② 혼합관리방식은 필요한 부분만 일부 위탁하는 방식으로 관리자들간의 협조가 긴밀하게 이루어진다.

③ 자기관리방식은 관리업무의 타성(惰性)을 방지할 수 있다.

④ 위탁관리방식은 외부 전문가가 관리하므로 기밀 및 보안 유지에 유리하다.

⑤ 혼합관리방식은 관리문제 발생시 책임소재가 명확하다.

25 부동산개발에 관한 설명으로 옳은 것을 모두 고른 것은?

> ㄱ. 부동산개발업의 관리 및 육성에 관한 법률상 부동산개발은 토지를 건설공사의 수행 또는 형질변경의 방법으로 조성하는 행위 및 건축물을 건축, 대수선, 리모델링 또는 용도를 변경하거나 공작물을 설치하는 행위를 말하며, 시공을 담당하는 행위는 제외한다.
>
> ㄴ. 혼합방식은 개발전의 면적 · 등급 · 지목 등을 고려하여, 개발된 토지를 토지 소유주에게 종전의 토지위치에 재분배하는 것을 말한다.
>
> ㄷ. 흡수율분석은 수요 · 공급분석을 통하여 대상부동산이 언제 얼마만큼 시장에서 매각 또는 임대될 수 있는지를 파악하는 것이다.
>
> ㄹ. 개발권양도제(TDR)는 일정하게 주어진 개발허용한도 내에서 해당 지역의 토지이용규제로 인해 사용하지 못하는 부분을 다른 지역에 양도할 수 있는 것이다.

① ㄱ, ㄷ
② ㄷ, ㄹ
③ ㄱ, ㄴ, ㄹ
④ ㄱ, ㄷ, ㄹ
⑤ ㄴ, ㄷ, ㄹ

26 부동산마케팅에 관한 설명으로 옳지 <u>않은</u> 것은?

① STP란 시장세분화(Segmentation), 표적시장(Target market), 포지셔닝(Positioning)을 말한다.
② 마케팅믹스 전략에서의 4P는 유통경로(Place), 제품(Product), 가격(Price), 판매촉진(Promotion)을 말한다.
③ 노벨티(novelty) 광고는 개인 또는 가정에서 이용되는 실용적이며 장식적인 물건에 상호 · 전화번호 등을 표시하는 것으로 분양광고에 주로 활용된다.
④ 관계마케팅 전략은 공급자와 소비자 간의 장기적 · 지속적인 상호작용을 중요시하는 전략을 말한다.
⑤ AIDA 원리에 따르면 소비자의 구매의사결정은 행동(Action), 관심(Interest), 욕망(Desire), 주의(Attention)의 단계를 순차적으로 거친다.

27 부동산개발의 타당성분석 유형을 설명한 것이다. ( )에 들어갈 내용으로 옳게 연결된 것은?

- (ㄱ)은 부동산이 현재나 미래의 시장상황에서 매매 또는 임대될 수 있는 가능성을 분석하는 것이다.
- (ㄴ)은 개발업자가 대상부동산에 대해 수립한 사업안들 중에서 최유효이용을 달성할 수 있는 방식을 판단할 수 있도록 자료를 제공해 주는 것이다.
- (ㄷ)은 주요 변수들의 초기 투입값을 변화시켜 적용함으로써 낙관적 또는 비관적인 상황에서 발생할 수 있는 수익성 및 부채상환능력 등을 예측하는 것이다.

---

① ㄱ : 시장성분석, ㄴ : 민감도분석, ㄷ : 투자분석
② ㄱ : 민감도분석, ㄴ : 투자분석, ㄷ : 시장성분석
③ ㄱ : 투자분석, ㄴ : 시장성분석, ㄷ : 민감도분석
④ ㄱ : 시장성분석, ㄴ : 투자분석, ㄷ : 민감도분석
⑤ ㄱ : 민감도분석, ㄴ : 시장성분석, ㄷ : 투자분석

28 에스크로우(Escrow)에 관한 설명으로 옳지 <u>않은</u> 것은?

① 부동산매매 및 교환 등에 적용된다.
② 권리관계조사, 물건확인 등의 업무를 포함한다.
③ 매수자, 매도자, 저당대출기관 등의 권익을 보호한다.
④ 은행이나 신탁회사는 해당 업무를 취급할 수 없다.
⑤ 에스크로우 업체는 계약조건이 이행될 때까지 금전·문서·권원증서 등을 점유한다.

29 부동산 중개계약에 관한 설명으로 옳지 <u>않은</u> 것은?

① 순가중개계약에서는 매도자가 개업공인중개사에게 제시한 가격을 초과해 거래가 이루어진 경우 그 초과액을 매도자와 개업공인중개사가 나누어 갖는다.
② 일반중개계약에서는 의뢰인이 다수의 개업공인중개사에게 동등한 기회로 거래를 의뢰한다.
③ 공인중개사법령상 당사자간에 다른 약정이 없는 경우 전속중개계약의 유효기간은 3월로 한다.
④ 공동중개계약에서는 부동산거래정보망 등을 통하여 다수의 개업공인중개사가 상호 협동하여 공동으로 거래를 촉진한다.
⑤ 독점중개계약에서는 의뢰인이 직접 거래를 성사시킨 경우에도 중개보수 청구권이 발생한다.

30 공인중개사법령상 개업공인중개사가 주택을 중개하는 경우 확인·설명해야 할 사항으로 옳은 것의 개수는? 〈변형〉

> ㄱ. 일조·소음·진동 등 환경조건
> ㄴ. 소유권·전세권·임차권 등 권리관계
> ㄷ. 주택공시가격·중개보수 및 실비의 금액
> ㄹ. 권리를 취득함에 따라 부담하여야 할 조세의 종류 및 세율
> ㅁ. 토지이용계획, 공법상의 거래규제 및 이용제한에 관한 사항

① 1   ② 2
③ 3   ④ 4
⑤ 5

31 A지역 주택시장의 시장수요함수는 $Q_D = -2P + 2,400$이고 시장공급함수는 $Q_S = 3P + 1,200$이다. 정부가 부동산거래세를 공급측면에 단위당 세액 20만 원의 종량세 형태로 부과하는 경우에 A지역 주택시장의 경제적 순손실은? (단, Q_D : 수요량, Q_S : 공급량, P : 가격, 단위는 만 호, 만 원이며, 다른 조건은 동일함)

① 60억 원
② 120억 원
③ 240억 원
④ 360억 원
⑤ 480억 원

32 다음 설명에 모두 해당하는 부동산조세는?

> • 시·군·구세, 특별자치시(도)세
> • 과세대상에 따라 누진세율 또는 단일세율 적용
> • 보통징수 방식

① 종합부동산세
② 양도소득세
③ 취득세
④ 등록면허세
⑤ 재산세

33 부동산 권리분석에 관한 설명으로 옳지 <u>않은</u> 것은?

① 권리분석의 원칙에는 능률성, 안전성, 탐문주의, 증거주의 등이 있다.

② 건물의 소재지, 구조, 용도 등의 사실관계는 건축물대장으로 확인·판단한다.

③ 임장활동 이전 단계 활동으로 여러 가지 물적 증거를 수집하고 탁상으로 검토하여 1차적으로 하자의 유무를 발견하는 작업을 권리보증이라고 한다.

④ 부동산의 상태 또는 사실관계, 등기능력이 없는 권리 및 등기를 요하지 않는 권리관계 등 자세한 내용까지 분석의 대상으로 하는 것이 최광의의 권리분석이다.

⑤ 매수인이 대상부동산을 매수하기 전에 소유권을 저해하는 조세체납, 계약상 하자 등을 확인하기 위해 공부 등을 조사하는 일도 포함된다.

34 부동산 권리분석 시 등기능력이 <u>없는</u> 것으로 묶인 것은?

① 지역권, 지상권
② 유치권, 점유권
③ 전세권, 법정지상권
④ 가압류, 분묘기지권
⑤ 저당권, 권리질권

35 감정평가에 관한 규칙상 원가방식에 관한 설명으로 옳지 <u>않은</u> 것은?

① 원가법과 적산법은 원가방식에 속한다.

② 적산법에 의한 임대료 평가에서는 대상물건의 재조달원가에 기대이율을 곱하여 산정된 기대수익에 대상물건을 계속하여 임대하는 데에 필요한 경비를 더한다.

③ 원가방식을 적용한 감정평가서에는 부득이한 경우를 제외하고는 재조달원가 산정 및 감가수정 등의 내용이 포함되어야 한다.

④ 입목 평가 시 소경목림(小徑木林)인 경우에는 원가법을 적용할 수 있다.

⑤ 선박 평가 시 본래 용도의 효용가치가 있으면 선체·기관·의장(艤裝)별로 구분한 후 각각 원가법을 적용해야 한다.

36 할인현금흐름분석법에 의한 수익가액은? (단, 주어진 자료에 한함, 모든 현금흐름은 연말에 발생함)

- 보유기간 5년의 순영업소득 : 매년 9천만 원
- 6기 순영업소득 : 1억 원
- 매도비용 : 재매도가치의 5%
- 기입환원율 : 4%, 기출환원율 : 5%, 할인율 : 연 5%
- 연금현가계수 (5%, 5년) : 4.329
- 일시불현가계수 (5%, 5년) : 0.783

① 1,655,410,000원

② 1,877,310,000원

③ 2,249,235,000원

④ 2,350,000,000원

⑤ 2,825,000,000원

37 수익환원법에 관한 설명으로 옳지 않은 것은?

① 운영경비에 감가상각비를 포함시킨 경우 상각전환원율을 적용한다.
② 직접환원법에서 사용할 환원율은 시장추출법으로 구하는 것을 원칙으로 한다.
③ 재매도가치를 내부추계로 구할 때 보유기간 경과 후 초년도 순수익을 반영한다.
④ 할인 또는 환원할 순수익을 구할 때 자본적지출은 비용으로 고려하지 않는다.
⑤ 요소구성법으로 환원율을 결정할 때 위험요소를 적극적으로 반영하면 환원율은 커진다.

38 감정평가사 A는 B토지의 감정평가를 의뢰받고 인근지역 나지 거래사례인 C토지를 활용해 2억 원으로 평가했다. A가 C토지 거래금액에 대해 판단한 사항은? (단, 주어진 자료에 한함)

- B, C토지의 소재지, 용도지역 : D구, 제2종일반주거지역
- 면적 : B토지 200m², C토지 150m²
- 거래금액 : 1.5억 원(거래시점 일괄지급)
- D구 주거지역 지가변동률(거래시점 ~ 기준시점) : 10% 상승
- 개별요인 : B토지 가로조건 10% 우세, 그 외 조건 대등

① 정상   ② 10% 고가

③ 20% 고가   ④ 21% 고가

⑤ 31% 고가

39 감정평가에 관한 규칙에서 규정하고 있는 내용으로 옳지 <u>않은</u> 것은?

① 기업가치의 주된 평가방법은 수익환원법이다.

② 적정한 실거래가는 감정평가의 기준으로 적용하기에 적정하다고 판단되는 거래가격으로서, 거래시점이 도시지역은 5년 이내, 그 밖의 지역은 3년 이내인 거래가격을 말한다.

③ 시산가액 조정 시, 공시지가기준법과 그 밖의 비교방식에 속한 감정평가방법은 서로 다른 감정평가방식에 속한 것으로 본다.

④ 필요한 경우 관련 전문가에 대한 자문 등을 거쳐 감정평가할 수 있다.

⑤ 항공기의 주된 평가방법은 원가법이며, 본래 용도의 효용가치가 없는 물건은 해체처분가액으로 감정평가할 수 있다.

40 수익환원법(직접환원법)에 의한 대상부동산의 가액이 8억 원일 때, 건물의 연간 감가율(회수율)은? (단, 주어진 자료에 한함)

• 가능총수익 : 월 6백만 원
• 공실 및 대손 : 연 1천 2백만 원
• 운영경비(감가상각비 제외) : 유효총수익의 20%
• 토지, 건물 가격구성비 : 각각 50%
• 토지환원율, 건물상각후환원율 : 각각 연 5%

① 1%

② 2%

③ 3%

④ 4%

⑤ 5%

제4과목 | 감정평가관계법규

01 국토의 계획 및 이용에 관한 법령상 국토교통부장관이 도시·군관리계획의 수립기준을 정할 때 고려하여야 하는 사항이 <u>아닌</u> 것은?

① 공간구조는 생활권단위로 적정하게 구분하고 생활권별로 생활·편익시설이 고루 갖추어지도록 할 것
② 녹지축·생태계·산림·경관 등 양호한 자연환경과 우량농지, 문화재 및 역사문화환경 등을 고려하여 토지이용계획을 수립하도록 할 것
③ 수도권 안의 인구집중유발시설이 수도권 외의 지역으로 이전하는 경우 종전의 대지에 대하여는 그 시설의 지방이전이 촉진될 수 있도록 토지이용계획을 수립하도록 할 것
④ 도시의 개발 또는 기반시설의 설치 등이 환경에 미치는 영향을 미리 검토하는 등 계획과 환경의 유기적 연관성을 높여 건전하고 지속가능한 도시발전을 도모하도록 할 것
⑤ 광역계획권의 미래상과 이를 실현할 수 있는 체계화된 전략을 제시하고 국토종합계획 등과 서로 연계되도록 할 것

02 국토의 계획 및 이용에 관한 법령상 개발행위에 따른 공공시설 등의 귀속에 관한 설명으로 옳지 <u>않은</u> 것은?

① 개발행위허가를 받은 자가 행정청인 경우 개발행위허가를 받은 자가 새로 공공시설을 설치한 경우 새로 설치된 공공시설은 그 시설을 관리할 관리청에 무상으로 귀속된다.
② 개발행위허가를 받은 자가 행정청인 경우 개발행위허가를 받은 자가 기존의 공공시설에 대체되는 공공시설을 설치한 경우 종래의 공공시설은 개발행위허가를 받은 자에게 무상으로 귀속된다.
③ 개발행위허가를 받은 자가 행정청이 아닌 경우 개발행위허가를 받은 자가 새로 설치한 공공시설은 그 시설을 관리할 관리청에 무상으로 귀속된다.
④ 개발행위허가를 받은 자가 행정청이 아닌 경우 개발행위로 용도가 폐지되는 공공시설은 개발행위허가를 받은 자에게 무상으로 귀속된다.
⑤ 특별시장·광역시장·특별자치시장·특별자치도지사·시장 또는 군수는 공공시설의 귀속에 관한 사항이 포함된 개발행위허가를 하려면 미리 관리청의 의견을 들어야 한다.

03 국토의 계획 및 이용에 관한 법령상 공동구협의회의 심의를 거쳐야 공동구에 수용할 수 있는 시설은?

① 가스관
② 통신선로
③ 열수송관
④ 중수도관
⑤ 쓰레기수송관

04 국토의 계획 및 이용에 관한 법률은 중앙도시계획위원회와 지방도시계획위원회의 심의를 거치지 아니하고 개발행위의 허가를 하는 경우를 규정하고 있다. 이에 해당하는 개발행위를 모두 고른 것은?

ㄱ. 다른 법률에 따라 도시계획위원회의 심의를 받는 구역에서 하는 개발행위
ㄴ. 산림자원의 조성 및 관리에 관한 법률에 따른 산림사업을 위한 개발행위
ㄷ. 사방사업법에 따른 사방사업을 위한 개발행위

① ㄱ
② ㄴ
③ ㄱ, ㄷ
④ ㄴ, ㄷ
⑤ ㄱ, ㄴ, ㄷ

05 국토의 계획 및 이용에 관한 법령상 성장관리계획구역을 지정할 수 있는 지역이 <u>아닌</u> 것은? (단, 조례는 고려하지 않음)

① 개발수요가 많아 무질서한 개발이 진행되고 있거나 진행될 것으로 예상되는 지역
② 기반시설이 부족할 것으로 예상되나 기반시설을 설치하기 곤란한 지역을 대상으로 건폐율이나 용적률을 강화하여 적용하기 위한 지역
③ 「토지이용규제 기본법」 제2조 제1호에 따른 지역·지구 등의 변경으로 토지이용에 대한 행위제한이 완화되는 지역
④ 주변의 토지이용이나 교통여건 변화 등으로 향후 시가화가 예상되는 지역
⑤ 주변지역과 연계하여 체계적인 관리가 필요한 지역

06 국토의 계획 및 이용에 관한 법령상 용도지역 안에서의 용적률 범위에 관한 조문의 일부이다. ( )에 들어갈 내용으로 옳은 것은?

> • 제1종일반주거지역 : (ㄱ)퍼센트 이상 (ㄴ)퍼센트 이하
> • 제2종일반주거지역 : (ㄱ)퍼센트 이상 (ㄷ)퍼센트 이하
> • 제3종일반주거지역 : (ㄱ)퍼센트 이상 (ㄹ)퍼센트 이하

① ㄱ : 50, ㄴ : 100, ㄷ : 150, ㄹ : 200
② ㄱ : 50, ㄴ : 200, ㄷ : 250, ㄹ : 300
③ ㄱ : 100, ㄴ : 200, ㄷ : 250, ㄹ : 300
④ ㄱ : 100, ㄴ : 250, ㄷ : 300, ㄹ : 350
⑤ ㄱ : 200, ㄴ : 250, ㄷ : 300, ㄹ : 350

07 국토의 계획 및 이용에 관한 법령상 도시지역, 관리지역, 농림지역 또는 자연환경보전지역으로 용도가 지정되지 아니한 지역에 대하여 건폐율의 최대한도를 정할 때에는 ( )에 관한 규정을 적용한다. ( )에 해당하는 것은?

① 도시지역
② 관리지역
③ 농림지역
④ 자연환경보전지역
⑤ 녹지지역

08 국토의 계획 및 이용에 관한 법령상 도시·군관리계획에 해당하지 <u>않는</u> 것은?

① 시 또는 군의 관할 구역에 대하여 기본적인 공간구조와 장기발전방향을 제시하는 종합계획
② 용도지역·용도지구의 지정에 관한 계획
③ 지구단위계획구역의 지정에 관한 계획
④ 입지규제최소구역의 지정에 관한 계획
⑤ 기반시설의 설치·정비 또는 개량에 관한 계획

09 국토의 계획 및 이용에 관한 법령상 A군수가 민간건설업자 B에 대해 개발행위허가를 할 때, 토석을 운반하는 차량 통행으로 통행로 주변 환경이 오염될 우려가 있어 환경오염 방지의 이행 보증 등에 관한 조치를 명하는 경우이다. 그에 관한 설명으로 옳은 것은?

① B가 예치하는 이행보증금은 총공사비의 30퍼센트 이상이 되도록 해야 한다.

② B가 준공검사를 받은 때에는 A군수는 즉시 이행보증금을 반환하여야 한다.

③ A군수는 이행보증금을 행정대집행의 비용으로 사용할 수 없다.

④ B가 산지에서 개발행위를 하는 경우 이행보증금의 예치금액의 기준이 되는 총공사비에는 「산지관리법」에 따른 복구비는 포함되지 않는다.

⑤ B가 민간건설업자가 아닌 국가인 경우라도 민간건설업자의 경우와 동일한 이행보증이 필요하다.

10 국토의 계획 및 이용에 관한 법령상 도시 · 군계획시설결정의 실효에 관한 조문의 일부이다. (   )에 들어갈 내용으로 옳은 것은?

> 도시 · 군계획시설결정이 고시된 도시 · 군계획시설에 대하여 그 고시일부터 (ㄱ)이 지날 때까지 그 시설의 설치에 관한 도시 · 군계획시설사업이 시행되지 아니하는 경우 그 도시 · 군계획시설결정은 그 고시일부터 (ㄴ)에 그 효력을 잃는다.

① ㄱ : 10년, ㄴ : 10년이 되는 날

② ㄱ : 10년, ㄴ : 10년이 되는 날의 다음날

③ ㄱ : 20년, ㄴ : 20년이 되는 날

④ ㄱ : 20년, ㄴ : 20년이 되는 날의 다음날

⑤ ㄱ : 30년, ㄴ : 30년이 되는 날

11 국토의 계획 및 이용에 관한 법령상 광역도시계획의 수립에 관한 설명으로 옳지 <u>않은</u> 것은?

① 국토교통부장관은 시 · 도지사가 요청하는 경우 관할 시 · 도지사와 공동으로 광역도시계획을 수립할 수 있다.

② 시 · 도지사가 광역도시계획을 수립하는 경우 미리 공청회를 열어 주민과 관계 전문가 등으로부터 의견을 들어야 한다.

③ 국토교통부장관은 관계 행정기관의 장에게 광역도시계획의 수립을 위한 기초조사에 필요한 자료를 제출하도록 요청할 수 있다.

④ 시 · 도지사가 광역도시계획을 수립하는 경우 미리 관계 중앙행정기관과 협의한 후 중앙도시계획위원회의 심의를 거쳐야 한다.

⑤ 시 · 도지사가 광역도시계획의 승인을 받으려는 때에는 광역도시계획안에 기초조사 결과를 포함한 서류를 첨부하여 국토교통부장관에게 제출해야 한다.

12 국토의 계획 및 이용에 관한 법령상 기반시설부담구역에 설치가 필요한 기반시설에 해당하지 <u>않는</u> 것은? (단, 조례는 고려하지 않음)

① 도로(인근의 간선도로로부터 기반시설부담구역까지의 진입도로를 포함)

② 공원

③ 학교(「고등교육법」에 따른 학교를 포함)

④ 수도(인근의 수도로부터 기반시설부담구역까지 연결하는 수도를 포함)

⑤ 하수도(인근의 하수도로부터 기반시설부담구역까지 연결하는 하수도를 포함)

13 국토의 계획 및 이용에 관한 법령상 기반시설 중 공공·문화체육시설에 해당하지 <u>않는</u> 것은?

① 연구시설

② 사회복지시설

③ 공공직업훈련시설

④ 방송·통신시설

⑤ 청소년수련시설

14 감정평가 및 감정평가사에 관한 법령상 감정평가법인 등이 토지를 감정평가하는 경우 해당 토지의 임대료, 조성비용 등을 고려하여 감정평가를 할 수 있는 경우가 <u>아닌</u> 것은?

① 보험회사의 의뢰에 따른 감정평가

② 신탁회사의 의뢰에 따른 감정평가

③ 「자산재평가법」에 따른 감정평가

④ 법원에 계속 중인 소송을 위한 감정평가 중 보상과 관련된 감정평가

⑤ 금융기관의 의뢰에 따른 감정평가

15 감정평가 및 감정평가사에 관한 법령상 감정평가에 관한 설명으로 옳지 <u>않은</u> 것은?

① 금융기관이 대출과 관련하여 토지등의 감정평가를 하려는 경우에는 감정평가법인 등에 의뢰하여야 한다.

② 감정평가법인 등이 해산하거나 폐업하는 경우 시 · 도지사는 감정평가서의 원본을 발급일부터 5년 동안 보관해야 한다.

③ 국토교통부장관은 감정평가서가 발급된 후 해당 감정평가가 법률에서 정하는 절차와 방법 등에 따라 타당하게 이루어졌는지를 직권으로 조사할 수 있다.

④ 최근 3년 이내에 실시한 감정평가 타당성조사 결과 감정평가의 부실이 발생한 분야에 대해서는 우선 추출방식의 표본조사가 실시될 수 있다.

⑤ 감정평가서에 대한 표본조사는 무작위추출방식으로도 할 수 있다.

16 감정평가 및 감정평가사에 관한 법령상 감정평가법인 등에 관한 설명으로 옳지 <u>않은</u> 것은?

① 부정한 방법으로 감정평가사의 자격을 받았다는 사유로 감정평가사 자격이 취소된 후 1년이 경과되지 아니한 사람은 감정평가법인 등의 사무직원이 될 수 없다.

② 감정평가법인은 국토교통부장관의 허가를 받아 토지 등의 매매업을 직접 할 수 있다.

③ 감정평가법인 등이나 그 사무직원은 업무수행에 따른 수수료와 실비 외에는 어떠한 명목으로도 그 업무와 관련된 대가를 받아서는 아니 된다.

④ 감정평가사가 고의 또는 중대한 과실 없이 감정평가서의 적정성을 잘못 심사한 것은 징계사유가 아니다.

⑤ 한국감정평가사협회는 감정평가를 의뢰하려는 자가 해당 감정평가사에 대한 징계 사실을 확인하기 위하여 징계 정보의 열람을 신청하는 경우에는 그 정보를 제공하여야 한다.

17 6월 10일자로 건축법에 따른 대수선이 된 단독주택에 대하여 부동산 가격공시에 관한 법령에 따라 개별주택가격을 결정 · 공시하는 경우 공시기준일은?

① 그 해 1월 1일

② 그 해 6월 1일

③ 그 해 7월 1일

④ 그 해 10월 1일

⑤ 다음 해 1월 1일

18 부동산 가격공시에 관한 법령상 개별공시지가에 관한 설명으로 옳지 <u>않은</u> 것은?

① 표준지로 선정된 토지에 대하여는 개별공시지가를 결정·공시하지 아니할 수 있다.

② 개별토지 가격 산정의 타당성에 대한 감정평가법인 등의 검증을 생략하려는 경우 개발사업이 시행되는 토지는 검증 생략 대상 토지로 선정해서는 안 된다.

③ 개별토지 가격 산정의 타당성 검증을 의뢰할 감정평가법인 등을 선정할 때 선정기준일부터 직전 1년간 과태료처분을 2회 받은 감정평가법인 등은 선정에서 배제된다.

④ 개별공시지가 조사·산정의 기준에는 토지가격비준표의 사용에 관한 사항이 포함되어야 한다.

⑤ 개별공시지가에 이의가 있는 자는 그 결정·공시일부터 30일 이내에 서면으로 시장·군수 또는 구청장에게 이의를 신청할 수 있다.

19 부동산 가격공시에 관한 법령상 표준지공시지가에 관한 설명으로 옳은 것을 모두 고른 것은?

> ㄱ. 표준지공시지가의 공시에는 표준지 및 주변토지의 이용상황이 포함되어야 한다.
> ㄴ. 표준지공시지가는 일반적인 토지거래의 지표가 된다.
> ㄷ. 도시개발사업에서 환지를 위하여 지가를 산정할 때에는 표준지공시지가를 기준으로 하지 아니한다.
> ㄹ. 최근 1년간 시·군·구별 지가변동률이 전국 평균 지가변동률 이하인 지역의 표준지에 대해서는 하나의 감정평가법인 등에 의뢰하여 표준지공시지가를 조사·평가할 수 있다.

① ㄱ, ㄴ

② ㄱ, ㄷ

③ ㄱ, ㄴ, ㄹ

④ ㄴ, ㄷ, ㄹ

⑤ ㄱ, ㄴ, ㄷ, ㄹ

20 국유재산법령상 국유재산에 관한 설명으로 옳은 것은?

① 국가가 직접 사무용·사업용으로 사용하는 재산은 공공용재산이다.

② 총괄청은 일반재산을 보존용재산으로 전환하여 관리할 수 있다.

③ 중앙관서의 장등이 필요하다고 인정하는 경우에는 보존용재산에 사권을 설정할 수 있다.

④ 공용재산은 시효취득의 대상이 될 수 있다.

⑤ 영농을 목적으로 하는 토지와 그 정착물의 대부기간은 20년 이내로 한다.

21 국유재산법령상 행정재산에 관한 설명으로 옳은 것은?

① 중앙관서의 장은 사용허가한 행정재산을 지방자치단체가 직접 공용으로 사용하기 위하여 필요하게 된 경우에도 그 허가를 철회할 수 없다.

② 행정재산의 관리위탁을 받은 자가 그 재산의 일부를 사용·수익하는 경우에는 미리 해당 중앙관서의 장의 승인을 받아야 한다.

③ 경작용으로 실경작자에게 행정재산의 사용허가를 하려는 경우에는 일반경쟁에 부쳐야 한다.

④ 수의의 방법으로 한 사용허가는 허가기간이 끝난 후 갱신할 수 없다.

⑤ 행정재산의 사용허가를 한 날부터 3년 내에는 사용료를 조정할 수 없다.

22 국유재산법령상 일반재산의 처분가격에 관한 설명으로 옳은 것은?

① 증권을 처분할 때에는 시가를 고려하여 예정가격을 결정하여야 한다.

② 공공기관에 일반재산을 처분하는 경우에는 두 개의 감정평가법인 등의 평가액을 산술평균한 금액을 예정가격으로 하여야 한다.

③ 감정평가법인 등의 평가액은 평가일부터 2년까지 적용할 수 있다.

④ 국가가 보존·활용할 필요가 없고 대부·매각이나 교환이 곤란하여 일반재산을 양여하는 경우에는 대장가격을 재산가격으로 한다.

⑤ 일단(一團)의 토지 대장가격이 3천만 원 이하인 국유지를 경쟁입찰의 방법으로 처분하는 경우에는 해당 국유지의 개별공시지가를 예정가격으로 할 수 있다.

23 국유재산법령상 지식재산에 관한 설명으로 옳지 <u>않은</u> 것은?

① 「식물신품종 보호법」에 따른 품종보호권은 지식재산에 해당한다.

② 지식재산을 대부 받은 자는 해당 중앙관서의 장등의 승인을 받아 그 지식재산을 다른 사람에게 사용·수익하게 할 수 있다.

③ 상표권의 사용료를 면제하는 경우 그 면제기간은 5년 이내로 한다.

④ 저작권 등의 사용허가를 받은 자는 해당 지식재산을 관리하는 중앙관서의 장등의 승인을 받아 그 저작물의 개작을 할 수 있다.

⑤ 지식재산의 사용허가 등의 기간을 연장하는 경우 최초의 사용허가 등의 기간과 연장된 사용허가 등의 기간을 합산한 기간은 5년을 초과하지 못한다.

24 건축법상 용어의 정의에 관한 조문의 일부이다. ( )에 들어갈 내용으로 옳은 것은?

> • "지하층"이란 건축물의 바닥이 지표면 아래에 있는 층으로서 바닥에서 지표면까지 평균높이가 해당 층 높이의 (ㄱ)분의 1 이상인 것을 말한다.
> • "고층건축물"이란 층수가 (ㄴ)층 이상이거나 높이가 (ㄷ)미터 이상인 건축물을 말한다.

① ㄱ : 2, ㄴ : 20, ㄷ : 100
② ㄱ : 2, ㄴ : 20, ㄷ : 120
③ ㄱ : 2, ㄴ : 30, ㄷ : 120
④ ㄱ : 3, ㄴ : 20, ㄷ : 100
⑤ ㄱ : 3, ㄴ : 30, ㄷ : 120

25 건축법령상 안전영향평가에 관한 설명으로 옳지 않은 것은?

① 허가권자는 초고층 건축물에 대하여 건축허가를 하기 전에 안전영향평가를 안전영향평가기관에 의뢰하여 실시하여야 한다.
② 안전영향평가는 건축물의 구조, 지반 및 풍환경(風環境) 등이 건축물의 구조안전과 인접 대지의 안전에 미치는 영향 등을 평가하는 것이다.
③ 안전영향평가 결과는 건축위원회의 심의를 거쳐 확정한다.
④ 안전영향평가의 대상에는 하나의 건축물이 연면적 10만 제곱미터 이상이면서 16층 이상인 경우도 포함된다.
⑤ 안전영향평가를 실시하여야 하는 건축물이 다른 법률에 따라 구조안전과 인접 대지의 안전에 미치는 영향 등을 평가 받은 경우에는 안전영향평가의 모든 항목을 평가 받은 것으로 본다.

26 건축법령상 건축물의 용도에 따른 건축허가의 승인에 관한 설명이다. ( )에 해당하는 건축물이 아닌 것은?

> 시장·군수가 자연환경이나 수질을 보호하기 위하여 도지사가 지정·공고한 구역에 건축하는 3층 이상 또는 연면적의 합계가 1천제곱미터 이상인 건축물로서 ( )의 건축을 허가하려면 미리 도지사의 승인을 받아야 한다.

① 공동주택
② 제2종 근린생활시설(일반음식점만 해당한다)
③ 업무시설(일반업무시설은 제외한다)
④ 숙박시설
⑤ 위락시설

27 건축법령상 공개 공지 등에 관한 설명으로 옳지 않은 것은? (단, 조례는 고려하지 않음)

① 공개 공지 등은 해당 지역의 환경을 쾌적하게 조성하기 위하여 일반이 사용할 수 있도록 설치하는 소규모 휴식시설 등의 공개 공지 또는 공개 공간을 지칭한다.

② 공개 공지 등은 상업지역에도 설치할 수 있다.

③ 공개 공지는 필로티의 구조로 설치할 수 있다.

④ 숙박시설로서 해당 용도로 쓰는 바닥면적의 합계가 3천 제곱미터인 건축물의 대지에는 공개 공지 또는 공개 공간을 설치하여야 한다.

⑤ 판매시설 중 「농수산물 유통 및 가격안정에 관한 법률」에 따른 농수산물유통시설에는 공개 공지 등을 설치하지 않아도 된다.

28 공간정보의 구축 및 관리 등에 관한 법령상 토지와 지목이 옳게 연결된 것은?

① 묘지의 관리를 위한 건축물의 부지 – 묘지

② 원상회복을 조건으로 흙을 파는 곳으로 허가된 토지 – 잡종지

③ 학교의 교사(校舍)와 이에 접속된 체육장 등 부속시설물의 부지 – 학교용지

④ 자동차 판매 목적으로 설치된 야외전시장의 부지 – 주차장

⑤ 자연의 유수가 있을 것으로 예상되는 소규모 수로부지 – 하천

29 공간정보의 구축 및 관리 등에 관한 법령상 토지소유자가 지적소관청에 토지의 합병을 신청할 수 없는 경우를 모두 고른 것은?

| ㄱ. 합병하려는 토지의 지목이 서로 다른 경우 |
| ㄴ. 합병하려는 토지의 소유자별 공유지분이 다른 경우 |
| ㄷ. 합병하려는 토지가 구획정리를 시행하고 있는 지역의 토지와 그 지역 밖의 토지인 경우 |

① ㄱ

② ㄷ

③ ㄱ, ㄴ

④ ㄴ, ㄷ

⑤ ㄱ, ㄴ, ㄷ

30 공간정보의 구축 및 관리 등에 관한 법령상 토지대장의 등록사항 중 이를 변경하는 것이 토지의 이동(異動)에 해당하지 <u>않는</u> 것은?

① 지번
② 지목
③ 면적
④ 토지의 소재
⑤ 소유자의 주소

31 공간정보의 구축 및 관리 등에 관한 법령상 토지대장에 등록하는 토지의 소유자가 둘 이상인 경우 공유지연명부에 등록하여야 하는 사항이 <u>아닌</u> 것은?

① 소유권 지분
② 토지의 고유번호
③ 지적도면의 번호
④ 필지별 공유지연명부의 장번호
⑤ 토지소유자가 변경된 날과 그 원인

32 부동산등기법령상 등기관이 건물 등기기록의 표제부에 기록하여야 하는 사항 중 같은 지번 위에 여러 개의 건물이 있는 경우와 구분건물의 경우에 한정하여 기록하여야 하는 것은?

① 건물의 종류
② 건물의 구조
③ 건물의 면적
④ 표시번호
⑤ 도면의 번호

33 부동산등기법령상 등기신청 및 등기의 효력발생시기에 관한 설명으로 옳은 것을 모두 고른 것은?

> ㄱ. 소유권보존등기 또는 소유권보존등기의 말소등기는 등기명의인으로 될 자 또는 등기명의인이 단독으로 신청한다.
> ㄴ. 대표자가 있는 법인 아닌 사단에 속하는 부동산의 등기 신청에 관하여는 그 사단의 대표자를 등기권리자 또는 등기의무자로 한다.
> ㄷ. 등기신청은 해당 부동산이 다른 부동산과 구별될 수 있게 하는 정보가 전산정보처리조직에 저장된 때 접수된 것으로 본다.
> ㄹ. 등기관이 등기를 마친 경우 그 등기는 등기완료의 통지를 한 때부터 효력을 발생한다.

① ㄱ, ㄴ
② ㄱ, ㄷ
③ ㄷ, ㄹ
④ ㄴ, ㄷ, ㄹ
⑤ ㄱ, ㄴ, ㄷ, ㄹ

34 부동산등기법령상 부기로 하여야 하는 등기가 아닌 것은?

① 소유권 외의 권리의 이전등기
② 소유권 외의 권리에 대한 처분제한 등기
③ 소유권 외의 권리를 목적으로 하는 권리에 관한 등기
④ 전체가 말소된 등기에 대한 회복등기
⑤ 등기명의인표시의 변경이나 경정의 등기

35 부동산등기법령상 A(용익권 또는 담보권)와 B(등기원인에 그 약정이 있는 경우에만 기록하여야 하는 사항)의 연결로 옳지 않은 것은?

① A : 지역권, B : 범위
② A : 전세권, B : 존속기간
③ A : 저당권, B : 변제기
④ A : 근저당권, B : 존속기간
⑤ A : 지상권, B : 지료와 지급시기

36 동산 · 채권 등의 담보에 관한 법령상 동산담보권에 관한 설명으로 옳지 <u>않은</u> 것은?

① 담보목적물의 훼손으로 인하여 담보권설정자가 받을 금전에 대하여 동산담보권을 행사하려면 그 지급 전에 압류하여야 한다.

② 담보권자가 담보목적물을 점유한 경우에는 피담보채권을 전부 변제받을 때까지 담보목적물을 유치할 수 있지만, 선순위권리자에게는 대항하지 못한다.

③ 동산담보권을 그 담보할 채무의 최고액만을 정하고 채무의 확정을 장래에 보류하여 설정하는 경우 채무의 이자는 최고액 중에 포함되지 아니한다.

④ 약정에 따른 동산담보권의 득실변경은 담보등기부에 등기를 하여야 그 효력이 생긴다.

⑤ 동일한 동산에 관하여 담보등기부의 등기와 「민법」에 규정된 점유개정이 행하여진 경우에 그에 따른 권리 사이의 순위는 법률에 다른 규정이 없으면 그 선후에 따른다.

37 도시 및 주거환경정비법령상 정비구역에서 허가를 받아야 하는 행위와 그 구체적 내용을 옳게 연결한 것은? (단, 「국토의 계획 및 이용에 관한 법률」에 따른 개발행위허가의 대상이 아닌 것을 전제로 함)

① 건축물의 건축 등 : 「건축법」 제2조 제1항 제2호에 따른 건축물(가설건축물을 포함한다)의 건축, 용도변경

② 공작물의 설치 : 농림수산물의 생산에 직접 이용되는 것으로서 국토교통부령으로 정하는 간이공작물의 설치

③ 토석의 채취 : 정비구역의 개발에 지장을 주지 아니하고 자연경관을 손상하지 아니하는 범위에서의 토석의 채취

④ 물건을 쌓아놓는 행위 : 정비구역에 존치하기로 결정된 대지에 물건을 쌓아놓는 행위

⑤ 죽목의 벌채 및 식재 : 관상용 죽목의 임시식재(경작지에서의 임시식재는 제외한다)

38 도시 및 주거환경정비법령상 시장 · 군수 등이 직접 정비사업을 시행하거나 토지주택공사 등을 사업시행자로 지정하여 정비사업을 시행하게 할 수 있는 경우에 해당하지 <u>않는</u> 것은?

① 천재지변으로 긴급하게 정비사업을 시행할 필요가 있다고 인정하는 때

② 재건축조합이 사업시행 예정일부터 2년 이내에 사업시행계획인가를 신청하지 아니한 때

③ 조합설립추진위원회가 시장 · 군수등의 구성승인을 받은 날부터 3년 이내에 조합설립인가를 신청하지 아니한 때

④ 지방자치단체의 장이 시행하는 「국토의 계획 및 이용에 관한 법률」에 따른 도시 · 군계획사업과 병행하여 정비사업을 시행할 필요가 있다고 인정하는 때

⑤ 해당 정비구역의 국 · 공유지 면적 또는 국 · 공유지와 토지주택공사등이 소유한 토지를 합한 면적이 전체 토지면적의 2분의 1 이상으로서 토지등소유자의 과반수가 시장 · 군수등 또는 토지주택공사등을 사업시행자로 지정하는 것에 동의하는 때

39 도시 및 주거환경정비법령상 관리처분계획에 포함되어야 할 사항에 해당하지 <u>않는</u> 것은? (단, 조례는 고려하지 않음)

① 분양대상자별 분양예정인 대지 또는 건축물의 추산액(임대관리 위탁주택에 관한 내용을 포함한다)
② 정비사업비의 추산액(재건축사업의 경우에는 「재건축초과이익 환수에 관한 법률」에 따른 재건축부담금에 관한 사항을 포함하지 아니한다) 및 그에 따른 조합원 분담규모 및 분담시기
③ 분양대상자의 종전 토지 또는 건축물에 관한 소유권 외의 권리명세
④ 세입자별 손실보상을 위한 권리명세 및 그 평가액
⑤ 정비사업의 시행으로 인하여 새롭게 설치되는 정비기반시설의 명세와 용도가 폐지되는 정비기반시설의 명세

40 도시 및 주거환경정비법령상 도시 · 주거환경정비기본계획에 포함되어야 할 사항을 모두 고른 것은?

> ㄱ. 녹지 · 조경 · 에너지공급 · 폐기물처리 등에 관한 환경계획
> ㄴ. 사회복지시설 및 주민문화시설 등의 설치계획
> ㄷ. 건폐율 · 용적률 등에 관한 건축물의 밀도계획
> ㄹ. 주거지 관리계획

① ㄱ
② ㄱ, ㄴ
③ ㄷ, ㄹ
④ ㄴ, ㄷ, ㄹ
⑤ ㄱ, ㄴ, ㄷ, ㄹ

제5과목 │ 회계학

※ 아래의 문제들에서 특별한 언급이 없는 한 기업의 보고기간 회계기간은 매년 1월 1일부터 12월 31일까지이다. 또한, 기업은 주권상장법인으로 계속해서 한국 채택국제회계기준(K-IFRS)을 적용해오고 있다고 가정하고, 답지항 중에서 물음에 가장 합당한 답을 고르시오. 단, 자료에서 제시한 모든 항목과 금액은 중요하며, 자료에서 제시한 것 이외의 사항은 고려하지 않고 답한다. 예를 들어, 법인세에 대한 언급이 없으면 법인세 효과는 고려하지 않는다.

01 (주)감평이 총계정원장 상 당좌예금 잔액과 은행 측 당좌예금잔액증명서의 불일치 원인을 조사한 결과 다음과 같은 사항을 발견하였다. 이때 (주)감평이 장부에 반영해야 할 항목을 모두 고른 것은?

> ㄱ. 매출대금으로 받아 예입한 수표가 부도 처리되었으나, (주)감평의 장부에 기록되지 않았다.
> ㄴ. 대금지급을 위해 발행한 수표 중 일부가 미인출수표로 남아 있다.
> ㄷ. 매입채무를 지급하기 위해 발행한 수표 금액이 장부에 잘못 기록되었다.
> ㄹ. 받을어음이 추심되어 (주)감평의 당좌예금 계좌로 입금되었으나, (주)감평에 아직 통보되지 않았다.

① ㄴ
② ㄱ, ㄴ
③ ㄴ, ㄷ
④ ㄱ, ㄷ, ㄹ
⑤ ㄴ, ㄷ, ㄹ

02 (주)감평은 20x1년 초 현금 ₩2,000을 출자받아 설립되었으며, 이 금액은 (주)감평이 판매할 재고자산 200개를 구입할 수 있는 금액이다. 20x1년 말 자본은 ₩3,000이고 20x1년도 자본거래는 없었다. 20x1년 말 (주)감평이 판매하는 재고자산의 개당 구입가격은 ₩12이고, 20x1년 말 물가지수는 20x1년 초 100에 비하여 10% 상승하였다. 실물자본유지개념을 적용할 경우 20x1년도 이익은?

① ₩200
② ₩400
③ ₩600
④ ₩800
⑤ ₩1,000

03 (주)감평의 현재 유동비율과 당좌비율은 각각 200%, 150%이다. 유동비율과 당좌비율을 모두 증가시킬 수 있는 거래는? (단, 모든 거래는 독립적이다)

① 상품 ₩10,000을 외상으로 매입하였다.
② 영업용 차량운반구를 취득하면서 현금 ₩13,000을 지급하였다.
③ 매출채권 ₩12,000을 현금으로 회수하였다.
④ 장기차입금 ₩15,000을 현금으로 상환하였다.
⑤ 사용 중인 건물을 담보로 은행에서 현금 ₩30,000을 장기 차입하였다.

04 (주)감평은 20x1년 초 임대목적으로 건물(취득원가 ₩1,000, 내용연수 10년, 잔존가치 ₩0, 정액법 감가상각)을 취득하여 이를 투자부동산으로 분류하였다. 20x1년 말 건물의 공정가치가 ₩930일 때 (A)공정가치모형과 (B)원가모형을 각각 적용할 경우 (주)감평의 20x1년도 당기순이익에 미치는 영향은? (단, 해당 건물은 매각예정으로 분류되어 있지 않다)

	(A)	(B)
①	₩70 감소	₩100 감소
②	₩70 감소	₩70 감소
③	₩30 감소	₩100 감소
④	₩30 증가	₩70 감소
⑤	₩30 증가	₩30 증가

05 재무제표 요소의 측정기준에 관한 설명으로 옳은 것은?

① 공정가치는 측정일 현재 동등한 자산의 원가로서 측정일에 지급할 대가와 그 날에 발생할 거래원가를 포함한다.
② 현행원가는 자산을 취득 또는 창출할 때 발생한 원가의 가치로서 자산을 취득 또는 창출하기 위하여 지급한 대가와 거래원가를 포함한다.
③ 사용가치는 기업이 자산의 사용과 궁극적인 처분으로 얻을 것으로 기대하는 현금흐름 또는 그 밖의 경제적효익의 현재가치이다.
④ 이행가치는 측정일에 시장참여자 사이의 정상거래에서 부채를 이전할 때 지급하게 될 가격이다.
⑤ 역사적 원가는 측정일 현재 자산의 취득 또는 창출을 위해 이전해야 하는 현금이나 그 밖의 경제적 자원의 현재가치이다.

06 (주)감평의 20x1년 기말 재고자산 자료가 다음과 같다.

종목	실사수량	단위당 취득원가	단위당 예상판매가격
상품 A	100개	₩300	₩350
상품 B	100개	200	250
상품 C	200개	100	120

• 단위당 예상판매비용 : ₩30 (모든 상품에서 발생)

상품 B의 70%는 확정판매계약(취소불능계약)을 이행하기 위하여 보유하고 있으며, 상품 B의 단위당 확정판매계약가격은 ₩220이다. 재고자산 평가와 관련하여 20x1년 인식할 당기손익은? (단, 재고자산의 감모는 발생하지 않았으며, 기초 재고자산평가충당금은 없다)

① 손실 ₩2,700
② 손실 ₩700
③ ₩0
④ 이익 ₩2,200
⑤ 이익 ₩3,200

07 재무제표 요소에 관한 설명으로 옳지 <u>않은</u> 것은?

① 자산은 과거사건의 결과로 기업이 통제하는 현재의 경제적자원이다.
② 부채는 과거사건의 결과로 기업이 경제적자원을 이전해야 하는 현재의무이다.
③ 수익은 자본청구권 보유자로부터의 출자를 포함하며, 자본청구권 보유자에 대한 분배는 비용으로 인식한다.
④ 기업이 발행한 후 재매입하여 보유하고 있는 채무상품이나 지분상품은 기업의 경제적 자원이 아니다.
⑤ 자본청구권은 기업의 자산에서 모든 부채를 차감한 후의 잔여지분에 대한 청구권이다.

08 (주)감평은 재고자산의 원가를 평균원가법에 의한 소매재고법으로 측정한다. 20x1년 재고자산 자료가 다음과 같을 때, 매출원가는? (단, 평가손실과 감모손실은 발생하지 않았다)

항목	원가	판매가
기초재고액	₩10,000	₩13,000
당기매입액	83,500	91,000
매가인상액		9,000
인상취소액		3,000
당기매출액		90,000

① ₩73,500
② ₩76,500
③ ₩77,000
④ ₩78,200
⑤ ₩80,620

09 재고자산 회계처리에 관한 설명으로 옳지 않은 것은?

① 생산에 투입하기 위해 보유하는 원재료 및 기타 소모품은 제품의 원가가 순실현가능 가치를 초과할 것으로 예상되더라도 감액하지 아니한다.
② 생물자산에서 수확한 농림어업 수확물로 구성된 재고자산은 공정가치에서 처분부대원가를 뺀 금액으로 수확시점에 최초 인식한다.
③ 재고자산을 현재의 장소에 현재의 상태로 이르게 하는데 기여하지 않은 관리간접원가는 재고자산의 취득원가에 포함할 수 없다.
④ 매입할인이나 매입금액에 대해 수령한 리베이트는 매입원가에서 차감한다.
⑤ 개별법이 적용되지 않는 재고자산의 단위원가는 선입선출법이나 가중평균법을 사용하여 결정한다.

10 (주)감평은 재고상품에 대해 선입선출법을 적용하여 단위원가를 결정하며, 20x1년 기초상품은 ₩30,000(단위당 원가 ₩1,000), 당기상품매입액은 ₩84,000(단위당 원가 ₩1,200)이다. 기말상품의 감모손실과 평가손실에 관한 자료는 다음과 같다.

장부수량	실제수량	단위당 예상판매가격	단위당 예상판매비용
20개	16개	₩1,250	₩80

(주)감평이 기말 재고자산감모손실은 장부에 반영하였으나 재고자산평가손실을 반영하지 않았을 경우 옳은 것은?

① 20x1년 당기순이익 ₩1,000 과대
② 20x1년 기말재고자산 ₩600 과대
③ 20x1년 기말자본총계 ₩480 과소
④ 20x2년 기초재고자산 ₩600 과소
⑤ 20x2년 당기순이익 ₩480 과소

11 다음은 (주)감평의 20x1년도 재무제표의 일부 자료이다.

(1) 재무상태표의 일부 자료

계정과목	기초잔액	기말잔액
매출채권(순액)	₩140	₩210
선급영업비용	25	10
미지급영업비용	30	50

(2) 포괄손익계산서의 일부 자료

매 출 액	₩410
영 업 비 용	150

위 자료에 기초한 20x1년도 (주)감평의 (A)고객으로부터 유입된 현금흐름과 (B)영업비용으로 유출된 현금흐름은?

	(A)	(B)
①	₩335	₩155
②	₩340	₩115
③	₩340	₩145
④	₩350	₩115
⑤	₩350	₩155

12 (주)감평은 20x1년 1월 1일 다음과 같은 조건의 전환사채를 액면발행하였다.

- 액면금액 : ₩1,000,000
- 표시이자율 : 연 6%
- 일반사채 시장이자율 : 연 10%
- 이자지급일 : 매년 말
- 만기상환일 : 20x3년 12월 31일

동 전환사채는 전환권을 행사하지 않을 경우 만기상환일에 액면금액의 106.49%를 일시 상환하는 조건이다. 전환청구가 없었다고 할 때, (주)감평이 동 전환사채와 관련하여 3년(20x1년 1월 1일 ~ 20x3년 12월 31일)간 인식할 이자비용 총액은? (단, 단수차이로 인한 오차가 있다면 가장 근사치를 선택한다)

기간	단일금액 ₩1의 현재가치		정상연금 ₩1의 현재가치	
	6%	10%	6%	10%
3	0.83962	0.75131	2.67301	2.48685

① ₩50,719
② ₩115,619
③ ₩244,900
④ ₩295,619
⑤ ₩344,619

13 (주)감평(리스이용자)은 20x1년 1월 1일에 (주)한국리스(리스제공자)와 다음과 같은 리스계약을 체결하였다.

- 리스개시일 : 20x1년 1월 1일
- 리스기간 : 20x1년 1월 1일부터 20x3년 12월 31일까지
- 고정리스료 : 매년 말 ₩1,000,000 후급
- (주)감평은 리스기간 종료일에 (주)한국리스에게 ₩300,000을 지급하고, 기초자산(리스자산)의 소유권을 이전받기로 하였다.
- (주)감평과 (주)한국리스는 리스개시일에 리스개설직접원가로 각각 ₩100,000과 ₩120,000을 지출하였다.
- 리스개시일 현재 기초자산의 내용연수는 4년이고, 잔존가치는 ₩0이다.

(주)감평은 사용권자산에 대해 원가모형을 적용하고 있으며 정액법으로 감가상각한다. 리스 관련 내재이자율은 알 수 없으나 (주)감평의 증분차입이자율이 연 10%라고 할 때, 상기 리스거래와 관련하여 (주)감평이 20x1년도에 인식할 비용총액은? (단, 상기 리스계약은 소액 기초자산 리스에 해당하지 않으며, 감가상각비의 자본화는 고려하지 않는다. 또한, 단수차이로 인한 오차가 있다면 가장 근사치를 선택한다)

기간	단일금액 ₩1의 현재가치	정상연금 ₩1의 현재가치
	10%	10%
3	0.75131	2.48685

① ₩532,449
② ₩949,285
③ ₩974,285
④ ₩1,175,305
⑤ ₩1,208,638

14 충당부채, 우발부채 및 우발자산에 관한 설명으로 옳지 <u>않은</u> 것은?

① 충당부채는 부채로 인식하는 반면, 우발부채는 부채로 인식하지 아니한다.
② 충당부채로 인식하는 금액은 현재의무를 보고기간 말에 이행하기 위하여 필요한 지출에 대한 최선의 추정치이어야 한다.
③ 충당부채에 대한 최선의 추정치를 구할 때에는 관련된 여러 사건과 상황에 따르는 불가피한 위험과 불확실성을 고려한다.
④ 예상되는 자산 처분이익은 충당부채를 생기게 한 사건과 밀접하게 관련되어 있다고 하더라도 충당부채를 측정함에 있어 고려하지 아니한다.
⑤ 충당부채는 충당부채의 법인세효과와 그 변동을 고려하여 세후 금액으로 측정한다.

15 (주)감평은 20x1년 10월 1일에 고객과 원가 ₩900의 제품을 ₩1,200에 판매하는 계약을 체결하고 즉시 현금 판매하였다. 계약에 따르면 (주)감평은 20x2년 3월 31일에 동 제품을 ₩1,300에 재매입할 수 있는 콜옵션을 보유하고 있다. 동 거래가 다음의 각 상황에서 (주)감평의 20x2년도 당기순이익에 미치는 영향은? (단, 각 상황(A, B)은 독립적이고, 화폐의 시간가치는 고려하지 않으며, 이자비용(수익)은 월할계산한다)

상황	내용
A	20x2년 3월 31일에 (주)감평이 계약에 포함된 콜옵션을 행사한 경우
B	20x2년 3월 31일에 계약에 포함된 콜옵션이 행사되지 않은 채 소멸된 경우

	상황A	상황B
①	₩100 감소	₩100 증가
②	₩50 감소	₩100 증가
③	₩50 감소	₩350 증가
④	₩300 증가	₩350 증가
⑤	₩400 증가	₩400 증가

16 다음은 (주)감평의 20x1년도 기초와 기말 재무상태표의 금액이다.

	20x1년 기초	20x1년 기말
자산총계	₩5,000	₩7,000
부채총계	2,500	3,400

(주)감평은 20x1년 중에 ₩300의 유상증자와 ₩100의 무상증자를 각각 실시하였으며, 현금배당 ₩200을 지급하였다. 20x1년도 당기에 유형자산 관련 재평가잉여금이 ₩80만큼 증가한 경우 (주)감평의 20x1년도 포괄손익계산서 상 당기순이익은? (단, 재평가잉여금의 변동 외에 다른 기타자본요소의 변동은 없다)

① ₩820
② ₩900
③ ₩920
④ ₩980
⑤ ₩1,000

17 금융상품에 관한 설명으로 옳지 <u>않은</u> 것은?

① 금융자산의 정형화된 매입 또는 매도는 매매일이나 결제일에 인식하거나 제거한다.

② 당기손익-공정가치 측정 금융자산이 아닌 경우 해당 금융자산의 취득과 직접 관련되는 거래원가는 최초 인식시점의 공정가치에 가산한다.

③ 금융자산의 계약상 현금흐름이 재협상되거나 변경되었으나 그 금융자산이 제거되지 아니하는 경우에는 해당 금융자산의 총 장부금액을 재계산하고 변경손익을 당기손익으로 인식한다.

④ 금융자산 양도의 결과로 금융자산 전체를 제거하는 경우에는 금융자산의 장부금액과 수취한 대가의 차액을 당기손익으로 인식한다.

⑤ 최초 발생시점이나 매입할 때 신용이 손상되어 있는 상각후원가 측정 금융자산의 이자수익은 최초 인식시점부터 총 장부금액에 유효이자율을 적용하여 계산한다.

18 고객과의 계약에서 생기는 수익에 관한 설명으로 옳지 <u>않은</u> 것은?

① 고객과의 계약에서 약속한 대가에 변동금액이 포함된 경우 기업은 고객에게 약속한 재화나 용역을 이전하고 그 대가로 받을 권리를 갖게 될 금액을 추정한다.

② 고객이 재화나 용역의 대가를 선급하였고 그 재화나 용역의 이전 시점이 고객의 재량에 따라 결정된다면, 기업은 거래가격을 산정할 때 화폐의 시간가치가 미치는 영향을 고려하여 약속된 대가(금액)를 조정해야 한다.

③ 적절한 진행률 측정방법에는 산출법과 투입법이 포함되며, 진행률 측정방법을 적용할 때 고객에게 통제를 이전하지 않은 재화나 용역은 진행률 측정에서 제외한다.

④ 고객과의 계약체결 증분원가가 회수될 것으로 예상된다면 이를 자산으로 인식한다.

⑤ 고객이 기업이 수행하는 대로 기업의 수행에서 제공하는 효익을 동시에 얻고 소비한다면, 기업은 재화나 용역에 대한 통제를 기간에 걸쳐 이전하는 것이므로 기간에 걸쳐 수익을 인식한다.

19 20x1년 초에 사업을 개시한 (주)감평의 회계담당자는 20x1년 말에 정기예금에 대한 미수이자 ₩200을 계상하지 않은 오류를 발견하였다. (주)감평의 당기 및 차기 이후 적용 법인세율이 모두 30%일 때 이러한 회계처리 오류가 (주)감평의 20x1년도 재무제표에 미친 영향으로 옳은 것은? (단, 세법상 정기예금 이자는 이자수령시점에 과세된다. 또한, (주)감평은 이연법인세 회계를 적용하고 있으며, 미래에 충분한 과세소득이 발생할 것으로 판단된다)

① 당기법인세자산이 ₩60 과대계상 되었다.

② 당기법인세부채가 ₩60 과소계상 되었다.

③ 법인세비용이 ₩60 과대계상 되었다.

④ 당기순이익이 ₩140 과소계상 되었다.

⑤ 이연법인세자산이 ₩60 과소계상 되었다.

20 (주)감평은 20x1년 1월 1일에 액면금액 ₩500,000(표시이자율 연 10%, 만기 3년, 매년 말 이자 지급)의 사채를 ₩475,982에 취득하고, 당기손익–공정가치 측정 금융자산으로 분류하였다. 동 사채의 취득 당시 유효이자율은 연 12%이며, 20x1년 말 공정가치는 ₩510,000이다. 상기 금융자산(사채) 관련 회계처리가 (주)감평의 20x1년도 당기순이익에 미치는 영향은? (단, 단수차이로 인한 오차가 있다면 가장 근사치를 선택한다)

① ₩84,018 증가
② ₩70,000 증가
③ ₩60,000 증가
④ ₩34,018 증가
⑤ ₩10,000 증가

21 (주)감평은 특정차입금 없이 일반차입금을 사용하여 건물을 신축하였다. 건물은 차입원가 자본화 대상인 적격자산이다. 신축 건물과 관련한 자료가 다음과 같을 경우, 20x1년도에 자본화할 차입원가(A)와 20x2년도에 자본화할 차입원가(B)는? (단, 계산시 월할 계산하며, 전기에 자본화한 차입원가는 적격자산의 연평균 지출액 계산 시 포함하지 않는다)

• 공사기간 : 20x1년 5월 1일 ~ 20x2년 6월 31일			
• 공사비 지출 :	20x1년 5월 1일	20x1년 10월 1일	20x2년 4월 1일
	₩300,000	₩200,000	₩100,000
• 일반차입금 자본화 연이자율 :	20x1년	20x2년	
	10%	8%	
• 실제 발생한 이자비용 :	20x1년	20x2년	
	₩20,000	₩24,200	

	(A)	(B)
①	₩20,000	₩22,000
②	₩20,000	₩24,200
③	₩20,000	₩25,000
④	₩25,000	₩22,000
⑤	₩25,000	₩24,200

22 (주)감평의 20x1년 초 유통보통주식수는 1,600주(주당 액면금액 ₩100)이며 20x1년 7월 1일 기존주주를 대상으로 보통주 600주를 발행하는 유상증자를 실시하였다. 주당 발행가액은 ₩400이며 유상증자 직전 주당 공정가치는 ₩600이었다. 기본주당이익 계산을 위한 가중평균유통보통주식수는? (단, 유상증자 대금은 20x1년 7월 1일 전액 납입완료 되었으며, 유통보통주식수는 월할계산한다)

① 1,600주

② 1,760주

③ 1,800주

④ 1,980주

⑤ 2,200주

23 (주)감평은 20x1년 초 부여일로부터 3년의 용역제공을 조건으로 직원 50명에게 각각 주식선택권 10개를 부여하였다. 부여일 현재 주식선택권의 단위당 공정가치는 ₩1,000으로 추정되었으며, 매년 말 추정한 주식선택권의 공정가치는 다음과 같다.

20x1.12.31	20x2.12.31	20x3.12.31	20x4.12.31
₩1,000	₩1,100	₩1,200	₩1,300

주식선택권 1개당 1주의 주식을 부여받을 수 있으며 권리가득일로부터 3년간 행사가 가능하다. (주)감평은 20x1년 말과 20x2년 말에 가득기간 중 직원의 퇴사율을 각각 25%와 28%로 추정하였으며, 20x1년도와 20x2년도에 실제로 퇴사한 직원은 각각 10명과 2명이다. 20x3년 말 주식선택권을 가득한 직원은 총 35명이다.

20x4년 1월 1일 주식선택권을 가득한 종업원 중 60%가 본인의 주식선택권 전량을 행사하였을 경우 이로 인한 (주)감평의 자본 증가액은? (단, (주)감평 주식의 주당 액면금액은 ₩5,000이고 주식선택권의 개당 행사가격은 ₩6,000이다)

① ₩210,000

② ₩420,000

③ ₩1,050,000

④ ₩1,260,000

⑤ ₩1,470,000

24 퇴직급여제도에 관한 설명으로 옳지 <u>않은</u> 것은?

① 확정기여제도에서는 종업원이 보험수리적위험(급여가 예상에 미치지 못할 위험)과 투자위험(투자자산이 예상급여액을 지급하는데 충분하지 못할 위험)을 실질적으로 부담한다.

② 확정기여제도에서는 기여금의 전부나 일부의 납입기일이 종업원이 관련 근무용역을 제공하는 연차보고기간 말 후 12개월이 되기 전에 모두 결제될 것으로 예상되지 않는 경우를 제외하고는 할인되지 않은 금액으로 채무를 측정한다.

③ 확정급여채무의 현재가치와 당기근무원가를 결정하기 위해서는 예측단위적립방식을 사용하며, 적용할 수 있다면 과거근무원가를 결정할 때에도 동일한 방식을 사용한다.

④ 확정급여제도에서 기업이 보험수리적 위험(실제급여액이 예상급여액을 초과할 위험)과 투자위험을 실질적으로 부담하며, 보험수리적 실적이나 투자실적이 예상보다 저조하다면 기업의 의무가 늘어날 수 있다.

⑤ 퇴직급여채무를 할인하기 위해 사용하는 할인율은 보고기간 말 현재 그 통화로 표시된 국공채의 시장수익률을 참조하여 결정하고, 국공채의 시장수익률이 없는 경우에는 보고기간 말 현재 우량회사채의 시장수익률을 사용한다.

25 (주)감평은 20x1년 1월 1일 사용목적으로 ₩5,000에 건물(내용연수 5년, 잔존가치 ₩0, 정액법 감가상각)을 취득하고 재평가모형을 적용하고 있다. 건물을 사용함에 따라 재평가잉여금 중 일부를 이익잉여금으로 대체하고, 건물 처분 시 재평가잉여금 잔액을 모두 이익잉여금으로 대체하는 정책을 채택하고 있다. 20x2년 말 건물에 대한 공정가치는 ₩6,000이다. (주)감평이 20x5년 1월 1일 동 건물을 처분할 때, 재평가잉여금 중 이익잉여금으로 대체되는 금액은?

① ₩0
② ₩400
③ ₩500
④ ₩800
⑤ ₩1,000

26 무형자산의 회계처리에 관한 설명으로 옳지 <u>않은</u> 것은?

① 무형자산의 잔존가치는 해당 자산의 장부금액과 같거나 큰 금액으로 증가할 수도 있다.

② 브랜드, 제호, 출판표제, 고객목록, 그리고 이와 실질이 유사한 항목(외부에서 취득하였는지 또는 내부적으로 창출하였는지에 관계없이)에 대한 취득이나 완성 후의 지출은 발생시점에 항상 당기손익으로 인식한다.

③ 무형자산의 상각방법은 자산의 경제적 효익이 소비될 것으로 예상되는 형태를 반영한 방법이어야 하지만, 그 형태를 신뢰성 있게 결정할 수 없는 경우에는 정액법을 사용한다.

④ 내용연수가 비한정적인 무형자산은 상각하지 않고, 무형자산의 손상을 시사하는 징후가 있을 경우에 한하여 손상검사를 수행한다.

⑤ 내부적으로 창출한 브랜드, 제호, 출판표제, 고객목록과 이와 실질이 유사한 항목은 무형자산으로 인식하지 아니한다.

27 (주)감평은 20x1년 9월 1일 미국에 있는 토지(유형자산)를 $5,000에 취득하고 원가모형을 적용하고 있다. 20x1년 12월 31일 현재 토지의 공정가치는 $5,100이며, 20x2년 2월 1일 토지 중 30%를 $1,550에 처분하였다. 일자별 환율이 다음과 같을 때, 처분손익은? (단, (주)감평의 기능통화는 원화이다)

일자	20x1년 9월 1일	20x1년 12월 31일	20x2년 2월 1일
환율(₩/$)	₩1,200	₩1,170	₩1,180

① 손실 ₩29,000

② 손실 ₩38,900

③ ₩0

④ 이익 ₩29,000

⑤ 이익 ₩38,900

28 (주)감평은 20x1년 초 ₩20,000에 기계장치(내용연수 5년, 잔존가치 ₩0, 정액법 감가상각)를 취득하여 사용하고 있다. (주)감평은 동 기계장치에 대해 취득 연도부터 재평가모형을 적용하고 있으며, 처분부대원가가 무시할 수 없을 정도로 상당하여 손상회계를 적용하고 있다. 공정가치와 회수가능액이 다음과 같을 경우, 20x2년도에 인식할 손상차손 또는 손상차손환입액은? (단, 기계장치를 사용함에 따라 재평가잉여금의 일부를 이익잉여금으로 대체하지 않는다)

구분	20x1년 말	20x2년 말
공정가치	₩18,000	₩12,000
회수가능액	19,500	11,000

① ₩0
② 손상차손 ₩500
③ 손상차손 ₩1,000
④ 손상차손환입 ₩500
⑤ 손상차손환입 ₩1,000

29 (주)감평은 확정급여제도를 운영하고 있으며, 20x1년도 관련 자료는 다음과 같다. 20x1년도 기타포괄손익으로 인식할 확정급여채무의 재측정요소는?

기초 확정급여채무의 현재가치	₩100,000
기초 사외적립자산의 공정가치	90,000
퇴직금 지급액(사외적립자산에서 지급)	12,000
포괄손익계산서 상 당기손익 인식 퇴직급여 관련 비용	28,000
이자비용	10,000
이자수익	9,000
기말 확정급여채무의 현재가치	128,000
기말 사외적립자산의 공정가치	99,000

① 재측정손실 ₩2,000
② 재측정손실 ₩3,000
③ 재측정손익 없음
④ 재측정이익 ₩2,000
⑤ 재측정이익 ₩3,000

30 매각예정으로 분류된 비유동자산 또는 처분자산집단에 관한 설명으로 옳은 것은?

① 매각예정으로 분류하였으나 중단영업의 정의를 충족하지 않는 비유동자산(또는 처분 자산집단)을 재측정하여 인식하는 평가손익은 계속영업손익에 포함한다.

② 소유주에 대한 분배예정으로 분류된 비유동자산(또는 처분자산집단)은 공정가치와 장부금액 중 작은 금액으로 측정한다.

③ 비유동자산이 매각예정으로 분류되거나 매각예정으로 분류된 처분자산집단의 일부이더라도 그 자산은 감가상각 또는 상각을 중단하지 아니한다.

④ 매각예정으로 분류된 비유동자산(또는 처분자산집단)은 공정가치와 장부금액 중 큰 금액으로 측정한다.

⑤ 매각예정으로 분류된 처분자산집단의 부채와 관련된 이자와 기타 비용은 인식을 중단한다.

31 (주)감평은 동일 공정에서 결합제품 A와 B를 생산하여 추가로 원가(A : ₩40, B : ₩60)를 각각 투입하여 가공한 후 판매하였다. 순실현가치법을 사용하여 결합원가 ₩120을 배분하면 제품 A의 총제조원가는 ₩70이며, 매출총이익률은 30%이다. 제품 B의 매출총이익률은?

① 27.5%

② 30%

③ 32.5%

④ 35%

⑤ 37.5%

32 원가에 관한 설명으로 옳지 <u>않은</u> 것은?

① 가공원가(전환원가)는 직접노무원가와 제조간접원가를 합한 금액이다.

② 연간 발생할 것으로 기대되는 총변동원가는 관련범위 내에서 일정하다.

③ 당기제품제조원가는 당기에 완성되어 제품으로 대체된 완성품의 제조원가이다.

④ 기초고정원가는 현재의 조업도 수준을 유지하는데 기본적으로 발생하는 고정원가이다.

⑤ 회피가능원가는 특정한 의사결정에 의하여 원가의 발생을 회피할 수 있는 원가로서 의사결정과 관련 있는 원가이다.

33 (주)감평은 20x1년 3월 제품 A(단위당 판매가격 ₩800) 1,000단위를 생산·판매하였다. 3월의 단위당 변동원가는 ₩500이고, 총고정원가는 ₩250,000이 발생하였다. 4월에는 광고비 ₩15,000을 추가 지출하면 ₩50,000의 매출이 증가할 것으로 기대하고 있다. 이를 실행할 경우 (주)감평의 4월 영업이익에 미치는 영향은? (단, 단위당 판매가격, 단위당 변동원가, 광고비를 제외한 총고정원가는 3월과 동일하다)

① ₩3,750 감소
② ₩3,750 증가
③ ₩15,000 감소
④ ₩15,000 증가
⑤ ₩35,000 증가

34 (주)감평은 두 개의 제조부문 X, Y와 두 개의 보조부문 S_1, S_2를 운영하고 있으며, 배부 전 부문발생원가는 다음과 같다.

부문		부문발생원가
보조부문	S_1	₩90
	S_2	180
제조부문	X	158
	Y	252

보조부문 S_1은 보조부문 S_2에 0.5, 제조부문 X에 0.3, 보조부문 S_2는 보조부문 S_1에 0.2의 용역을 제공하고 있다. 보조부문의 원가를 상호배분법에 의해 제조부문에 배부한 후 제조부문 X의 원가가 ₩275인 경우, 보조부문 S_2가 제조부문 X에 제공한 용역제공비율은?

① 0.2
② 0.3
③ 0.4
④ 0.5
⑤ 0.6

35 (주)감평의 20x1년 제품 A의 생산 · 판매와 관련된 자료는 다음과 같다.

단위당 판매가격	₩25
단위당 변동제조원가	10
단위당 변동판매관리비	6
연간 총고정제조간접원가	1,500 (감가상각비 ₩200 포함)
연간 총고정판매관리비	2,500 (감가상각비 ₩300 포함)

(주)감평은 변동원가계산을 채택하고 있으며, 감가상각비를 제외한 모든 수익과 비용은 발생 시점에 현금으로 유입되고 지출된다. 법인세율이 20%일 때 (주)감평의 세후현금흐름분기점 판매량은?

① 180단위
② 195단위
③ 360단위
④ 375단위
⑤ 390단위

36 제품 A와 B를 생산 · 판매하고 있는 (주)감평의 20x1년 제조간접원가를 활동별로 추적한 자료는 다음과 같다.

	원가동인	제품 A	제품 B	추적가능원가
자재주문	주문횟수	20회	35회	₩55
품질검사	검사횟수	10회	18회	84
기계수리	기계가동시간	80시간	100시간	180

제조간접원가를 활동기준으로 배부하였을 경우 제품 A와 B에 배부될 원가는?

	제품 A	제품 B
①	₩100	₩219
②	₩130	₩189
③	₩150	₩169
④	₩189	₩130
⑤	₩219	₩100

37 다음은 (주)감평의 20x1년 상반기 종합예산을 작성하기 위한 자료의 일부이다. 4월의 원재료 구입예산액은?

> - 예산판매량
>   - 3월 : 2,000단위   4월 : 2,500단위   5월 : 2,400단위   6월 : 2,700단위
> - 재고정책
>   - 제품 : 다음 달 예산판매량의 10%를 월말재고로 보유한다.
>   - 원재료 : 다음 달 생산량에 소요되는 원재료의 5%를 월말재고로 보유한다.
> - 제품 1단위를 생산하는데 원재료 2kg이 투입되며, kg당 구입단가는 ₩10이다.

① ₩49,740
② ₩49,800
③ ₩49,860
④ ₩52,230
⑤ ₩52,290

38 다음은 제품 A를 생산·판매하는 (주)감평의 당기 전부원가 손익계산서와 공헌이익 손익계산서이다.

	전부원가 손익계산서		공헌이익 손익계산서
매출액	₩1,000,000	매출액	₩1,000,000
매출원가	650,000	변동원가	520,000
매출총이익	350,000	공헌이익	480,000
판매관리비	200,000	고정원가	400,000
영업이익	150,000	영업이익	80,000

제품의 단위당 판매가격 ₩1,000, 총고정판매관리비가 ₩50,000일 때 전부원가계산에 의한 기말제품재고는? (단, 기초 및 기말 재공품, 기초제품은 없다)

① ₩85,000
② ₩106,250
③ ₩162,500
④ ₩170,000
⑤ ₩212,500

39 다음은 종합원가계산제도를 채택하고 있는 (주)감평의 당기 제조활동에 관한 자료이다.

기초재공품	₩3,000 (300단위, 완성도 60%)
당기투입원가	₩42,000
당기완성품수량	800단위
기말재공품	200단위 (완성도 50%)

모든 원가는 공정 전체를 통하여 균등하게 발생하며, 기말재공품의 평가는 평균법을 사용하고 있다. 기말재공품원가는? (단, 공손 및 감손은 없다)

① ₩4,200

② ₩4,500

③ ₩5,000

④ ₩8,400

⑤ ₩9,000

40 (주)감평은 표준원가계산제도를 채택하고 있으며, 20x1년도 직접노무원가와 관련된 자료는 다음과 같다. 20x1년도 실제 총직접노무원가는?

실제생산량	100단위
직접노무원가 실제임률	시간당 ₩8
직접노무원가 표준임률	시간당 ₩10
실제생산량에 허용된 표준 직접작업시간	생산량 단위당 3시간
직접노무원가 임률차이	₩700(유리)
직접노무원가 능률차이	₩500(불리)

① ₩1,800

② ₩2,500

③ ₩2,800

④ ₩3,500

⑤ ₩4,200

PART 03

2021년 제32회
기출문제

| 제1교시 | 민법 / 경제학원론 / 부동산학원론 |
| 제2교시 | 감정평가관계법규 / 회계학 |

제1과목 | 민법

01 관습법과 사실인 관습에 관한 설명으로 옳지 <u>않은</u> 것은? (다툼이 있으면 판례에 따름)

① 관습법은 성문법에 대하여 보충적 효력을 갖는다.

② 공동선조와 성과 본을 같이하는 미성년자인 후손은 종중의 구성원이 될 수 없다.

③ 관습법이 성립한 후 사회구성원들이 그러한 관행의 법적 구속력에 더 이상 법적 확신을 갖지 않게 된 경우, 그 관습법은 법적 규범으로서의 효력이 없다.

④ 사실인 관습은 법령으로서의 효력이 없고, 법률행위 당사자의 의사를 보충함에 그친다.

⑤ 미등기 무허가건물의 매수인은 그 소유권이전등기를 마치지 않아도 소유권에 준하는 관습상의 물권을 취득한다.

02 신의성실의 원칙에 관한 설명으로 옳은 것을 모두 고른 것은? (다툼이 있으면 판례에 따름)

> ㄱ. 회사의 이사가 회사의 확정채무를 보증한 경우에는 그 직을 사임하더라도 사정변경을 이유로 그 보증계약을 해지할 수 없다.
> ㄴ. 소멸시효 완성 전에 채무자가 시효중단을 현저히 곤란하게 하여 채권자가 아무런 조치를 취할 수 없었던 경우, 그 채무자가 시효완성을 주장하는 것은 신의칙 상 허용되지 않는다.
> ㄷ. 강행법규를 위반한 자가 스스로 강행법규 위반을 이유로 약정의 무효를 주장하는 것은 특별한 사정이 없는 한 신의칙에 반한다.

① ㄱ

② ㄷ

③ ㄱ, ㄴ

④ ㄴ, ㄷ

⑤ ㄱ, ㄴ, ㄷ

03 제한능력에 관한 설명으로 옳지 <u>않은</u> 것은?

① 가정법원은 한정후견개시의 심판을 할 때 본인의 의사를 고려하지 않아도 된다.

② 가정법원은 취소할 수 없는 피성년후견인의 법률행위의 범위를 정할 수 있으나, 성년후견인의 청구에 의하여 이를 변경할 수 있다.

③ 성년후견인은 일상생활에 필요하고 그 대가가 과도하지 않은 피성년후견인의 법률행위를 취소할 수 없다.

④ 가정법원은 성년후견개시의 심판을 할 때 본인의 의사를 고려하여야 한다.

⑤ 피성년후견인이 성년후견인의 동의를 얻어 재산상의 법률행위를 한 경우에도 성년후견인은 이를 취소할 수 있다.

04 실종선고에 관한 설명으로 옳지 <u>않은</u> 것은? (다툼이 있으면 판례에 따름)

① 가족관계등록부상 이미 사망으로 기재되어 있는 자에 대해서는 원칙적으로 실종선고를 할 수 없다.

② 실종선고를 받아 사망으로 간주된 자는 실종선고가 취소되지 않는 한 반증을 통해 그 효력을 번복할 수 없다.

③ 실종선고 후 그 취소 전에 선의로 한 행위의 효력은 실종선고의 취소에 의해 영향을 받지 않는다.

④ 실종선고의 취소에는 공시최고를 요하지 않는다.

⑤ 실종자를 당사자로 한 판결이 확정된 후에 실종선고가 확정되어 그 사망간주의 시점이 소 제기 전으로 소급하는 경우, 특별한 사정이 없는 한 그 판결은 당사자능력이 없는 사람을 상대로 한 판결로서 무효가 된다.

05 법인에 관한 설명으로 옳지 <u>않은</u> 것은? (다툼이 있으면 판례에 따름)

① 사단법인 이사의 대표권 제한은 이를 등기하지 않으면 악의의 제3자에게도 대항하지 못한다.

② 재단법인의 정관변경은 그 변경방법을 정관에서 정한 때에도 주무관청의 허가를 얻지 않으면 그 효력이 없다.

③ 재단법인의 기본재산에 관한 근저당권 설정행위는 특별한 사정이 없는 한 주무관청의 허가를 얻을 필요가 없다.

④ 재단법인의 기본재산 변경 시, 그로 인하여 기본재산이 새로이 편입되는 경우에는 주무관청의 허가를 얻을 필요가 없다.

⑤ 법인에 대한 청산종결등기가 경료된 경우에도 청산사무가 종결되지 않는 한 그 범위 내에서는 청산법인으로서 존속한다.

06 법인의 불법행위책임에 관한 설명으로 옳은 것은? (다툼이 있으면 판례에 따름)

① 외형상 직무행위로 인정되는 대표자의 권한 남용행위에 대해서도 법인의 불법행위책임이 인정될 수 있다.

② 등기된 대표자의 행위로 인하여 타인에게 손해를 가한 경우에만 법인의 불법행위책임이 성립할 수 있다.

③ 대표자의 행위가 직무에 관한 행위에 해당하지 않음을 피해자 자신이 중대한 과실로 알지 못한 경우, 법인의 불법행위책임이 인정된다.

④ 대표권 없는 이사가 그 직무와 관련하여 타인에게 손해를 가한 경우, 법인의 불법행위 책임이 성립한다.

⑤ 법인의 불법행위책임이 성립하는 경우 그 대표기관은 손해배상책임이 없다.

07 비법인사단에 관한 설명으로 옳은 것은? (다툼이 있으면 판례에 따름)

① 비법인사단의 대표자는 자신의 업무를 타인에게 포괄적으로 위임할 수 있다.

② 여성은 종중구성원이 되지만, 종중총회의 소집권을 가지는 연고항존자가 될 수는 없다.

③ 이사의 선임에 관한 민법 제63조는 비법인사단에 유추적용될 수 없다.

④ 교회는 비법인사단이므로 그 합병과 분열이 인정된다.

⑤ 비법인사단의 대표자가 총회의 결의를 거치지 않고 총유물을 권한 없이 처분한 경우에는 권한을 넘은 표현대리에 관한 민법 제126조가 준용되지 않는다.

08 물건에 관한 설명으로 옳지 않은 것은? (다툼이 있으면 판례에 따름)

① 주물 소유자의 사용에 공여되는 물건이라도 주물 자체의 효용과 직접 관계가 없으면 종물이 아니다.

② 「입목에 관한 법률」에 의하여 소유권보존등기를 한 수목의 집단은 저당권의 객체가 된다.

③ 종물과 주물의 관계에 관한 법리는 권리 상호간에도 적용될 수 있다.

④ 분필절차를 거치지 않은 1필의 토지의 일부에 대해서도 저당권을 설정할 수 있다.

⑤ 저당권의 효력은 저당부동산의 종물에 미치므로 경매를 통하여 저당부동산의 소유권을 취득한 자는 특별한 사정이 없는 한 종물의 소유권을 취득한다.

09 반사회적 법률행위에 관한 설명으로 옳지 <u>않은</u> 것은? (다툼이 있으면 판례에 따름)

① 어느 법률행위가 사회질서에 반하는지 여부는 특별한 사정이 없는 한 법률행위 당시를 기준으로 판단해야 한다.

② 강제집행을 면할 목적으로 부동산에 허위의 근저당권을 설정하는 행위는 특별한 사정이 없는 한 반사회적 법률행위라고 볼 수 없다.

③ 대리인이 매도인의 배임행위에 적극 가담하여 이루어진 부동산의 이중매매의 경우, 본인인 매수인이 그러한 사정을 몰랐다면 반사회적 법률행위가 되지 않는다.

④ 법률행위의 성립과정에서 단지 강박이라는 불법적 방법이 사용된 것에 불과한 때에는 반사회적 법률행위로 볼 수 없다.

⑤ 반사회적 법률행위임을 이유로 하는 무효는 선의의 제3자에게 대항할 수 있다.

10 물건의 승계취득에 해당하는 것은? (다툼이 있으면 판례에 따름)

① 무주물 선점에 의한 소유권 취득
② 상속에 의한 소유권 취득
③ 환지처분에 의한 국가의 소유권 취득
④ 건물 신축에 의한 소유권 취득
⑤ 공용징수에 의한 토지 소유권 취득

11 통정허위표시에 의하여 외형상 형성된 법률관계를 기초로 하여 '새로운 법률상 이해관계를 맺은 제3자'에 해당하지 <u>않는</u> 자는? (다툼이 있으면 판례에 따름)

① 가장전세권에 관하여 저당권을 취득한 자
② 가장소비대차에 기한 대여금채권을 양수한 자
③ 가장저당권 설정행위에 기한 저당권의 실행에 의하여 목적부동산을 경락받은 자
④ 가장의 채권양도 후 채무가 변제되지 않고 있는 동안 채권양도가 허위임이 밝혀진 경우에 있어서의 채무자
⑤ 가장소비대차의 대주(貸主)가 파산한 경우, 파산자와는 독립한 지위에서 파산채권자 전체의 공동의 이익을 위하여 직무를 행하게 된 파산관재인

12 착오에 의한 의사표시에 관한 설명으로 옳지 <u>않은</u> 것은? (다툼이 있으면 판례에 따름)

① 토지매매에 있어서 특별한 사정이 없는 한, 매수인이 측량을 통하여 매매목적물이 지적도상의 그것과 정확히 일치하는지 확인하지 않은 경우 중대한 과실이 인정된다.

② 상대방이 표의자의 진의에 동의한 경우 표의자는 착오를 이유로 의사표시를 취소할 수 없다.

③ 상대방에 의해 유발된 동기의 착오는 동기가 표시되지 않았더라도 중요부분의 착오가 될 수 있다.

④ 상대방이 표의자의 착오를 알면서 이용한 경우에는 착오가 표의자의 중대한 과실로 인한 것이더라도 표의자는 착오에 의한 의사표시를 취소할 수 있다.

⑤ 제3자의 기망행위에 의해 표시상의 착오에 빠진 경우에 사기가 아닌 착오를 이유로 의사표시를 취소할 수 있다.

13 사기 · 강박에 의한 의사표시에 관한 설명으로 옳은 것은? (다툼이 있으면 판례에 따름)

① 교환계약의 당사자가 자기 소유 목적물의 시가를 묵비하였다면 특별한 사정이 없는 한, 위법한 기망행위가 성립한다.

② 강박에 의해 자유로운 의사결정의 여지가 완전히 박탈되어 그 외형만 있는 법률행위라고 하더라도 이를 무효라고 할 수는 없다.

③ 토지거래허가를 받지 않아 유동적 무효 상태에 있는 법률행위라도 사기에 의한 의사표시의 요건이 충족된 경우 사기를 이유로 취소할 수 있다.

④ 대리인의 기망행위로 계약을 체결한 상대방은 본인이 대리인의 기망행위에 대해 선의 · 무과실이면 계약을 취소할 수 없다.

⑤ 강박행위의 목적이 정당한 경우에는 비록 그 수단이 부당하다고 하더라도 위법성이 인정될 여지가 없다.

14 의사표시의 효력발생에 관한 설명으로 옳지 <u>않은</u> 것은? (다툼이 있으면 판례에 따름)

① 도달주의의 원칙은 채권양도의 통지와 같은 준법률행위에도 유추적용될 수 있다.

② 의사표시의 부도달 또는 연착으로 인한 불이익은 특별한 사정이 없는 한 표의자가 이를 부담한다.

③ 의사표시자가 그 통지를 발송한 후 제한능력자가 되었다면 특별한 사정이 없는 한 그 의사표시는 취소할 수 있다.

④ 수령무능력자에게 의사표시를 한 경우, 특별한 사정이 없는 한 표의자는 그 의사표시로써 수령무능력자에게 대항할 수 없다.

⑤ 상대방이 정당한 사유 없이 의사표시 통지의 수령을 거절한 경우, 상대방이 그 통지의 내용을 알 수 있는 객관적 상태에 놓여 있는 때에 의사표시의 효력이 생기는 것으로 보아야 한다.

15 복대리에 관한 설명으로 옳은 것은? (다툼이 있으면 판례에 따름)

① 복대리인은 제3자에 대하여 대리인과 동일한 권리의무가 있다.

② 본인의 묵시적 승낙에 기초한 임의대리인의 복임권행사는 허용되지 않는다.

③ 임의대리인이 본인의 명시적 승낙을 얻어 복대리인을 선임한 때에는 본인에 대하여 그 선임감독에 관한 책임이 없다.

④ 법정대리인이 그 자신의 이름으로 선임한 복대리인은 법정대리인의 대리인이다.

⑤ 복대리인의 대리행위에 대해서는 표현대리가 성립할 수 없다.

16 표현대리에 관한 설명으로 옳지 <u>않은</u> 것을 모두 고른 것은? (다툼이 있으면 판례에 따름)

> ㄱ. 대리권 소멸 후의 표현대리에 관한 규정은 임의대리에만 적용된다.
> ㄴ. 표현대리를 주장할 때에는 무권대리인과 표현대리에 해당하는 무권대리 행위를 특정하여 주장하여야 한다.
> ㄷ. 강행법규를 위반하여 무효인 법률행위라 하더라도 표현대리의 법리는 준용될 수 있다.
> ㄹ. 표현대리가 성립하는 경우에도 상대방에게 과실이 있다면 과실상계의 법리를 유추적용하여 본인의 책임을 경감할 수 있다.

① ㄱ, ㄴ

② ㄴ, ㄷ

③ ㄱ, ㄴ, ㄷ

④ ㄱ, ㄷ, ㄹ

⑤ ㄴ, ㄷ, ㄹ

17 소급효가 원칙적으로 인정되지 <u>않는</u> 것은? (다툼이 있으면 판례에 따름)

① 무권대리인이 체결한 계약에 대한 추인의 효과

② 기한부 법률행위에서의 기한도래의 효과

③ 토지거래 허가구역 내의 토지거래계약에 대한 허가의 효과

④ 소멸시효 완성의 효과

⑤ 법률행위 취소의 효과

18 법률행위의 조건과 기한에 관한 설명으로 옳은 것은? (다툼이 있으면 판례에 따름)

① 법정조건도 법률행위의 부관으로서 조건에 해당한다.

② 채무면제와 같은 단독행위에는 조건을 붙일 수 없다.

③ 기한은 특별한 사정이 없는 한 채권자의 이익을 위한 것으로 추정한다.

④ 조건에 친하지 않은 법률행위에 불법조건을 붙이면 조건 없는 법률행위로 전환된다.

⑤ 불확정한 사실의 발생을 기한으로 한 경우, 특별한 사정이 없는 한 그 사실의 발생이 불가능한 것으로 확정된 때에도 기한이 도래한 것으로 본다.

19 소멸시효의 기산점에 관한 설명으로 옳지 <u>않은</u> 것은? (다툼이 있으면 판례에 따름)

① 정지조건부 권리는 조건이 성취되지 않은 동안에는 소멸시효가 진행되지 않는다.

② 이행기한을 정하지 않은 채권은 채권자의 이행최고가 있는 날로부터 소멸시효가 진행한다.

③ 채무불이행으로 인한 손해배상청구권은 채무불이행시로부터 소멸시효가 진행한다.

④ 동시이행의 항변권이 붙은 채권은 그 이행기로부터 소멸시효가 진행한다.

⑤ 무권대리인에 대한 상대방의 계약이행청구권이나 손해배상청구권은 그 선택권을 행사할 수 있을 때부터 소멸시효가 진행한다.

20 소멸시효에 관한 설명으로 옳지 <u>않은</u> 것은? (다툼이 있으면 판례에 따름)

① 소멸시효는 법률행위에 의하여 이를 배제하거나 연장할 수 없다.

② 시효의 중단은 원칙적으로 당사자 및 그 승계인 사이에서만 효력이 있다.

③ 소멸시효 중단사유로서의 채무승인은 채무가 있음을 알고 있다는 뜻의 의사표시이므로 효과의사가 필요하다.

④ 소멸시효의 이익은 시효가 완성되기 전에 미리 포기하지 못한다.

⑤ 소멸시효 완성 후 채무자는 시효완성의 사실을 알고 그 채무를 묵시적으로 승인함으로써 시효의 이익을 포기할 수 있다.

21 부동산등기에 관한 설명으로 옳지 <u>않은</u> 것은? (다툼이 있으면 판례에 따름)

① 전부 멸실한 건물의 보존등기를 신축한 건물의 보존등기로 유용하는 것은 허용된다.

② 물권에 관한 등기가 원인 없이 말소되었더라도 특별한 사정이 없는 한 그 물권의 효력에는 아무런 영향을 미치지 않는다.

③ 소유권이전청구권 보전의 가등기가 있더라도 소유권이전등기를 청구할 어떤 법률관계가 있다고 추정되지 않는다.

④ 가등기권리자가 가등기에 기한 소유권이전의 본등기를 한 경우에는 등기공무원은 그 가등기 후에 한 제3자 명의의 소유권이전등기를 직권으로 말소하여야 한다.

⑤ 소유권이전등기가 마쳐지면 그 등기명의자는 제3자는 물론이고 전소유자에 대해서도 적법한 등기원인에 의하여 소유권을 취득한 것으로 추정된다.

22 점유자와 회복자의 관계에 관한 설명으로 옳은 것은? (다툼이 있으면 판례에 따름)

① 선의의 점유자가 취득하는 과실에 점유물의 사용이익은 포함되지 않는다.

② 유치권자에게는 원칙적으로 수익목적의 과실수취권이 인정된다.

③ 점유물이 점유자의 귀책사유로 훼손된 경우, 선의의 점유자는 소유의 의사가 없더라도 이익이 현존하는 한도에서 배상책임이 있다.

④ 회복자로부터 점유물의 반환을 청구 받은 점유자는 유익비의 상환을 청구할 수 있다.

⑤ 점유물의 소유자가 변경된 경우, 점유자는 유익비 지출 당시의 전 소유자에게 비용의 상환을 청구해야 한다.

23 총유에 관한 설명으로 옳지 <u>않은</u> 것은? (다툼이 있으면 판례에 따름)

① 비법인사단이 총유물에 관한 매매계약을 체결하는 행위는 총유물의 처분행위가 아니다.

② 비법인사단이 타인 간의 금전채무를 보증하는 행위는 총유물의 관리·처분행위가 아니다.

③ 총유물의 보존행위는 특별한 사정이 없는 한 구성원이 단독으로 결정할 수 없다.

④ 비법인사단의 대표자는 총유재산에 관한 소송에서 단독으로 당사자가 될 수 없다.

⑤ 비법인사단인 주택조합이 주체가 되어 신축 완공한 건물로서 일반에게 분양되는 부분은 조합원 전원의 총유에 속한다.

24 점유에 관한 설명으로 옳지 <u>않은</u> 것은? (다툼이 있으면 판례에 따름)

① 점유매개자의 점유를 통한 간접점유에 의해서도 점유에 의한 시효취득이 가능하다.
② 사기의 의사표시에 의해 건물을 명도해 준 자는 점유회수의 소권을 행사할 수 없다.
③ 미등기건물을 양수하여 건물에 관한 사실상의 처분권을 보유한 양수인은 그 건물부지의 점유자이다.
④ 간접점유의 요건이 되는 점유매개관계는 법률행위가 아닌 법령의 규정에 의해서는 설정될 수 없다.
⑤ 상속에 의하여 점유권을 취득한 상속인은 새로운 권원에 의하여 자기 고유의 점유를 개시하지 않는 한 피상속인의 점유를 떠나 자기만의 점유를 주장할 수 없다.

25 선의취득에 관한 설명으로 옳은 것은? (다툼이 있으면 판례에 따름)

① 선의취득에 관한 민법 제249조는 저당권의 취득에도 적용된다.
② 동산의 선의취득에 필요한 점유의 취득은 현실의 인도뿐만 아니라 점유개정에 의해서도 가능하다.
③ 선의취득의 요건인 선의·무과실의 판단은 동산의 인도 여부와 관계없이 물권적 합의가 이루어진 때를 기준으로 한다.
④ 도품·유실물에 관한 민법 제251조는 선의취득자에게 그가 지급한 대가의 변상시까지 취득물의 반환청구를 거부할 수 있는 항변권만을 인정한다는 취지이다.
⑤ 제3자에 대한 목적물반환청구권을 양수인에게 양도하고 지명채권 양도의 대항요건을 갖추면 동산의 선의취득에 필요한 점유의 취득요건을 충족한다.

26 구분소유적 공유관계에 관한 설명으로 옳지 <u>않은</u> 것은? (다툼이 있으면 판례에 따름)

① 구분소유적 공유관계의 해소는 상호명의신탁의 해지에 의한다.
② 당사자 내부에 있어서는 각자가 특정매수한 부분은 각자의 단독 소유가 된다.
③ 구분소유적 공유지분을 매수한 자는 당연히 구분소유적 공유관계를 승계한다.
④ 제3자의 방해행위가 있으면 공유자는 자기의 구분소유 부분뿐만 아니라 전체 토지에 대하여 공유물의 보존행위로서 그 배제를 구할 수 있다.
⑤ 구분소유적 공유관계는 어떤 토지에 관하여 그 위치와 면적을 특정하여 여러 사람이 구분소유하기로 하는 약정이 있어야만 적법하게 성립할 수 있다.

27 부동산 취득시효에 관한 설명으로 옳지 **않은** 것은? (다툼이 있으면 판례에 따름)

① 무과실은 점유취득시효의 요건이 아니다.
② 성명불상자의 소유물도 시효취득의 대상이 된다.
③ 점유취득시효가 완성된 후에는 취득시효 완성의 이익을 포기할 수 있다.
④ 행정재산은 시효취득의 대상이 아니다.
⑤ 압류는 점유취득시효의 중단사유이다.

28 甲은 자선의 X토지를 乙에게 매도하였고, 乙은 X 토지를 丙에게 전매하였다. 다음 설명으로 옳지 **않은** 것을 모두 고른 것은? (다툼이 있으면 판례에 따름)

> ㄱ. 甲, 乙, 丙 사이에 중간생략등기에 관한 합의가 있다면, 甲의 乙에 대한 소유권이전등기의무는 소멸한다.
> ㄴ. 乙의 甲에 대한 소유권이전등기청구권의 양도는 甲에 대한 통지만으로 대항력이 생긴다.
> ㄷ. 甲, 乙, 丙 사이에 중간생략등기에 관한 합의가 없다면, 중간생략등기가 이루어져서 실체관계에 부합하더라도 그 등기는 무효이다.
> ㄹ. 甲, 乙, 丙 사이에 중간생략등기에 관한 합의가 있은 후 甲·乙 간의 특약으로 매매대금을 인상한 경우, 甲은 인상된 매매대금의 미지급을 이유로 丙에 대한 소유권이전등기의무의 이행을 거절할 수 있다.

① ㄱ, ㄴ
② ㄴ, ㄷ
③ ㄷ, ㄹ
④ ㄱ, ㄴ, ㄷ
⑤ ㄴ, ㄷ, ㄹ

29 공유관계에 관한 설명으로 옳지 **않은** 것은? (다툼이 있으면 판례에 따름)

① 부동산 공유자의 공유지분 포기의 의사표시가 다른 공유자에게 도달하더라도 이로써 곧바로 공유지분 포기에 따른 물권변동의 효력이 발생하는 것은 아니다.
② 소수지분권자는 공유물의 전부를 협의 없이 점유하는 다른 소수지분권자에게 공유물의 인도를 청구할 수 있다.
③ 과반수 지분권자는 공유물의 관리에 관한 사항을 단독으로 결정할 수 있다.
④ 토지공유자 사이에서는 지분비율로 공유물의 관리비용을 부담한다.
⑤ 공유자는 특별한 사정이 없는 한 언제든지 공유물의 분할을 청구할 수 있다.

30 공유물분할에 관한 설명으로 옳지 <u>않은</u> 것은? (다툼이 있으면 판례에 따름)

① 공유물분할의 효과는 원칙적으로 소급하지 않는다.

② 재판에 의한 공유물분할은 현물분할이 원칙이다.

③ 공유관계가 존속하는 한, 공유물분할청구권만이 독립하여 시효로 소멸하지는 않는다.

④ 공유토지를 현물분할하는 경우에 반드시 공유지분의 비율대로 토지 면적을 분할해야 하는 것은 아니다.

⑤ 공유물분할의 조정절차에서 공유자 사이에 현물분할의 협의가 성립하여 조정조서가 작성된 때에는 그 즉시 공유관계가 소멸한다.

31 부동산 실권리자명의 등기에 관한 법률상 명의신탁에 관한 설명으로 옳은 것은? (다툼이 있으면 판례에 따름)

① 투기·탈세 등의 방지라는 법의 목적상 명의신탁은 그 자체로 선량한 풍속 기타 사회질서에 위반된다.

② 명의신탁이 무효인 경우, 신탁자와 수탁자가 혼인하면 명의신탁약정이 체결된 때로부터 위 명의신탁은 유효하게 된다.

③ 부동산 명의신탁약정의 무효는 수탁자로부터 그 부동산을 취득한 악의의 제3자에게 대항할 수 있다.

④ 농지법에 따른 제한을 피하기 위하여 명의신탁을 한 경우에도 그에 따른 수탁자 명의의 소유권이전 등기가 불법원인급여라고 할 수 없다.

⑤ 조세포탈 등의 목적 없이 종교단체장의 명의로 그 종교단체 보유 부동산의 소유권을 등기한 경우, 그 단체와 단체장 간의 명의신탁약정은 유효하다.

32 甲은 乙에 대한 채권을 담보하기 위하여 乙 소유의 X토지에 관하여 저당권을 취득하였다. 그 후 X의 담보가치 하락을 막기 위하여 乙의 X에 대한 사용·수익권을 배제하지 않는 지상권을 함께 취득하였다. 이에 관한 설명으로 옳지 <u>않은</u> 것은? (다툼이 있으면 판례에 따름)

① 甲의 지상권의 피담보채무는 존재하지 않는다.

② 甲의 채권이 시효로 소멸하면 지상권도 소멸한다.

③ 甲의 채권이 변제 등으로 만족을 얻어 소멸하면 지상권도 소멸한다.

④ 제3자가 甲에게 대항할 수 있는 권원 없이 X 위에 건물을 신축하는 경우, 甲은 그 축조의 중지를 요구할 수 있다.

⑤ 제3자가 X를 점유·사용하는 경우, 甲은 지상권의 침해를 이유로 손해배상을 청구할 수 있다.

33 분묘기지권에 관한 설명으로 옳지 <u>않은</u> 것은? (다툼이 있으면 판례에 따름)

① 분묘기지권을 시효취득하는 경우에는 특약이 없는 한 지료를 지급할 필요가 없다.
②「장사 등에 관한 법률」이 시행된 후 설치된 분묘에 대해서는 더 이상 시효취득이 인정되지 않는다.
③ 분묘기지권의 시효취득을 인정하는 종전의 관습법은 법적 규범으로서의 효력을 상실하였다.
④ 분묘기지권이 인정되는 분묘를 다른 곳에 이장하면 그 분묘기지권은 소멸한다.
⑤ 분묘가 일시적으로 멸실되어도 유골이 존재하여 분묘의 원상회복이 가능하다면 분묘기지권은 존속한다.

34 전세권에 관한 설명으로 옳은 것은? (다툼이 있으면 판례에 따름)

① 전세권이 성립한 후 목적물의 소유권이 이전되더라도 전세금반환채무가 당연히 신소유자에게 이전되는 것은 아니다.
② 전세권의 존속기간이 시작되기 전에 마친 전세권설정등기는 특별한 사정이 없는 한 그 기간이 시작되기 전에는 무효이다.
③ 전세권을 설정하는 때에는 전세금이 반드시 현실적으로 수수되어야 한다.
④ 건물의 일부에 전세권이 설정된 경우 전세권의 목적물이 아닌 나머지 부분에 대해서도 경매를 신청할 수 있다.
⑤ 전세권자가 통상의 필요비를 지출한 경우 그 비용의 상환을 청구하지 못한다.

35 2020년 5월 신탁자 甲과 그의 친구인 수탁자 乙이 X부동산에 대하여 명의신탁약정을 한 후, 乙이 직접 계약당사자가 되어 丙으로부터 X를 매수하고 소유권이전등기를 마쳤다. 다음 설명으로 옳지 <u>않은</u> 것은? (다툼이 있으면 판례에 따름)

① 甲과 乙 사이의 명의신탁약정은 무효이다.
② 丙이 甲·乙 사이의 명의신탁약정 사실을 몰랐다면 乙은 X의 소유권을 취득한다.
③ 丙이 甲·乙 사이의 명의신탁약정 사실을 알았는지 여부는 소유권이전등기가 마쳐진 때를 기준으로 판단하여야 한다.
④ 乙이 X의 소유자가 된 경우 甲으로부터 제공받은 매수자금 상당액을 甲에게 부당이득으로 반환하여야 한다.
⑤ 丙이 甲·乙 사이의 명의신탁약정 사실을 안 경우에도 乙이 그 사정을 모르는 丁에게 X를 매도하여 소유권이전등기를 마쳤다면 丁은 X의 소유권을 취득한다.

36 유치권에 관한 설명으로 옳지 <u>않은</u> 것은? (다툼이 있으면 판례에 따름)

① 건물의 임차인이 임대인에게 지급한 임차보증금반환채권은 그 건물에 관하여 생긴 채권이 아니다.

② 임대인이 건물시설을 하지 않아 임차인이 건물을 임차목적대로 사용하지 못하였음을 이유로 하는 손해배상청구권은 그 건물에 관하여 생긴 채권이다.

③ 수급인의 재료와 노력으로 건축되었고 독립한 건물에 해당되는 기성부분에 대하여는 특별한 사정이 없는 한 수급인은 유치권을 가질 수 없다.

④ 채권자가 채무자를 직접점유자로 하여 간접점유하는 경우에는 유치권이 성립하지 않는다.

⑤ 유치권자가 점유침탈로 유치물의 점유를 상실한 경우, 유치권은 원칙적으로 소멸한다.

37 질권에 관한 설명으로 옳지 <u>않은</u> 것은? (다툼이 있으면 판례에 따름)

① 양도할 수 없는 물건은 질권의 목적이 되지 못한다.

② 질권자는 채권의 변제를 받기 위하여 질물을 경매할 수 있다.

③ 채권질권의 효력은 질권의 목적이 된 채권 외에 그 채권의 지연손해금에는 미치지 않는다.

④ 질권의 목적인 채권의 양도행위는 질권자의 이익을 해하는 변경에 해당되지 않으므로 질권자의 동의를 요하지 않는다.

⑤ 수개의 채권을 담보하기 위하여 동일한 동산에 수개의 질권을 설정한 경우, 그 순위는 설정의 선후에 의한다.

38 저당권에 관한 설명으로 옳지 <u>않은</u> 것은? (다툼이 있으면 판례에 따름)

① 저당부동산에 대한 압류 후에는 저당권설정자의 저당부동산에 관한 차임채권에도 저당권의 효력이 미친다.

② 저당목적물의 변형물에 대하여 이미 제3자가 압류하였더라도 저당권자가 스스로 이를 압류하지 않으면 물상대위권을 행사할 수 없다.

③ 저당권은 그 담보한 채권과 분리하여 타인에게 양도하거나 다른 채권의 담보로 하지 못한다.

④ 저당권의 효력은 원칙적으로 저당부동산에 부합된 물건에 미친다.

⑤ 저당부동산에 대하여 지상권을 취득한 제3자는 저당권자에게 그 부동산으로 담보된 채권을 변제하고 저당권의 소멸을 청구할 수 있다.

39 甲은 乙에 대한 2억 원의 채권을 담보하기 위하여 乙 소유 X토지와 Y건물에 대하여 각각 1번 공동저당권을 취득하였다. 그 후 丙은 乙에 대한 1억 6천만 원의 채권을 담보하기 위하여 X에 대하여 2번 저당권을, 丁은 乙에 대한 7천만 원의 채권을 담보하기 위하여 Y에 대하여 2번 저당권을 취득하였다. 그 후 丙이 경매를 신청하여 X가 3억 원에 매각되어 배당이 완료되었고, 다시 丁이 경매를 신청하여 Y가 1억 원에 매각되었다. 丁이 Y의 매각대금에서 배당받을 수 있는 금액은? (단, 경매비용 · 이자 등은 고려하지 않으며, 다툼이 있으면 판례에 따름)

① 0원

② 3,500만 원

③ 4,000만 원

④ 5,000만 원

⑤ 7,000만 원

40 전세권을 목적으로 하는 저당권에 관한 설명으로 옳지 않은 것은? (다툼이 있으면 판례에 따름)

① 저당권설정자는 저당권자의 동의 없이 전세권을 소멸하게 하는 행위를 하지 못한다.

② 전세권의 존속기간이 만료된 경우 저당권자는 전세권 자체에 대해 저당권을 실행할 수 있다.

③ 전세권의 존속기간이 만료되면 저당권자는 전세금반환채권에 대하여 물상대위할 수 있다.

④ 전세금반환채권은 저당권의 목적물이 아니다.

⑤ 전세권이 기간만료로 소멸한 경우 전세권설정자는 원칙적으로 전세권자에 대하여만 전세금반환의무를 부담한다.

제2과목 | 경제학원론

01 무차별곡선에 관한 설명으로 옳지 않은 것은?

① 무차별곡선은 동일한 효용 수준을 제공하는 상품묶음들의 궤적이다.

② 무차별곡선의 기울기는 한계대체율이며 두 재화의 교환비율이다.

③ 무차별곡선이 원점에 대해 오목하면 한계대체율은 체감한다.

④ 완전대체재 관계인 두 재화에 대한 무차별곡선은 직선의 형태이다.

⑤ 모서리해를 제외하면 무차별곡선과 예산선이 접하는 점이 소비자의 최적점이다.

02 사회후생에 관한 설명으로 옳지 않은 것은?

① 차선의 이론은 부분적 해결책이 최적은 아닐 수 있음을 보여준다.

② 롤즈(J. Rawls)적 가치판단을 반영한 사회무차별곡선은 L자 모양이다.

③ 파레토 효율성 조건은 완전경쟁의 상황에서 충족된다.

④ 공리주의적 사회후생함수는 최대다수의 최대행복을 나타낸다.

⑤ 애로우(K. Arrow)의 불가능성 정리에서 파레토원칙은 과반수제를 의미한다.

03 수요곡선에 관한 설명으로 옳지 않은 것은?

① 우하향하는 수요곡선의 경우, 수요의 법칙이 성립한다.

② 기펜재(Giffen goods)의 수요곡선은 대체효과보다 소득효과가 크기 때문에 우하향한다.

③ 사적재화의 시장수요는 개별수요의 수평 합이다.

④ 우하향하는 수요곡선의 높이는 한계편익이다.

⑤ 소비자의 소득이 변하면 수요곡선이 이동한다.

04 수요와 공급의 탄력성에 관한 설명으로 옳은 것은?

① 수요곡선이 수직이면 가격탄력성이 무한대이다.
② 우하향하는 직선의 수요곡선 상 모든 점에서 가격탄력성은 같다.
③ 가격탄력성이 1보다 크면 비탄력적이다.
④ 우상향 직선의 공급곡선 Y축 절편이 0보다 크면 가격탄력성은 무조건 1보다 크다.
⑤ 수요의 교차탄력성이 1보다 크면 두 상품은 보완재 관계이다.

05 수요곡선은 $P=10$, 공급곡선은 $Q_s=P$이다. 정부가 한 단위당 2원의 물품세를 소비자에게 부과한 결과로 옳은 것은? (단, Q_s는 공급량, P는 가격이다)

① 소비자 대신 생산자에게 물품세를 부과하면 결과는 달라진다.
② 소비자잉여는 감소하였다.
③ 생산자잉여의 감소분은 24원이다.
④ 자중손실(deadweight loss)은 2원이다.
⑤ 조세수입은 20원 증가하였다.

06 원점에 대해 오목한 생산가능곡선에 관한 설명으로 옳지 <u>않은</u> 것은?

① X축 상품생산이 늘어나면 기울기가 더 가팔라진다.
② 생산기술이 향상되면 생산가능곡선이 원점에서 더 멀어진다.
③ 기회비용 체증의 법칙이 성립한다.
④ 생산가능곡선 기울기의 절댓값이 한계변환율이다.
⑤ 생산가능곡선 상의 점에서 파레토 개선이 가능하다.

07 시장 수요이론에 관한 설명으로 옳지 <u>않은</u> 것을 모두 고른 것은?

> ㄱ. 네트워크효과가 있는 경우 시장수요곡선은 개별 수요곡선의 수평 합이다.
> ㄴ. 상품 소비자의 수가 증가함에 따라 그 상품 수요가 증가하는 효과를 속물 효과(snob effect)라고 한다.
> ㄷ. 열등재라도 대체효과의 절대적 크기가 소득효과의 절대적 크기보다 크면 수요곡선은 우하향한다.
> ㄹ. 소득이 증가할 때 소비가 증가하는 재화는 정상재이다.

① ㄱ, ㄴ
② ㄱ, ㄷ
③ ㄱ, ㄹ
④ ㄴ, ㄷ
⑤ ㄴ, ㄹ

08 기업생산이론에 관한 설명으로 옳은 것을 모두 고른 것은?

> ㄱ. 장기(long-run)에는 모든 생산요소가 가변적이다.
> ㄴ. 다른 생산요소가 고정인 상태에서 생산요소 투입 증가에 따라 한계생산이 줄어드는 현상이 한계생산 체감의 법칙이다.
> ㄷ. 등량곡선이 원점에 대해 볼록하면 한계기술대체율 체감의 법칙이 성립한다.
> ㄹ. 비용극소화는 이윤극대화의 필요충분조건이다.

① ㄱ, ㄴ
② ㄷ, ㄹ
③ ㄱ, ㄴ, ㄷ
④ ㄴ, ㄷ, ㄹ
⑤ ㄱ, ㄴ, ㄷ, ㄹ

09 후생경제이론에 관한 설명으로 옳은 것은?

① 파레토(Pareto) 효율적인 상태는 파레토 개선이 가능한 상태를 뜻한다.
② 제2정리는 모든 사람의 선호가 오목성을 가지면 파레토 효율적인 배분은 일반경쟁균형이 된다는 것이다.
③ 제1정리는 모든 소비자의 선호체계가 약 단조성을 갖고 외부성이 존재하면 일반경쟁균형의 배분은 파레토 효율적이라는 것이다.
④ 제1정리는 완전경쟁시장 하에서 사익과 공익은 서로 상충된다는 것이다.
⑤ 제1정리는 아담 스미스(A. Smith)의 '보이지 않는 손'의 역할을 이론적으로 뒷받침해주는 것이다.

10 노동(L)과 자본(K)만 이용하여 재화를 생산하는 기업의 생산함수가 $Q=\min(\dfrac{L}{2},\ K)$이다. 노동가격은 2원이고 자본가격은 3원일 때 기업이 재화 200개를 생산하고자 할 경우 평균비용(원)은? (단, 고정비용은 없다)

① 6
② 7
③ 8
④ 9
⑤ 10

11 표는 기업 甲과 乙의 초기 보수행렬이다. 제도 변화 후, 오염을 배출하는 乙은 배출 1톤에서 2톤으로 증가하는데 甲에게 보상금 5를 지불하게 되어 보수행렬이 변화했다. 보수행렬 변화 전, 후에 관한 설명으로 옳은 것은? (단, 1회성 게임이며, 보수행렬 ( ) 안 왼쪽은 甲, 오른쪽은 乙의 것이다)

구분		乙	
		1톤 배출	2톤 배출
甲	조업중단	(0, 4)	(0, 8)
	조업가동	(10, 4)	(3, 8)

① 초기 상태의 내쉬균형은 (조업중단, 2톤 배출)이다.
② 초기 상태의 甲과 乙의 우월전략은 없다.
③ 제도 변화 후 甲의 우월전략은 있으나 乙의 우월전략은 없다.
④ 제도 변화 후 甲과 乙의 전체 보수는 감소했다.
⑤ 제도 변화 후 오염물질의 총배출량은 감소했다.

12 굴절수요곡선 모형에서 가격 안정성에 관한 설명으로 옳은 것은?

① 기업이 선택하는 가격에 대한 예상된 변화가 대칭적이기 때문이다.
② 기업은 서로 담합하여 가격의 안정성을 확보한다.
③ 일정 구간에서 비용의 변화에도 불구하고 상품가격은 안정적이다.
④ 경쟁기업의 가격 인상에만 반응한다고 가정한다.
⑤ 비가격경쟁이 증가하는 현상을 설명한다.

13 기업 甲과 乙만 있는 상품시장에서 두 기업이 꾸르노(Cournot) 모형에 따라 행동하는 경우에 관한 설명으로 옳은 것을 모두 고른 것은? (단, 생산기술은 동일하다)

> ㄱ. 甲은 乙이 생산량을 결정하면 그대로 유지될 것이라고 추측한다.
> ㄴ. 甲과 乙은 생산량 결정에서 서로 협력한다.
> ㄷ. 甲, 乙 두 기업이 완전한 담합을 이루는 경우와 꾸르노 균형의 결과는 동일하다.
> ㄹ. 추가로 기업이 시장에 진입하는 경우 균형가격은 한계비용에 접근한다.

① ㄱ, ㄷ
② ㄱ, ㄹ
③ ㄴ, ㄷ
④ ㄴ, ㄹ
⑤ ㄷ, ㄹ

14 역선택에 관한 설명으로 옳은 것은?

① 동일한 조건과 보험료로 구성된 치아보험에 치아건강상태가 좋은 계층이 더 가입하려는 경향이 있다.
② 역선택은 정보가 대칭적인 중고차시장에서 자주 발생한다.
③ 역선택 방지를 위해 통신사는 소비자별로 다른 요금을 부과한다.
④ 의료보험의 기초공제제도는 대표적인 역선택 방지 수단이다.
⑤ 품질표시제도는 역선택을 방지하기 위한 수단이다.

15 순수 공공재에 관한 설명으로 옳지 않은 것은?

① 소비자가 많을수록 개별 소비자가 이용하는 편익은 감소한다.
② 시장수요는 개별 소비자 수요의 수직합으로 도출된다.
③ 개별 소비자의 한계편익 합계와 공급에 따른 한계비용이 일치하는 수준에서 사회적 최적량이 결정된다.
④ 시장에서 공급량이 결정되면 사회적 최적량에 비해 과소 공급된다.
⑤ 공급량이 사회적 최적 수준에서 결정되려면 사회 전체의 정확한 선호를 파악해야 한다.

16 독점기업의 가격차별 전략 중 이부가격제(two-part pricing)에 관한 설명으로 옳은 것을 모두 고른 것은?

> ㄱ. 서비스 요금 설정에서 기본요금(가입비)과 초과사용량 요금(사용료)을 분리하여 부과하는 경우가 해당된다.
> ㄴ. 적은 수량을 소비하는 소비자의 평균지불가격이 낮아진다.
> ㄷ. 소비자잉여는 독점기업이 부과할 수 있는 가입비의 한도액이다.
> ㄹ. 자연독점 하의 기업이 평균비용 가격설정으로 인한 손실을 보전하기 위해 선택한다.

① ㄱ, ㄴ
② ㄱ, ㄷ
③ ㄴ, ㄷ
④ ㄱ, ㄴ, ㄷ
⑤ ㄴ, ㄷ, ㄹ

17 오염물질을 배출하는 기업 甲과 乙의 오염저감비용은 각각 $TAC_1 = 200 + 4X_1^2$, $TAC_2 = 200 + X_2^2$이다. 정부가 두 기업의 총오염배출량을 80톤 감축하기로 결정할 경우, 두 기업의 오염저감비용의 합계를 최소화하는 甲과 乙의 오염감축량은? (단, X_1, X_2는 각각 甲과 乙의 오염감축량이다)

① $X_1 = 8$, $X_2 = 52$
② $X_1 = 16$, $X_2 = 64$
③ $X_1 = 24$, $X_2 = 46$
④ $X_1 = 32$, $X_2 = 48$
⑤ $X_1 = 64$, $X_2 = 16$

18 우하향하는 장기평균비용에 관한 설명으로 옳은 것은? (단, 생산기술은 동일하다)
① 생산량이 서로 다른 기업의 평균비용은 동일하다.
② 진입 장벽이 없는 경우 기업의 참여가 증가한다.
③ 소규모 기업의 평균비용은 더 낮다.
④ 장기적으로 시장에는 한 기업만이 존재하게 된다.
⑤ 소규모 다품종을 생산하면 평균비용이 낮아진다.

19 상품의 시장수요곡선은 $P=100-2Q$이고, 한계비용은 20이며, 제품 한 단위당 20의 환경피해를 발생시킨다. 완전경쟁시장 하에서 (ㄱ) 사회적 최적 수준의 생산량과 (ㄴ) 사회후생의 순손실은? (단, P는 가격, Q는 생산량이다)

① ㄱ : 20, ㄴ : 50
② ㄱ : 20, ㄴ : 100
③ ㄱ : 30, ㄴ : 30
④ ㄱ : 30, ㄴ : 100
⑤ ㄱ : 40, ㄴ : 200

20 기업 甲의 생산함수는 $Q=2L^{0.5}$이며, 가격은 4, L의 가격은 0.25이다. 이윤을 극대화하는 甲의 (ㄱ) 노동투입량과 (ㄴ) 균형산출량은? (단, L은 노동, Q는 산출물이며, 산출물시장과 노동시장은 완전경쟁적이다)
〈변형〉

① ㄱ : 64, ㄴ : 2
② ㄱ : 64, ㄴ : 4
③ ㄱ : 128, ㄴ : 4
④ ㄱ : 128, ㄴ : 16
⑤ ㄱ : 256, ㄴ : 32

21 표의 IS-LM 모형에서 균형재정승수는? (단, Y, M, r, T, G, P는 각각 국민소득, 통화량, 이자율, 조세, 정부지출, 물가이다)

> • IS : $Y=100+0.5(Y-T)-0.5r+G$
> • LM : $\dfrac{M}{P}=-r+Y$

① 0
② 0.5
③ 1
④ 1.5
⑤ 2

22 한국은행의 통화정책 수단과 제도에 관한 설명으로 옳지 <u>않은</u> 것은?

① 국채 매입 · 매각을 통한 통화량 관리
② 금융통화위원회는 한국은행 통화정책에 관한 사항을 심의 · 의결
③ 재할인율 조정을 통한 통화량 관리
④ 법정지급준비율 변화를 통한 통화량 관리
⑤ 고용증진 목표 달성을 위한 물가안정목표제 시행

23 화폐에 관한 설명으로 옳은 것은?

① 상품화폐의 내재적 가치는 변동하지 않는다.
② M2는 준화폐(near money)를 포함하지 않는다.
③ 명령화폐(fiat money)는 내재적 가치를 갖는 화폐이다.
④ 가치 저장수단의 역할로 소득과 지출의 발생 시점을 분리시켜 준다.
⑤ 다른 용도로 사용될 수 있는 재화는 교환의 매개 수단으로 활용될 수 없다.

24 폐쇄경제에서 국내총생산이 소비, 투자, 그리고 정부지출의 합으로 정의된 항등식이 성립할 때, 국내총생산과 대부자금시장에 관한 설명으로 옳지 <u>않은</u> 것은?

① 총저축은 투자와 같다.
② 민간저축이 증가하면 투자가 증가한다.
③ 총저축은 민간저축과 정부저축의 합이다.
④ 민간저축이 증가하면 이자율이 하락하여 정부저축이 증가한다.
⑤ 정부저축이 감소하면 대부시장에서 이자율은 상승한다.

25 화폐의 중립성이 성립하면 발생하는 현상으로 옳은 것은?

① 장기적으로는 고전적 이분법을 적용할 수 없다.
② 통화정책은 장기적으로 실업률에 영향을 줄 수 없다.
③ 통화정책은 장기적으로 실질 경제성장률을 제고할 수 있다.
④ 통화정책으로는 물가지수를 관리할 수 없다.
⑤ 중앙은행은 국채 매입을 통해 실질 이자율을 낮출 수 있다.

26 화폐수요에 관한 설명으로 옳은 것은?

① 이자율이 상승하면 현금통화 수요량이 감소한다.
② 물가가 상승하면 거래적 동기의 현금통화 수요는 감소한다.
③ 요구불예금 수요가 증가하면 M1 수요는 감소한다.
④ 실질 국내총생산이 증가하면 M1 수요는 감소한다.
⑤ 신용카드 보급기술이 발전하면 현금통화 수요가 증가한다.

27 소비자물가지수에 관한 설명으로 옳지 <u>않은</u> 것은?

① 기준연도에서 항상 100이다.
② 대체효과를 고려하지 못해 생계비 측정을 왜곡할 수 있다.
③ 가격 변화 없이 품질이 개선될 경우, 생계비 측정을 왜곡할 수 있다.
④ GDP 디플레이터보다 소비자들의 생계비를 더 왜곡한다.
⑤ 소비자가 구매하는 대표적인 재화와 서비스에 대한 생계비용을 나타내는 지표이다.

28 실업률과 인플레이션율의 관계는 $u = u_n - 2(\pi - \pi_e)$이고 자연실업률이 3%이다. 〈보기〉를 고려하여 중앙은행이 0%의 인플레이션율을 유지하는 준칙적 통화정책을 사용했을 때의 (ㄱ) <u>실업률</u>과, 최적 인플레이션율로 통제했을 때의 (ㄴ) <u>실업률</u>은? (단, u, u_n, π, π_e는 각각 실업률, 자연실업률, 인플레이션율, 기대인플레이션율이다)

─── 〈보 기〉 ───
- 중앙은행은 물가를 완전하게 통제할 수 있다.
- 민간은 합리적인 기대를 하며 중앙은행이 결정한 인플레이션율로 기대 인플레이션율을 결정한다.
- 주어진 기대 인플레이션에서 중앙은행의 최적 인플레이션율은 1%이다.

① ㄱ : 0%, ㄴ : 0%
② ㄱ : 1%, ㄴ : 0%
③ ㄱ : 1%, ㄴ : 1%
④ ㄱ : 2%, ㄴ : 1%
⑤ ㄱ : 3%, ㄴ : 3%

29 표의 기존 가정에 따라 독립투자승수를 계산했다. 계산된 승수를 하락시키는 가정의 변화를 모두 고른 것은?

기존 가정		가정의 변화
ㄱ. 생산자들은 고정된 가격에 추가적인 생산물을 공급한다.	→	총공급 곡선이 수직이다.
ㄴ. 이자율은 고정이다.	→	이자율 상승에 따라 투자가 감소한다.
ㄷ. 정부지출과 세금은 없다.	→	정부지출과 세금이 모두 외생적으로 증가한다.
ㄹ. 수출과 수입은 모두 영(0)이다.	→	수출과 수입이 모두 외생적으로 증가한다.

① ㄱ, ㄴ
② ㄱ, ㄷ
③ ㄴ, ㄷ
④ ㄴ, ㄹ
⑤ ㄷ, ㄹ

30 표는 기업 甲과 乙로만 구성된 A국의 연간 국내 생산과 분배를 나타낸다. 이에 관한 설명으로 옳지 <u>않은</u> 것은?

항목	甲	乙
매출액	400	900
중간투입액	0	400
임금	250	300
이자	0	50
임대료	100	100
이윤	( )	( )
요소소득에 대한 총지출	( )	( )
부가가치	( )	( )

① 기업 甲의 요소소득에 대한 총지출은 400이다.
② 기업 甲의 부가가치는 400이다.
③ 기업 甲의 이윤은 기업 乙의 이윤과 같다.
④ A국의 임금, 이자, 임대료, 이윤에 대한 총지출은 900이다.
⑤ A국의 국내총생산은 기업 甲과 기업 乙의 매출액 합계에서 요소소득에 대한 총지출을 뺀 것과 같다.

31 단기 필립스곡선은 우하향하고 장기 필립스곡선은 수직일 때, 인플레이션율을 낮출 경우 발생하는 현상으로 옳은 것은?

① 단기적으로 실업률이 증가한다.
② 장기적으로 실업률이 감소한다.
③ 장기적으로 인플레이션 저감비용은 증가한다.
④ 장기적으로 실업률은 자연실업률보다 높다.
⑤ 단기적으로 합리적 기대가설과 동일한 결과가 나타난다.

32 A국의 생산가능인구는 3,000만 명, 그 중에서 취업자는 1,400만 명, 실업자는 100만 명일 때 생산가능인구에 대한 비경제활동인구의 비율(%)은?

① 30
② 40
③ 50
④ 60
⑤ 70

33 현재 인플레이션율 8%에서 4%로 낮출 경우, 보기를 참고하여 계산된 희생률은? (단, Π_t, Π_{t-1}, U_t는 각각 t기의 인플레이션율, (t−1)기의 인플레이션율, t기의 실업률이다)

─〈보 기〉─
- $\Pi_t - \Pi_{t-1} = -0.8(U_t - 0.05)$
- 현재실업률 : 5%
- 실업률 1%p 증가할 때 GDP 2% 감소로 가정
- 희생률 : 인플레이션율을 1%p 낮출 경우 감소되는 GDP 변화율(%)

① 1.5
② 2
③ 2.5
④ 3
⑤ 3.5

34 변동환율제를 채택한 A국이 긴축재정을 실시하였다. 먼델－플레밍 모형을 이용한 정책 효과에 관한 설명으로 옳은 것을 모두 고른 것은? (단, 완전한 자본이동, 소국개방경제, 국가별 물가수준 고정을 가정한다)

ㄱ. 원화가치는 하락한다.
ㄴ. 투자지출을 증가시킨다.
ㄷ. 소득수준은 변하지 않는다.
ㄹ. 순수출이 감소한다.

① ㄱ, ㄴ
② ㄱ, ㄷ
③ ㄱ, ㄹ
④ ㄴ, ㄷ
⑤ ㄴ, ㄹ

35 솔로우(R. Solow)의 경제성장모형에서 1인당 생산함수는 $y=2k^{0.5}$, 저축률은 30%, 자본의 감가상각률은 25%, 인구증가율은 5%라고 가정한다. 균제상태(steady state)에서의 1인당 생산량 및 자본량은? (단, y는 1인당 생산량, k는 1인당 자본량이다)

① $y=1$, $k=1$
② $y=2$, $k=2$
③ $y=3$, $k=3$
④ $y=4$, $k=4$
⑤ $y=5$, $k=5$

36 폐쇄경제 하에서 정부가 지출을 늘렸다. 이에 대응하여 중앙은행이 기존 이자율을 유지하려고 할 때 나타나는 현상으로 옳은 것을 모두 고른 것은? (단, IS곡선은 우하향하고 LM곡선은 우상향한다)

ㄱ. 통화량이 증가한다.
ㄴ. 소득수준이 감소한다.
ㄷ. 소득수준은 불변이다.
ㄹ. LM곡선이 오른쪽으로 이동한다.

① ㄱ, ㄴ
② ㄱ, ㄷ
③ ㄱ, ㄹ
④ ㄴ, ㄹ
⑤ ㄷ, ㄹ

37 폐쇄경제 IS–LM 및 AD–AS 모형에서 정부지출 증가에 따른 균형의 변화에 관한 설명으로 옳은 것을 모두 고른 것은? (단, 초기경제는 균형상태, IS곡선 우하향, LM곡선 우상향, AD곡선 우하향, AS곡선은 수평선을 가정한다)

ㄱ. 소득수준은 증가한다.
ㄴ. 이자율은 감소한다.
ㄷ. 명목 통화량이 증가한다.
ㄹ. 투자지출은 감소한다.

① ㄱ, ㄴ
② ㄱ, ㄷ
③ ㄱ, ㄹ
④ ㄴ, ㄷ
⑤ ㄴ, ㄹ

38 A국 경제의 총수요곡선과 총공급곡선이 각각 $P = -Y_d + 4$, $P = P_e + (Y_s - 2)$이다. P_e가 3에서 5로 증가할 때, (ㄱ) 균형소득수준과 (ㄴ) 균형물가수준의 변화는? (단, P는 물가수준, Y_d는 총수요, Y_s는 총공급, P_e는 기대물가수준이다)

① ㄱ : 상승, ㄴ : 상승
② ㄱ : 하락, ㄴ : 상승
③ ㄱ : 상승, ㄴ : 하락
④ ㄱ : 하락, ㄴ : 하락
⑤ ㄱ : 불변, ㄴ : 불변

39 예상보다 높은 인플레이션이 발생할 경우 나타나는 효과에 관한 설명으로 옳지 <u>않은</u> 것은?

① 누진세 체계 하에서 정부의 조세수입은 감소한다.
② 채무자는 이익을 보지만 채권자는 손해를 보게 된다.
③ 고정된 화폐소득을 얻는 봉급생활자는 불리해진다.
④ 명목 국민소득이 증가한다.
⑤ 화폐의 구매력이 감소한다.

40 표의 경제모형에서 한계수입성향이 0.1로 감소하면 (ㄱ) 균형국민소득과 (ㄴ) 순수출 각각의 변화로 옳은 것은? (단, Y는 국민소득, C는 소비, I는 투자, X는 수출, M은 수입이다)

- $Y = C + I + X - M$
- $C = 100 + 0.6Y$
- $I = 100$
- $X = 100$
- $M = 0.4Y$

① ㄱ : 증가, ㄴ : 증가
② ㄱ : 감소, ㄴ : 증가
③ ㄱ : 증가, ㄴ : 감소
④ ㄱ : 감소, ㄴ : 감소
⑤ ㄱ : 불변, ㄴ : 증가

제3과목 | 부동산학원론

01 부동산의 개념에 관한 설명으로 옳지 **않은** 것은?

① 자연, 공간, 위치, 환경 속성은 물리적 개념에 해당한다.
② 부동산의 절대적 위치는 토지의 부동성에서 비롯된다.
③ 토지는 생산의 기본요소이면서 소비재가 된다.
④ 협의의 부동산과 준부동산을 합쳐서 광의의 부동산이라고 한다.
⑤ 부동산의 법률적 · 경제적 · 물리적 측면을 결합한 개념을 복합부동산이라고 한다.

02 토지의 분류 및 용어에 관한 설명으로 옳은 것은?

① 필지는 법률적 개념으로 다른 토지와 구별되는 가격수준이 비슷한 일단의 토지이다.
② 후보지는 부동산의 용도지역인 택지지역, 농지지역, 임지지역 상호간에 전환되고 있는 지역의 토지이다.
③ 나지는 「건축법」에 의한 건폐율 · 용적률 등의 제한으로 인해 한 필지 내에서 건축하지 않고 비워둔 토지이다.
④ 표본지는 지가의 공시를 위해 가치형성요인이 같거나 유사하다고 인정되는 일단의 토지 중에서 선정한 토지이다.
⑤ 공한지는 특정의 지점을 기준으로 한 택지이용의 최원방권의 토지이다.

03 토지의 특성에 관한 설명으로 옳은 것을 모두 고른 것은?

> ㄱ. 부증성으로 인해 이용전환을 통한 토지의 용도적 공급이 불가능하다.
> ㄴ. 부동성으로 인해 부동산 활동이 국지화된다.
> ㄷ. 영속성으로 인해 토지는 감가상각에서 배제되는 자산이다.
> ㄹ. 개별성으로 인해 외부효과가 발생한다.

① ㄱ, ㄹ   ② ㄴ, ㄷ
③ ㄱ, ㄴ, ㄷ   ④ ㄴ, ㄷ, ㄹ
⑤ ㄱ, ㄴ, ㄷ, ㄹ

04 부동산수요의 가격탄력성에 관한 설명으로 옳지 <u>않은</u> 것은? (단, 다른 조건은 동일함)

① 수요곡선 기울기의 절댓값이 클수록 수요의 가격탄력성이 작아진다.

② 임대주택 수요의 가격탄력성이 1보다 작을 경우 임대료가 상승하면 전체 수입은 증가한다.

③ 대체재가 많을수록 수요의 가격탄력성이 크다.

④ 일반적으로 부동산의 용도전환 가능성이 클수록 수요의 가격탄력성이 커진다.

⑤ 수요의 가격탄력성이 비탄력적이면 가격의 변화율보다 수요량의 변화율이 더 크다.

05 수요함수와 공급함수가 각각 A부동산시장에서는 $Q_d = 200 - P$, $Q_s = 10 + \frac{1}{2}P$이고 B부동산시장에서는 $Q_d = 400 - \frac{1}{2}P$, $Q_s = 50 + 2P$이다. 거미집이론(Cob-web theory)에 의한 A시장과 B시장의 모형 형태의 연결이 옳은 것은? (단, x축은 수량, y축은 가격, 각각의 시장에 대한 P는 가격, Q_d는 수요량, Q_s는 공급량이며, 가격변화에 수요는 즉각 반응하지만 공급은 시간적인 차이를 두고 반응함, 다른 조건은 동일함)

① A : 발산형, B : 수렴형

② A : 발산형, B : 순환형

③ A : 순환형, B : 발산형

④ A : 수렴형, B : 발산형

⑤ A : 수렴형, B : 순환형

06 도시공간구조이론에 관한 설명으로 옳지 <u>않은</u> 것은?

① 동심원이론은 도시공간구조의 형성을 침입, 경쟁, 천이 과정으로 설명하였다.

② 동심원이론에 따르면 중심지에서 멀어질수록 지대 및 인구밀도가 낮아진다.

③ 선형이론에서의 점이지대는 중심업무지구에 직장 및 생활터전이 있어 중심업무지구에 근접하여 거주하는 지대를 말한다.

④ 선형이론에 따르면 도시공간구조의 성장 및 분화가 주요 교통노선을 따라 부채꼴모양으로 확대된다.

⑤ 다핵심이론에 따르면 하나의 중심이 아니라 몇 개의 분리된 중심이 점진적으로 통합됨에 따라 전체적인 도시공간구조가 형성된다.

07 A토지에 접하여 도시 · 군계획시설(도로)이 개설될 확률은 60%로 알려져 있고, 1년 후에 해당 도로가 개설되면 A토지의 가치는 2억 7,500만 원, 그렇지 않으면 9,350만 원으로 예상된다. 만약 부동산시장이 할당효율적이라면 합리적인 투자자가 최대한 지불할 수 있는 정보비용의 현재가치는? (단, 요구수익률은 연 10%이고, 주어진 조건에 한함)

① 5,200만 원
② 5,600만 원
③ 6,200만 원
④ 6,600만 원
⑤ 7,200만 원

08 부동산시장의 특성으로 옳은 것은?

① 일반상품의 시장과 달리 조직성을 갖고 지역을 확대하는 특성이 있다.
② 토지의 인문적 특성인 지리적 위치의 고정성으로 인하여 개별화된다.
③ 매매의 단기성으로 인하여 유동성과 환금성이 우수하다.
④ 거래정보의 대칭성으로 인하여 정보수집이 쉽고 은밀성이 축소된다.
⑤ 부동산의 개별성으로 인한 부동산상품의 비표준화로 복잡 · 다양하게 된다.

09 A지역 아파트시장의 단기공급함수는 $Q=300$, 장기공급함수는 $Q=P+250$이고, 수요함수는 장단기 동일하게 $Q=400-\dfrac{1}{2}P$이다. 이 아파트시장이 단기에서 장기로 변화할 때 아파트시장의 균형가격(ㄱ)과 균형수량(ㄴ)의 변화는? (단, P는 가격이고, Q는 수급량이며, 다른 조건은 일정하다고 가정함)

① ㄱ : 50 감소, ㄴ : 50 증가
② ㄱ : 50 감소, ㄴ : 100 증가
③ ㄱ : 100 감소, ㄴ : 50 증가
④ ㄱ : 100 감소, ㄴ : 100 증가
⑤ ㄱ : 100 감소, ㄴ : 150 증가

10 다음 중 현행 부동산가격공시제도에 관한 설명으로 옳은 것은 몇 개인가?

> • 표준주택가격의 조사 · 평가는 감정평가사가 담당한다.
> • 개별주택가격의 공시기준일이 6월 1일인 경우도 있다.
> • 공동주택가격의 공시권자는 시장 · 군수 · 구청장이다.
> • 표준지공시지가는 표준지의 사용 · 수익을 제한하는 사법상의 권리가 설정되어 있는 경우 이를 반영하여 평가한다.
> • 개별공시지가는 감정평가법인 등이 개별적으로 토지를 감정평가하는 경우에 기준이 된다.

① 없음
② 1개
③ 2개
④ 3개
⑤ 4개

11 감정평가사 A는 표준지공시지가의 감정평가를 의뢰받고 현장조사를 통해 표준지에 대해 다음과 같이 확인하였다. 표준지조사평가보고서상 토지특성 기재방법의 연결이 옳은 것은?

> ㄱ. 지형지세 : 간선도로 또는 주위의 지형지세보다 높고 경사도가 15°를 초과하는 지대의 토지
> ㄴ. 도로접면 : 폭 12m 이상 25m 미만 도로에 한면이 접하고 있는 토지

① ㄱ : 급경사, ㄴ : 광대한면
② ㄱ : 급경사, ㄴ : 중로한면
③ ㄱ : 고지, ㄴ : 광대한면
④ ㄱ : 고지, ㄴ : 중로한면
⑤ ㄱ : 고지, ㄴ : 소로한면

12 우리나라의 부동산제도와 근거법률의 연결이 옳은 것은?

① 토지거래허가제 – 「부동산 거래신고 등에 관한 법률」
② 검인계약서제 – 「부동산등기법」
③ 토지은행제 – 「공익사업을 위한 토지 등의 취득 및 보상에 관한 법률」
④ 개발부담금제 – 「재건축 초과이익 환수에 관한 법률」
⑤ 분양가상한제 – 「건축물의 분양에 관한 법률」

13 국토의 계획 및 이용에 관한 법령상 현재 지정될 수 있는 용도지역을 모두 고른 것은?

ㄱ. 준상업지역	ㄴ. 준주거지역	ㄷ. 준공업지역	ㄹ. 준농림지역

① ㄱ, ㄴ   ② ㄴ, ㄷ
③ ㄷ, ㄹ   ④ ㄱ, ㄴ, ㄷ
⑤ ㄴ, ㄷ, ㄹ

14 다음 중 부동산시장과 부동산정책에 관한 설명으로 옳은 것은 몇 개인가?

- 부동산정책이 자원배분의 비효율성을 악화시키는 것을 시장의 실패라 한다.
- 법령상 도입순서를 비교하면 부동산거래신고제는 부동산실명제보다 빠르다.
- 개발행위허가제와 택지소유상한제는 현재 시행되고 있는 제도이다.
- 분양가상한제와 개발부담금제는 정부가 직접적으로 부동산에 개입하는 정책수단이다.
- PIR(Price to Income Ratio)은 가구의 주택지불능력을 측정하는 지표이다.

① 없음   ② 1개
③ 2개   ④ 3개
⑤ 4개

15 비율분석법을 이용하여 산출한 것으로 옳지 <u>않은</u> 것은? (단, 주어진 조건에 한하며, 연간 기준임)

- 주택담보대출액 : 2억 원
- 주택담보대출의 연간 원리금상환액 : 1천만 원
- 부동산가치 : 4억 원
- 차입자의 연소득 : 5천만 원
- 가능총소득 : 4천만 원
- 공실손실상당액 및 대손충당금 : 가능총소득의 25%
- 영업경비 : 가능총소득의 50%

① 부채감당률(DCR)=1.0
② 채무불이행률(DR)=1.0
③ 총부채상환비율(DTI)=0.2
④ 부채비율(debt ratio)=1.0
⑤ 영업경비비율(OER, 유효총소득 기준)=0.8

16 사업기간 초에 3억 원을 투자하여 다음과 같은 현금유입의 현재가치가 발생하는 투자사업이 있다. 이 경우 보간법으로 산출한 내부수익률은? (단, 주어진 조건에 한함)

현금유입의 현재가치(단위 : 천 원)	
할인율 5%인 경우	할인율 6%인 경우
303,465	295,765

① 5.42%
② 5.43%
③ 5.44%
④ 5.45%
⑤ 5.46%

17 포트폴리오 이론에 관한 설명으로 옳지 <u>않은</u> 것은?

① 부동산투자에 수반되는 총위험은 체계적 위험과 비체계적 위험을 합한 것으로, 포트폴리오를 구성함으로써 제거할 수 있는 위험은 비체계적 위험이다.

② 포트폴리오를 구성하는 자산들의 수익률 간 상관계수가 1인 경우에는 포트폴리오를 구성한다고 하더라도 위험은 감소되지 않는다.

③ 효율적 프론티어(efficient frontier)는 모든 위험수준에서 최대의 기대수익률을 올릴 수 있는 포트폴리오의 집합을 연결한 선이다.

④ 무위험자산이 없는 경우의 최적 포트폴리오는 효율적 프론티어(efficient frontier)와 투자자의 무차별곡선이 접하는 점에서 결정되는데, 투자자가 위험선호형일 경우 최적 포트폴리오는 위험기피형에 비해 저위험 – 고수익 포트폴리오가 된다.

⑤ 위험자산으로만 구성된 포트폴리오와 무위험자산을 결합할 때 얻게 되는 직선의 기울기가 커질수록 기대초과수익률(위험프리미엄)이 커진다.

18 부동산투자분석기법에 관한 설명으로 옳은 것을 모두 고른 것은? (단, 다른 조건은 동일함)

ㄱ. 현금유출의 현가합이 4천만 원이고 현금유입의 현가합이 5천만 원이라면, 수익성지수는 0.8이다.
ㄴ. 내부수익률은 투자로부터 발생하는 현재와 미래 현금흐름의 순현재가치를 1로 만드는 할인율을 말한다.
ㄷ. 재투자율로 내부수익률법에서는 요구수익률을 사용하지만, 순현재가치법에서는 시장이자율을 사용한다.
ㄹ. 내부수익률법, 순현재가치법, 수익성지수법은 할인현금흐름기법에 해당한다.
ㅁ. 내부수익률법에서는 내부수익률과 요구수익률을 비교하여 투자여부를 결정한다.

① ㄱ, ㄹ
② ㄴ, ㄷ
③ ㄹ, ㅁ
④ ㄱ, ㄴ, ㅁ
⑤ ㄷ, ㄹ, ㅁ

19 화폐의 시간가치계산에 관한 설명으로 옳은 것은?

① 연금의 현재가치계수에 일시불의 미래가치계수를 곱하면 연금의 미래가치계수가 된다.

② 원금균등분할상환방식에서 매 기간의 상환액을 계산할 경우 저당상수를 사용한다.

③ 기말에 일정 누적액을 만들기 위해 매 기간마다 적립해야 할 금액을 계산할 경우 연금의 현재가치계수를 사용한다.

④ 연금의 미래가치계수에 일시불의 현재가치계수를 곱하면 일시불의 미래가치계수가 된다.

⑤ 저당상수에 연금의 현재가치계수를 곱하면 일시불의 현재가치가 된다.

20 부동산 금융에 관한 설명으로 옳은 것은?

① 역모기지(reverse mortgage)는 시간이 지남에 따라 대출잔액이 늘어나는 구조이고, 일반적으로 비소구형 대출이다.

② 가치상승공유형대출(SAM : Shared Appreciation Mortgage)은 담보물의 가치상승 일부분을 대출자가 사전약정에 의해 차입자에게 이전하기로 하는 조건의 대출이다.

③ 기업의 구조조정을 촉진하기 위하여 기업구조조정 부동산투자회사에 대하여는 현물출자, 자산구성, 최저자본금을 제한하는 규정이 없다.

④ 부채금융은 대출이나 회사채 발행 등을 통해 타인자본을 조달하는 방법으로서 저당담보부증권(MBS), 조인트벤처(joint venture) 등이 있다.

⑤ 우리나라의 공적보증형태 역모기지제도로 현재 주택연금, 농지연금, 산지연금이 시행되고 있다.

21 부동산 증권에 관한 설명으로 옳지 <u>않은</u> 것은?

① MPTS(Mortgage Pass-Through Securities)는 지분을 나타내는 증권으로서 유동화기관의 부채로 표기되지 않는다.

② CMO(Collateralized Mortgage Obligation)는 동일한 저당풀(mortgage pool)에서 상환 우선순위와 만기가 다른 다양한 증권을 발행할 수 있다.

③ 부동산개발PF ABCP(Asset Backed Commercial Paper)는 부동산개발PF ABS(Asset Backed Securities)에 비해 만기가 길고, 대부분 공모로 발행된다.

④ MPTS(Mortgage Pass-Through Securities)는 주택담보대출의 원리금이 회수되면 MPTS의 원리금으로 지급되므로 유동화기관의 자금관리 필요성이 원칙적으로 제거된다.

⑤ MBB(Mortgage Backed Bond)는 주택저당대출차입자의 채무불이행이 발생하더라도 MBB에 대한 원리금을 발행자가 투자자에게 지급하여야 한다.

22 부동산투자회사법령상 자기관리 부동산투자회사가 자산을 투자 · 운용할 때 상근으로 두어야 하는 자산운용 전문인력에 해당되지 <u>않는</u> 사람은?

① 공인회계사로서 해당 분야에 3년 이상 종사한 사람
② 공인중개사로서 해당 분야에 5년 이상 종사한 사람
③ 감정평가사로서 해당분야에 5년 이상 종사한 사람
④ 부동산 관련 분야의 석사학위 이상의 소지자로서 부동산의 투자 · 운용과 관련된 업무에 3년 이상 종사한 사람
⑤ 자산관리회사에서 5년 이상 근무한 사람으로서 부동산 취득 · 처분 · 관리 · 개발 또는 자문 등의 업무에 3년 이상 종사한 경력이 있는 사람

23 대출조건이 다음과 같을 때, 5년 거치가 있을 경우(A)와 거치가 없을 경우(B)에 원금을 상환해야 할 첫 번째 회차의 상환원금의 차액(A−B)은? (단, 주어진 조건에 한함)

• 대출금 : 1억 2천만 원
• 대출금리 : 고정금리, 연 3%
• 대출기간 : 30년
• 월 저당상수(360개월 기준) : 0.00422
• 월 저당상수(300개월 기준) : 0.00474
• 월 원리금균등분할상환방식

① 52,000원
② 54,600원
③ 57,200원
④ 59,800원
⑤ 62,400원

24 조기상환에 관한 설명으로 옳지 <u>않은</u> 것은?

① 조기상환이 어느 정도 일어나는가를 측정하는 지표로 조기상환율(CPR : Constant Prepayment Rate)이 있다.
② 저당대출차입자에게 주어진 조기상환권은 풋옵션(put option)의 일종으로 차입자가 조기상환을 한다는 것은 대출잔액을 행사가격으로 하여 대출채권을 매각하는 것과 같다.
③ 저당대출차입자의 조기상환정도에 따라 MPTS의 현금흐름과 가치가 달라진다.
④ 이자율 하락에 따른 위험을 감안하여 금융기관은 대출기간 중 조기상환을 금지하는 기간을 설정하고, 위반 시에는 위약금으로 조기상환수수료를 부과하기도 한다.
⑤ 저당대출차입자의 조기상환은 MPTS(Mortgage Pass−Through Securities) 투자자에게 재투자 위험을 유발한다.

25 부동산신탁에 있어 위탁자가 부동산의 관리와 처분을 부동산신탁회사에 신탁한 후 수익증권을 발급받아 이를 담보로 금융기관에서 대출을 받는 신탁방식은?

① 관리신탁
② 처분신탁
③ 담보신탁
④ 개발신탁
⑤ 명의신탁

26 감정평가사 A는 단독주택의 감정평가를 의뢰받고 관련 공부(公簿)를 통하여 다음과 같은 사항을 확인하였다. 이 단독주택의 건폐율(㉠)과 용적률(㉡)은? (단, 주어진 자료에 한함)

- 토지대장상 토지면적 : $240m^2$
- 대지 중 도시·군계획시설(공원)저촉 면적 : $40m^2$
- 건축물의 용도 : 지하1층(주차장), 지상1층(단독주택), 지상2층(단독주택)
- 건축물대장상 건축면적 : $120m^2$
- 건축물대장상 각 층 바닥면적 : 지하1층($60m^2$), 지상1층($120m^2$), 지상2층($120m^2$)

① ㉠ 50%, ㉡ 100%
② ㉠ 50%, ㉡ 120%
③ ㉠ 50%, ㉡ 150%
④ ㉠ 60%, ㉡ 120%
⑤ ㉠ 60%, ㉡ 150%

27 토지개발방식으로서 수용방식과 환지방식의 비교에 관한 설명으로 옳지 않은 것은? (단, 사업구역은 동일함)

① 수용방식은 환지방식에 비해 종전 토지소유자에게 개발이익이 귀속될 가능성이 큰 편이다.
② 수용방식은 환지방식에 비해 사업비의 부담이 큰 편이다.
③ 수용방식은 환지방식에 비해 기반시설의 확보가 용이한 편이다.
④ 환지방식은 수용방식에 비해 사업시행자의 개발토지 매각부담이 적은 편이다.
⑤ 환지방식은 수용방식에 비해 종전 토지소유자의 재정착이 쉬운 편이다.

28 부동산개발사업에 관련된 설명으로 옳은 것을 모두 고른 것은?

> ㄱ. 개발기간의 연장, 이자율 인상, 인플레이션의 영향으로 개발비용이 증가하는 위험은 비용위험에 속한다.
> ㄴ. 개발부동산의 선분양제도는 후분양제도에 비해 사업시행자가 부담하는 시장위험을 줄일 수 있다.
> ㄷ. 민감도분석에 있어 주요 변수로는 토지구입비, 개발기간, 분양가격 등이 있다.
> ㄹ. 수익성지수가 1보다 크다는 것은 순현가가 '0(zero)'보다 크다는 뜻이다.

① ㄱ, ㄴ
② ㄴ, ㄷ
③ ㄱ, ㄷ, ㄹ
④ ㄴ, ㄷ, ㄹ
⑤ ㄱ, ㄴ, ㄷ, ㄹ

29 공인중개사법령상 공인중개사 정책심의위원회에서 공인중개사의 업무에 관하여 심의하는 사항으로 명시되지 <u>않은</u> 것은?

① 개업공인중개사의 교육에 관한 사항
② 부동산 중개업의 육성에 관한 사항
③ 공인중개사의 시험 등 공인중개사의 자격취득에 관한 사항
④ 중개보수 변경에 관한 사항
⑤ 손해배상책임의 보상 등에 관한 사항

30 공인중개사법령상 공인중개사의 중개대상물이 <u>아닌</u> 것은? (다툼이 있으면 판례에 따름)

① 토지거래허가구역 내의 토지
② 가등기가 설정되어 있는 건물
③ 「입목에 관한 법률」에 따른 입목
④ 하천구역에 포함되어 사권이 소멸된 포락지
⑤ 「공장 및 광업재단 저당법」에 따른 광업재단

31 우리나라의 부동산조세제도에 관한 설명으로 옳지 <u>않은</u> 것은?

① 양도소득세와 취득세는 신고납부방식이다.

② 취득세와 증여세는 부동산의 취득단계에 부과한다.

③ 양도소득세와 종합부동산세는 국세에 속한다.

④ 상속세와 증여세는 누진세율을 적용한다.

⑤ 종합부동산세와 재산세의 과세기준일은 매년 6월 30일이다.

32 부동산 권리분석에 관련된 설명으로 옳지 <u>않은</u> 것은?

① 부동산 권리관계를 실질적으로 조사·확인·판단하여 일련의 부동산활동을 안전하게 하려는 것이다.

② 대상부동산의 권리관계를 조사·확인하기 위한 판독 내용에는 권리의 하자나 거래규제의 확인·판단이 포함된다.

③ 매수인이 대상부동산을 매수하기 전에 소유권이전을 저해하는 사항이 있는지 여부를 확인하기 위하여 공부(公簿) 등을 조사하는 일도 포함된다.

④ 우리나라 등기는 관련 법률에 다른 규정이 있는 경우를 제외하고는 당사자의 신청 또는 관공서의 촉탁에 따라 행하는 신청주의 원칙을 적용한다.

⑤ 부동산 권리분석을 행하는 주체가 분석대상권리의 주요한 사항을 직접 확인해야 한다는 증거주의의 원칙은 권리분석활동을 하는 데 지켜야 할 이념이다.

33 다음 중 부동산 권리분석 시 등기사항전부증명서를 통해 확인할 수 <u>없는</u> 것은 몇 개인가?

• 유치권	• 점유권	• 지역권	• 법정지상권
• 전세권	• 구분지상권	• 분묘기지권	• 근저당권

① 3개

② 4개

③ 5개

④ 6개

⑤ 7개

34 감정평가 과정상 지역분석과 개별분석에 관한 설명으로 옳지 <u>않은</u> 것은?

① 지역분석을 통해 해당 지역 내 부동산의 표준적 이용과 가격수준을 파악할 수 있다.

② 지역분석은 개별분석보다 먼저 실시하는 것이 일반적이다.

③ 인근지역이란 대상부동산이 속한 지역으로 부동산의 이용이 동질적이고 가치형성요인 중 개별요인을 공유하는 지역을 말한다.

④ 유사지역이란 대상부동산이 속하지 아니하는 지역으로서 인근지역과 유사한 특성을 갖는 지역을 말한다.

⑤ 지역분석은 대상지역에 대한 거시적인 분석인 반면, 개별분석은 대상부동산에 대한 미시적인 분석이다.

35 부동산 평가활동에서 부동산 가격의 원칙에 관한 설명으로 옳지 <u>않은</u> 것은?

① 예측의 원칙이란 평가활동에서 가치형성요인의 변동추이 또는 동향을 주시해야 한다는 것을 말한다.

② 대체의 원칙이란 부동산의 가격이 대체관계의 유사 부동산으로부터 영향을 받는다는 것을 말한다.

③ 균형의 원칙이란 부동산의 유용성이 최고도로 발휘되기 위해서는 부동산의 외부환경과 균형을 이루어야 한다는 것을 말한다.

④ 변동의 원칙이란 가치형성요인이 시간의 흐름에 따라 지속적으로 변화함으로써 부동산 가격도 변화한다는 것을 말한다.

⑤ 기여의 원칙이란 부동산의 가격이 대상부동산의 각 구성요소가 기여하는 정도의 합으로 결정된다는 것을 말한다.

36 감정평가에 관한 규칙상 현황기준 원칙에 관한 내용으로 옳지 <u>않은</u> 것은? (단, 감정평가조건이란 기준시점의 가치형성요인 등을 실제와 다르게 가정하거나 특수한 경우로 한정하는 조건을 말함)

① 감정평가업자는 감정평가조건의 합리성, 적법성이 결여되거나 사실상 실현 불가능하다고 판단할 때에는 의뢰를 거부하거나 수임을 철회할 수 있다.

② 현황기준 원칙에도 불구하고 법령에 다른 규정이 있는 경우에는 감정평가조건을 붙여 감정평가할 수 있다.

③ 현황기준 원칙에도 불구하고 대상물건의 특성에 비추어 사회통념상 필요하다고 인정되는 경우에는 감정평가조건을 붙여 감정평가할 수 있다.

④ 감정평가의 목적에 비추어 사회통념상 필요하다고 인정되어 감정평가조건을 붙여 감정평가하는 경우에는 감정평가조건의 합리성, 적법성 및 실현가능성의 검토를 생략할 수 있다.

⑤ 현황기준 원칙에도 불구하고 감정평가 의뢰인이 요청하는 경우에는 감정평가조건을 붙여 감정평가할 수 있다.

37 감정평가에 관한 규칙상 대상물건별 주된 감정평가방법으로 옳지 <u>않은</u> 것은? (단, 대상물건은 본래 용도의 효용가치가 있음을 전제로 함)

① 선박 – 거래사례비교법
② 건설기계 – 원가법
③ 자동차 – 거래사례비교법
④ 항공기 – 원가법
⑤ 동산 – 거래사례비교법

38 다음 자료를 활용하여 공시지가기준법으로 평가한 대상토지의 단위면적당 가액은? (단 주어진 조건에 한함)

- 대상토지 현황 : A시 B구 C동 175번지, 일반상업지역, 상업나지
- 기준시점 : 2021.04.24.
- 비교표준지 : A시 B구 C동 183번지, 일반상업지역 상업용
  2021.01.01. 기준 공시지가 6,000,000원/m²
- 지가변동률(2021.01.01.~2021.04.24.) : A시 B구 상업지역 2% 상승함
- 지역요인 : 비교표준지와 대상토지는 인근지역에 위치하여 지역요인 동일함
- 개별요인 : 대상토지는 비교표준지에 비해 가로조건에서 5% 우세하고, 환경조건에서 10% 열세하며, 다른 조건은 동일함(상승식으로 계산할 것)
- 그 밖의 요인 보정 : 대상토지 인근지역의 가치형성요인이 유사한 정상적인 거래사례 및 평가사례 등을 고려하여 그 밖의 요인으로 50% 증액 보정함

① 5,700,000원/m²
② 5,783,400원/m²
③ 8,505,000원/m²
④ 8,675,100원/m²
⑤ 8,721,000원/m²

39

다음 자료를 활용하여 원가법으로 평가한 대상건물의 가액은? (단, 주어진 조건에 한함)

- 대상건물 현황 : 연와조, 단독주택, 연면적 200m²
- 사용승인시점 : 2016.06.30.
- 기준시점 : 2021.04.24.
- 사용승인시점의 신축공사비 : 1,000,000원/m²(신축공사비는 적정함)
- 건축비지수
  - 사용승인시점 : 100
  - 기준시점 : 110
- 경제적 내용연수 : 40년
- 감가수정방법 : 정액법(만년감가기준)
- 내용연수 만료시 잔존가치 없음

① 175,000,000원
② 180,000,000원
③ 192,500,000원
④ 198,000,000원
⑤ 203,500,000원

40

감정평가 실무기준에서 규정하고 있는 수익환원법에 관한 내용으로 옳지 않은 것은?

① 수익환원법으로 감정평가할 때에는 직접환원법이나 할인현금흐름분석법 중에서 감정평가 목적이나 대상물건에 적절한 방법을 선택하여 적용한다.

② 부동산의 증권화와 관련한 감정평가 등 매기의 순수익을 예상해야 하는 경우에는 할인현금흐름분석법을 원칙으로 하고 직접환원법으로 합리성을 검토한다.

③ 직접환원법에서 사용할 환원율은 요소구성법으로 구하는 것을 원칙으로 한다. 다만, 요소구성법의 적용이 적절하지 않은 때에는 시장추출법, 투자결합법, 유효총수익승수에 의한 결정방법, 시장에서 발표된 환원율 등을 검토하여 조정할 수 있다.

④ 할인현금흐름분석에서 사용할 할인율은 투자자조사법(지분할인율), 투자결합법(종합할인율), 시장에서 발표된 할인율 등을 고려하여 대상물건의 위험이 적절히 반영되도록 결정하되 추정된 현금흐름에 맞는 할인율을 적용한다.

⑤ 복귀가액 산정을 위한 최종환원율은 환원율에 장기위험프리미엄·성장률·소비자물가상승률 등을 고려하여 결정한다.

제4과목 | 감정평가관계법규

01 국토의 계획 및 이용에 관한 법령상 기반시설과 그 해당시설의 연결로 옳지 <u>않은</u> 것은?

① 공간시설 – 연구시설
② 방재시설 – 유수지
③ 유통 · 공급시설 – 시장
④ 보건위생시설 – 도축장
⑤ 교통시설 – 주차장

02 국토의 계획 및 이용에 관한 법령상 국토교통부장관이 단독으로 광역도시계획을 수립하는 경우는?

① 시 · 도지사가 협의를 거쳐 요청하는 경우
② 광역계획권을 지정한 날부터 3년이 지날 때까지 관할 시 · 도지사로부터 광역도시계획의 승인 신청이 없는 경우
③ 광역계획권이 둘 이상의 시 · 도의 관할 구역에 걸쳐 있는 경우
④ 광역계획권이 같은 도의 관할 구역에 속하여 있는 경우
⑤ 중앙행정기관의 장이 요청하는 경우

03 국토의 계획 및 이용에 관한 법령상 도시 · 군기본계획에 관한 설명으로 옳은 것은?

① 특별시장 · 광역시장 · 특별자치시장 · 도지사 · 특별자치도지사는 관할 구역에 대하여 도시 · 군기본계획을 수립하여야 한다.
② 시장 또는 군수가 도시 · 군기본계획을 변경하려면 지방의회의 승인을 **받아야** 한다.
③ 도시 · 군기본계획을 변경하기 위하여 공청회를 개최한 경우, 공청회에서 제시된 의견이 타당하다고 인정하더라도 도시 · 군기본계획에 반영하지 않을 수 있다.
④ 도시 · 군기본계획 입안일부터 5년 이내에 토지적성평가를 실시한 경우에는 도시 · 군 기본계획의 수립을 위한 기초조사의 내용에 포함되어야 하는 토지적성평가를 하지 아니할 수 있다.
⑤ 도지사는 시장 또는 군수가 수립한 도시 · 군기본계획에 대하여 관계 행정기관의 장과 협의하였다면, 지방도시계획위원회의 심의를 거치지 아니하고 승인할 수 있다.

04 국토의 계획 및 이용에 관한 법령상 개발행위에 대한 도시계획위원회의 심의를 거쳐야 하는 사항에 관한 조문의 일부이다. (   )에 들어갈 내용으로 각각 옳은 것은?

> 〈시 · 군 · 구도시계획위원회의 심의를 거쳐야 하는 사항〉
> • 면적이 (ㄱ)만 제곱미터 미만인 토지의 형질변경
> • 부피 (ㄴ)만 세제곱미터 이상 50만 세제곱미터 미만의 토석채취

① ㄱ : 30, ㄴ : 3
② ㄱ : 30, ㄴ : 5
③ ㄱ : 30, ㄴ : 7
④ ㄱ : 50, ㄴ : 3
⑤ ㄱ : 50, ㄴ : 5

05 국토의 계획 및 이용에 관한 법령상 용도지역 · 용도지구 · 용도구역에 관한 설명으로 옳지 않은 것은?

① 제2종일반주거지역은 중층주택을 중심으로 편리한 주거환경을 조성하기 위하여 필요한 지역을 말한다.
② 시 · 도지사는 대통령령으로 주거지역 · 공업지역 · 관리지역에 복합용도지구를 지정할 수 있다.
③ 경관지구는 자연경관지구, 시가지경관지구, 특화경관지구로 세분할 수 있다.
④ 관리지역에서 「농지법」에 따른 농업진흥지역으로 지정 · 고시된 지역은 농림지역으로 결정 · 고시된 것으로 본다.
⑤ 시가화조정구역의 지정에 관한 도시 · 군관리계획의 결정은 시가화 유보기간이 끝난 날부터 그 효력을 잃는다.

06 국토의 계획 및 이용에 관한 법령상 도시 · 군계획시설 부지의 매수청구에 관한 설명으로 옳은 것을 모두 고른 것은? (단, 조례는 고려하지 않음)

> ㄱ. 도시 · 군계획시설채권의 상환기간은 10년 이내로 한다.
> ㄴ. 시장 또는 군수가 해당 도시 · 군계획시설사업의 시행자로 정하여진 경우에는 시장 또는 군수가 매수의무자이다.
> ㄷ. 매수의무자는 매수하기로 결정한 토지를 매수 결정을 알린 날부터 3년 이내에 매수하여야 한다.
> ㄹ. 매수 청구를 한 토지의 소유자는 매수의무자가 매수하지 아니하기로 결정한 경우 개발행위허가를 받아 대통령령으로 정하는 건축물을 설치할 수 있다.

① ㄱ, ㄴ
② ㄱ, ㄷ
③ ㄷ, ㄹ
④ ㄱ, ㄴ, ㄹ
⑤ ㄴ, ㄷ, ㄹ

07 국토의 계획 및 이용에 관한 법령상 사업시행자가 공동구를 설치하여야 하는 지역 등에 해당하지 <u>않는</u> 것은? (단, 지역 등의 규모는 200만 제곱미터를 초과함)

① 「지역개발 및 지원에 관한 법률」에 따른 지역개발사업구역
② 「도시개발법」에 따른 도시개발구역
③ 「경제자유구역의 지정 및 운영에 관한 특별법」에 따른 경제자유구역
④ 「도시 및 주거환경정비법」에 따른 정비구역
⑤ 「도청이전을 위한 도시건설 및 지원에 관한 특별법」에 따른 도청이전신도시

08 국토의 계획 및 이용에 관한 법령상 지구단위계획에 관한 설명이다. ( )에 들어갈 내용으로 각각 옳은 것은?

> 주민의 입안제안에 따른 지구단위계획에 관한 (ㄱ) 결정의 고시일부터 (ㄴ) 이내에 이 법 또는 다른 법률에 따라 허가·인가·승인 등을 받아 사업이나 공사에 착수하지 아니하면 그 (ㄴ)이 된 날의 다음날에 그 지구단위계획에 관한 (ㄱ) 결정은 효력을 잃는다.

① ㄱ : 도시·군기본계획, ㄴ : 3년
② ㄱ : 도시·군기본계획, ㄴ : 5년
③ ㄱ : 도시·군관리계획, ㄴ : 1년
④ ㄱ : 도시·군관리계획, ㄴ : 3년
⑤ ㄱ : 도시·군관리계획, ㄴ : 5년

09 국토의 계획 및 이용에 관한 법령상 용도지역안에서의 건폐율의 최대한도가 가장 큰 것은? (단, 조례 및 기타 강화·완화조건은 고려하지 않음)

① 제1종일반주거지역
② 일반상업지역
③ 계획관리지역
④ 준공업지역
⑤ 준주거지역

10 국토의 계획 및 이용에 관한 법령상 조례로 따로 정할 수 있는 것에 해당하지 <u>않는</u> 것은? (단, 조례에 대한 위임은 고려하지 않음)

① 도시·군계획시설의 설치로 인하여 토지 소유권 행사에 제한을 받는 자에 대한 보상에 관한 사항
② 도시·군관리계획 입안시 주민의 의견 청취에 필요한 사항
③ 대도시 시장이 지역여건상 필요하며 정하는 용도지구의 명칭 및 지정목적에 관한 사항
④ 기반시설부담구역별 특별회계 설치에 필요한 사항
⑤ 공동구의 점용료 또는 사용료 납부에 관한 사항

11 국토의 계획 및 이용에 관한 법령상 과태료 부과 대상에 해당하는 것은?

① 도시·군관리계획의 결정이 없이 기반시설을 설치한 자
② 공동구에 수용하여야 하는 시설을 공동구에 수용하지 아니한 자
③ 정당한 사유 없이 지가의 동향 및 토지거래의 상황에 관한 조사를 방해한 자
④ 지구단위계획에 맞지 아니하게 건축물을 건축하거나 용도를 변경한 자
⑤ 기반시설설치비용을 면탈·경감하게 할 목적으로 거짓 자료를 제출한 자

12 국토의 계획 및 이용에 관한 법령상 국토교통부장관이 지구단위계획의 수립기준을 정할 때 고려하여야 하는 사항으로 옳지 <u>않은</u> 것은?

① 도시지역 외의 지역에 지정하는 지구단위계획구역은 해당 구역의 중심기능에 따라 주거형, 산업·유통형, 관광·휴양형 또는 복합형 등으로 지정 목적을 구분할 것
② 「택지개발촉진법」에 따라 지정된 택지개발지구에서 시행되는 사업이 끝난 후 10년이 지난 지역에 수립하는 지구단위계획의 내용 중 건축물의 용도제한의 사항은 해당 지역에 시행된 사업이 끝난 때의 내용을 유지함을 원칙으로 할 것
③ 「문화재보호법」에 따른 역사문화환경 보존지역에서 지구단위계획을 수립하는 경우에는 문화재 및 역사문화환경과 조화되도록 할 것
④ 건폐율·용적률 등의 완화 범위를 포함하여 지구단위계획을 수립하도록 할 것
⑤ 개발제한구역에 지구단위계획을 수립할 때에는 개발제한구역의 지정 목적이나 주변환경이 훼손되지 아니하도록 하고, 「개발제한구역의 지정 및 관리에 관한 특별조치법」을 우선하여 적용할 것

13 국토의 계획 및 이용에 관한 법령상 도시 · 군관리계획에 해당하는 것을 모두 고른 것은?

> ㄱ. 정비사업에 관한 계획
> ㄴ. 수산자원보호구역의 지정에 관한 계획
> ㄷ. 기반시설의 개량에 관한 계획
> ㄹ. 시범도시사업의 재원조달에 관한 계획

① ㄱ, ㄷ
② ㄴ, ㄹ
③ ㄱ, ㄴ, ㄷ
④ ㄴ, ㄷ, ㄹ
⑤ ㄱ, ㄴ, ㄷ, ㄹ

14 부동산 가격공시에 관한 법령상 개별공시지가에 관한 설명으로 옳지 <u>않은</u> 것은?

① 시장 · 군수 또는 구청장은 개별공시지가에 토지가격비준표의 적용에 오류가 있음을 발견한 때에는 지체없이 이를 정정하여야 한다.
② 표준지로 설정된 토지에 대하여 개별공시지가를 결정 · 공시하지 아니하는 경우에는 해당 토지의 표준지공시지가를 개별공시지가로 본다.
③ 개별공시지가에 이의가 있는 자는 그 결정 · 공시일부터 60일 이내에 서면 또는 구두로 이의를 신청할 수 있다.
④ 개별공시지가의 결정 · 공시에 소요되는 비용 중 국고에서 보조할 수 있는 비용은 개별공시지가의 결정 · 공시에 드는 비용의 50퍼센트 이내로 한다.
⑤ 개별공시지가의 단위면적은 1제곱미터로 한다.

15 부동산 가격공시에 관한 법령상 표준지공시지가에 관한 설명으로 옳지 <u>않은</u> 것은?

① 국토교통부장관은 표준지를 선정할 때에는 일단의 토지 중에서 해당 일단의 토지를 대표할 수 있는 필지의 토지를 선정하여야 한다.

② 국토교통부장관은 표준지공시지가를 공시하기 위하여 표준지의 가격을 조사·평가할 때에는 해당 토지 소유자의 의견을 들어야 한다.

③ 국토교통부장관은 표준지공시지가의 조사·평가액 중 최고평가액이 최저평가액의 1.3배를 초과하는 경우에는 해당 감정평가법인등에게 조사·평가보고서를 시정하여 다시 제출하게 할 수 있다.

④ 감정평가법인등은 표준지공시지가에 대하여 조사·평가보고서를 작성하는 경우에는 미리 해당 표준지를 관할하는 시·도지사 및 시장·군수·구청장의 의견을 들어야 한다.

⑤ 표준지공시지가는 감정평가법인등이 제출한 조사·평가보고서에 따른 조사·평가액의 최저치를 기준으로 한다.

16 부동산 가격공시에 관한 법령상 표준주택가격의 공시사항에 포함되어야 하는 것을 모두 고른 것은?

> ㄱ. 표준주택의 지번
> ㄴ. 표준주택의 임시사용승인일
> ㄷ. 표준주택의 대지면적 및 형상
> ㄹ. 용도지역

① ㄱ, ㄴ
② ㄷ, ㄹ
③ ㄱ, ㄴ, ㄷ
④ ㄱ, ㄷ, ㄹ
⑤ ㄱ, ㄴ, ㄷ, ㄹ

17 감정평가 및 감정평가사에 관한 법령상 감정평가사에 관한 설명으로 옳지 <u>않은</u> 것은?

① 감정평가사 결격사유는 감정평가사 등록의 거부사유와 취소사유가 된다.

② 등록한 감정평가사는 5년마다 그 등록을 갱신하여야 한다.

③ 등록한 감정평가사가 징계로 감정평가사 자격이 취소된 후 5년이 지나지 아니한 경우 국토교통부장관은 그 등록을 취소할 수 있다.

④ 감정평가사는 감정평가업을 하기 위하여 1개의 사무소만을 설치할 수 있다.

⑤ 부정한 방법으로 감정평가사 자격을 받은 이유로 그 자격이 취소된 후 3년이 지나지 아니한 사람은 감정평가사가 될 수 없다.

18 감정평가 및 감정평가사에 관한 법령상 감정평가사의 권리와 의무에 관한 설명으로 옳지 <u>않은</u> 것은?

① 등록을 한 감정평가사가 감정평가업을 하려는 경우에는 국토교통부장관에게 감정평가사사무소의 개설신고를 하여야 한다.

② 감정평가사는 다른 사람에게 자격증 · 등록증을 양도 · 대여하여서는 아니 된다.

③ 감정평가사는 2명 이상의 감정평가사로 구성된 감정평가합동사무소를 설치할 수 있다.

④ 감정평가사는 둘 이상의 감정평가법인 또는 감정평가사사무소에 소속될 수 없다.

⑤ 감정평가법인등은 그 직무의 수행을 보조하기 위하여 피성년후견인을 사무직원으로 둘 수 있다.

19 감정평가 및 감정평가사에 관한 법령상 감정평가법인에 관한 설명으로 옳지 <u>않은</u> 것은?

① 감정평가법인은 토지등의 이용 및 개발 등에 대한 조언이나 정보 등의 제공을 행한다.

② 감정평가법인은 토지등의 매매업을 직접 하여서는 아니 된다.

③ 감정평가법인이 합병으로 해산한 때에는 이를 국토교통부장관에게 신고하여야 한다.

④ 국토교통부장관은 감정평가법인이 업무정지처분 기간 중에 감정평가업무를 한 경우에는 그 설립인가를 취소할 수 있다.

⑤ 감정평가법인의 자본금은 2억원 이상이어야 한다.

20 국유재산법령상 국유재산에 관한 설명으로 옳지 <u>않은</u> 것은?

① 국유재산책임관의 임명은 중앙관서의 장이 소속 관서에 설치된 직위를 지정하는 것으로 갈음할 수 있다.

② 확정판결에 따라 일반재산에 대하여 사권을 설정할 수 있다.

③ 총괄청은 국가에 기부하려는 재산이 재산가액 대비 유지 · 보수 비용이 지나치게 많은 경우에는 기부받아서는 아니 된다.

④ 국가 외의 자는 기부를 조건으로 하더라도 국유재산에 영구시설물을 축조할 수 없다.

⑤ 중앙관서의 장은 국유재산의 관리 · 처분에 관련된 법령을 개정하려면 그 내용에 관하여 총괄청 및 감사원과 협의하여야 한다.

21 국유재산법령상 행정재산에 관한 설명으로 옳지 <u>않은</u> 것은?

① 중앙관서의 장은 행정재산을 직접 공공용으로 사용하려는 지방자치단체에 사용허가하는 경우에는 사용료를 면제할 수 있다.

② 중앙관서의 장은 사용허가를 받은 행정재산을 천재지변으로 사용하지 못하게 되면 그 사용하지 못한 기간에 대한 사용료를 면제할 수 있다.

③ 중앙관서의 장은 행정재산의 사용허가를 철회하려는 경우에는 「행정절차법」 제27조의 의견제출을 거쳐야 한다.

④ 중앙관서의 장은 행정재산으로 사용하기로 결정한 날부터 5년이 지난 날까지 행정재산으로 사용되지 아니한 경우에는 지체 없이 그 용도를 폐지하여야 한다.

⑤ 행정재산은 「민법」 제245조에도 불구하고 시효취득의 대상이 되지 아니 한다.

22 국유재산법령상 행정재산의 사용허가에 관한 설명으로 옳은 것은?

① 중앙관서의 장은 보존용 행정재산의 용도나 목적에 장애가 되지 아니하는 범위에서만 그에 대한 사용허가를 할 수 있다.

② 행정재산을 주거용으로 사용허가를 하는 경우에는 일반경쟁의 방법으로 사용허가를 받을 자를 결정하여야 한다.

③ 중앙관서의 장은 사용허가한 행정재산을 지방자치단체가 직접 공공용으로 사용하기 위하여 필요하게 된 경우에는 그 허가를 철회할 수 있다.

④ 행정재산으로 할 목적으로 기부를 받은 재산에 대하여 기부자에게 사용허가하는 경우에는 그 사용허가기간은 5년 이내로 한다.

⑤ 행정재산의 사용허가에 관하여는 「국유재산법」에서 정한 것을 제외하고는 「민법」의 규정을 준용한다.

23 국유재산법령상 일반재산에 관한 설명으로 옳은 것은?

① 정부는 정부출자기업체를 새로 설립하려는 경우에는 일반재산을 현물출자할 수 있다.

② 총괄청은 5년 이상 활용되지 아니한 일반재산을 민간사업자와 공동으로 개발할 수 없다.

③ 중앙관서의 장은 다른 법률에 따라 그 처분이 제한되는 경우에도 일반재산을 매각할 수 있다.

④ 국가가 직접 행정재산으로 사용하기 위하여 필요한 경우에도 일반재산인 동산과 사유재산인 동산을 교환할 수 없다.

⑤ 일반재산을 매각하는 경우 해당 매각재산의 소유권 이전은 매각대금의 완납 이전에도 할 수 있다.

24 건축법령상 용어에 관한 설명으로 옳지 <u>않은</u> 것은?

① "지하층"이란 건축물의 바닥이 지표면 아래에 있는 층으로서 바닥에서 지표면까지 평균높이가 해당 층 높이의 3분의 1 이상인 것을 말한다.

② "거실"이란 건축물 안에서 거주, 집무, 작업, 집회, 오락, 그 밖에 이와 유사한 목적을 위하여 사용되는 방을 말한다.

③ "고층건축물"이란 층수가 30층 이상이거나 높이가 120미터 이상인 건축물을 말한다.

④ "초고층 건축물"이란 층수가 50층 이상이거나 높이가 200미터 이상인 건축물을 말한다.

⑤ "이전"이란 건축물의 주요구조부를 해체하지 아니하고 같은 대지의 다른 위치로 옮기는 것을 말한다.

25 건축법령상 이행강제금에 관한 설명으로 옳은 것은?

① 이행강제금은 건축신고 대상 건축물에 대하여 부과할 수 없다.

② 이행강제금의 징수절차는 「지방세법」을 준용한다.

③ 허가권자는 이행강제금을 부과하기 전에 이행강제금을 부과·징수한다는 뜻을 미리 문서로써 계고하여야 한다.

④ 허가권자는 위반 건축물에 대한 시정명령을 받은 자가 이를 이행하면 이미 부과된 이행강제금의 징수를 즉시 중지하여야 한다.

⑤ 허가권자는 최초의 시정명령이 있었던 날을 기준으로 하여 1년에 5회 이내의 범위에서 그 시정명령이 이행될 때까지 반복하여 이행강제금을 부과·징수할 수 있다.

26 건축법령상 건축허가에 관한 설명으로 옳은 것은? (단, 조례는 고려하지 않음)

① 21층 이상의 건축물을 특별시나 광역시에 건축하려면 국토교통부장관의 허가를 받아야 한다.

② 주거환경이나 교육환경 등 주변 환경을 보호하기 위하여 도지사가 필요하다고 인정하여 지정·공고한 구역에 건축하는 위락시설에 해당하는 건축물의 건축을 시장·군수가 허가하려면 도지사의 승인을 받아야 한다.

③ 허가권자는 숙박시설에 해당하는 건축물의 건축을 허가하는 경우 해당 대지에 건축하려는 건축물의 용도·규모가 주거환경 등 주변환경을 고려할 때 부적합하다고 인정되는 경우에는 건축위원회의 심의를 거치지 않고 건축허가를 하지 아니할 수 있다.

④ 허가권자는 허가를 받은 자가 허가를 받은 날부터 4년 이내에 공사에 착수하지 아니한 경우라도 정당한 사유가 있다고 인정되면 2년의 범위에서 공사 기간을 연장할 수 있다.

⑤ 분양을 목적으로 하는 공동주택의 건축허가를 받으려는 자는 대지의 소유권을 확보하지 않아도 된다.

27 건축법령상 도시ㆍ군계획시설에서 가설건축물을 건축하는 경우 그 허가권자로 옳지 <u>않은</u> 것은?

① 특별자치시장
② 광역시장
③ 특별자치도지사
④ 시장
⑤ 군수

28 공간정보의 구축 및 관리 등에 관한 법령상 용어에 관한 설명으로 옳지 <u>않은</u> 것은?

① 공공측량과 지적측량은 일반측량에 해당한다.
② 연속지적도는 측량에 활용할 수 없는 도면이다.
③ 토지의 이동이란 토지의 표시를 새로 정하거나 변경 또는 말소하는 것을 말한다.
④ 「지방자치법」에 따라 자치구가 아닌 구를 두는 시의 시장은 지적소관청에 해당하지 않는다.
⑤ 「도시개발법」에 따른 도시개발사업이 끝나 토지의 표시를 새로 정하기 위하여 실시하는 지적측량은 지적확정측량에 해당한다.

29 공간정보의 구축 및 관리 등에 관한 법령상 지목에 관한 설명으로 옳지 <u>않은</u> 것은?

① 축산업 및 낙농업을 하기 위하여 초지를 조성한 토지와 접속된 주거용 건축물의 부지는 "대"로 한다.
② 지목이 유원지인 토지를 지적도에 등록하는 때에는 "유"로 표기하여야 한다.
③ 물을 상시적으로 이용하지 않고 관상수를 주고 재배하는 토지의 지목은 "전"으로 한다.
④ 1필지가 둘 이상의 용도로 활용되는 경우에는 주된 용도에 따라 지목을 설정한다.
⑤ 토지가 임시적인 용도로 사용될 때에는 지목을 변경하지 아니한다.

30 공간정보의 구축 및 관리 등에 관한 법령상 지목변경 신청 및 축척변경에 관한 설명이다. (   )에 들어갈 내용으로 각각 옳은 것은?

> • 토지소유자는 지목변경을 할 토지가 있으면 그 사유가 발생한 날부터 (ㄱ) 이내에 지적소관청에 지목변경을 신청하여야 한다.
> • 지적소관청은 축척변경을 하려면 축척변경 시행지역의 토지소유자 (ㄴ) 이상의 동의를 받아야 한다.

① ㄱ : 30일, ㄴ : 2분의 1
② ㄱ : 30일, ㄴ : 3분의 2
③ ㄱ : 60일, ㄴ : 2분의 1
④ ㄱ : 60일, ㄴ : 3분의 2
⑤ ㄱ : 90일, ㄴ : 3분의 2

31 공간정보의 구축 및 관리 등에 관한 법령상 지적소관청이 지적공부의 등록사항을 직권으로 조사 · 측량하여 정정할 수 있는 경우가 <u>아닌</u> 것은?

① 지적측량성과와 다르게 정리된 경우
② 지적공부의 작성 당시 잘못 정리된 경우
③ 지적공부의 등록사항이 잘못 입력된 경우
④ 합병하려는 토지의 소유자별 공유지분이 다른 경우
⑤ 토지이동정리 결의서의 내용과 다르게 정리된 경우

32 부동산등기법령상 등기절차에 관한 설명으로 옳은 것은?

① 법인의 합병에 따른 등기는 등기권리자와 등기의무자가 공동으로 신청하여야 한다.
② 등기의무자는 공유물을 분할하는 판결에 의한 등기를 단독으로 신청할 수 없다.
③ 토지의 분할이 있는 경우에는 그 토지 소유권의 등기명의인은 그 사실이 있는 때부터 1개월 이내에 그 등기를 신청하여야 한다.
④ 등기관이 직권에 의한 표시변경등기를 하였을 때에는 소유권의 등기명의인은 지체 없이 그 사실을 지적소관청에게 알려야 한다.
⑤ 토지가 멸실된 경우에는 그 토지 소유권의 등기명의인은 그 사실이 있는 때부터 14일 이내에 그 등기를 신청하여야 한다.

33 부동산등기법령상 권리에 관한 등기에 관한 설명으로 옳지 않은 것은?

① 지방자치단체의 부동산등기용등록번호는 국토교통부장관이 지정·고시한다.

② 등기관이 권리의 변경이나 경정의 등기를 할 때에는 등기상 이해관계 있는 제3자의 승낙이 없는 경우에도 부기로 하여야 한다.

③ 등기관이 전세금반환채권의 일부 양도를 원인으로 한 전세권 일부이전등기를 할 때에는 양도액을 기록한다.

④ 등기관이 환매특약의 등기를 할 경우 매매비용은 필요적 기록사항이다.

⑤ 국가가 등기권리자인 경우, 등기관이 새로운 권리에 관한 등기를 마쳤을 때에는 등기필정보를 작성하여 등기권리자에게 통지하지 않아도 된다.

34 부동산등기법령상 신탁에 관한 등기에 관한 설명으로 옳은 것을 모두 고른 것은?

> ㄱ. 수탁자가 여러 명인 경우 등기관은 신탁재산이 합유인 뜻을 기록하여야 한다.
> ㄴ. 위탁자가 수탁자를 대위하여 신탁등기를 신청하는 경우 신탁등기의 신청은 해당 부동산에 관한 권리의 설정등기의 신청과 동시에 하여야 한다.
> ㄷ. 수익자나 위탁자는 수탁자를 대위하여 신탁등기의 말소등기를 신청할 수 없다.
> ㄹ. 법원은 수탁자 해임의 재판을 한 경우 지체 없이 신탁원부 기록의 변경등기를 등기소에 촉탁하여야 한다.

① ㄱ, ㄷ

② ㄱ, ㄹ

③ ㄴ, ㄷ

④ ㄱ, ㄴ, ㄹ

⑤ ㄴ, ㄷ, ㄹ

35 부동산등기법령상 가등기에 관한 설명으로 옳지 않은 것은?

① 가등기를 명하는 가처분명령의 관할법원은 부동산의 소재지를 관할하는 지방법원이다.

② 가등기권리자는 가등기를 명하는 법원의 가처분명령이 있을 때에는 단독으로 가등기를 신청할 수 있다.

③ 가등기를 명하는 가처분명령의 신청을 각하하는 결정에 대하여는 즉시항고를 할 수 있다.

④ 가등기에 의한 본등기를 한 경우 본등기의 순위는 가등기의 순위에 따른다.

⑤ 가등기의무자는 가등기명의인의 동의 없이도 단독으로 가등기의 말소를 신청할 수 있다.

36 동산·채권 등의 담보에 관한 법령상 담보등기에 관한 설명으로 옳은 것은?

① 판결에 의한 등기는 등기권리자와 등기의무자가 공동으로 신청하여야 한다.

② 등기관이 등기를 마친 경우 그 등기는 등기신청을 접수한 날의 다음 날부터 효력을 발생한다.

③ 등기관의 결정에 대한 이의신청은 집행정지의 효력이 있다.

④ 등기관은 자신의 결정 또는 처분에 대한 이의가 이유 없다고 인정하면 3일 이내에 의견서를 붙여 사건을 관할 지방법원에 송부하여야 한다.

⑤ 「동산·채권 등의 담보에 관한 법률」에 따른 담보권의 존속기간은 7년을 초과하지 않는 기간으로 이를 갱신할 수 있다.

37 도시 및 주거환경정비법령상 정비계획 입안을 위하여 주민의견 청취절차를 거쳐야 하는 경우는? (단, 조례는 고려하지 않음)

① 공동이용시설 설치계획을 변경하는 경우

② 재난방지에 관한 계획을 변경하는 경우

③ 정비사업시행 예정시기를 3년의 범위에서 조정하는 경우

④ 건축물의 최고 높이를 변경하는 경우

⑤ 건축물의 용적률을 20퍼센트 미만의 범위에서 확대하는 경우

38 도시 및 주거환경정비법령상 조합설립추진위원회(이하 '추진위원회')에 관한 설명으로 옳지 <u>않은</u> 것은?

① 국토교통부장관은 추진위원회의 공정한 운영을 위하여 추진위원회의 운영규정을 정하여 고시하여야 한다.

② 추진위원회는 운영규정에 따라 운영하여야 하며, 토지등소유자는 운영에 필요한 경비를 운영규정에 따라 납부하여야 한다.

③ 추진위원회는 사용경비를 기재한 회계장부 및 관계 서류를 조합설립인가일부터 30일 이내에 조합에 인계하여야 한다.

④ 추진위원회는 조합설립에 필요한 동의를 받기 전에 추정분담금 등 대통령령으로 정하는 정보를 토지등소유자에게 제공하여야 한다.

⑤ 조합이 시행하는 재건축사업에서 추진위원회가 추진위원회 승인일부터 1년이 되는 날까지 조합설립인가를 신청하지 아니하는 경우에는 정비구역의 지정권자는 정비구역 등을 해제하여야 한다.

39 도시 및 주거환경정비법령상 다음 설명에 해당하는 사업은?

> 도시 저소득 주민이 집단거주하는 지역으로서 정비기반시설이 극히 열악하고 노후·불량건축물이 과도하게 밀집한 지역의 주거환경을 개선하거나 단독주택 및 다세대주택이 밀집한 지역에서 정비기반시설과 공동이용시설 확충을 통하여 주거환경을 보전·정비·개량하기 위한 사업

① 도시재개발사업
② 주택재건축사업
③ 가로주택정비사업
④ 주거환경개선사업
⑤ 도시재생사업

40 도시 및 주거환경정비법령상 정비기반시설이 <u>아닌</u> 것을 모두 고른 것은? (단, 주거환경개선사업을 위하여 지정·고시된 정비구역이 아님)

> ㄱ. 광장
> ㄴ. 구거
> ㄷ. 놀이터
> ㄹ. 녹지
> ㅁ. 공동구
> ㅂ. 마을회관

① ㄱ, ㄴ
② ㄴ, ㄷ
③ ㄷ, ㅂ
④ ㄹ, ㅁ
⑤ ㅁ, ㅂ

제5과목 | 회계학

※ 아래의 문제들에서 특별한 언급이 없는 한 기업의 보고기간(회계기간)은 매년 1월 1일부터 12월 31일까지이다. 또한, 기업은 주권상장법인으로 계속해서 한국채택국제회계기준(K-IFRS)을 적용해오고 있다고 가정하고, 답지항 중에서 물음에 가장 합당한 답을 고르시오. 단, 자료에서 제시한 모든 항목과 금액은 중요하며, 자료에서 제시한 것 이외의 사항은 고려하지 않고 답한다. 예를 들어, 법인세에 대한 언급이 없으면 법인세 효과는 고려하지 않는다.

01 유용한 재무정보의 질적특성에 관한 설명으로 옳은 것은?

① 근본적 질적특성은 목적적합성과 검증가능성이다.
② 목적적합한 재무정보는 이용자들의 의사결정에 차이가 나도록 할 수 있다.
③ 보고기간이 지난 정보는 더 이상 적시성을 갖지 않는다.
④ 정보가 비교가능하기 위해서는 비슷한 것은 다르게 보여야 하고 다른 것은 비슷하게 보여야 한다.
⑤ 표현충실성에서 오류가 없다는 것은 모든 면에서 완벽하게 정확하다는 것을 의미한다.

02 현금 및 현금성자산으로 재무상태표에 표시될 수 <u>없는</u> 것을 모두 고른 것은? (단, 지분상품은 현금으로 전환이 용이하다)

ㄱ. 부채상환을 위해 12개월 이상 사용이 제한된 요구불예금
ㄴ. 사용을 위해 구입한 수입인지와 우표
ㄷ. 상환일이 정해져 있고 취득일로부터 상환일까지 기간이 2년인 회사채
ㄹ. 취득일로부터 1개월 내에 처분할 예정인 상장기업의 보통주
ㅁ. 재취득한 자기지분상품

① ㄱ, ㄴ, ㄹ
② ㄱ, ㄷ, ㄹ
③ ㄴ, ㄷ, ㅁ
④ ㄱ, ㄴ, ㄷ, ㅁ
⑤ ㄱ, ㄴ, ㄷ, ㄹ, ㅁ

03 공정가치 측정에 관한 설명으로 옳지 <u>않은</u> 것은?

① 공정가치란 측정일에 시장참여자 사이의 정상거래에서 자산을 매도할 때 받거나 부채를 이전할 때 지급하게 될 가격이다.

② 공정가치는 시장에 근거한 측정치이며 기업 특유의 측정치가 아니다.

③ 공정가치를 측정하기 위해 사용하는 가치평가기법은 관측할 수 있는 투입변수를 최소한으로 사용하고 관측할 수 없는 투입변수를 최대한으로 사용한다.

④ 기업은 시장참여자가 경제적으로 최선의 행동을 한다는 가정 하에, 시장참여자가 자산이나 부채의 가격을 결정할 때 사용할 가정에 근거하여 자산이나 부채의 공정가치를 측정하여야 한다.

⑤ 비금융자산의 공정가치를 측정할 때는 자신이 그 자산을 최고 최선으로 사용하거나 최고 최선으로 사용할 다른 시장참여자에게 그 자산을 매도함으로써 경제적 효익을 창출할 수 있는 시장참여자의 능력을 고려한다.

04 (주)감평은 20x1년 중 공정가치선택권을 적용한 당기손익-공정가치 측정 금융부채 ₩80,000을 최초 인식하였다. 20x1년 말 해당 금융부채의 공정가치는 ₩65,000으로 하락하였다. 공정가치 변동 중 ₩5,000은 (주)감평의 신용위험 변동으로 발생한 것이다. 해당 금융부채로 인해 (주)감평의 20x1년 당기순이익에 미치는 영향은? (단, (주)감평의 신용위험 변동은 당기손익의 회계불일치를 일으키거나 확대하지는 않는다)

① ₩10,000 감소

② ₩5,000 감소

③ 영향없음

④ ₩5,000 증가

⑤ ₩10,000 증가

05 다음의 특징을 모두 가지고 있는 자산은?

• 개별적으로 식별하여 별도로 인식할 수 없다.
• 손상징후와 관계없이 매년 손상검사를 실시한다.
• 손상차손환입을 인식할 수 없다.
• 사업결합시 이전대가가 피취득자 순자산의 공정가치를 초과한 금액이다.

---

① 특허권

② 회원권

③ 영업권

④ 라이선스

⑤ 가상화폐

06 (주)감평은 20x1년 초 해지불능 리스계약을 체결하고 사용권자산(내용연수 5년, 잔존가치 ₩0, 정액법 상각)과 리스부채(리스기간 5년, 매년 말 정기리스료 ₩13,870, 리스기간 종료 후 소유권 무상이전 약정)를 각각 ₩50,000씩 인식하였다. 리스계약의 내재이자율은 연 12%이고 (주)감평은 리스회사의 내재이자율을 알고 있다. (주)감평은 사용권자산에 대해 재평가모형을 적용하고 있으며 20x1년 말 사용권자산의 공정가치는 ₩35,000이다. 동 리스계약이 (주)감평의 20x1년 당기순이익에 미치는 영향은? (단, 리스계약은 소액자산리스 및 단기리스가 아니라고 가정한다)

① ₩5,000 감소
② ₩6,000 감소
③ ₩15,000 감소
④ ₩16,000 감소
⑤ ₩21,000 감소

07 (주)감평의 20x1년 중 발생한 자본항목 사건이다.

• 무상증자 시행	₩500
• 자기주식 취득	600
• 당기순이익 발생	1,000
• 주식배당 결의	300
• 자기주식 소각	600
• 기타포괄이익 발생	800

20x1년 초 (주)감평의 자본은 ₩10,000이고 이 외에 자본항목 사건은 없다고 가정할 때, 20x1년 말 (주)감평의 자본은?

① ₩10,400
② ₩11,000
③ ₩11,200
④ ₩11,600
⑤ ₩11,800

08 (주)감평은 20x1년부터 제품판매 ₩5당 포인트 1점을 고객에게 제공하는 고객충성제도를 운영하고 제품판매 대가로 ₩10,000을 수취하였다. 포인트는 20x2년부터 (주)감평의 제품을 구매할 때 사용할 수 있으며 포인트 이행약속은 (주)감평의 중요한 수행의무이다. (주)감평은 포인트 1점당 ₩0.7으로 측정하고, 20x1년 부여된 포인트 중 75%가 사용될 것으로 예상하여 포인트의 개별 판매가격을 추정하였다. 포인트가 없을 때 20x1년 제품의 개별 판매가격은 ₩9,450이다. 상대적 개별 판매가격에 기초하여 (주)감평이 판매대가 ₩10,000을 수행의무에 배분하는 경우, 20x1년 말 재무상태표에 인식할 포인트 관련 이연수익(부채)은?

① ₩1,000
② ₩1,050
③ ₩1,450
④ ₩1,550
⑤ ₩2,000

09 (주)감평은 20x1년 초 액면금액 ₩100,000인 전환상환우선주(액면배당율 연 2%, 매년 말 배당지급)를 액면발행 하였다. 전환상환우선주 발행시 조달한 현금 중 금융부채요소의 현재가치는 ₩80,000이고 나머지는 자본요소(전환권)이다. 전환상환우선주 발행시점의 금융부채요소 유효이자율은 연 10%이다. 20x2년 초 전환상환우선주의 40%를 보통주로 전환할 때 (주)감평의 자본증가액은?

① ₩32,000
② ₩34,400
③ ₩40,000
④ ₩42,400
⑤ ₩50,000

10 (주)감평의 기말재고자산에 포함시켜야 할 항목을 모두 고른 것은?

> ㄱ. 창고가 작아 기말 현재 외부에 보관 중인 (주)감평의 원재료
> ㄴ. (주)감평이 FOB 선적지 인도조건으로 판매하였으나 기말 현재 도착하지 않은 상품
> ㄷ. (주)감평이 고객에게 인도하고 기말 현재 고객이 사용의사를 표시한 시용품
> ㄹ. (주)감평이 FOB 도착지 인도조건으로 매입하였으나 기말 현재 도착하지 않은 상품

① ㄱ
② ㄷ
③ ㄱ, ㄴ
④ ㄴ, ㄹ
⑤ ㄷ, ㄹ

11 고객과의 계약에서 생기는 수익에 관한 설명으로 옳지 <u>않은</u> 것은?

① 거래가격을 산정하기 위해서는 계약 조건과 기업의 사업 관행을 참고하며, 거래가격에는 제삼자를 대신해서 회수한 금액은 제외한다.

② 고객과의 계약에서 약속한 대가는 고정금액, 변동금액 또는 둘 다를 포함할 수 있다.

③ 변동대가의 추정이 가능한 경우, 계약에서 가능한 결과치가 두 가지뿐일 경우에는 기댓값이 변동대가의 적절한 추정치가 될 수 있다.

④ 기업이 받을 권리를 갖게 될 변동대가(금액)에 미치는 불확실성의 영향을 추정할 때에는 그 계약 전체에 하나의 방법을 일관되게 적용한다.

⑤ 고객에게서 받은 대가의 일부나 전부를 고객에게 환불할 것으로 예상하는 경우에는 환불부채를 인식한다.

12 투자부동산에 관한 설명으로 옳지 <u>않은</u> 것은?

① 소유 투자부동산은 최초 인식시점에 원가로 측정한다.

② 투자부동산을 후불조건으로 취득하는 경우의 원가는 취득시점의 현금가격상당액으로 한다.

③ 투자부동산의 평가방법으로 공정가치모형을 선택한 경우, 감가상각을 수행하지 아니한다.

④ 공정가치로 평가하게 될 자가건설 투자부동산의 건설이나 개발이 완료되면 해당일의 공정가치와 기존 장부금액의 차액은 기타포괄손익으로 인식한다.

⑤ 재고자산을 공정가치로 평가하는 투자부동산으로 대체하는 경우, 재고자산의 장부금액과 대체시점의 공정가치의 차액은 당기손익으로 인식한다.

13 재무제표의 표시에 관한 설명으로 옳지 <u>않은</u> 것은?

① 재무제표가 한국채택국제회계기준의 요구사항을 모두 충족한 경우가 아니라면 한국채택국제회계기준을 준수하여 작성되었다고 기재하여서는 안 된다.

② 기업이 재무상태표에 유동자산과 비유동자산으로 구분하여 표시하는 경우, 이연법인세자산은 유동자산으로 분류하지 아니한다.

③ 비용을 기능별로 분류하는 기업은 감가상각비, 기타 상각비와 종업원급여비용을 포함하여 비용의 성격에 대한 추가 정보를 공시한다.

④ 수익과 비용의 어느 항목은 포괄손익계산서 또는 주석에 특별손익항목으로 별도 표시한다.

⑤ 매출채권에 대한 대손충당금을 차감하여 관련 자산을 순액으로 측정하는 것은 상계표시에 해당하지 아니한다.

14 (주)감평은 20x1년 초 기계장치(취득원가 ₩1,000,000, 내용연수 5년, 잔존가치 ₩50,000, 정액법 상각)를 구입하고, 원가모형을 적용하였다. 20x4년 초 (주)감평은 기계장치의 내용연수를 당초 5년에서 7년으로, 잔존가치도 변경하였다. (주)감평이 20x4년에 인식한 감가상각비가 ₩100,000인 경우, 기계장치의 변경된 잔존가치는?

① ₩20,000

② ₩30,000

③ ₩50,000

④ ₩70,000

⑤ ₩130,000

15 (주)감평의 20x1년도 상품 매입과 관련된 자료이다. 20x1년도 상품 매입원가는? (단, (주)감평은 부가가치세 과세사업자이며, 부가가치세는 환급대상에 속하는 매입세액이다)

항목	금액	비고
당기매입	₩110,000	부가가치세 ₩10,000 포함
매입운임	10,000	
하역료	5,000	
매입할인	5,000	
리베이트	2,000	
보관료	3,000	후속 생산단계에 투입하기 전에 보관이 필요한 경우가 아님
관세납부금	500	

① ₩108,500

② ₩110,300

③ ₩110,500

④ ₩113,500

⑤ ₩123,500

16 (주)감평은 20x1년 초 기계장치(내용연수 3년, 잔존가치 ₩0, 정액법 상각)를 구입과 동시에 무이자부 약속어음(액면금액 ₩300,000, 3년 만기, 매년 말 ₩100,000 균등상환)을 발행하여 지급하였다. 이 거래 당시 (주)감평이 발행한 어음의 유효이자율은 연 12%이다. 기계장치에 대해 원가모형을 적용하고, 당해 차입원가는 자본화대상에 해당하지 않는다. 20x1년 (주)감평이 인식할 비용은? (단, 12%, 3기간의 연급현가계수는 2.40183이고, 계산금액은 소수점 첫째자리에서 반올림하며, 단수차이로 인한 오차가 있으면 가장 근사치를 선택한다)

① ₩59,817
② ₩80,061
③ ₩88,639
④ ₩108,883
⑤ ₩128,822

17 (주)감평의 20x1년 초 유통보통주식수는 18,400주이다. (주)감평은 20x1년 7월 초 주주우선배정 방식으로 유상증자를 실시하였다. 유상증자 권리행사 전일의 공정가치는 주당 ₩50,000이고, 유상증자 시의 주당 발행금액은 ₩40,000, 발행주식수는 2,000주이다. (주)감평은 20x1년 9월 초 자기주식을 1,500주 취득하였다. (주)감평의 20x1년 가중평균유통보통주식수는? (단, 가중평균유통보통주식수는 월할 계산한다)

① 18,667주
② 19,084주
③ 19,268주
④ 19,400주
⑤ 20,400주

18 (주)감평이 20x1년 말 재무상태표에 계상하여야 할 충당부채는? (단, 아래에서 제시된 금액은 모두 신뢰성 있게 측정되었다)

사건	비고
20x1년 9월 25일에 구조조정계획이 수립되었으며 예상비용은 ₩300,000으로 추정된다.	20x1년 말까지는 구조조정계획의 이행에 착수하지 않았다.
20x1년 말 현재소송이 제기되어 있으며, 동 소송에서 패소 시 배상하여야 할 손해배상금액은 ₩200,000으로 추정된다.	(주)감평의 자문 법무법인에 의하면 손해발생 가능성은 높지 않다.
미래의 예상 영업손실이 ₩450,000으로 추정된다.	
회사가 사용 중인 공장 구축물 철거시, 구축물이 정착되어 있던 토지는 원상복구의무가 있다. 원상복구원가는 ₩200,000으로 추정되며 그 현재가치는 ₩120,000이다.	
판매한 제품에서 제조상 결함이 발견되어 보증비용 ₩350,000이 예상되며, 그 지출가능성이 높다. 동 보증은 확신유형 보증에 해당한다.	예상비용을 보험사에 청구하여 50%만큼 변제받기로 하였다.

① ₩295,000
② ₩470,000
③ ₩550,000
④ ₩670,000
⑤ ₩920,000

19 20x1년 초 설립한 (주)감평의 법인세 관련 자료이다. (주)감평의 20x1년도 유효법인세율은? (단, 유효법인세율은 법인세비용을 법인세비용차감전순이익으로 나눈 값으로 정의한다)

- 20x1년 세무조정 사항
  - 벌과금 손금불산입   ₩20,000
  - 접대비한도초과액   15,000
  - 감가상각비한도초과액   15,000
- 20x1년도 법인세비용차감전순이익은 ₩500,000이며, 이연법인세자산(부채)의 실현가능성은 거의 확실하다.
- 연도별 법인세율은 20%로 일정하다.

① 19.27%
② 20%
③ 21.4%
④ 22%
⑤ 22.8%

20 (주)감평은 20x1년 중 연구개발비를 다음과 같이 지출하였다.

지출시기	구분	금액	비고
1월 초~6월 말	연구단계	₩50,000	
7월 초~9월 말	개발단계	100,000	자산인식 요건 미충족함
10월 초~12월 말	개발단계	50,000	자산인식 요건 충족함

(주)감평은 20x2년 말까지 ₩100,000을 추가 지출하고 개발을 완료하였다. 무형자산으로 인식한 개발비 (내용연수 10년, 잔존가치 ₩0, 정액법 상각)는 20x3년 1월 1일부터 사용이 가능하며, 원가모형을 적용한다. 20x3년 말 현재 개발비가 손상징후를 보였으며 회수가능액은 ₩80,000이다. 20x3년 인식할 개발비 손상차손은?

① ₩50,000
② ₩50,500
③ ₩53,750
④ ₩55,000
⑤ ₩70,000

21 고객과의 계약으로 식별하기 위한 기준에 관한 설명으로 옳지 않은 것은?

① 계약 당사자들이 계약을 서면으로, 구두로 또는 그 밖의 사업 관행에 따라 승인하고 각자의 의무를 수행하기로 확약한다.
② 이전할 재화나 용역과 관련된 각 당사자의 권리를 식별할 수 있다.
③ 이전할 재화나 용역의 지급조건을 식별할 수 있다.
④ 계약에 상업적 실질을 요하지는 않는다.
⑤ 고객에게 이전할 재화나 용역에 대하여 받을 권리를 갖게 될 대가의 회수 가능성이 높다.

22 다음 항목과 계정 분류를 연결한 것으로 옳지 않은 것은?

① 직접 소유 또는 금융리스를 통해 보유하고 운용리스로 제공하고 있는 건물 – 재고자산
② 소유 자가사용부동산 – 유형자산
③ 처분예정인 자가사용부동산 – 매각예정비유동자산
④ 통상적인 영업과정에서 판매하기 위한 부동산이나 이를 위하여 건설 또는 개발 중인 부동산 – 재고자산
⑤ 장래 용도를 결정하지 못한 채로 보유하고 있는 토지 – 투자부동산

23 공기청정기를 위탁판매하고 있는 (주)감평은 20x1년 초 공기청정기 10대(대당 판매가격 ₩1,000, 대당 원가 ₩700)를 (주)한국에 적송하였으며, 운송업체에 총운송비용 ₩100을 현금으로 지급하였다. (주)한국은 위탁받은 공기청정기 10대 중 7대를 20x1년에 판매하였다. 20x1년 위탁판매와 관련하여 (주)감평이 인식할 매출원가는?

① ₩4,970
② ₩5,700
③ ₩7,070
④ ₩8,100
⑤ ₩10,100

24 (주)감평은 20x1년 초 종업원 100명에게 현금결제형 주가차액보상권을 각각 20개씩 부여하고 2년간의 용역제공조건을 부과하였다. (주)감평은 20x1년에 ₩6,000, 20x2년에 ₩6,500을 주식보상비용으로 인식하였다. 20x1년 초부터 20x2년 말까지 30명의 종업원이 퇴사하였으며, 20x3년 말 종업원 10명이 권리를 행사하였다. 20x3년 말 현금결제형 주가차액보상권의 개당 공정가치는 ₩15, 개당 내재가치는 ₩10이라고 할 때, (주)감평이 20x3년 인식할 주식보상비용은?

① ₩5,500
② ₩6,000
③ ₩7,000
④ ₩7,500
⑤ ₩8,500

25 (주)감평은 20x1년 초 주당 액면금액이 ₩150인 (주)한국의 보통주 20주를 주당 ₩180에 취득하였고, 총 거래원가 ₩150을 지급하였다. (주)감평은 동 주식을 기타포괄손익－공정가치 측정 금융자산으로 분류하였고 20x1년 말 동 주식의 공정가치는 주당 ₩240이다. 동 금융자산과 관련하여 20x1년 인식할 기타포괄이익은?

① ₩1,050
② ₩1,200
③ ₩1,350
④ ₩1,600
⑤ ₩1,950

26 (주)감평의 20x2년 발생주의 수익과 비용은 각각 ₩1,500과 ₩600이며, 관련 자산과 부채는 다음과 같다.

계정과목	20x1년 말	20x2년 말
재고자산	₩1,500	₩1,300
미수수익	500	800
매출채권	500	400
미지급비용	600	300

20x2년 순현금흐름(현금유입액 − 현금유출액)은?

① (−)₩800

② (−)₩700

③ (+)₩300

④ (+)₩400

⑤ (+)₩600

27 (주)감평은 재고자산을 20x1년 말까지 평균법을 적용해 오다가 20x2년 초 선입선출법으로 회계정책을 변경하였다. 다음은 20x1년 말과 20x2년 말의 평가방법별 재고자산 금액이다.

구분		20x1년 말	20x2년 말
재고자산 금액	평균법	₩2,800	₩2,200
	선입선출법	2,500	2,800

평균법을 적용한 20x2년 당기순이익이 ₩2,000일 때, 변경 후 20x2년 당기순이익은? (단, 동 회계정책 변경은 한국채택국제회계기준에서 제시하는 조건을 충족하는 것이며, 선입선출법으로의 회계정책 변경에 대한 소급효과를 모두 결정할 수 있다고 가정한다)

① ₩1,400

② ₩2,000

③ ₩2,300

④ ₩2,600

⑤ ₩2,900

28 (주)감평은 취득원가 ₩2,500(처분당시 장부금액은 ₩1,500, 원가모형 적용)인 기계장치를 20x1년 초 ₩1,600에 처분하였다. (주)감평은 기계장치 장부금액을 제거하지 않고 처분대가를 잡수익으로 처리하고, 20x1년과 20x2년 각각 취득원가의 10%를 감가상각비로 계상하였다. 이러한 오류는 20x3년 초 발견되었고, 20x2년도의 장부가 마감되었다면, (주)감평의 20x3년 당기순이익에 미치는 영향은? (단, 상기 오류는 오류의 영향이나 오류의 누적효과를 실무적으로 결정할 수 있으며 중요한 오류에 해당한다)

① 영향없음
② ₩100 증가
③ ₩250 증가
④ ₩500 증가
⑤ ₩600 증가

29 (주)감평이 사용하는 가계장치의 20x1년 말 장부금액은 ₩3,500(취득원가 ₩6,000, 감가상각누계액 ₩2,500, 원가모형 적용)이다. 20x1년 말 동 기계장치의 진부화로 가치가 감소하여 순공정가치는 ₩1,200, 사용가치는 ₩1,800으로 추정되었다. (주)감평이 20x1년 인식할 기계장치 손상차손은?

① ₩1,200
② ₩1,700
③ ₩1,800
④ ₩2,000
⑤ ₩2,300

30 (주)감평은 20x1년 2월 초 영업을 개시하여 2년간 제품보증 조건으로 건조기(대당 판매가격 ₩100)를 판매하고 있다. 20x1년 1,500대, 20x2년 4,000대의 건조기를 판매하였으며, 동종업계의 과거 경험에 따라 판매수량 대비 평균 3%의 보증요청이 있을 것으로 추정되고 보증비용은 대당 평균 ₩20이 소요된다. 당사가 제공하는 보증은 확신유형의 보증이며 연도별 보증이행 현황은 다음과 같다.

구분	20x1년	20x2년
20x1년 판매분	5대	15대
20x2년 판매분		30대

20x2년 말 보증손실충당부채는? (단, 보증요청의 발생가능성이 높고 금액은 신뢰성 있게 측정되었다. 충당부채의 현재가치요소는 고려하지 않는다)

① ₩800
② ₩1,000
③ ₩1,200
④ ₩1,800
⑤ ₩2,300

31 원가관리기법에 관한 설명으로 옳은 것은?

① 제약이론을 원가관리에 적용한 재료처리량공헌이익(throughput contribution)은 매출액에서 기본원가를 차감하여 계산한다.

② 수명주기원가계산에서는 공장자동화가 이루어지면서 제조이전단계보다는 제조단계에서의 원가절감여지가 매우 높아졌다고 본다.

③ 목표원가계산은 표준원가와 마찬가지로 제조과정에서의 원가절감을 강조한다.

④ 균형성과표는 전략의 구체화와 의사소통에 초점이 맞춰진 제도이다.

⑤ 품질원가계산에서는 내부실패원가와 외부실패원가를 통제원가라 하며, 예방 및 평가활동을 통해 이를 절감할 수 있다.

32 (주)감평은 단일 제품을 대량생산하고 있으며, 가중평균법을 적용하여 종합원가계산을 하고 있다. 직접재료는 공정초에 전량 투입되고, 전환원가는 공정 전체에서 균등하게 발생한다. 당기 원가계산 자료는 다음과 같다.

기초재공품	3,000개(완성도 80%)
당기착수수량	14,000개
당기완성품	13,000개
기말재공품	2,500개(완성도 60%)

품질검사는 완성도 70%에서 이루어지며, 당기 중 검사를 통과한 합격품의 10%를 정상공손으로 간주한다. 직접재료원가와 전환원가의 완성품환산량 단위당 원가는 각각 ₩30과 ₩20이다. 완성품에 배부되는 정상공손원가는?

① ₩35,000

② ₩44,000

③ ₩55,400

④ ₩57,200

⑤ ₩66,000

33 (주)감평은 제품라인 A, B, C부문을 유지하고 있다. 20x1년 각 부문별 손익계산서는 다음과 같다.

구분	A부문	B부문	C부문	합계
매출액	₩200,000	₩300,000	₩500,000	₩1,000,000
변동원가	100,000	200,000	220,000	520,000
공헌이익	100,000	100,000	280,000	480,000
고정원가	30,000	50,000	80,000	160,000
급여	10,000	60,000	70,000	140,000
광고선전비	20,000	30,000	50,000	100,000
기타 배부액				
영업손익	₩40,000	(₩40,000)	₩80,000	₩80,000

(주)감평의 경영자는 B부문의 폐쇄를 결정하기 위하여 각 부문에 관한 자료를 수집한 결과 다음과 같이 나타났다.

- 급여는 회피불능원가이다.
- 광고선전은 각 부문별로 이루어지기 때문에 B부문을 폐쇄할 경우 B부문의 광고선전비는 더 이상 발생하지 않는다.
- 기타 배부액 총 ₩100,000은 각 부문의 매출액에 비례하여 배부한 원가이다.
- B부문을 폐쇄할 경우 C부문의 매출액이 20% 감소한다.

(주)감평이 B부문을 폐쇄할 경우 (주)감평 전체 이익의 감소액은? (단, 재고자산은 없다)

① ₩36,000
② ₩46,000
③ ₩66,000
④ ₩86,000
⑤ ₩96,000

34 (주)감평은 표준원가제도를 도입하고 있다. 변동제조간접원가의 배부기준은 직접노무시간이며, 제품 1개를 생산하는데 소요되는 표준직접노무시간은 2시간이다. 20x1년 3월 실제 발생한 직접노무시간은 10,400 시간이고, 원가자료는 다음과 같다.

변동제조간접원가 실제 발생액	₩23,000
변동제조간접원가 능률차이	2,000(불리)
변동제조간접원가 총차이	1,000(유리)

(주)감평의 20x1년 3월 실제 제품생산량은?

① 4,600개
② 4,800개
③ 5,000개
④ 5,200개
⑤ 5,400개

35 (주)감평의 생산량 관련범위 내에 해당하는 원가 자료는 다음과 같다. (   )에 들어갈 금액으로 옳지 <u>않은</u> 것은?

	생산량	
	2,000개	5,000개
총원가		
변동원가	A( )	?
고정원가	B( )	?
소계	?	E( )
단위당 원가		
변동원가	C( )	?
고정원가	?	₩10
소계	D( )	₩30

① A : ₩40,000

② B : ₩50,000

③ C : ₩20

④ D : ₩45

⑤ E : ₩90,000

36 (주)감평은 제조간접원가를 기계작업시간 기준으로 예정배부하고 있다. 20x1년 실제 기계작업시간은?

제조간접원가(예산)	₩928,000
제조간접원가(실제)	960,000
제조간접원가 배부액	840,710
기계작업시간(예산)	80,000시간

① 70,059시간

② 71,125시간

③ 72,475시간

④ 73,039시간

⑤ 74,257시간

37 (주)감평이 20x2년 재무제표를 분석한 결과 전부원가계산보다 변동원가계산의 영업이익이 ₩30,000 더 많았다. 20x2년 **기초재고수량**은? (단, 20x1년과 20x2년의 생산·판매활동 자료는 동일하고, 선입선출법을 적용하며, 재공품은 없다)

당기 생산량	5,000개
기초재고수량	?
기말재고수량	500개
판매가격(개당)	₩1,500
변동제조간접원가(개당)	500
고정제조간접원가(총액)	750,000

① 580개

② 620개

③ 660개

④ 700개

⑤ 740개

38 (주)감평의 20x1년 매출 및 원가자료는 다음과 같다.

매출액	?
변동원가	₩700,000
공헌이익	500,000
고정원가	300,000
영업이익	₩200,000

20x2년에는 판매량이 20% 증가할 것으로 예상된다. (주)감평의 20x2년 예상영업이익은? (단, 판매량 이외의 다른 조건은 20x1년과 동일하다)

① ₩260,000

② ₩280,000

③ ₩300,000

④ ₩340,000

⑤ ₩380,000

39 (주)감평은 제품A와 제품B를 생산·판매하고 있다. 20x1년 (주)감평의 매출액과 영업이익은 각각 ₩15,000,000과 ₩3,000,000이며, 고정원가는 ₩2,250,000이다. 제품A와 제품B의 매출배합비율이 각각 25%와 75%이며, 제품A의 공헌이익률은 23%이다. 제품B의 공헌이익률은?

① 29.25%

② 34.4%

③ 35%

④ 37.4%

⑤ 39%

40 (주)감평은 평균영업용자산과 영업이익을 이용하여 투자수익률(ROI)과 잔여이익(RI)을 산출하고 있다. (주)감평의 20x1년 평균영업용자산은 ₩2,500,000이며, ROI는 10%이다. (주)감평의 20x1년 RI가 ₩25,000이라면 최저필수수익률은?

① 8%

② 9%

③ 10%

④ 11%

⑤ 12%

PART 04

2020년 제31회 기출문제

제1교시	민법 / 경제학원론 / 부동산학원론
제2교시	감정평가관계법규 / 회계학

제1과목 | 민법

01 법원(法源)에 관한 설명으로 옳지 않은 것은? (다툼이 있으면 판례에 따름)

① 사회구성원이 관습법으로 승인된 관행의 법적 구속력을 확신하지 않게 된 때에는 그 관습법은 효력을 잃는다.

② 헌법의 기본권은 특별한 사정이 없으면 사법관계에 직접 적용된다.

③ 법원은 당사자의 주장·증명을 기다림이 없이 관습법을 직권으로 조사·확정하여야 한다.

④ 우리나라가 가입한 국제조약은 일반적으로 민법이나 상법 또는 국제사법보다 우선적으로 적용된다.

⑤ 관습법은 법령에 저촉되지 아니하는 한 법칙으로서의 효력이 있다.

02 권리주체에 관한 설명으로 옳지 <u>않은</u> 것은? (다툼이 있으면 판례에 따름)

① 의사능력은 자신의 행위의 의미와 결과를 합리적으로 판단할 수 있는 정신적 능력으로 구체적인 법률행위와 관련하여 개별적으로 판단되어야 한다.

② 어떤 법률행위가 일상적인 의미만으로 알기 어려운 특별한 법률적 의미나 효과를 가진 경우, 이를 이해할 수 있을 때 의사능력이 인정된다.

③ 현행 민법은 태아의 권리능력에 관하여 일반적 보호주의를 취한다.

④ 태아의 상태에서는 법정대리인이 있을 수 없고, 법정대리인에 의한 수증행위도 할 수 없다.

⑤ 피상속인과 그의 직계비속 또는 형제자매가 동시에 사망한 것으로 추정되는 경우에도 대습상속이 인정된다.

03 미성년자의 행위능력에 관한 설명으로 옳은 것은? (다툼이 있으면 판례에 따름)

① 행위능력제도는 자기책임의 원칙을 구현하여 거래의 안전을 도모하기 위한 것이다.

② 미성년자가 그 소유의 부동산을 그의 친권자에게 증여하고 소유권이전등기를 마친 경우, 다른 사정이 없으면 적법한 절차를 거친 등기로 추정된다.

③ 친권자는 그의 미성년 자(子)의 이름으로 체결한 계약을 자(子)가 미성년임을 이유로 취소할 수 있다.

④ 친권자가 그의 친구의 제3자에 대한 채무를 담보하기 위하여 미성년자(子) 소유의 부동산에 담보를 설정하는 행위는 이해상반행위이다.

⑤ 미성년자가 타인을 대리할 때에는 법정대리인의 동의를 얻어야 한다.

04 부재자의 재산관리에 관한 설명으로 옳지 <u>않은</u> 것은? (다툼이 있으면 판례에 따름)

① 부재자가 스스로 위임한 재산관리인에게 재산처분권까지 준 경우에도 그 재산관리인은 재산처분에 법원의 허가를 얻어야 한다.

② 재산관리인의 권한초과행위에 대한 법원의 허가결정은 기왕의 처분행위를 추인하는 방법으로도 할 수 있다.

③ 재산관리인이 소송절차를 진행하던 중 부재자에 대한 실종선고가 확정되면 그 재산관리인의 지위도 종료한다.

④ 생사불명의 부재자를 위하여 법원이 선임한 재산관리인은 그가 부재자의 사망을 확인한 때에도 선임 결정이 취소되지 않으면 계속 권한을 행사할 수 있다.

⑤ 생사불명의 부재자에 대하여 실종이 선고되더라도 법원이 선임한 재산관리인의 처분행위에 근거한 등기는 그 선임결정이 취소되지 않으면 적법하게 마친 것으로 추정된다.

05 법인에 관한 설명으로 옳지 <u>않은</u> 것은? (다툼이 있으면 판례에 따름)

① 법인의 대표기관이 법인을 위하여 계약을 체결한 경우, 다른 사정이 없으면 그 성립의 효과는 직접 법인에 미치고 계약을 위반한 때에는 법인이 손해를 배상할 책임이 있다.

② 단체의 실체를 갖추어 법인 아닌 사단으로 성립하기 전에 설립주체인 개인이 취득한 권리·의무는 바로 법인 아닌 사단에 귀속된다.

③ 법인 아닌 사단은 대표권제한을 등기할 수 없으므로 거래상대방이 사원총회가 대표권 제한을 결의한 사실을 몰랐고 모른데 잘못이 없으면, 제한을 넘는 이사의 거래행위는 유효하다.

④ 민법에서 법인과 그 기관인 이사의 관계는 위임인과 수임인의 법률관계와 같다.

⑤ 사단법인의 하부조직 중 하나라 하더라도 스스로 단체의 실체를 갖추고 독자활동을 한다면 독립된 법인 아닌 사단으로 볼 수 있다.

06 법인에 관한 설명으로 옳지 <u>않은</u> 것은? (다툼이 있으면 판례에 따름)

① 법인은 설립등기를 함으로써 성립한다.

② 어느 사단법인과 다른 사단법인의 동일 여부는, 다른 사정이 없으면 사원의 동일 여부를 기준으로 결정된다.

③ 법인의 대표자는 그 명칭이나 직위 여하가 아니라 법인등기를 기준으로 엄격하게 확정하여야 한다.

④ 행위의 외형상 직무행위로 인정할 수 있으면, 대표자 개인의 이익을 위한 것이거나 법령에 위반한 것이라도 직무에 관한 행위이다.

⑤ 대표자의 행위가 직무에 관한 것이 아님을 알았거나 중대한 과실로 모른 피해자는 법인에 손해배상 책임을 물을 수 없다.

07 물건에 관한 설명으로 옳지 <u>않은</u> 것은? (다툼이 있으면 판례에 따름)

① 종물은 주물소유자의 상용에 공여된 물건을 말한다.

② 주물과 다른 사람의 소유에 속하는 물건은 종물이 될 수 없다.

③ 주물과 종물의 관계에 관한 법리는 권리 상호간에도 적용된다.

④ 저당권의 효력이 종물에 미친다는 규정은 종물은 주물의 처분에 따른다는 것과 이론적 기초를 같이 한다.

⑤ 토지의 개수는 지적공부의 등록단위가 되는 필(筆)을 표준으로 한다.

08 강행규정에 위반되어 그 효력이 인정되지 <u>않는</u> 것을 모두 고른 것은? (다툼이 있으면 판례에 따름)

ㄱ. 제3자가 타인의 동의를 받지 않고 타인을 보험계약자 및 피보험자로 하여 체결한 생명보험계약

ㄴ. 건물의 임차인이 비용을 지출하여 개조한 부분에 대한 원상회복의무를 면하는 대신 그 개조비용의 상환청구권을 포기하기로 하는 약정

ㄷ. 사단법인의 사원의 지위를 양도 · 상속할 수 있다는 규약

ㄹ. 승소를 시켜주면 소송물의 일부를 양도하겠다는 민사소송의 당사자와 변호사 아닌 자 사이의 약정

---

① ㄱ, ㄴ   ② ㄱ, ㄷ

③ ㄱ, ㄹ   ④ ㄴ, ㄷ

⑤ ㄷ, ㄹ

09 불공정한 법률행위에 관한 설명으로 옳은 것은? (다툼이 있으면 판례에 따름)

① 불공정한 법률행위로 무효가 된 행위의 전환은 인정되지 않는다.

② 불공정한 법률행위라도 당사자가 무효임을 알고 추인한 경우 유효로 될 수 있다.

③ 불공정한 법률행위에 해당하는지 여부는 그 행위를 한 때를 기준으로 판단한다.

④ 불공정한 법률행위의 요건을 갖추지 못한 법률행위는 반사회질서행위가 될 수 없다.

⑤ 증여와 같이 아무런 대가관계 없이 당사자 일방이 상대방에게 일방적인 급부를 하는 행위도 불공정한 법률행위가 될 수 있다.

10 대리에 관한 설명으로 옳지 <u>않은</u> 것은? (다툼이 있으면 판례에 따름)

① 계약체결의 권한을 수여받은 대리인은 체결한 계약을 처분할 권한이 있다.

② 본인이 이의제기 없이 무권대리행위를 장시간 방치한 것을 추인으로 볼 수는 없다.

③ 매매계약의 체결과 이행에 관한 대리권을 가진 대리인은, 특별한 사정이 없으면 매수인의 대금지급기일을 연기할 수 있는 권한을 가진다.

④ 본인이 사회통념상 대리권을 추단할 수 있는 직함이나 명칭 등의 사용을 승낙한 경우, 수권행위가 있는 것으로 볼 수 있다.

⑤ 무권대리행위가 제3자의 위법행위로 야기된 경우에도, 본인이 추인하지 않으면 무권대리인은 계약을 이행하거나 손해를 배상하여야 한다.

11 18세의 甲은 乙의 대리인을 사칭하여 그가 보관하던 乙의 노트북을 그 사정을 모르는 丙에게 팔았다. 이에 관한 설명으로 옳지 <u>않은</u> 것은? (다툼이 있으면 판례에 따름)

① 乙이 丙에게 매매계약을 추인한 때에는 매매계약은 확정적으로 효력이 생긴다.

② 乙이 甲에게 추인한 때에도 그 사실을 모르는 丙은 매매계약을 철회할 수 있다.

③ 乙이 추인하지 않으면, 甲은 자신의 선택으로 丙에게 매매계약을 이행하거나 손해를 배상하여야 한다.

④ 丙이 甲에게 대리권이 없음을 알았더라도 丙은 乙에게 추인 여부의 확답을 최고할 수 있다.

⑤ 乙이 추인한 때에는 甲은 자신이 미성년자임을 이유로 매매계약을 취소하지 못한다.

12 착오에 관한 설명으로 옳지 <u>않은</u> 것은? (다툼이 있으면 판례에 따름)

① 매도인이 매매대금 미지급을 이유로 매매계약을 해제한 후에도 매수인은 착오를 이유로 이를 취소할 수 있다.

② 보험회사의 설명의무 위반으로 보험계약의 중요사항을 제대로 이해하지 못하고 착오에 빠져 계약을 체결한 고객은 그 계약을 취소할 수 있다.

③ 계약서에 X토지를 목적물로 기재한 때에도 Y토지에 대하여 의사의 합치가 있었다면 Y토지를 목적으로 하는 계약이 성립한다.

④ 착오에 관한 민법규정은 법률의 착오에 적용되지 않는다.

⑤ 취소의 의사표시는 취소자가 그 착오를 이유로 자신의 법률행위의 효력을 처음부터 없애려는 의사가 드러나면 충분하다.

13 甲은 乙의 기망으로 그 소유의 X토지를 丙에게 팔았고, 丙은 그의 채권자 丁에게 X토지에 근저당권을 설정하였다. 甲은 기망행위를 이유로 매매계약을 취소하려고 한다. 이에 관한 설명으로 옳지 <u>않은</u> 것은? (다툼이 있으면 판례에 따름) 〈변형〉

① 甲은 丙이 그의 잘못없이 기망사실을 몰랐을 때에는 매매계약을 취소할 수 없다.

② 丙의 악의 또는 과실은 甲이 증명하여야 한다.

③ 甲은 매매계약을 취소하지 않고 乙에게 불법행위책임을 물을 수 있다.

④ 丁의 선의는 추정된다.

⑤ 매매계약을 취소한 甲은, 丁이 선의이지만 과실이 있으면 근저당권설정등기의 말소를 청구할 수 있다.

14 의사표시의 효력발생시기에 관한 설명으로 옳지 <u>않은</u> 것은? (다툼이 있으면 판례에 따름)

① 상대방 있는 의사표시는 상대방에게 도달한 때에 그 효력이 생긴다.

② 표의자가 의사표시의 통지를 발송한 후 제한능력자가 되어도 그 의사표시의 효력은 영향을 받지 아니한다.

③ 상대방이 현실적으로 통지를 수령하거나 그 내용을 안 때에 도달한 것으로 본다.

④ 상대방이 정당한 사유 없이 통지의 수령을 거절한 경우, 상대방이 그 통지의 내용을 알 수 있는 객관적 상태에 놓여 있는 때에 의사표시의 효력이 생긴다.

⑤ 등기우편으로 발송된 경우, 상당한 기간 내에 도달하였다고 추정된다.

15 법률행위의 효력에 관한 설명으로 옳은 것을 모두 고른 것은? (다툼이 있으면 판례에 따름)

> ㄱ. 매매계약을 체결하면서 양도소득세를 면탈할 의도로 소유권이전등기를 일정기간 유보하는 약정은 반사회질서행위로 볼 수 없다.
> ㄴ. 경매목적물과 매각대금이 현저하게 공정을 잃은 경우에도 그 경매는 불공정한 법률행위에 해당하지 않는다.
> ㄷ. 도박에 쓸 것을 알면서 빌려준 금전을 담보하기 위하여 저당권을 설정한 사람은 저당권설정등기의 말소를 청구할 수 있다.

① ㄱ

② ㄴ

③ ㄱ, ㄷ

④ ㄴ, ㄷ

⑤ ㄱ, ㄴ, ㄷ

16 형성권에 관한 설명으로 옳은 것을 모두 고른 것은? (다툼이 있으면 판례에 따름)

> ㄱ. 형성권의 행사는 상대방에 대한 일방적 의사표시로 한다.
> ㄴ. 다른 사정이 없으면, 형성권의 행사에 조건 또는 기한을 붙이지 못한다.
> ㄷ. 다른 사정이 없으면, 형성권은 그 일부를 행사할 수 있다.
> ㄹ. 다른 사정이 없으면, 형성권은 제척기간의 적용을 받는다.

① ㄱ, ㄴ, ㄷ
② ㄱ, ㄴ, ㄹ
③ ㄱ, ㄷ, ㄹ
④ ㄴ, ㄷ, ㄹ
⑤ ㄱ, ㄴ, ㄷ, ㄹ

17 조건과 기한에 관한 설명으로 옳지 <u>않은</u> 것은? (다툼이 있으면 판례에 따름)

① 법률행위의 조건은 그 조건의 존재를 주장하는 사람이 증명하여야 한다.
② 정지조건부 법률행위에서 조건이 성취된 사실은 조건의 성취로 권리를 취득하는 사람이 증명하여야 한다.
③ 불능조건이 정지조건인 경우 그 법률행위는 무효이다.
④ 조건의 성취로 불이익을 받을 당사자가 신의성실에 반하여 조건의 성취를 방해한 경우, 처음부터 조건없는 법률행위로 본다.
⑤ 기한이익 상실의 약정은 특별한 사정이 없으면 형성권적 기한이익 상실의 약정으로 추정한다.

18 소멸시효에 관한 설명으로 옳지 <u>않은</u> 것은? (다툼이 있으면 판례에 따름)

① 인도받은 부동산을 소유권이전등기를 하지 않고 제3자에게 처분·인도한 매수인의 등기청구권은 소멸시효에 걸리지 않는다.
② 채무불이행으로 인한 손해배상청구권의 소멸시효는 손해배상을 청구한 때부터 진행한다.
③ 채권자가 보증인을 상대로 이행을 청구하는 소를 제기한 때에도 주채무의 소멸시효가 완성하면 보증인은 주채무가 시효로 소멸되었음을 주장할 수 있다.
④ 재산권이전청구권과 동시이행관계에 있는 매매대금채권의 소멸시효는 지급기일부터 진행한다.
⑤ 등기 없는 점유취득시효가 완성하였으나 등기하지 않은 토지점유자가 토지의 점유를 잃은 경우, 그로부터 10년이 지나면 등기청구권은 소멸한다.

19 소멸시효와 등기 없는 취득시효에 관한 설명으로 옳은 것은? (다툼이 있으면 판례에 따름)

① 취득시효기간 동안 계속하여 등기명의인이 동일한 때에도 반드시 점유를 개시한 때를 기산점으로 하여야 한다.

② 점유자가 전(前)점유자의 점유를 아울러 주장할 때에는 그 점유의 개시시기를 어느 점유자의 점유기간 중 임의의 시점으로 선택할 수 있다.

③ 채권의 소멸시효가 완성하면 그 채무자의 다른 채권자는 직접 그 완성을 원용할 수 있다.

④ 압류 또는 가압류는 소멸시효와 취득시효의 중단사유이다.

⑤ 취득시효의 중단사유는 종래의 점유상태의 계속을 파괴하는 것으로 인정될 수 있는 것이어야 한다.

20 소멸시효이익의 포기에 관한 설명으로 옳지 <u>않은</u> 것은? (다툼이 있으면 판례에 따름)

① 시효이익은 미리 포기하지 못한다.

② 금전채무에 대한 시효이익의 포기는 채무 전부에 대하여 하여야 한다.

③ 시효이익을 포기한 때부터 새로이 소멸시효가 진행한다.

④ 시효이익의 포기는 철회하지 못한다.

⑤ 채권의 시효이익을 포기한 경우, 이는 채권자와 채무자의 관계에서만 효력이 생긴다.

21 물권에 관한 설명으로 옳지 <u>않은</u> 것은? (다툼이 있으면 판례에 따름)

① 특별한 사정이 없으면, 물건의 일부는 물권의 객체가 될 수 없다.

② 권원 없이 타인의 토지에 심은 수목은 독립한 물권의 객체가 될 수 없다.

③ 종류, 장소 또는 수량지정 등의 방법으로 특정할 수 있으면 수량이 변동하는 동산의 집합도 하나의 물권의 객체가 될 수 있다.

④ 소유권을 비롯한 물권은 소멸시효의 적용을 받지 않는다.

⑤ 소유권을 상실한 전(前)소유자는 물권적 청구권을 행사할 수 없다.

22 부동산 물권변동에 관한 설명으로 옳지 **않은** 것은? (다툼이 있으면 판례에 따름)

① 소유권이전등기를 마친 등기명의인은 제3자에 대하여 적법한 등기원인으로 소유권을 취득한 것으로 추정되지만 그 전(前)소유자에 대하여는 그렇지 않다.
② 미등기건물의 원시취득자는 그 승계인과 합의하여 승계인 명의로 소유권보존등기를 하여 건물소유권을 이전할 수 있다.
③ 등기는 물권의 존속요건이 아니므로 등기가 원인 없이 말소되더라도 그 권리는 소멸하지 않는다
④ 미등기건물의 소유자가 건물을 그 대지와 함께 팔고 대지에 관한 소유권이전등기를 마친 때에는 매도인에게 관습법상 법정지상권이 인정되지 않는다.
⑤ 저당권설정등기가 원인 없이 말소된 때에도 그 부동산이 경매되어 매수인이 매각대금을 납부하면 원인 없이 말소된 저당권은 소멸한다.

23 물권적 청구권에 관한 설명으로 옳지 **않은** 것은? (다툼이 있으면 판례에 따름)

① 물권적 청구권은 물권과 분리하여 양도하지 못한다.
② 물권적 청구권을 보전하기 위하여 가등기를 할 수 있다.
③ 미등기건물을 매수한 사람은 소유권이전등기를 갖출 때까지 그 건물의 불법점유자에게 직접 자신의 소유권에 기하여 인도를 청구하지 못한다.
④ 토지소유자는 권원 없이 그의 토지에 건물을 신축 · 소유한 사람으로부터 건물을 매수하여 그 권리의 범위에서 점유하는 사람에게 건물의 철거를 청구할 수 있다.
⑤ 소유권에 기한 말소등기청구권은 소멸시효의 적용을 받지 않는다.

24 등기에 관한 설명으로 옳지 **않은** 것은? (다툼이 있으면 판례에 따름)

① 경정등기는 원시적으로 진실한 권리관계와 등기가 일부 어긋나는 경우 이를 바로잡는 등기이다.
② 소유자만이 진정명의회복을 위한 소유권이전등기를 청구할 수 있다.
③ 진정명의회복을 위한 소유권이전등기청구의 상대방은 현재의 등기명의인이다.
④ 증여로 부동산을 취득하였으나 등기원인을 매매로 기재하였다면 그 등기는 무효등기이다.
⑤ 그 이유가 무엇이든 당사자가 자발적으로 말소등기한 경우 말소회복등기를 할 수 없다.

25 甲 소유의 X토지에 乙 명의로 소유권이전청구권을 보전하기 위한 가등기를 한 경우에 관한 설명으로 옳은 것은? (다툼이 있으면 판례에 따름)

① 乙은 부기등기의 형식으로는 가등기된 소유권이전청구권을 양도하지 못한다.

② 가등기가 있으면 乙이 甲에게 소유권이전을 청구할 법률관계가 있다고 추정된다.

③ 乙이 가등기에 기하여 본등기를 하면 乙은 가등기한 때부터 X토지의 소유권을 취득한다.

④ 가등기 후에 甲이 그의 채권자 丙에게 저당권을 설정한 경우, 가등기에 기하여 본등기를 마친 乙은 丙에 대하여 물상보증인의 지위를 가진다.

⑤ 乙이 별도의 원인으로 X토지의 소유권을 취득한 때에는, 특별한 사정이 없으면 가등기로 보전된 소유권이전청구권은 소멸하지 않는다.

26 선의취득에 관한 설명으로 옳지 <u>않은</u> 것은? (다툼이 있으면 판례에 따름)

① 점유권과 유치권은 선의취득할 수 없다.

② 점유개정의 방법으로 양도담보를 설정한 동산소유자가 다시 제3자와 양도담보설정계약을 맺고 그 동산을 점유개정으로 인도한 경우, 제3자는 양도담보권을 선의취득하지 못한다.

③ 인도가 물권적 합의보다 먼저 이루어진 경우, 선의 · 무과실의 판단은 인도를 기준으로 한다.

④ 선의취득자는 임의로 소유권취득을 거부하지 못한다.

⑤ 선의취득자는 권리를 잃은 전(前)소유자에게 부당이득을 반환할 의무가 없다.

27 점유에 관한 설명으로 옳지 <u>않은</u> 것은? (다툼이 있으면 판례에 따름)

① 점유매개자의 점유는 자주점유이다.

② 점유는 사실상 지배로 성립한다.

③ 다른 사정이 없으면, 건물의 소유자가 그 부지를 점유하는 것으로 보아야 한다.

④ 점유매개관계가 소멸하면 간접점유자는 직접점유자에게 점유물의 반환을 청구할 수 있다.

⑤ 점유자는 소유의 의사로 점유한 것으로 추정한다.

28 점유자와 회복자의 관계에 관한 설명으로 옳지 <u>않은</u> 것은?

① 선의의 점유자는 점유물의 과실을 취득한다.

② 과실의 수취에 관하여 점유자의 선·악의는 과실이 원물에서 분리되는 때를 기준으로 판단한다.

③ 악의의 점유자는 그가 소비한 과실의 대가를 보상하여야 한다.

④ 그의 책임있는 사유로 점유물을 멸실·훼손한 선의의 타주점유자는 손해 전부를 배상하여야 한다.

⑤ 과실을 취득한 점유자는 그가 지출한 비용 전부를 청구할 수 있다.

29 소유권에 관한 설명으로 옳지 <u>않은</u> 것은? (다툼이 있으면 판례에 따름)

① 매도인은 매매계약의 이행으로 토지를 인도받았으나 소유권이전등기를 하지 않고 점유·사용하는 매수인에게 부당이득의 반환을 청구할 수 있다.

② 토지의 경계는 지적공부에 의하여 확정된다.

③ 토지가 포락되어 사회통념상 원상복구가 어려워 토지로서의 효용을 상실한 때에는 그 토지의 소유권이 소멸한다.

④ 도급계약에서 신축집합건물의 소유권을 수인의 도급인에게 귀속할 것을 약정한 경우 그 건물의 각 전유부분의 소유관계는 공동도급인의 약정에 의한다.

⑤ 소유권에 기한 방해배제청구권에서 '방해'는 현재 지속되고 있는 침해를 의미한다.

30 甲이 乙 명의의 X토지에 대하여 점유취득시효기간을 완성한 경우에 관한 설명으로 옳지 <u>않은</u> 것을 모두 고른 것은? (다툼이 있으면 판례에 따름)

> ㄱ. 甲이 乙에게 X토지의 소유권이전등기를 청구한 후 乙이 그 토지를 丙에게 처분한 경우, 이는 乙이 자신의 소유권을 행사한 것이므로 乙은 甲에게 불법행위책임을 지지 않는다.
>
> ㄴ. 甲이 아직 소유권이전등기를 하지 않고 있던 중, 丙이 취득시효가 완성하기 전에 마친 丙 명의의 가등기에 기하여 소유권이전의 본등기를 한 경우에도 甲은 丙에 대하여 시효취득을 주장할 수 있다.
>
> ㄷ. 甲으로부터 X토지의 점유를 승계한 丁은 甲의 취득시효완성의 효과를 주장하여 직접 자기에게 소유권이전등기를 청구하지 못한다.

① ㄴ

② ㄷ

③ ㄱ, ㄴ

④ ㄱ, ㄷ

⑤ ㄴ, ㄷ

31 민법이 명문으로 공유물분할청구를 금지하는 경우는?

① 구분소유하는 건물과 그 부속물 중 공용하는 부분의 경우
② 주종을 구별할 수 없는 동산이 부합된 경우
③ 수인이 공동으로 매장물을 발견한 경우
④ 수인이 공동으로 유실물을 습득한 경우
⑤ 수인이 공동으로 무주물을 선점한 경우

32 명의신탁에 관한 설명으로 옳지 <u>않은</u> 것은? (다툼이 있으면 판례에 따름)

① 종중재산이 여러 사람에게 명의신탁된 경우, 그 수탁자들 상호간에는 형식상 공유관계가 성립한다.
② 3자간 등기명의신탁관계의 명의신탁자는 수탁자에게 명의신탁된 부동산의 소유권이전등기를 청구하지 못한다.
③ 채무자는 채권을 담보하기 위하여 채권자에게 그 소유의 부동산에 관한 소유권이전등기를 할 수 있다.
④ 부부 사이에 유효하게 성립한 명의신탁은 배우자 일방의 사망으로 잔존배우자와 사망한 배우자의 상속인에게 효력을 잃는다.
⑤ 계약 상대방이 명의수탁자임을 알면서 체결한 매매계약의 효력으로 소유권이전등기를 받은 사람은 소유권을 취득한다.

33 첨부에 관한 설명으로 옳지 <u>않은</u> 것은? (다툼이 있으면 판례에 따름)

① 타인이 그의 권원에 의하여 부동산에 부속한 물건은 이를 분리하여도 경제적 가치가 없으면 부동산 소유자의 소유로 한다.
② 저당권의 효력은 다른 사정이 없으면 저당부동산에 부합된 물건에 미친다.
③ 동일인 소유의 여러 동산들이 결합하는 것은 부합이 아니다.
④ 부합의 원인은 인위적이든 자연적이든 불문한다.
⑤ 타인의 동산에 가공한 때에는 가공물의 소유권은 가공자의 소유로 한다.

34 법정지상권에 관한 설명으로 옳지 <u>않은</u> 것을 모두 고른 것은? (다툼이 있으면 판례에 따름)

> ㄱ. X토지에 Y건물의 소유를 위한 법정지상권을 가진 甲의 Y건물을 경매에서 매수한 乙은, 건물철거의 매각조건 등 특별한 사정이 없으면 당연히 법정지상권을 취득한다.
> ㄴ. X토지를 소유하는 甲이 乙과 함께 그 지상에 Y건물을 신축·공유하던 중 X토지에 저당권을 설정하였고 그의 실행에 의한 경매에서 丙이 X토지의 소유권을 취득한 경우, Y건물을 위한 법정지상권이 성립하지 않는다.
> ㄷ. 甲 소유의 X토지와 그 지상건물에 공동저당권이 설정된 후 지상건물을 철거하고 Y건물을 신축하였고 저당권의 실행으로 X토지와 Y건물이 다른 소유자에게 매각된 경우, 특별한 사정이 없으면 Y건물을 위한 법정지상권이 성립한다.
> ㄹ. X토지에 저당권을 설정한 甲이 저당권자 乙의 동의를 얻어 Y건물을 신축하였으나 저당권의 실행에 의한 경매에서 丙이 X토지의 소유권을 취득한 경우, Y건물을 위한 법정지상권이 성립한다.

① ㄱ, ㄷ   ② ㄱ, ㄹ
③ ㄱ, ㄴ, ㄹ   ④ ㄴ, ㄷ, ㄹ
⑤ ㄱ, ㄴ, ㄷ, ㄹ

35 지역권에 관한 설명으로 옳은 것은? (다툼이 있으면 판례에 따름)

① 지역권은 점유를 요건으로 하는 물권이다.
② 지역권은 독립하여 양도·처분할 수 있는 물권이다.
③ 통행지역권은 지료의 약정을 성립요건으로 한다.
④ 통행지역권의 시효취득을 위하여 지역권이 계속되고 표현되면 충분하고 승역지 위에 통로를 개설할 필요는 없다.
⑤ 통행지역권을 시효취득한 요역지소유자는, 특별한 사정이 없으면 승역지의 사용으로 그 소유자가 입은 손해를 보상하여야 한다.

36 전세권에 관한 설명으로 옳은 것은? (다툼이 있으면 판례에 따름)

① 목적물의 인도는 전세권의 성립요건이다.
② 전세권이 존속하는 중에 전세권자는 전세권을 그대로 둔 채 전세금반환채권만을 확정적으로 양도하지 못한다.
③ 전세목적물이 처분된 때에도 전세권을 설정한 양도인이 전세권관계에서 생기는 권리·의무의 주체이다.
④ 전세권은 전세권설정등기의 말소등기 없이 전세기간의 만료로 당연히 소멸하지만 전세권저당권이 설정된 때에는 그렇지 않다.
⑤ 전세권저당권이 설정된 경우, 제3자의 압류 등 다른 사정이 없으면 전세권이 기간만료로 소멸한 때에 전세권설정자는 저당권자에게 전세금을 지급하여야 한다.

37 민사유치권에 관한 설명으로 옳지 <u>않은</u> 것은? (다툼이 있으면 판례에 따름)

① 수급인은 특별한 사정이 없으면 그의 비용과 노력으로 완공한 건물에 유치권을 가지지 못한다.

② 물건의 소유자는 그 물건을 점유하는 제3자가 비용을 지출할 때에 점유권원이 없음을 알았거나 중대한 과실로 몰랐음을 증명하여 비용상환청구권에 기한 유치권의 주장을 배척할 수 있다.

③ 채권과 물건 사이에 견련관계가 있더라도, 그 채무불이행으로 인한 손해배상채권과 그 물건 사이의 견련관계는 인정되지 않는다.

④ 저당권의 실행으로 부동산에 경매개시결정의 기입등기가 이루어지기 전에 유치권을 취득한 사람은 경매절차의 매수인에게 이를 행사할 수 있다.

⑤ 토지 등 그 성질상 다른 부분과 쉽게 분할할 수 있는 물건의 경우, 그 일부를 목적으로 하는 유치권이 성립할 수 있다.

38 질권에 관한 설명으로 옳지 <u>않은</u> 것은? (다툼이 있으면 판례에 따름)

① 질권은 질물 전부에 효력이 미친다.

② 저당권으로 담보된 채권에 설정된 질권은 그 저당권등기에 질권의 부기등기를 하여야 저당권에 효력이 미친다.

③ 금전채권에 질권을 취득한 질권자는 자기채권액의 범위에서 직접 추심하여 변제에 충당할 수 있다.

④ 질권설정자는 피담보채무의 변제기 이후의 약정으로 질권자에게 변제에 갈음하여 질물의 소유권을 이전할 수 있다.

⑤ 금전채무자가 채권자에게 담보물을 제공한 경우, 특별한 사정이 없으면 채무자의 변제의무와 채권자의 담보물반환의무는 동시이행관계에 있다.

39 저당권에 관한 설명으로 옳은 것은? (다툼이 있으면 판례에 따름)

① 저당부동산의 소유권이 제3자에게 양도된 후 피담보채권이 변제된 때에는 저당권을 설정한 종전소유자도 저당권설정등기의 말소를 청구할 권리가 있다.

② 저당권을 설정한 사람이 채무자가 아닌 경우, 그는 원본채권이 이행기를 경과한 때부터 1년분의 범위에서 지연배상을 변제할 책임이 있다.

③ 근저당권의 채무자가 피담보채권의 일부를 변제한 경우, 변제한 만큼 채권최고액이 축소된다.

④ 저당권자는 배당기일 전까지 물상대위권을 행사하여 우선변제를 받을 수 있다.

⑤ 대체물채권을 담보하기 위하여 저당권을 설정한 경우, 피담보채권액은 채권을 이행할 때의 시가로 산정한 금액으로 한다.

40 저당권에 관한 설명으로 옳지 <u>않은</u> 것은? (다툼이 있으면 판례에 따름)

① 저당권의 효력은 천연과실뿐만 아니라 법정과실에도 미친다.

② 저당권으로 담보된 채권을 양수하였으나 아직 대항요건을 갖추지 못한 양수인도 저당권이전의 부기등기를 마치고 저당권실행의 요건을 갖추면 경매를 신청할 수 있다.

③ 후순위담보권자가 경매를 신청한 경우, 선순위근저당권의 피담보채권은 매수인이 경락대금을 완납하여 그 근저당권이 소멸하는 때에 확정된다.

④ 저당권의 이전을 위하여 저당권의 양도인과 양수인, 그리고 저당권설정자 사이의 물권적 합의와 등기가 있어야 한다.

⑤ 공동저당관계의 등기를 공동저당권의 성립요건이나 대항요건이라고는 할 수 없다.

제2과목 | 경제학원론

01 X재의 수요곡선이 $Q=10-2P$일 때 수요의 가격탄력성이 1이 되는 가격은? (단, Q는 수요량, P는 가격)

① 1
② 1.5
③ 2
④ 2.5
⑤ 5

02 A기업의 총비용곡선이 $TC=100+Q^2$일 때, 옳은 것은? (단, Q는 생산량)

① 평균가변비용곡선은 U자 모양을 갖는다.
② 평균고정비용곡선은 수직선이다.
③ 한계비용곡선은 수평선이다.
④ 생산량이 10일 때 평균비용과 한계비용이 같다.
⑤ 평균비용의 최솟값은 10이다.

03 여가(L) 및 복합재(Y)에 대한 甲의 효용은 $U(L, Y)=\sqrt{L}+\sqrt{Y}$이고, 복합재의 가격은 1이다. 시간당 임금이 w일 때, 때, 甲의 여가 시간이 L이면, 소득은 $w(24-L)$이 된다. 시간당 임금 w가 3에서 5로 상승할 때, 효용을 극대화하는 甲의 여가시간 변화는?

① 1만큼 증가한다.
② 2만큼 증가한다.
③ 변화가 없다.
④ 2만큼 감소한다.
⑤ 1만큼 감소한다.

04 X재 산업의 역공급함수는 $P=440+Q$이고, 역수요함수는 $P=1200-Q$이다. X재의 생산으로 외부편익이 발생하는데, 외부한계편익함수는 $EMB=60-0.05Q$이다. 정부가 X재를 사회적 최적수준으로 생산하도록 보조금 정책을 도입할 때, 생산량 1단위당 보조금은? (단, P는 가격, Q는 수량)

① 20
② 30
③ 40
④ 50
⑤ 60

05 A기업의 생산함수가 $Q=4L+8K$이다. 노동가격은 3이고 자본가격은 5일 때, 재화 120을 생산하기 위해 비용을 최소화하는 생산요소 묶음은? (단, Q는 생산량, L은 노동, K는 자본)

① $L=0$, $K=15$
② $L=0$, $K=25$
③ $L=10$, $K=10$
④ $L=25$, $K=0$
⑤ $L=30$, $K=0$

06 독점기업 A의 한계비용은 10이고 고정비용은 없다. A기업 제품에 대한 소비자의 역수요함수는 $P=90-2Q$이다. A기업은 내부적으로 아래와 같이 2차에 걸친 판매 전략을 채택하였다.

> • 1차 : 모든 소비자를 대상으로 이윤을 극대화하는 가격을 설정하여 판매
> • 2차 : 1차에서 제품을 구매하지 않은 소비자를 대상으로 이윤을 극대화하는 가격을 설정하여 판매

A기업이 설정한 (ㄱ) 1차 판매 가격과 (ㄴ) 2차 판매 가격은? (단, 소비자는 제품을 한 번만 구매하고, 소비자 간 재판매할 수 없다)

① ㄱ : 30, ㄴ : 20
② ㄱ : 40, ㄴ : 20
③ ㄱ : 40, ㄴ : 30
④ ㄱ : 50, ㄴ : 30
⑤ ㄱ : 60, ㄴ : 30

07 효용을 극대화하는 甲의 효용함수는 $U(x, y)=xy$이고, 甲의 소득은 96이다. X재 가격이 12, Y재 가격이 1이다. X재 가격만 3으로 하락할 때, (ㄱ) X재의 소비 변화와 (ㄴ) Y재의 소비 변화는? (단, x는 X재 소비량, y는 Y재 소비량)

① ㄱ : 증가, ㄴ : 증가
② ㄱ : 증가, ㄴ : 불변
③ ㄱ : 증가, ㄴ : 감소
④ ㄱ : 감소, ㄴ : 불변
⑤ ㄱ : 감소, ㄴ : 증가

08 X재 시장의 수요곡선은 $Q_D=500-4P$이고, 공급곡선은 $Q_S=-100+2P$이다. 시장 균형에서 정부가 $P=80$의 가격 상한을 설정할 때, (ㄱ) 소비자잉여의 변화와 (ㄴ) 생산자잉여의 변화는? (단, Q_D는 수요량, Q_S는 공급량, P는 가격)

① ㄱ : 증가, ㄴ : 증가
② ㄱ : 증가, ㄴ : 감소
③ ㄱ : 불변, ㄴ : 불변
④ ㄱ : 감소, ㄴ : 증가
⑤ ㄱ : 감소, ㄴ : 감소

09 완전경쟁시장에서 A기업의 단기총비용함수는 $STC=100+\dfrac{wq^2}{200}$이다. 임금이 4이고, 시장 가격이 1일 때 단기공급량은? (단, w는 임금, q는 생산량)

① 10
② 25
③ 50
④ 100
⑤ 200

10 효용을 극대화하는 甲의 효용함수는 $U(x, y) = \min[x, y]$이다. 소득이 1,800, X재와 Y재의 가격은 각각 10이다. X재 가격만 8로 하락할 때, 옳은 것을 모두 고른 것은? (단, x는 X재 소비량, y는 Y재 소비량)

ㄱ. X재 소비량의 변화 중 대체효과는 0이다.
ㄴ. X재 소비량의 변화 중 소득효과는 10이다.
ㄷ. 한계대체율은 하락한다.
ㄹ. X재 소비는 증가하고 Y재 소비는 감소한다.

① ㄱ, ㄴ
② ㄱ, ㄷ
③ ㄴ, ㄷ
④ ㄴ, ㄹ
⑤ ㄷ, ㄹ

11 그림과 같이 완전경쟁시장이 독점시장으로 전환되었다. 소비자로부터 독점기업에게 이전되는 소비자잉여는? (단, MR은 한계수입, MC는 한계비용, D는 시장수요곡선으로 불변이다. 독점기업은 이윤극대화를 추구한다)

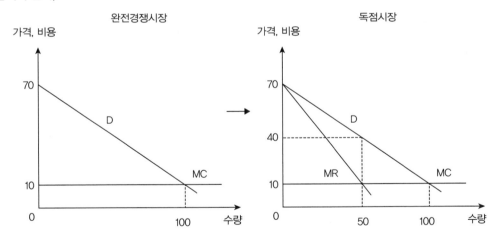

① 0
② 750
③ 1,500
④ 2,500
⑤ 3,000

12 보수 행렬이 아래와 같은 전략형 게임(strategic form game)에서 보수 a값의 변화에 따른 설명으로 옳은 것은? (단, 보수 행렬의 괄호 안 첫 번째 값은 甲의 보수, 두 번째 값은 乙의 보수이다)

구분		乙	
		인상	인하
甲	인상	(a, a)	(−5, 5)
	인하	(5, −5)	(−1, −1)

① a > 5 이면, (인상, 인상)이 유일한 내쉬균형이다.

② −1 < a < 5 이면, 인상은 甲의 우월전략이다. 기업은 서로 담합하여 가격의 안정성을 확보한다.

③ a < −5 이면, 내쉬균형이 두 개 존재한다.

④ a < 5 이면, (인하, 인하)가 유일한 내쉬균형이다.

⑤ a = 5인 경우와 a < 5인 경우의 내쉬균형은 동일하다.

13 공공재에 대한 甲과 乙의 수요함수가 각각 $P_甲 = 80 - Q$, $P_乙 = 140 - Q$이다. 이에 관한 설명으로 옳은 것을 모두 고른 것은? (단, P는 가격, Q는 수량)

ㄱ. $0 \leq Q \leq 80$일 때, 공공재의 사회적 한계편익곡선은 $P = 220 - 2Q$이다.

ㄴ. $80 < Q$일 때, 공공재의 사회적 한계편익곡선은 $P = 80 - Q$이다.

ㄷ. 공공재 생산의 한계비용이 50일 때, 사회적 최적 생산량은 90이다.

ㄹ. 공공재 생산의 한계비용이 70일 때, 사회적 최적 생산량은 70이다.

① ㄱ, ㄴ

② ㄱ, ㄷ

③ ㄴ, ㄷ

④ ㄴ, ㄹ

⑤ ㄷ, ㄹ

14 甲의 소득은 24이고, X재와 Y재만 소비한다. 甲은 두 재화의 가격이 $P_X=4$, $P_Y=2$일 때 A($x=5$, $y=1$)를 선택했고, 두 재화의 가격이 $P_X=3$, $P_Y=3$으로 변화함에 따라 B($x=2$, $y=6$)를 선택했다. 甲의 선택에 관한 설명으로 옳은 것을 모두 고른 것은? (단, x는 X재 소비량, y는 Y재 소비량)

> ㄱ. 甲은 가격 변화 전 B를 선택할 수 있었음에도 불구하고 A를 선택했다.
> ㄴ. 甲은 가격 변화 후 A를 선택할 수 없었다.
> ㄷ. 甲의 선택은 현시선호 약공리를 만족하지 못한다.
> ㄹ. 甲은 주어진 예산제약 하에서 효용을 극대화하는 소비를 하고 있다.

① ㄱ, ㄴ 　　　　　　② ㄱ, ㄷ
③ ㄴ, ㄷ 　　　　　　④ ㄴ, ㄹ
⑤ ㄷ, ㄹ

15 맥주 시장의 수요함수가 $Q_D=100-4P-P_C+0.2I$ 일 때, 옳은 것을 모두 고른 것은? (단, Q_D는 맥주 수요량, P는 맥주 가격, P_C는 치킨 가격, I는 소득)

> ㄱ. 맥주는 열등재이다.
> ㄴ. 맥주는 치킨의 보완재이다.
> ㄷ. 치킨 가격이 인상되면 맥주 수요는 감소한다.

① ㄱ 　　　　　　② ㄷ
③ ㄱ, ㄴ 　　　　　　④ ㄴ, ㄷ
⑤ ㄱ, ㄴ, ㄷ

16 완전경쟁시장에서 기업이 모두 동일한 장기평균비용함수 $LAC(q)=40-6q+\dfrac{1}{3}q^2$과 장기한계비용함수 $LMC(q)=40-12q+q^2$을 갖는다. 시장수요곡선은 $D(P)=2,200-100P$일 때, 장기균형에서 시장에 존재하는 기업의 수는? (단, q는 개별기업의 생산량, P는 가격)

① 12 　　　　　　② 24
③ 50 　　　　　　④ 100
⑤ 200

17 A기업의 생산함수는 $Q=5L^{0.5}K^{0.5}$이다. 장기에 생산량이 증가할 때, 이 기업의 (ㄱ) 평균비용의 변화와 (ㄴ) 한계비용의 변화는? (단, L은 노동, K는 자본, Q는 생산량)

① ㄱ : 증가, ㄴ : 증가
② ㄱ : 증가, ㄴ : 감소
③ ㄱ : 일정, ㄴ : 일정
④ ㄱ : 감소, ㄴ : 증가
⑤ ㄱ : 감소, ㄴ : 일정

18 두 재화 X와 Y를 소비하는 소비자 甲과 乙이 존재하는 순수교환경제를 가정한다. 두 소비자의 효용함수는 $U(x, y)=xy$로 동일하고, 甲의 초기부존은 $(x=10, y=5)$, 乙의 초기부존은 $(x=5, y=10)$일 때, 옳은 것을 모두 고른 것은? (단, x는 X재 소비량, y는 Y재 소비량)

ㄱ. 초기부존에서 甲의 한계대체율은 0.5, 乙의 한계대체율은 2이다.
ㄴ. 초기부존에서 甲의 X재 1단위와 乙의 Y재 2단위가 교환될 때 파레토 개선이 이루어진다.
ㄷ. 일반균형은 X재 가격이 1일 때, Y재 가격은 1이다.
ㄹ. 일반균형에서 甲은 X재보다 Y재를 더 많이 소비한다.

① ㄱ, ㄴ
② ㄱ, ㄷ
③ ㄴ, ㄷ
④ ㄴ, ㄹ
⑤ ㄷ, ㄹ

19 완전경쟁시장에서 공급곡선은 완전 비탄력적이고 수요곡선은 우하향한다. 현재 시장균형가격이 20일 때, 정부가 판매되는 제품 1단위당 4만큼 세금을 부과할 경우 (ㄱ) 판매자가 받는 가격과 (ㄴ) 구입자가 내는 가격은?

① ㄱ : 16, ㄴ : 16
② ㄱ : 16, ㄴ : 20
③ ㄱ : 18, ㄴ : 22
④ ㄱ : 20, ㄴ : 20
⑤ ㄱ : 20, ㄴ : 24

20 현재 A기업에서 자본의 한계생산은 노동의 한계생산보다 2배 크고, 노동가격이 8, 자본가격이 4이다. 이 기업이 동일한 양의 최종생산물을 산출하면서도 비용을 줄이는 방법은? (단, A기업은 노동과 자본만을 사용하고, 한계생산은 체감한다)

① 자본투입을 늘리고 노동투입을 줄인다.

② 노동투입을 늘리고 자본투입을 줄인다.

③ 비용을 더 이상 줄일 수 없다.

④ 자본투입과 노동투입을 모두 늘린다.

⑤ 자본투입과 노동투입을 모두 줄인다.

21 단기 완전경쟁시장에서 이윤극대화하는 A기업의 현재 생산량에서 한계비용은 50, 평균가변비용은 45, 평균비용은 55이다. 시장가격이 50일 때, 옳은 것을 모두 고른 것은?

> ㄱ. 손실이 발생하고 있다.
> ㄴ. 조업중단(shut-down)을 해야 한다.
> ㄷ. 총수입으로 가변비용을 모두 충당하고 있다.
> ㄹ. 총수입으로 고정비용을 모두 충당하고 있다.

① ㄱ, ㄴ

② ㄱ, ㄷ

③ ㄴ, ㄷ

④ ㄴ, ㄹ

⑤ ㄷ, ㄹ

22 효율임금이론에 관한 설명으로 옳지 <u>않은</u> 것은?

① 높은 임금을 지급할수록 노동자 생산성이 높아진다.

② 높은 임금은 이직률을 낮출 수 있다.

③ 높은 임금은 노동자의 도덕적 해이 가능성을 낮출 수 있다.

④ 효율임금은 시장균형임금보다 높다.

⑤ 기업이 임금을 낮출 경우 생산성이 낮은 노동자보다 높은 노동자가 기업에 남을 확률이 높다.

23 경제성장모형에서 甲국의 총생산함수가 $Q = AL^{0.75}K^{0.25}$일 때, 옳지 <u>않은</u> 것은? (단, Q는 생산량, L은 노동량, K는 자본량, 시장은 완전경쟁시장이다)

① 자본탄력성은 0.25이다.

② 노동분배율은 자본분배율보다 크다.

③ A는 총요소생산성이다.

④ 노동량, 자본량 및 총요소생산성이 각각 10% 씩 증가하면 생산량은 10% 증가한다.

⑤ 총생산함수는 규모에 대한 수익 불변이다.

24 소비이론에 관한 설명으로 옳지 <u>않은</u> 것은?

① 생애주기가설에 따르면 장기적으로 평균소비성향이 일정하다.

② 항상소득가설에 따르면 단기적으로 소득 증가는 평균소비성향을 감소시킨다.

③ 케인즈(M. Keynes)의 소비가설에서 이자율은 소비에 영향을 주지 않는다.

④ 피셔(I. Fisher)의 기간 간 소비선택이론에 따르면 이자율은 소비에 영향을 준다.

⑤ 임의보행(random walk)가설에 따르면 소비의 변화는 예측할 수 있다.

25 A국에서 인플레이션 갭과 산출량 갭이 모두 확대될 때, 테일러 준칙(Taylor's rule)에 따른 중앙은행의 정책은?

① 정책금리를 인상한다.

② 정책금리를 인하한다.

③ 정책금리를 조정하지 않는다.

④ 지급준비율을 인하한다.

⑤ 지급준비율을 변경하지 않는다.

26 인구 증가와 기술진보가 없는 솔로우 성장모형에서 황금률 균제상태가 달성되는 조건은?

① 자본의 한계생산이 최대일 때
② 노동자 1인당 자본량이 최대일 때
③ 자본의 한계생산이 감가상각률과 같을 때
④ 노동의 한계생산이 저축률과 같을 때
⑤ 자본의 한계생산이 한계소비성향과 같을 때

27 유동성함정(liquidity trap)에 관한 설명으로 옳은 것을 모두 고른 것은?

> ㄱ. IS 곡선이 수직선이다.
> ㄴ. LM 곡선이 수평선이다.
> ㄷ. 재정정책이 국민소득에 영향을 주지 않는다.
> ㄹ. 화폐수요의 이자율 탄력성이 무한대일 때 나타난다.

① ㄱ, ㄷ
② ㄴ, ㄹ
③ ㄷ, ㄹ
④ ㄱ, ㄴ, ㄷ
⑤ ㄴ, ㄷ, ㄹ

28 2015년과 2020년 빅맥 가격이 아래와 같다. 일물일가의 법칙이 성립할 때, 옳지 <u>않은</u> 것은? (단, 환율은 빅맥 가격을 기준으로 표시한다)

2015년		2020년	
원화 가격	달러 가격	원화 가격	달러 가격
5,000원	5달러	5,400원	6달러

① 빅맥의 원화 가격은 두 기간 사이에 8% 상승했다.
② 빅맥의 1달러 당 원화 가격은 두 기간 사이에 10% 하락했다.
③ 달러 대비 원화의 가치는 두 기간 사이에 10% 상승했다.
④ 달러 대비 원화의 실질환율은 두 기간 사이에 변하지 않았다.
⑤ 2020년 원화의 명목환율은 구매력평가 환율보다 낮다.

29 한국과 미국의 명목이자율은 각각 3%, 2% 이다. 미국의 물가상승률이 2%로 예상되며 현재 원/달러 환율은 1,000원일 때, 옳은 것을 모두 고른 것은? (단, 구매력평가설과 이자율평가설이 성립한다)

> ㄱ. 한국과 미국의 실질이자율은 같다.
> ㄴ. 한국의 물가상승률은 3%로 예상된다.
> ㄷ. 원/달러 환율은 1,010원이 될 것으로 예상된다.

① ㄱ
② ㄴ
③ ㄱ, ㄴ
④ ㄴ, ㄷ
⑤ ㄱ, ㄴ, ㄷ

30 총수요 충격 및 총공급 충격에 관한 설명으로 옳지 <u>않은</u> 것은? (단, 총수요곡선은 우하향, 총공급곡선은 우상향)

① 총수요 충격으로 인한 경기변동에서 물가는 경기순행적이다.
② 총공급 충격으로 인한 경기변동에서 물가는 경기역행적이다.
③ 총공급 충격에 의한 스태그플레이션은 합리적 기대 가설이 주장하는 정책무력성의 근거가 될 수 있다.
④ 명목임금이 하방 경직적일 경우 음(−)의 총공급 충격이 발생하면 거시경제의 불균형이 지속될 수 있다.
⑤ 기술진보로 인한 양(+)의 총공급 충격은 자연실업률 수준을 하락시킬 수 있다.

31 현재와 미래 두 기간에 걸쳐 소비하는 甲의 현재소득 1,000, 미래소득 300, 현재 부(wealth) 200이다. 이자율이 2%로 일정할 때, 甲의 현재소비가 800이라면 최대 가능 미래소비는?

① 504
② 700
③ 704
④ 708
⑤ 916

32 A국 국민소득계정의 구성 항목이 아래와 같다. A국의 (ㄱ) GDP와 (ㄴ) 재정수지는?

• 소비＝300	• 투자＝200
• 민간저축＝250	• 수출＝150
• 수입＝150	• 정부지출＝100

① ㄱ : 500, ㄴ : −50
② ㄱ : 500, ㄴ : 100
③ ㄱ : 600, ㄴ : −50
④ ㄱ : 600, ㄴ : 100
⑤ ㄱ : 750, ㄴ : 100

33 자본 이동이 완전한 먼델−플레밍(Mundell−Fleming)모형에서 A국의 정부지출 확대 정책의 효과에 관한 설명으로 옳은 것은? (단, A국은 소규모 개방경제이며, A국 및 해외 물가 수준은 불변, IS 곡선은 우하향, LM 곡선은 우상향)

① 환율제도와 무관하게 A국의 이자율이 하락한다.
② 고정환율제도에서는 A국의 국민소득이 증가한다.
③ 변동환율제도에서는 A국의 국민소득이 감소한다.
④ 고정환율제도에서는 A국의 경상수지가 개선된다.
⑤ 변동환율제도에서는 A국의 통화가치가 하락한다.

34 민간은 화폐를 현금과 요구불예금으로 각각 1/2씩 보유하고, 은행은 예금의 1/3을 지급준비금으로 보유한다. 통화공급을 150만큼 늘리기 위한 중앙은행의 본원통화 증가분은? (단, 통화량은 현금과 요구불예금의 합계이다)

① 50
② 100
③ 150
④ 200
⑤ 250

35 소규모 개방경제의 재화시장 균형에서 국내총생산(Y)이 100으로 고정되어 있고, 소비 $C=0.6Y$, 투자 $I=40-r$, 순수출 $NX=12-2\varepsilon$이다. 세계 이자율이 10일 때, 실질환율은? (단, r은 국내 이자율, ε은 실질환율, 정부지출은 없으며, 국가 간 자본이동은 완전하다)

① 0.8

② 1

③ 1.2

④ 1.4

⑤ 1.5

36 아래 개방경제모형에서 정부지출과 세금을 똑같이 100만큼 늘리면 (ㄱ) 균형국민소득의 변화와 (ㄴ) 경상수지의 변화는? (단, Y는 국민소득, T는 조세이다)

- 소비 : $C=400+0.75(Y-T)$
- 투자 : $I=200$
- 수출 : $X=500$
- 수입 : $M=200+0.25(Y-T)$

① ㄱ : 0, ㄴ : 25

② ㄱ : 100, ㄴ : 0

③ ㄱ : 200, ㄴ : −25

④ ㄱ : 300, ㄴ : −50

⑤ ㄱ : 400, ㄴ : −75

37 케인즈의 국민소득결정모형에서 소비 $C=0.7Y$이고, 투자 $I=80$이다. 정부지출이 10에서 20으로 증가할 때, 균형국민소득의 증가분은? (단, C는 소비, Y는 국민소득, I는 투자)

① 10/3

② 5

③ 100/7

④ 100/3

⑤ 50

38 경기변동이론에 관한 설명으로 옳은 것은?

① 실물경기변동(real business cycle)이론에서 가계는 기간별로 최적의 소비 선택을 한다.
② 실물경기변동이론은 가격의 경직성을 전제한다.
③ 실물경기변동이론은 화폐의 중립성을 가정하지 않는다.
④ 가격의 비동조성(staggering pricing)이론은 새고전학파(New Classical) 경기변동이론에 속한다.
⑤ 새케인즈학파(New Keynesian)는 공급충격이 경기변동의 원인이라고 주장한다.

39 폐쇄경제 IS-LM 모형에서 물가 수준이 하락할 경우 새로운 균형에 관한 설명으로 옳은 것을 모두 고른 것은? (단, 초기 경제는 균형 상태이며, IS 곡선은 우하향, LM 곡선은 우상향)

> ㄱ. 명목 이자율이 하락한다.
> ㄴ. 투자가 감소한다.
> ㄷ. 명목 통화량이 증가한다.

① ㄱ
② ㄴ
③ ㄱ, ㄴ
④ ㄴ, ㄷ
⑤ ㄱ, ㄴ, ㄷ

40 리카디언 등가(Ricardian equivalence) 정리에 관한 설명으로 옳지 <u>않은</u> 것은?

① 민간 경제주체는 합리적 기대를 한다.
② 소비자가 차입 제약에 직면하면 이 정리는 성립되지 않는다.
③ 소비자가 근시안적 견해를 가지면 이 정리는 성립되지 않는다.
④ 현재의 감세가 현재의 민간소비를 증가시킨다는 주장과는 상반된 것이다.
⑤ 정부가 미래의 정부지출을 축소한다는 조건에서 현재 조세를 줄이는 경우에 현재의 민간소비는 변하지 않는다.

제3과목 | 부동산학원론

01 토지의 특성에 관한 설명으로 옳지 <u>않은</u> 것은?

① 부동성으로 인해 지역분석을 필요로 하게 된다.

② 용도의 다양성은 최유효이용의 판단근거가 된다.

③ 영속성은 부동산활동에 대해서 장기적 배려를 필연적으로 고려하게 한다.

④ 합병·분할의 가능성은 토지의 이행과 전환을 가능하게 한다.

⑤ 개별성으로 인해 일물일가의 법칙이 적용되지 않고, 부동산시장에서 부동산상품 간에 완벽한 대체는 불가능하다.

02 다음의 부동산 권리분석 특별원칙은?

> • 하자전제의 원칙
> • 범위확대의 원칙
> • 차단의 원칙
> • 완전심증의 원칙
> • 유동성 대비의 원칙

① 능률성의 원칙

② 탐문주의 원칙

③ 증거주의 원칙

④ 안정성의 원칙

⑤ 사후확인의 원칙

03 다음의 내용과 관련된 토지의 특성은?

> • 지가를 상승시키는 요인이 된다.
> • 토지는 생산비를 투입하여 생산할 수 있다.
> • 토지의 독점 소유욕을 갖게 하며, 토지이용을 집약화 시킨다.

① 부동성 ② 부증성
③ 영속성 ④ 개별성
⑤ 인접성

04 ( )에 들어갈 내용으로 옳은 것은?

> • ( )이란 임장활동의 전 단계 활동으로 여러 가지 물적 증거를 수집하고 탁상 위에서 검토하여 1차적으로 하자의 유무를 발견하려는 작업이다.
> • ( )의 과정은 위험사례를 미리 발견하기 위한 노력 또는 그 기초 작업이다.

① 보정 ② 심사
③ 판독 ④ 면책사항
⑤ 권리보증

05 감정평가에 관한 규칙상 용어의 정의로 옳지 <u>않은</u> 것은?

① 기준시점이란 대상물건의 감정평가액을 결정하는 기준이 되는 날짜를 말한다.
② 가치형성요인이란 대상물건의 경제적 가치에 영향을 미치는 일반요인, 지역요인 및 개별요인 등을 말한다.
③ 동일수급권이란 대상부동산과 대체·경쟁관계가 성립하고 가치 형성에 서로 영향을 미치는 관계에 있는 다른 부동산이 존재하는 권역을 말하며, 인근지역과 유사지역을 포함한다.
④ 임대사례비교법이란 대상물건과 가치형성요인이 같거나 비슷한 물건의 임대사례와 비교하여 대상물건의 현황에 맞게 사정보정, 시점수정, 가치형성요인 비교 등의 과정을 거쳐 대상물건의 임대료를 산정하는 감정평가방법을 말한다.
⑤ 수익분석법이란 대상물건이 장래 산출할 것으로 기대되는 순수익이나 미래의 현금흐름을 환원하거나 할인하여 대상물건의 가액을 산정하는 감정평가방법을 말한다.

06 감정평가 실무기준상 권리금 감정평가방법에 관한 설명으로 옳지 <u>않은</u> 것은?

① 권리금을 감정평가할 때에는 유형 · 무형의 재산마다 개별로 감정평가하는 것을 원칙으로 한다.

② 권리금을 개별로 감정평가하는 것이 곤란하거나 적절하지 아니한 경우에는 일괄하여 감정평가할 수 있으며, 이 경우 감정평가액은 유형재산가액과 무형재산가액으로 구분하지 않아야 한다.

③ 유형재산을 감정평가할 때에는 주된 방법으로 원가법을 적용하여야 한다.

④ 무형재산을 감정평가할 때에는 주된 방법으로 수익환원법을 적용하여야 한다.

⑤ 유형재산과 무형재산을 일괄하여 감정평가 할 때에는 주된 방법으로 수익환원법을 적용하여야 한다.

07 다음과 같은 조건에서 수익환원법에 의해 평가한 대상부동산의 가액은? (단, 주어진 조건에 한함)

• 가능총소득(PGI) : 1억 원
• 공실손실상당액 및 대손충당금 : 가능총소득의 5%
• 재산세 : 300만 원
• 화재보험료 : 200만 원
• 영업소득세 : 400만 원
• 건물주 개인업무비 : 500만 원
• 토지가액 : 건물가액＝40% : 60%
• 토지환원이율 : 5%
• 건물환원이율 : 10%

---

① 1,025,000,000원

② 1,075,000,000원

③ 1,125,000,000원

④ 1,175,000,000원

⑤ 1,225,000,000원

08 다음 자료를 활용하여 거래사례비교법으로 평가한 대상토지의 감정평가액은? (단, 주어진 조건에 한함)

- 대상토지 : A시 B대로 30, 토지면적 $200m^2$, 제3종 일반주거지역, 주거용 토지
- 기준시점 : 2020. 3. 1.
- 거래사례의 내역(거래시점 : 2019. 9. 1.)

소재지	용도지역	토지면적	이용상황	거래사례가격
A시 B대로 29	제3종 일반주거지역	$250m^2$	주거용	6억 원

- 지가변동률(2019. 9. 1. ~ 2020. 3. 1.) : A시 주거지역은 3% 상승함.
- 지역요인 : 대상토지는 거래사례의 인근지역에 위치함.
- 개별요인 : 대상토지는 거래사례에 비해 8% 우세함.
- 그 밖의 다른 조건은 동일함.
- 상승식으로 계산할 것.

① 531,952,000원
② 532,952,000원
③ 533,952,000원
④ 534,952,000원
⑤ 535,952,000원

09 감정평가에 관한 규칙상 주된 감정평가방법 중 거래사례비교법을 적용하는 것은?

가. 토지	나. 건물
다. 토지와 건물의 일괄	라. 임대료
마. 광업재단	바. 과수원
사. 자동차	

① 가, 나, 바
② 가, 마, 사
③ 나, 마, 사
④ 다, 라, 마
⑤ 다, 바, 사

10 다음과 같은 조건에서 대상부동산의 수익가액 산정시 적용할 환원이율(capitalization rate)은? (단, 소수점 셋째자리에서 반올림하여 둘째자리까지 구함)

> - 유효총소득(EGI) : 80,000,000원
> - 재산세 : 2,000,000원
> - 화재보험료 : 1,000,000원
> - 재산관리 수수료 : 1,000,000원
> - 유틸리티 비용(전기, 가스, 난방 등 공익시설에 따른 비용) : 1,000,000원
> - 소득세 : 2,000,000원
> - 관리직원 인건비 : 2,000,000원
> - 부채서비스액(debt service) : 연 40,000,000원
> - 대부비율 : 30%
> - 대출조건 : 이자율 연 4%로 15년간 매년 원리금균등분할상환(고정금리)
> - 저당상수(이자율 연 4%, 기간 15년) : 0.09

① 3.93%

② 4.93%

③ 5.93%

④ 6.93%

⑤ 7.93%

11 A도시와 B도시 사이에 C도시가 있다. 레일리의 소매인력법칙을 적용할 경우, C도시에서 A도시, B도시로 구매 활동에 유입되는 비율은? (단, C도시의 인구는 모두 A도시 또는 B도시에서 구매하고, 주어진 조건에 한함)

> - A도시 인구수 : 45,000명
> - B도시 인구수 : 20,000명
> - C도시에서 A도시 간의 거리 : 36km
> - C도시에서 B도시 간의 거리 : 18km

① A : 36%, B : 64%

② A : 38%, B : 62%

③ A : 40%, B : 60%

④ A : 42%, B : 58%

⑤ A : 44%, B : 56%

12 디파스퀠리–위튼(DiPasquale & Wheaton)의 사분면 모형에 관한 설명으로 옳지 <u>않은</u> 것은? (단, 주어진 조건에 한함)

① 1사분면에서는 부동산 공간시장의 단기공급곡선과 수요곡선에 의해 균형임대료가 결정된다.

② 2사분면에서는 부동산의 임대료가 가격으로 환원되는 부동산자산시장의 조건을 나타낸다.

③ 3사분면에서 신규 부동산의 건설량은 부동산가격과 부동산개발비용의 함수로 결정된다.

④ 4사분면에서는 신규 부동산의 건설량과 재고의 멸실량이 변화하여야 부동산공간시장의 균형을 이룰 수 있다.

⑤ 이 모형은 부동산이 소비재이면서도 투자재라는 특성을 전제로 한다.

13 다음과 같은 지대이론을 주장한 학자는?

> • 지대는 자연적 기회를 이용하는 반대급부로 토지소유자에게 지불하는 대가로 보았다.
> • 토지지대는 토지이용으로부터 얻는 순소득을 의미하며, 이 순소득을 잉여라고 하였다.
> • 토지의 몰수가 아닌 지대의 몰수라고 주장하면서 토지가치에 대한 조세 이외의 모든 조세를 철폐하자고 하였다.

① 리카도
② 알론소
③ 헨리 조지
④ 마르크스
⑤ 튀넨

14 부동산시장에 대한 정부의 직접개입방식으로 옳게 묶인 것은?

① 토지비축제, 개발부담금제도
② 수용제도, 선매권제도
③ 최고가격제도, 부동산조세
④ 보조금제도, 용도지역지구제
⑤ 담보대출규제, 부동산거래허가제

15 우리나라에서 현재(2021. 4. 24.) 시행하지 <u>않는</u> 부동산 정책을 모두 고른 것은? 〈변형〉

> 가. 종합 토지세 나. 공한지세
> 다. 토지거래허가제 라. 택지소유상한제
> 마. 분양가상한제 바. 개발이익환수제
> 사. 실거래가신고제 아. 부동산실명제

① 가, 나, 라
② 가, 마, 바
③ 가, 바, 사
④ 나, 다, 마
⑤ 라, 사, 아

16 다음에서 설명하는 개발방식은?

> • 대지로서의 효용증진과 공공시설의 정비를 목적으로 하며, 택지개발사업에 주로 활용되는 방식이다.
> • 사업 후 개발토지 중 사업에 소요된 비용과 공공용지를 제외한 토지를 당초의 토지소유자에게 되돌려 주는 방식이다.
> • 개발사업 시 사업재원으로 확보해 놓은 토지를 체비지라고 한다.

① 환지방식
② 신탁방식
③ 수용방식
④ 매수방식
⑤ 합동방식

17 화폐의 시간적 가치를 고려하지 <u>않은</u> 부동산 투자타당성방법은?
① 수익성지수법(PI)
② 회계적수익률법(ARR)
③ 현가회수기간법(PVP)
④ 내부수익률법(IRR)
⑤ 순현재가치법(NPV)

18 토지이용계획과 용도지역지구제에 관한 설명으로 옳지 <u>않은</u> 것은?

① 용도지역지구제는 토지이용규제의 대표적인 예로 들 수 있다.

② 용도지역지구제는 특정 토지를 용도지역이나 용도지구로 지정한 후 해당 토지의 이용을 지정목적에 맞게 제한하는 제도이다.

③ 토지이용계획은 토지이용규제의 근간을 이루지만 법적 구속력을 가지고 있지는 않다.

④ 용도지역지구제는 토지이용계획의 내용을 실현하는 수단으로서, 도시·군관리계획의 내용을 구성한다.

⑤ 용도지역지구제에 따른 용도 지정 후, 관련법에 의해 사인의 토지이용이 제한되지 않는다.

19 건물의 관리방식에 관한 설명으로 옳지 <u>않은</u> 것은?

① 자가관리방식은 일반적으로 소유자의 지시와 통제 권한이 강하다.

② 위탁관리방식은 부동산관리를 전문적으로 하는 대행업체에게 맡기는 방식으로 사회적으로 신뢰도가 높고 성실한 대행업체를 선정하는 것이 중요하다.

③ 혼합관리방식은 자가관리에서 위탁관리로 이행하는 과도기적 조치로 적합하다.

④ 자가관리방식에 있어 소유자가 전문적 관리지식이 부족한 경우 효율적 관리에 한계가 있을 수 있다.

⑤ 혼합관리방식에 있어 관리상의 문제가 발생할 경우, 책임소재에 대한 구분이 명확하다.

20 개발업자 '갑'이 직면한 개발사업의 시장위험에 관한 설명으로 옳지 <u>않은</u> 것은?

① 개발기간 중에도 상황이 변할 수 있다는 점에 유의해야 한다.

② 개발기간이 장기화될수록 개발업자의 시장위험은 높아진다.

③ 선분양은 개발업자가 부담하는 시장위험을 줄일 수 있다.

④ 금융조달비용의 상승과 같은 시장의 불확실성은 개발업자에게 시장위험을 부담시킨다.

⑤ 후분양은 개발업자의 시장위험을 감소시킨다.

21 부동산 증권에 관한 설명으로 옳은 것은?

① 저당이체증권(MPTS)의 모기지 소유권과 원리금 수취권은 모두 투자자에게 이전된다.
② 지불이체채권(MPTB)의 모기지 소유권은 투자자에게 이전되고, 원리금 수취권은 발행자에게 이전된다.
③ 저당담보부채권(MBB)의 조기상환위험과 채무불이행 위험은 투자자가 부담한다.
④ 다계층증권(MBB)은 지분형 증권으로만 구성되어 있다.
⑤ 상업용 저당증권(CMBS)은 반드시 공적 유동화중개기관을 통하여 발행된다.

22 부동산개발업의 관리 및 육성에 관한 법률상 부동산개발에 해당하지 <u>않은</u> 행위는?

① 토지를 건설공사의 수행으로 조성하는 행위
② 토지를 형질변경의 방법으로 조성하는 행위
③ 시공을 담당하는 행위
④ 건축물을 건축기준에 맞게 용도변경하는 행위
⑤ 공작물을 설치하는 행위

23 프로젝트 금융의 특징에 관한 설명으로 옳지 <u>않은</u> 것은?

① 사업자체의 현금흐름을 근거로 자금을 조달하고, 원리금 상환도 해당 사업에서 발생하는 현금흐름에 근거한다.
② 사업주의 입장에서는 비소구 또는 제한적 소구 방식이므로 상환의무가 제한되는 장점이 있다.
③ 금융기관의 입장에서는 부외금융에 의해 채무수용능력이 커지는 장점이 있다.
④ 금융기관의 입장에서는 금리와 수수료 수준이 높아 일반적인 기업금융보다 높은 수익을 얻을 수 있는 장점이 있다.
⑤ 복잡한 계약에 따른 사업의 지연과 이해당사자 간의 조정의 어려움은 사업주와 금융기관 모두의 입장에서 단점으로 작용한다.

24 다음 민간투자사업방식을 바르게 연결한 것은?

> ㄱ. 사업주가 시설준공 후 소유권을 취득하여, 일정 기간 동안 운영을 통해 운영수익을 획득하고, 그 기간이 만료되면 공공에게 소유권을 이전하는 방식
> ㄴ. 사업주가 시설준공 후 소유권을 공공에게 귀속시키고, 그 대가로 받은 시설 운영권으로 그 시설을 공공에게 임대하여 임대료를 획득하는 방식
> ㄷ. 사업주가 시설준공 후 소유권을 공공에게 귀속시키고, 그 대가로 일정 기간 동안 시설 운영권을 받아 운영수익을 획득하는 방식
> ㄹ. 사업주가 시설준공 후 소유권을 취득하여, 그 시설을 운영하는 방식으로, 소유권이 사업주에게 계속 귀속되는 방식

① ㄱ. BOT방식, ㄴ. BTL방식, ㄷ. BOT방식, ㄹ. BOO방식
② ㄱ. BOT방식, ㄴ. BTL방식, ㄷ. BTO방식, ㄹ. BOO방식
③ ㄱ. BOT방식, ㄴ. BTO방식, ㄷ. BOO방식, ㄹ. BTL방식
④ ㄱ. BTL방식, ㄴ. BOT방식, ㄷ. BOO방식, ㄹ. BTO방식
⑤ ㄱ. BOT방식, ㄴ. BOO방식, ㄷ. BTO방식, ㄹ. BTL방식

25 저당대출의 상환방식에 관한 설명으로 옳은 것은?

① 원금균등분할상환 방식의 경우, 원리금의 합계가 매기 동일하다.
② 원리금균등분할상환 방식의 경우, 초기에는 원리금에서 이자가 차지하는 비중이 높으나, 원금을 상환해 가면서 원리금에서 이자가 차지하는 비중이 줄어든다.
③ 다른 조건이 일정하다면, 대출채권의 듀레이션(평균 회수기간)은 원리금균등분할상환 방식이 원금균등분할상환 방식보다 짧다.
④ 체증분할상환 방식은 장래 소득이 줄어들 것으로 예상되는 차입자에게 적합한 대출방식이다.
⑤ 거치식 방식은 대출자 입장에서 금리수입이 줄어드는 상환방식으로, 상업용 부동산 저당대출보다 주택 저당대출에서 주로 활용된다.

26 다음의 조건을 가진 A부동산의 대부비율은? (단, 주어진 조건에 한함)

• 매매가격 : 5억 원	• 순영업소득 : 3,000만 원
• 부채감당률 : 1.5	• 연 저당상수 : 0.1

① 10%
② 20%
③ 30%
④ 40%
⑤ 50%

27 A는 주택 투자를 위해 은행으로부터 다음과 같은 조건으로 대출을 받았다. A가 7년 후까지 원리금을 정상적으로 상환했을 경우, 미상환 원금잔액은? (단, 주어진 조건에 한함. $1.04^{-7}=0.76$, $1.04^{-13}=0.6$, $1.04^{-20}=0.46$)

• 대출원금 5억 원	• 대출금리 : 연 4%(고정금리)
• 대출기간 : 20년	• 상환방식 : 연 1회 원리금균등분할상환

① 2억 2222만 원
② 3억 263만 원
③ 3억 7037만 원
④ 3억 8333만 원
⑤ 3억 9474만 원

28 다음은 투자 예정 부동산의 향후 1년 동안 예상되는 현금흐름이다. 연간 세후 현금흐름은? (단, 주어진 조건에 한함)

• 단위 면적당 월 임대료 : 20,000원/m²
• 임대면적 : 100m²
• 공실손실상당액 : 임대료의 10%
• 영업경비 : 유효총소득의 30%
• 부채서비스액 : 연 600만 원
• 영업소득세 : 세전현금흐름의 20%

① 4,320,000원
② 6,384,000원
③ 7,296,000원
④ 9,120,000원
⑤ 12,120,000원

29 부동산 투자분석 기법에 관한 설명으로 옳지 <u>않은</u> 것은?

① 다른 조건이 일정하다면, 승수법에서는 승수가 클수록 더 좋은 투자안이다.

② 내부수익률은 순 현재가치를 0으로 만드는 할인율이다.

③ 내부수익률이 요구수익률 보다 클 경우 투자한다.

④ 순현재가치가 0보다 클 경우 투자한다.

⑤ 수익성지수가 1보다 클 경우 투자한다.

30 화폐의 시간가치에 관한 설명으로 옳지 <u>않은</u> 것은? (단. 다른 조건은 동일함)

① 은행으로부터 주택구입자금을 원리금균등분할상환 방식으로 대출한 가구가 매월 상환할 원리금을 계산하는 경우, 저당상수를 사용한다.

② 일시불의 미래가치계수는 이자율이 상승할수록 커진다.

③ 연금의 현재가치계수와 저당상수는 역수관계이다.

④ 연금의 미래가치계수와 감채기금계수는 역수관계이다.

⑤ 3년 후에 주택자금 5억 원을 만들기 위해 매 기간 납입해야 할 금액을 계산하는 경우, 연금의 미래가치계수를 사용한다.

31 토지에 관한 설명으로 옳지 <u>않은</u> 것은?

① 빈지는 일반적으로 바다와 육지사이의 해변 토지와 같이 소유권이 인정되며 이용실익이 있는 토지이다.

② 맹지는 타인의 토지에 둘러싸여 도로에 어떤 접속면도 가지지 못하는 토지이며, 건축법에 의해 원칙적으로 건물을 세울 수 없다.

③ 법지는 택지경계와 접한 경사된 토지부분과 같이 법률상으로는 소유를 하고 있지만 이용이익이 없는 토지이다.

④ 후보지는 부동산의 주된 용도적 지역인 택지지역, 농지지역, 임지지역 상호간에 전환되고 있는 지역의 토지이다.

⑤ 이행지는 부동산의 주된 용도적 지역인 택지지역, 농지지역, 임지지역의 세분된 지역 내에서 용도전환이 이루어지고 있는 토지이다.

32 부동산 투자에서 위험과 수익에 관한 설명으로 옳지 <u>않은</u> 것은? (단, 주어진 조건에 한함)

① 투자자의 요구수익률에는 위험할증률이 포함된다.

② 투자자가 위험기피자일 경우, 위험이 증가할수록 투자자의 요구수익률도 증가한다.

③ 투자자의 개별적인 위험혐오도에 따라 무위험률이 결정된다.

④ 체계적 위험은 분산투자에 의해 제거될 수 없다.

⑤ 위험조정할인율이란 장래 기대소득을 현재가치로 할인할 때 위험한 투자일수록 높은 할인율을 적용하는 것을 말한다.

33 공간으로서의 부동산에 관한 설명으로 옳지 <u>않은</u> 것은?

① 토지는 물리적 형태로서의 지표면과 함께 공중공간과 지하공간을 포함한다.

② 부동산활동은 3차원의 공간활동으로 농촌지역에서는 주로 지표공간이 활동의 중심이 되고, 도시지역에서는 입체공간이 활동의 중심이 된다.

③ 지표권은 토지소유자가 지표상의 토지를 배타적으로 사용할 수 있는 권리를 말하며, 토지와 해면과의 분계는 최고만조시의 분계점을 표준으로 한다.

④ 지중권 또는 지하권은 토지소유자가 지하공간으로부터 어떤 이익을 획득하거나 사용할 수 있는 권리를 말하며, 물을 이용할 수 있는 권리가 이에 포함한다.

⑤ 공적 공중권은 일정범위 이상의 공중공간을 공공기관이 공익목적의 실현을 위해 사용할 수 있는 권리를 말하며, 항공기 통행권이나 전파의 발착권이 이에 포함된다.

34 한국표준산업분류(KSIC)에 따른 부동산업의 세분류 항목으로 옳지 <u>않은</u> 것은?

① 주거용 건물 건설업

② 부동산 임대업

③ 부동산 개발 및 공급업

④ 부동산 관리업

⑤ 부동산 중개, 자문 및 감정평가업

35 부동산가치의 발생요인에 관한 설명으로 옳지 <u>않은</u> 것은?

① 유효수요는 구입의사와 지불능력을 가지고 있는 수요이다.

② 효용(유용성)은 인간의 필요나 욕구를 만족시킬 수 있는 재화의 능력이다.

③ 효용(유용성)은 부동산의 용도에 따라 주거지는 쾌적성, 상업지는 수익성, 공업지는 생산성으로 표현할 수 있다.

④ 부동산은 용도적 관점에서 대체성이 인정되고 있기 때문에 절대적 희소성이 아닌 상대적 희소성을 가지고 있다.

⑤ 이전성은 법률적인 측면이 아닌 경제적인 측면에서의 가치발생요인이다.

36 A지역 오피스텔시장의 시장수요함수가 $Q_D = 100 - P$이고, 시장공급함수가 $2Q_S = -40 + 3P$일 때, 오피스텔 시장의 균형에서 수요의 가격탄력성(ϵ_p)과 공급의 가격탄력성(η)은? (단, Q_D : 수요량, Q_S : 공급량, P : 가격이고, 수요의 가격탄력성과 공급의 가격탄력성은 점탄력성을 말하며, 다른 조건은 동일함)

① $\epsilon_p = \dfrac{12}{13}$, $\eta = \dfrac{18}{13}$

② $\epsilon_p = \dfrac{12}{13}$, $\eta = \dfrac{13}{18}$

③ $\epsilon_p = \dfrac{13}{12}$, $\eta = \dfrac{13}{18}$

④ $\epsilon_p = \dfrac{13}{12}$, $\eta = \dfrac{18}{13}$

⑤ $\epsilon_p = \dfrac{18}{13}$, $\eta = \dfrac{12}{13}$

37 공인중개사법령에 관한 설명으로 옳은 것은?

① 공인중개사법에 의한 공인중개사자격을 취득한 자를 개업공인중개사라고 말한다.

② 선박법 및 선박등기법에 따라 등기된 20톤 이상의 선박은 공인중개사법에 의한 중개대상물이다.

③ 개업공인중개사에 소속된 공인중개사인 자로서 중개업무를 수행하는 자는 소속공인중개사가 아니다.

④ 중개업은 다른 사람의 의뢰에 의하여 일정한 보수를 받고 중개를 업으로 행하는 것을 말한다.

⑤ 중개보조원이란 공인중개사가 아닌 자로서 중개업을 하는 자를 말한다.

38 부동산 관련 조세는 과세주체 또는 과세권자에 따라 국세와 지방세로 구분된다. 이 기준에 따라 동일한 유형으로 분류된 것은?

① 취득세, 상속세, 증여세

② 종합부동산세, 증여세, 취득세

③ 등록면허세, 소득세, 부가가치세

④ 소득세, 상속세, 재산세

⑤ 취득세, 등록면허세, 재산세

39 A지역 주택시장의 시장수요함수는 $2Q_D = 200 - P$이고 시장공급함수는 $3Q_S = 60 + P$이다(Q_D = 수요량, Q_S = 공급량, P : 가격, 단위는 만 호, 만 원임). 정부가 부동산거래세를 수요측면에 단위당 세액 10만 원의 종량세의 형태로 부과하는 경우에 A지역 주택시장 부동산거래세의 초과부담은? (단, 다른 조건은 동일함)

① 8억 원

② 10억 원

③ 12억 원

④ 20억 원

⑤ 24억 원

40 부동산 거래신고 등에 관한 법률상 옳지 <u>않은</u> 것은? (단, 주어진 조건에 한함)

① 거래당사자 중 일방이 지방자치단체인 경우에는 지방자치단체가 신고를 하여야 한다.

② 공동으로 중개한 경우에는 해당 개업공인중개사가 공동으로 신고하여야 하며, 일방이 신고를 거부한 경우에는 단독으로 신고할 수 있다.

③ 거래당사자는 그 실제 거래가격 등을 거래계약의 체결일부터 30일 이내에 공동으로 신고해야한다.

④ 누구든지 개업공인중개사에게 부동산 거래의 신고를 하지 아니하게 하거나 거짓으로 신고하도록 요구하는 행위를 하여서는 아니 된다.

⑤ 거래당사자가 부동산의 거래신고를 한 후 해당 거래계약이 취소된 경우에는 취소가 확정된 날부터 60일 이내에 해당 신고관청에 공동으로 신고하여야 한다.

제4과목 | 감정평가관계법규

01 국토의 계획 및 이용에 관한 법령상 도시 · 군관리계획에 관한 설명으로 옳은 것은?

① 도시 · 군관리계획 결정의 효력은 지형도면을 고시한 날의 다음날부터 발생한다.

② 시 · 도지사는 국토교통부장관이 입안하여 결정한 도시 · 군관리계획을 변경하려면 미리 환경부장관과 협의하여야 한다.

③ 도시 · 군관리계획을 입안할 수 있는 자가 입안을 제안받은 경우 그 처리 결과를 제안자에게 알려야 한다.

④ 도시 · 군관리계획도서 및 계획설명서의 작성기준 · 작성방법 등은 조례로 정한다.

⑤ 도지사가 도시 · 군관리계획을 직접 입안하는 경우 지형도면을 작성할 수 없다.

02 국토의 계획 및 이용에 관한 법령상 도시 · 군기본계획에 관한 설명으로 옳지 않은 것은?

① 다른 법률에 따른 지역 · 지구 등의 지정으로 인하여 도시 · 군기본계획의 변경이 필요한 경우에는 토지적성평가를 하지 아니할 수 있다.

② 광역시장은 도시 · 군기본계획을 변경하려면 관계 행정기관의 장과 협의한 후 지방도시계획위원회의 심의를 거쳐야 한다.

③ 시장 또는 군수는 도시 · 군기본계획을 변경하려면 도지사의 승인을 받아야 한다.

④ 시장 또는 군수는 10년마다 관할 구역의 도시 · 군기본계획에 대하여 그 타당성 여부를 전반적으로 재검토하여 정비하여야 한다.

⑤ 「수도권정비계획법」에 의한 수도권에 속하지 아니하고 광역시와 경계를 같이하지 아니한 시로서 인구 10만명 이하인 시의 시장은 도시기본계획을 수립하지 아니할 수 있다.

03 국토의 계획 및 이용에 관한 법령상 개발행위의 허가 등에 관한 설명으로 옳은 것은?

① 재난수습을 위한 응급조치인 경우에도 개발행위허가를 받고 하여야 한다.

② 시장 또는 군수가 개발행위허가에 경관에 관한 조치를 할 것을 조건으로 붙이는 경우 미리 개발행위 허가를 신청한 자의 의견을 들어야 한다.

③ 성장관리계획을 수립한 지역에서 하는 개발행위는 중앙도시계획위원회와 지방도시계획위원회의 심의를 거쳐야 한다.

④ 지방자치단체는 자신이 시행하는 개발행위의 이행을 보증하기 위하여 이행보증금을 예치하여야 한다.

⑤ 기반시설부담구역으로 지정된 지역은 중앙도시계획위원회의 심의를 거쳐 10년 이내의 기간 동안 개발행위허가를 제한할 수 있다.

04 국토의 계획 및 이용에 관한 법령상 용도지역·용도지구·용도구역에 관한 설명으로 옳지 <u>않은</u> 것은?

① 녹지지역과 공업지역은 도시지역에 속한다.

② 용도지구 중 보호지구는 주거 및 교육 환경 보호나 청소년 보호 등의 목적으로 청소년 유해시설 등 특정시설의 입지를 제한할 필요가 있는 지구이다.

③ 국토교통부장관은 국방부장관의 요청이 있어 보안상 도시의 개발을 제한할 필요가 있다고 인정되면 개발제한구역의 지정을 도시·군관리계획으로 결정할 수 있다.

④ 해양수산부장관은 수산자원을 보호·육성하기 위하여 필요한 공유수면이나 그에 인접한 토지에 대한 수산자원보호구역의 지정을 도시·군관리계획으로 결정할 수 있다.

⑤ 공유수면매립구역이 둘 이상의 용도지역에 걸쳐 있거나 이웃하고 있는 경우 그 매립구역이 속할 용도지역은 도시·군관리계획결정으로 지정하여야 한다.

05 국토의 계획 및 이용에 관한 법령상 입지규제최소구역 지정에 관한 설명으로 옳은 것을 모두 고른 것은?

> ㄱ. 지역의 거점 역할을 수행하는 철도역사를 중심으로 주변지역을 집중적으로 정비할 필요가 있는 지역은 입지규제최소구역으로 지정될 수 있다.
> ㄴ. 세 개 이상의 노선이 교차하는 대중교통 결절지로부터 3킬로미터에 위치한 지역은 입지규제최소구역으로 지정될 수 있다.
> ㄷ. 「도시 및 주거환경정비법」 상 노후·불량 건축물이 밀집한 공업지역으로 정비가 시급한 지역은 입지규제최소구역으로 지정될 수 있다.
> ㄹ. 입지규제최소구역계획에는 건축물의 건폐율·용적률·높이에 관한 사항이 포함되어야 한다.

① ㄱ, ㄴ

② ㄱ, ㄷ

③ ㄴ, ㄹ

④ ㄱ, ㄷ, ㄹ

⑤ ㄴ, ㄷ, ㄹ

06 국토의 계획 및 이용에 관한 법령상 도시 · 군계획 등에 관한 설명으로 옳은 것은?

① 광역도시계획은 광역계획권의 장기발전방향을 제시하는 계획을 말한다.
② 도시 · 군기본계획의 내용이 광역도시계획의 내용과 다를 때에는 도시 · 군기본계획의 내용이 우선한다.
③ 도시 · 군관리계획으로 결정하여야 할 사항은 국가계획에 포함될 수 없다.
④ 시장 또는 군수가 관할 구역에 대하여 다른 법률에 따른 환경에 관한 부문별 계획을 수립할 때에는 도시 · 군관리계획의 내용에 부합되게 하여야 한다.
⑤ 이해관계자가 도시 · 군관리계획의 입안을 제안한 경우, 그 입안 및 결정에 필요한 비용의 전부를 이해관계자가 부담하여야 한다.

07 국토의 계획 및 이용에 관한 법령상 '법률 등의 위반자에 대한 처분'을 함에 있어서 청문을 실시해야 하는 경우로 명시된 것을 모두 고른 것은?

> ㄱ. 개발행위허가의 취소
> ㄴ. 개발행위의 변경허가
> ㄷ. 토지거래계약 허가의 취소
> ㄹ. 실시계획인가의 취소
> ㅁ. 도시 · 군계획시설사업의 시행자 지정의 취소

① ㄱ, ㄴ   ② ㄴ, ㄷ
③ ㄱ, ㄹ, ㅁ   ④ ㄷ, ㄹ, ㅁ
⑤ ㄱ, ㄴ, ㄷ, ㄹ

08 국토의 계획 및 이용에 관한 법령상 개발밀도관리구역에 관한 설명으로 옳지 않은 것은?

① 개발밀도관리구역의 지정권자는 특별시장 · 광역시장 · 특별자치시장 · 특별자치도지사 · 시장 또는 군수이다.
② 개발밀도관리구역은 기반시설의 설치가 용이한 지역을 대상으로 건폐율 · 용적률을 강화하여 적용하기 위해 지정한다.
③ 개발밀도관리구역에서는 해당 용도지역에 적용되는 용적률 최대한도의 50퍼센트 범위에서 용적률을 강화하여 적용한다.
④ 지정권자가 개발밀도관리구역을 지정하려면 해당 지방자치단체에 설치된 지방도시계획위원회의 심의를 거쳐야 한다.
⑤ 지정권자는 개발밀도관리구역을 지정 · 변경한 경우에는 그 사실을 당해 지방자치단체의 공보에 게재하는 방법으로 고시하여야 한다.

09 국토의 계획 및 이용에 관한 법령상 광역도시계획에 관한 설명으로 옳은 것은?

① 광역도시계획에는 경관계획에 관한 사항 중 광역계획권의 지정목적을 이루는 데 필요한 사항에 대한 정책 방향이 포함되어야 한다.

② 도지사가 광역계획권을 지정하려면 관계 중앙행정기관의 장의 의견을 들은 후 지방의회의 동의를 얻어야 한다.

③ 광역도시계획을 공동으로 수립하는 시·도지사는 그 내용에 관하여 서로 협의가 되지 아니하는 경우 공동으로 국토교통부장관에게 조정을 신청하여야 한다.

④ 광역계획권이 둘 이상의 시·도의 관할 구역에 걸쳐 있는 경우에는 국토교통부장관이 당해 광역도시계획의 수립권자가 된다.

⑤ 도지사는 시장 또는 군수가 요청하는 경우에는 단독으로 광역도시계획을 수립할 수 있으며, 이 경우 국토교통부장관의 승인을 받아야 한다.

10 국토의 계획 및 이용에 관한 법령상 개발행위 규모의 제한을 받는 경우 용도지역과 그 용도지역에서 허용되는 토지형질변경면적을 옳게 연결한 것은?

① 상업지역 – 3만 제곱미터 미만

② 공업지역 – 3만 제곱미터 미만

③ 보전녹지지역 – 1만 제곱미터 미만

④ 관리지역 – 5만 제곱미터 미만

⑤ 자연환경보전지역 – 1만 제곱미터 미만

11 국토의 계획 및 이용에 관한 법령상 기반시설 중 유통·공급시설에 해당하는 것은?

① 재활용시설

② 방수설비

③ 공동구

④ 주차장

⑤ 도축장

12 국토의 계획 및 이용에 관한 법령상 용도지역별 용적률의 범위로 옳지 <u>않은</u> 것은? (단, 조례 및 기타 강화 · 완화조건은 고려하지 않음)

① 제2종일반주거지역 : 100퍼센트 이상 250퍼센트 이하
② 유통상업지역 : 200퍼센트 이상 1천100퍼센트 이하
③ 생산녹지지역 : 50퍼센트 이상 100퍼센트 이하
④ 준공업지역 : 150퍼센트 이상 500퍼센트 이하
⑤ 농림지역 : 50퍼센트 이상 80퍼센트 이하

13 국토의 계획 및 이용에 관한 법령상 도시계획위원회에 관한 설명으로 옳은 것은?

① 시 · 도 도시계획위원회는 위원장 및 부위원장 각 1명을 포함한 20명 이상 25명 이하의 위원으로 구성한다.
② 시 · 도 도시계획위원회의 위원장과 부위원장은 위원 중에서 해당 시 · 도지사가 임명 또는 위촉한다.
③ 중앙도시계획위원회의 회의는 재적위원 과반수의 출석으로 개의하고, 출석위원 과반수의 찬성으로 의결한다.
④ 시 · 군 · 구 도시계획위원회에는 분과위원회를 둘 수 없다.
⑤ 중앙도시계획위원회 회의록은 심의 종결 후 3개월 이내에 공개 요청이 있는 경우 원본을 제공하여야 한다.

14 감정평가 및 감정평가사에 관한 법령상 감정평가에 관한 설명으로 옳지 <u>않은</u> 것은?

① 감정평가법인등이 토지를 감정평가하는 경우 적정한 실거래가가 있는 경우에는 이를 기준으로 할 수 있다.
② 감정평가법인등이 해산 또는 폐업하는 경우에도 감정평가서 관련 서류를 발급일부터 5년 이상 보존하여야 한다.
③ 국토교통부장관은 감정평가 타당성조사를 할 경우 해당 감정평가를 의뢰한 자에게 의견진술기회를 주어야 한다.
④ 감정평가법인은 감정평가서를 의뢰인에게 발급하기 전에 같은 법인 소속의 다른 감정평가사에게 감정평가서의 적정성을 심사하게 하여야 한다.
⑤ 토지 및 건물의 가격에 관한 정보 및 자료는 감정평가정보체계의 관리대상에 해당한다.

15 감정평가 및 감정평가사에 관한 법령상 감정평가사의 권리와 의무 등에 관한 설명으로 옳지 <u>않은</u> 것은?

① 감정평가사합동사무소에 두는 감정평가사의 수는 2명 이상으로 한다.

② 감정평가사사무소의 폐업신고와 관련하여 국토교통부장관은 폐업신고의 접수업무를 한국감정평가사협회에 위탁한다.

③ 감정평가법인등은 소속 감정평가사의 고용관계가 종료된 때에는 한국감정원에 신고하여야 한다.

④ 감정평가법인등은 고의 또는 중대한 과실로 잘못된 평가를 하여서는 아니 된다.

⑤ 감정평가법인등이 감정평가를 하면서 고의 또는 과실로 감정평가 당시의 적정가격과 현저한 차이가 있게 감정평가를 함으로써 선의의 제3자에게 손해를 발생하게 하였을 때에는 그 손해를 배상할 책임이 있다.

16 감정평가 및 감정평가사에 관한 법령상 감정평가사의 징계사유에 해당하지 <u>않는</u> 것은?

① 등록을 한 감정평가사가 감정평가사사무소의 개설신고를 하지 아니하고 감정평가업을 한 경우

② 수수료의 요율 및 실비에 관한 기준을 지키지 아니한 경우

③ 토지등의 매매업을 직접 한 경우

④ 친족 소유 토지등에 대해서 감정평가한 경우

⑤ 직무와 관련하여 과실범으로 금고 이상의 형을 선고받아 그 형이 확정된 경우

17 부동산 가격공시에 관한 법령상 비주거용 부동산가격의 공시에 관한 설명으로 옳지 <u>않은</u> 것은?

① 국토교통부장관이 비주거용 표준부동산을 선정할 경우 미리 해당 비주거용 표준부동산이 소재하는 시·도지사의 의견을 들어야 하나, 이를 시장·군수·구청장의 의견으로 대신할 수 있다.

② 국토교통부장관은 중앙부동산가격공시위원회의 심의를 거쳐 비주거용 표준부동산가격을 공시할 수 있다.

③ 비주거용 표준부동산가격의 공시에는 비주거용 표준부동산의 대지면적 및 형상이 포함되어야 한다.

④ 국토교통부장관은 비주거용 개별부동산가격의 산정을 위하여 필요하다고 인정하는 경우에는 비주거용 부동산가격비준표를 작성하여 시장·군수 또는 구청장에게 제공하여야 한다.

⑤ 공시기준일이 따로 정해지지 않은 경우, 비주거용 집합부동산가격의 공시기준일은 1월 1일로 한다.

18 부동산 가격공시에 관한 법령상 주택가격의 공시에 관한 설명으로 옳은 것은?

① 국토교통부장관은 표준주택을 선정할 때에는 일반적으로 유사하다고 인정되는 일단의 공동주택 중에서 해당 일단의 공동주택을 대표할 수 있는 주택을 선정하여야 한다.

② 국토교통부장관은 표준주택가격을 조사·산정하고자 할 때에는 한국감정원 또는 둘 이상의 감정평가업자에게 의뢰한다.

③ 표준주택가격은 국가·지방자치단체 등이 과세업무와 관련하여 주택의 가격을 산정하는 경우에 그 기준으로 활용하여야 한다.

④ 표준주택가격의 공시사항에는 지목, 도로 상황이 포함되어야 한다.

⑤ 개별주택가격 결정·공시에 소요되는 비용은 75퍼센트 이내에서 지방자치단체가 보조할 수 있다.

19 부동산 가격공시에 관한 법령상 개별공시지가의 검증을 의뢰받은 감정평가법인등이 검토·확인하여야 하는 사항에 해당하지 <u>않는</u> 것은?

① 비교표준지 선정의 적정성에 관한 사항

② 산정한 개별토지가격과 표준지공시지가의 균형 유지에 관한 사항

③ 산정한 개별토지가격과 인근토지의 지가와의 균형 유지에 관한 사항

④ 토지가격비준표 작성의 적정성에 관한 사항

⑤ 개별토지가격 산정의 적정성에 관한 사항

20 국유재산법령상 행정재산에 관한 설명으로 옳지 <u>않은</u> 것은?

① 행정재산은 사유재산과 교환할 수 없다.

② 행정재산을 경쟁입찰의 방법으로 사용허가하는 경우 1개 이상의 유효한 입찰이 있으면 최고가격으로 응찰한 자를 낙찰자로 한다.

③ 두 번에 걸쳐 유효한 입찰이 성립되지 아니한 행정재산의 경우 수의의 방법으로 사용허가를 받을 자를 결정할 수 있다.

④ 중앙관서의 장이 행정재산의 사용허가를 철회하려는 경우에는 청문을 하여야 한다.

⑤ 중앙관서의 장은 행정재산으로 사용하기로 결정한 날부터 5년이 지난 날까지 행정재산으로 사용되지 아니한 행정재산은 지체 없이 그 용도를 폐지하여야 한다.

21 국유재산법령상 중앙관서의 장이 행정재산의 사용료를 면제할 수 있는 경우에 해당하지 <u>않는</u> 것은?

① 행정재산으로 할 목적으로 기부를 받은 재산에 대하여 기부자의 상속인에게 사용허가하는 경우

② 건물 등을 신축하여 기부채납을 하려는 자가 신축기간에 그 부지를 사용하는 경우

③ 행정재산을 직접 공공용으로 사용하려는 지방자치단체에 사용허가하는 경우

④ 사용허가를 받은 행정재산을 천재지변으로 사용하지 못하게 되었을 때 그 사용하지 못한 기간에 대한 사용료의 경우

⑤ 법령에 따라 정부가 자본금의 50퍼센트 이상을 출자하는 법인이 행정재산을 직접 비영리공익사업용으로 사용하고자 하여 사용허가하는 경우

22 국유재산법령상 일반재산에 관한 설명으로 옳은 것은?

① 총괄청은 일반재산의 관리·처분에 관한 사무의 일부를 위탁받을 수 없다.

② 증권을 제외한 일반재산을 지방자치단체에 처분할 때 처분재산의 예정가격은 두 개의 감정평가업자의 평가액을 산술평균한 금액으로 결정한다.

③ 조림을 목적으로 하는 토지의 대부기간은 25년 이상으로 한다.

④ 중앙관서의 장은 일반재산을 교환하려면 그 내용을 감사원에 보고하여야 한다.

⑤ 일반재산을 매각하면서 매각대금을 한꺼번에 납부하기로 한 경우 매각대금의 완납 이전에도 해당 매각재산의 소유권 이전이 가능하다.

23 국유재산법령상 국유재산에 관한 설명으로 옳은 것은?

① 행정재산은 「민법」에 따른 시효취득의 대상이 된다.

② 판결에 따라 취득하는 경우에도 사권(私權)이 소멸되지 않은 재산은 국유재산으로 취득하지 못한다.

③ 총괄청은 일반재산을 보존용재산으로 전환하여 관리할 수 있다.

④ 직접 공공용으로 사용하기 위하여 국유재산을 관리전환하는 경우에는 유상으로 하여야 한다.

⑤ 중앙관서의 장이 국유재산으로 취득한 소유자 없는 부동산은 등기일부터 20년간은 처분할 수 없다.

24 건축법령상 건축허가권자로부터 건축 관련 입지와 규모의 사전결정 통지를 받은 경우 허가를 받은 것으로 보는 것이 **아닌** 것은?

① 「국토의 계획 및 이용에 관한 법률」에 따른 개발행위허가
② 「산지관리법」에 따른 산지전용허가(보전산지가 아님)
③ 「농지법」에 따른 농지전용허가
④ 「하천법」에 따른 하천점용허가
⑤ 「도로법」에 따른 도로점용허가

25 건축법령상 시설군과 그에 속하는 건축물의 용도를 옳게 연결한 것은?

① 자동차 관련 시설군 – 운수시설
② 산업 등 시설군 – 자원순환 관련 시설
③ 전기통신시설군 – 공장
④ 문화 및 집회시설군 – 수련시설
⑤ 교육 및 복지시설군 – 종교시설

26 건축법령상 면적이 200제곱미터 이상인 대지에 건축을 하는 건축주는 용도지역 및 건축물의 규모에 따라 해당 지방자치단체의 조례로 정하는 기준에 따라 대지에 조경이나 그 밖에 필요한 조치를 하여야 한다. 다만, 건축법령은 예외적으로 조경 등의 조치를 필요로 하지 않는 건축물을 허용하고 있다. 이러한 예외에 해당하는 것을 모두 고른 것은? (단, 그 밖의 조례, 「건축법」 제73조에 따른 적용 특례, 건축협정은 고려하지 않음)

ㄱ. 축사
ㄴ. 녹지지역에 건축하는 건축물
ㄷ. 「건축법」상 일부 가설건축물
ㄹ. 면적 4천 제곱미터인 대지에 건축하는 공장
ㅁ. 상업지역에 건축하는 연면적 합계가 1천 500제곱미터인 물류시설

① ㄱ, ㄴ, ㄹ
② ㄱ, ㄴ, ㅁ
③ ㄷ, ㄹ, ㅁ
④ ㄱ, ㄴ, ㄷ, ㄹ
⑤ ㄴ, ㄷ, ㄹ, ㅁ

27 건축법령상 건축물의 구조 및 재료 등에 관한 설명으로 옳지 <u>않은</u> 것은?

① 건축물은 고정하중, 적재하중, 적설하중, 풍압, 지진, 그 밖의 진동 및 충격 등에 대하여 안전한 구조를 가져야 한다.

② 지방자치단체의 장은 구조 안전 확인 대상 건축물에 대하여 건축허가를 하는 경우 내진성능 확보 여부를 확인하여야 한다.

③ 국토교통부장관은 지진으로부터 건축물의 구조 안전을 확보하기 위하여 건축물의 용도, 규모 및 설계구조의 중요도에 따라 내진등급을 설정하여야 한다.

④ 연면적이 200제곱미터인 목구조 건축물을 건축하고자 하는 자는 사용승인을 받는 즉시 내진능력을 공개하여야 한다.

⑤ 국가 또는 지방자치단체는 건축물의 소유자나 관리자에게 피난시설 등의 설치, 개량·보수등 유지·관리에 대한 기술지원을 할 수 있다.

28 공간정보의 구축 및 관리 등에 관한 법령상 지목의 구분과 그에 속하는 내용의 연결로 옳지 <u>않은</u> 것은?

① 도로－고속도로의 휴게소 부지

② 하천－자연의 유수가 있거나 있을 것으로 예상되는 토지

③ 제방－방조제의 부지

④ 대－묘지 관리를 위한 건축물의 부지

⑤ 전－물을 상시적으로 직접 이용하여 미나리를 주로 재배하는 토지

29 공간정보의 구축 및 관리 등에 관한 법령상 지적공부에 관한 내용으로 옳지 <u>않은</u> 것은?

① 지적소관청은 관할 시·도지사의 승인을 받은 경우 지적서고에 보존되어 있는 지적공부를 해당 청사 밖으로 반출할 수 있다.

② 지적공부를 정보처리시스템을 통하여 기록·저장한 경우 관할 시·도지사, 시장·군수 또는 구청장은 그 지적공부를 지적정보관리체계에 영구히 보존하여야 한다.

③ 지적소관청은 부동산의 효율적 이용과 부동산과 관련된 정보의 종합적 관리·운영을 위하여 부동산종합공부를 관리·운영한다.

④ 부동산종합공부를 열람하거나 부동산종합증명서를 발급받으려는 자는 지적소관청이나 읍·면·동의 장에게 신청할 수 있다.

⑤ 지적전산자료를 신청하려는 자는 지적전산자료의 이용 또는 활용 목적 등에 관하여 미리 중앙지적위원회의 심사를 받아야 한다.

30 공간정보의 구축 및 관리 등에 관한 법령상 지적도에 등록하여야 하는 사항이 <u>아닌</u> 것은?

① 토지의 소재
② 소유권 지분
③ 도곽선(圖廓線)과 그 수치
④ 삼각점 및 지적기준점의 위치
⑤ 지목

31 공간정보의 구축 및 관리 등에 관한 법령상 토지소유자가 하여야 하는 신청을 대신할 수 있는 자에 해당하지 <u>않는</u> 것은? (단, 등록사항 정정 대상 토지는 제외함)

① 국가가 취득하는 토지인 경우 : 해당 토지를 관리하는 행정기관의 장
② 지방자치단체가 취득하는 토지인 경우 : 해당 지방지적위원회
③「주택법」에 따른 공동주택의 부지인 경우 :「집합건물의 소유 및 관리에 관한 법률」에 따른 관리인 또는 해당 사업의 시행자
④「민법」제404조에 따른 채권자
⑤ 공공사업 등에 따라 지목이 학교용지로 되는 토지인 경우 : 해당사업의 시행자

32 부동산등기법령상 임차권 설정등기의 등기사항 중 등기원인에 그 사항이 없더라도 반드시 기록하여야 하는 사항을 모두 고른 것은?

ㄱ. 등기목적
ㄴ. 권리자
ㄷ. 차임
ㄹ. 차임지급시기
ㅁ. 임차보증금
ㅂ. 존속기간

① ㄱ, ㄴ, ㄷ
② ㄱ, ㄷ, ㄹ
③ ㄴ, ㄷ, ㅁ
④ ㄱ, ㄹ, ㅁ, ㅂ
⑤ ㄴ, ㄹ, ㅁ, ㅂ

33 부동산등기법령상 '변경등기의 신청'에 관한 조문의 일부분이다. 괄호 안에 들어갈 내용으로 각각 옳은 것은?

> • 토지의 분할, 합병이 있는 경우와 제34조의 등기사항에 변경이 있는 경우에는 그 토지 소유권의 등기명의인은 그 사실이 있는 때부터 (ㄱ) 이내에 그 등기를 신청하여야 한다.
>
> • 건물의 분할, 구분, 합병이 있는 경우와 제40조의 등기사항에 변경이 있는 경우에는 그 건물 소유권의 등기명의인은 그 사실이 있는 때부터 (ㄴ) 이내에 그 등기를 신청하여야 한다.

① ㄱ : 30일, ㄴ : 30일
② ㄱ : 3개월, ㄴ : 3개월
③ ㄱ : 3개월, ㄴ : 1개월
④ ㄱ : 1개월, ㄴ : 3개월
⑤ ㄱ : 1개월, ㄴ : 1개월

34 부동산등기법령상 등기신청에 관한 설명으로 옳지 <u>않은</u> 것은?

① 법인의 합병에 따른 등기는 등기권리자가 단독으로 신청한다.
② 신탁재산에 속하는 부동산의 신탁등기는 수탁자가 단독으로 신청한다.
③ 수용으로 인한 소유권이전등기는 등기권리자가 단독으로 신청할 수 있다.
④ 채권자는 「민법」 제404조에 따라 채무자를 대위하여 등기를 신청할 수 있다.
⑤ 대표자가 있는 종중에 속하는 부동산의 등기는 대표자의 명의로 신청한다.

35 부동산등기법령상 '권리에 관한 등기'에 관한 설명으로 옳은 것은?

① 권리자가 2인 이상인 경우에는 권리자별 지분을 기록하여야 하고 등기할 권리가 총유(總有)인 때에는 그 뜻을 기록하여야 한다.
② 등기원인에 권리의 소멸에 관한 약정이 있을 경우 신청인은 그 약정에 관한 등기를 신청할 수 있다.
③ 등기관이 소유권 외의 권리에 대한 처분제한 등기를 할 때 등기상 이해관계 있는 제3자의 승낙이 없으면 부기로 할 수 없다.
④ 등기관이 환매특약의 등기를 할 때 매매비용은 기록하지 아니한다.
⑤ 등기관이 소유권보존등기를 할 때 등기원인과 그 연월일을 기록하여야 한다.

36 동산 · 채권 등의 담보에 관한 법령상 동산담보권에 관한 설명으로 옳은 것은?

① 동산담보권의 효력은 설정행위에 다른 약정이 있더라도 담보목적물에 부합된 물건과 종물(從物)에 미친다.

② 동산담보권은 피담보채권과 분리하여 타인에게 양도할 수 있다.

③ 담보권설정자가 담보목적물을 점유하는 경우에 경매절차는 압류에 의하여 개시한다.

④ 채무자의 변제를 원인으로 동산담보권의 실행을 중지함으로써 담보권자에게 손해가 발생하더라도 채무자가 그 손해를 배상하여야 하는 것은 아니다.

⑤ 담보권자는 자기의 채권을 변제받기 위하여 담보목적물의 경매를 청구할 수 없다.

37 도시 및 주거환경정비법령상 정비기반시설이 <u>아닌</u> 것은?

① 경찰서
② 공용주차장
③ 상수도
④ 하천
⑤ 지역난방시설

38 도시 및 주거환경정비법령상 정비구역의 해제사유에 해당하는 것은?

① 조합의 재건축사업의 경우, 토지등소유자가 정비구역으로 지정 · 고시된 날부터 1년이 되는 날까지 조합설립추진위원회의 승인을 신청하지 않은 경우

② 조합의 재건축사업의 경우, 토지등소유자가 정비구역으로 지정 · 고시된 날부터 2년이 되는 날까지 조합설립인가를 신청하지 않은 경우

③ 조합의 재건축사업의 경우, 조합설립추진위원회가 추진위원회 승인일부터 1년이 되는 날까지 조합 설립인가를 신청하지 않은 경우

④ 토지등소유자가 재개발사업을 시행하는 경우로서 토지등소유자가 정비구역으로 지정 · 고시된 날부터 5년이 되는 날까지 사업시행계획인가를 신청하지 않은 경우

⑤ 조합설립추진위원회가 구성된 구역에서 토지등소유자의 100분의 20이 정비구역의 해제를 요청한 경우

39 도시 및 주거환경정비법령상 조합설립추진위원회와 조합에 관한 설명으로 옳지 <u>않은</u> 것은?

① 조합설립추진위원회는 설계자의 선정 및 변경의 업무를 수행할 수 있다.

② 조합설립추진위원회는 추진위원회를 대표하는 추진위원장 1명과 감사를 두어야 한다.

③ 조합장이 자기를 위하여 조합과 계약이나 소송을 할 때에는 이사가 조합을 대표한다.

④ 정비사업전문관리업자의 선정 및 변경의 사항은 조합 총회의 의결을 거쳐야 한다.

⑤ 조합장이 아닌 조합임원은 조합의 대의원이 될 수 없다.

40 도시 및 주거환경정비법령상 조합이 정관의 기재사항을 변경하려고 할 때, 조합원 3분의 2 이상의 찬성을 받아야 하는 것을 모두 고른 것은? (단, 조례는 고려하지 않음)

> ㄱ. 조합의 명칭 및 사무소의 소재지
> ㄴ. 조합원의 자격
> ㄷ. 조합원의 제명 · 탈퇴 및 교체
> ㄹ. 정비사업비의 부담 시기 및 절차
> ㅁ. 조합의 비용부담 및 조합의 회계

① ㄱ, ㄴ, ㄷ

② ㄱ, ㄹ, ㅁ

③ ㄴ, ㄷ, ㄹ

④ ㄱ, ㄴ, ㄷ, ㅁ

⑤ ㄴ, ㄷ, ㄹ, ㅁ

제5과목 | 회계학

※ 아래의 문제들에서 특별한 언급이 없는 한 기업의 보고기간(회계기간)은 매년 1월 1일부터 12월 31일까지이다. 또한, 기업은 주권상장법인으로 계속해서 한국채택국제회계기준(K-IFRS)을 적용해오고 있다고 가정하고, 답지항 중에서 물음에 가장 합당한 답을 고르시오. 단, 자료에서 제시한 모든 항목과 금액은 중요하며, 자료에서 제시한 것 이외의 사항은 고려하지 않고 답한다. 예를 들어, 법인세에 대한 언급이 없으면 법인세 효과는 고려하지 않는다.

01 재무보고를 위한 개념체계 중 재무정보의 질적특성에 관한 설명으로 옳지 **않은** 것은?

① 유용한 재무정보의 질적특성은 그 밖의 방법으로 제공되는 재무정보뿐만 아니라 재무제표에서 제공되는 재무정보에도 적용된다.
② 중요성은 기업 특유 관점의 목적적합성을 의미하므로 회계기준위원회는 중요성에 대한 획일적인 계량 임계치를 정하거나 특정한 상황에서 무엇이 중요한 것인지를 미리 결정하여야 한다.
③ 재무정보의 예측가치와 확인가치는 상호 연관되어 있다. 예측가치를 갖는 정보는 확인가치도 갖는 경우가 많다.
④ 재무보고의 목적을 달성하기 위해 근본적 질적특성 간 절충('trade-off')이 필요할 수도 있다.
⑤ 근본적 질적특성을 충족하면 어느 정도의 비교가능성은 달성될 수 있다.

02 재무제표 표시에 관한 설명으로 옳은 것은?

① 비용을 성격별로 분류하는 경우에는 적어도 매출원가를 다른 비용과 분리하여 공시해야 한다.
② 기타포괄손익의 항목(재분류조정 포함)과 관련한 법인세비용 금액은 포괄손익계산서에 직접 표시해야 하며 주석을 통한 공시는 허용하지 않는다.
③ 유동자산과 비유동자산을 구분하여 표시하는 경우라면 이연법인세자산을 유동자산으로 분류할 수 있다.
④ 한국채택국제회계기준에서 별도로 허용하지 않는 한, 중요하지 않은 항목이라도 유사 항목과 통합하여 표시해서는 안 된다.
⑤ 경영진은 재무제표를 작성할 때 계속기업으로서의 존속가능성을 평가해야 한다.

03 (주)감평은 20x1년 1월 1일 미국에 있는 건물(취득원가 $5,000, 내용연수 5년, 잔존가치 $0, 정액법 상각)을 취득하였다. (주)감평은 건물에 대하여 재평가모형을 적용하고 있으며, 20x1년 12월 31일 현재 동 건물의 공정가치는 $6,000로 장부금액과의 차이는 중요하다. (주)감평의 기능통화는 원화이며, 20x1년 1월 1일과 20x1년 12월 31일의 환율은 각각 ₩1,800/$과 ₩1,500/$이고, 20x1년의 평균환율은 ₩1,650/$이다. (주)감평이 20x1년 말 재무상태표에 인식해야 할 건물에 대한 재평가잉여금은?

① ₩1,500,000
② ₩1,650,000
③ ₩1,800,000
④ ₩3,000,000
⑤ ₩3,300,000

04 (주)감평은 20x1년 4월 1일에 만기가 20x1년 7월 31일인 액면금액 ₩1,200,000의 어음을 거래처로부터 수취하였다. (주)감평은 동 어음을 20x1년 6월 30일 은행에서 할인하였으며, 할인율은 연 12%이다. 동 어음이 무이자부인 어음일 경우(A)와 연 9%의 이자부어음일 경우(B) 각각에 대해 어음할인 시 (주)감평이 금융상품(받을어음)처분손실로 인식할 금액은? (단, 어음할인은 금융상품의 제거요건을 충족시킨다고 가정하며, 이자는 월할계산한다)

	(A)	(B)
①	₩0	₩3,360
②	₩0	₩12,000
③	₩12,000	₩3,360
④	₩12,000	₩9,000
⑤	₩12,000	₩12,000

05 (주)감평은 20x1년 초 임대수익을 얻고자 건물(취득원가 ₩1,000,000, 내용연수 5년, 잔존가치 ₩100,000, 정액법 상각)을 취득하고, 이를 투자부동산으로 분류하였다. 한편, 부동산 경기의 불황으로 20x1년 말 동 건물의 공정가치는 ₩800,000으로 하락하였다. 동 건물에 대하여 공정가치모형을 적용할 경우에 비해 원가모형을 적용할 경우 (주)감평의 20x1년도 당기순이익은 얼마나 증가 혹은 감소하는가? (단, 동 건물은 투자부동산의 분류요건을 충족하며, (주)감평은 동 건물을 향후 5년 이내 매각할 생각이 없다)

① ₩20,000 증가
② ₩20,000 감소
③ ₩0
④ ₩180,000 증가
⑤ ₩180,000 감소

06 (주)감평은 20x1년 초 기계장치(취득원가 ₩1,600,000, 내용연수 4년, 잔존가치 ₩0, 정액법 상각)를 취득하였다. (주)감평은 기계장치에 대해 원가모형을 적용한다. 20x1년 말 동 기계장치에 손상징후가 존재하여 회수가능액을 결정하기 위해 다음과 같은 정보를 수집하였다.

- 20x1년 말 현재 기계장치를 처분할 경우, 처분금액은 ₩760,000이며 처분 관련 부대원가는 ₩70,000이 발생할 것으로 추정된다.
- (주)감평이 동 기계장치를 계속하여 사용할 경우, 20x2년 말부터 내용연수 종료시점까지 매년 말 ₩300,000의 순현금유입과, 내용연수 종료시점에 ₩20,000의 기계 철거 관련 지출이 발생할 것으로 예상된다.
- 현재가치 측정에 사용할 할인율은 연 12%이다.

기간	단일금액 ₩1의 현재가치 (할인율=12%)	정상연금 ₩1의 현재가치 (할인율=12%)
3	0.7118	2.4018

(주)감평이 20x1년 유형자산(기계장치) 손상차손으로 인식할 금액은? (단, 계산금액은 소수점 첫째 자리에서 반올림하며, 단수차이로 인한 오차가 있으면 가장 근사치를 선택한다)

① ₩465,194
② ₩470,000
③ ₩479,460
④ ₩493,696
⑤ ₩510,000

07 (주)감평은 20x1년 초 환경설비(취득원가 ₩5,000,000, 내용연수 5년, 잔존가치 ₩0, 정액법 상각)를 취득하였다. 동 환경설비는 관계법령에 의하여 내용연수가 종료되면 원상 복구해야 하며, 이러한 복구의무는 충당부채의 인식요건을 충족한다. (주)감평은 취득시점에 내용연수 종료 후 복구원가로 지출될 금액을 ₩200,000으로 추정하였으며, 현재가치계산에 사용될 적절한 할인율은 연 10%로 내용연수 종료시점까지 변동이 없을 것으로 예상하였다. 하지만 (주)감평은 20x2년 초 환경설비의 내용연수 종료 후 복구원가로 지출될 금액이 ₩200,000에서 ₩300,000으로 증가할 것으로 예상하였으며, 현재가치계산에 사용될 할인율도 연 10%에서 연 12%로 수정하였다. (주)감평이 환경설비와 관련된 비용을 자본화하지 않는다고 할 때, 동 환경설비와 관련하여 20x2년도 포괄손익계산서에 인식할 비용은? (단, (주)감평은 모든 유형자산에 대하여 원가모형을 적용하고 있으며, 계산금액은 소수점 첫째자리에서 반올림하고, 단수차이로 인한 오차가 있으면 가장 근사치를 선택한다)

기간	단일금액 ₩1의 현재가치 (할인율=10%)	단일금액 ₩1의 현재가치 (할인율=12%)
4	0.6830	0.6355
5	0.6209	0.5674

① ₩1,024,837
② ₩1,037,254
③ ₩1,038,350
④ ₩1,047,716
⑤ ₩1,061,227

08 토지의 취득원가에 포함해야 할 항목을 모두 고른 것은?

> ㄱ. 토지 중개수수료 및 취득세
> ㄴ. 직전 소유자의 체납재산세를 대납한 경우, 체납재산세
> ㄷ. 회사가 유지, 관리하는 상하수도 공사비
> ㄹ. 내용연수가 영구적이지 않은 배수공사비용 및 조경공사비용
> ㅁ. 토지의 개발이익에 대한 개발부담금

① ㄱ, ㄴ, ㄷ   ② ㄱ, ㄴ, ㅁ
③ ㄱ, ㄷ, ㄹ   ④ ㄱ, ㄷ, ㅁ
⑤ ㄴ, ㄹ, ㅁ

09 상품매매기업인 (주)감평은 계속기록법과 실지재고조사법을 병행하고 있다. (주)감평의 20x1년 기초재고는 ₩10,000(단가 ₩100)이고, 당기매입액은 ₩30,000(단가 ₩100), 20x1년 말 현재 장부상 재고수량은 70개이다. (주)감평이 보유하고 있는 재고자산은 진부화로 인해 단위당 순실현가능가치가 ₩80으로 하락하였다. (주)감평이 포괄손익계산서에 매출원가로 ₩36,000을 인식하였다면, (주)감평의 20x1년 말 현재 실제재고수량은? (단, 재고자산감모손실과 재고자산평가손실은 모두 매출원가에 포함한다)

① 40개   ② 50개
③ 65개   ④ 70개
⑤ 80개

10 (주)감평은 신약개발을 위해 20x1년 중에 연구활동관련 ₩500,000, 개발활동관련 ₩800,000을 지출하였다. 개발활동에 소요된 ₩800,000 중 ₩300,000은 20x1년 3월 1일부터 동년 9월 30일까지 지출되었으며 나머지 금액은 10월 1일 이후에 지출되었다. (주)감평의 개발활동이 무형자산 인식기준을 충족한 것은 20x1년 10월 1일부터이며, (주)감평은 20x2년 초부터 20x2년 말까지 ₩400,000을 추가 지출하고 신약개발을 완료하였다. 무형자산으로 인식한 개발비는 20x3년 1월 1일부터 사용이 가능하며, 내용연수 4년, 잔존가치 ₩0, 정액법으로 상각하고, 원가모형을 적용한다. (주)감평의 20x3년 개발비 상각액은?

① ₩225,000   ② ₩250,000
③ ₩300,000   ④ ₩325,000
⑤ ₩350,000

11   (주)감평은 20x1년 초 상각후원가(AC)로 측정하는 금융부채에 해당하는 회사채(액면금액 ₩1,000,000, 액면이자율 연 10%, 만기 3년, 매년 말 이자지급)를 발행하였다. 회사채 발행시점의 시장이자율은 연 12%이나 유효이자율은 연 13%이다. (주)감평이 동 회사채 발행과 관련하여 직접적으로 부담한 거래원가는? (단, 계산금액은 소수점 첫째 자리에서 반올림하며, 단수차이로 인한 오차가 있으면 가장 근사치를 선택한다)

기간	단일금액 ₩1의 현재가치			정상연금 ₩1의 현재가치		
	10%	12%	13%	10%	12%	13%
3	0.7513	0.7118	0.6931	2.4868	2.4018	2.3612

① ₩22,760

② ₩30,180

③ ₩48,020

④ ₩52,130

⑤ ₩70,780

12   (주)감평은 확정급여제도를 채택하고 있으며, 20x1년 초 순확정급여부채는 ₩20,000이다. (주)감평의 20x1년도 확정급여제도와 관련된 자료는 다음과 같다.

- 순확정급여부채(자산) 계산시 적용한 할인율은 연 6%이다.
- 20x1년도 당기근무원가는 ₩85,000이고, 20x1년 말 퇴직종업원에게 ₩38,000의 현금이 사외적립자산에서 지급되었다.
- 20x1년 말 사외적립자산에 ₩60,000을 현금으로 출연하였다.
- 20x1년에 발생한 확정급여채무의 재측정요소(손실)는 ₩5,000이고, 사외적립자산의 재측정요소(이익)는 ₩2,200이다.

(주)감평이 20x1년 말 재무상태표에 순확정급여부채로 인식할 금액과 20x1년도 포괄손익계산서상 당기손익으로 인식할 퇴직급여 관련 비용은?

	순확정급여부채	퇴직급여 관련 비용
①	₩11,000	₩85,000
②	₩11,000	₩86,200
③	₩43,400	₩86,200
④	₩49,000	₩85,000
⑤	₩49,000	₩86,200

13 (주)감평은 20x1년 초 부여일로부터 3년의 용역제공을 조건으로 직원 50명에게 각각 주식선택권 10개를 부여하였으며, 부여일 현재 주식선택권의 단위당 공정가치는 ₩1,000으로 추정되었다. 주식선택권 1개로는 1주의 주식을 부여받을 수 있는 권리를 가득일로부터 3년간 행사가 가능하며, 총 35명의 종업원이 주식선택권을 가득하였다. 20x4년 초 주식선택권을 가득한 종업원 중 60%가 본인의 주식선택권 전량을 행사하였다면, (주)감평의 주식발행초과금은 얼마나 증가하는가? (단, (주)감평 주식의 주당 액면금액은 ₩5,000이고, 주식선택권의 개당 행사가격은 ₩7,000이다)

① ₩630,000

② ₩1,050,000

③ ₩1,230,000

④ ₩1,470,000

⑤ ₩1,680,000

14 (주)감평은 20x1년 1월 1일 제품을 판매하기로 (주)한국과 계약을 체결하였다. 동 제품에 대한 통제는 20x2년 말에 (주)한국으로 이전된다. 계약에 의하면 (주)한국은 ㉠ 계약을 체결할 때 ₩100,000을 지급하거나 ㉡ 제품을 통제하는 20x2년 말에 ₩125,440을 지급하는 방법 중 하나를 선택할 수 있다. 이 중 (주)한국은 ㉠을 선택함으로써 계약체결일에 현금 ₩100,000을 (주)감평에게 지급하였다. ㈜감평은 자산이전시점과 고객의 지급시점 사이의 기간을 고려하여 유의적인 금융요소가 포함되어 있다고 판단하고 있으며, (주)한국과 별도 금융거래를 한다면 사용하게 될 증분차입이자율 연 10%를 적절한 할인율로 판단한다. 동 거래와 관련하여 (주)감평이 20x1년 말 재무상태표에 계상할 계약부채의 장부금액(A)과 20x2년도 포괄손익계산서에 인식할 매출수익(B)은?

	(A)	(B)
①	₩100,000	₩100,000
②	₩110,000	₩121,000
③	₩110,000	₩125,440
④	₩112,000	₩121,000
⑤	₩112,000	₩125,440

15 (주)감평의 20x1년 말 예상되는 자산과 부채는 각각 ₩100,000과 ₩80,000으로 부채비율(총부채÷주주지분) 400%가 예상된다. (주)감평은 부채비율을 낮추기 위해 다음 대안들을 검토하고 있다. 다음 설명 중 옳지 않은 것은? (단, (주)감평은 모든 유형자산에 대하여 재평가모형을 적용하고 있다)

- 대안Ⅰ : 토지A 처분(장부금액 ₩30,000, 토지재평가잉여금 ₩1,000, 처분손실 ₩5,000 예상) 후 처분대금으로 차입금 상환
- 대안Ⅱ : 유상증자(₩25,000) 후 증자금액으로 차입금 상환
- 대안Ⅲ : 토지B에 대한 재평가 실시(재평가이익 ₩25,000 예상)

① 토지A 처분대금으로 차입금을 상환하더라도 부채비율은 오히려 증가한다.
② 토지A를 처분만 하고 차입금을 상환하지 않으면 부채비율은 오히려 증가한다.
③ 유상증자 대금으로 차입금을 상환하면 부채비율은 감소한다.
④ 유상증자만 하고 차입금을 상환하지 않더라도 부채비율은 감소한다.
⑤ 토지B에 대한 재평가를 실시하면 부채비율은 감소한다.

16 (주)감평은 20x1년 초 액면가 ₩5,000인 보통주 200주를 주당 ₩15,000에 발행하여 설립되었다. 다음은 (주)감평의 20x1년 중 자본거래이다.

- 20x1년 10월 1일 주가 안정을 위해 보통주 100주를 주당 ₩10,000에 취득
- 20x1년 당기순이익 ₩1,000,000

경영진은 20x2년 초 부채비율(총부채÷주주지분) 200%를 160%로 낮추기 위한 방안을 실행하였다. 20x2년 초 실행된 방안으로 옳은 것은?

① 자기주식 50주를 소각
② 자기주식 50주를 주당 ₩15,000에 처분
③ 보통주 50주를 주당 ₩10,000에 유상증자
④ 이익잉여금 ₩750,000을 재원으로 주식배당
⑤ 주식발행초과금 ₩750,000을 재원으로 무상증자

17 (주)감평은 20x1년 초 지방자치단체로부터 무이자조건의 자금 ₩100,000을 차입(20x4년 말 전액 일시 상환)하여 기계장치(취득원가 ₩100,000, 내용연수 4년, 잔존가치 ₩0, 정액법 상각)를 취득하는 데 전부 사용하였다. 20x1년 말 기계장치 장부금액은? (단, (주)감평이 20x1년 초 금전대차 거래에서 부담할 시장이자율은 연 8%이고, 정부보조금을 자산의 취득원가에서 차감하는 원가(자산)차감법을 사용한다)

기간	단일금액 ₩1의 현재가치 (할인율＝8%)
4	0.7350

① ₩48,500
② ₩54,380
③ ₩55,125
④ ₩75,000
⑤ ₩81,625

18 (주)감평은 20x1년 초 기계장치(취득원가 ₩1,000,000, 내용연수 5년, 잔존가치 ₩0, 정액법 상각)를 취득하여 원가모형을 적용하고 있다. 20x2년 초 (주)감평은 동 기계장치에 대해 자산인식기준을 충족하는 후속원가 ₩325,000을 지출하였다. 이로 인해 내용연수가 2년 연장(20x2년 초 기준 잔존내용연수 6년)되고 잔존가치는 ₩75,000 증가할 것으로 추정하였으며, 감가상각방법은 이중체감법(상각률은 정액법 상각률의 2배)으로 변경하였다. (주)감평은 동 기계장치를 20x3년 초 현금을 받고 처분하였으며, 처분이익은 ₩10,000이다. 기계장치 처분 시 수취한 현금은?

① ₩610,000
② ₩628,750
③ ₩676,667
④ ₩760,000
⑤ ₩785,000

19 (주)감평은 20x1년 1월 1일 (주)한국리스로부터 기계장치(기초자산)를 리스하는 계약을 체결하였다. 계약상 리스기간은 20x1년 1월 1일부터 4년, 내재이자율은 연 10%, 고정리스료는 매년 말 일정금액을 지급한다. (주)한국리스의 기계장치 취득금액은 ₩1,000,000으로 리스개시일의 공정가치이다. (주)감평은 리스개설과 관련하여 법률비용 ₩75,000을 지급하였으며, 리스기간 종료시점에 (주)감평은 매수선택권을 ₩400,000에 행사할 것이 리스약정일 현재 상당히 확실하다. 리스거래와 관련하여 (주)감평이 매년 말 지급해야 할 고정리스료는? (단, 계산금액은 소수점 첫째 자리에서 반올림하고, 단수차이로 인한 오차가 있으면 가장 근사치를 선택한다)

기간	단일금액 ₩1의 현재가치 (할인율=10%)	정상연금 ₩1의 현재가치 (할인율=10%)
4	0.6830	3.1699
5	0.6209	3.7908

① ₩198,280
② ₩200,000
③ ₩208,437
④ ₩229,282
⑤ ₩250,000

20 다음은 (주)감평의 수익 관련 자료이다.

- (주)감평은 20x1년 초 (주)한국에게 원가 ₩50,000의 상품을 판매하고 대금은 매년 말 ₩40,000씩 총 3회에 걸쳐 현금을 수취하기로 하였다.
- (주)감평은 20x1년 12월 1일 (주)대한에게 원가 ₩50,000의 상품을 ₩120,000에 현금 판매하였다. 판매계약에는 20x2년 1월 31일 이전에 (주)대한이 요구할 경우 (주)감평이 판매한 제품을 ₩125,000에 재매입해야 하는 풋옵션이 포함된다. 20x1년 12월 1일에 (주)감평은 재매입일 기준 제품의 예상 시장가치는 ₩125,000 미만이며, 풋옵션이 행사될 유인은 유의적일 것으로 판단하였으나, 20x2년 1월 31일까지 풋옵션은 행사되지 않은 채 소멸하였다.

(주)감평이 20x2년에 인식해야 할 총수익은? (단, 20x1년 초 (주)한국의 신용특성을 반영한 이자율은 5%이고, 계산금액은 소수점 첫째 자리에서 반올림하며, 단수차이로 인한 오차가 있으면 가장 근사치를 선택한다)

기간	단일금액 ₩1의 현재가치 (할인율=5%)	정상연금 ₩1의 현재가치 (할인율=5%)
3	0.8638	2.7232

① ₩0
② ₩120,000
③ ₩125,000
④ ₩128,719
⑤ ₩130,718

21 (주)감평의 20x1년도 현금흐름표상 영업에서 창출된 현금(영업으로부터 창출된 현금)은 ₩100,000이다. 다음 자료를 이용하여 계산한 (주)감평의 20x1년 법인세비용차감전순이익 및 영업활동순현금흐름은? (단, 이자지급 및 법인세 납부는 영업활동으로 분류한다)

매출채권손상차손	₩500	매출채권(순액) 증가	₩4,800
감가상각비	1,500	재고자산(순액) 감소	2,500
이자비용	2,700	매입채무 증가	3,500
사채상환이익	700	미지급이자 증가	1,000
법인세비용	4,000	미지급법인세 감소	2,000

	법인세비용차감전순이익	영업활동순현금흐름
①	₩94,800	₩92,300
②	₩95,300	₩92,300
③	₩96,800	₩95,700
④	₩97,300	₩95,700
⑤	₩98,000	₩107,700

22 다음은 20x1년 초 설립한 (주)감평의 법인세 관련 자료이다.

- 20x1년 세무조정사항
  - 감가상각비한도초과액 : ₩125,000
  - 접대비한도초과액 : 60,000
  - 정기예금 미수이자 : 25,000
- 20x1년 법인세비용차감전순이익 : ₩490,000
- 연도별 법인세율은 20%로 일정하다.
- 이연법인세자산(부채)의 실현가능성은 거의 확실하다.

20x1년 법인세비용은?

① ₩85,000
② ₩98,000
③ ₩105,000
④ ₩110,000
⑤ ₩122,000

23 20x1년 1월 1일 설립한 (주)감평의 20x1년 보통주(주당 액면금액 ₩5,000) 변동현황은 다음과 같다.

구분	내용	보통주 증감
1월 1일	유통보통주식수	10,000주 증가
4월 1일	무상증자	2,000주 증가
7월 1일	유상증자	1,800주 증가
10월 1일	자기주식 취득	1,800주 감소

20x1년 7월 1일 주당 ₩5,000에 유상증자가 이루어졌으며, 유상증자 직전 주당공정가치는 ₩18,000이다. 20x1년 기본주당순이익이 ₩900일 때, 당기순이익은? (단, 우선주는 없고, 가중평균유통보통주식수는 월할계산한다)

① ₩10,755,000

② ₩10,800,000

③ ₩11,205,000

④ ₩11,766,600

⑤ ₩12,273,750

24 (주)감평은 (주)한국과 다음과 같은 기계장치를 상호 교환하였다.

구분	(주)감평	(주)한국
취득원가	₩800,000	₩600,000
감가상각누계액	340,000	100,000
공정가치	450,000	480,000

교환과정에서 (주)감평은 (주)한국에게 현금을 지급하고, 기계장치 취득원가 ₩470,000, 처분손실 ₩10,000을 인식하였다. 교환과정에서 (주)감평이 지급한 현금은? (단, 교환거래에 상업적 실질이 있고 각 기계장치의 공정가치는 신뢰성 있게 측정된다)

① ₩10,000

② ₩20,000

③ ₩30,000

④ ₩40,000

⑤ ₩50,000

25 다음은 (주)감평이 20x1년 1월 1일 액면발행한 전환사채와 관련된 자료이다.

- 액면금액 : ₩100,000
- 20x1년 1월 1일 전환권조정 : ₩11,414
- 20x1년 12월 31일 전환권조정 상각액 : ₩3,087
- 전환가격 : ₩1,000(보통주 주당 액면금액 ₩500)
- 상환할증금 : 만기에 액면금액의 105.348%

20x2년 1월 1일 전환사채 액면금액의 60%에 해당하는 전환사채가 보통주로 전환될 때, 증가하는 주식발행초과금은? (단, 전환사채 발행시점에서 인식한 자본요소(전환권대가) 중 전환된 부분은 주식발행초과금으로 대체하며, 계산금액은 소수점 첫째 자리에서 반올림하며, 단수차이로 인한 오차가 있으면 가장 근사치를 선택한다)

① ₩25,853
② ₩28,213
③ ₩28,644
④ ₩31,853
⑤ ₩36,849

26 다음은 20x1년 설립된 (주)감평의 재고자산(상품) 관련 자료이다.

- 당기매입액 : ₩2,000,000
- 취득원가로 파악한 장부상 기말재고액 : ₩250,000

기말상품	실지재고	단위당 원가	단위당 순실현가능가치
A	800개	₩100	₩120
B	250개	180	150
C	400개	250	200

(주)감평의 20x1년 재고자산감모손실은? (단, 재고자산평가손실과 재고자산감모손실은 매출원가에 포함한다)

① ₩0
② ₩9,000
③ ₩25,000
④ ₩27,500
⑤ ₩52,500

27 (주)감평은 20x1년 1월 1일 기계장치(내용연수 5년, 잔존가치 ₩0, 정액법 상각)를 ₩1,000,000에 취득하여 사용개시 하였다. (주)감평은 동 기계장치에 재평가모형을 적용하며 20x2년 말 손상차손 ₩12,500을 인식하였다. 다음은 기계장치에 대한 재평가 및 손상 관련 자료이다.

구분	공정가치	순공정가치	사용가치
20x1년 말	₩850,000	₩800,000	₩900,000
20x2년 말	₩610,000	₩568,000	?

20x2년 말 기계장치의 사용가치는?

① ₩522,500

② ₩550,000

③ ₩568,000

④ ₩575,000

⑤ ₩597,500

28 상품매매기업인 (주)감평은 20x1년 초 건물(취득원가 ₩10,000,000, 내용연수 10년, 잔존가치 ₩0, 정액법 상각)을 취득하면서 다음과 같은 조건의 공채를 액면금액으로 부수 취득하였다.

- 액면금액 : ₩2,000,000
- 발행일 : 20x1년 1월 1일, 만기 3년
- 액면이자율 : 연 4%(매년 말 이자지급)
- 유효이자율 : 연 8%

(주)감평이 동 채권을 상각후원가 측정(AC) 금융자산으로 분류할 경우, 건물과 상각후원가 측정(AC) 금융자산 관련 거래가 20x1년 당기순이익에 미치는 영향은? (단, 건물에 대해 원가모형을 적용하고, 계산금액은 소수점 첫째 자리에서 반올림하며, 단수차이로 인한 오차가 있으면 가장 근사치를 선택한다)

기간	단일금액 ₩1의 현재가치		정상연금 ₩1의 현재가치	
	4%	8%	4%	8%
3	0.8890	0.7938	2.7751	2.5771

① ₩143,501 증가

② ₩856,499 감소

③ ₩877,122 감소

④ ₩920,000 감소

⑤ ₩940,623 감소

29 상품매매기업인 (주)감평은 20x0년 말 취득한 건물(취득원가 ₩2,400,000, 내용연수 10년, 잔존가치 ₩0, 정액법 상각)을 유형자산으로 분류하여 즉시 사용개시 하고, 동 건물에 대해 재평가모형을 적용하기로 하였다. 20x1년 10월 1일 (주)감평은 동 건물을 투자부동산으로 계정 대체하고 공정가치모형을 적용하기로 하였다. 시점별 건물의 공정가치는 다음과 같다.

20x0년 말	20x1년 10월 1일	20x1년 말
₩2,400,000	₩2,300,000	₩2,050,000

동 건물 관련 회계처리가 20x1년 당기순이익과 기타포괄이익에 미치는 영향은 각각 얼마인가? (단, 재평가잉여금은 이익잉여금으로 대체하지 않으며, 감가상각은 월할계산한다)

	당기순이익	기타포괄이익
①	₩180,000 감소	₩80,000 증가
②	₩180,000 감소	₩350,000 증가
③	₩430,000 감소	₩80,000 증가
④	₩430,000 감소	₩350,000 증가
⑤	₩430,000 감소	₩430,000 감소

30 20x1년 1월 1일 (주)감평은 (주)한국이 동 일자에 발행한 사채(액면금액 ₩1,000,000, 액면이자율 연 4%, 이자는 매년 말 지급)를 ₩896,884에 취득하였다. 취득 당시 유효이자율은 연 8%이다. 20x1년 말 동 사채의 이자수취 후 공정가치는 ₩925,000이며, 20x2년 초 ₩940,000에 처분하였다. (주)감평의 동 사채 관련 회계처리에 관한 설명으로 옳지 않은 것은? (단, 계산금액은 소수점 첫째 자리에서 반올림하며, 단수차이로 인한 오차가 있으면 가장 근사치를 선택한다)

① 당기손익−공정가치(FVPL) 측정 금융자산으로 분류하였을 경우, 20x1년 당기순이익은 ₩68,116 증가한다.

② 상각후원가(AC) 측정 금융자산으로 분류하였을 경우, 20x1년 당기순이익은 ₩71,751 증가한다.

③ 기타포괄손익−공정가치(FVOCI) 측정 금융자산으로 분류하였을 경우, 20x1년 당기순이익은 ₩71,751 증가한다.

④ 상각후원가(AC) 측정 금융자산으로 분류하였을 경우, 20x2년 당기순이익은 ₩11,365 증가한다.

⑤ 기타포괄손익−공정가치(FVOCI) 측정 금융자산으로 분류하였을 경우, 20x2년 당기순이익은 ₩15,000 증가한다.

31 (주)감평의 20x1년 기초 및 기말 재고자산은 다음과 같다.

구분	기초	기말
직접재료	₩10,000	₩15,000
재공품	40,000	50,000
제품	40,000	55,000

(주)감평은 20x1년 중 직접재료 ₩35,000을 매입하였고, 직접노무원가 ₩45,000을 지급하였으며, 제조간접원가 ₩40,000이 발생하였다. (주)감평의 20x1년 당기제품제조원가는? (단, 20x1년 초 직접노무원가 선급금액은 ₩15,000이고 20x1년 말 직접노무원가 미지급금액은 ₩20,000이다)

① ₩110,000

② ₩120,000

③ ₩125,000

④ ₩140,000

⑤ ₩150,000

32 (주)감평은 두 개의 제조부문(P1, P2)과 두 개의 보조부문(S1, S2)을 두고 있다. 각 부문간의 용역수수 관계는 다음과 같다.

사용부문 제공부문	보조부문		제조부문	
	S1	S2	P1	P2
S1	–	50%	20%	?
S2	20%	–	?	?
부문발생원가	₩270,000	₩450,000	₩250,000	₩280,000

(주)감평은 보조부문의 원가를 상호배분법으로 배분하고 있다. 보조부문의 원가를 배분한 후의 제조부문 P1의 총원가가 ₩590,000이라면, 보조부문 S2가 제조부문 P1에 제공한 용역제공비율은?

① 20%

② 25%

③ 30%

④ 35%

⑤ 40%

33 (주)감평은 단일공정을 통해 단일제품을 생산하고 있으며, 선입선출법에 의한 종합원가계산을 적용하고 있다. 직접재료는 공정 초에 전량 투입되고, 가공원가는 공정 전반에 걸쳐 균등하게 발생한다. (주)감평의 20x1년 기초재공품은 10,000단위(가공원가 완성도 40%), 당기착수량은 30,000단위, 기말재공품은 8,000단위(가공원가 완성도 50%)이다. 기초재공품의 직접재료원가는 ₩170,000이고, 가공원가는 ₩72,000이며, 당기투입된 직접재료원가와 가공원가는 각각 ₩450,000과 ₩576,000이다. 다음 설명 중 옳은 것은? (단, 공손 및 감손은 발생하지 않는다)

① 기말재공품원가는 ₩192,000이다.
② 가공원가의 완성품환산량은 28,000단위이다.
③ 완성품원가는 ₩834,000이다.
④ 직접재료원가의 완성품환산량은 22,000단위이다.
⑤ 직접재료원가와 가공원가에 대한 완성품환산량 단위당원가는 각각 ₩20.7과 ₩20.3이다.

34 (주)감평은 동일한 원재료를 결합공정에 투입하여 세 종류의 결합제품 A, B, C를 생산·판매하고 있다. 결합제품 A, B, C는 분리점에서 판매될 수 있으며, 추가가공을 거친 후 판매될 수도 있다. (주)감평의 20x1년 결합제품에 관한 자료는 다음과 같다.

제품	생산량	분리점에서의 단위당 판매가격	추가가공원가	추가가공 후 단위당 판매가격
A	400단위	₩120	₩150,000	₩450
B	450단위	150	80,000	380
C	250단위	380	70,000	640

결합제품 A, B, C의 추가가공 여부에 관한 설명으로 옳은 것을 모두 고른 것은? (단, 기초 및 기말 재고자산은 없으며, 생산된 제품은 모두 판매된다)

> ㄱ. 결합제품 A, B, C를 추가가공 하는 경우, 단위당 판매가격이 높아지기 때문에 모든 제품을 추가가공 해야 한다.
> ㄴ. 제품 A는 추가가공을 하는 경우, 증분수익은 ₩132,000이고 증분비용은 ₩150,000이므로 분리점에서 즉시 판매하는 것이 유리하다.
> ㄷ. 제품 B는 추가가공을 하는 경우, 증분이익이 ₩23,500이므로 추가가공을 거친 후에 판매해야 한다.
> ㄹ. 제품 C는 추가가공을 하는 경우, 증분수익 ₩65,000이 발생하므로 추가가공을 해야 한다.
> ㅁ. 결합제품에 대한 추가가공 여부를 판단하는 경우, 분리점까지 발생한 결합원가를 반드시 고려해야 한다.

① ㄱ, ㄴ
② ㄴ, ㄷ
③ ㄱ, ㄴ, ㄷ
④ ㄴ, ㄷ, ㄹ
⑤ ㄷ, ㄹ, ㅁ

35 (주)감평은 표준원가계산제도를 채택하고 있다. 20x1년 직접노무원가와 관련된 자료가 다음과 같을 경우, 20x1년 실제 직접노무시간은?

실제생산량	25,000단위
직접노무원가 실제임률	시간당 ₩10
직접노무원가 표준임률	시간당 ₩12
표준 직접노무시간	단위당 2시간
직접노무원가 임률차이	₩110,000(유리)
직접노무원가 능률차이	₩60,000(불리)

① 42,500시간
② 45,000시간
③ 50,000시간
④ 52,500시간
⑤ 55,000시간

36 (주)감평의 전부원가계산에 의한 영업이익은 ₩374,000이고, 변동원가계산에 의한 영업이익은 ₩352,000이며, 전부원가계산에 의한 기말제품재고액은 ₩78,000이다. 전부원가계산에 의한 기초제품재고액이 변동원가계산에 의한 기초제품재고액보다 ₩20,000이 많은 경우, 변동원가계산에 의한 기말제품재고액은? (단, 기초 및 기말 재공품은 없으며, 물량 및 원가흐름은 선입선출법을 가정한다)

① ₩36,000
② ₩42,000
③ ₩56,000
④ ₩58,000
⑤ ₩100,000

37 (주)감평은 단일 제품 A를 생산·판매하고 있다. 제품 A의 단위당 판매가격은 ₩2,000, 단위당 변동비는 ₩1,400, 총고정비는 ₩90,000이다. (주)감평이 세후목표이익 ₩42,000을 달성하기 위한 매출액과, 이 경우의 안전한계는? (단, 법인세율은 30%이다)

	매출액	안전한계
①	₩300,000	₩100,000
②	₩440,000	₩140,000
③	₩440,000	₩200,000
④	₩500,000	₩140,000
⑤	₩500,000	₩200,000

38 (주)감평의 20x1년 4월 초 현금잔액은 ₩450,000이며, 3월과 4월의 매입과 매출은 다음과 같다.

구분	매입액	매출액
3월	₩600,000	₩800,000
4월	500,000	700,000

매출은 모두 외상으로 이루어지며, 매출채권은 판매한 달에 80%, 그 다음 달에 20%가 현금으로 회수된다. 모든 매입 역시 외상으로 이루어지고, 매입채무는 매입액의 60%를 구입한 달에, 나머지 40%는 그 다음 달에 현금으로 지급한다. (주)감평은 모든 비용을 발생하는 즉시 현금으로 지급하고 있으며, 4월 중에 급여 ₩20,000, 임차료 ₩10,000, 감가상각비 ₩15,000이 발생하였다. (주)감평의 4월 말 현금잔액은?

① ₩540,000
② ₩585,000
③ ₩600,000
④ ₩630,000
⑤ ₩720,000

39 (주)감평은 최근 신제품을 개발하여 최초 10단위의 제품을 생산하는데 총 150시간의 노무시간을 소요하였으며, 직접노무시간당 ₩1,200의 직접노무원가가 발생하였다. (주)감평은 해당 신제품 생산의 경우, 90%의 누적평균시간 학습곡선모형이 적용될 것으로 예상하고 있다. 최초 10단위 생산 후, 추가로 30단위를 생산하는 데 발생할 것으로 예상되는 직접노무원가는?

① ₩180,000
② ₩259,200
③ ₩324,000
④ ₩403,200
⑤ ₩583,200

40 레저용 요트를 전문적으로 생산 · 판매하고 있는 (주)감평은 매년 해당 요트의 주요 부품인 자동제어센서 2,000단위를 자가제조하고 있으며, 관련 원가자료는 다음과 같다.

구분	총원가	단위당원가
직접재료원가	₩700,000	₩350
직접노무원가	500,000	250
변동제조간접원가	300,000	150
고정제조간접원가	800,000	400
합계	₩2,300,000	₩1,150

(주)감평은 최근 외부업체로부터 자동제어센서 2,000단위 전량을 단위당 ₩900에 공급하겠다는 제안을 받았다. (주)감평이 동 제안을 수락할 경우, 기존설비를 임대하여 연간 ₩200,000의 수익을 창출할 수 있으며, 고정제조간접원가의 20%를 회피할 수 있다. (주)감평이 외부업체로부터 해당 부품을 공급받을 경우, 연간 영업이익에 미치는 영향은?

① ₩0
② ₩60,000 감소
③ ₩60,000 증가
④ ₩140,000 감소
⑤ ₩140,000 증가

모든 일에 있어서, 시간이 부족하지 않을까를 걱정하지 말고,
다만 내가 마음을 바쳐 최선을 다할 수 있을지, 그것을 걱정하라.

- 정조 -

시대에듀 감정평가사

감정평가사 기출이 충실히 반영된 기본서!

1차 기본서 라인업

감정평가사 1차

민법 기본서

감정평가사 1차

경제학원론 기본서

감정평가사 1차

부동산학원론 기본서

감정평가사 1차

감정평가관계법규 기본서

감정평가사 1차

회계학 기본서

1·2차 기본서

단기합격을 위한 최적의 기본서 시리즈!

2차 기본서 라인업

감정평가사 2차

감정평가이론

감정평가사 2차

감정평가실무

감정평가사 2차

감정평가 및 보상법규

※ 도서의 이미지 및 세부사항은 변경될 수 있습니다.

시대에듀
감정평가사 1차 대비 시리즈

감정평가사 1차 종합서

감정평가사 1차 한권으로 끝내기

핵심이론 + 단원별 기출문제로 이루어진
단기합격을 위한 종합서(3권 세트)

❶권 민법 / 부동산학원론
❷권 경제학원론 / 회계학
❸권 감정평가관계법규 / 최신기출문제(제35회)

감정평가사 1차 기출문제집 시리즈

감정평가사 1차 전과목 5개년 기출문제집

▸ 전과목 기출문제를 한번에 풀어보는 실전 대비용
▸ 2024~2020년도 1차 전과목을 담은 기출문제집
▸ 민법 / 경제학원론 / 부동산학원론 / 감정평가관계법규 / 회계학

감정평가사 1차
과목별 기출문제집(+최종모의고사)

▸ 2024년 포함 과목별 기출문제(2024~2016년) 수록
▸ 취약한 과목을 집중 공략
▸ 적중률 높은 최종모의고사 수록
▸ 민법 / 경제학원론 / 부동산학원론 /
   감정평가관계법규 / 회계학

감정
평가사1차

전과목 5개년 기출문제집

감정
평가사 1차

전과목 5개년 기출문제집

감정평가사 1차

2025 최신개정판

민법 │ 경제학원론 │ 부동산학원론 │
감정평가관계법규 │ 회계학

편저 │ 박기인 · 황사빈 · 정유현 · 윤효묵 · 구갑성 · 유준수

전과목 5개년 기출문제집

+ 최신기출 무료특강

정답 및 해설

시대에듀

잘라 쓰는

정답 한눈에 보기 & OCR 답안지

 정답 한눈에 보기

※ 절취선을 따라 잘라서 사용하세요.
※ 회차별 문제를 확인하여 빠르게 채점한 후 해설을 확인해보세요.

OCR 답안지 사용안내

※ 절취선을 따라 잘라서 사용하세요.
※ 도서에 있는 OCR 답안지가 부족할 경우 시대교육 홈페이지의 도서업데이트 카테고리에서 OCR 답안지 PDF를 다운받아 출력해서 사용하실 수 있습니다.

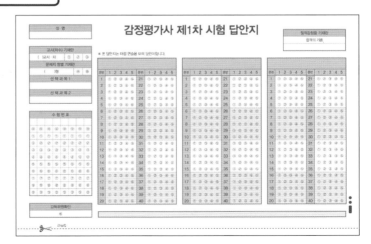

※ 잘라서 정답을 마킹하고 채점하세요.

최신기출

2024년 제35회
정답 및 해설

제1교시	민법 / 경제학원론 / 부동산학원론
제2교시	감정평가관계법규 / 회계학

제1과목 | 민법

01	02	03	04	05	06	07	08	09	10
④	④	⑤	①	③	③	②	②	④	⑤
11	12	13	14	15	16	17	18	19	20
⑤	④	④	⑤	②	①	③	②	①	①
21	22	23	24	25	26	27	28	29	30
④	②	③	②	①	②	③	②	②	⑤
31	32	33	34	35	36	37	38	39	40
④	⑤	③	②	③	①	①	②	②	①

총평

민법은 작년 시험에 비해 다소 난이도가 상승하였다고 볼 수 있다. 기존에 출제되지 않았던 지엽적인 부분에서 출제되거나, 판례 문제 중에서도 최신 판례가 출제된 문제가 있었다. 작년에 비해 판례 문제의 비중이 높아지면서, 총론과 물권법의 중요 판례에 대한 정리는 필수적이라 할 수 있다. 기출 문제를 반복적으로 풀어보면서 판례 출제 문제를 정리해보는 것이 실력 향상에 도움이 될 것이다. 법과목 특성상 기본서에 수록된 판례는 관련 이론과 함께 전부 숙지해야 하고 법조문을 묻는 지문도 많으므로 평소 법조문 학습 역시 소홀히 해서는 안 될 것이다.

01 ★☆☆　　　　　　　　　　답 ④

정답 해설

④ 관습법이란 사회의 거듭된 관행으로 생성한 사회생활규범이 사회의 법적 확신과 인식에 의하여 법적 규범으로 승인·강행되기에 이르는 것을 말하고, 관습법은 바로 법원으로서 법령과 같은 효력을 갖는 관습으로 '법령에 저촉되지 않는 한' 법칙으로서의 효력이 있다[80다3231].

오답 해설

① 헌법재판소의 결정은 법원 기타 국가기관과 지방자치단체를 기속하므로(헌재법 제47조, 제67조, 제75조), 그 결정내용이 민사에 관한 것인 한 민법의 법원으로 된다.

② 사실인 관습은 사적 자치가 인정되는 분야 즉 그 분야의 제정법이 주로 임의규정일 경우에는 법률행위의 해석기준으로서 또는 의사를 보충하는 기능으로서 이를 재판의 자료로할 수 있을 것이나 이 이외의 즉 그 분야의 제정법이 주로 강행규정일 경우에는 그 강행규정 자체에 결함이 있거나 강행규정 스스로가 관습에 따르도록 위임한 경우 등 이외에는 법적 효력을 부여할 수 없다[80다3231].

③ 공동선조의 후손 중 성년 남자만을 종중의 구성원으로 하고 여성은 종중의 구성원이 될 수 없다는 종래의 관습은, 공동선조의 분묘수호와 봉제사 등 종중의 활동에 참여할 기회를 출생에서 비롯되는 성별만에 의하여 생래적으로 부여하거나 원천적으로 박탈하는 것으로서, 위와 같이 변화된 우리의 전체 법질서에 부합하지 아니하여 정당성과 합리성이 있다고 할 수 없으므로, 종중 구성원의 자격을 성년 남자만으로 제한하는 종래의 관습법은 이제 더 이상 법적 효력을 가질 수 없게 되었다[2002다1178 전합].

⑤ 80다3231

02 ★★☆　　　　　　　　　　답 ④

정답 해설

④ 이른바 사정변경으로 인한 계약해제는, 계약성립 당시 당사자가 예견할 수 없었던 현저한 사정의 변경이 발생하였고 그러한 사정의 변경이 해제권을 취득하는 당사자에게 책임 없는 사유로 생긴 것으로서, 계약내용대로의 구속력을 인정한다면 신의칙에 현저히 반하는 결과가 생기는 경우에 계약 준수 원칙의 예외로서 인정되는 것이고, 여기에서 말하는 사정이라 함은 계약의 기초가 되었던 객관적인 사정으로서, 일방당사자의 주관적 또는 개인적인 사정을 의미하는 것은 아니다. 또한, 계약의 성립에 기초가 되지 아니한 사정이 그 후 변경되어 일방당사자가 계약 당시 의도한 계약목적을 달성할 수 없게 됨으로써 손해를 입게 되었다 하더라도 특별한 사정이 없는 한 그 계약내용의 효력을 그대로 유지하는 것이 신의칙에 반한다고 볼 수도 없다[2004다31302].

오답 해설

① 96다47302

② 2002다63275

③ 2011다1330

⑤ 토지거래허가를 받지 아니하여 유동적 무효상태에 있는 계약이라고 하더라도 일단 거래허가신청을 하여 불허되었다면 특별한 사정이 없는 한, 불허된 때로부터는 그 거래계약은 확정적으로 무효가 된다고 보아야 할 것이고, 거래허가신청을 하지 아니하여 유동적 무효인 상태에 있던 거래계약이 확정적으로 무효가 된 경우에는 거래계약이 확정적으로 무효로 됨에 있어서 귀책사유가 있는 자라고 하더라도 그 계약의 무효를 주장하는 것이 신의칙에 반한다고 할 수는 없다고 할 것이다(이 경우 상대방은 그로 인한 손해의 배상을 청구할 수는 있다)[94다51789].

03 ★★★ 📖 ⑤

정답 해설

ㄱ. [○] 의사능력이 없는 甲이 한 법률행위는 무효이다.

ㄴ. [○] 무능력자의 책임을 제한하는 제141조 단서 규정이 의사능력의 흠결을 이유로 법률행위가 무효가 되는 경우에도 유추적용된다[2008다58367 참고].

ㄷ. [○] 의사무능력자가 자신이 소유하는 부동산에 근저당권을 설정해 주고 금융기관으로부터 금원을 대출받아 이를 제3자에게 대여한 경우, 대출로써 받은 이익이 위 제3자에 대한 대여금채권 또는 부당이득반환채권의 형태로 현존하므로, 금융기관은 대출거래약정 등의 무효에 따른 원상회복으로서 위 대출금 자체의 반환을 구할 수는 없더라도 현존 이익인 위 채권의 양도를 구할 수 있다[2008다58367].

04 ★☆☆ 📖 ①

정답 해설

① 법정대리인이 영업을 허락함에는 반드시 영업의 종류를 특정하여야 하며, 그 영업에 관한 행위에 대하여는 성년자와 동일한 행위능력이 인정된다(제8조 제1항). 따라서 그 영업에 관하여는 법정대리인의 동의권과 대리권이 모두 소멸한다. 한편 미성년자는 허락된 영업에 관하여는 소송능력도 갖게 된다.

오답 해설

② 제한능력자가 속임수를 써서 법률행위를 하는 경우에 상대방은 사기에 의한 의사표시임을 이유로 그 법률행위를 취소하거나(제110조) 또는 불법행위를 이유로 손해배상을 청구할 수도 있으나(제750조), 법은 더 나아가 보호가치 없는 제한능력자로부터 취소권을 박탈함으로써 상대방이 당초 예기한 대로의 효과를 발생케 하여 거래의 안전과 상대방을 보호하고 있다(제17조).

③ 제한능력자의 단독행위는 추인이 있을 때까지 상대방이 거절할 수 있다(제16조).

④ 가정법원은 피성년후견인이 단독으로 할 수 있는 법률행위의 범위를 정할 수 있고(제10조 제2항), 일정한 자의 청구에 의하여 그 범위를 변경할 수 있다(제10조 제3항).

⑤ 특정후견은 본인의 의사에 반하여 할 수 없다(제14조의2 제2항).

05 ★★★ 📖 ③

정답 해설

ㄱ. [○] 대표이사가 대표이사로서의 업무 일체를 다른 이사 등에게 위임하고, 대표이사로서의 직무를 전혀 집행하지 않는 것은 그 자체가 이사의 직무상 충실 및 선관의무를 위반하는 행위에 해당한다[2002다70044].

ㄷ. [○] [1] 민법 제35조 제1항은 "법인은 이사 기타 대표자가 그 직무에 관하여 타인에게 가한 손해를 배상할 책임이 있다"라고 정한다. 여기서 '법인의 대표자'에는 그 명칭이나 직위 여하, 또는 대표자로 등기되었는지 여부를 불문하고 당해 법인을 실질적으로 운영하면서 법인을 사실상 대표하여 법인의 사무를 집행하는 사람을 포함한다고 해석함이 상당하다. [2] 甲 주택조합의 대표자가 乙에게 대표자의 모든 권한을 포괄적으로 위임하여 乙이 그 조합의 사무를 집행하던 중 불법행위로 타인에게 손해를 발생시킨 데 대하여 불법행위 피해자가 甲 주택조합을 상대로 민법 제35조에서 정한 법인의 불법행위책임에 따른 손해배상청구를 한 사안에서, ...(중략)... 乙은 甲 주택조합을 실질적으로 운영하면서 법인을 사실상 대표하여 법인의 사무를 집행하는 사람으로서 민법 제35조에서 정한 '대표자'에 해당한다고 보아야 함에도, 乙이 甲 주택조합의 적법한 대표자 또는 대표기관이라고 볼 수 없다는 이유로 甲 주택조합에 대한 법인의 불법행위에 따른 손해배상청구를 배척한 원심판결에는 법리오해의 위법이 있다고 한 사례[2008다15438].

오답 해설

ㄴ. [×] 비법인사단에 대하여는 사단법인에 관한 민법 규정 가운데 법인격을 전제로 하는 것을 제외하고는 이를 유추적용하여야 하는데, 제62조에 비추어 보면 비법인사단의 대표자는 정관 또는 총회의 결의로 금지하지 아니한 사항에 한하여 타인으로 하여금 특정한 행위를 대리하게 할 수 있을 뿐 비법인사단의 제반 업무처리를 포괄적으로 위임할 수는 없으므로 비법인사단 대표자가 행한 타인에 대한 업무의 포괄적 위임과 그에 따른 포괄적 수임인의 대행행위는 제62조를 위반한 것이어서 비법인사단에 대하여 그 효력이 미치지 않는다[2008다15438].

06 ★★☆   답 ③

정답 해설

③ 이사의 대표권 제한에 대한 정관의 기재는 효력요건이고 등기는 대항요건이다. 이사의 대표권에 대한 제한은 등기하지 아니하면 제3자에게 대항하지 못하는데(제60조) 학설로는 악의의 제3자는 공평의 원칙상 보호할 필요가 없다는 제한설과 문리해석상 선·악의를 불문하고 대항할 수 있다는 무제한설의 대립이 있다. 판례는 「대표권의 제한에 관한 규정은 이를 등기하지 않을 경우 상대방의 선·악의를 불문하고 상대방에게 대표권 제한으로 대항할 수 없다」는 입장이다(무제한설)[91다24564 참고].

오답 해설

① 법인이 대표기관을 통하여 법률행위를 한 때에는 대리에 관한 규정이 준용되므로 적법한 대표권을 가진 자와 맺은 법률행위의 효과는 대표자 개인이 아니라 본인인 법인에 귀속하고, 마찬가지로 그러한 법률행위상의 의무를 위반하여 발생한 채무불이행으로 인한 손해배상책임도 대표기관 개인이 아닌 법인만이 책임의 귀속주체가 되는 것이 원칙이다[2017다53265].

② 대표이사가 대표권의 범위 내에서 한 행위라도 회사의 영리목적과 관계없이 자기 또는 제3자의 이익을 도모할 목적으로 그 권한을 남용한 것이고, 그 행위의 상대방이 대표이사의 진의를 알았거나 알 수 있었을 때에는 회사에 대하여 무효가 된다[2005다3649].

④ 2017다53265 참고

⑤ 법인과 이사의 이익이 상반하는 사항에 관하여는 이사는 대표권이 없다. 이 경우에는 전조의 규정에 의하여 특별대리인을 선임하여야 한다(제64조).

07 ★☆☆   답 ②

정답 해설

② 사단법인의 정관은 이를 작성한 사원뿐만 아니라 그 후에 가입한 사원이나 사단법인의 기관 등도 구속하는 점에 비추어 보면 그 법적 성질은 계약이 아니라 자치법규로 보는 것이 타당하므로, 이는 어디까지나 객관적인 기준에 따라 그 규범적인 의미 내용을 확정하는 법규해석의 방법으로 해석되어야 하는 것이지, 작성자의 주관이나 해석 당시의 사원의 다수결에 의한 방법으로 자의적으로 해석될 수는 없다 할 것이어서, 어느 시점의 사단법인의 사원들이 정관의 규범적인 의미 내용과 다른 해석을 사원총회의 결의라는 방법으로 표명하였다 하더라도 그 결의에 의한 해석은 그 사단법인의 구성원인 사원들이나 법원을 구속하는 효력이 없다[99다12437].

오답 해설

① 제40조 제7호

③ 제56조

④ 법인의 정관에 이사의 해임사유에 관한 규정이 있는 경우 법인으로서는 이사의 중대한 의무위반 또는 정상적인 사무집행 불능 등의 특별한 사정이 없는 이상, 정관에서 정하지 아니한 사유로 이사를 해임할 수 없다[2011다41741].

⑤ 법원의 직무집행정지 가처분결정에 의해 회사를 대표할 권한이 정지된 대표이사가 그 정지기간 중에 체결한 계약은 절대적으로 무효이고, 그 후 가처분신청의 취하에 의하여 보전집행이 취소되었다 하더라도 집행의 효력은 장래를 향하여 소멸할 뿐 소급적으로 소멸하는 것은 아니라 할 것이므로, 가처분신청이 취하되었다 하여 무효인 계약이 유효하게 되지는 않는다[2008다4537].

08 ★★★   답 ②

정답 해설

② 등기부상만으로 어떤 토지 중 일부가 분할되고 그 분할된 토지에 대하여 지번과 지적이 부여되어 등기되어 있어도 지적공부 소관청에 의한 지번, 지적, 지목, 경계확정 등의 분필절차를 거친 바가 없다면 그 등기가 표상하는 목적물은 특정되었다고 할 수는 없으니, 그 등기부에 소유자로 등기된 자가 그 등기부에 기재된 면적에 해당하는 만큼의 토지를 특정하여 점유하였다고 하더라도, 그 등기는 그가 점유하는 토지부분을 표상하는 등기로 볼 수 없어 그 점유자는 등기부 취득시효의 요건인 '부동산의 소유자로 등기한 자'에 해당하지 아니하므로 그가 점유하는 부분에 대하여 등기부시효취득을 할 수는 없다[94다4615].

오답 해설

① 94다4615

③ 종물은 주물의 구성부분이 아닌 독립한 물건이므로 주물만을 점유한 경우 종물에 대해서는 취득시효에 의한 소유권취득이 인정되지 않는다.

④ 2007다36933, 36940 참고

⑤ 미분리 과실도 명인방법이라는 공시방법을 갖춘 때에는 독립한 물건으로서 거래의 목적이 될 수 있다.

09 ★☆☆   답 ④

정답 해설

④ 불공정한 법률행위는 요건이 구비되면 그 행위는 무효이고, 추인에 의해서도 그 법률행위가 유효로 될 수 없다[94다10900].

오답 해설

① 현저한 불공정의 판단기준시점은 법률행위시이다(통설·판례).

② 매도인의 대리인이 매매한 경우에 있어서 그 매매가 불공정한 법률행위인가를 판단함에는 매도인의 경솔, 무경험은 그 대리인을 기준으로 하여 판단하여야 하고, 궁박상태에 있었는지의 여부는 매도인 본인의 입장에서 판단되어야 한다[71다2255].

③ 경매에 있어서는 불공정한 법률행위에 관한 제104조가 적용될 여지가 없다[80마77].

⑤ 불공정한 법률행위는 절대적 무효이므로 선의의 제3자에게도 무효를 주장할 수 있다. 또한 무효행위의 추인에 의하여 유효로 될 수 없고, 법정추인이 적용될 여지도 없다는 것이 판례의 태도이다[94다10900 참고].

10 ★☆☆ 📖 ⑤

[정답 해설]

⑤ 민법 제109조 제1항 단서는 표의자의 상대방의 이익을 보호하기 위한 것이므로, 상대방이 표의자의 착오를 알면서 이를 이용한 경우라면 표의자에게 중대한 과실이 있더라도 표의자는 그 의사표시를 취소할 수 있다[2013다49794].

[오답 해설]

① 제111조

② 통정허위표시는 제3자를 속이려는 동기나 목적은 묻지 않는다.

③ 무효인 법률행위는 그 법률행위가 성립한 당초부터 당연히 효력이 발생하지 않는 것이므로, 무효인 법률행위에 따른 법률효과를 침해하는 것처럼 보이는 위법행위나 채무불이행이 있다고 하여도 법률효과의 침해에 따른 손해는 없는 것이므로 그 손해배상을 청구할 수는 없다[2002다72125].

④ 착오로 인하여 표의자가 어떤 경제적 불이익을 입은 것이 아닌 때 그 착오로 인하여 표의자가 무슨 경제적인 불이익을 입은 것이 아니라고 한다면 이를 법률행위 내용의 중요 부분의 착오라고 할 수 없다[98다47924 참고].

11 ★☆☆ 📖 ⑤

[정답 해설]

⑤ 사기의 의사표시로 인한 매수인으로부터 부동산의 권리를 취득한 제3자는 특별한 사정이 없는 한 선의로 추정할 것이므로 사기로 인하여 의사표시를 한 부동산의 양도인이 제3자에 대하여 사기에 의한 의사표시의 취소를 주장하려면 제3자의 악의를 입증할 필요가 있다고 할 것이다[70다2155].

[오답 해설]

① 사기죄는 타인을 기망하여 그로 인한 하자 있는 의사에 기하여 재물의 교부를 받거나 재산상의 이득을 취득할 때 성립하고, 사기죄의 요건으로서의 기망은 널리 재산상의 거래관계에 있어서 서로 지켜야 할 신의와 성실의 의무를 저버리는 모든 적극적 또는 소극적 행위를 말하며, 사기죄의 성립에 있어서 피해자에게 손해를 가하려는 목적을 필요로 하지는 않지만 적어도 타인의 재물 또는 이익을 침해한다는 의사와 피기망자로 하여금 어떠한 처분을 하게 한다는 의사는 있어야 한다[97도3054].

② 강박에 의한 의사표시라고 하려면 상대방이 불법으로 어떤 해악을 고지함으로 말미암아 공포를 느끼고 의사표시를 한 것이어야 한다[2002다73708].

③ 대리인은 상대방과 동일시 할 수 있는 자로 제3자에 해당하지 않는다.

④ 의사표시의 상대방이 아닌 자로서 기망행위를 하였으나 민법 제110조 제2항에서 정한 제3자에 해당되지 아니한다고 볼 수 있는 자란 그 의사표시에 관한 상대방의 대리인 등 상대방과 동일시할 수 있는 자만을 의미하고, 단순히 상대방의 피용자이거나 상대방이 사용자책임을 져야 할 관계에 있는 피용자에 지나지 않는 자는 상대방과 동일시할 수는 없어 이 규정에서 말하는 제3자에 해당한다[96다41496].

12 ★☆☆ 📖 ④

[정답 해설]

④ 대리인은 행위능력자임을 요하지 않는다(제117조). 따라서 대리인이 제한능력자라는 점을 들어 본인은 그의 대리행위를 취소하지 못한다.

[오답 해설]

① 부동산의 소유자로부터 매매계약을 체결할 대리권을 수여받은 대리인은 특별한 다른 사정이 없는 한 그 매매계약에서 약정한 바에 따라 중도금이나 잔금을 수령할 수도 있다고 보아야 하고, 매매계약의 체결과 이행에 관하여 포괄적으로 대리권을 수여받은 대리인은 특별한 다른 사정이 없는 한 상대방에 대하여 약정된 매매대금지급기일을 연기하여 줄 권한도 가진다고 보아야 할 것이다[91다43107].

② 임의대리권은 그것을 수여하는 본인의 행위, 즉 수권행위에 의하여 발생하는 것이므로 어느 행위가 대리권 범위 내의 행위인지 여부는 개별적인 수권행위의 내용이나 그 해석에 의하여 판단하여야 할 것인바, 통상 사채알선업자가 전주(전주)를 위하여 금전소비대차계약과 그 담보를 위한 담보권설정계약을 체결할 대리권을 수여받은 것으로 인정되는 경우라 하더라도 특별한 사정이 없는 한 일단 금전소비대차계약과 그 담보를 위한 담보권설정계약이 체결된 후에 이를 해제할 권한까지 당연히 가지고 있다고 볼 수는 없다[97다23372].

③ 본인의 사망은 대리권 소멸사유이다(제127조 제1호).

⑤ 복대리인은 대리인이 「대리인 자신의 이름」으로 선임한 「본인의 대리인」이다.

13 ★☆☆　　　　　　　　　　정답 ④

④ 복대리인은 복대리행위를 함에 있어서 본인을 위한다는 표시를 하여야 하며(제114조 제1항), 표현대리규정도 복대리행위에 적용될 수 있다.

① 표현대리가 성립하는 경우에 그 본인은 표현대리행위에 의하여 전적인 책임을 져야 하고, 상대방에게 과실이 있다고 하더라도 과실상계의 법리를 유추적용하여 본인의 책임을 경감할 수 없다[95다49554].

② 유권대리에 있어서는 본인이 대리인에게 수여한 대리권의 효력에 의하여 법률효과가 발생하는 반면 표현대리에 있어서는 대리권이 없음에도 불구하고 법률이 특히 거래상대방 보호와 거래안전유지를 위하여 본래 무효인 무권대리행위의 효과를 본인에게 미치게 한 것으로서 표현대리가 성립된다고 하여 무권대리의 성질이 유권대리로 전환되는 것은 아니므로, 양자의 구성요건 해당사실 즉 주요사실은 다르다고 볼 수밖에 없으니 유권대리에 관한 주장 속에 무권대리에 속하는 표현대리의 주장이 포함되어 있다고 볼 수 없다[83다카1489].

③ 제126조의 표현대리는 임의대리와 법정대리에 모두 적용된다(통설·판례).

⑤ 수권행위가 무효인 경우처럼 처음부터 전혀 대리권이 없는 경우에는 제129조가 적용될 수 없다.

14 ★☆☆　　　　　　　　　　정답 ⑤

⑤ 甲이 추인하는 경우 무권대리 행위는 소급적으로 유효하므로 丙은 乙을 상대로 무권대리인의 책임에 따른 손해배상을 청구할 수 없다(제133조 참고).

① 63다64

② 무권대리인에게 한 추인의 의사표시는 상대방이 알 때까지는 상대방에게 대항할 수 없다(제132조). 민법 제132조는 본인이 무권대리인에게 무권대리행위를 추인한 경우에 상대방이 이를 알지 못하는 동안에는 본인은 상대방에게 추인의 효과를 주장하지 못한다는 취지이므로 상대방은 그때까지 민법 제134조에 의한 철회를 할 수 있고, 또 무권대리인에게 추인이 있었음을 주장할 수도 있다.

③ 무권대리인이 본인을 상속한 경우 무권대리인의 지위와 본인의 지위는 분리하여 병존한다. 그러나 신의칙상 추인을 거절할 수 없다[94다20617].

④ 제131조

15 ★★☆　　　　　　　　　　정답 ②

② 유동적 무효의 상태에 있는 거래계약의 당사자는 상대방이 그 거래계약의 효력이 완성되도록 협력할 의무를 이행하지 아니하였음을 들어 일방적으로 유동적 무효의 상태에 있는 거래계약 자체를 해제할 수 없다[98다40459 전합].

① 허가를 받을 것을 전제로 한 거래계약은 허가받기 전의 상태에서는 거래계약의 채권적 효력도 전혀 발생하지 않으므로 권리의 이전 또는 설정에 관한 어떠한 내용의 이행청구도 할 수 없고, 그러한 거래계약의 당사자로서는 허가받기 전의 상태에서 상대방의 거래계약상 채무불이행을 이유로 거래계약을 해제하거나 그로 인한 손해배상을 청구할 수 없다[97다4357, 4364].

③ 2002다12635

④ 90다12243 전합

⑤ 국토이용관리법상 규제구역 내에 속하는 토지거래에 관하여 관할 도지사로부터 거래허가를 받지 아니한 거래계약은 처음부터 위 허가를 배제하거나 잠탈하는 내용의 계약이 아닌 한 허가를 받기까지는 유동적 무효의 상태에 있고 거래 당사자는 거래허가를 받기 위하여 서로 협력할 의무가 있으나, 그 토지거래가 계약 당사자의 표시와 불일치한 의사(비진의표시, 허위표시 또는 착오) 또는 사기, 강박과 같은 하자 있는 의사에 의하여 이루어진 경우에는, 이들 사유에 의하여 그 거래의 무효 또는 취소를 주장할 수 있는 당사자는 그러한 거래허가를 신청하기 전 단계에서 이러한 사유를 주장하여 거래허가신청 협력에 대한 거절의사를 일방적으로 명백히 함으로써 그 계약을 확정적으로 무효화시키고 자신의 거래허가절차에 협력할 의무를 면할 수 있다[97다36118].

16 ★☆☆　　　　　　　　　　정답 ①

① 매도인이 매수인의 중도금 지급 채무불이행을 이유로 매매계약을 적법하게 해제한 후라도 매수인으로서는 상대방이 한 계약해제의 효과로서 발생하는 손해배상책임을 지거나 매매계약에 따른 계약금의 반환을 받을 수 없는 불이익을 면하기 위하여 착오를 이유로 한 취소권을 행사하여 위 매매계약 전체를 무효로 돌리게 할 수 있다[91다11308].

② 93다13162

③ 취소한 법률행위는 처음부터 무효인 것으로 간주되므로 취소할 수 있는 법률행위가 일단 취소된 이상 그 후에는 취소할 수 있는 법률행위의 추인에 의하여 다시 확정적으로 유효하게 할 수는 없고, 다만 무효인 법률행위의 추인의 요건과 효력으로서 추인할 수는 있으나, 무효행위의 추인은 그

무효 원인이 소멸한 후에 하여야 그 효력이 있고, 결국 무효 원인이 소멸한 후란 것은 당초의 의사표시의 성립 과정에 존재하였던 취소의 원인이 종료된 후, 즉 강박 상태에서 벗어난 후라고 보아야 한다[95다38240].

④ 제146조

⑤ 취소권은 원칙적으로 형성권이므로 이 기간은 제척기간에 해당한다.

17 ★☆☆ 답 ③

정답 해설

③ 선량한 풍속 기타 사회질서에 위반하는 조건으로써 불법조건뿐만 아니라 그 법률행위 전부가 무효이고, 조건 없는 법률행위가 되는 것이 아니다. 조건부 법률행위에 있어 조건의 내용 자체가 불법적인 것이어서 무효일 경우 또는 조건을 붙이는 것이 허용되지 아니하는 법률행위에 조건을 붙인 경우 그 조건만을 분리하여 무효로 할 수는 없고 그 법률행위 전부가 무효로 된다[2005마541].

18 ★☆☆ 답 ②

정답 해설

② 부당이득반환청구권 – 채권성립시부터

더 알아보기

각종 권리의 기산점

권리	소멸시효의 기산점
확정기한부 채무	기한이 도래한 때가 소멸시효의 기산점이다. 따라서 이행기가 도래한 후 채권자와 채무자가 기한을 유예하기로 합의한 경우 그 유예된 때로 이행기가 변경되어 소멸시효는 변경된 이행기가 도래한 때부터 다시 진행한다. 이 경우 유예의 합의는 명시적으로뿐만 아니라 묵시적으로도 가능하다[2016다274904].
불확정기한부 채무	기한이 객관적으로 도래한 때가 소멸시효의 기산점이다. 따라서 채무자가 기한 도래의 사실을 알고 있었는지 여부는 문제되지 않는다.
기한의 정함이 없는 채무	• 채권의 성립시부터 소멸시효가 진행 • 부당이득반환청구권 – 채권성립시부터 • 의사의 치료 채권 – 각 진료가 종료될 때부터
동시이행의 항변권이 붙은 권리	이행기가 도래한 때부터 소멸시효가 진행
기한이익 상실 특약이 있는 경우	• 정지조건부 기한이익상실의 특약 – 사유발생시(정지조건이 성취된 때) • 형성권적 기한이익상실의 특약 – 본래의 변제기

부작위채권	위반행위가 있는 때부터
선택채권	선택권 행사 가능 시
채무불이행에 기한 손해배상 청구권	채무불이행이 발생한 때 : 소유권이전등기 말소등기의무의 이행불능으로 인한 전보배상청구권의 소멸시효는 말소등기의무가 이행불능 상태에 돌아간 때로부터 진행[2005다29474]
대상청구권	원칙: 이행불능 시
불법행위에 기한 손해배상청구권	• 손해 및 가해자를 안 때(제766조 제1항) • 불법행위가 있은 때(제766조 제2항)
계속적 물품공급 계약에서 발생한 외상대금채권	각 외상대금채권이 발생한 때로부터 개별적으로 진행
의사의 치료비채권	특약이 없는 한 개개의 진료가 종료될 때마다 각각의 당해 진료에 필요한 비용의 이행기가 도래하여 그에 대한 소멸시효가 진행[2001다52568]

19 ★★★ 답 ①

정답 해설

① 응소행위로 인한 시효중단의 효력은 피고가 현실적으로 권리를 행사하여 응소한 때에 발생하지만, 권리자인 피고가 응소하여 권리를 주장하였으나 소가 각하되거나 취하되는 등의 사유로 본안에서 권리주장에 관한 판단 없이 소송이 종료된 경우에는 제170조 제2항을 유추적용하여 그때부터 6월 이내에 재판상의 청구 등 다른 시효중단조치를 취한 경우에 한하여 응소 시에 소급하여 시효중단의 효력이 있다고 보아야 한다[2011다78606].

오답 해설

② 타인의 채무를 담보하기 위하여 자기의 물건에 담보권을 설정한 물상보증인은 채권자에 대하여 물적 유한책임을 지고 있어 그 피담보채권의 소멸에 의하여 직접 이익을 받는 관계에 있으므로 소멸시효의 완성을 주장할 수 있는 것이지만, 채권자에 대하여는 아무런 채무도 부담하고 있지 아니하므로, 물상보증인이 그 피담보채무의 부존재 또는 소멸을 이유로 제기한 저당권설정등기 말소등기절차이행청구소송에서 채권자 겸 저당권자가 청구기각의 판결을 구하고 피담보채권의 존재를 주장하였다고 하더라도 이로써 직접 채무자에 대하여 재판상 청구를 한 것으로 볼 수는 없는 것이므로 피담보채권의 소멸시효에 관하여 규정한 민법 제168조 제1호 소정의 '청구'에 해당하지 아니한다[2003다30890].

③ 제178조 제2항

④ 가압류를 시효중단사유로 규정한 이유는 가압류에 의하여 채권자가 권리를 행사하였다고 할 수 있기 때문이다. 가압류 채권자의 권리행사는 가압류를 신청한 때에 시작되므로, 이

점에서도 가압류에 의한 시효중단의 효력은 가압류신청을 한 때에 소급한다[2016다35451].

⑤ 2005다41818

20 ★☆☆ 답 ①

정답 해설

① 구 상호신용금고법(1998.1.13. 법률 제5501호로 개정되어 2000.1.28. 법률 제6203호로 개정되기 전의 것) 소정의 계약이전은 금융거래에서 발생한 계약상의 지위가 이전되는 사법상의 법률효과를 가져오는 것이므로, 원심이, 소외 금고로부터 이 사건 대출금 채권에 대하여 계약이전을 받은 피고는 소외 금고의 계약상 지위를 이전받은 자이어서 원고와 소외 금고 사이의 위 통정허위표시에 따라 형성된 법률관계를 기초로 하여 새로운 법률상 이해관계를 가지게 된 민법 제108조 제2항의 제3자에 해당하지 않는다고 판단한 것은 정당하고, 거기에 상고이유의 주장과 같은 통정허위표시의 효력 및 계약이전에 관한 법리오해 등의 위법이 없다[2002다31537].

더 알아보기

제108조(통정한 허위의 의사표시) 제2항의 제3자에 해당하지 않는 경우
• 채권의 가장양도에 있어서의 주채무자[82다594 참고]
• 저당권의 가장포기시 기존의 후순위저당권자
• 가장매매에 의한 손해배상청구권의 양수인(통설)
• 채권의 가장양수인으로부터 추심을 위한 채권양도를 받은 자
• 제3자를 위한 계약의 수익자
• 가장소비대차의 계약상 지위를 이전받은 자

21 ★☆☆ 답 ④

정답 해설

④ 경매대상건물인 1동의 주택 및 창고와 부속건물 4동이 한 개의 건물로 등기되어 있고 미등기인 창고 2동이 있는데 부속건물 중 3동만을 따로 떼어 경락허가한 것은 일물일권주의에 위반된다[90마679].

오답 해설

① 일물일권주의(一物一權主義)의 원칙상, 물건의 일부분, 구성부분에는 물권이 성립할 수 없는 것이어서 구분 또는 분할의 절차를 거치지 아니한 채 하나의 부동산 중 일부분만에 관하여 따로 소유권보존등기를 경료하거나, 하나의 부동산에 관하여 경료된 소유권보존등기 중 일부분에 관한 등기만을 따로 말소하는 것은 허용되지 아니한다[2000다39582].

② 온천에 관한 권리는 관습상의 물권이나 준물권이라 할 수 없고 온천수는 공용수 또는 생활상 필요한 용수에 해당되지 않는다[72다1243].

③ 1필의 토지의 일부 부분이 다른 부분과 구분되어 시효취득자의 점유에 속한다는 것을 인식하기에 족한 객관적인 징표가 계속하여 존재하는 경우에는 그 일부 부분에 대한 시효취득을 인정할 수 있다[95다24654].

⑤ 민법이 인정하는 저당권의 객체는 부동산 및 부동산물권(지상권, 전세권)이다.

22 ★★☆ 답 ④

정답 해설

④ 건물철거는 그 소유권의 종국적 처분에 해당하는 사실행위이므로 원칙으로는 그 소유자(등기명의자)에게만 그 철거처분권이 있다고 할 것이나 그 건물을 매수하여 점유하고 있는 자는 등기부상 아직 소유자로서의 등기명의가 없다 하더라도 그 권리의 범위 내에서 그 점유중인 건물에 대하여 법률상 또는 사실상 처분을 할 수 있는 지위에 있고 그 건물이 건립되어 있어 불법으로 점유를 당하고 있는 토지소유자는 위와 같은 지위에 있는 건물 점유자에게 그 철거를 구할 수 있다[86다카1751].

오답 해설

① 점유보조자는 점유자가 아니므로 소유물반환청구권의 상대방이 될 수 없다. 즉, 주식회사의 직원으로서 회사의 사무실로 사용하고 있는 건물부분에 대한 점유보조자에 불과할 뿐 독립한 점유주체가 아닌 피고들은, 회사를 상대로 한 명도소송의 확정판결에 따른 집행력이 미치는 것은 별론으로 하고, 소유물반환청구의 성질을 가지는 퇴거청구의 독립한 상대방이 될 수는 없다[2001다13983].

② 주식회사의 대표이사가 업무집행을 하면서 고의 또는 과실에 의한 위법행위로 타인에게 손해를 가한 경우 주식회사는 상법 제389조 제3항, 제210조에 의하여 제3자에게 손해배상책임을 부담하게 되고, 대표이사도 민법 제750조 또는 상법 제389조 제3항, 제210조에 의하여 주식회사와 연대하여 불법행위책임을 부담하게 된다. 따라서 주식회사의 대표이사가 업무집행과 관련하여 정당한 권한 없이 직원으로 하여금 타인의 부동산을 지배·관리하게 하는 등으로 소유자의 사용수익권을 침해하고 있는 경우, 부동산의 점유자는 회사일 뿐이고 대표이사 개인은 독자적인 점유자는 아니기 때문에 부동산에 대한 인도청구 등의 상대방은 될 수 없다고 하더라도, 고의 또는 과실로 부동산에 대한 불법적인 점유상태를 형성·유지한 위법행위로 인한 손해배상책임은 회사와 별도로 부담한다고 보아야 한다. 대표이사 개인이 부동산에 대한 점유자가 아니라는 것과 업무집행으로 인하여 회사의 불법점유 상태를 야기하는 등으로 직접 불법행위를 한 행위

자로서 손해배상책임을 지는 것은 별개라고 보아야 하기 때문이다[2011다50165].

③ 건물의 소유자가 그 건물의 소유를 통하여 타인 소유의 토지를 점유하고 있다고 하더라도 그 토지 소유자로서는 그 건물의 철거와 그 대지 부분의 인도를 청구할 수 있을 뿐, 자기 소유의 건물을 점유하고 있는 자에 대하여 그 건물에서 퇴거할 것을 청구할 수는 없다[98다57457, 57464].

⑤ 소유권에 기한 물상청구권을 소유권과 분리하여 이를 소유권 없는 전소유자에게 유보하여 행사시킬 수는 없는 것이므로 소유권을 상실한 전소유자는 제3자인 불법점유자에 대하여 소유권에 기한 물권적 청구권에 의한 방해배제를 구할 수 없다[80다7].

23 ★☆☆　　　　　　　　　　　　　答 ⑤

정답 해설

⑤ 등기의 추정력이란 어떤 등기가 있으면 그 등기가 표상하는 실체적 권리관계가 존재하는 것으로 추정하는 효력을 말한다. 이러한 등기의 추정력은 권리의 등기에 인정되며, 표제부의 등기에는 인정되지 않는다.

24 ★★☆　　　　　　　　　　　　　答 ③

정답 해설

③ 제249조가 규정하는 선의 · 무과실의 기준시점은 물권행위가 완성되는 때인 것이므로 물권적 합의가 동산의 인도보다 먼저 행하여지면 인도된 때를, 인도가 물권적 합의보다 먼저 행하여지면 물권적 합의가 이루어진 때를 기준으로 해야 한다[91다70].

오답 해설

① 제249조, 제343조

② 동산질권을 선의취득하기 위하여는 질권자가 평온, 공연하게 선의이며 과실 없이 질권의 목적동산을 취득하여야 하고, 그 취득자의 선의, 무과실은 동산질권자가 입증하여야 한다[80다2910].

④ 판례는 점유개정에 의한 점유취득만으로는 선의취득의 요건을 충족할 수 없다는 입장이다[77다1872].

⑤ 양도인이 무권리자(처분권이 없다)라는 것을 제외하고 거래행위 자체는 유효하여야 한다. 따라서 거래행위가 무효이거나 당사자에게 제한능력, 착오, 사기 · 강박 등의 사유가 있어 취소 또는 무효가 된 경우에는 선의취득이 성립하지 않는다.

25 ★☆☆　　　　　　　　　　　　　答 ②

정답 해설

② 비용상환청구권은 점유자의 선의 · 악의 및 자주점유 · 타주점유를 불문하고 인정되는데, 이는 적법한 점유를 요건으로 하는 유치권(제320조 제2항)과 비교된다.

오답 해설

① 과실수취권자는 원칙적으로 원물의 소유자이나 이에 한정하지 않는다. 즉 선의의 점유자(제201조 제1항), 지상권자(제279조), 전세권자(제303조), 목적물을 인도하지 않은 매도인(제587조 제1문), 임차인(제618조) 등도 수취권을 가진다.

③ 악의의 점유자가 수취한 과실을 소비하였거나 과실로 인하여 훼손 또는 수취하지 못한 경우 그 과실의 대가를 보상하여야 한다(제201조 제2항 후단).

④ 점유물이 점유자의 책임있는 사유로 인하여 멸실 또는 훼손한 때에는 악의의 점유자는 그 손해의 전부를 배상하여야 한다. 소유의 의사가 없는 점유자는 선의인 경우에도 손해의 전부를 배상하여야 한다(제202조).

⑤ 점유자가 점유물을 개량하기 위하여 지출한 금액 기타 유익비에 관하여는 그 가액의 증가가 현존한 경우에 한하여 회복자의 선택에 좇아 그 지출금액이나 증가액의 상환을 청구할 수 있다(제203조 제2항).

26 ★☆☆　　　　　　　　　　　　　答 ①

정답 해설

① 경계에 설치된 경계표 · 담 · 구거 등(제239조)에 대해서는 분할이 인정되지 않는다(제268조 제3항).

오답 해설

② 제237조 제1항

③ 제237조 제2항

④ 제240조 제3항

⑤ 제242조 제1항

27 ★☆☆　　　　　　　　　　　　　答 ②

정답 해설

② 취득시효대상은 소유권, 지상권, 지역권(계속되고 표현된 것에 한함), 전세권, 질권, 광업권, 어업권, 지적재산권은 취득시효 대상이 되나, 점유권, 유치권, 가족법상의 권리, 저당권, 형성권은 취득시효의 대상이 되지 않는다.

28 ★★★ 답 ③

정답 해설

③ 민법 제256조는 부동산의 소유자는 그 부동산에 부합한 물건의 소유권을 취득한다. 그러나 타인의 권원에 의하여 부속된 것은 그러하지 아니한다라고 규정하고 있는데 위 규정단서에서 말하는 「권원」이라 함은 지상권, 전세권, 임차권 등과 같이 타인의 부동산에 자기의 동산을 부속시켜서 그 부동산을 이용할 수 있는 권리를 뜻한다 할 것이므로 그와 같은 권원이 없는 자가 토지소유자의 승낙을 받음이 없이 그 임차인의 승낙만을 받아 그 부동산 위에 나무를 심었다면 특별한 사정이 없는 한 토지소유자에 대하여 그 나무의 소유권을 주장할 수 없다고 하여야 할 것이다[88다카9067].

오답 해설

① 제260조 제1항

② 제257조

④ 부동산에 부합된 물건이 사실상 분리복구가 불가능하여 거래상 독립한 권리의 객체성을 상실하고 그 부동산과 일체를 이루는 부동산의 구성부분이 된 경우에는 타인이 권원에 의하여 이를 부합시켰더라도 그 물건의 소유권은 부동산의 소유자에게 귀속되어 부동산의 소유자는 방해배제청구권에 기하여 부합물의 철거를 청구할 수 없다[2018다264307].

⑤ 일반적으로 건물의 증축부분이 축조 당시는 본건물의 구성부분이 됨으로써 독립의 권리의 객체성을 상실하여 본건물에 부합되었다고 할지라도 그 후 구조의 변경등으로 독립한 권리의 객체성을 취득하게 된 때에는 본건물과 독립하여 거래의 대상이 될 수 있다[81다519].

29 ★★★ 답 ②

정답 해설

② 유치권자는 유치권을 사전에도 포기할 수 있고 사후에도 포기할 수 있는데 사후 포기의 경우 곧바로 유치권이 소멸한다[2014다52087].

오답 해설

① 제한물권이 제3자의 권리의 목적인 때(제191조 제1항 단서) 또는 본인이나 제3자의 이익을 위해서 존속할 필요가 있는 때에는 혼동으로 소멸하지 않는다.

③ 점유권은 성질상 혼동으로 소멸하지 않는다(제191조 제3항). 즉, 점유권은 사실상의 지배를, 소유권은 법률상의 지배를 내용으로 하는 것이므로, 양립할 수 있다.

④ 지역권은 20년간 행사하지 않으면 소멸시효가 완성된다(제162조 제2항).

⑤ 임차주택의 양수인에게 대항할 수 있는 주택임차인이 당해 임차주택을 경락받아 그 대금을 납부함으로써 임차주택의 소유권을 취득한 때에는, 그 주택임차인은 임대인의 지위를 승계하는 결과, 그 임대차계약에 기한 채권이 혼동으로 인하

여 소멸하게 되므로 그 임대차는 종료된 상태가 된다[97다28650].

30 ★★★ 답 ⑤

정답 해설

⑤ 토지소유자의 독점적·배타적인 사용·수익권 행사의 제한은 해당 토지가 일반 공중의 이용에 제공됨으로 인한 공공의 이익을 전제로 하는 것이므로, 토지소유자가 공공의 목적을 위해 그 토지를 제공할 당시의 객관적인 토지이용현황이 유지되는 한도 내에서만 존속한다고 보아야 한다[2016다264556 전합].

오답 해설

①·② 토지 소유자는 그 타인을 상대로 부당이득반환을 청구할 수 없고, 토지의 인도 등을 구할 수도 없다. 다만 소유권의 핵심적 권능에 속하는 사용·수익 권능의 대세적·영구적인 포기는 물권법정주의에 반하여 허용할 수 없다[2016다264556 전합].

③ 토지 소유자는 일반 공중의 통행 등 이용을 방해하지 않는 범위 내에서는 그 토지를 처분하거나 사용·수익할 권능을 상실하지 않는다[2016다264556 전합].

④ 상속인은 피상속인의 일신에 전속한 것이 아닌 한 상속이 개시된 때로부터 피상속인의 재산에 관한 포괄적 권리·의무를 승계하므로(민법 제1005조), 피상속인이 사망 전에 그 소유 토지를 일반 공중의 이용에 제공하여 독점적·배타적인 사용·수익권을 포기한 것으로 볼 수 있고 그 토지가 상속재산에 해당하는 경우에는, 피상속인의 사망 후 그 토지에 대한 상속인의 독점적·배타적인 사용·수익권의 행사 역시 제한된다고 보아야 한다[2016다264556 전합].

31 ★★☆ 답 ④

정답 해설

④ 제267조는 "공유자가 그 지분을 포기하거나 상속인 없이 사망한 때에는 그 지분은 다른 공유자에게 각 지분의 비율로 귀속한다."라고 규정하고 있다. 여기서 공유지분의 포기는 법률행위로서 상대방 있는 단독행위에 해당하므로, 부동산 공유자의 공유지분 포기의 의사표시가 다른 공유자에게 도달하더라도 이로써 곧바로 공유지분 포기에 따른 물권변동의 효력이 발생하는 것은 아니고, 다른 공유자는 자신에게 귀속될 공유지분에 관하여 소유권이전등기청구권을 취득하며, 이후 제186조에 의하여 등기를 하여야 공유지분 포기에 따른 물권변동의 효력이 발생한다[2015다52978].

오답 해설

① 공유물의 소수지분권자가 다른 공유자와 협의 없이 공유물의 전부 또는 일부를 독점적으로 점유·사용하고 있는 경우 다른 소수지분권자는 공유물의 보존행위로서 그 인도를 청

구할 수는 없고, 다만 자신의 지분권에 기초하여 공유물에 대한 방해 상태를 제거하거나 공동 점유를 방해하는 행위의 금지 등을 청구할 수 있다고 보아야 한다[2018다287522 전합].

② 공유자는 다른 공유자의 동의 없이 공유물을 처분하거나 변경하지 못한다(제264조).

③ 공유물의 소수지분권자인 피고가 다른 공유자와 협의하지 않고 공유물의 전부 또는 일부를 독점적으로 점유하는 경우 다른 소수지분권자인 원고가 피고를 상대로 공유물의 인도를 청구할 수는 없다[2018다287522 전합].

⑤ 공유자가 1년이상 전항의 의무이행을 지체한 때에는 다른 공유자는 상당한 가액으로 지분을 매수할 수 있다(제266조 제2항).

32 ★★☆
〖정답 해설〗 ⑤

⑤ 공유물분할은 협의분할을 원칙으로 하고 협의가 성립되지 아니한 때에는 재판상 분할을 청구할 수 있으므로 공유자 사이에 이미 분할에 관한 협의가 성립된 경우에는 일부 공유자가 분할에 따른 이전등기에 협조하지 않거나 분할에 관하여 다툼이 있더라도 그 분할된 부분에 대한 소유권이전등기를 청구하든가 소유권확인을 구함은 별문제이나 또다시 소로써 그 분할을 청구하거나 이미 제기한 공유물분할의 소를 유지함은 허용되지 않는다[94다30348].

〖오답 해설〗

① 공유자는 분할금지특약이 없는 한 원칙적으로 언제든지 공유물의 분할을 청구하여 공유관계를 해소할 수 있다(제268조).

② 공유자는 공유물의 분할을 청구할 수 있다. 그러나 5년 내의 기간으로 분할하지 아니할 것을 약정할 수 있다(제268조 제1항).

③ 판례는 공유물을 공유자 중의 1인의 단독소유 또는 수인의 공유로 하되, 현물을 소유하게 되는 공유자로 하여금 다른 공유자에 대하여 그 지분의 적정하고도 합리적인 가격을 배상시키는 방법에 의한 분할도 현물분할의 하나로 인정하고 있다[2004다30583].

④ 甲, 乙의 공유인 부동산 중 甲의 지분 위에 설정된 근저당권 등 담보물권은 특단의 합의가 없는 한 공유물분할이 된 뒤에도 종전의 지분비율대로 공유물 전부의 위에 그대로 존속하고 근저당권설정자인 甲 앞으로 분할된 부분에 당연히 집중되는 것은 아니므로, 甲과 담보권자 사이에 공유물분할로 甲의 단독소유로 된 토지부분 중 원래의 乙지분부분을 근저당권의 목적물에 포함시키기로 합의하였다고 하여도 이런 합의가 乙의 단독소유로 된 토지부분 중 甲지분부분에 대한 피담보채권을 소멸시키기로 하는 합의까지 내포한 것이라고는 할 수 없다[88다카24868].

33 ★★☆
〖정답 해설〗 ③

③ 지상권이 소멸한 경우에 건물 기타 공작물이나 수목이 현존한 때에는 지상권자는 계약의 갱신을 청구할 수 있으며, 지상권설정자가 계약의 갱신을 원하지 아니하는 때에는 지상권자는 상당한 가액으로 공작물이나 수목의 매수를 청구할 수 있다(제283조 참고). 지상권의 존속기간 만료로 인한 지상권자의 갱신청구를 거절할 경우, 지상권자가 지상물매수청구권을 행사함으로써 소유권이 지상권설정자에게 귀속될 수 있게 된다.

〖오답 해설〗

① 근저당권 등 담보권 설정의 당사자들이 그 목적이 된 토지 위에 차후 용익권이 설정되거나 건물 또는 공작물이 축조 · 설치되는 등으로써 그 목적물의 담보가치가 저감하는 것을 막는 것을 주요한 목적으로 하여 채권자 앞으로 아울러 지상권을 설정하였다면, 그 피담보채권이 변제 등으로 만족을 얻어 소멸한 경우는 물론이고 시효소멸한 경우에도 그 지상권은 피담보채권에 부종하여 소멸한다[2011다6342].

② 최단 존속기간에 관한 규정은 지상권자가 그 소유의 건물 등을 건축하거나 수목을 식재하여 토지를 이용할 목적으로 지상권을 설정한 경우에만 그 적용이 있다[95다49318]. 따라서 기존 건물의 사용을 목적으로 지상권을 설정한 때에는 최단 존속기간에 관한 제280조 제1항 제1호가 적용되지 않는다.

④ 지상권의 양도성은 민법 제282조, 제289조에 의하여 절대적으로 보장되고 있으므로 소유자의 의사에 반하여도 자유롭게 타인에게 양도할 수 있다.

⑤ 민법 제287조가 토지소유자에게 지상권소멸청구권을 부여하고 있는 이유는 지상권은 성질상 그 존속기간 동안은 당연히 존속하는 것을 원칙으로 하는 것이나, 지상권자가 2년 이상의 지료를 연체하는 때에는 토지소유자로 하여금 지상권의 소멸을 청구할 수 있도록 함으로써 토지소유자의 이익을 보호하려는 취지에서 나온 것이라고 할 것이므로, 지상권자가 그 권리의 목적이 된 토지의 특정한 소유자에 대하여 2년분 이상의 지료를 지불하지 아니한 경우에 그 특정의 소유자는 선택에 따라 지상권의 소멸을 청구할 수 있으나, 지상권자의 지료 지급 연체가 토지소유권의 양도 전후에 걸쳐 이루어진 경우 토지양수인에 대한 연체기간이 2년이 되지 않는다면 양수인은 지상권소멸청구를 할 수 없다[99다17142].

34 ★★☆

ㄱ. [○] 전세권설정등기를 마친 민법상의 전세권은 그 성질상 용익물권적 성격과 담보물권적 성격을 겸비한 것으로서, 전세권의 존속기간이 만료되면 전세권의 용익물권적 권능은 전세권설정등기의 말소 없이도 당연히 소멸하고 단지 전세금반환채권을 담보하는 담보물권적 권능의 범위 내에서 전세금의 반환시까지 그 전세권설정등기의 효력이 존속하고 있다 할 것이다[2003다35659].

ㄷ. [○] 전세권자는 전세금을 지급하고 타인의 부동산을 점유하여 그 부동산의 용도에 좇아 사용·수익하며, 그 부동산 전부에 대하여 후순위권리자 기타 채권자보다 전세금의 우선변제를 받을 권리가 있다(민법 제303조 제1항). 이처럼 전세권이 용익물권적인 성격과 담보물권적인 성격을 모두 갖추고 있는 점에 비추어 전세권 존속기간이 시작되기 전에 마친 전세권설정등기도 특별한 사정이 없는 한 유효한 것으로 추정된다[2017마1093].

ㄴ. [×] 전세금의 지급은 전세권 성립의 요소가 되는 것이지만 그렇다고 하여 전세금의 지급이 반드시 현실적으로 수수되어야만 하는 것은 아니고 기존의 채권으로 전세금의 지급에 갈음할 수도 있다[94다18508].

ㄹ. [×] 당사자가 주로 채권담보의 목적으로 전세권을 설정하였고, 그 설정과 동시에 목적물을 인도하지 않은 경우라 하더라도 장차 전세권자가 목적물을 사용·수익하는 것을 완전히 배제하는 것이 아니라면 그 전세권의 효력을 부인할 수는 없다[94다18508].

35 ★★★

③ 甲 주식회사가 건물신축 공사대금 일부를 지급받지 못하자 건물을 점유하면서 유치권을 행사해 왔는데, 그 후 乙이 경매절차에서 건물 중 일부 상가를 매수하여 소유권이전등기를 마친 다음 甲 회사의 점유를 침탈하여 丙에게 임대한 사안에서, 乙의 점유침탈로 甲 회사가 점유를 상실한 이상 유치권은 소멸하고, 甲 회사가 점유회수의 소를 제기하여 승소판결을 받아 점유를 회복하면 점유를 상실하지 않았던 것으로 되어 유치권이 되살아나지만, 위와 같은 방법으로 점유를 회복하기 전에는 유치권이 되살아나는 것이 아님에도, 甲 회사가 상가에 대한 점유를 회복하였는지를 심리하지 아니한 채 점유회수의 소를 제기하여 점유를 회복할 수 있다는 사정만으로 甲 회사의 유치권이 소멸하지 않았다고 본 원심판결에 점유상실로 인한 유치권 소멸에 관한 법리오해의 위법이 있다[2011다72189].

① 점유가 불법행위로 인한 경우에는 유치권이 성립하지 않는다(제320조 제2항).

② 유치권에는 적극적인 사용·수익권이 인정되지 않는다. 따라서 유치권자는 원칙적으로 유치물의 사용·대여 또는 담보제공 등 이용행위를 할 수 없다.

④ 유치권자의 점유는 원칙적으로 직접점유이든 간접점유이든 묻지 않으나, 직접점유자가 채무자인 경우에는 유치권의 요건으로서 점유에 해당하지 않는다[2007다27236].

⑤ 민법 제367조는 저당물의 제3취득자가 그 부동산의 보존, 개량을 위하여 필요비 또는 유익비를 지출한 때에는 제203조 제1항, 제2항의 규정에 의하여 저당물의 경매대가에서 우선상환을 받을 수 있다고 규정하고 있다. 이는 저당권이 설정되어 있는 부동산의 제3취득자가 저당부동산에 관하여 지출한 필요비, 유익비는 부동산 가치의 유지·증가를 위하여 지출된 일종의 공익비용이므로 저당부동산의 환가대금에서 부담하여야 할 성질의 비용이고 더욱이 제3취득자는 경매의 결과 그 권리를 상실하게 되므로 특별히 경매로 인한 매각대금에서 우선적으로 상환을 받도록 한 것이다. 저당부동산의 소유권을 취득한 자도 민법 제367조의 제3취득자에 해당한다. 제3취득자가 민법 제367조에 의하여 우선상환을 받으려면 저당부동산의 경매절차에서 배당요구의 종기까지 배당요구를 하여야 한다(민사집행법 제268조, 제88조). 위와 같이 민법 제367조에 의한 우선상환은 제3취득자가 경매절차에서 배당받는 방법으로 민법 제203조 제1항, 제2항에서 규정한 비용에 관하여 경매절차의 매각대금에서 우선변제받을 수 있다는 것이지 이를 근거로 제3취득자가 직접 저당권설정자, 저당권자 또는 경매절차 매수인 등에 대하여 비용상환을 청구할 수 있는 권리가 인정될 수 없다. 따라서 제3취득자는 민법 제367조에 의한 비용상환청구권을 피담보채권으로 주장하면서 유치권을 행사할 수 없다[2022다265093].

36 ★☆☆

① 주택건물의 신축공사를 한 수급인이 그 건물을 점유하고 있고 또 그 건물에 관하여 생긴 공사금 채권이 있다면, 수급인은 그 채권을 변제받을 때까지 건물을 유치할 권리가 있다고 할 것이고, 이러한 유치권은 수급인이 점유를 상실하거나 피담보채무가 변제되는 등 특단의 사정이 없는 한 소멸되지 않는다[95다16202].

② 임대인과 임차인 사이에 건물명도시 권리금을 반환하기로 하는 약정이 있었다 하더라도 그와 같은 권리금 반환청구권은 건물에 관하여 생긴 채권이라 할 수 없으므로 그와 같은 채권을 가지고 건물에 대한 유치권을 행사할 수 없다[93다62119].

③ 부동산 매도인이 매매대금을 다 지급받지 아니한 상태에서 매수인에게 소유권이전등기를 마쳐주어 목적물의 소유권을 매수인에게 이전한 경우에는, 매도인의 목적물인도의무에 관하여 동시이행의 항변권 외에 물권적 권리인 유치권까지 인정할 것은 아니다. 왜냐하면 법률행위로 인한 부동산물권변동의 요건으로 등기를 요구함으로써 물권관계의 명확화 및 거래의 안전·원활을 꾀하는 우리 민법의 기본정신에 비추어 볼 때, 만일 이를 인정한다면 매도인은 등기에 의하여 매수인에게 소유권을 이전하였음에도 매수인 또는 그의 처분에 기하여 소유권을 취득한 제3자에 대하여 소유권에 속하는 대세적인 점유의 권능을 여전히 보유하게 되는 결과가 되어 부당하기 때문이다[2011마2380].

④ 건축자재대금채권은 매매계약에 따른 매매대금채권에 불과할 뿐 건물 자체에 관하여 생긴 채권이라고 할 수는 없어 유치권을 행사할 수 없다[2011다96208].

⑤ 건물의 임대차에 있어서 임차인의 임대인에게 지급한 임차보증금반환청구권이나 임대인이 건물시설을 아니하기 때문에 임차인에게 건물을 임차목적대로 사용 못한 것을 이유로 하는 손해배상청구권은 모두 제320조 소정 위의 그 건물에 관하여 생긴 채권이라 할 수 없다[75다1305].

37 ★☆☆   답 ①

① 제340조 제2항

> 제340조(질물 이외의 재산으로부터의 변제)
> ① 질권자는 질물에 의하여 변제를 받지 못한 부분의 채권에 한하여 채무자의 다른 재산으로부터 변제를 받을 수 있다.
> ② 전항의 규정은 질물보다 먼저 다른 재산에 관한 배당을 실시하는 경우에는 적용하지 아니한다. 그러나 다른 채권자는 질권자에게 그 배당금액의 공탁을 청구할 수 있다.

② 질권은 피담보채권 전부에 관하여 목적물 전부 위에 그 효력이 미친다.

③ 제342조

④ 제338조 제2항

⑤ 제336조

38 ★★☆   답 ②

② 저당권의 효력이 미치는 저당부동산의 종물이라 함은 민법 제100조가 규정하는 종물과 같은 의미로서, 어느 건물이 주된 건물의 종물이기 위하여는 주물의 상용에 이바지되어야 하는 관계가 있어야 하는바, 여기에서 주물의 상용에 이바지한다 함은 주물 그 자체의 경제적 효용을 다하게 하는 것을 말하는 것이며, 주물의 소유자나 이용자의 상용에 공여되고 있더라도 주물 그 자체의 효용과는 직접 관계없는 물건은 종물이 아니다[94다11606].

① 민법 제359조 전문은 "저당권의 효력은 저당부동산에 대한 압류가 있은 후에 저당권설정자가 그 부동산으로부터 수취한 과실 또는 수취할 수 있는 과실에 미친다."라고 규정하고 있는데, 위 규정상 '과실'에는 천연과실뿐만 아니라 법정과실도 포함되므로, 저당부동산에 대한 압류가 있으면 압류 이후의 저당권설정자의 저당부동산에 관한 차임채권 등에도 저당권의 효력이 미친다[2015다230020].

③ 구분건물의 전유부분만에 관하여 설정된 저당권의 효력은 대지사용권의 분리처분이 가능하도록 규약으로 정하는 등의 특별한 사정이 없는 한 그 전유부분의 소유자가 사후에라도 대지사용권을 취득함으로써 전유부분과 대지권이 동일 소유자의 소유에 속하게 되었다면, 그 대지사용권에까지 미치고 여기의 대지사용권에는 지상권 등 용익권 이외에 대지소유권도 포함된다[94다12722].

④ 건물의 증축부분이 기존건물에 부합하여 기존건물과 분리하여서는 별개의 독립물로서의 효용을 갖지 못하는 이상 기존건물에 대한 근저당권은 민법 제358조에 의하여 부합된 증축부분에도 효력이 미치는 것이므로 기존건물에 대한 경매절차에서 경매목적물로 평가되지 아니하였다고 할지라도 경락인은 부합된 증축부분의 소유권을 취득한다[92다26772].

⑤ 저당권의 효력이 저당부동산에 부합된 물건과 종물에 미친다는 민법 제358조 본문을 유추하여 보면 건물에 대한 저당권의 효력은 그 건물에 종된 권리인 건물의 소유를 목적으로 하는 지상권에도 미치게 되므로, 건물에 대한 저당권이 실행되어 경락인이 그 건물의 소유권을 취득하였다면 경락 후 건물을 철거한다는 등의 매각조건에서 경매되었다는 등 특별한 사정이 없는 한, 경락인은 건물 소유를 위한 지상권도 민법 제187조의 규정에 따라 등기 없이 당연히 취득하게 되고, 한편 이 경우에 경락인이 건물을 제3자에게 양도한 때에는, 특별한 사정이 없는 한 민법 제100조 제2항의 유추적용에 의하여 건물과 함께 종된 권리인 지상권도 양도하기로 한 것으로 봄이 상당하다[95다52864].

39 ★★☆ 답 ②

정답 해설

ㄷ. [○] 건물공유자의 1인이 그 건물의 부지인 토지를 단독으로 소유하면서 그 토지에 관하여만 저당권을 설정하였다가 위 저당권에 의한 경매로 인하여 토지의 소유자가 달라진 경우, 건물공유자들은 민법 제366조에 의하여 토지 전부에 관하여 건물의 존속을 위한 법정지상권을 취득한다고 보아야 한다[2010다67159].

오답 해설

ㄱ. [×] 토지에 관하여 저당권이 설정될 당시 그 지상에 토지소유자에 의한 건물의 건축이 개시되기 이전이었다면, 건물이 없는 토지에 관하여 저당권이 설정될 당시 근저당권자가 토지소유자에 의한 건물의 건축에 동의하였다고 하더라도 그러한 사정은 주관적 사항이고 공시할 수도 없는 것이어서 토지를 낙찰받는 제3자로서는 알 수 없는 것이므로 그와 같은 사정을 들어 법정지상권의 성립을 인정한다면 토지 소유권을 취득하려는 제3자의 법적 안정성을 해하는 등 법률관계가 매우 불명확하게 되므로 법정지상권이 성립되지 않는다[2000다14934, 14941].

ㄴ. [×] 동일인의 소유에 속하는 토지 및 그 지상 건물에 관하여 공동저당권이 설정된 후 그 지상 건물이 철거되고 새로 건물이 신축된 경우에는 그 신축건물의 소유자가 토지의 소유자와 동일하고 토지의 저당권자에게 신축건물에 관하여 토지의 저당권과 동일한 순위의 공동저당권을 설정해 주는 등 특별한 사정이 없는 한 저당물의 경매로 인하여 토지와 그 신축건물이 다른 소유자에 속하게 되더라도 그 신축건물을 위한 법정지상권은 성립하지 않는다[98다43601 전합].

40 ★★☆ 답 ①

정답 해설

① 물상보증인이 포함된 이시배당의 문제로 배당순위는 1번 공동저당권자 甲, 물상보증인 丙, 채무자 물건의 후순위 저당권자 丁의 순서이다. 사례에서 공동저당권자인 甲이 물상보증인 소유 부동산에서 먼저 2억 원을 배당받았고 채무자 소유 X토지의 경매시 甲은 나머지 1억 원을 배당받으며, 물상보증인인 丙은 2억 원을 변제자대위취득하므로 후순위저당권자인 丁은 매각대금에서 배당받을 수 있는 것이 없다.

관련판례

• 채무자 소유의 부동산이 먼저 경매된 경우

공동저당의 목적인 채무자 소유의 부동산과 물상보증인 소유의 부동산 중 채무자 소유의 부동산에 대하여 먼저 경매가 이루어져 그 경매대금의 교부에 의하여 1번 공동저당권자가 변제를 받더라도 채무자 소유의 부동산에 대한 후순위 저당권자는 제368조 제2항 후단에 의하여 1번 공동저당권자를 대위하여 물상보증인 소유의 부동산에 대하여 저당권을 행사할 수 없다. 그리고 이러한 법리는 채무자 소유의 부동산에 후순위 저당권이 설정된 후에 물상보증인 소유의 부동산이 추가로 공동저당의 목적으로 된 경우에도 마찬가지로 적용된다[2013다207996].

• 물상보증인 소유의 부동산이 먼저 경매된 경우

공동저당에 제공된 채무자 소유의 부동산과 물상보증인 소유의 부동산 가운데 물상보증인 소유의 부동산이 먼저 경매되어 매각대금에서 선순위공동저당권자가 변제를 받은 때에는 물상보증인은 채무자에 대하여 구상권을 취득함과 동시에 변제자대위에 의하여 채무자 소유의 부동산에 대한 선순위공동저당권을 대위취득한다. 물상보증인 소유의 부동산에 대한 후순위저당권자는 물상보증인이 대위취득한 채무자 소유의 부동산에 대한 선순위공동저당권에 대하여 물상대위를 할 수 있다. 이 경우에 채무자는 물상보증인에 대한 반대채권이 있더라도 특별한 사정이 없는 한 물상보증인의 구상금 채권과 상계함으로써 물상보증인 소유의 부동산에 대한 후순위저당권자에게 대항할 수 없다. 채무자는 선순위공동저당권자가 물상보증인 소유의 부동산에 대해 먼저 경매를 신청한 경우에 비로소 상계할 것을 기대할 수 있는데, 이처럼 우연한 사정에 의하여 좌우되는 상계에 대한 기대가 물상보증인 소유의 부동산에 대한 후순위저당권자가 가지는 법적 지위에 우선할 수 없다[2014다221777, 2014다221784].

제2과목 │ 경제학원론

01	02	03	04	05	06	07	08	09	10
①	⑤	④	④	④	③	④	②	①	⑤
11	12	13	14	15	16	17	18	19	20
③	⑤	①	③	①	⑤	⑤	①	②	①
21	22	23	24	25	26	27	28	29	30
④	③	④	④	②	⑤	①	②	③	②
31	32	33	34	35	36	37	38	39	40
④	③	⑤	④	②	②	③	④	①	③

총평

올해 경제학원론 시험은 기출문제의 전형적 모습에서 벗어나, 수리적 모형에 근거하여 주요 개념을 정확하게 이해하고 있는지를 묻는 문제가 상당수 많았다. 문제 자체가 어려운 것은 아니었으나, 충분한 이해 없이 기출지문을 암기하는 데 그친 수험생들에게는 매우 어렵게 다가왔을 것이다. 부문별 출제비중을 살펴보면 미시경제학에서 20문제, 거시경제학에서 17문제, 국제경제학에서 3문제가 출제되었으며 미시경제학에서는 중요단원(수요공급이론, 소비이론, 생산이론, 시장이론)에 집중하여 문제(17문제)가 출제되었고 거시경제학에서는 계산문제(12문제)가 예년보다 매우 늘어난 것이 특징이다. 앞으로는 경제학을 학습함에 있어 맹목적 암기보다는 이해에 착안, 주요개념을 정확히 숙지하는 데 집중해야 할 것이다.

01 ★★☆　　　　　　　　　　　답 ①

정답 해설

X재의 가격을 P_X, Y재의 가격을 P_Y라고 할 때 Y재의 가격은 변하지 않는다고 하였으므로, 예산선 $P_X X + \overline{P_Y} Y = M$에서,

1) Y재의 가격이 변하지 않았는데 예산선의 Y절편이 작아졌다는 것은 소득(M)이 줄어들었다는 것을 의미한다(Y절편에서 X재화는 0개 구매).

2) 줄어든 소득에서, 예산선의 X절편이 그대로라는 것은 X재화의 가격이 하락하였다는 것을 의미한다(줄어든 소득에서 동일한 재화의 양을 구매할 수 있다는 것은 그 재화의 가격

이 하락하였기 때문이다).

따라서, X재의 가격은 하락하고, 소득은 감소한 것이다.

02 ★☆☆　　　　　　　　　　　답 ⑤

정답 해설

⑤ 수요가 가격 탄력적인 상품이라면 가격 하락 시 수요량 증가가 더 크게 나타나므로, 판매수입은 증가한다.

오답 해설

① 사치재는 수요의 소득탄력성이 1보다 큰 재화를 말한다. 소득탄력성이 0보다 크면 정상재이며, 이러한 정상재 중에서 수요의 소득탄력성이 0보다 크고 1보다 작은 재화를 필수재, 1보다 큰 재화를 사치재라고 한다.

② 열등재는 소득이 증가할 때 수요가 감소하는 재화로, 수요의 소득탄력성이 0보다 작은 재화를 말한다.

③ 기펜재는 열등재 중에서도 소득효과가 대체효과보다 더 큰 경우이다. 소득이 증가함에 따라 수요가 감소하는 재화를 열등재라고 하는데, 열등재 중에서도 열등성이 매우 커서 소득효과가 가격하락에 따른 수요량 증가의 대체효과를 초과하여 결과적으로 가격의 하락이 수요량의 감소를 가져오는 재화를 기펜재라고 한다.

④ 두 상품이 완전 대체재일 경우, 무차별곡선은 우하향하는 직선이다.

03 ★★☆　　　　　　　　　　　답 ④

정답 해설

- $X > Y$일 때

$$U = X + 2Y, \ Y = -\frac{1}{2}X + \frac{U}{2}$$

- $X < Y$일 때

$$U = 2X + Y, \ Y = -2X + U$$

- 따라서 무차별곡선은 $X = Y$를 기준으로 $X > Y$일 때에는 기울기가 $-\frac{1}{2}$, $X < Y$일 때에는 기울기가 -2인 직선의 형태가 되며 이를 나타내는 것은 ④이다.

04 ★☆☆　　　정답 ④

정답 해설

$U(X,\ Y)=(X+2)(Y+1)=XY+X+2Y+2$에서 한계대체율이 4이므로,

$$MRS_{XY}=\frac{MU_X}{MU_Y}=\frac{Y+1}{X+2}=4$$

위에 식에 $X=14$를 대입하면, $4\times(14+2)=Y+1$

$\therefore Y=63$

05 ★☆☆　　　정답 ④

정답 해설

ㄱ. [○] $MRTS_{LK}=\dfrac{MP_L}{MP_K}$이므로 옳다.

ㄴ. [○] 무차별곡선과 등량곡선 모두 완전 대체가 가능하면 우하향의 직선이 된다($Q=aL+bK$).

ㄷ. [○] 등량곡선이 원점에 대해 볼록하다는 것은 한계기술대체율(|등량곡선의 기울기|)이 체감한다는 것이므로 옳다.

오답 해설

ㄹ. [×] 콥−더글러스(Cobb−Douglas) 생산함수의 한계기술대체율은 오른쪽으로 이동함에 따라 체감하는 것이지, 0이 아니다.

06 ★★★　　　정답 ③

정답 해설

• 각각의 비용곡선을 정리하면,

$C(Q)=2+\dfrac{Q^2}{2}$에서, $MC=Q$

완전경쟁시장에서 $P=MC$이므로, $P=Q$

그리고 이러한 비용곡선을 가진 기업이 100개 존재하므로, $Q=100P$

• 또 다른 비용곡선 $C(Q)=\dfrac{Q^2}{10}$에서, $MC=\dfrac{1}{5}Q$

완전경쟁시장에서 $P=MC$이므로, $P=\dfrac{1}{5}Q$

그리고 이러한 비용곡선을 가진 기업이 60개 존재하므로, $Q=300P$

• 두 공급곡선을 합하면, 산업 A의 공급곡선은 $Q=400P$

07 ★☆☆　　　정답 ④

정답 해설

• 완전경쟁시장에서 이윤의 극대화는 $P=MC$인 지점이므로,
  $100=8Q+4,\ Q=12$

• 그리고 이 때의 이윤 $\pi=TR-TC$ 이므로,
  $100\times12-(4\cdot12^2+4\cdot12+100)=476$

$\therefore$ (ㄱ) 생산량 : 12, (ㄴ) 이윤 : 476

08 ★★☆　　　정답 ②

정답 해설

② 규모에 대한 수익체감이 아닌, 규모에 대한 수익체증에서 규모의 경제가 발생하여 독점형성으로 이어지므로 시장실패의 요인이 된다.

오답 해설

① 역선택은 정보가 비대칭적으로 분포된 상황에서 정보를 갖지 못한 측의 입장에서 볼 때 바람직하지 못한 상대방과 거래를 할 가능성이 높아지는 현상으로써, 시장실패의 사례이다.

③ 긍정적 외부성은 제3자가 혜택을 보면서도 그에 따른 대가를 지불하지 않기 때문에 시장실패의 사례이다.

④ 불완전한 정보는 역선택, 도덕적 해이와 관련되는 것으로써 시장실패를 발생시키는 요인이다.

⑤ 비경합성과 비배제성을 갖는 재화는 공공재이다. 공공재는 비경합성과 비배제성으로 인해 민간부문에서는 공급이 이루어지기 어렵고(시장실패), 보통 정부(국가)가 담당한다.

09 ★★★　　　정답 ①

정답 해설

효용함수는 완전대체재인 직선의 효용함수이다. 효용함수의 기울기인 MRS_{XY}는 1이고 상대가격의 비율인 $\dfrac{P_X}{P_Y}$는 $\dfrac{5}{6}$에서 $\dfrac{8}{6}$로 변화한다. 따라서 처음에는 $MRS_{XY}>\dfrac{P_X}{P_Y}$로 X재화만 선택하지만 이후 X재의 가격이 상승하게 되면 $MRS_{XY}<\dfrac{P_X}{P_Y}$이므로 Y재화만 구매하게 된다. X재의 수요량 변화는 소득효과에 따른 변화는 없고, 대체효과에 기인한다.

10 ★★☆　　　정답 ⑤

정답 해설

⑤ 이중가격설정. 낮은 가격은 한계비용곡선과 수요곡선이 교차하는 지점의 가격으로, 높은 가격은 한계비용과 한계수입이 일치하는 가격으로 판매하도록 하는 정책이다.

제2과목 | 경제학원론 **17**

① 러너의 독점력지수는 독점에 따른 후생손실을 측정하는 척도로써, 가격과 한계비용의 차이를 가격으로 나눈 것으로 정의한다. 즉 $dm = \dfrac{P-MC}{P}$에서 이윤극대화 수준의 $MC = MR$을 대입하면,

$$dm = \dfrac{P-MR}{P} = \dfrac{P-P\left(1-\dfrac{1}{\epsilon}\right)}{P} = \dfrac{1}{\epsilon}$$

따라서 러너의 독점력지수는 수요곡선 상의 이윤극대화점에서 측정한 수요의 가격탄력성의 역수와 같은 값이 되고, 수요의 가격탄력성이 클수록 독점도는 작아진다.

② 한계비용가격설정($P = MC$)은 한계비용이 가격과 일치하므로 자원배분이 효율적으로 이루어지지만 $P < AC$이므로 자연독점 기업이 손실을 보게 된다.

③ 평균비용가격설정($P = AC$)은 적자가 발생하지는 않지만, 한계비용가격설정보다 자원배분이 비효율적으로 이루어진다.

11 ★☆☆   📘 ③

정답 해설

ㄱ. [○] 수요곡선이 수직선인 경우, 수요의 가격탄력성은 수요곡선 상의 모든 점에서 0이다.

ㄴ. [○] 수요곡선이 직각쌍곡선의 형태인 경우, 수요곡선 상의 모든 점에서 수요의 가격탄력성은 1이다.

ㄷ. [○] 공급곡선이 원점을 지나는 직선인 경우, 공급의 가격탄력성은 모든 점에서 1이다.

오답 해설

ㄹ. [×] 수요곡선이 우하향하는 직선인 경우, 수요의 가격탄력성은 중점에서 1이고, 중점보다 가격이 높으면 탄력적, 중점보다 가격이 낮으면 비탄력적이다.

12 ★☆☆   📘 ⑤

정답 해설

⑤ 가격상한제와 가격하한제 모두 시장 균형에 인위적 조정을 가한 것이므로 자중손실이 발생한다.

오답 해설

① 가격상한제는 시장균형보다 낮은 수준의 가격에 상한을 두므로, 초과수요가 발생하고 실제 거래량은 실시 이전보다 감소한다.

② · ④ 가격하한제는 시장균형보다 높은 수준의 가격에 하한을 두므로, 초과공급이 발생하고 실제 거래량은 실시 이전보다 감소한다.

③ 최저임금제는 가격하한제에 해당하는 가격규제이다(최저임금 미만의 거래를 금지).

13 ★☆☆   📘 ①

정답 해설

ㄴ. [○] 규모에 대한 수익체증은, 생산요소의 투입량을 K배 늘렸을 때 산출량은 K배보다 더 크게 증가하는 것을 말한다. 따라서 이 경우 장기평균비용곡선은 우하향한다.

오답 해설

ㄷ. [×] 기업의 한계비용곡선이 평균비용곡선의 최저점을 통과한다.

ㄹ. [×] 규모의 경제가 있으면 평균비용곡선은 우하향한다.

14 ★☆☆   📘 ③

정답 해설

• 주어진 생산함수를 통해 한계기술대체율을 구하면,

$$MRTS_{LK} = \dfrac{MP_L}{MP_K} = \dfrac{0.5L^{-0.5}K^{0.5}}{0.5L^{0.5}K^{-0.5}} = \dfrac{K}{L}$$

• 그리고 생산요소 가격 비율은

$$\dfrac{w}{r} = \dfrac{12}{24}$$

• 두 식을 연립하면(생산자 균형)

$$\dfrac{K}{L} = \dfrac{12}{24}$$

$$\therefore L = 2K$$

15 ★☆☆   📘 ①

정답 해설

① 평등주의 경향이 강할수록 사회무차별곡선은 원점에 대해 더 볼록한 모양을 갖는다.

오답 해설

② 평등주의 사회후생함수는 저소득층에 대해서는 보다 높은 가중치를, 그리고 고소득층에 대해서는 보다 낮은 가중치를 부여한다. 예로 내쉬의 사회후생함수 $SW = U_A \times U_B$가 있고 사회적 무차별곡선은 원점에 대해서 볼록한 형태를 취하게 된다.

③ 공리주의자의 사회후생함수는 $SW = U_A + U_B$로 사회후생은 소득분배와는 관계없이 개인의 효용을 합한 크기로 결정된다고 본다.

④ · ⑤ 롤즈의 사회후생함수는 사회의 후생이 가장 가난한 사람의 효용수준에 의해서 결정된다. 즉 $SW = \min(U_A, U_B)$이 되고, 후생극대화를 위해서는 최소극대화 원칙이 적용되어야 함을 알 수 있다. 그리고 사회적 무차별 곡선은 45도 선상에서 L자 형을 이룬다.

16 ★☆☆   답 ⑤

정답 해설

- 한계비용과 동일하게 가격을 설정한다고 하였으므로 $P=MC=5$이고 생산량은 $5=140-Q$, $Q=135$이다.
- 이때의 이윤 $\pi=TR-TC=5\times135-(750+5\cdot135)$
  $=-750$

따라서 손실이 750이다.

17 ★★☆   답 ⑤

정답 해설

- 고정비용이 400, 가변생산요소 L의 가격이 400이므로, $TC=400L+400$
- 단기생산함수 $Q=4L^{0.5}$를 L에 대하여 정리하면, $L=\dfrac{1}{16}Q^2$이다.
- L을 TC에 대입하면, $TC=400\times\dfrac{1}{16}Q^2+400$
  $=25Q^2+400$

18 ★★★   답 ①

정답 해설

① 계약곡선은 생산뿐 아니라 교환(소비)의 측면도 설명할 수 있으나 생산만을 언급하였으므로 틀린 지문이다.

오답 해설

② 효용가능곡선은 재화공간의 계약곡선을 효용공간으로 옮긴 것으로써 효용가능곡선상의 모든 점은 교환(소비)이 파레토 효율적으로 이루어지는 점이다.

③ 효용가능경계란 경제 내의 모든 자원을 가장 효율적으로 배분하였을 때의 개인A와 개인B의 효용조합을 의미하는 것으로, 효용가능곡선의 포락선으로 도출된다. 옳은 지문이다.

④ 종합적 효율성(overall efficiency)이란 생산과 교환이 모두 파레토효율적으로 이루어지는 상태로 $MRS_{XY}=MRT_{XY}$로 나타낼 수 있다.

19 ★★☆   답 ②

정답 해설

- 완전경쟁시장에서 이윤극대화를 추구하므로 $P=MC$이고 공급곡선에서 $P=2Q$이므로, $MC=2Q$
- $TC=TVC+TFC$에서
  $MC=\dfrac{dTC}{dQ}=\dfrac{dTVC}{dQ}=2Q$이므로 $TVC=Q^2$이 된다.
- ∴ 생산량이 5일 때, 가변비용은 25가 된다.

20 ★★☆   답 ①

정답 해설

- 총요소비용 TFC_L
  $=w\times L=(60+0.08L)\times L=60L+0.08L^2$에서 노동의 한계요소비용 $MFC_L=\dfrac{dTFC_L}{dL}=60+0.16L$이다.
- 기업A가 1,000의 노동량을 고용할 경우,
  $w=60+0.08\times1000=140$
- 그리고 이때의 $MFC_L=60+0.16\times1000=220$

따라서, 노동의 한계요소비용은 임금률보다 80만큼 더 크다.

21 ★★☆   답 ④

정답 해설

- 실질GDP증가율$=\dfrac{(100\times10)+(100\times50)}{(100\times10)+(80\times50)}=1.2$
- ∴ 2023년의 전년대비 실질GDP증가율은 20%이다.
- 소비자물가지수는 라스파이레스 물가지수로서 그 증가율은 다음과 같다.
  소비자물가상승률$=\dfrac{(15\times2)+(40\times1)}{(10\times2)+(50\times1)}=1$
- ∴ 2023년의 전년대비 소비자물가상승률은 0%이다.
- (ㄱ) : 20%, (ㄴ) : 0%

22 ★★☆   답 ③

정답 해설

③ 2023년 베트남의 투자는 10억 달러로 이는 재고투자에 해당한다.

오답 해설

① 2023년 한국의 GDP는 100억 달러이다(수출액).

② 2023년 베트남의 GDP는 부품 100달러를 수입해 소비재 완제품 200억 달러를 만든 것이므로, 부가가치 측면에서 100억 달러이다.

④ 2023년 베트남의 순수출은 수출액 190억 달러 - 수입액 100억 달러=90억 달러이다.

⑤ 2024년 베트남의 소비는 10억 달러지만, 재고투자가 감소하여 상쇄되기 때문에 GDP는 불변이다.

23 ★★★   답 ④

정답 해설

$Y=C+I+G+NX$는 다음의 계정으로 변경할 수 있다.
$Y-C-T+T-G-I=NX$
$(Y-C-T)+(T-G)-I=NX$
$(Y-C-T)+(50-40)-(50+60)=0$
∴ $Y-C-T=S^p=100$

24 ★★☆   정답 ③

정답 해설

ㄱ. [○] 경제 주체들이 디스인플레이션 정책을 알고 있고 이것을 기대 인플레이션에 즉각 반영한다면, 그만큼 장기균형에 빨리 도달하고 실업률 상승을 동반하지 않게 된다.

ㄷ. [○] 단기에 필립스곡선이 우하향하므로 디스인플레이션 정책을 실행할 경우, 실업율이 증가하고 경기침체가 나타난다.

오답 해설

ㄴ. [×] 디스인플레이션 정책이 시행되면, 명목이자율은 고정된 상태에서 인플레이션율이 낮아지므로 실질이자율은 피셔방정식에 의하여 증가한다.

25 ★★☆   정답 ②

정답 해설

손실함수를 최소화하도록 한다는 것은 $\dfrac{dL}{d\pi_t}=0$인 지점을 찾는 것이고 $\pi_t^e=0$이므로,

$L(\pi_t)=-0.5(\pi_t-0)+0.5(\pi_t)^2=-0.5\pi_t+0.5(\pi_t)^2$

$\dfrac{dL}{d\pi_t}=-0.5+\pi_t=0$

$\therefore \pi_t=0.5$

26 ★★☆   정답 ⑤

정답 해설

⑤ 환율경로는 통화량의 변화가 환율의 변화를 가져와 그에 따른 순수출의 변화가 실물부문에 영향을 미치는 경로이다. 이자율이 상승하면 원화표시 자산의 수익률이 상대적으로 높아지기 때문에, 자본이 유입되고 환율은 낮아진다(자국통화 가치 상승). 그 결과 수출은 감소하고, 수입이 증가하게 된다.

오답 해설

① 공개시장 매입은 중앙은행이 국채 등을 매입하고 돈을 주는 것이므로, 본원통화가 증가하여 이자율을 하락시킨다.

③ 통화정책의 변화가 산출량과 고용 등 실물부분에 영향을 미치는 경로를 금융정책의 파급경로 라고 하며, 이러한 금융정책의 파급경로로 크게 금리경로, 자산가격경로, 환율경로, 신용경로가 있다. 자산가격 경로는 통화량의 변화가 주식, 부동산 등 민간이 보유한 자산가격에 영향을 주어 실물부문에 영향을 미치는 경로로써 옳은 지문이다.

④ 신용경로 중 은행대출경로는 통화량의 변화로 인한 은행의 대출여력의 변화가 기업이나 가계의 대출에 영향을 주어 실물부문에 영향을 미치는 경로로써 옳은 지문이다.

27 ★★☆   정답 ①

정답 해설

• 고전학파 모형에서는 저축과 투자가 일치한다. 따라서 $G=150$일 때, 실질이자율과 민간투자는

$0.05r(1000-200)+(200-150)=200-10r$

$40r+50=200-10r,\ 50r=150$

$\therefore r=3,\ I=S=170$

• 그리고 $G=200$일 때, 실질이자율과 민간투자는

$0.05r(1000-200)+(200-200)=200-10r$

$40r=200-10r,\ 50r=200$

$\therefore r=4,\ I=S=160$

• 따라서 실질이자율은 1%포인트 상승하고, 민간투자는 10 감소한다.

28 ★★☆   정답 ②

정답 해설

② 생애주기가설에 따르면, 앞으로 T년을 더 생존할 것으로 예상되는 어떤 개인이 W의 자산을 보유하고 있으며, 현재부터 은퇴할 때까지 R년 동안 매년 Y원의 소득을 얻을 것으로 기대되는 경우, 이 개인의 소비함수 $C=\dfrac{W+RY}{T}$로 나타내진다. 따라서 은퇴연령의 변화 없이 기대수명이 증가하면, 매년 이루어지는 소비는 감소한다.

오답 해설

① 케인즈의 소비이론은 절대소득가설로, 이자율이 아닌 현재의 처분가능소득이 소비의 주요 결정요인이다.

③ 리카도의 등가정리는 정부지출이 고정된 상태에서 조세를 감면하고 국채발행을 통해 지출재원을 조달하더라도 경제의 실질변수에는 아무런 영향을 미칠 수 없다는 내용이다. 조세가 감면되고 국채가 발행되면, 개별경제주체들이 미래의 조세증가를 예상하고 이에 대비하여 저축을 증가시키므로 민간소비가 증가하지 않는다는 것이다. 이는 미래전망적인 소비이론에 근거한 것으로써, 케인즈의 소비이론보다는 항상소득가설 또는 생애주기가설의 기초와 더 가까운 것이다.

④ 케인즈의 소비이론은 현재의 처분가능소득의 크기에 따라 소비가 달라지게 된다(소비 평탄화가 아님).

⑤ 임의보행가설은 항상소득가설에 합리적 기대를 도입하여 소비행태를 설명하는 이론이다. 유동성제약이 존재할 경우, 케인즈의 절대소득가설이 생애주기가설, 항상소득가설보다 소비자의 소비선택을 더 잘 설명한다.

29 ★★☆　　　　　　　　　　　　　　目 ③

정답 해설

정부지출승수는 $\dfrac{1}{1-c(1-t)}$ (c: 한계소비성향, t:세율)이므로 주어진 식에서 도출하면,

$$\frac{dY}{dG}=\frac{1}{1-0.5(1-0.2)}=\frac{1}{0.6}=\frac{5}{3}$$

따라서 정부지출을 1만큼 증가시키면 균형국민소득은 $\dfrac{5}{3}$ 만큼 증가한다.

30 ★☆☆　　　　　　　　　　　　　　目 ②

정답 해설

$Y=C+I+G$에서 주어진 식을 대입하면,
$20=2+0.8(20-10)+(2-10r)+10$
$r=0.2$

31 ★☆☆　　　　　　　　　　　　　　目 ④

정답 해설

생산함수를 변화율로 정리하면, $Y=AK^{0.5}L^{0.5}$에서

$$\frac{\Delta Y}{Y}=\frac{\Delta A}{A}+0.5\frac{\Delta K}{K}+0.5\frac{\Delta L}{L}$$

$$5\%=\frac{\Delta A}{A}+0.5\times4\%+0.5\times(-2\%)$$

$$\therefore\ \frac{\Delta A}{A}=4\%$$

32 ★★☆　　　　　　　　　　　　　　目 ③

정답 해설

- 구매력평가설이 성립하므로 $\dfrac{\Delta e}{e}=\dfrac{\Delta P}{P}-\dfrac{\Delta P_f}{P_f}$에서, 한국과 미국의 인플레이션율이 각각 3%와 5%이므로 환율은 2% 하락한다.

- 이자율평가설이 성립하므로 $i=i_f+\dfrac{\Delta e}{e}$에서, 미국의 명목이자율이 5%, 환율이 2% 하락하므로 한국의 명목이자율은 3%이다.

33 ★★★　　　　　　　　　　　　　　目 ⑤

정답 해설

균제상태의 조건인 $sf(k)=(n+g+d)k$에 1인당 생산함수를 대입하면, $0.2\times0.5k^{0.2}=0.1k$, $k^{0.2}=k$, $k=1$이다.

ㄷ. [○] 균제상태로 수렴함에 따라 1인당 자본량이 더 이상 변화하지 않으므로 생산량의 변화율도 0으로 수렴한다.

ㄹ. [○] 황금률에서는 $MP_k=n+d$이므로, $0.1k^{-0.8}=0.1$, $k=1$이므로 균제상태의 1인당 자본량과 황금률 수준은 같다.

오답 해설

ㄱ. [×] 1인당 자본량이 2라면 균제상태의 자본량보다 크기 때문에(자본 과다축적), 균제상태로 수렴하는 과정에서 1인당 투자는 감소하게 된다.

ㄴ. [×] 1인당 자본량이 2이면, 과다 자본 상태로 실제투자액보다 필요투자액이 더 크다. 따라서 1인당 자본의 감가상각이 1인당 저축보다 크다.

34 ★★★　　　　　　　　　　　　　　目 ④

정답 해설

ㄷ. [○] 불가능의 삼각정리(Impossible Trinity)로, 환율의 안정, 통화정책의 독립성, 자본이동의 자유화 이 세 가지 목표는 동시에 달성하는 것이 불가능하며, 따라서 이 세 가지 목표 중에서 적어도 어느 하나는 포기해야 하는 현상을 말한다.

ㄹ. [○] 국내통화의 평가절상은 환율의 하락을 기대하게 된다는 것이므로, 국내통화로 계산된 외국채권의 기대수익률이 하락한다.

오답 해설

ㄱ. [×] 현재 시장균형환율보다 높은 수준이어서 자국통화가 약세이므로 투기세력 입장에서는 해당국의 통화가치가 상승하리라고 예상, 달러를 공급하여 해당국 통화로 교환하고자 한다. 투기적 공격으로 달러공급이 늘어나면 환율의 하락 우려가 발생하고, 이에 정부는 달러를 매입하게 되므로 국내 통화량은 증가한다.

ㄴ. [×] 투기적 공격으로 달러공급이 늘어나면 환율의 하락 우려가 발생하고, 이에 정부는 달러를 매입하게 되므로 외환 보유고는 증가한다.

35 ★★☆　　　　　　　　　　　　　　目 ②

오답 해설

① 유동성함정은 화폐수요곡선이 수평인 구간으로, 화폐수요의 이자율탄력성이 무한대(∞)이다.

③ IS곡선이 수평선인 경우, 통화정책은 LM곡선을 이동시키고 이로 인하여 국민소득 또한 증감하게 된다.

④ 물가 하락에 따른 자산의 실질가치 상승이 소비를 증가시키게 되는 효과를 피구효과라고 한다.

⑤ IS곡선이 우하향할 때, IS곡선의 위쪽에 있는 점이 생산물시장의 초과공급 상태이며 아래쪽이 초과수요 상태이다.

36 ★★★

답 ②

정답 해설

- 화폐시장의 균형에서는 $\dfrac{M^s}{P}=\dfrac{M^d}{P}$가 성립하고 $M=40$, $P=1$이므로 LM곡선을 도출하면, $40=3Y-r$
- 위의 LM곡선과 IS곡선인 $r=120-5Y$을 연립하면 균형소득과 균형이자율은, $40=3Y-(120-5Y)$, $Y=20$, $r=20$이 된다.
- 한편 균형이자율을 5만큼 높이므로 $r=25$가 되고, 이를 IS곡선에 대입하면 $25=120-5Y$, $Y=19$이다.
- 이를 LM곡선에 대입하면, $M^s=3Y-r=3\times19-25=32$
- ∴ 명목화폐공급량은 40에서 32로 8만큼 감소한다.

37 ★☆☆

답 ③

정답 해설

ㄱ. [○] 재화의 구매력을 기준으로 평가한 구매력평가환율에 따르면 5,000원=5달러이므로 환율은 1,000(원/달러)이다.

ㄴ. [○] '미국의 햄버거 가격과 환율이 변하지 않는다면'에서 현재 환율인 1,100(원/달러)을 유지하겠다는 의미임을 알 수 있으므로, 장기적으로 구매력평가설이 성립하기 위해서는 한국의 햄버거 가격이 5,500으로 상승해야 한다.

오답 해설

ㄷ. [×] '장기적으로 구매력평가설이 성립하고 한국과 미국의 햄버거 가격이 변하지 않는다면'은 장기적으로 환율이 1,000(원/달러)에 도달한다는 것을 뜻하므로, 환율은 하락하게 된다.

38 ★☆☆

답 ④

정답 해설

④ 실물경기변동이론은 새고전학파의 이론으로 경기변동이 추세에서 벗어난 불균형적 현상이 아니라, 그 자체가 균형의 변동이라는 관점을 따른다. 따라서 경기변동국면에서 최적화가 달성된다.

오답 해설

① 새케인즈학파는 단기 필립스곡선은 우하향한다고 본다.

② 가격 신축성에 근거하여 경기변동을 설명하는 것은 고전학파이다. 새케인즈학파는 가격변수의 경직성을 기본적 가정으로 둔다.

③ 화폐중립성은 고전학파의 견해이다.

⑤ 메뉴비용이론이란 기업들이 가격을 변경하는데 발생하는 홍보비, 인쇄비 등의 비용을 말하는 것으로써 새케인즈학파의 재화가격의 경직성을 설명하는 이론이다.

39 ★★★

답 ①

정답 해설

- 생산가능인구를 100으로 두면, 경제활동참가율은 50%, 실업률은 10%이므로 경제활동인구는 50, 실업자는 5가 된다. 이를 표로 나타내면 다음과 같다.

생산가능인구(100)		
비경제활동인구(50)	경제활동인구(50)	
	실업자(5)	취업자(45)

- 여기에서 t와 $t+1$ 시점 사이의 변화를 순서대로 기입하면 다음과 같다.

		생산가능인구(100)		
		비경제활동인구(50)	경제활동인구(50)	
			실업자(5)	취업자(45)
	⟨*1⟩		−1	1
	⟨*2⟩	0.5	−0.5	
	⟨*3⟩		0.45	−0.45
	⟨*4⟩	−0.5	0.5	

⟨*1⟩ : $5\times0.2=1$

⟨*2⟩ : $5\times0.1=0.5$

⟨*3⟩ : $45\times0.01=0.45$

⟨*4⟩ : $50\times0.01=0.5$

- 이러한 변화를 합하면 다음과 같다.

생산가능인구(100)		
비경제활동인구(50)	경제활동인구(50)	
	실업자(4.45)	취업자(45.55)

따라서, $t+1$ 시점의 실업률 $=\dfrac{\text{실업자}}{\text{경제활동인구}}=\dfrac{4.45}{50}=8.9\%$

40 ★★★

답 ③

정답 해설

$M2$ 통화지표이므로 요구불예금 외에 저축성예금까지 계산하면 된다. 통화승수의 기본식인

$$m=\frac{M}{H}=\frac{C+D}{C+Z}=\frac{k+1}{k+z}$$에서

z(지급준비율)$=\dfrac{1}{10}$, k(현금-예금비율, $\dfrac{C}{D}$)$=\dfrac{1}{3}$이므로,

$$m=\frac{\dfrac{1}{3}+1}{\dfrac{1}{3}+\dfrac{1}{10}}=\frac{\dfrac{4}{3}}{\dfrac{13}{30}}=\frac{40}{13}≒3.07,\text{ 반올림하면 3.10이다.}$$

제3과목 | 부동산학원론

01	02	03	04	05	06	07	08	09	10
②	④	③	⑤	③	③	⑤	③	②	①
11	12	13	14	15	16	17	18	19	20
④	②	⑤	⑤	④	④	①	②	①	②
21	22	23	24	25	26	27	28	29	30
②	⑤	③	④	①	④	③	③	②	④
31	32	33	34	35	36	37	38	39	40
①	②	①	④	③	②	⑤	③	⑤	①

총평

전반적으로 제34회 시험에 비해 세세한 법령 내 규정이나 정의를 묻는 문제가 꽤 있어 수험생이 시험 중 당황스러운 순간이 있었을 것으로 예상된다. 전반적인 문제 수준은 예년에 비해 큰 차이가 없었고, 오히려 기본적인 문제도 많이 포함되어 있어 문제간 난이도 차이가 꽤 있었다고 볼 수 있다. 또한 몇 년 전부터 계산문제가 대폭 늘어난 것도 특징일 것이다. 정상적으로 공부했다면 40분의 한정된 시간에서 65~75점 정도 나올 것으로 예상된다. 부동산학원론은 1차 시험에서 전략적인 과목임에도 최근 범위가 넓어지고, 문제수준도 더 깊은 지식을 요구하고 있다. 개념정리와 문제풀이 등을 통하여 기존 지식을 응용하고 활용하는 연습이 필요하겠다.

01 ★★☆　　　　　　답 ②

정답 해설

② 정착물은 원래는 동산이나, 토지에 부착되어 계속적으로 이용되고 있다고 인정되는 물건으로 토지와 별도로 거래되는 독립정착물과 토지의 일부로 간주되는 종속정착물로 나눌 수 있으며, 문제는 종속정착물 종류를 물어보는 것으로 종속정착물은 축대, 도로, 구거, 매년 경작을 요하지 않는 다년생 식물, 자연식생물 등이 대표적이다.

오답 해설

가식 중에 있는 수목, 경작수확물은 정착물이 아니며, 건물, 소유권 보존등기된 입목은 토지와 독립된 정착물(독립정착물)이다.

02 ★★☆　　　　　　답 ④

정답 해설

④ 개업공인중개사 중 법인공인중개사만이 대통령령으로 정하는 기준과 절차에 따라 등록관청의 허가를 받아 그 관할 구역 외의 지역에 분사무소를 둘 수 있다.

03 ★★☆　　　　　　답 ③

오답 해설

① 민영주택은 국민주택을 제외한 주택을 의미한다.
② 세대구분형 공동주택은 공간의 일부를 구분소유 할 수 없다.
④ 에너지절약형 친환경주택은 이산화탄소 배출량을 저감할 수 있는 주택을 말한다.
⑤ 장수명 주택은 내부구조를 쉽게 변경할 수 있는 주택을 의미한다.

04 ★★★　　　　　　답 ⑤

정답 해설

⑤ 별도합산과세대상 토지는 영업용 건축물의 부속토지, 철거·멸실된 건축물 또는 주택의 부속토지 등이 있다.

05 ★★☆　　　　　　답 ③

정답 해설

③ 균형공간재고는 신규건설량과 기존 재고량을 합한 개념으로, 건축원자재 하락에 따라 신규건설량이 증가될 것이므로 균형공간재고는 증가할 것이다.

오답 해설

건축원자재 가격 하락은 신규 건설비용 하락으로 신규건설 착공이 용이해지고, 따라서 신규건설량이 증가함에 따라 시장에 공급이 증대되므로 균형가격 및 임대료는 하락될 것이다.

06 ★★☆ 정답 ③

오답 해설

ⓛ (×) 후보지가 아닌 이행지에 대한 설명이다.
ⓔ (×) 나지 중 사법상의 권리가 설정되어 있지 않은 토지를
의미한다.

07 ★☆☆ 정답 ⑤

오답 해설

공동중개계약이란 2인 이상의 업자가 공동활동으로 중개업무
를 영위하는 제도를 의미한다.

08 ★★★ 정답 ③

정답 해설

③ 시 · 군세에는 주민세 · 재산세 · 자동차세 · 도축세 · 농지
세 · 종합토지세 · 담배소비세 · 도시계획세 · 지방소득세 등
의 세목이 포함된다.

09 ★★☆ 정답 ②

정답 해설

② 부동성이란 위치의 고정성을 의미하는 것으로 위치가 고정
되어 있다 보니 외부효과에 영향을 많이 받게 된다.

10 ★★☆ 정답 ①

정답 해설

① 빈집 및 소규모주택 정비에 관한 특례법상 소규모주택정비
사업에 해당하는 것은 자율주택정비사업, 가로주택정비사
업, 소규모재건축사업, 소규모재개발사업만을 의미한다.

11 ★☆☆ 정답 ④

정답 해설

④ 감정평가법인등이 토지를 감정평가할 때에는 공시지가기준
법을 적용해야 한다.

12 ★★☆ 정답 ②

정답 해설

② 1,000,000(신축공사비)×115/100(건축비지수)×40/50(10
년 만년감가: 2013.06.16.~2023.06.16.)×350(면
적)=322,000,000원

13 ★☆☆ 정답 ⑤

정답 해설

⑤ ㄱ, ㄴ, ㄷ, ㄹ 모두 옳은 설명이다.

14 ★☆☆ 정답 ⑤

오답 해설

① 직접환원법은 한 해의 소득기준으로 환원한다.
② 수익환원법에 의해 산정된 가격을 수익가액이라 한다.
③ 유효총수익(가능총수익에서 공실 및 불량부채 충당금 공제)
에서 운영경비를 공제한 것이 순수익이다.
④ 직접환원법은 시장추출법으로 구하는 것을 원칙으로 한다.

15 ★☆☆ 정답 ④

정답 해설

④ 적합의 원칙은 부동산의 이용방법이 주위환경에 적합하여야
한다는 가격 제원칙으로 외부적 차원에서 지원하는 원칙이다.

16 ★☆☆ 정답 ④

정답 해설

④ 감칙 제19조에 의해 광업재단은 수익환원법으로, 상표권, 영
업권, 특허권, 전용측선이용권 등 무형자산의 감정평가방법
은 수익환원법으로 평가해야 한다.

오답 해설

과수원은 감칙 제18조에 의거 거래사례비교법으로 평가한다.

17 ★☆☆ 정답 ①

오답 해설

② 유사지역은 대상부동산이 속하지 않는 지역이나 인근지역과
유사한 특성을 갖는 지역을 의미한다.
③ 동일수급권은 대상부동산과 수요 · 공급 관계가 성립하고,
가치 형성에 서로 영향을 미치는 다른 부동산이 존재하는
권역을 의미한다.
④ · ⑤ 지역분석은 표준적 사용과 가격수준을 판정하는 것으
로, 개별분석 이전에 실시하는 것이 일반적이다.

18 ★★☆ 정답 ②

정답 해설

· 전체 환원율=1.8억/20억원=9%
· 9%=0.8×(토지환원율 8%)+0.2×(건물상각후환원율
8%+자본회수율)
· 따라서, 자본회수율은 5%

19 ★☆☆   달 ①

정답 해설

① ㄱ: 영속성, ㄴ: 부증성, ㄷ: 개별성이 각 항목에 부합하는 토지 특성이다.

20 ★☆☆   달 ②

정답 해설

② 현재 한국의 감정평가제도에서 토지와 건물을 일괄평가하는 것은 구분건물일 때만 가능한 것으로 일단 머리에 각인하고, 예외사항을 학습하도록 하자.

21 ★★★   달 ②

정답 해설

• 정보가 불확실한 경우
  [(5억 5,000만원×0.6)+(2억 7,500만원)×0.4] / (1+0.1) =4억원
• 정보가 확실한 경우
  5억 5,000만원 / 1.1=5억원
• 따라서, 두 값의 차이인 1억원이 정보비용의 현재가치이다.

22 ★★★   달 ⑤

정답 해설

⑤ 공급의 가격탄력성이 작을수록(비탄력적을 의미) 수요변화 시 균형가격의 변동폭은 커지고, 균형거래량의 변동폭은 작아진다. 무조건 암기보다는 수요공급 그래프를 그려가면서 정오답을 체크하는 게 유용하다.

23 ★☆☆   달 ③

정답 해설

③ 재산, 자산, 부채, 인구 등은 저량(stock) 변수이다.

24 ★★★   달 ④

오답 해설

ㄱ. (×) MPTS는 채권이 아닌 지분권적 성격을 갖는 증권이다.
ㄷ. (×) CMO는 트렌치별로 원금과 이자를 지급하고, 존속기간을 다양하게 하는 증권을 의미한다.

더 알아보기

MBB처럼 끝자리 글자가 B면 Bond를 의미해서 채권적 증권, S는 Security를 의미하나 Stock(주식)으로 암기하면 쉬울 듯하다.

25 ★★★   달 ①

정답 해설

① 프로젝트 파이낸싱은 부외 금융의 대표적인 사례로, 여기서 부외 금융이란 대차대조표 장부에 부채로 표시되지 않는 금융을 의미한다.

26 ★★★   달 ④

정답 해설

• LTV＝대출금액 / 부동산가치(매매가격)
• 부채감당률 DSR＝순영업소득 / 부채서비스액에서, 부채서비스액＝순영업소득 / DSR
• 부채서비스액＝대출액×MC(저당상수)에서, 대출액＝부채서비스액 / MC
• 부채서비스액: 순영업소득 4천만원 / 부채감당률 2＝2천만원
• 대출액: 부채서비스액 2천만원 / MC 0.1＝2억원
• 따라서, LTV＝2억원(대출액) / 4억원(매매가격)＝50%

27 ★★☆   달 ①

정답 해설

① 수요의 증가폭이 공급의 증가폭보다 클 경우, 균형가격은 상승하고, 균형거래량은 증가한다.

28 ★★☆   달 ③

정답 해설

③ 부동산투자회사는 부동산 등 자산의 운용에 관하여 회계처리를 할 때에는 금융위원회가 정하는 회계처리기준에 따라야 한다.

29 ★★☆   달 ②

정답 해설

아파트 가격 하락과 DSR 규제완화 그리고 가구수 증가는 수요를 견인하는 요인들이다.

오답 해설

반면 금리의 상승이나 실질소득 감소 대출, 규제 강화 등은 대출금액의 부담이나 대출의 어려움 또는 가처분 소득의 감소로 이어져 수요를 억제하는 요인들이다.

30 ★★★   달 ④

정답 해설

④ 원금균등분할상환방식은 매기간 원금을 상환하기 때문에 매기간 원금과 이자를 분할하여 동일한 금액을 납부하는 원리금균등분할상환방식보다 원금의 평균적인 회수기간이 더 짧다. 대출잔금이 지속적으로 감소하고, 이에 따른 이자지급액

도 같이 감소하므로 초기 상환부담은 크나, 원금상환이 많이
이루어지므로 총 이자지급액도 작아지고, 총 원리금 누적액
도 가장 낮다.

31 ★☆☆　　　　　　　　　　　　　　답 ①

정답 해설
① 투자포트폴리오는 비체계적 위험을 감소시키지 체계적 위험
은 감소시키지 않는다.

32 ★☆☆　　　　　　　　　　　　　　답 ②

정답 해설
② Build는 준공, Transfer는 소유권 이전, Operate는 운영
권을 의미한다고 보고, 문제에 맞게 적용하면 쉽게 풀 수 있
는 문제이다.

33 ★★★　　　　　　　　　　　　　　답 ①

정답 해설
· NOI
$= 85,000,000 - 85,000,000 \times (0.05 + 0.02 + 0.02 + 0.03)$
$= 74,800,000$
· R = 부채감당률 × 대부비율 × 저당상수
여기서, 부채감당률 = NOI / 부채서비스액이므로
부채감당률은 $74,800,000 / 20,000,000 = 3.74$
· 따라서, 3.74(부채감당률) × 25%(대부비율) × 0.06(저당상
수) = 5.61%

34 ★★☆　　　　　　　　　　　　　　답 ④

정답 해설
④ ROI는 Return On Investment의 약어로 총투자액 대비
수익(return)을 의미한다. 여기서 return은 임대료 수익 외
매각차익도 포함하는 의미이다.

35 ★☆☆　　　　　　　　　　　　　　답 ③

정답 해설
③ 세분화된 시장이란, 구매자의 집단을 세부화하는 것인데 상
식적으로 마케팅 전략에 대해 세분화된 집단이 동일하게 반
응할 리가 없을 것이다. 세분시장의 개념만 알고 있으면 무
난하게 풀 수 있는 문제이다.

36 ★☆☆　　　　　　　　　　　　　　답 ②

정답 해설
② 내부수익률 IRR은 NPV와 달리 각 자산의 내부수익률
IRR(A + B) ≠ IRR(A) + IRR(B)의 관계가 성립한다.

37 ★☆☆　　　　　　　　　　　　　　답 ⑤

정답 해설
⑤ 위탁관리는 타인에게 관리를 위탁시키는 방법이다 보니 전
문성, 효율성을 높이고, 대형건물 등 전문적 관리가 필요할
경우 유용하겠지만, 기밀유지 측면에서 불리하다.

38 ★★★　　　　　　　　　　　　　　답 ③

정답 해설
ㄱ. 타인자본을 활용하지 않은 경우
　 · 500 / 10,000 + 0.02 = 0.07
ㄴ. 타인자본을 활용한 경우
　 · 매입가격 중 자기자본 6천만원, 타인자본 4천만원
　 · 연 임대료수익분 = 5백만원 - 4천만원(타인자본 × 4%)
　　 = 340만원
　 · 1년 후 처분 1억원 × 0.02 = 200만원
　 · (340만원 + 200만원) / 6000만원 = 0.09

39 ★★★　　　　　　　　　　　　　　답 ⑤

정답 해설
· 1월~7월 매장 예상 매출액 = 80,000 × 200
　 = 월 1,600만원 < 손익분기점 매출액
· 8월~12월 매장 예상 매출액 = 200,000 × 200
　 = 월 4,000만원 > 손익분기점 매출액
· [(5만원 기본임대료 × 7개월 × 200m²) + (2,000만원 초과매
　 출액 × 0.1 × 5개월) + (5만원 × 200m² × 5개월)]
· 70,000,000원 + 10,000,000원 + 50,000,000원
　 = 130,000,000원

40 ★★☆　　　　　　　　　　　　　　답 ①

정답 해설
① ㄱ: 신탁방식, ㄴ: 환지방식, ㄷ: 공영개발방식이 문제의 개
념에 적합한 정의를 기술하였다.

제2교시

제4과목 | 감정평가관계법규

01	02	03	04	05	06	07	08	09	10
④	⑤	④	①	③	①	②	③	②	③
11	12	13	14	15	16	17	18	19	20
④	④	⑤	⑤	②	④	⑤	②	②	③
21	22	23	24	25	26	27	28	29	30
①	③	④	⑤	③	②	③	⑤	④	①
31	32	33	34	35	36	37	38	39	40
⑤	⑤	①	②	④	②	④	④	④	①

총평

감정평가관계법규는 예년에 비해 높아진 난이도로 출제되었다. 변별력을 갖추기 위해 시행규칙, 시행령 별표, 기존에 출제되지 않았던 지엽적인 부분에서 답을 찾는 문제 등 세부적인 부분까지 충분히 학습을 마친 수험생이 고득점을 했을 것이라고 판단된다. 법령문제는 법조문을 유기적으로 학습하는 것이 관건이다. 법, 시행령과 세부 사항까지 유기적으로 공부하는 습관을 들이고 중요한 부분은 꼭 법의 규정취지를 생각해가며 학습하는 것이 기억을 오래 가져가는 방법이다.

01 ★☆☆　　　　　　　　　　　🖹 ④

[정답 해설]

④ 환경기초시설 : 하수도 · 폐기물처리 및 재활용시설 · 빗물 저장 및 이용시설 · 수질오염방지시설 · 폐차장

※ 도축장은 보건위생시설에 해당한다.

국토계획법 시행령 제2조(기반시설)
① 「국토의 계획 및 이용에 관한 법률」(이하 "법"이라 한다) 제2조 제6호 각 목 외의 부분에서 "대통령령으로 정하는 시설"이란 다음 각 호의 시설(당해 시설 그 자체의 기능발휘와 이용을 위하여 필요한 부대시설 및 편익시설을 포함한다)을 말한다.

1. 교통시설	도로 · 철도 · 항만 · 공항 · 주차장 · 자동차정류장 · 궤도 · 차량 검사 및 면허시설
2. 공간시설	광장 · 공원 · 녹지 · 유원지 · 공공공지
3. 유통 · 공급시설	유통업무설비, 수도 · 전기 · 가스 · 열공급설비, 방송 · 통신시설, 공동구 · 시장, 유류저장 및 송유설비
4. 공공 · 문화체육시설	학교 · 공공청사 · 문화시설 · 공공필요성이 인정되는 체육시설 · 연구시설 · 사회복지시설 · 공공직업훈련시설 · 청소년수련시설
5. 방재시설	하천 · 유수지 · 저수지 · 방화설비 · 방풍설비 · 방수설비 · 사방설비 · 방조설비
6. 보건위생시설	장사시설 · 도축장 · 종합의료시설
7. 환경기초시설	하수도 · 폐기물처리 및 재활용시설 · 빗물저장 및 이용시설 · 수질오염방지시설 · 폐차장

02 ★★☆　　　　　　　　　　　🖹 ⑤

[정답 해설]

⑤ 국토계획법 제13조 제5항

[오답 해설]

① 중앙행정기관의 장, 시 · 도지사, 시장 또는 군수는 국토교통부장관이나 도지사에게 광역계획권의 지정 또는 변경을 요청할 수 있다(국토계획법 제10조 제2항).

② 도지사가 광역계획권을 지정하거나 변경하려면 관계 중앙행정기관의 장, 관계 시 · 도지사, 시장 또는 군수의 의견을 들은 후 지방도시계획위원회의 심의를 거쳐야 한다(국토계획법 제10조 제4항).

③ 국토교통부장관 또는 도지사는 광역계획권을 지정하거나 변경하면 지체 없이 관계 시 · 도지사, 시장 또는 군수에게 그 사실을 통보하여야 한다(국토계획법 제10조 제5항).

④ 광역계획권을 지정한 날부터 3년이 지날 때까지 관할 시장 또는 군수로부터 제16조 제1항에 따른 광역도시계획의 승인 신청이 없는 경우: 관할 도지사가 수립(국토계획법 제11조 제1항 제4호)

제4과목 | 감정평가관계법규 **27**

03 ★☆☆   정답 ④

④ 도시·군관리계획의 입안을 제안받은 자는 제안자와 협의하여 제안된 도시·군관리계획의 입안 및 결정에 필요한 비용의 전부 또는 일부를 제안자에게 부담시킬 수 있다(국토계획법 제26조 제3항).

① 국토계획법 제24조 제5항 제1호
② 국토계획법 제25조 제1항
③ 국토계획법 제26조 제1항 제1호
⑤ 국토계획법 제20조 제3항

04 ★★☆   정답 ①

① 제2종일반주거지역 : 중층주택을 중심으로 편리한 주거환경을 조성하기 위하여 필요한 지역(국토계획법 시행령 제30조 제1항 제1호)

국토계획법 시행령 제30조(용도지역의 세분)

① 국토교통부장관, 시·도지사 또는 대도시의 시장(이하 "대도시 시장"이라 한다)은 법 제36조 제2항에 따라 도시·군관리계획결정으로 주거지역·상업지역·공업지역 및 녹지지역을 다음 각 호와 같이 세분하여 지정할 수 있다.

1. 주거지역
　가. 전용주거지역 : 양호한 주거환경을 보호하기 위하여 필요한 지역
　　(1) 제1종전용주거지역 : 단독주택 중심의 양호한 주거환경을 보호하기 위하여 필요한 지역
　　(2) 제2종전용주거지역 : 공동주택 중심의 양호한 주거환경을 보호하기 위하여 필요한 지역
　나. 일반주거지역 : 편리한 주거환경을 조성하기 위하여 필요한 지역
　　(1) 제1종일반주거지역 : 저층주택을 중심으로 편리한 주거환경을 조성하기 위하여 필요한 지역
　　(2) 제2종일반주거지역 : 중층주택을 중심으로 편리한 주거환경을 조성하기 위하여 필요한 지역
　　(3) 제3종일반주거지역 : 중고층주택을 중심으로 편리한 주거환경을 조성하기 위하여 필요한 지역
　다. 준주거지역 : 주거기능을 위주로 이를 지원하는 일부 상업기능 및 업무기능을 보완하기 위하여 필요한 지역

---

05 ★★★   정답 ③

③ 국토계획법 제44조 제4항

① 「도시개발법」에 따른 200만제곱미터 규모의 도시개발구역에서 개발사업을 시행하는 자는 공동구를 설치하여야 한다(국토계획법 제44조 제1항 제5호, 국토계획법 시행령 제35조의2 제1항).

② 가스관, 하수도관, 그 밖의 시설은 공동구협의회(이하 "공동구협의회"라 한다)의 심의를 거쳐 수용할 수 있다(국토계획법 시행령 제35조의3).

④ 부담금의 납부통지를 받은 공동구 점용예정자는 공동구설치공사가 착수되기 전에 부담액의 3분의 1 이상을 납부하여야 하며, 그 나머지 금액은 제37조 제1항 제1호에 따른 점용공사기간 만료일(만료일 전에 공사가 완료된 경우에는 그 공사의 완료일을 말한다) 전까지 납부하여야 한다(국토계획법 시행령 제38조 제4항).

⑤ 공동구관리자는 대통령령으로 정하는 바에 따라 1년에 1회 이상 공동구의 안전점검을 실시하여야 하며, 안전점검결과 이상이 있다고 인정되는 때에는 지체 없이 정밀안전진단·보수·보강 등 필요한 조치를 하여야 한다(국토계획법 제44조의2 제3항).

06 ★☆☆   정답 ①

① 국토계획법 시행령 제55조 제1항 참고

국토계획법 시행령 제55조(개발행위허가의 규모)

① 법 제58조 제1항 제1호 본문에서 "대통령령으로 정하는 개발행위의 규모"란 다음 각호에 해당하는 토지의 형질변경면적을 말한다. 다만, 관리지역 및 농림지역에 대하여는 제2호 및 제3호의 규정에 의한 면적의 범위 안에서 당해 특별시·광역시·특별자치시·특별자치도·시 또는 군의 도시·군계획조례로 따로 정할 수 있다.

1. 도시지역
　가. 주거지역·상업지역·자연녹지지역·생산녹지지역 : 1만제곱미터 미만
　나. 공업지역 : 3만제곱미터 미만
　다. 보전녹지지역 : 5천제곱미터 미만
2. 관리지역 : 3만제곱미터 미만
3. 농림지역 : 3만제곱미터 미만
4. 자연환경보전지역 : 5천제곱미터 미만

---

07 ★☆☆

답 ②

정답 해설

② 국토계획법 시행령 제84조

ㄴ. 유통상업지역 : 80% 이하

ㄷ. 일반공업지역 : 70% 이하

ㄱ. 제2종전용주거지역 : 50% 이하

ㄹ. 농림지역 : 20% 이하

08 ★★☆

답 ③

정답 해설

③ 개발행위허가를 받은 자가 행정청인 경우 개발행위허가를 받은 자는 개발행위가 끝나 준공검사를 마친 때에는 해당 시설의 관리청에 공공시설의 종류와 토지의 세목(細目)을 통지하여야 한다. 이 경우 공공시설은 그 통지한 날에 해당 시설을 관리할 관리청과 개발행위허가를 받은 자에게 각각 귀속된 것으로 본다(국토계획법 제65조 제5항).

오답 해설

① 국토계획법 제65조 제2항

② 국토계획법 제65조 제1항

④ 국토계획법 제65조 제5항

⑤ 국토계획법 제65조 제8항

09 ★☆☆

답 ②

정답 해설

② 개발밀도관리구역에서는 해당 용도지역에 적용되는 용적률 최대한도의 50퍼센트 범위에서 용적률을 강화하여 적용한다(국토계획법 제66조 제1항, 국토계획법 시행령 제62조 제1항).

오답 해설

① "개발밀도관리구역"이란 개발로 인하여 기반시설이 부족할 것으로 예상되나 기반시설을 설치하기 곤란한 지역을 대상으로 건폐율이나 용적률을 강화하여 적용하기 위하여 제66조에 따라 지정하는 구역을 말한다(국토계획법 제2조 제18호).

③ 국토계획법 제66조 제3항

④ 국토계획법 시행령 제62조 제2항

⑤ 국토계획법 시행령 제63조 제1호

10 ★★★

답 ③

정답 해설

③ ㄱ: 50, ㄴ: 30

국토계획법 제75조의3(성장관리계획의 수립 등)

② 성장관리계획구역에서는 제77조 제1항에도 불구하고 다음 각 호의 구분에 따른 범위에서 성장관리계획으로 정하는 바에 따라 특별시·광역시·특별자치시·특별자치도·시 또는 군의 조례로 정하는 비율까지 건폐율을 완화하여 적용할 수 있다.

1. 계획관리지역: 50퍼센트 이하

2. 생산관리지역·농림지역 및 대통령령으로 정하는 녹지지역: 30퍼센트 이하

11 ★★☆

답 ④

정답 해설

④ 국토계획법 제42조 제1항 제3호

오답 해설

① 국토교통부장관, 시·도지사 또는 대도시 시장은 대통령령으로 정하는 바에 따라 제1항 각 호 및 같은 항 각 호 각 목의 용도지역을 도시·군관리계획결정으로 다시 세분하여 지정하거나 변경할 수 있다(국토계획법 제36조 제2항).

② 하나의 시·도 안에서 둘 이상의 시·군에 걸쳐 지정되는 용도지역에 대해서는 도지사가 직접 도시·군관리계획을 입안할 수 있다(국토계획법 제24조 제6항).

③ 공유수면(바다만 해당한다)의 매립 목적이 그 매립구역과 이웃하고 있는 용도지역의 내용과 같으면 제25조와 제30조에도 불구하고 도시·군관리계획의 입안 및 결정 절차 없이 그 매립준공구역은 그 매립의 준공인가일부터 이와 이웃하고 있는 용도지역으로 지정된 것으로 본다(국토계획법 제41조 제1항).

⑤ 제1항에 해당하는 구역·단지·지구 등(이하 "구역등"이라 한다)이 해제되는 경우(개발사업의 완료로 해제되는 경우는 제외한다) 이 법 또는 다른 법률에서 그 구역등이 어떤 용도지역에 해당되는지를 따로 정하고 있지 아니한 경우에는 이를 지정하기 이전의 용도지역으로 환원된 것으로 본다(국토계획법 제42조 제4항).

12 ★★★

답 ④

정답 해설

④ 시가화조정구역에서 입목의 조림 또는 육림은 특별시장·광역시장·특별자치시장·특별자치도지사·시장 또는 군수의 허가를 받아 그 행위를 할 수 있다(국토계획법 제81조 제2항 제3호).

오답 해설

① 국토계획법 시행령 제32조 제1항

② 국토계획법 제31조 제2항, 국토계획법 시행령 제26조 제1항

③ 국토계획법 제51조
⑤ 국토계획법 제39조 제2항

13 ★★★   답 ⑤

정답 해설

⑤ 국토계획법 제83조의2

> 국토계획법 제83조의2(입지규제최소구역에서의 다른 법률의 적용 특례)
> ① 입지규제최소구역에 대하여는 다음 각 호의 법률 규정을 적용하지 아니할 수 있다.
> 1. 「주택법」 제35조에 따른 주택의 배치, 부대시설·복리시설의 설치기준 및 대지조성기준
> 2. 「주차장법」 제19조에 따른 부설주차장의 설치
> 3. 「문화예술진흥법」 제9조에 따른 건축물에 대한 미술작품의 설치
> 4. 「건축법」 제43조에 따른 공개 공지 등의 확보

더 알아보기

법률 개정으로 변경되는 점
24.8.7.에 시행되는 개정법령에서 국토계획법 제83조의2는 삭제되고, 제83조의3이 신설된다.

국토계획법 제83조의3(도시혁신구역에서의 다른 법률의 적용 특례)
[법률 제20234호, 2024.2.6., 일부개정] [시행 2024.8.7.]
① 도시혁신구역에 대하여는 다음 각 호의 법률 규정에도 불구하고 도시혁신계획으로 따로 정할 수 있다.
1. 「주택법」 제35조에 따른 주택의 배치, 부대시설·복리시설의 설치기준 및 대지조성기준
2. 「주차장법」 제19조에 따른 부설주차장의 설치
3. 「문화예술진흥법」 제9조에 따른 건축물에 대한 미술작품의 설치
4. 「건축법」 제43조에 따른 공개 공지 등의 확보
5. 「도시공원 및 녹지 등에 관한 법률」 제14조에 따른 도시공원 또는 녹지 확보기준
6. 「학교용지 확보 등에 관한 특례법」 제3조에 따른 학교용지의 조성·개발 기준

14 ★★★   답 ⑤

정답 해설

⑤ 부동산공시법 시행규칙 제11조 제1항

> 부동산공시법 시행규칙 제11조(표준주택가격 조사·산정 보고서)
> ① 영 제30조 제1항에서 "국토교통부령으로 정하는 사항"이란 다음 각 호의 사항을 말한다.
> 1. 주택의 소재지, 공부상 지목 및 대지면적
> 2. 주택 대지의 용도지역
> 3. 도로접면
> 4. 대지 형상
> 5. 주건물 구조 및 층수
> 6. 「건축법」 제22조에 따른 사용승인연도
> 7. 주위 환경

15 ★★☆   답 ②

정답 해설

② 부동산공시법 제20조 참고

> 부동산공시법 제20조(비주거용 표준부동산가격의 조사·산정 및 공시 등)
> 비주거용 표준부동산가격의 공시에는 다음 각 호의 사항이 포함되어야 한다.
> 1. 비주거용 표준부동산의 지번
> 2. 비주거용 표준부동산가격
> 3. 비주거용 표준부동산의 대지면적 및 형상
> 4. 비주거용 표준부동산의 용도, 연면적, 구조 및 사용승인일(임시사용승인일을 포함한다)
> 5. 그 밖에 대통령령으로 정하는 사항

16 ★☆☆   답 ④

정답 해설

④ 부동산공시법 시행령 제10조 제2항

오답 해설

① 개별공시지가에 이의가 있는 자는 그 결정·공시일부터 30일 이내에 서면으로 관할 관청에 이의를 신청할 수 있다(부동산공시법 제7조 제1항).
② 표준지공시지가의 단위면적은 1제곱미터로 한다(부동산공시법 시행령 제10조 제1항).
③ 개발부담금의 부과대상이 아닌 토지에 대하여는 개별공시지가를 결정·공시하지 아니할 수 있다(부동산공시법 시행령 제15조 제1항 제1호).
⑤ 개별공시지가의 결정·공시에 드는 비용은 50퍼센트 이내에서 국고에서 보조한다(부동산공시법 시행령 제24조).

17 ★☆☆　　　　　　　　　　　　　　　圓 ⑤

정답 해설

⑤ 감정평가법 제39조 제2항 참고

> 감정평가법 제39조(징계)
> ② 감정평가사에 대한 징계의 종류는 다음과 같다.
> 1. 자격의 취소
> 2. 등록의 취소
> 3. 2년 이하의 업무정지
> 4. 견책

18 ★★★　　　　　　　　　　　　　　　圓 ②

정답 해설

② 국토교통부장관은 감정평가법인등이 장부 등의 검사를 거부 또는 방해한 경우에는 업무정지처분을 할 수 있다(감정평가법 제32조, 감정평가법 시행령 제29조, [별표 3]).

> • 1차 위반 : 업무정지 1개월
> • 2차 위반 : 업무정지 3개월
> • 3차 이상 위반 : 업무정지 6개월

19 ★★★　　　　　　　　　　　　　　　圓 ②

정답 해설

② 교육연수 대상자는 '등록의 취소' 및 '2년 이하의 업무정지'의 징계를 받은 감정평가사로 한다(감정평가법 시행령 제16조의2 제1항).

오답 해설

① 감정평가법 제21조 제4항
③ 감정평가법 제15조 제1항
④ 감정평가법 제13조 제1항 제2호
⑤ 감정평가법 시행령 제18조 제1항

20 ★☆☆　　　　　　　　　　　　　　　圓 ③

정답 해설

③ • (ㄱ : 기부채납)이란 국가 외의 자가 제5조 제1항 각 호에 해당하는 재산의 소유권을 무상으로 국가에 이전하여 국가가 이를 취득하는 것을 말한다(국유재산법 제2조 제2호).
　• (ㄴ : 변상금)이란 사용허가나 대부계약 없이 국유재산을 사용 · 수익하거나 점유한 자에게 부과하는 금액을 말한다(국유재산법 제2조 제9호).
　• 총괄청이란 (ㄷ : 기획재정부장관)을 말한다(국유재산법 제2조 제10호).

21 ★☆☆　　　　　　　　　　　　　　　圓 ①

정답 해설

① 정부시설에서 사용하는 궤도차량으로서 해당 시설의 폐지와 함께 포괄적으로 용도폐지된 것은 해당 시설이 폐지된 후도 국유재산으로 한다(국유재산법 제5조 제2항).

22 ★★☆　　　　　　　　　　　　　　　圓 ③

정답 해설

③ 국유재산법 제36조 제1항 제3호

> 국유재산법 제36조(사용허가의 취소와 철회)
> ① 중앙관서의 장은 행정재산의 사용허가를 받은 자가 다음 각 호의 어느 하나에 해당하면 그 허가를 취소하거나 철회할 수 있다.
> 1. 거짓 진술을 하거나 부실한 증명서류를 제시하거나 그 밖에 부정한 방법으로 사용허가를 받은 경우
> 2. 사용허가 받은 재산을 제30조 제2항을 위반하여 다른 사람에게 사용 · 수익하게 한 경우
> 3. 해당 재산의 보존을 게을리하였거나 그 사용목적을 위배한 경우
> 4. 납부기한까지 사용료를 납부하지 아니하거나 제32조 제2항 후단에 따른 보증금 예치나 이행보증조치를 하지 아니한 경우
> 5. 중앙관서의 장의 승인 없이 사용허가를 받은 재산의 원래 상태를 변경한 경우

오답 해설

① 사용허가를 받은 자는 허가기간이 끝나거나 제36조에 따라 사용허가가 취소 또는 철회된 경우에는 그 재산을 원래 상태대로 반환하여야 한다. 다만, 중앙관서의 장이 미리 상태의 변경을 승인한 경우에는 변경된 상태로 반환할 수 있다(국유재산법 제38조).
② 경작용으로 실경작자에게 사용허가를 하는 경우에는 수의의 방법으로 사용허가를 받을 자를 결정할 수 있다(국유재산법 시행령 제27조 제3항 제2호).
④ 행정재산의 사용허가에 관하여는 이 법에서 정한 것을 제외하고는 「국가를 당사자로 하는 계약에 관한 법률」의 규정을 준용한다(국유재산법 제31조 제3항).
⑤ 행정재산의 사용허가를 받은 자가 그 재산에 대하여 유지 · 보수 외의 시설을 설치하려는 때에는 그 경비조서를 갖추어 소관 중앙관서의 장의 승인을 받아야 한다(국유재산법 시행규칙 제19조 제1항).

23 ★★★　　　　　　　　　　　答 ①

① 국가가 매각한 일반재산을 일정기간 계속하여 점유·사용하는 경우는 국유재산법 시행령 제56조의 소유권 이전 사유에 해당하지 않는다.

> **국유재산법 시행령 제56조(소유권의 이전 등)**
> 법 제51조 제2항 전단에서 "대통령령으로 정하는 경우"란 제55조 제2항 제2호 및 제4호부터 제7호까지, 같은 조 제3항 제3호, 같은 조 제4항 제1호에 따라 매각대금을 나누어 내는 경우를 말한다. 〈개정 2023.12.12.〉
>
> **국유재산법 시행령 제55조(매각대금의 분할납부) 제2항**
> 2. 제33조에 따른 공공단체가 직접 비영리공익사업용으로 사용하려는 재산을 해당 공공단체에 매각하는 경우
> 4. 「도시 및 주거환경정비법」 제2조 제2호 나목에 따른 재개발사업을 시행하기 위한 정비구역에 있는 토지로서 시·도지사가 같은 법에 따라 재개발사업의 시행을 위하여 정하는 기준에 해당하는 사유건물로 점유·사용되고 있는 토지를 재개발사업 사업시행계획인가 당시의 점유·사용자로부터 같은 법 제129조에 따라 그 권리·의무를 승계한 자에게 매각하는 경우(해당 토지가 같은 법 제2조 제4호에 따른 정비기반시설의 설치예정지에 해당되어 그 토지의 점유·사용자로부터 같은 법 제129조에 따라 권리·의무를 승계한 자에게 그 정비구역의 다른 국유지를 매각하는 경우를 포함한다)
> 5. 「전통시장 및 상점가 육성을 위한 특별법」 제31조에 따른 시장정비사업 시행구역의 토지 중 사유건물로 점유·사용되고 있는 토지를 그 점유·사용자에게 매각하는 경우
> 6. 「벤처기업육성에 관한 특별조치법」 제19조 제1항에 따라 벤처기업집적시설의 개발 또는 설치와 그 운영을 위하여 필요한 토지를 벤처기업집적시설의 설치·운영자에게 매각하는 경우
> 7. 「산업기술단지 지원에 관한 특례법」 제10조 제1항에 따른 산업기술단지의 조성에 필요한 토지를 사업시행자에게 매각하는 경우
>
> **국유재산법 시행령 제55조 제3항**
> 3. 지방자치단체에 그 지방자치단체가 다음 각 목의 용도로 사용하려는 재산을 매각하는 경우
> 　가. 직접 공용 또는 공공용으로 사용
> 　나. 법 제18조 제1항 제3호에 따른 사회기반시설로 사용
> 　다. 「산업입지 및 개발에 관한 법률」에 따른 산업단지의 조성을 위하여 사용
> 　라. 「국민여가활성화기본법」 제3조 제2호에 따른 여가시설의 조성을 위하여 사용
>
> **국유재산법 시행령 제55조 제4항**
> 1. 「도시 및 주거환경정비법」 제2조 제2호 나목에 따른 재개발사업을 시행하기 위한 정비구역에 있는 토지로서 제2항 제4호에 따른 사유건물로 점유·사용되고 있는 토지를 재개발사업 시행인가 당시의 점유·사용자에게 매각하는 경우(해당 토지가 같은 법 제2조 제4호에 따른 정비기반시설의 설치예정지에 해당되어 그 토지의 점유·사용자에게 그 정비구역의 다른 국유지를 매각하는 경우를 포함한다)

② 국유재산법 제52조 제1호

> **국유재산법 제52조(매각계약의 해제)**
> 일반재산을 매각한 경우에 다음 각 호의 어느 하나에 해당하는 사유가 있으면 그 계약을 해제할 수 있다.
> 1. 매수자가 매각대금을 체납한 경우
> 2. 매수자가 거짓 진술을 하거나 부실한 증명서류를 제시하거나 그 밖의 부정한 방법으로 매수한 경우
> 3. 제49조(용도를 지정한 매각)에 따라 용도를 지정하여 매각한 경우에 매수자가 지정된 날짜가 지나도 그 용도에 사용하지 아니하거나 지정된 용도에 제공한 후 지정된 기간에 그 용도를 폐지한 경우

③ 국유재산법 시행령 제55조 제2항 제1호
④ 국유재산법 시행령 제53조 제1항
⑤ 국유재산법 제46조 제4항

24 ★★☆　　　　　　　　　　　答 ⑤

⑤ 기둥과 기둥 사이의 거리(기둥의 중심선 사이의 거리를 말하며, 기둥이 없는 경우에는 내력벽과 내력벽의 중심선 사이의 거리를 말한다)가 20미터 이상인 건축물이 '특수구조 건축물'이다(건축법 시행령 제2조 18호).

① 건축법 시행령 제2조 제3호
② 건축법 시행령 제2조 제4호
③ 건축법 시행령 제2조 제5호
④ 건축법 시행령 제2조 제17호

25 ★☆☆　　　　　　　　　　　　　答 ③

③ 장례시설은 산업 등 시설군에 속한다(건축법 시행령 제14조 제4항).

시설군	건축물의 용도
1. 자동차 관련 시설군	자동차 관련 시설
2. 산업 등 시설군	운수시설, 창고시설, 공장, 위험물저장 및 처리시설, 자원순환 관련 시설, 묘지 관련 시설, 장례시설
3. 전기통신시설군	방송통신시설, 발전시설
4. 문화집회시설군	문화 및 집회시설, 종교시설, 위락시설, 관광휴게시설
5. 영업시설군	판매시설, 운동시설, 숙박시설, 제2종 근린생활시설 중 다중생활시설
6. 교육 및 복지시설군	의료시설, 교육연구시설, 노유자(老幼者)시설, 수련시설, 야영장 시설
7. 근린생활시설군	제1종 근린생활시설, 제2종 근린생활시설(다중생활시설은 제외)
8. 주거업무시설군	단독주택, 공동주택, 업무시설, 교정시설, 국방·군사시설
9. 그 밖의 시설군	동물 및 식물 관련 시설

26 ★★★　　　　　　　　　　　　　答 ②

② 건축법 제77조의2 제1항 2호, 건축법 시행령 제110조의2 제1항 제4호

> 국토교통부장관 및 허가권자는 「건축법」 및 관계 법령에 따라 일부 규정을 적용하지 아니하거나 완화하여 적용할 수 있도록 (ㄱ: 경관지구)에서 (ㄴ: 「지역문화진흥법」에 따른 문화지구 안의 도로)에 접한 대지의 일정 구역을 특별가로구역으로 지정할 수 있다.

27 ★★★　　　　　　　　　　　　　答 ③

③ 건축법 시행령 제53조 제2항

> **건축법 시행령 제53조(경계벽 등의 설치)**
> ② 법 제49조 제4항에 따라 다음 각 호의 어느 하나에 해당하는 건축물의 층간바닥(화장실의 바닥은 제외한다)은 국토교통부령으로 정하는 기준에 따라 설치해야 한다.
> 1. 단독주택 중 다가구주택
> 2. 공동주택(「주택법」 제15조에 따른 주택건설사업계획승인 대상은 제외한다)

> 3. 업무시설 중 오피스텔
> 4. 제2종 근린생활시설 중 다중생활시설
> 5. 숙박시설 중 다중생활시설

28 ★☆☆　　　　　　　　　　　　　答 ⑤

⑤ 주유소용지는 '주'로 표기한다.

29 ★★☆　　　　　　　　　　　　　答 ④

④ 공간정보관리법 시행령 제64조 제1항 참고

> **공간정보관리법 시행령 제64조(등록전환 신청)**
> ① 법 제78조에 따라 등록전환을 신청할 수 있는 경우는 다음 각 호와 같다.
> 1. 「산지관리법」에 따른 산지전용허가·신고, 산지일시사용허가·신고, 「건축법」에 따른 건축허가·신고 또는 그 밖의 관계 법령에 따른 개발행위 허가 등을 받은 경우
> 2. 대부분의 토지가 등록전환되어 나머지 토지를 임야도에 계속 존치하는 것이 불합리한 경우
> 3. 임야도에 등록된 토지가 사실상 형질변경되었으나 지목변경을 할 수 없는 경우
> 4. 도시·군관리계획선에 따라 토지를 분할하는 경우

30 ★★★　　　　　　　　　　　　　答 ①

ㄱ. (○) 공간정보관리법 시행령 제59조 제1항 제1호
ㄴ. (○) 공간정보관리법 시행령 제58조 제28호

> **공간정보관리법 시행령 제58조(지목의 구분)**
> 28. 잡종지
> 다음 각 목의 토지. 다만, 원상회복을 조건으로 돌을 캐내는 곳 또는 흙을 파내는 곳으로 허가된 토지는 제외한다.
> 가. 갈대밭, 실외에 물건을 쌓아두는 곳, 돌을 캐내는 곳, 흙을 파내는 곳, 야외시장 및 공동우물
> 나. 변전소, 송신소, 수신소 및 송유시설 등의 부지
> 다. 여객자동차터미널, 자동차운전학원 및 폐차장 등 자동차와 관련된 독립적인 시설물을 갖춘 부지
> 라. 공항시설 및 항만시설 부지
> 마. 도축장, 쓰레기처리장 및 오물처리장 등의 부지
> 바. 그 밖에 다른 지목에 속하지 않는 토지

ㄷ. (×) 건축물의 용도가 변경된 경우는 지목변경을 신청할 수 있다(공간정보관리법 시행령 제67조 제1항 제2호).

ㄹ. (×) 지적소관청이 지목변경을 하는 경우 시·도지사의 승인을 받을 필요가 없다. 지적소관청이 시·도지사 또는 대도시 시장의 승인을 받아야 하는 경우는 지번의 변경, 지적공부의 반출, 축척변경의 경우이다.

31 ★★★ 🔖 ⑤

⑤ 공간정보관리법 제87조 제3호

> **공간정보관리법 제87조(신청의 대위)**
> 다음 각 호의 어느 하나에 해당하는 자는 이 법에 따라 토지소유자가 하여야 하는 신청을 대신할 수 있다. 다만, 제84조에 따른 등록사항 정정 대상토지는 제외한다.
> 1. 공공사업 등에 따라 학교용지·도로·철도용지·제방·하천·구거·유지·수도용지 등의 지목으로 되는 토지인 경우: 해당 사업의 시행자
> 2. 국가나 지방자치단체가 취득하는 토지인 경우: 해당 토지를 관리하는 행정기관의 장 또는 지방자치단체의 장
> 3. 「주택법」에 따른 공동주택의 부지인 경우: 「집합건물의 소유 및 관리에 관한 법률」에 따른 관리인(관리인이 없는 경우에는 공유자가 선임한 대표자) 또는 해당 사업의 시행자
> 4. 「민법」 제404조에 따른 채권자

① 소유자의 성명 또는 명칭, 주소 및 주민등록번호는 토지대장과 임야대장 등록사항이다(공간정보관리법 제71조 제1항 제5호).

② 공유지연명부의 등록사항에 토지소유자의 변경 원인은 포함된다(공간정보관리법 제71조 제2항 제5호).

③ 지적공부에 등록하는 지번·지목·면적·경계 또는 좌표는 토지의 이동이 있을 때 토지소유자(법인이 아닌 사단이나 재단의 경우에는 그 대표자나 관리인을 말한다. 이하 같다)의 신청을 받아 지적소관청이 결정한다. 다만, 신청이 없으면 지적소관청이 직권으로 조사·측량하여 결정할 수 있다(공간정보관리법 제64조 제2항).

④ 지적소관청은 지적공부에 등록된 토지가 지형의 변화 등으로 바다로 된 경우로서 원상(原狀)으로 회복될 수 없거나 다른 지목의 토지로 될 가능성이 없는 경우에는 지적공부에 등록된 토지소유자에게 지적공부의 등록말소 신청을 하도록 통지하여야 한다(공간정보관리법 제82조 제1항).

32 ★★★ 🔖 ⑤

⑤ 법정대리인이 등기를 신청한 경우에는 그 법정대리인에게, 법인의 대표자나 지배인이 신청한 경우에는 그 대표자나 지배인에게, 법인 아닌 사단이나 재단의 대표자나 관리인이 신청한 경우에는 그 대표자나 관리인에게 등기필정보를 통지한다(부동산등기규칙 제108조 제2항).

① 종중(宗中), 문중(門中), 그 밖에 대표자나 관리인이 있는 법인 아닌 사단이나 재단에 속하는 부동산의 등기에 관하여는 그 사단이나 재단을 등기권리자 또는 등기의무자로 한다(부동산등기법 제26조 제1항).

② 법인 아닌 사단이나 재단 및 국내에 영업소나 사무소의 설치 등기를 하지 아니한 외국법인의 등록번호는 시장(「제주특별자치도 설치 및 국제자유도시 조성을 위한 특별법」 제10조 제2항에 따른 행정시의 시장을 포함하며, 「지방자치법」 제3조 제3항에 따라 자치구가 아닌 구를 두는 시의 시장은 제외한다), 군수 또는 구청장(자치구가 아닌 구의 구청장을 포함한다)이 부여한다(부동산등기법 제49조 제3호).

③ 법인 아닌 사단이나 재단 명의의 등기를 할 때에는 그 대표자나 관리인의 성명, 주소 및 주민등록번호를 함께 기록하여야 한다(부동산등기법 제48조 제3항).

④ 전자신청은 당사자가 직접 하거나 자격자대리인이 당사자를 대리하여 한다. 다만, 법인 아닌 사단이나 재단은 전자신청을 할 수 없다(부동산등기규칙 제67조 제1항).

33 ★★★ 🔖 ①

① 가등기는 등기 대상에 해당하는 권리의 설정, 이전, 변경 또는 소멸의 청구권을 보전하려는 때에 하므로 그 청구권이 시기부(始期附) 또는 정지조건부(停止條件附)일 경우나 그 밖에 장래에 확정될 것인 경우에도 가등기를 할 수 있다(부동산등기법 제88조). 따라서 임차권을 정지조건부로 설정하는 청구권을 보전하려는 경우에도 가등기를 할 수 있다.

② 등기관이 등기를 마친 후 그 등기가 제29조 제1호(사건이 그 등기소의 관할이 아닌 경우) 또는 제2호(사건이 등기할 것이 아닌 경우)에 해당된 것임을 발견하였을 때에는 등기권리자, 등기의무자와 등기상 이해관계 있는 제3자에게 1개월 이내의 기간을 정하여 그 기간에 이의를 진술하지 아니하면 등기를 말소한다는 뜻을 통지하여야 한다(부동산등기법 제58조 제1항).

③ 환매특약등기는 제3자의 승낙 여부와 관계없이 부기로 한다(부동산등기법 제52조).

④ 부동산 등기법 제65조 참고

> 부동산등기법 제65조(소유권보존등기의 신청인)
> 미등기의 토지 또는 건물에 관한 소유권보존등기는 다음 각 호의 어느 하나에 해당하는 자가 신청할 수 있다.
> 1. 토지대장, 임야대장 또는 건축물대장에 최초의 소유자로 등록되어 있는 자 또는 그 상속인, 그 밖의 포괄승계인
> 2. 확정판결에 의하여 자기의 소유권을 증명하는 자
> 3. 수용(收用)으로 인하여 소유권을 취득하였음을 증명하는 자
> 4. 특별자치도지사, 시장, 군수 또는 구청장(자치구의 구청장을 말한다)의 확인에 의하여 자기의 소유권을 증명하는 자(건물의 경우로 한정한다)

⑤ 이의에는 집행정지(執行停止)의 효력이 없다(부동산등기법 제104조).

34 ★☆☆ 답②

정답 해설

② 등기관이 등기사무를 처리한 때에는 등기사무를 처리한 등기관이 누구인지 알 수 있는 조치를 하여야 한다(부동산등기법 제11조 제4항).

오답 해설

① 부동산등기법 제11조 제3항
③ 부동산등기법 제14조
④ 부동산등기법 제15조 제1항
⑤ 부동산등기법 제19조 제2항

35 ★★★ 답④

정답 해설

④ 대지권이 등기된 구분건물의 등기기록에는 건물만에 관한 소유권이전등기 또는 저당권설정등기, 그 밖에 이와 관련이 있는 등기를 할 수 없다(부동산등기법 제61조 제3항).

오답 해설

① 부동산등기법 제40조 제1항 제6호

> 부동산등기법 제40조(등기사항)
> ① 등기관은 건물 등기기록의 표제부에 다음 각 호의 사항을 기록하여야 한다.
> 1. 표시번호
> 2. 접수연월일
> 3. 소재, 지번 및 건물번호. 다만, 같은 지번 위에 1개의 건물만 있는 경우에는 건물번호는 기록하지 아니한다.
> 4. 건물의 종류, 구조와 면적. 부속건물이 있는 경우에는 부속건물의 종류, 구조와 면적도 함께 기록한다.

> 5. 등기원인
> 6. 도면의 번호[같은 지번 위에 여러 개의 건물이 있는 경우와 「집합건물의 소유 및 관리에 관한 법률」 제2조 제1호의 구분소유권의 목적이 되는 건물(이하 "구분건물")인 경우로 한정한다]

② 부동산등기법 제43조 제3항
③ 부동산등기법 제46조 제1항
⑤ 부동산등기규칙 제12조 제2항

36 ★★☆ 답②

정답 해설

② 등기명의인 표시의 변경 또는 경정(更正)의 등기는 등기명의인 단독으로 신청할 수 있다(동산채권담보법 제41조 제2항).

오답 해설

① 여러 개의 동산(장래에 취득할 동산을 포함한다)이더라도 목적물의 종류, 보관장소, 수량을 정하거나 그 밖에 이와 유사한 방법으로 특정할 수 있는 경우에는 이를 목적으로 담보등기를 할 수 있다(동산채권담보법 제3조 제2항).
③ 담보권설정자와 담보권자는 제1항의 존속기간을 갱신하려면 그 만료 전에 연장등기를 신청하여야 한다(동산채권담보법 제49조 제2항).
④ 판결에 의한 등기는 승소한 등기권리자 또는 등기의무자 단독으로 신청할 수 있고, 상속이나 그 밖의 포괄승계로 인한 등기는 등기권리자 단독으로 신청할 수 있다(동산채권담보법 제41조 제3항).
⑤ 담보권설정자와 담보권자는 말소등기를 신청할 수 있다(동산채권담보법 제50조 제1항).

> 동산채권담보법 제50조(말소등기)
> ① 담보권설정자와 담보권자는 다음 각 호의 어느 하나에 해당하는 경우에 말소등기를 신청할 수 있다.
> 1. 담보약정의 취소, 해제 또는 그 밖의 원인으로 효력이 발생하지 아니하거나 효력을 상실한 경우
> 2. 담보목적물인 동산이 멸실되거나 채권이 소멸한 경우
> 3. 그 밖에 담보권이 소멸한 경우

37 ★★☆

정답 해설

④ 도시정비법 제52조 제1항 제3호

도시정비법 제52조(사업시행계획서의 작성)
① 사업시행자는 정비계획에 따라 다음 각 호의 사항을 포함하는 사업시행계획서를 작성하여야 한다.
1. 토지이용계획(건축물배치계획을 포함한다)
2. 정비기반시설 및 공동이용시설의 설치계획
3. 임시거주시설을 포함한 주민이주대책
4. 세입자의 주거 및 이주 대책
5. 사업시행기간 동안 정비구역 내 가로등 설치, 폐쇄회로 텔레비전 설치 등 범죄예방대책
6. 제10조에 따른 임대주택의 건설계획(재건축사업의 경우는 제외한다)
7. 제54조 제4항, 제101조의5 및 제101조의6에 따른 국민주택규모 주택의 건설계획(주거환경개선사업의 경우는 제외한다)
8. 공공지원민간임대주택 또는 임대관리 위탁주택의 건설계획(필요한 경우로 한정한다)
9. 건축물의 높이 및 용적률 등에 관한 건축계획
10. 정비사업의 시행과정에서 발생하는 폐기물의 처리계획
11. 교육시설의 교육환경 보호에 관한 계획(정비구역부터 200미터 이내에 교육시설이 설치되어 있는 경우로 한정한다)
12. 정비사업비
13. 그 밖에 사업시행을 위한 사항으로서 대통령령으로 정하는 바에 따라 시·도조례로 정하는 사항

오답 해설

① 재개발사업이 아닌 재건축사업에 대한 내용이다(도시정비법 제2조 2호 다목).

더 알아보기

재개발사업, 재건축사업
• 재개발사업: 정비기반시설이 열악하고 노후·불량건축물이 밀집한 지역에서 주거환경을 개선하거나 상업지역·공업지역 등에서 도시기능의 회복 및 상권활성화 등을 위하여 도시환경을 개선하기 위한 사업.
• 재건축사업: 정비기반시설은 양호하나 노후·불량건축물에 해당하는 공동주택이 밀집한 지역에서 주거환경을 개선하기 위한 사업.

② 하나의 정비구역을 둘 이상의 정비구역으로 분할할 수 있다(도시정비법 제18조 제1항 제1호).
③ 재건축사업은 정비구역에서 인가받은 관리처분계획에 따라 주택, 부대시설·복리시설 및 오피스텔을 건설하여 공급하는 방법으로 한다(도시정비법 제23조 제3항). 환지공급방법은 주거환경개선사업 및 재개발사업의 경우 가능하다.
⑤ 재개발사업은 토지등소유자가 20인 미만인 경우에는 토지등소유자가 시행할 수 있다(도시정비법 제25조 제1항 제2호).

38 ★★★

정답 해설

④ 도시정비법 시행령 제31조 참고

도시정비법 시행령 제31조(조합설립인가내용의 경미한 변경)
법 제35조 제5항 단서에서 "대통령령으로 정하는 경미한 사항"이란 다음 각 호의 사항을 말한다.
1. 착오·오기 또는 누락임이 명백한 사항
2. 조합의 명칭 및 주된 사무소의 소재지와 조합장의 성명 및 주소(조합장의 변경이 없는 경우로 한정한다)
3. 토지 또는 건축물의 매매 등으로 조합원의 권리가 이전된 경우의 조합원의 교체 또는 신규가입
4. 조합임원 또는 대의원의 변경(법 제45조에 따른 총회의 의결 또는 법 제46조에 따른 대의원회의 의결을 거친 경우로 한정한다)
5. 건설되는 건축물의 설계 개요의 변경
6. 정비사업비의 변경
7. 현금청산으로 인하여 정관에서 정하는 바에 따라 조합원이 변경되는 경우
8. 법 제16조에 따른 정비구역 또는 정비계획의 변경에 따라 변경되어야 하는 사항. 다만, 정비구역 면적이 10퍼센트 이상의 범위에서 변경되는 경우는 제외한다.
9. 그 밖에 시·도 조례로 정하는 사항

39 ★★☆

目 ④

정답 해설

④ 도시정비법 제14조 제1항 제7호

오답 해설

① 자치구의 구청장 또는 광역시의 군수는 제9조(정비계획의 내용)에 따른 정비계획을 입안하여 특별시장·광역시장에게 정비구역 지정을 신청하여야 한다(도시정비법 제8조 제5항).

② 건축물의 용도변경은 시장·군수등의 허가를 받아야 한다(도시정비법 제19조, 도시정비법 시행령 제15조).

③ 조합이 조합설립인가를 받은 날부터 3년이 되는 날까지 제50조에 따른 사업시행계획인가를 신청하지 아니하는 경우 정비구역의 지정권자는 정비구역등을 해제하여야 한다(도시정비법 제20조 제1항).

⑤ 정비구역등이 해제된 경우에는 정비계획으로 변경된 용도지역, 정비기반시설 등은 정비구역 지정 이전의 상태로 환원된 것으로 본다(도시정비법 제22조 제1항).

40 ★★★

目 ①

정답 해설

① 시공자·설계자 및 감정평가법인등(제74조 제4항에 따라 시장·군수등이 선정·계약하는 감정평가법인등은 제외한다)의 선정 및 변경시 총회의 의결을 거쳐야 한다. 다만, 감정평가법인등 선정 및 변경은 총회의 의결을 거쳐 시장·군수등에게 위탁할 수 있다(도시정비법 제45조 제1항 제5호).

오답 해설

② 판결에 따라 관리처분계획을 변경하는 경우는 경미한 사항이므로 시장·군수등에게 신고해야 한다(도시정비법 시행령 제61조 제3호).

③ 사업시행자는 관리처분계획이 인가·고시된 다음 날부터 90일 이내에 다음 각 호에서 정하는 자와 토지, 건축물 또는 그 밖의 권리의 손실보상에 관한 협의를 하여야 한다(도시정비법 제73조 제1항).

④ 재건축사업은 시장·군수등이 선정·계약한 1인 이상의 감정평가법인등과 조합총회의 의결로 선정·계약한 1인 이상의 감정평가법인등이 평가한 금액을 산술평균하여 결정한다(도시정비법 제74조 제4항).

⑤ 시장·군수등이 직접 관리처분계획을 수립하는 경우에도 토지등소유자에게 공람하게 하고 의견을 들어야 한다(도시정비법 제78조 제6항 참고).

제5과목 │ 회계학

01	02	03	04	05	06	07	08	09	10
②	②	④	②	①	①	⑤	②	④	③
11	12	13	14	15	16	17	18	19	20
④	④	④	⑤	①	⑤	⑤	③	①	①
21	22	23	24	25	26	27	28	29	30
전항정답	①	③	③	④	②	⑤	①	전항정답	④
31	32	33	34	35	36	37	38	39	40
③	④	①	④	③	⑤	④	②	⑤	②

총평

회계학은 크게 재무회계와 원가관리회계로 구분됩니다. 전반적인 난이도는 예년과 비슷하였습니다. 재무회계 문항 중에서 유형자산 및 금융부채와 사채 등에서 다소 출제 비중이 높았으며 계산 과정상 복잡한 풀이를 요구하는 문항들도 조금 있었습니다. 원가관리회계의 경우에도 풀이에 다소 시간이 소요되는 문항들이 출제되었습니다. 회계학은 시간 관리가 중요하므로, 계산 과정이 너무 복잡하거나 시간이 다소 소요되는 문항들은 스킵하는 요령도 필요해 보입니다.

01 ★☆☆ 답 ②

정답 해설

② 부채가 발생하거나 인수할 때의 역사적 원가는 발생시키거나 인수하면서 수취한 대가에서 거래원가를 차감한 가치이다.

02 ★★☆ 답 ②

오답 해설

① 기업이 재무상태표에 유동자산과 비유동자산, 그리고 유동부채와 비유동부채로 구분하여 표시하는 경우, 이연법인세자산(부채)은 유동자산(부채)으로 분류하지 아니한다.
③ 환경 요인이 유의적인 산업에 속해 있는 경우나 종업원이 재무제표이용자인 경우 재무제표 이외에 환경보고서나 부가가치보고서는 한국채택국제회계기준의 작용 범위에 해당하지 않는다.

④ 부적절한 회계정책은 이에 대하여 공시나 주석 또는 보충자료를 통해 설명하더라도 정당화될 수 없다.
⑤ 해당 기간에 인식한 모든 수익과 비용 항목은 다음 중 한 가지 방법으로 표시한다.

- 첫째, 단일 포괄손익계산서
- 둘째, 두 개의 보고서: 당기순손익의 구성요소를 표시하는 보고서(별개의 손익계산서)와 당기순손익에서 시작하여 기타포괄손익의 구성요소를 표시하는 보고서(포괄손익계산서)

03 ★★☆ 답 ④

정답 해설

재고자산평가손실 $= ₩190^{(주1)} + ₩75^{(주2)} + ₩100^{(주3)} = ₩365$

주1 제품 A $= ₩1,000 - ₩900 \times (1-10\%) = ₩190$
주2 제품 B $= ₩1,200 - ₩1,250 \times (1-10\%) = ₩75$
주3 원재료 B $= ₩1,000 - ₩900 = ₩100$

더 알아보기

재고자산을 저가법으로 평가하는 경우 재고자산의 시가는 순실현가능가치를 말한다. 생산에 투입하기 위해 보유하는 원재료의 현행대체원가는 순실현가능가치에 대한 최선의 이용가능한 측정치가 될 수 있다. 다만, 원재료를 투입하여 완성할 제품의 시가가 원가보다 높을 때는 원재료에 대하여 저가법을 적용하지 아니한다.

04 ★☆☆ 답 ②

정답 해설

매출원가 $= ₩1,000(기초재고액) + ₩8,000 \times 75\%^{(주1)} = ₩7,000$

주1 당기매입원가율
$= ₩9,000 \div (₩11,500 + ₩1,400 - ₩800 - ₩700 + ₩600)$
$= 75\%$

05 ★★★

답 ①

정답 해설

20×3년 주식보상비용
$$= (75명 - 40명) \times 10개 \times 17 + 40명 \times 10개 \times 16 - 3,500^{(주1)}$$
$$\quad - 3,800^{(주2)}$$
$$= 5,050$$

> 주1 20×1년 주식보상비용
> $$= (100명 - 5명 - 8명 - 12명) \times 10개 \times 14 \times (1/3)$$
> $$= 3,500$$
> 주2 20×2년 주식보상비용
> $$= (100명 - 5명 - 7명 - 15명) \times 10개 \times 15 \times (2/3) - 3,500$$
> $$= 3,800$$

06 ★☆☆

답 ①

정답 해설

총자산이익률 $= ₩735^{(주1)} \div [(₩10,000 + ₩11,000) \div 2] = 7\%$

> 주1 기말자본(₩11,000 − ₩9,500)
> $$= 기초자본(₩10,000 - ₩9,000) - ₩150(자기주식) -$$
> $$₩165(현금배당) + ₩80(기타포괄이익) + 당기순이익$$
> $$(₩735)$$

07 ★★☆

답 ⑤

정답 해설

가중평균유통보통주식수
$$= 3,000주 \times (1 + 10\%) \times (1 + 4\%) \times 6/12 + 4,200주 \times (1 + 4\%)$$
$$\times 3/12 + 5,200주 \times 3/12$$
$$= 4,108주$$

더 알아보기

10월 1일 유상증자 실시
- 무상증자 주식수 $= 1,000주 \times [(2,500 - 2,000) \div 2,500]$
  $= 200주$
- 무상증자 비율 $= 200주 \div (4,200주 + 800주) = 4\%$

08 ★☆☆

답 ②

정답 해설

20×3년도 당기순이익
$$= ₩250 - ₩10(20 \times 2년도 기말재고자산 과소계상) - ₩20$$
$$(20 \times 3년도 기말재고자산 과대계상)$$
$$= ₩220$$

09 ★★☆

답 ④

정답 해설

우선주에 배분될 배당금 $= ₩100^{(주1)} + ₩48^{(주2)} = ₩148$

> 주1 누적적 부분 $= 50주 \times ₩20 \times 5\% \times 2년 = ₩100$
> 주2 완전참가적 부분
> $$= [₩500 - ₩100^{(주1)} - 200주 \times ₩20 \times 4\%] \times ₩1,000$$
> $$\div (₩4,000 + ₩1,000)$$
> $$= ₩48$$

10 ★☆☆

답 ③

정답 해설

③ 수익 인식 5단계는 다음과 같다.

> 고객과의 계약을 식별 → 수행의무를 식별 → 거래가격의
> 산정 → 거래가격을 계약 내 수행의무에 배분 → 수행의무
> 를 이행할 때(또는 기간에 걸쳐 이행하는 대로) 수익을 인식

11 ★★★

답 ④

정답 해설

20×2년 말 사채 장부금액(순액)
$$= [(₩914^{(주4)} \times 1.1 - ₩50) \times (1 - 40\%^{(주1)})] = ₩574$$

> 주1 원금상환비율 $= ₩384^{(주2)} \div ₩960^{(주3)} = 40\%$
> 주2 상환시 BV $= ₩300 + ₩84 = ₩384$
> 주3 20×2년 6월 30일 BV
> $$= ₩914^{(주4)} \times (1 + 10\% \times 6 \div 12) = ₩960$$
> 주4 20×1년 말 BV $= ₩876 \times 1.1 - ₩50 = ₩914$

12 ★★★

답 ④

정답 해설

주식발행초과금
$$= ₩1,000 \times 60\%(현금납입액) + ₩135^{(주1)} \times 0.7972 \times 60\%(상$$
$$환할증금의 현재가치) + ₩72^{(주2)} \times 60\%(신주인수권대가) - 3$$
$$주 \times ₩100(액면금액)$$
$$= ₩408$$

> 주1 상환할증금 $= ₩1,000 \times 13.5\% = ₩135$
> 주2 신주인수권대가
> $$= ₩1,000 - (₩50 \times 2.4018 + ₩1,000 \times 113.5\%$$
> $$\times 0.7118)$$
> $$= ₩72$$

13 ★★☆   답 ④

정답 해설

당기순이익 증가액
$= ₩200^{(주1)} + ₩250^{(주2)} + ₩1,200^{(주3)} = ₩1,650$

> 주1 젖소 $= (₩1,600 - ₩1,500) × 2마리 = ₩200$
> 주2 송아지 $= ₩250 × 1마리 = ₩250$
> 주3 우유 $= ₩10 × 100리터 + (₩12 - ₩10) × 100리터$
> $\qquad = ₩1,200$

14 ★★☆   답 ⑤

정답 해설

당기순이익 증가액 $= ₩150^{(주1)} - ₩30^{(주2)} + ₩100^{(주3)} = ₩220$

> 주1 FVPL 처분이익
> $\qquad = ₩120 × 5주 - ₩90 × 5주 = ₩150$
> 주2 수수료비용 등 $= ₩120 × 5주 × (3\% + 2\%) = ₩30$
> 주3 FVPL 평가이익 $= (₩110 - ₩90) × 5주 = ₩100$

15 ★☆☆   답 ①

정답 해설

① 리스기간 종료시점에 기초자산의 소유권을 그 시점의 공정 가치에 해당하는 변동 지급액으로 이전하는 경우에는 운용 리스로 분류한다. 이는 기초자산의 소유에 따른 위험과 보상 의 대부분을 이전하지 않는다는 점이 분명하기 때문이다.

16 ★★☆   답 ⑤

오답 해설

ㄱ. (×) 법률에 따라 항공사의 항공기를 3년에 한 번씩 정밀하 게 정비하도록 하고 있는 경우 : 미래 발생할 수선유지비는 자산을 매각하는 등 미래 지출을 회피할 수 있기 때문에 현 재의무가 아니므로 충당부채로 인식하지 않는다.

ㄴ. (×) 새로운 법률에 따라 매연 여과장치를 설치하여야 하는 데, 기업은 지금까지 매연 여과장치를 설치하지 않은 경우 : 상업적 압력이나 법률 규정 때문에 공장에 특정 정화장치를 설치하는 지출을 계획하고 있거나 그런 지출이 필요한 경우 에는 공장 운영방식을 바꾸는 등의 미래 행위로 미래의 지 출을 회피할 수 있으므로 미래에 지출을 해야 할 현재의무 는 없으며 충당부채도 인식하지 아니한다.

17 ★★☆   답 ⑤

오답 해설

① 20×1년 말 토지 A로부터 기타포괄이익 ₩100이 증가한다.

② 20×2년 말 토지 A로부터 당기순이익 ₩50이 감소한다.

③ 20×2년 말 토지 B로부터 당기순이익 ₩300이 증가한다.

④ 20×3년 말 토지 A로부터 당기순이익 ₩30이 감소한다.

18 ★★★   답 ③

정답 해설

20×1년도 당기순이익 $= ₩94^{(주1)} - ₩226^{(주2)} = ₩132(감소)$

> 주1 이자수익 $= ₩937^{(주3)} × 10\% = ₩94$
> 주2 손상차손(20×1년 말)
> $\qquad = ₩937 + ₩94 - ₩80 - ₩725^{(주4)} = ₩226$
> 주3 $₩80 × 3.1698 + ₩1,000 × 0.6830 = ₩937$
> 주4 $₩50 × 2.4868 + ₩800 × 0.7513 = ₩725$

19 ★☆☆   답 ①

정답 해설

20×2년 말 사채의 BV
$= (₩300 + ₩15^{(주1)}) × 0.9434 = ₩298$

> 주1 액면이자 $= ₩300 × 5\% = ₩15$

20 ★☆☆   답 ①

정답 해설

① 개인의 가까운 가족: 당해 기업과의 거래 관계에서 당해 개 인의 영향을 받거나 당해 개인에게 영향력을 행사할 것으로 예상되는 가족으로서 다음의 경우를 포함한다.

> ㉠ 자녀 및 배우자(사실상 배우자 포함. 이하 같다)
> ㉡ 배우자의 자녀
> ㉢ 당해 개인이나 배우자의 피부양자

21 ★★☆   정답 전항정답

정답 해설

당기순이익 감소액 $= ₩37,500^{(주1)} - 14,500^{(주2)} = ₩23,000$

> 주1 자산감소액 $= \$30 × ₩1,250/\$ = ₩37,500$
> 주2 부채감소액
> $= \$920 × ₩1,300/\$ - \$945.2 × ₩1,250/\$$
> $= 14,500$

※ 문제 풀이에 있는 해답이 보기에 없어, 전항정답 처리되었습니다.

22 ★★★   정답 ①

정답 해설

- 손상차손
  $= ₩30,000^{(주1)} - MAX(₩15,000, ₩18,000) = ₩12,000$
- 손상차손환입액
  $= MIN[₩20,000^{(주2)}, MAX(₩21,000, ₩17,000)]$
  $- ₩12,000$
  $= ₩8,000$

> 주1 20×2년 말 장부가액
> $= ₩50,000 × 3년 ÷ 5년 = ₩30,000$
> 주2 환입 한도액 $=$ 20×3년 말 장부가액
> $= ₩50,000 × 2년 ÷ 5년 = ₩20,000$

23 ★★★   정답 ③

정답 해설

- 재평가모형 $= ₩2,250^{(주1)}$
- 공정가치모형 $= ₩11,000 - ₩9,000$
  $= ₩2,000$(투자부동산평가이익)

> 주1 감가상각비 $= ₩9,000 ÷ 4년 = ₩2,250$

더 알아보기

재평가모형
- 20×1년 말 $= ₩9,000 - (₩10,000 - ₩2,000^{(주2)})$
  $= ₩1,000$(재평가잉여금)
- 20×2년 말 $= ₩11,000 - (₩9,000 - ₩2,250)$
  $= ₩4,250$(재평가잉여금)

> 주2 감가상각비 $= ₩10,000 ÷ 5년 = ₩2,000$

24 ★★☆   정답 ③

정답 해설

손익계산서에 인식할 비용 $= ₩2,828^{(주1)} + ₩150^{(주3)} = ₩2,978$

> 주1 감가상각비
> $= (₩15,139^{(주2)} - ₩1,000) ÷ 5년 = ₩2,828$
> 주2 취득원가 $= ₩13,000 + ₩3,000 × 0.7130$(복구충당부채)
> $= ₩15,139$
> 주3 이자비용 $= ₩3,000 × 0.7130 × 7\% = ₩150$

25 ★★★   정답 ④

정답 해설

기타포괄손익누계액 $= ₩8,000^{(주1)} - ₩1,000^{(주2)} = ₩7,000$(감소)

> 주1 확정급여채무의 재측정요소
> $= ₩190,000 - ₩120,000 × (1 + 10\%) - ₩60,000$
> $+ ₩10,000$
> $= ₩8,000$
> 주2 사외적립자산의 재측정요소
> $= ₩110,000 - ₩90,000 × (1 + 10\%) + ₩10,000$
> $- ₩20,000$
> $= ₩1,000$

26 ★☆☆   정답 ②

정답 해설

② 수확 후 조림지에 나무를 다시 심는 원가는 생물자산의 원가에 포함하지 아니한다.

27 ★★☆   정답 ⑤

오답 해설

ㄱ. (×) 경영자가 의도하는 방식으로 운용될 수 있으나 아직 사용하지 않고 있는 기간에 발생한 원가는 무형자산의 장부금액에 포함하지 아니한다.

ㄷ. (×) 최초에 비용으로 인식한 무형항목에 대한 지출은 그 이후에 무형자산의 원가로 인식할 수 없다.

28 ★☆☆   정답 ①

정답 해설

① 매각예정으로 분류된 비유동자산(또는 처분자산집단)은 공정가치에서 처분부대원가를 뺀 금액과 장부금액 중 작은 금액으로 측정한다.

29 ★★☆　　　　　　　　　　　　　📋 전항정답

정답 해설

※ 가답안 기준 해설

감가상각비 $= ₩9,000^{(주1)} + ₩5,250^{(주2)} = ₩14,250$

> **주1** $20×2.1.1.\sim20×2.9.30.$까지의 감가상각비
> $= (₩61,000 - ₩1,000) ÷ 5년 × (9/12) = ₩9,000$
>
> **주2** $20×2.10.1.\sim20×2.12.31.$까지의 감가상각비
> $= [₩61,000 - ₩9,000^{(주3)} - ₩9,000^{(주1)} - ₩1,000]$
> $\quad × (3/6) × (3/12)$
> $= ₩5,250$
>
> **주3** $20×1.4.1.\sim20×1.12.31.$까지의 감가상각비
> $= (₩61,000 - ₩1,000) ÷ 5년 × (9/12) = ₩9,000$

> ※ 출제자는 위의 풀이처럼 답안을 도출하여 처음 가답안은 지문 ⑤ ₩14,250으로 발표되었습니다. 이후 최종정답 발표에서 전항정답 처리되었는데, 그 이유는 기중 감가상각비 변경시 K-IFRS에서 어떠한 명확한 기준을 제시하고 있지 않아서 여러 가지로 문제 해석이 가능하기 때문으로 보입니다.

30 ★★☆　　　　　　　　　　　　　📋 ④

정답 해설

- (주)감평이 인식할 유형자산처분이익
  $= ₩3,000 + ₩7,900 - ₩10,000 = ₩900$
- (주)한국이 인식할 유형자산처분손실
  $= ₩3,000 + ₩7,900 - ₩10,800 = ₩100^{(주1)}$

> **주1** 유형자산처분손실 $= ₩8,000 - ₩7,900 = ₩100$

31 ★★☆　　　　　　　　　　　　　📋 ③

정답 해설

제조간접비 예정배부율 $= ₩14,000^{(주3)} ÷ 1,000시간^{(주4)} = ₩14$

> **주1** 매출원가 $= ₩90,000 × (1 - 30\%) = ₩63,000$
>
> **주2** 직접재료비
> $= ₩5,000 + ₩30,000 - ₩6,000 = ₩29,000$
>
> **주3** 제조간접비
> $= ₩63,000^{(주1)} - ₩10,000 + ₩12,000 - ₩7,000$
> $\quad + ₩5,000 - ₩29,000^{(주2)} - ₩20,000(직접노무비)$
> $= ₩14,000$
>
> **주4** 직접노무시간 $= ₩20,000 ÷ ₩20 = 1,000시간$

32 ★☆☆　　　　　　　　　　　　　📋 ④

정답 해설

P2에 배분될 보조부문원가
$= ₩22,500^{(주1)} + ₩18,000^{(주2)} = ₩40,500$

> **주1** S1
> $= ₩60,000 × 18기계시간 ÷ (30기계시간 + 18기계시간)$
> $= ₩22,500$
>
> **주2** S2
> $= ₩30,000 × 240kW ÷ (160kW + 240kW)$
> $= ₩18,000$

33 ★☆☆　　　　　　　　　　　　　📋 ①

정답 해설

비정상공손 수량 $= 20^{(주1)} - 13^{(주2)} = 7(단위)$

> **주1** 공손 수량
> $= 60(기초재공품) + 300(당기착수량) - 260(완성품)$
> $\quad - 80(기말재공품)$
> $= 20(단위)$
>
> **주2** 정상공손 수량 $= (60 + 200) × 5\% = 13(단위)$

34 ★★☆　　　　　　　　　　　　　📋 ④

정답 해설

기말재고수량 $= 1,500kg^{(주1)} - 1,300kg^{(주2)} = 200kg$

> **주1** 실제 구입량 $= ₩3,000 ÷ (₩5 - ₩3) = 1,500kg$
>
> **주2** 실제 사용량
> $= (₩3 × 2kg × 800단위 - ₩900) ÷ ₩3 = 1,300kg$

35 ★★★　　　　　　　　　　　　　📋 ③

정답 해설

고정제조간접원가 $= 800단위 × 30^{(주2)} = ₩24,000$

> **주1** 기초분 @FOH
> $= (₩7,000 - ₩5,000) ÷ 100(기말재고) = ₩20$
>
> **주2** 전부원가계산에 의한 영업이익(₩8,500)
> $= ₩6,000(변동원가계산에 의한 영업이익) + 150(기말재고) × ₩30(역산하여 산출) - 100(기초재고)$
> $\quad × ₩20^{(주1)}$

따라서, 기말분 @FOH $= ₩30$

36 ★★★ 답 ⑤

정답 해설

- A의 매출총이익＝80단위×(₩60－₩12.5$^{(주1)}$)＝₩3,800

> **주1** A의 단위당 원가
> ＝(₩1,000＋₩250$^{(주2)}$)÷100단위＝₩12.5
>
> **주2** A의 결합원가 배분액
> ＝(₩1,450－₩1,000$^{(주3)}$)×₩5,000
> ÷(₩5,000＋₩4,000)
> ＝₩250

- A의 순실현가능가치
  ＝₩60×100단위－₩1,000＝₩5,000
- B의 순실현가능가치＝₩30×140단위－₩200＝₩4,000

> **주3** F의 순실현가능가치
> ＝₩30×50단위－₩500＝₩1,000

37 ★★☆ 답 ④

정답 해설

제품 A의 판매수량
＝(₩30,000＋₩16,000$^{(주1)}$)÷(₩1,000－₩600)＝115단위

> **주1** 세전이익 산출과정
>
> | 세전이익 | 계산과정 | 세후이익 |
> | --- | --- | --- |
> | ₩10,000 | ₩10,000×(1－20%)＝ | ₩8,000 |
> | ₩6,000 | ＝₩4,500÷(1－25%) | ₩4,500 |
> | ₩16,000 | － | ₩12,500 |

38 ★★☆ 답 ②

정답 해설

투자수익률(Y)＝₩6,000$^{(주1)}$÷₩50,000＝12%

> **주1** 영업이익(Y)
> ＝₩1,000$^{(주2)}$＋₩50,000×10%＝₩6,000
> **주2** 잔여이익(Y)＝₩3,500$^{(주3)}$－₩2,500＝₩1,000
> **주3** 잔여이익(X)
> ＝₩10,500$^{(주4)}$－₩70,000×10%＝₩3,500
> **주4** X의 영업이익＝₩70,000×15%＝₩10,500

39 ★★★ 답 ⑤

정답 해설

1월 말의 예상 현금유입액
＝₩5,000$^{(주1)}$＋₩22,500$^{(주2)}$＋₩57,000$^{(주3)}$＝₩84,500

> **주1** 20×1년 11월 판매분
> ＝₩5,000÷(1－90%)×10%＝₩5,000
> **주2** 20×1년 12월 판매분
> ＝₩30,000÷(1－60%)×30%＝₩22,500
> **주3** 20×2년 1월 판매분
> ＝₩100,000×60%×(1－5%)＝₩57,000

40 ★☆☆ 답 ②

정답 해설

카이젠원가계산은 제조단계에서 원가절감 목표를 설정하고 이를 달성하도록 제조공정을 지속적으로 개선해 나가는 원가계산 방법이다. 이는 목표원가계산이 제조이전단계의 대폭적인 원가절감에 초점이 맞추어져 있는 반면, 카이젠원가계산은 제조과정의 지속적인 원가절감에 초점이 맞추어져 있다.

무언가를 시작하는 방법은
말하는 것을 멈추고, 행동을 하는 것이다.

– 월트 디즈니 –

감정평가사 1차 전과목 5개년 기출문제집

감정평가사 1차
해설편

PART 01

2023년 제34회
기출문제 정답 및 해설

| 제1교시 | 민법 / 경제학원론 / 부동산학원론 |
| 제2교시 | 감정평가관계법규 / 회계학 |

제1과목 | 민법

01	02	03	04	05	06	07	08	09	10
⑤	④	⑤	⑤	①	③	④	②	⑤	①
11	12	13	14	15	16	17	18	19	20
⑤	③	①	①	⑤	③	①	①	②	②
21	22	23	24	25	26	27	28	29	30
②	①	③	②	④	⑤	③	②	②	②
31	32	33	34	35	36	37	38	39	40
④	④	⑤	④	③	②	④	④	③	①

총평

민법은 총칙과 물권법에서 예전과 동일한 비중으로 출제되었고 난도도 예년과 다르지 않았다. 기본개념 및 판례를 충실히 학습한 수험자는 능히 고득점을 할 수 있는 시험이었다. 법과목 특성상 기본서에 수록된 판례는 관련 이론과 함께 전부 숙지해야 하고 법조문을 묻는 지문도 많으므로 평소 법조문 학습 역시 소홀히 해서는 안 될 것이다.

판례는 판결요지를 묻는 경우가 다수이므로 총론과 물권법의 중요 판례에 대한 정리는 필수적이라 할 수 있다. 특히 기출 판례는 반복 출제 비중이 높으니 과년도 기출문제를 많이 풀어보는 것이 필수적이라고 본다.

01 ★★☆ 🗐 ⑤

정답 해설

⑤ 미등기 무허가건물의 양수인이라 할지라도 그 소유권이전등기를 경료받지 않는 한 그 건물에 대한 소유권을 취득할 수 없고, 그러한 상태의 건물 양수인에게 소유권에 준하는 관습상의 물권이 있다고 볼 수도 없으므로, 건물을 신축하여 그 소유권을 원시취득한 자로부터 그 건물을 매수하였으나 아직 소유권이전등기를 갖추지 못한 자는 그 건물의 불법점거자에 대하여 직접 자신의 소유권 등에 기하여 명도를 청구할 수는 없다[2007다11347].

오답 해설

① 민법 제1조의 법률은 형식적 의미의 법률만을 의미하는 것이 아니라 모든 법규범, 즉 성문법을 통칭한다.

② 민법 제1조에서 민법의 법원으로 규정한 '관습법'에는 사실인 관습이 포함되지 않는다. 사실인 관습은 법령으로서의 효력이 없는 단순한 관행으로서 법률행위의 당사자의 의사를 보충함에 그치는 것이다.

③ 성문민법에는 법률·명령·대법원규칙·조약·자치법이 있다. 대법원은 법률에 저촉되지 않는 범위 안에서 소송에 관한 절차, 법원의 내부규칙과 사무처리에 관한 규칙을 제정할 수 있는데(헌법 제108조), 이러한 대법원규칙이 민사에 관한 것이라면 민법의 법원이 된다.

02 ★★☆ 🗐 ④

정답 해설

④ 성년후견이나 한정후견에 관한 심판 절차는 가사소송법 제2조 제1항 제2호 (가)목에서 정한 가사비송사건으로서, 가정법원이 당사자의 주장에 구애받지 않고 후견적 입장에서 합목적적으로 결정할 수 있다. 이때 성년후견이든 한정후견이든 본인의 의사를 고려하여 개시 여부를 결정한다는 점은 마찬가지이다(민법 제9조 제2항, 제12조 제2항). 위와 같은 규정 내용이나 입법 목적 등을 종합하면, 성년후견이나 한정후견 개시의 청구가 있는 경우 가정법원은 청구 취지와 원인, 본인의 의사, 성년후견 제도와 한정후견 제도의 목적 등을 고려하여 어느 쪽의 보호를 주는 것이 적절한지를 결정하고, 그에 따라 필요하다고 판단하는 절차를 결정해야 한다. 따라서 한정후견의 개시를 청구한 사건에서 의사의 감정 결과 등에 비추어 성년후견 개시의 요건을 충족하고 본인도 성년후견의 개시를 희망한다면 법원이 성년후견을 개시할 수 있고, 성년후견 개시를 청구하고 있더라도 필요하다면 한정후견을 개시할 수 있다고 보아야 한다[2020스596].

오답 해설

① 제930조 제2항

② 제10조 제3항

③ 제14조의3

⑤ 가정법원은 피특정후견인의 후원을 위하여 필요하다고 인정되면 기간이나 범위를 정하여 특정후견인에게 대리권을 수여하는 심판을 할 수 있고(제959조의11 제1항), 특정후견인은 그 범위에서 대리권을 가질 뿐이다. 피특정후견인은 행위능력이 제한되지 않으므로 특정후견인은 동의권 및 취소권을 가지지 않는다.

03 ★★☆

정답 해설

⑤ 법원에 의하여 부재자의 재산관리인에 선임된 자는 그 부재자의 사망이 확인된 후라 할지라도 위 선임결정이 취소되지 않는 한 그 관리인으로서의 권한이 소멸되는 것이 아니다 [71다189].

오답 해설

① 72다2136

② 제22조 제1항

③ 법원이 선임한 재산관리인은 법정대리인의 지위를 갖으므로 보존행위, 관리행위는 단독으로 자유롭게 할 수 있다(제25조, 제118조). 건물임차인에 대한 차임청구는 보존행위라 할 것이므로 법원의 허가를 요하지 않는다.

④ 부재자의 재산관리인에 의한 부재자소유 부동산매각행위의 추인행위가 법원의 허가를 얻기 전이어서 권한없이 행하여진 것이라고 하더라도, 법원의 재산관리인의 초과행위 결정의 효력은 그 허가받은 재산에 대한 장래의 처분행위 뿐만 아니라 기왕의 처분행위를 추인하는 행위로도 할 수 있는 것이므로 그 후 법원의 허가를 얻어 소유권이전등기절차를 경료케 한 행위에 의하여 종전에 권한없이 한 처분행위를 추인한 것이라 할 것이다[80다1872].

04 ★★☆

정답 해설

⑤ 민법상 재단법인의 기본재산에 관한 저당권 설정행위는 특별한 사정이 없는 한 정관의 기재사항을 변경하여야 하는 경우에 해당하지 않으므로, 그에 관하여는 주무관청의 허가를 얻을 필요가 없다[2017마565].

오답 해설

① 제40조, 제43조 참고

제40조(사단법인의 정관)

사단법인의 설립자는 다음 각 호의 사항을 기재한 정관을 작성하여 기명날인하여야 한다.

1. 목적
2. 명칭
3. 사무소의 소재지
4. 자산에 관한 규정
5. 이사의 임면에 관한 규정
6. 사원 자격의 득실에 관한 규정
7. 존립시기나 해산사유를 정하는 때에는 그 시기 또는 사유

제43조(재단법인의 정관)

재단법인의 설립자는 일정한 재산을 출연하고 제40조 제1호 내지 제5호의 사항을 기재한 정관을 작성하여 기명날인하여야 한다.

---

② 임의적 기재사항에는 제한이 없으며, 다만, 임의적 기재사항이라도 일단정관에 기재되면 필요적 기재사항과 효력상 차이가 없으며, 따라서 그것을 변경할 때에는 정관변경절차에 의하여야 한다.

③ 정관의 변경이란 법인이 동일성을 유지하면서 그 조직을 변경하는 것을 말한다. 정관변경은 사단법인이든 재단법인이든 주무관청의 허가가 효력요건이다(제42조 제2항).

④ 재단법인의 기본재산편입행위는 기부행위의 변경에 속하는 사항이므로 주무관청의 인가가 있어야 그 효력이 발생한다 [78다1038].

05 ★☆☆

정답 해설

① 비법인사단에 대하여는 사단법인에 관한 민법 규정 가운데서 법인격을 전제로 하는 것을 제외하고는 이를 유추적용하여야 할 것인바, 민법 제62조의 규정에 비추어 보면 비법인사단의 대표자는 정관 또는 총회의 결의로 금지하지 아니한 사항에 한하여 타인으로 하여금 특정한 행위를 대리하게 할 수 있을 뿐 비법인사단의 제반 업무처리를 포괄적으로 위임할 수는 없다 할 것이므로, 비법인사단 대표자가 행한 타인에 대한 업무의 포괄적 위임과 그에 따른 포괄적 수임인의 대행행위는 민법 제62조의 규정에 위반된 것이어서 비법인사단에 대하여는 그 효력이 미치지 아니한다[94다18522].

오답 해설

② 대판 2003.7.22. 2002다64780

③ 대판 1983.2.8. 80다1194

④ 대판 1991.6.14. 91다2946

⑤ 제275조 제1항

06 ★★☆ 　　　　　　　　 정답 ③

③ 해제권−취소권−지상물매수청구권은 모두 형성권에 해당한다.

더 알아보기

권리의 작용(효력)에 따른 분류

지배권	• 권리의 객체를 직접 지배할 수 있는 권리 • 물권뿐만 아니라 무체재산권, 친권, 인격권 등이 이에 해당
청구권	• 특정인이 다른 특정인에 대하여 일정한 행위를 요구할 수 있는 권리로 채권이 대표적임
항변권	• 상대방의 청구권은 인정하나, 그 작용만을 저지하는 권리 • 연기적 항변권 : 상대방의 권리행사를 일시적으로 저지하는 권리로, 동시이행항변권, 보증인의 최고·검색의 항변권이 이에 해당 • 영구적 항변권 : 상대방의 권리행사를 영구적으로 저지하는 권리로, 한정상속인의 한정승인의 항변권 등이 이에 해당
형성권	• 권리자의 일방적인 의사표시에 의하여 곧바로 법률관계의 변동(발생, 변경, 소멸)이 발생하는 권리 • 형성권에는 권리에 대응하는 의무가 없음 • 형성권은 조건에 친하지 않으나, 예외적으로 정지조건부 해제는 유효(대판 1992.8.18. 92다5928) • 형성권 행사의 의사표시는 철회를 할 수 없는 것이 원칙<hr>**권리자의 일방적 의사표시만으로 효과가 발생하는 형성권(대부분)** • 동의권(민법 제5조, 제13조), 취소권(민법 제140조 이하), 추인권(민법 제143조 이하) • 계약의 해지·해제권(민법 제543조) • 상계권(민법 제492조) • 일방예약의 완결권(민법 제564조) • 약혼해제권(민법 제805조) • 상속포기권(민법 제1041조)<hr>**법원의 확정판결이 있어야만 법률효과가 발생하는 형성권** • 채권자취소권(민법 제406조) • 친생부인권(민법 제846조) 등<hr>**성질이 형성권임에도 불구하고 청구권으로 불리는 것** • 공유물분할청구권(민법 제268조) • 지상물매수청구권(민법 제283조 제2항, 제643조, 제644조, 제285조 제2항) • 부속물매수청구권(민법 제316조 제2항, 제646조, 제647조) • 지료(민법 제286조)·전세금(민법 제312조의2)·차임(민법 제628조)의 증감청구권 등

07 ★★☆ 　　　　　　　　 정답 ④

④ 민법 제74조는 사단법인과 어느 사원과의 관계사항을 의결하는 경우 그 사원은 의결권이 없다고 규정하고 있으므로, 민법 제74조의 유추해석상 민법상 법인의 이사회에서 법인과 어느 이사와의 관계사항을 의결하는 경우에는 그 이사는 의결권이 없다. 이 때 의결권이 없다는 의미는 상법 제368조 제4항, 제371조 제2항의 유추해석상 이해관계 있는 이사는 이사회에서 의결권을 행사할 수는 없으나 의사정족수 산정의 기초가 되는 이사의 수에는 포함되고, 다만 결의 성립에 필요한 출석이사에는 산입되지 아니한다고 풀이함이 상당하다[2008다1521].

① 이사의 변경등기는 대항요건이다(제54조 참고).

> **제54조(설립등기 이외의 등기의 효력과 등기사항의 공고)**
> ① 설립등기 이외의 본절의 등기사항은 그 등기 후가 아니면 제삼자에게 대항하지 못한다.

② 이사가 수인인 경우에는 정관에 다른 규정이 없으면 법인의 사무집행은 이사의 과반수로써 결정한다(제58조 제2항).

③ 정관변경(제42조)과 임의해산(제77조 제2항, 제78조)은 총회의 전권사항으로서 정관에 의해서도 박탈할 수 없다. 단, 정관으로 정족수를 달리 정할 수는 있다.

⑤ 법인의 정관에 법인 대표권의 제한에 관한 규정이 있으나 그와 같은 취지가 등기되어 있지 않다면 법인은 그와 같은 정관의 규정에 대하여 선의냐 악의냐에 관계없이 제3자에 대하여 대항할 수 없다[91다24564].

08 ★★☆ 　　　　　　　　 정답 ②

② 물권변동에 관하여 형식주의를 취하는 현행 민법하에서는, 분필절차를 밟기 전에는 1필의 토지의 일부를 양도하거나 담보물권을 설정하지 못한다. 그러나 용익물권은 분필절차를 밟지 아니하더라도, 1필의 토지의 일부 위에 설정할 수 있는 예외가 인정된다(부동산등기법 제69조, 제70조, 제72조).

① 종물은 주물의 구성부분을 이루는 것이 아니라, 주물과는 독립한 물건이어야 한다.

③ 국립공원의 입장료는 수익자부담의 원칙에 따라 국립공원의 유지·관리비용의 일부를 입장객에게 부담시키는 것에 지나지 않고, 토지의 사용대가가 아닌 점에서 민법상의 과실은 아니다[2000다27749].

④ 일시적으로 어떤 물건의 효용을 돕고 있는 것은 종물이 아니다. 그리고 주물의 소유자나 이용자의 상용에 공여되고 있더

라도 주물 그 자체의 효용과 직접관계가 없는 물건은 종물이 아니다[94다11606].

⑤ 제358조 참고

> **제358조(저당권의 효력의 범위)**
> 저당권의 효력은 저당부동산에 부합된 물건과 종물에 미친다. 그러나 법률에 특별한 규정 또는 설정행위에 다른 약정이 있으면 그러하지 아니하다.

09 ★★☆ 정답 ⑤

정답 해설

ㄱ. [○] 갑과 을의 매매계약은 쌍무계약이며 갑의 과실에 의해 목적물을 인도할 수 없는 경우에 을은 계약을 해제할 수 있으며(제546조) 乙은 손해배상을 청구할 수 있다(제551조 참고).

ㄴ. [○] 쌍무계약의 당사자 일방의 채무가 당사자 쌍방의 책임 없는 사유로 이행할 수 없게 된 때에는 채무자는 상대방의 이행을 청구하지 못하는데 이를 채무자위험부담주의라 한다(제537조 참고).

ㄷ. [○] 甲이 乙에게 매도하기로 한 건물이 계약체결 전에 지진으로 전파(全破)된 경우 원시적 불능으로 계약체결상의 과실(제535조)이 문제된다.

더 알아보기

불능의 종류 및 민법의 태도

원시적 불능	객관적·전부불능	계약체결상의 과실책임(제535조)
	객관적·일부불능 또는 주관적 전부·일부불능	담보책임(제572조 ~ 제581조)
후발적 불능	채무자에게 귀책 사유가 있는 경우	이행불능(제390조)
	채무자에게 귀책 사유가 없는 경우	쌍무계약에서 위험부담(제537조, 제538조)

10 ★☆☆ 정답 ①

정답 해설

① 변호사가 형사소송의 승소대가로 한 성공보수의 약정은 민법 제103조 위반으로 무효이다[2015다200111, 전원합의체]. 그러나 민사소송의 승소대가로 한 성공보수의 약정은 무효가 아니다.

더 알아보기

반사회질서 행위로서 무효로 인정되는 경우

① 범죄 기타 부정행위에 가담하는 계약, 경매나 입찰의 담합행위, 범죄의 포기를 대가로 금전을 주는 계약, 이중매매는 제2매수인이 매도인의 배임행위에 '적극가담'하는 경우

② 子가 부모와 동거하지 않겠다는 계약, 첩계약

③ 일생동안 혼인 또는 이혼하지 않겠다는 계약

④ 도박계약, 도박채무의 변제로서 토지의 양도 계약, 보험금을 편취하기 위한 생명보험계약

⑤ 윤락녀의 화대를 포주와 나누는 계약

⑥ 소송의 일방 당사자를 위하여 진실의 증언을 하고 승소 시 소송가액의 일정액을 배분받기로 하는 계약은 사회적으로 용인될 수 있는 한도를 초과한 급부 제공부분은 무효

⑦ 부부관계의 종료를 해제조건으로 하는 증여계약의 경우에는 조건만이 무효가 되는 것이 아니라 법률행위자체가 무효

⑧ 혼인관계가 존속 중인 사실을 알면서 남의 첩이 되어 부첩행위를 계속한 경우에는 본처의 사전승인이 있었다 하더라도 장래의 부첩관계의 사전승인이라는 것은 선량한 풍속에 위배되는 행위이므로 본처에 대하여 불법행위가 성립

11 ★★☆ 정답 ⑤

정답 해설

⑤ 통정허위표시의 제3자가 악의라도 그 전득자가 통정허위표시에 대하여 선의인 때에는 전득자에게 허위표시의 무효를 주장할 수 없다[2012다49292].

오답 해설

① 통정허위표시가 곧바로 불법원인급여가 되는 것은 아니다. 허위표시 자체는 불법이 아니므로 불법원인급여 규정인 제746조가 적용되지 않는다.

② 대리인의 허위표시에서의 본인은 통정허위표시에서 대항할 수 없는 제3자에 해당하지 않는다.

③ 가장행위인 매매가 무효이더라도 은닉행위인 증여는 유효하다[93다12930].

④ 제3자는 선의이면 족하고 무과실은 요건이 아니다[2003다70041].

12 ★★☆ 답 ③

정답 해설

③ 동기의 착오가 법률행위의 내용의 중요 부분의 착오에 해당함을 이유로 표의자가 법률행위를 취소하려면 그 동기를 당해 의사표시의 내용으로 삼을 것을 상대방에게 표시하고 의사표시의 해석상 법률행위의 내용으로 되어 있다고 인정되면 충분하고 당사자들 사이에 별도로 그 동기를 의사표시의 내용으로 삼기로 하는 합의까지 이루어질 필요는 없지만, 그 법률행위의 내용의 착오는 보통 일반인이 표의자의 입장에 섰더라면 그와 같은 의사표시를 하지 아니하였으리라고 여겨질 정도로 그 착오가 중요한 부분에 관한 것이어야 한다 [97다26210].

오답 해설

① 2015다78703
② 2016다12175
④ 부동산 매매에 있어서 시가에 관한 착오는 부동산을 매매하려는 의사를 결정함에 있어 동기의 착오에 불과할 뿐 법률행위의 중요부분에 관한 착오라고 할 수 없다[92다29337].
⑤ 민법 제109조 제1항 단서는 의사표시의 착오가 표의자의 중대한 과실로 인한 때에는 그 의사표시를 취소하지 못한다고 규정하고 있는데, 위 단서 규정은 표의자의 상대방의 이익을 보호하기 위한 것이므로, 상대방이 표의자의 착오를 알고 이를 이용한 경우에는 착오가 표의자의 중대한 과실로 인한 것이라고 하더라도 표의자는 의사표시를 취소할 수 있다 [2013다49794].

13 ★☆☆ 답 ①

정답 해설

① 의사표시 발신 후의 사정변경(표의자의 사망 또는 행위능력의 상실)은 의사표시에 영향을 미치지 않는다(제111조 제2항).

오답 해설

② 도달주의 원칙을 규정한 제111조는 임의규정이다.
③ 상대방이 정당한 사유 없이 통지의 수령을 거절한 경우에도 상대방이 통지의 내용을 알 수 있는 객관적 상태에 놓여 있는 때에는 의사표시의 효력이 발생한다[2008다19973].
④ 재단법인의 설립행위는 '재산의 출연과 정관의 작성'으로 이루어져 있다. 이러한 재단법인의 설립행위는 재단에 법인격 취득의 효과를 발생시키려는 의사표시를 요소로 하는 '상대방 없는 단독행위'에 해당한다[98다9045].

14 ★★☆ 답 ①

정답 해설

① 민법 제135조 제1항은 "타인의 대리인으로 계약을 한 자가 그 대리권을 증명하지 못하고 또 본인의 추인을 얻지 못한 때에는 상대방의 선택에 좇아 계약의 이행 또는 손해배상의 책임이 있다."고 규정하고 있다. 위 규정에 따른 무권대리인의 상대방에 대한 책임은 무과실책임으로서 대리권의 흠결에 관하여 대리인에게 과실 등의 귀책사유가 있어야만 인정되는 것이 아니고, 무권대리행위가 제3자의 기망이나 문서위조 등 위법행위로 야기되었다고 하더라도 책임은 부정되지 아니한다[2013다13038].

오답 해설

② 본인의 허락이 있는 경우는 제124조의 자기계약이 가능하다(제124조 본문). 따라서 제124조의 자기계약은 유동적 무효라고 볼 수 있다.
③ 대리인의 사망, 성년후견의 개시 또는 파산은 대리권의 소멸사유에 해당한다(제127조 제2호).
④ 대리인이 수인인 경우에 원칙적으로 대리인 각자가 본인을 대리한다. 즉 각자대리가 원칙이다(제119조 본문).
⑤ 유언, 재단법인의 설립행위, 권리의 포기 등의 상대방 없는 단독행위는 능동대리 및 수동대리를 묻지 않고 언제나 무효이다. 본인의 추인이 있더라도 무효이다.

15 ★★☆ 답 ⑤

정답 해설

⑤ 표현대리의 법리는 거래의 안전을 위하여 어떠한 외관적 사실을 야기한 데 원인을 준 자는 그 외관적 사실을 믿음에 정당한 사유가 있다고 인정되는 자에 대하여는 책임이 있다는 일반적인 권리외관 이론에 그 기초를 두고 있는 것인 점에 비추어 볼 때, 대리인이 대리권 소멸 후 직접 상대방과 사이에 대리행위를 하는 경우는 물론 대리인이 대리권 소멸 후 복대리인을 선임하여 복대리인으로 하여금 상대방과 사이에 대리행위를 하도록 한 경우에도, 상대방이 대리권 소멸 사실을 알지 못하여 복대리인에게 적법한 대리권이 있는 것으로 믿었고 그와 같이 믿은 데 과실이 없다면 민법 제129조에 의한 표현대리가 성립할 수 있다[97다55317].

오답 해설

① 복대리인은 대리인이 「대리인 자신의 이름」으로 선임한 「본인의 대리인」이다.
② 민법 제123조 제2항에 의하여 본인과 대리인 사이의 내부적 법률관계가 본인과 복대리인 간의 내부적 기초적 법률관계로 의제된다(통설).
③ 복대리인의 선임으로 대리인의 대리권은 소멸하지 않으며, 대리인과 복대리인은 모두 본인을 대리한다.
④ 복대리권은 대리권을 초과할 수 없으며, 대리권이 소멸하면 복대리권도 소멸한다.

16 ★★☆   답 ③

정답 해설

③ 구 국토의 계획 및 이용에 관한 법률(2007.7.27. 법률 제8564호로 개정되기 전의 것, 이하 '법'이라 한다)에서 정한 토지거래계약 허가구역 내 토지에 관하여 허가를 배제하거나 잠탈하는 내용으로 매매계약이 체결된 경우에는 법 제118조 제6항에 따라 그 계약은 체결된 때부터 확정적으로 무효이다. 이러한 '허가의 배제나 잠탈 행위'에는 토지거래허가가 필요한 계약을 허가가 필요하지 않은 것에 해당하도록 계약서를 허위로 작성하는 행위뿐만 아니라, 정상적으로는 토지거래허가를 받을 수 없는 계약을 허가를 받을 수 있도록 계약서를 허위로 작성하는 행위도 포함된다[2011도614].

오답 해설

① 추인은 다른 의사표시가 없는 때에는 계약 시에 소급하여 그 효력이 생긴다. 그러나 제3자의 권리를 해하지 못한다(제133조).

② 법률행위의 일부분이 무효인 때에는 그 전부를 무효로 한다. 그러나 그 무효부분이 없더라도 법률행위를 하였을 것이라고 인정될 때에는 나머지 부분은 무효가 되지 아니한다(제137조).

④ 민법은 원칙적으로 추인을 금지하되(제139조 본문), 예외적으로 당사자가 그 무효임을 알고 추인한 때에는 새로운 법률행위를 한 것으로 간주하고 있다(제139조 단서).

⑤ 처분권한 없는 자의 처분행위는 원칙적으로 무효이다. 다만 권리자의 추인이나 동산의 경우라면 선의취득 또는 제3자 보호규정(제107조 제2항 ~ 제110조 제3항, 제548조 제1항 단서)에 의해 예외적으로 유효일 수 있다.

17 ★★☆   답 ①

정답 해설

① 민법 제146조는 취소권은 추인할 수 있는 날로부터 3년 내에 행사하여야 한다고 규정하고 있는바, 이때의 3년이라는 기간은 일반소멸시효기간이 아니라 제척기간으로서 제척기간이 도과하였는지 여부는 당사자의 주장에 관계없이 법원이 당연히 조사하여 고려하여야 할 사항이다[96다25371].

오답 해설

② 취소의 의사표시란 반드시 명시적이어야 하는 것은 아니고, 취소자가 그 착오를 이유로 자신의 법률행위의 효력을 처음부터 배제하려고 한다는 의사가 드러나면 족한 것이며, 취소원인의 진술 없이도 취소의 의사표시는 유효한 것이다[2004다43824].

③ 취소할 수 있는 행위의 상대방이 그 행위로 취득한 권리를 양도한 경우에 그 취소의 상대방은 양수인이 아니라 원래의 상대방이다.

④ 근로계약, 조합계약과 같은 계속적인 계약관계는 소급효가 부인된다(통설).

⑤ 매도인이 매수인의 중도금 지급 채무불이행을 이유로 매매계약을 적법하게 해제한 후라도 매수인으로서는 상대방이 한 계약해제의 효과로서 발생하는 손해배상책임을 지거나 매매계약에 따른 계약금의 반환을 받을 수 없는 불이익을 면하기 위하여 착오를 이유로 한 취소권을 행사하여 위 매매계약 전체를 무효로 돌리게 할 수 있다[91다11308].

18 ★★☆   답 ①

정답 해설

① 물권법정주의에 위반되지 않는 한 물권행위의 내용에 관해 제한이 없으므로 물권행위에도 조건·기한을 붙일 수 있다.

오답 해설

② 조건은 당사자가 임의로 부가한 것이어야 한다. 따라서 법정조건은 조건이 아니다.

③ 상대방이 하도급 받은 부분에 대한 공사를 완공하여 준공필증을 제출하는 것을 정지조건으로 하여 공사대금채무를 부담하거나 위 채무를 보증한 사람은 위 조건의 성취로 인하여 불이익을 받을 당사자의 지위에 있다고 할 것이므로, 이들이 위 공사에 필요한 시설을 해주지 않았을 뿐만 아니라 공사장에의 출입을 통제함으로써 위 상대방으로 하여금 나머지 공사를 수행할 수 없게 하였다면, 그것이 고의에 의한 경우만이 아니라 과실에 의한 경우에도 신의성실에 반하여 조건의 성취를 방해한 때에 해당한다고 할 것이므로, 그 상대방은 민법 제150조 제1항의 규정에 의하여 위 공사대금 채무자 및 보증인에 대하여 그 조건이 성취된 것으로 주장할 수 있다[98다42356].

④ 부첩관계인 부부생활의 종료를 해제조건으로 하는 증여계약은 그 조건만이 무효인 것이 아니라 증여계약 자체가 무효이다[66다530].

19 ★★☆   답 ②

정답 해설

② 동시이행의 항변권이 붙어 있는 권리는 이행기가 도래한 때부터 소멸시효가 진행된다.

> 부동산에 대한 매매대금 채권이 소유권이전등기청구권과 동시이행의 관계에 있다고 할지라도 매도인은 매매대금의 지급기일 이후 언제라도 그 대금의 지급을 청구할 수 있는 것이며, 다만 매수인은 매도인으로부터 그 이전등기에 관한 이행의 제공을 받기까지 그 지급을 거절할 수 있는데 지나지 아니하므로 매매대금 청구권은 그 지급기일 이후 시효의 진행에 걸린다[90다9797].

① 매도인에 대한 하자담보에 기한 손해배상청구권에 대하여는 민법 제582조의 제척기간이 적용되고, 이는 법률관계의 조속한 안정을 도모하고자 하는 데에 취지가 있다. 그런데 하자담보에 기한 매수인의 손해배상청구권은 권리의 내용·성질 및 취지에 비추어 민법 제162조 제1항의 채권 소멸시효의 규정이 적용되고, 민법 제582조의 제척기간 규정으로 인하여 소멸시효 규정의 적용이 배제된다고 볼 수 없으며, 이때 다른 특별한 사정이 없는 한 무엇보다도 매수인이 매매목적물을 인도받은 때부터 소멸시효가 진행한다고 해석함이 타당하다[2011다10266].

③ 2005다41818

④ 2004다60072 전원합의체

⑤ 소멸시효 이익의 포기는 상대적 효과가 있을 뿐이어서 다른 사람에게는 영향을 미치지 아니함이 원칙이나, 소멸시효 이익의 포기 당시에는 권리의 소멸에 의하여 직접 이익을 받을 수 있는 이해관계를 맺은 적이 없다가 나중에 시효이익을 이미 포기한 자와의 법률관계를 통하여 비로소 시효이익을 원용할 이해관계를 형성한 자는 이미 이루어진 시효이익 포기의 효력을 부정할 수 없다. 왜냐하면, 시효이익의 포기에 대하여 상대적인 효과만을 부여하는 이유는 포기 당시에 시효이익을 원용할 다수의 이해관계인이 존재하는 경우 그들의 의사와는 무관하게 채무자 등 어느 일방의 포기 의사만으로 시효이익을 원용할 권리를 박탈당하게 되는 부당한 결과의 발생을 막으려는 데 있는 것이지, 시효이익을 이미 포기한 자와의 법률관계를 통하여 비로소 시효이익을 원용할 이해관계를 형성한 자에게 이미 이루어진 시효이익 포기의 효력을 부정할 수 있게 하여 시효완성을 둘러싼 법률관계를 사후에 불안정하게 만들자는 데 있는 것은 아니기 때문이다[2015다200227].

20 ★★★　　　　　　　　　　　　🗐 ②

ㄱ. [○] 사해행위취소소송의 상대방이 된 사해행위의 수익자도 사해행위가 취소되면 사해행위에 의하여 얻은 이익을 상실하고 사해행위취소권을 행사하는 채권자의 채권이 소멸하면 그와 같은 이익의 상실을 면하는 지위에 있으므로, 그 채권의 소멸에 의하여 직접 이익을 받는 자에 해당한다[2007다54849].

ㄷ. [○] 유치권이 성립된 부동산의 매수인은 피담보채권의 소멸시효가 완성되면 시효로 인하여 채무가 소멸되는 결과 직접적인 이익을 받는 자에 해당하므로 소멸시효의 완성을 원용할 수 있는 지위에 있다[2009다39530].

ㄴ. [×] 소멸시효가 완성된 경우 채무자에 대한 일반채권자는 채권자의 지위에서 독자적으로 소멸시효의 주장을 할 수는 없지만 자기의 채권을 보전하기 위하여 필요한 한도 내에서 채무자를 대위하여 소멸시효 주장을 할 수 있으므로 채무자가 배당절차에서 이의를 제기하지 아니하였다고 하더라도 채무자의 다른 채권자가 이의를 제기하고 채무자를 대위하여 소멸시효 완성의 주장을 원용하였다면, 시효의 이익을 묵시적으로 포기한 것으로 볼 수 없다[2014다32458].

ㄹ. [×] 후순위저당권자는 목적부동산의 가격으로부터 선순위저당권에 의해서 담보되는 채권액을 공제한 가액에 관하여만 우선변제를 받는 지위에 있다. 다만, 선순위저당권의 피담보채권이 소멸하면, 후순위저당권자의 저당권의 순위가 상승하여, 이것에 의하여 피담보채권에 대한 배당금액이 증가할 수 있을 뿐이다. 그러나, 이러한 배당금액의 증가는 저당권의 순위의 상승에 의해서 초래되는 반사적인 이익에 지나지 않는다.

21 ★★☆　　　　　　　　　　　　🗐 ②

② 일반적으로 일단의 증감 변동하는 동산을 하나의 물건으로 보아 이를 채권담보의 목적으로 삼으려는 이른바 집합물에 대한 양도담보설정계약체결도 가능하며 이 경우 그 목적 동산이 담보설정자의 다른 물건과 구별될 수 있도록 그 종류, 장소 또는 수량지정 등의 방법에 의하여 특정되어 있으면 그 전부를 하나의 재산권으로 보아 이에 유효한 담보권의 설정이 된 것으로 볼 수 있다[88다카20224].

① 민법이 인정하는 저당권의 객체는 부동산 및 부동산물권(지상권, 전세권)이다.

③ 일물일권주의의 원칙상 동시에 성립할 수 없다.

④ 제289조의 2 제1항 참고

⑤ 어떤 토지가 지적공부에 1필지의 토지로 등록되면 토지의 소재, 지번, 지목, 지적 및 경계는 다른 특별한 사정이 없는 한 이 등록으로써 특정되고 소유권의 범위는 현실의 경계와 관계없이 공부의 경계에 의하여 확정되는 것이 원칙이지만, 지적도를 작성하면서 기점을 잘못 선택하는 등 기술적인 착오로 말미암아 지적도의 경계선이 진실한 경계선과 다르게 작성되었다는 등과 같은 특별한 사정이 있는 경우에는 토지의 경계는 실제의 경계에 의하여야 한다[2012다87898].

22 ★☆☆　　　　　　　　　　　　　답 ①

① 유치권은 일정한 요건이 존재하는 경우에 법률상 당연히 인정되는 권리이다. 이 점에서 약정담보물권인 질권 및 저당권과 다르다.

더 알아보기

유치권, 저당권, 질권 비교

구분	유치권	저당권	질권
성립	• 법정담보물권 (제320조)	• 설정계약 + 등기 (제186조) • 약정담보물권	• 설정계약 + 인도 (제330조) • 약정담보물권
목적물	• 물건(동산 · 부동산) • 유가증권(제320조 제1항)	부동산 (제356조 - 동산 제외)	• 동산(제329조 - 부동산 제외) • 재산권 (제345조)
본질적 효력	• 유치적 효력 (제320조 제1항) • 점유요건 必要	• 우선변제효 (제356조) • 점유요건 不要	• 유치적 효력 (제335조), 우선변제효 (제329조) • 점유요건 必要

23 ★★☆　　　　　　　　　　　　　답 ⑤

⑤ 토지거래허가구역 내의 토지가 토지거래허가 없이 소유자인 최초 매도인으로부터 중간 매수인에게, 다시 중간 매수인으로부터 최종 매수인에게 순차로 매도되었다면 각 매매계약의 당사자는 각각의 매매계약에 관하여 토지거래허가를 받아야 하며, 위 당사자들 사이에 최초의 매도인이 최종 매수인 앞으로 직접 소유권이전등기를 경료하기로 하는 중간생략등기의 합의가 있었다고 하더라도 이러한 중간생략등기의 합의란 부동산이 전전 매도된 경우 각 매매계약이 유효하게 성립함을 전제로 그 이행의 편의상 최초의 매도인으로부터 최종의 매수인 앞으로 소유권이전등기를 경료하기로 한다는 당사자 사이의 합의에 불과할 뿐, 그러한 합의가 있었다고 하여 최초의 매도인과 최종의 매수인 사이에 매매계약이 체결되었다는 것을 의미하는 것은 아니므로 최초의 매도인과 최종 매수인 사이에 매매계약이 체결되었다고 볼 수 없고, 설사 최종 매수인이 자신과 최초 매도인을 매매 당사자로 하는 토지거래허가를 받아 자신 앞으로 소유권이전등기를 경료하였다고 하더라도 이는 적법한 토지거래허가 없이 경료된 등기로서 무효이다[97다33218].

① 등기는 물권의 효력발생 요건이고 효력존속요건은 아니므로 물권에 관한 등기가 원인없이 말소된 경우에도 그 물권의 효력에는 아무런 영향을 미치지 않는다[87다카1232].
② 미등기건물을 등기할 때에는 소유권을 원시취득한 자 앞으로 소유권보존등기를 한 다음 이를 양수한 자 앞으로 이전등기를 함이 원칙이라 할 것이나, 원시취득자와 승계취득자 사이의 합치된 의사에 따라 그 주차장에 관하여 승계취득자 앞으로 직접 소유권보존등기를 경료하게 되었다면, 그 소유권보존등기는 실체적 권리관계에 부합되어 적법한 등기로서의 효력을 가진다[94다44675].
③ 80다441
④ 2007다63690

24 ★☆☆　　　　　　　　　　　　　답 ②

② 저당권으로 담보한 채권이 시효의 완성 기타 사유로 인하여 소멸한 때에는 저당권도 소멸한다(제369조).

① · ③ · ④ 부동산에 관한 법률행위로 인한 물권의 득실변경은 등기하여야 그 효력이 생긴다(제186조).
⑤ 민법 제187조의 판결은 형성판결을 의미하므로, 매매를 원인으로 한 소유권이전등기절차이행판결이 확정된 경우에는, 매수인 명의로 등기가 된 때에 비로소 소유권 이전의 효력이 생긴다(제186조).

25 ★★☆　　　　　　　　　　　　　답 ④

④ 동산질권을 선의취득하기 위하여는 질권자가 평온, 공연하게 선의이며 과실없이 질권의 목적동산을 취득하여야 하고, 그 취득자의 선의, 무과실은 동산질권자가 입증하여야 한다[80다2910].

① 선박, 자동차, 항공기, 건설기계와 같이 등기 · 등록을 갖춘 동산은 성질상 동산이지만, 법률상 부동산과 같이 취급되므로 선의취득의 대상이 될 수 없다.
② 선의취득은 거래의 안전을 보호한다는 제도이므로 거래행위가 있어야 한다. 따라서 상속에 의한 포괄승계나 사실행위에 의한 원시취득에 대해서는 선의취득제도가 적용되지 않는다.
③ 양도인이 소유자로부터 보관을 위탁받은 동산을 제3자에게 보관시킨 경우에 양도인이 그 제3자에 대한 반환청구권을 양수인에게 양도하고 지명채권양도의 대항요건을 갖추었을 때에는 동산의 선의취득에 필요한 점유의 취득 요건을 충족한다[97다48906].
⑤ 제251조

26 ★☆☆ 답 ⑤

정답 해설

⑤ 자주점유는 내심의 의사로 판단해야 한다는 주관설도 있으나, 통설은 객관설을 취하여 점유취득의 원인이 된 권원의 성질에 따라 결정된다는 입장이다. 판례들은 자주점유는 점유자의 내심의 의사에 따라 결정되는 것이 아니라 점유취득의 원인이 된 권원의 성질이나 점유와 관계가 있는 모든 사정에 의하여 외형적·객관적으로 결정된다[98다29834]는 입장이다.

오답 해설

① 점유매개자는 물건을 직접 점유하고 있어야 하며 이 직접점유는 타주점유이다.

② 부동산을 매수하여 이를 점유하게 된 자는 그 매매가 무효가 된다는 사정이 있음을 알았다는 등의 특단의 사정이 없는 한 그 점유의 시초에 소유의 의사로 점유한 것이라고 할 것이며, 가사 후일에 그 매도자에게 처분권이 없었다는 등의 이유로 그 매매가 무효로 되어 진실한 소유자에 대한 관계에서 그 점유가 결과적으로는 불법으로 되었다고 하더라도 매수자의 소유권취득의 의사로 한 위와 같은 점유의 성질은 변하지 않는다고 할 것이다[94다25513].

③ 2008다16899

④ 공유 부동산은 공유자 한 사람이 전부를 점유하고 있다고 하여도, 다른 특별한 사정이 없는 한 권원의 성질상 다른 공유자의 지분비율의 범위 내에서는 타주점유이다[95다51861].

27 ★★☆ 답 ③

정답 해설

③ 민법 제201조 제1항은 "선의의 점유자는 점유물의 과실을 취득한다."라고 규정하고 있는바, 여기서 선의의 점유자라 함은 과실수취권을 포함하는 권원이 있다고 오신한 점유자를 말하고, 다만 그와 같은 오신을 함에는 오신할 만한 정당한 근거가 있어야 한다(대판 2000.3.10. 99다63350).

오답 해설

① 선의의 점유자는 점유물의 과실을 취득한다(제201조 제1항).

② 유익비 비용상환청구의 상대방은 소유물반환청구권을 행사하는 현재의 소유자인 회복자이다. 다만, 점유자의 비용지출 후에 소유자가 변경된 경우에는 신소유자가 구소유자의 반환범위에 속하는 것을 포함하여 함께 책임을 진다[65다598·599].

④ 선의의 점유자도 과실취득권이 있다 하여 불법행위로 인한 손해배상책임이 배제되는 것은 아니다[66다994].

⑤ 소유의 의사가 없는 점유자는 선의인 경우에도 손해의 전부를 배상하여야 한다(제202조 참고).

28 ★☆☆ 답 ③

정답 해설

③ 건축 관련 법령에 정한 도로 폭에 관한 규정만으로 당연히 피포위지 소유자에게 반사적 이익으로서 건축 관련 법령에 정하는 도로의 폭이나 면적 등과 일치하는 주위토지통행권이 생기지는 아니하고, 다만 법령의 규제내용도 참작사유로 삼아 피포위지 소유자의 건축물 건축을 위한 통행로의 필요도와 그 주위토지 소유자가 입게 되는 손해의 정도를 비교형량하여 주위토지통행권의 적정한 범위를 결정하여야 한다. 그리고 그 통행권의 범위는 현재의 토지의 용법에 따른 이용의 범위에서 인정할 수 있을 뿐, 장래의 이용상황까지 미리 대비하여 정할 것은 아니다[2005다30993].

오답 해설

① 제237조 제2항

② 제319조

④ 제242조 제1항

⑤ 제239조

29 ★☆☆ 답 ②

정답 해설

② 시효완성을 이유로 한 소유권취득의 효력은 점유를 개시한 때로 소급한다(제247조 제1항).

오답 해설

① 집합건물의 공용부분이 취득시효에 의한 소유권 취득의 대상이 될 수 없다(대판 2019.10.17. 2016다32841).

③ 점유자가 점유 개시 당시에 소유권 취득의 원인이 될 수 있는 법률행위 기타 법률요건이 없이 그와 같은 법률요건이 없다는 사실을 잘 알면서 타인 소유의 부동산을 무단점유한 것임이 입증된 경우, 특별한 사정이 없는 한 점유자는 타인의 소유권을 배척하고 점유할 의사를 갖고 있지 않다고 보아야 할 것이므로 이로써 소유의 의사가 있는 점유라는 추정은 깨어졌다고 할 것이다[95다28625].

④ 97다34037

⑤ 94다40734

30 ★☆☆ 답 ②

정답 해설

② 부합되는 물건(피부합물)은 부동산이어야 하나, 부합하는 물건(부합물)이 동산에 한정되는지 학설의 다툼이 있으나, 판례는 부동산도 가능하다는 입장이다[4294민상445, 90다11967].

오답 해설

① 제256조, 제257조

③ 부합이란 소유자를 각기 달리하는 수 개의 물건이 결합하여 한 개의 물건으로 되는 것을 말한다.

④ 부합의 정도는 훼손하지 않으면 분리할 수 없거나 분리에 과다한 비용을 요하는 경우는 물론, 분리하면 경제적 가치가 심히 감소되는 정도에 이르러야 한다.

⑤ 제256조

31 ★★☆　　　　　　　　　　　　　📖 ④

정답 해설

④ 1동의 건물 중 위치 및 면적이 특정되고 구조상·이용상 독립성이 있는 일부분씩을 2인 이상이 구분소유하기로 하는 약정을 하고 등기만은 편의상 각 구분소유의 면적에 해당하는 비율로 공유지분등기를 하여 놓은 경우, 구분소유자들 사이에 공유지분등기의 상호명의신탁관계 내지 건물에 대한 구분소유적 공유관계가 성립한다[2011다42430].

오답 해설

① 제264조

제264조(공유물의 처분, 변경)
공유자는 다른 공유자의 동의없이 공유물을 처분하거나 변경하지 못한다.

②·③ 제272조

제272조(합유물의 처분, 변경과 보존)
합유물을 처분 또는 변경함에는 합유자 전원의 동의가 있어야 한다. 그러나 보존행위는 각자가 할 수 있다.

⑤ 제268조 제2항

제268조(공유물의 분할청구)
① 공유자는 공유물의 분할을 청구할 수 있다. 그러나 5년 내의 기간으로 분할하지 아니할 것을 약정할 수 있다.
② 전항의 계약을 갱신한 때에는 그 기간은 갱신한 날로부터 5년을 넘지 못한다.
③ 전 2항의 규정은 제215조, 제239조의 공유물에는 적용하지 아니한다.

32 ★★★　　　　　　　　　　　　　📖 ④

정답 해설

④ 부동산 실권리자명의 등기에 관한 법률 제5조에 의하여 부과되는 과징금에 대한 특례를 규정한 같은 법 제8조 제2호 소정의 '배우자'에는 사실혼 관계에 있는 배우자는 포함되지 아니한다[99두35].

오답 해설

① 명의신탁약정이 3자간 등기명의신탁인지 아니면 계약명의신탁인지의 구별은 계약당사자가 누구인가를 확정하는 문제로 귀결되는데, 계약명의자가 명의수탁자로 되어 있다 하더라도 계약당사자를 명의신탁자로 볼 수 있다면 이는 3자간

등기명의신탁이 된다. 따라서 계약명의자인 명의수탁자가 아니라 명의신탁자에게 계약에 따른 법률효과를 직접 귀속시킬 의도로 계약을 체결한 사정이 인정된다면 명의신탁자가 계약당사자이고, 이 경우의 명의신탁관계는 3자간 등기명의신탁으로 보아야 한다[2019다300422].

② 부동산실명법은 '부동산에 관한 소유권이나 그밖의 물권'(제2조 제1호 본문)이라 규정하고 있으므로 부동산 소유권 이외에 지상권, 지역권, 전세권 등 용익물권과 저당권 등 담보물권도 적용대상이 된다.

③ 재산을 타인에게 신탁한 경우 대외적인 관계에 있어서는 수탁자만이 소유권자로서 그 재산에 대한 제3자의 침해에 대하여 배제를 구할 수 있으며, 신탁자는 수탁자를 대위하여 수탁자의 권리를 행사할 수 있을 뿐 직접 제3자에게 신탁재산에 대한 침해의 배제를 구할 수 없다[77다1079 전원합의체].

⑤ 부동산 실권리자명의 등기에 관한 법률 제4조에 따르면 부동산에 관한 명의신탁약정과 그에 따른 부동산 물권변동은 무효이고, 다만 부동산에 관한 물권을 취득하기 위한 계약에서 명의수탁자가 어느 한쪽 당사자가 되고 상대방 당사자는 명의신탁약정이 있다는 사실을 알지 못한 경우[매도인이 선의인 계약명의신탁(註)] 명의수탁자는 부동산의 완전한 소유권을 취득하되 명의신탁자에 대하여 부당이득반환 의무를 부담하게 될 뿐이다[2000다21123, 2017다246180].

33 ★★★　　　　　　　　　　　　　📖 ⑤

정답 해설

⑤ 타인 소유의 토지에 분묘를 설치한 경우에 20년간 평온, 공연하게 분묘의 기지를 점유하면 지상권과 유사한 관습상의 물권인 분묘기지권을 시효로 취득한다는 점은 오랜 세월 동안 지속되어 온 관습 또는 관행으로서 법적 규범으로 승인되어 왔고, 이러한 법적 규범이 장사법(법률 제6158호) 시행일인 2001.1.13. 이전에 설치된 분묘에 관하여 현재까지 유지되고 있다고 보아야 한다[2013다17292].

오답 해설

① 지상권은 직접 그 객체인 토지를 지배하는 물권이다. 따라서 토지소유자의 변경은 지상권의 운명에 영향을 주지 아니한다. 지상권의 양도·지상권 목적 토지의 임대에 토지소유자의 동의를 요하지 않는다(제282조).

② 지료의 지급은 지상권의 성립요소가 아니다(제279조).

③ 수목의 소유를 목적으로 하는 때에는 30년이다(제280조 제1항 제1호).

④ 지상권이 설정된 토지의 소유자는 지상권자의 동의 없이 구분지상권을 설정할 수 없다(제289조의2 제2항).

34 ★☆☆　　　　　　　　　　정답 ④

정답 해설

④ 지역권자는 승역지를 점유하지 않고 사용을 할 뿐이므로 승역지의 점유가 침탈되더라도 반환청구권을 갖지는 않는다. 다만 방해제거청구권과 방해예방청구권은 인정된다(이러한 사실은 저당권자와 마찬가지이고 지상권자, 전세권자, 질권자와는 다른 점이다).

오답 해설

① 지역권이란 일정한 목적을 위하여 타인의 토지를 자기의 토지의 편익에 이용하는 용익물권이다(민법 제291조).

② 요역지와 승역지는 서로 인접할 필요가 없다.

③ 제294조

35 ★★☆　　　　　　　　　　정답 ③

정답 해설

③ 전세금의 지급은 전세권 성립의 요소가 되는 것이지만 그렇다고 하여 전세금의 지급이 반드시 현실적으로 수수되어야만 하는 것은 아니고 기존의 채권으로 전세금의 지급에 갈음할 수도 있다[94다18508].

오답 해설

① 건물의 일부에 대하여 전세권이 설정되어 있는 경우 그 전세권자는 민법 제303조 제1항, 제318조의 규정에 의하여 그 건물 전부에 대하여 후순위 권리자 기타 채권자보다 전세금의 우선변제를 받을 권리가 있고, 전세권설정자가 전세금의 반환을 지체한 때에는 전세권의 목적물의 경매를 청구할 수 있다 할 것이나, 전세권의 목적물이 아닌 나머지 건물부분에 대하여는 우선변제권은 별론으로 하고 경매신청권은 없다[91마256·91마257].

② 전세권 설정의 동기와 경위, 전세권 설정으로 달성하려는 목적, 채권의 발생 원인과 목적물의 관계, 전세권자의 사용·수익 여부와 그 가능성, 당사자의 진정한 의사 등에 비추어 전세권설정계약의 당사자가 전세권의 핵심인 사용·수익 권능을 배제하고 채권담보만을 위해 전세권을 설정하였다면, 법률이 정하지 않은 새로운 내용의 전세권을 창설하는 것으로서 물권법정주의에 반하여 허용되지 않고 이러한 전세권설정등기는 무효라고 보아야 한다[2018다40235].

④ 전세권자는 전세권을 타인에게 양도 또는 담보로 제공할 수 있고 그 존속기간 내에서 그 목적물을 타인에게 전전세 또는 임대할 수 있다. 그러나 설정행위로 이를 금지한 때에는 그러하지 아니하다(제306조).

⑤ 전세권이 소멸한 때에는 전세권설정자는 전세권자로부터 그 목적물의 인도 및 전세권설정등기의 말소등기에 필요한 서류의 교부를 받는 동시에 전세금을 반환하여야 한다(제317조).

36 ★★☆　　　　　　　　　　정답 ②

정답 해설

② 다세대주택의 창호 등의 공사를 완성한 하수급인이 공사대금채권 잔액을 변제받기 위하여 위 다세대주택 중 한 세대를 점유하여 유치권을 행사하는 경우, 그 유치권은 위 한 세대에 대하여 시행한 공사대금만이 아니라 다세대주택 전체에 대하여 시행한 공사대금채권의 잔액 전부를 피담보채권으로 하여 성립한다[2005다16942].

오답 해설

① 대판 1972.1.31. 71다2414

③ 유치권은 타물권인 점에 비추어 볼 때 수급인의 재료와 노력으로 건축되었고 독립한 건물에 해당되는 기성부분은 수급인의 소유라 할 것이므로 수급인은 공사대금을 지급받을 때까지 이에 대하여 유치권을 가질 수 없다(대판 1993.3.26. 91다14116).

④ 유치권의 객체는 타인의 물건 또는 유가증권이다(제320조 제1항). 객체인 물건에는 동산 또는 부동산도 포함된다.

⑤ 유치권자는 채무자의 승낙없이 유치물의 사용, 대여 또는 담보제공을 하지 못한다. 그러나 유치물의 보존에 필요한 사용은 그러하지 아니하다(제324조 제2항).

37 ★★☆　　　　　　　　　　정답 ④

정답 해설

④ 전질이란 질권자가 자기의 채무를 담보하기 위하여 질물 위에 다시 제2의 질권을 설정하는 것을 말한다. 우리 민법은 책임전질(제336조)과 승낙전질(제343조, 제324조 제2항)의 두 형태를 인정하고 있다(다수설).

오답 해설

① 질권자는 설정자로 하여금 질물의 점유를 하게 하지 못한다(제332조).

② 질권은 피담보채권 전부에 관하여 목적물 전부 위에 그 효력이 미친다.

③ 질권은 질물의 멸실, 훼손 또는 공용징수로 인하여 질권설정자가 받을 금전 기타 물건에 대하여도 이를 행사할 수 있다(제342조).

⑤ 질권자는 피담보채권 전부를 변제받을 때까지 질물을 유치할 수 있다(제335조). 물권법정주의의 원칙상 질권은 유치적 효력만 인정될 뿐 사용·수익권은 인정되지 않는다.

38 ★★☆　　　　　　　　　　　答 ④

정답 해설

④ 저당물의 제3취득자가 그 부동산의 보존, 개량을 위하여 필요비 또는 유익비를 지출한 때에는 제203조 제1항, 제2항의 규정에 의하여 저당물의 경매대가에서 우선상환을 받을 수 있다(제367조).

오답 해설

① 99다48948 전원합의체

② 근저당권의 존속기간이나 결산기를 정하지 않은 때에는 피담보채무의 확정방법에 관한 다른 약정이 있으면 그에 따르고, 이러한 약정이 없는 경우라면 근저당권설정자가 근저당권자를 상대로 언제든지 계약 해지의 의사표시를 함으로써 피담보채무를 확정시킬 수 있다[2015다65042].

③ 실질관계의 소멸로 무효로 된 등기의 유용은 그 등기를 유용하기로 하는 합의가 이루어지기 전에 등기상 이해관계가 있는 제3자가 생기지 않은 경우에 한하여 허용된다[87다카425].

⑤ 민법 제359조 전문은 "저당권의 효력은 저당부동산에 대한 압류가 있은 후에 저당권설정자가 그 부동산으로부터 수취한 과실 또는 수취할 수 있는 과실에 미친다."라고 규정하고 있는데, 위 규정상 '과실'에는 천연과실뿐만 아니라 법정과실도 포함되므로, 저당부동산에 대한 압류가 있으면 압류 이후의 저당권설정자의 저당부동산에 관한 차임채권 등에도 저당권의 효력이 미친다[2015다230020].

39 ★★☆　　　　　　　　　　　答 ③

정답 해설

ㄱ. [○] 토지를 목적으로 저당권을 설정한 후 그 설정자가 그 토지에 건물을 축조한 때에는 저당권자는 토지와 함께 그 건물에 대하여도 경매를 청구할 수 있다. 그러나 그 건물의 경매대가에 대하여는 우선변제를 받을 권리가 없다(제365조).

ㄷ. [○] 저당지상의 건물에 대한 일괄경매청구권은 저당권설정자가 건물을 축조한 경우뿐만 아니라 저당권설정자로부터 저당토지에 대한 용익권을 설정받은 자가 그 토지에 건물을 축조한 경우라도 그 후 저당권설정자가 그 건물의 소유권을 취득한 경우에는 저당권자는 토지와 함께 그 건물에 대하여 경매를 청구할 수 있다[2003다3850].

오답 해설

ㄴ. [×] 저당권설정자가 건물축조 후 이를 제3자에게 양도한 경우에도 일괄경매청구권은 성립하지 않는다[99마146].

40 ★★☆　　　　　　　　　　　答 ①

정답 해설

① 토지에 관하여 저당권이 설정될 당시 그 지상에 토지소유자에 의한 건물의 건축이 개시되기 이전이었다면, 건물이 없는 토지에 관하여 저당권이 설정될 당시 근저당권자가 토지소유자에 의한 건물의 건축에 동의하였다고 하더라도 그러한 사정은 주관적 사항이고 공시할 수도 없는 것이어서 토지를 낙찰받는 제3자로서는 알 수 없는 것이므로 그와 같은 사정을 들어 법정지상권의 성립을 인정한다면 토지소유권을 취득하려는 제3자의 법적 안정성을 해하는 등 법률관계가 매우 불명확하게 되므로 법정지상권이 성립되지 않는다[2003다26051].

오답 해설

② 가설건축물은 특별한 사정이 없는 한 독립된 부동산으로서 건물의 요건을 갖추지 못하여 법정지상권이 성립하지 않는다[2020다224821].

③ 87다카2404

④ 2011다73038

⑤ 2006다14684

제2과목 | 경제학원론

01	02	03	04	05	06	07	08	09	10
④	⑤	①	③	④	③	①	③	②	③
11	12	13	14	15	16	17	18	19	20
⑤	②	③	⑤	⑤	②	④	④	④	①
21	22	23	24	25	26	27	28	29	30
⑤	①	①	①	②	⑤	③	②	④	⑤
31	32	33	34	35	36	37	38	39	40
④	③	⑤	③	⑤	④	④	②	②	②

총평

경제학원론은 예년의 난이도를 유지한 채 평이하였으며 까다로운 문제는 거의 없었다고 볼 수 있다.

미시경제학에서는 시장조직이론에서 예년보다 많은 7문제가 나왔으며 최근 교재에서는 많이 다루지 않았던 정보재의 특징이나 차선의 이론이 불의타 문제로 출제되었다는 점이 특이할 만하다. 거시경제학에서는 IS-LM모형에서 5문제가 출제되어 앞으로 이에 대한 철저한 준비가 있어야 할 것으로 보인다. 이와 연결된 케인즈모형과 AD-AS모형까지 유기적으로 학습할 것을 권한다.

마지막으로 계산문제의 비중이 전체 문제의 30% 정도를 차지하고 있기 때문에 이에 익숙하지 않다면 내용을 알고 있어도 시험장에서 시간적인 어려움을 겪을 수 있다. 기존의 문제를 반복적으로 훈련하여 정확하게 푸는 연습을 한다면 시험장에서 시간 안배에 큰 도움이 될 것이다.

01 ★★☆　　　　答 ④

정답 해설

- $Q_S = 20$에서 공급곡선이 완전비탄력적이므로, 세금을 부과하더라도 공급곡선은 바뀌지 않는다.
- 따라서 $Q_D = 100 - 2P$와 $Q_S = 20$을 연립하면, $P^* = 40$, $Q^* = 20$이고, 이 경우 조세의 전부를 생산자가 부담하게 된다.

02 ★☆☆　　　　答 ⑤

오답 해설

① 수요의 교차탄력성이 양(+)이면 두 재화는 대체관계이다.

② 수요의 소득탄력성이 0보다 큰 상품은 정상재이다. 사치재는 수요의 소득탄력성이 1보다 커야 한다.

③ 수요곡선이 수평이면 수요곡선의 모든 점에서 가격탄력성은 무한대이다. 수요곡선이 수직선일 때, 수요곡선의 모든 점에서 가격탄력성은 0이다.

④ 공급곡선의 가격축 절편이 양(+)의 값을 갖는 경우에는 공급의 가격탄력성이 언제나 1보다 크다.

03 ★☆☆　　　　答 ①

정답 해설

- $Q_D = 36 - 4P$에서 $P = -\frac{1}{4}Q_D + 9$

  $Q_S = -4 + 4P$에서 $P = \frac{1}{4}Q_S + 1$

  두 식을 연립하면 $-\frac{1}{4}Q + 9 = \frac{1}{4}Q + 1$, $P^* = 5$, $Q^* = 16$

- 생산자잉여는 공급곡선의 윗부분과 균형가격수준 아랫부분의 면적이고 소비자잉여는 수요곡선의 아래부분과 균형가격수준 윗부분의 면적이다.

  (ㄱ) 생산자잉여 $= 16 \times (5-1) \times \frac{1}{2} = 32$

  (ㄴ) 소비자잉여 $= 16 \times (9-5) \times \frac{1}{2} = 32$

04 ★★☆　　　　答 ③

정답 해설

콥-더글러스 효용함수 $U = X^\alpha Y^\beta$(일반형)에서 효용이 극대화되는 소비자균형점은(M은 소득이라 가정) $X^* = \frac{\alpha}{\alpha+\beta} \frac{M}{P_X}$, $Y^* = \frac{\beta}{\alpha+\beta} \frac{M}{P_Y}$이므로 첫 번째 효용함수와 소득에서의 소비자 균형점은 $X^* = \frac{1}{3} \times \frac{90}{1} = 30$, $Y^* = \frac{2}{3} \times \frac{90}{2} = 30$이다.

그리고 두 번째 효용함수와 소득에서의 소비자 균형점은 $X^* = \frac{1}{2} \times \frac{100}{1} = 50$, $Y^* = \frac{1}{2} \times \frac{100}{2} = 25$이다.

따라서 효용을 극대화시키는 구매량으로 X재는 20 증가하며 Y재는 5 감소하게 된다.

05 ★☆☆ 　　　　　　　　　　　　　답 ④

[정답 해설]

ㄴ. [○] 두 재화 중 한 재화가 비재화(bads, 소비를 할수록 효용이 감소하는 재화)인 경우 무차별곡선은 우상향한다.

ㄷ. [○] 기펜재는 가격이 하락할 때 수요량이 감소하는 재화로서, 수요곡선이 우상향한다. 기펜재는 소득이 증가할 때 수요가 감소하는 열등재이며 대체효과는 음(−)의 부호를 가지지만 소득효과가 양(+)의 부호를 가지며 그 효과가 더 크기 때문에 전체적으로 가격효과가 양(+)을 가지게 된다 (가격변화방향과 구입량변화 방향이 동일하면 +, 가격변화 방향과 구입량 변화 방향이 반대인 경우 −로 할 경우).

[오답 해설]

ㄱ. [×] 효용의 절대적인 크기인 기수적 효용의 가측성을 전제로 하는 개념은 무차별곡선이론이 아니라 한계효용이론이다. 무차별곡선이론은 효용을 구체적인 수치로 표현할 수 있다는 전제를 배격하고 선호의 순서(즉 서수적 효용)만 알면 소비자행동의 설명이 가능하다는 인식에서 출발한다.

ㄹ. [×] 유행효과는 많은 소비자들이 소비하는 재화를 보고 질이 좋은 재화일 것이라고 생각하고 따라서 구입하는 현상으로, 동행효과 또는 악대차효과라고도 한다. 유행효과가 있을 경우 수요곡선은 정상적인 수요곡선보다 더 완만한 형태를 보인다.

06 ★★☆ 　　　　　　　　　　　　　답 ③

[정답 해설]

③ 0차 동차생산함수는 규모수익체감의 성격을 갖는다. 1차 동차생산함수가 규모에 대한 수익이 불변인 생산함수이다.

[오답 해설]

① 등량곡선에서 동일한 생산량을 유지하면서 노동 1단위를 더 투입하기 위해 줄여야 하는 자본의 수량을 한계기술대체율($MRTS$)이라고 한다. 한계기술대체율은 등량곡선의 기울기를 의미한다.

② 등량곡선이 직선일 경우, 생산요소간 완전대체관계이며 이것은 어느 한 요소 대신에 다른 요소를 사용해도 생산량에는 전혀 변화가 없는 경우를 말한다. 따라서 대체탄력성은 무한대이며 한계기술대체율은 일정불변인 상수값을 갖는다.

④ 등량곡선이 원점에 대해 볼록한 경우에는 두 생산요소 간 대체의 비율이 점차로 줄어듦을 의미하며 이를 한계기술대체율 체감의 법칙이라고 한다.

⑤ 규모수익은 생산요소 투입을 동일한 비율로 변화시킬 때, 생산량이 어떻게 변화하는지를 보여주는 개념으로 모든 요소 투입량이 변하는 것을 전제하므로 장기에 성립하는 개념이다.

07 ★★☆ 　　　　　　　　　　　　　답 ①

[정답 해설]

- $Q=100-2P$에서 $P=-\dfrac{1}{2}Q+50$이고 $MR=-Q+50$

- $TC=Q^2+20Q$에서 $MC=\dfrac{dTC}{dQ}=2Q+20$

- 이윤극대화 생산량은 $MR=MC$이므로
  $-Q+50=2Q+20$, $Q^*=10$, $P^*=45$

- 그리고 이 때의 이윤 $\pi=TR-TC$
  $\pi=P\times Q-(Q^2+20Q)$
  $=45\times10-(100+200)=150$

∴ (ㄱ) 생산량 : 10, (ㄴ) 이윤 : 150

08 ★☆☆ 　　　　　　　　　　　　　답 ③

[정답 해설]

③ 독점적 경쟁시장은 진입과 퇴출이 자유로우므로 초과이윤이 발생하면 새로운 기업의 진입이 이루어지고, 손실이 발생하면 일부 기업이 퇴거하게 된다. 결국 장기균형에서 각 기업은 0의 이윤을 얻게 된다.

[오답 해설]

① 생산규모가 확대됨에 따라 장기평균비용(LAC)이 하락하는 규모의 경제가 있는 경우에는 다른 기업이 쉽게 진입할 수 없어 독점이 되기 쉽다. 이 경우를 자연독점이라고 한다.

② 순수독점은 경제적 순손실을 발생시킨다.

④ 독점적 경쟁시장에서 개별기업들은 조금씩 차별화된 상품을 생산한다.

⑤ 독점적 경쟁시장에서는 가격경쟁과 함께 비가격경쟁이 행해진다. 독점적 경쟁기업들은 대체성이 상당히 높은 재화를 생산하므로 판매량을 증대시키기 위하여 광고, 디자인, 판매조건 등에서 비가격경쟁을 한다.

09 ★☆☆   답 ②

정답 해설

기업 A의 산출량을 Q_A, 기업B의 산출량을 Q_B라고 하면

- 기업 A의 이윤극대화

$TR_A = PQ_A = (-Q_A - Q_B + 20)Q_A$

$MR_A = -2Q_A - Q_B + 20$

$MC_A = 10$

기업 A의 이윤극대화 지점은 $MR_A = MC_A$이므로

$-2Q_A - Q_B + 20 = 10$, $2Q_A + Q_B = 10$

- 기업 B의 이윤극대화

$TR_B = PQ_B = (-Q_A - Q_B + 20)Q_B$

$MR_B = -2Q_B - Q_A + 20$

$MC_B = 10$

기업 B의 이윤극대화 지점은 $MR_B = MC_B$이므로

$-2Q_B - Q_A + 20 = 10$, $Q_A + 2Q_B = 10$

- $2Q_A + Q_B = 10$과 $Q_A + 2Q_B = 10$을 연립하여 풀면,

$Q_A = Q_B = \dfrac{10}{3}$, $Q = Q_A + Q_B = \dfrac{20}{3}$

10 ★★☆   답 ③

오답 해설

① 지문은 우월전략균형과 관련된 설명이다. 내쉬균형은 상대방의 전략을 주어진 것으로 보고서 각 경기자가 자신에게 가장 유리한 전략을 선택하였을 때 도달하는 균형을 말한다.

④ 순차게임에서는 내쉬조건뿐만 아니라 신빙성조건도 동시에 충족하여야 완전균형이 된다. 신빙성조건이란 어떤 경기자의 전략에도 신빙성이 없는 약속이나 위협이 포함되지 않아야 한다는 것을 말한다.

⑤ 최고가격입찰제를 하게 될 경우 승자의 불행 현상이 발생할 유인이 크다. 제2가격입찰제(입찰 참가자 중 가장 높은 가격을 써 낸 사람에게 판매하되, 낙찰자는 자신이 써 낸 금액이 아니라 그 다음으로 높은 금액을 써 낸 금액을 지불하도록 하는 방식)가 승자의 불행 현상을 방지할 수 있다.

11 ★☆☆   답 ⑤

정답 해설

내쉬균형은 상대방의 전략을 주어진 것으로 보고 자신에게 최적인 전략을 선택하였을 때 도달하는 균형이다.

- 기업 1이 전략 a를 선택할 경우 기업 2는 전략 a를 선택하고, 기업 2가 전략 a를 선택할 경우, 기업 1은 전략 a를 선택한다. 이 전략의 조합은 바뀔 유인이 없으므로 (전략 a, 전략 a)가 내쉬균형이 된다.

- 기업 1이 전략 b를 선택할 경우 기업 2는 전략 b를 선택하고, 기업 2가 전략 b를 선택하면 기업 1은 전략 b를 선택한다. 이 전략의 조합은 바뀔 유인이 없으므로 (전략 b, 전략 b)가

내쉬균형이 된다.

따라서 내쉬균형은 2개 존재하고 그에 따른 보수조합은 (16, 8), (10, 11)이다.

12 ★☆☆   답 ②

정답 해설

ㄱ. [○] 완전경쟁시장에서의 장기균형에서는 P=LAC=LMC가 성립한다.

오답 해설

ㄷ. [×] 완전경쟁시장에서의 장기균형에서는 P=LMC=LAC가 성립하므로 개별기업은 정상이윤만을 획득한다. 경제적이윤이 0이다.

13 ★★☆   답 ③

정답 해설

ㄱ. · ㄴ. [○] 노동시장이 완전경쟁이면 고용량과 임금이 (L_0, w_0)이나 수요독점이면 고용량과 임금이 (L_1, w_1)이 된다. 고용량과 임금 모두 감소한다. 그리고 수요독점상태에서의 임금은 노동의 한계수입생산보다 낮다.

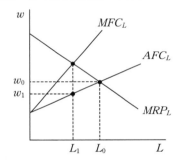

오답 해설

ㄷ. [×] 요소공급곡선이 수직선으로써 요소공급이 완전비탄력적이면 요소소득 전부가 경제적 지대가 된다.

14 ★★☆   답 ⑤

정답 해설

ㄹ. [○] 지니계수는 로렌츠곡선에서 소득분배의 불평등 면적의 크기를 측정한 것으로써 지니 계수의 크기는 $0 \leq G \leq 1$이다. 지니계수가 1에 가까울수록 소득분배는 불평등한 것으로 평가한다.

오답 해설

ㄱ. [×] 주어진 지문은 기능적 소득분배에 대한 설명이다. 로렌츠곡선, 지니계수, 10분위 분배율 등이 계층적 소득분배의 측정방법이다.

ㄴ. [×] 로렌츠곡선은 인구의 누적점유율과 소득의 누적점유율 사이의 대응관계를 표시한 곡선으로 로렌츠곡선이 대각선에 가까이 접근할수록 소득분배는 평등한 것으로 평가한다.

15 ★★☆   답 ⑤

정답 해설

⑤ 후생경제학의 제2정리는 모든 개인들의 선호가 볼록성을 충족하면 초기 부존자원의 적절한 재분배를 통하여 임의의 파레토효율적인 자원배분을 일반경쟁균형을 통해서 달성할 수 있다는 것이다. 그러나 공평성을 달성하기 위해 초기 부존자원을 재분배하는 경우, 가격체계에 영향을 미치지 않아야 한다.

오답 해설

① 계약곡선은 에지워스 상자 내의 파레토 효율적인 지점들을 연결한 선이다.

③ 차선의 이론이란 자원배분의 파레토효율성을 달성하기 위한 모든 조건이 충족되지 않는 상황에서는, 그 중에서 더 많은 효율성조건을 충족시킨다고 해서 사회적으로 더 바람직한 상태가 되는 것은 아님을 의미한다. 이는 점진적 접근방식을 통하여 일부 효율성조건을 추가로 충족시킨다고 해서 사회후생이 증가한다는 보장이 없으며 오히려 부정적인 효과를 나타낼 가능성도 있음을 의미한다.

④ 후생경제학의 제1정리는 시장구조가 완전경쟁적이고 시장실패요인(외부성, 공공재)이 존재하지 않는다면 일반경쟁균형의 자원배분은 파레토효율적이라는 것이다. 효율성의 관점에서 시장경제체제를 설명하였다는 의미를 지닌다.

16 ★☆☆   답 ②

정답 해설

② 생산의 부정적 외부성이 있는 경우 사회적한계비용(SMC)이 사적한계비용(PMC)보다 크므로 옳은 지문이다.

오답 해설

① 생산의 부정적 외부성이 있는 경우에는 과잉생산이 이루어지는 경우로써, 사회적 최적생산량이 시장균형생산량보다 작다.

③ 소비의 부정적 외부성이 있는 경우, 사적한계편익(PMB)이 사회적한계편익(SMB)보다 더 크다.

④ 코즈의 정리는 충분히 낮은 협상비용을 전제할 경우, 정부의 개입 없이도 민간 이해당사자들이 협상을 통해 외부효과 문제를 해결할 수 있다는 이론이다. 따라서 협상비용(거래비용)이 과다할 경우에는 코즈정리를 통한 외부성문제 해결에 한계가 있다.

⑤ 공유자원의 비극이란 소유권이 명확히 규정되지 않은 공동소유 자원이 과다하게 사용됨으로써 비효율적인 결과가 발생하는 것을 의미하며 부정적 외부성에서 발생한다.

17 ★☆☆   답 ④

정답 해설

④ 제3급 가격차별의 경우, 수요의 가격탄력성이 상대적으로 작은 시장에서 더 높은 가격이 설정된다. 그리고 수요가 상대적으로 탄력적인 시장에서는 더 낮은 가격이 설정된다.

오답 해설

① 제3급 가격차별의 예이다.

② 이부가격제란 소비자가 재화를 구입할 권리에 대하여 1차로 가격을 부과하고(ex. 놀이공원 입장료), 재화 구입시에 구입량에 따라 다시 2차로 가격을 부과하는(ex. 놀이공원 이용료) 가격체계를 의미한다. 소비량이 증가할수록 재화 1단위당 소비자가 지불하는 가격이 낮아지므로, 시장지배력을 가진 기업에 의한 수량의존적인 제2급 가격차별이다.

③ 가격차별이 가능하려면 전매, 차익거래가 불가능하여야 한다.

⑤ 제1급 가격차별에서는 소비자잉여가 전부 독점기업의 이윤으로 귀속되므로 소비자잉여는 0이 된다.

18 ★★★   답 ④

정답 해설

ㄷ. [○] 정보재의 특징으로써 네트워크 효과란 사용자의 네트워크가 커질수록 그것의 소비에서 얻는 효용이 더 커지는 것을 말한다.

ㄹ. [○] 어떤 정보재를 사용하기 시작한 소비자가 그것에 익숙해지고 나면 다른 정보재보다 이미 사용하던 것을 계속 사용하려는 경향이 큰데 이를 잠김효과라고 한다. 따라서 새로운 정보재를 판매하려는 기업은 소비자가 그 정보재 사용에 익숙해지도록 일정 기간 소비자에게 상품을 무료로 사용하게 하거나 상품의 일부 기능을 제공하는 판매 전략을 사용한다.

오답 해설

ㄴ. [×] 정보재는 초기 개발비용은 크지만 추가적인 한계비용 매우 작기 때문에 규모의 경제가 일어난다.

19 ★★☆ 답 ④

정답 해설

④ 비대칭적 정보로 인한 역선택의 문제와 관련하여 감추어진 특성에 대한 다양한 보증을 제공, 역선택의 문제를 방지할 수 있다.

오답 해설

① 도덕적 해이는 감추어진 행동과 관련된다. 감추어진 속성 또는 감추어진 특성의 상황에서는 역선택이 발생한다.

② 직업감독제도는 도덕적 해이를 방지하기 위한 수단이다.

③ 기초공제제도란 사고비용 또는 병원비 중 일정액 이하는 본인이 부담하고 일정액을 초과하는 금액만 보험회사에서 보상해 주는 방식을 말한다. 기초공제제도를 두는 것은 도덕적 해이를 방지하기 위한 수단이다.

⑤ 역선택을 방지하기 위함이다.

20 ★☆☆ 답 ①

정답 해설

• 사회적한계비용(SMC)
  = 사적한계비용(PMC) + 외부한계비용(EMC) 이므로,

$$SMC = \frac{1}{2}Q + 300 + 100 = \frac{1}{2}Q + 400$$

• P = SMC에서 $500 = \frac{1}{2}Q + 400$

∴ $Q = 200$

21 ★★☆ 답 ⑤

정답 해설

⑤ 고전학파의 국민소득결정모형에 따르면 가격이 신축적이므로, 통화공급이 증가하여 물가(P)가 상승하면 임금 역시 상승하게 되므로 실질임금은 불변이다. ③과 같이 노동시장의 수요는 실질임금의 함수이므로, 실질임금이 변하지 않으면 노동시장의 균형고용량도 변하지 않으므로 노동의 한계생산도 변하지 않는다.

오답 해설

① 세이의 법칙에 의해 공급만이 문제가 된다.

② 노동시장에서의 수요와 공급의 불일치는 신축적인 명목임금에 의하여 신속히 조절되고 균형을 달성하게 된다.

③ 노동에 대한 수요와 공급은 모두 실질임금의 함수이며 노동시장은 완전경쟁시장이다.

22 ★★★ 답 ①

정답 해설

① 국내총생산은 시장에서 거래되는 최종생산물만을 포함하는 것이 아닌, 일정기간 동안에 판매(거래)되지 않고 재고로 보유하고 있는 것도 국내총생산에 포함된다.

오답 해설

② 국내순생산은 국내총생산에서 고정자본소모(감가상각비)를 제외한 부분을 말하며 고정자본소모는 생산량과는 관계없이 매 시점마다 고정적으로 소요되는 비용을 의미한다. 제품을 생산할 때 사용되는 기계비용, 월세 또는 인건비 등이 고정자본소모에 해당한다. 국내순생산은 GDP보다 경제적 성과를 더 정확히 보여주지만, 감가상각비에 대한 일치가 어렵기 때문에 GDP가 더 자주 사용된다.

⑤ 생산이 이루어지면 이는 생산과정에 참여한 요소에 대한 소득으로 분배되므로 이를 합하여 국내총생산을 계산할 수 있는데, 생산액 중에서 순간접세(간접세 - 보조금)와 고정자본소모는 요소소득이 될 수 없으므로 국내총생산을 집계하기 위해서는 요소비용국내소득(임금 + 이자 + 지대 + 이윤)에 순간접세와 고정자본소모를 더해주어야 한다.

23 ★★☆ 답 ①

정답 해설

• G가 220으로 증가할 경우, 새로운 균형소득은

  Y = C + I + G에서

  Y = 120 + 0.8(Y - 200) + 100 + 220

    = 120 + 0.8Y + 160

  0.2Y = 280

  Y = 1400

• 소득의 증가분은

$$\triangle Y = \triangle G \times \frac{1}{1-c} \ (c는\ 한계소비성향)에서$$

$$= 20 \times \frac{1}{1-0.8} = 100$$

따라서, (ㄱ) 새로운 균형소득 : 1400, (ㄴ) 소득의 증가분 : 100

24 ★★☆ 답 ①

정답 해설

파셰물가지수를 이용하라고 하였으므로 GDP 디플레이터를 통한 물가상승률을 구한다.

• 기준연도 2010년 GDP 디플레이터 = 1

• 2020년 GDP 디플레이터

$$= \frac{명목\ GDP}{실질\ GDP} = \frac{(200 \times 3) + (300 \times 4)}{(200 \times 2) + (300 \times 2)} = \frac{1800}{1000} = 1.8$$

• 2010년 대비 2020년 물가상승률

$$= \frac{1.8-1}{1} \times 100 = 80\%$$

25 ★★☆ 정답 ②

② 고전학파는 투자가 이자율에 의하여 결정된다고 주장하며, 투자는 대체로 이자율변화에 민감하게 반응한다고 본다(투자의 이자율탄력성이 크다).

① 사전적으로 계획된 소비 또는 의도된 소비를 소비수요라고 한다.
③ 케인즈의 절대소득가설로서 케인즈의 소비함수는 $C = C(Y)$ 로 나타낼 수 있다.
⑤ 평균소비성향(APC)은 소득에서 소비가 차지하는 비중으로써 소비를 소득으로 나누어 계산한다.

26 ★★☆ 정답 ⑤

⑤ 추가로 발행된 모든 화폐가 은행의 시재금으로 보관되면 본원통화는 증가한다.

①·② 본원통화는 중앙은행의 창구를 통하여 시중에 나온 현금으로 예금은행의 예금통화 창조의 토대가 된다. 중앙은행을 통해 공급된 본원통화는 일부는 민간이 보유하고, 일부는 은행이 보유하게 되는데, 민간이 보유한 현금은 현금통화 그리고 은행이 보유한 현금은 은행의 지급준비금이다.

> 본원통화
> ＝현금통화＋은행의 지급준비금
> ＝현금통화＋은행의 시재금＋은행의 중앙은행 지준예치금
> ＝화폐발행액＋은행의 중앙은행 지준예치금

③ 중앙은행의 순대정부대출이 증가하면 본원통화가 증가하고, 정부의 예금이 증가하면 본원통화는 감소한다.
④ 수출이 증가하여 중앙은행의 외환매입액이 증가하면(중앙은행의 순해외자산증가) 본원통화는 증가하고, 수입이 증가하여 중앙은행의 외환매출액이 증가하면 본원통화는 감소한다.

27 ★★★ 정답 ③

ㄴ. [○] IS곡선의 기울기는 $-\dfrac{1-c(1-t)+m}{b}$ 이므로 b값인 투자의 이자율탄력성이 0이라면 IS곡선은 수직선이 된다.
ㄷ. [○] LM곡선의 기울기는 $\dfrac{k}{h}$ 이므로 h값인 통화수요의 이자율탄력성이 0이라면 LM곡선은 수직선이 된다.

ㄱ. [×] 투자의 이자율탄력성은 LM곡선의 기울기와는 관계가 없다.

28 ★★☆ 정답 ②

ㄱ·ㄷ. [○] 투자의 이자율 탄력성이 무한대인 경우 IS곡선은 수평선이 되고 중앙은행이 긴축통화정책을 하는 경우, LM곡선은 왼쪽으로 이동한다. 이렇게 되면 국민소득은 감소하지만, 이자율은 불변한다.

29 ★★☆ 정답 ④

④ 주어진 조건에서 IS곡선의 기울기는 $-\dfrac{1-\beta}{\delta}$ 이므로 β가 증가하면 기울기의 절댓값은 작아진다.

① IS곡선의 기울기는 $-\dfrac{1-\beta}{\delta}$ 로 음수를 나타내므로 IS곡선은 우하향한다.
②·③ 독립투자(I_0)와 정부지출(G_0)의 증가는 IS곡선을 오른쪽으로 이동시킨다.
⑤ 주어진 조건에서 IS곡선의 기울기는 $-\dfrac{1-\beta}{\delta}$ 이므로 δ가 증가하면 기울기의 절댓값은 작아진다.

30 ★★☆ 정답 ⑤

⑤ LM 곡선의 기울기는 $\dfrac{k}{h}$ 로써 화폐수요의 소득탄력성(k)과 화폐수요의 이자율탄력성(h)으로 결정된다. 실질화폐공급은 LM 곡선의 절편값을 결정하므로 LM곡선의 좌우 이동요인이다.

② LM곡선의 방정식 $r = \dfrac{k}{h}Y - \dfrac{1}{h} \cdot \dfrac{M_0}{P_0}$ 에서 명목화폐공급이 증가하면 단기에 물가는 고정되어 있으므로 LM곡선을 오른쪽으로 이동시킨다.
③ 단기에는 명목변수인 명목화폐공급이 실질변수인 이자율에 영향을 미치지만 장기에 고전적 이분성이 성립하게 되면, 명목변수의 변화는 실질변수인 이자율에 영향을 미칠 수 없게 된다.

31 ★★☆ 답 ④

정답 해설

- $P_e = 2$일 때
  $-P + 8 = P - 2 + 4$, $P = 3$, $Y = 5$
- $P_e = 4$일 때
  $-P + 8 = P - 4 + 4$, $P = 4$, $Y = 4$

따라서,
(ㄱ) 균형소득수준의 변화 : -1
(ㄴ) 균형물가수준의 변화 : $+1$

32 ★★☆ 답 ③

정답 해설

ㄱ. [ㅇ] 조세삭감은 국민의 가처분소득과 소비를 늘리므로 IS 곡선을 오른쪽으로 이동시킨다.

ㄹ. [ㅇ] IS 곡선이 우측, LM곡선이 좌측으로 이동하므로 이자율은 상승한다.

오답 해설

ㄴ · ㄷ. [×] IS곡선의 오른쪽 이동으로 국민소득이 증가하면 가처분소득이 증가, 그에 따라 화폐수요가 증가하게 되고, 화폐수요가 증가하므로 LM곡선은 좌측으로 이동한다.

33 ★★☆ 답 ⑤

정답 해설

⑤ 디플레이션은 인플레이션과는 정반대로 일반물가수준이 지속적으로 하락하는 현상을 말한다.

오답 해설

① 물가가 상승하면 기업들도 물가상승에 맞추어 자신이 생산하는 재화가격을 조정해야 하는데, 가격조정과 관련된 비용을 메뉴비용이라고 한다. 가격표를 붙이는 비용, 카달로그 인쇄비용, 홍보비용 등이 포함된다.

② 디스인플레이션은 물가는 상승하지만 그 상승률이 지속적으로 낮아지는 현상으로써 인플레이션 상황이 완화되고 있음을 나타낸다.

④ 인플레이션의 피해를 최소화하기 위해 민간이 화폐보유를 줄이는 과정에서 발생하는 비용을 구두창비용이라고 한다. 인플레이션 상황에서 경제 주체들은 화폐가치 하락에 대비하여 현금을 최대한 적게 보유하고, 대신 수익이 발생하는 다양한 실물 및 금융상품의 보유 비중을 늘린다. 현금을 적게 보유하고 있으면 그만큼 예금과 출금을 위해 자주 은행을 방문하게 되므로 이로 인하여 생기는 비용을 말하며 이는 인플레이션 비용에 해당한다.

34 ★☆☆ 답 ③

정답 해설

③ 적응적 기대하에서 장기에는 사람들이 인플레이션율을 정확히 예상하므로 인플레이션율 수준에 상관없이 실제실업률이 자연실업률과 일치하게 되고 장기 필립스곡선은 자연실업률 수준에서의 수직선이 된다.

오답 해설

① 필립스곡선은 경제학자 필립스가 영국의 자료를 통해 명목임금상승률과 실업률 간에 역의 상관관계가 있음을 발견함으로써 시작된 것으로 현재는 인플레이션율과 실업률 간의 역의 상관관계를 나타내는 곡선을 말한다.

④ 단기 총공급곡선이 가파른 기울기를 가질 때에는 총수요가 증가하면 물가가 큰 폭으로 상승하는데 비해 국민소득은 별로 증가하지 않으므로 실업률이 별로 낮아지지 않는다. 그러므로 필립스곡선의 기울기도 가파른 모양이 된다.

⑤ 합리적 기대하에서 민간이 정부정책을 신뢰하는 경우, 정부가 인플레이션을 낮추겠다는 정책을 사전에 발표하고 경제 주체들이 이를 신뢰한다면 기대인플레이션율이 즉각 조정되고 단기 필립스 곡선이 하방 이동하므로 실업률을 증가시키지 않고도 인플레이션율을 낮출 수 있게 된다.

35 ★★★ 답 ⑤

정답 해설

⑤ 실업률이 1%로 하락시, 국내총생산 성장률 :
$$G = \frac{Y - Y^P}{Y^P} \times 100 = 3\% - 2(1\% - 3\%) = 7\%$$
$\pi^e = 3\%$이므로 필립스곡선에서
$\pi = 3\% - 0.5(1\% - 3\%) = 4\%$
$\pi = 4\%$, $G = 7\%$이므로 이자율준칙에서
$r = 4\% + 2\% + 0.5(4\% - 2\%) + 0.5 \times 7\% = 10.5\%$

오답 해설

① $\pi = \pi^T = 2\%$, $Y = Y^P$이므로 이자율준칙에서
$r = 2\% + 2\% + 0.5(2\% - 2\%) + 0.5 \times 0 = 4\%$

② $\pi = 2\%$, $u = u_n = 3\%$이므로 필립스곡선에서
$2\% = \pi^e - 0.5(3\% - 3\%)$, $\pi^e = 2\%$

③ 필립스곡선에서 $\pi = 2\% - 0.5(5\% - 3\%) = 1\%$

④ 필립스곡선에서 $\pi = 3\% - 0.5(3\% - 3\%) = 3\%$
$\pi = 3\%$를 이자율준칙에 대입하면,
$r = 3\% + 2\% + 0.5(3\% - 2\%) + 0.5 \times 0 = 5.5\%$

36 ★★☆   답 ④

ㄴ. [×] 투자가 이자율에 영향을 받지 않을 경우 IS곡선은 수직이 되므로, 수직의 AD곡선이 유도된다.

ㄹ. [×] 정부지출의 변화는 총수요곡선상에서의 변화가 아닌, 총수요곡선 자체를 이동시킨다.

ㄱ. [○] 총수요곡선이란 각각의 물가수준에서 대응되는 총수요를 연결한 그래프로서 생산물시장과 화폐시장의 균형을 동시에 달성시키는 국민소득(총수요)과 물가의 조합을 표시한 것이다.

37 ★★☆   답 ④

ㄱ. [○] 실물자본 증가를 통한 경제성장이다.

ㄷ. [○] 인적자원을 통한 경제성장이다.

ㄹ. [○] 연구개발 투자, 기술의 진보를 통한 경제성장이다.

ㄴ. [×] 장기적으로 저축률을 높여 투자증가를 유발, 자본스톡을 증가시켜야 한다.

38 ★★☆   답 ②

1인당 생산량 $y=\dfrac{Y}{L}$ 이고, 1인당 자본량 $k=\dfrac{K}{L}$ 이므로 주어진 생산함수의 양변을 L로 나누어, 1인당 생산함수($y=f(k)$)를 구하면 다음과 같다.

$$Y=K^{\frac{1}{2}}L^{\frac{1}{2}}, \ \frac{Y}{L}=\left(\frac{K}{L}\right)^{\frac{1}{2}}, \ y=k^{\frac{1}{2}}$$

균제상태의 기본방정식 $sf(k)=(n+\delta)k$에 주어진 수치를 대입하면,

$0.4 \times k^{\frac{1}{2}}=0.2k$

$\therefore \ k=4, \ y=2$

(ㄱ) 1인당 소득 : 2

(ㄴ) 1인당 소비수준 : $2 \times (1-0.4)=1.2$

39 ★★☆   답 ②

② 자유무역을 옹호하는 입장의 근거이다.

① 자유무역으로 분업이 진행되면 대외의존도가 심화, 국방산업등에서 국가안전에 대한 우려가 발생한다는 것으로써 보호무역을 옹호하는 내용이다.

④ 신생산업을 국제경쟁력을 갖게 될 때까지 국가가 수입제한을 통해 보호해야 한다는 것으로써 보호무역의 주장 내용이다.

40 ★☆☆   답 ②

정부의 재정긴축 → IS 곡선 좌측이동 → BP<0 → 고정환율제도하에서 환율상승압력을 막기 위해 중앙은행이 외화매도 원화매입 → 통화량감소 → LM곡선 좌측이동 → 산출량 감소, 이자율 불변

제3과목 | 부동산학원론

01	02	03	04	05	06	07	08	09	10
①	③	①	③	⑤	④	①	⑤	⑤	②
11	12	13	14	15	16	17	18	19	20
⑤	③	②	③	④	③	④	①	⑤	③
21	22	23	24	25	26	27	28	29	30
④	⑤	②	①	③	④	②	⑤	②	⑤
31	32	33	34	35	36	37	38	39	40
①	②	④	①	②	④	②	⑤	④	④

총평

전반적으로 33회 시험과 비슷하지만, 33회와 다르게 특이한 문제가 출제가 되지 않고 기존 출제된 것을 변형한 문제가 다수 있었다. 문제는 평이하지만 각각의 지문이 난해한 부분이 있었고, 사례가 구체적으로 적시되어 정답을 찾는 데 시간이 많이 소요되었을 것이라 예상된다. 정상적으로 공부했다면 40분의 한정된 시간에서 70~75점 정도 나올 것으로 예상된다.

부동산학원론은 1차 시험에서 전략적인 과목임에 틀림없다. 출제방향은 32회부터 바뀌었으므로, 32회부터 출제된 유형을 잘 숙지하면 70점 이상은 무난할 것이라고 생각된다. 또한 동일한 유형의 문제에서도 더 구체적인 부분까지 공부를 할 필요가 있다고 판단된다.

01 ★★☆ 답 ①

[정답 해설]
① 획지(劃地)는 하나의 필지 중 일부에 대해서도 성립한다는 표현은 필지와 획지는 크기를 다르게 표현한 것이다. 즉 필지와 획지의 크기는 클 수도 작을 수도 같을 수도 있다는 것이다. 1필지 내에 여러 개 획지가 있을 수도 있다는 것이다.

[오답 해설]
② 건부지(建敷地)에 대한 설명이 아니라 택지에 대한 설명이다. 건부지란 건축물 등의 부지로 활용되고 있는 토지를 말한다.
③ 나지(裸地)는 택지 중 정착물이 없는 토지이며 사법상 제한은 없지만 공법상 제한이 있는 토지를 말한다.

④ 주어진 지문은 제외지(堤外地)에 대한 설명이다. 즉, 제외지란 하천제방으로 둘러싸인 하천 측 지역으로, 하천수가 흐르는 공간을 의미합니다. 제내지(堤內地)란 하천제방에 의해 보호되고 있는 지역으로, 제방으로부터 보호되고 있는 마을까지를 말한다.
⑤ 일단지(一團地)란 지적 공부상 구분되어 있는 여러 필지가 일체로 거래되거나 용도상 불가분의 관계에 있는 토지를 말한다. 이때 감정평가에서는 일괄평가할 수 있다.

02 ★☆☆ 답 ③

[정답 해설]
③ 연립주택 : 주택으로 쓰는 1개 동의 바닥면적(2개 이상의 동을 지하주차장으로 연결하는 경우에는 각각의 동으로 본다) 합계가 660m²를 초과하고, 층수가 4개 층 이하인 주택을 말한다.

[오답 해설]
세대의 구성원이 장기간 독립된 주거생활을 할 수 있는 구조로 된 건축물의 전부 또는 일부 및 그 부속토지를 말하며, 이를 단독주택과 공동주택으로 구분한다(건축법 제2조 제1호).

단독주택의 분류	
① 단독주택	1건물에 1세대가 거주하는 주택을 말한다(가정보육시설포함).
② 다중주택	• 여러 사람이 장기간 거주 • 독립된 주거 형태를 갖추지 아니한 것(욕실설치ㅇ, 취사시설 설치×) • 1개 동의 주택으로 쓰이는 바닥면적의 합계가 660m² 이하, 주택으로 쓰는 층수(지하 층 제외)가 3개 층 이하
③ 다가구주택	• 주택으로 쓰는 층수(지하층 제외)가 3개 층 이하 • 1개 동의 주택으로 쓰이는 바닥면의 합계가 660m² 이하 • 19세대 이하 거주
④ 공관	정부기관의 고위관리가 공적으로 사용하는 주택

공동주택의 분류	
① 아파트	주택으로 쓰는 층수가 5개 층 이상인 주택을 말한다.
② 연립주택	• 주택으로 쓰는 1개 동의 바닥면적 합계가 660m² 초과 • 층수가 4개 층 이하인 주택
③ 다세대주택	• 주택으로 쓰는 1개 동의 바닥면적 합계가 660m² 이하 • 층수가 4개 층 이하인 주택
④ 기숙사	학교 또는 공장 등의 학생 또는 종업원 등을 위하여 쓰는 것으로서 1개 동의 공동취사 시설 이용 세대 수가 전체의 50% 이상인 것

03 ★★☆ 目 ①

정답 해설

① 등기를 통해 소유권을 공시할 수 있는 물건 또는 권리인 것
: 선박 등기법에 의하면 총톤수 20톤 이상의 기선(機船)과 범선(帆船) 및 총톤수 100톤 이상의 부선(艀船), 소유권보존등기된 입목, 공장재단, 광업재단 등

오답 해설

등록을 통해 소유권을 공시할 수 있는 물건 또는 권리인 것 : 건설기계(덤프트럭), 항공기, 자동차, 철도차량, 어업양식업, 광업권

04 ★★★ 目 ③

정답 해설

③ 건축법상 생활숙박시설은 숙박시설이다. 건축법령상 별표 15호의 숙박시설은 다음과 같다.
  • 일반숙박시설 및 생활숙박시설
  • 관광숙박시설(관광호텔, 수상관광호텔, 한국전통호텔, 가족호텔, 호스텔, 소형호텔, 의료관광호텔 및 휴양 콘도미니엄)

오답 해설

'준주택'이란 주택 외의 건축물과 그 부속토지로서 주거시설로 이용가능한 시설 등을 말한다. 준주택의 범위와 종류는 다음과 같다.
• 건축법령에 따른 2종 근린생활시설 중 다중생활시설
• 건축법령에 따른 「노인복지법」의 노인복지주택
• 건축법령에 따른 업무시설 중 오피스텔
• 건축법령에 따른 공동주택 중 기숙사

05 ★★☆ 目 ⑤

정답 해설

⑤ 토지의 소유권(민법 212조)은 정당한 이익있는 범위내에서 토지의 상하에 미친다. 이때 정당한 이익이 있는 범위내는 법률로 정해져 있는 것이 아니라 사회통념상 인정되는 범위이다.

오답 해설

① 토지는 영속성 때문에 시간의 경과에 의해 마멸되거나 소멸되지 않으므로 투자재로서 선호도가 높다.
② 개별성으로 인하여 물리적으로 완전히 동일한 토지는 없으므로 부동산시장은 불완전경쟁시장이 된다.
③ 토지는 인접성으로 인하여 공간적으로 연결되어 있으므로 외부효과를 발생시키고, 개발이익 환수의 근거가 된다.
④ 토지는 부동성 때문에 권리의 분할이 가능하므로 용익물권의 목적물로 활용할 수 있으므로 하나의 토지에 다양한 물권자가 존재할 수 있다.

06 ★★☆ 目 ④

정답 해설

ㄱ. 주변의 토지이용상황이 '전'이고 대상 토지는 돈사와 우사로 이용되는 '축사'이므로 '전축사'로 기재한다.
ㄴ. 소로한면은 폭 8m이상 ~ 12m 미만의 도로에 한면이 접하고 있는 토지를 말한다.

더 알아보기

도로접면 구분표
도로접면 구분표는 도로폭, 도로접합면, 자동차 통행 여부에 따라서 12종류로 구분된다. 토지정보의 도로조건을 확인하면 다음과 같다.
① 표기
  ㉠ 도로폭 기준
    ⓐ 광대로 : 25m 이상
    ⓑ 중로 : 12m 이상 ~ 25m 미만
    ⓒ 소로 : 8m 이상 ~ 12m 미만
    ⓓ 세로 : 8m 미만
  ㉡ 도로와 접한 면을 기준
    ⓐ 1면 : 한면
    ⓑ 2면 이상 : 각지
  ㉢ 자동차 통행 가능 여부를 기준
    ⓐ 통행 가능 : (가)
    ⓑ 통행 불가능 : (불)

② 도로접면 구분표

도로접면	약어	적용범위
광대로한면	광대한면	폭 25m이상의 도로에 한면이 접하고 있는 토지
광대로-광대로 광대로-중로 광대로-소로	광대소각	광대로에 한면이 접하고 소로(폭 8m이상 ~ 12m미만)이상의 도로에 한면이상 접하고 있는 토지
광대로-세로(가)	광대세각	광대로에 한면이 접하면서 자동차 통행이 가능한 세로(폭 8m미만)에 한면이상 접하고 있는 토지
중로한면	중로한면	폭 12m이상 ~ 25m미만 도로에 한면이 접하고 있는 토지
중로-중로 중로-소로 중로-세로(가)	중로각지	중로에 한면이 접하면서 중로, 소로, 자동차 통행이 가능한 세로(가)에 한면 이상이 접하고 있는 토지
소로한면	소로한면	폭 8m이상 ~ 12m미만의 도로에 한면이 접하고 있는 토지
소로-소로 소로-세로(가)	소로각지	소로에 두면 이상이 접하거나 소로에 한면이 접하면서 자동차 통행이 가능한 세로(가)에 한면이상 접하고 있는 토지
세로한면(가)	세로(가)	자동차 통행이 가능한 폭 8m미만의 도로에 한면이 접하고 있는 토지
세로(가)-세로(가)	세각(가)	자동차 통행이 가능한 세로에 두면 이상이 접하고 있는 토지
세로한면(불)	세로(불)	자동차 통행이 불가능하나 이륜자동차와 통행이 가능한 세로에 한면이 접하고 있는 토지
세로(불)-세로(불)	세각(불)	자동차 통행이 불가능하나 이륜자동차와 통행이 가능한 세로에 두면이상 접하고 있는 토지
맹지	맹지	이륜자동차의 통행이 불가능한 도로에 접한 토지와 도로에 접하지 아니한 토지

07 ★★☆　　　　　　　답 ①

정답 해설

(ㄱ) 아파트 공급의 가격탄력성

$$= \frac{\text{아파트의 공급량 (6\%)}}{\text{아파트 가격 (5\%)}}$$

$$= 1.2 \text{ (탄력적)}$$

(ㄴ) 교차탄력성

$$= \frac{\text{아파트의 공급량 (6\%)}}{\text{아파트 가격 (5\%)}}$$

$$= -0.4 \text{ (보완재)}$$

08 ★★☆　　　　　　　답 ⑤

정답 해설

⑤ 수요가 증가하는 경우, 공급의 가격탄력성이 작을수록 균형가격의 상승폭은 크고 균형량의 증가폭은 작다.
- 비탄력적일 때는 가격의 변화폭은 크고 균형량의 변화폭은 작다.
- 탄력적일 때는 가격의 변화폭은 작고, 균형량의 변화폭은 크다.
- 완전비탄력적일 때는 균형량은 불변이 된다.
- 완전탄력적일 때는 균형가격은 불변이 된다.

09 ★☆☆　　　　　　　답 ⑤

정답 해설

⑤ 신규주택 공급량은 유량의 경제변수에 속한다.

유량 (flow)	저량 (stock)
기간, 신규주택, 임료(지대), 소득(수입), 거래량(착공량), 원리금상환액 등	시점, 재고주택, 가격(지가), 자산, 인구, 통화량, 총량 등

10 ★★☆　　　　　　　답 ②

오답 해설

① 할당 효율적 시장은 완전경쟁시장뿐만 아니라 불완전경쟁시장에서도 존재한다. 반면에 불완전경쟁시장은 할당 효율적 시장이 될 수도 있고 할당 효율적이지 못한 시장이 될 수도 있다.
③ 약성 효율적 시장에서 과거의 역사적 정보를 통해 정상 이상의 수익을 획득할 수 없다.
④ 완전경쟁시장에서는 초과이윤이 발생할 수 없기 때문에 반드시 할당 효율적 시장이 된다.
⑤ 주어진 지문은 강성 효율적 시장을 말한다.

11 ★☆☆ 답 ⑤

정답 해설

⑤ 제품의 가격이 가계소득에서 차지하는 비중이 작을수록 수요의 탄력성이 더 비탄력적이고, 가계소득에 차지하는 비중이 클수록 수요의 탄력성은 탄력적이다.

오답 해설

① 측정하는 기간이 길수록 수요의 탄력성은 더 탄력적이다. 반면에 제품완성기간이 길수록 비탄력적이다.

② 공급의 탄력성은 생산요소를 쉽게 얻을 수 있는 상품일수록 대체재가 많기 때문에 더 탄력적이다.

③ 수요의 탄력성이 탄력적일 경우 임대료가 상승하면 전체 임대수입은 감소한다. 반면에 비탄력적일 경우 임대료가 상승하면 임대수입은 증가한다.

④ 대체재가 많을수록 수요의 탄력성은 더 탄력적이다. 대체재가 적을수록 비탄력적이다.

12 ★★☆ 답 ③

정답 해설

특정 도시에 갈 고객의 유인력은 인구(크기)에 비례하고, 거리(시간)에 반비례한다는 논리이다. 주어진 지문은 작년과 금년의 인구수가 변화했을 때 B도시의 구매활동에 유인되는 고객수의 변화분을 묻는 것이다. 공식은 다음과 같다.

$$\frac{\text{인구수}}{\text{거리}^2} = \frac{B}{A+B}$$

㉠ 작년 인구수

$$= \frac{B\left(\frac{20만}{10^2}\right)}{A\left(\frac{5만}{5^2}\right)+B\left(\frac{20만}{10^2}\right)} \times \text{C도시 인구(2만 명)} = 10,000\text{명}$$

㉡ 금년 인구수

$$= \frac{B\left(\frac{30만}{10^2}\right)}{A\left(\frac{5만}{5^2}\right)+B\left(\frac{30만}{10^2}\right)} \times \text{C도시 인구(3만 명)} = 18,000\text{명}$$

㉢ B도시의 고객유인력 변화분
= 금년 인구수(18,000명) − 작년 인구수(10,000명) = 8,000명

㉣ 작년보다 금년에 B도시의 고객 유인은 8,000명이 증가되었다.

13 ★☆☆ 답 ②

정답 해설

② 시장실패의 원인이 아닌 것, 즉 시장성공인 것은 완전경쟁시장으로서 정보의 대칭성 이외에 상품의 동질성, 시장의 진입과 퇴거가 자유로울 때 등이 있다.

오답 해설

① 외부효과, ③ 공공재의 공급, ④ 불완전경쟁시장, ⑤ 시장의 자율적 조절기능 상실 이외에 독과점시장, 도덕적 해이 등이 시장실패의 대표적 사례이다.

14 ★★☆ 답 ③

정답 해설

③ 정(+)의 외부효과는 소비에 있어 사회적 편익이 사적 편익보다 큰 결과를 초래하며, 적정생산량보다 과소소비가 이루어진다.

오답 해설

① 외부효과란 거래 당사자가 시장메커니즘을 통하지 아니하고 의도하지 않는 결과로 상대방에게 미치는 유리하거나 불리한 효과를 말한다.

② 부(−)의 외부효과는 의도되지 않은 손해를 주면서 그 대가를 지불하지 않는 외부불경제(외부비경제)라고 할 수 있다.

④ 부(−)의 외부효과에는 각종 규제 정책이 필요하나, 정(+)의 외부효과에는 보조금 지급이나 조세경감의 정책이 필요하다.

⑤ 부(−)의 외부효과는 사회적 최적생산량보다 시장생산량이 적은 과대생산을 초래한다.

15 ★★★ 답 ④

정답 해설

㉠ 순영업소득 = 유효총소득 − 영업경비

㉡ 영업경비에 포함되지 않는 것은 공실손실상당액, 부채서비스액, 감가상각비, 소득(법인)세, 자본적 지출(대수선비), 소유자의 개인적 업무비 및 급여, 비소멸성보험 등이다.

주의할 것은 재산세, 수익적 지출(수선비) 등은 영업경비에 포함된다는 것에 유의할 필요가 있다. 주어진 지문에서 대출원리금 상환액(부채서비스액), 감가상각비, 공실손실상당액, 사업소득세는 영업경비에 제외된다. 그 외는 모두 영업경비에 속한다.

㉢ 영업경비
= 직원 인건비(80,000,000원) + 수도광열비(36,000,000원)
\quad + 용역비(30,000,000원) + 수선유지비(18,000,000원)
\quad + 재산세(18,000,000원)
= 182,000,000원

㉣ 순영업소득
= 유효총소득(360,000,000원) − 영업경비(182,000,000원)
= 178,000,000원

16 ★★☆　　　　　　　　　　　　　　📖 ③

정답 해설

③ 사업위험이란 부동산 사업 자체에서 발생하는 수익성 변동
　의 위험을 말하며 사업상 위험에는 시장위험, 입지위험, 관
　리·운영위험 등이 존재한다.

오답 해설

① 상업용 부동산투자는 일반적으로 다른 상품에 비하여 초기
　투자비용이 많이 들며 투자 비용의 회수기간이 길지만 주거
　용 부동산 등에 비하여 경기침체에 민감하므로 투자위험이
　높은 편이다.

② 부동산이 위치한 입지여건의 변화 때문에 발생하는 위험은
　위치적 위험을 말하는 것이고, 부동산시장의 수요·공급과
　관련된 상황의 변화와 관련되어 있는 위험은 시장위험과 관
　련되어 있다.

④ 법·제도적 위험에는 소유권위험, 정부정책위험, 정치적위
　험 등을 말하며, 이에는 불가항력적 위험도 존재하고 통제가
　능한 위험도 존재한다. 반면에 유동성 위험은 별도의 위험이
　다. 즉, 유동성 위험은 현금화 과정에서 발생하는 위험을 말
　한다.

⑤ 위험과 수익간에는 정(+)의 관계가 성립한다. 투자자의 위험
　에 대한 태도가 위험 선호(추구)형이든, 위험 회피형이 이에
　속한다.

17 ★★☆　　　　　　　　　　　　　　📖 ④

정답 해설

④ 부동산투자는 부동산의 사회적·경제적·행정적 위치의 가
　변성 등으로 인해 부동산시장의 변화를 면밀히 살펴야 한다.
　즉, 부동산시장은 다른 재화와 다르게 주변 환경에 민감한
　반응을 보이는 경향이 있다는 특징이 있다.

오답 해설

① 부동산투자는 부동산이 갖고 있는 고유한 특성이 있지만 환
　금성, 안전성 측면에서 주식 투자와 다르다. 즉, 환금성은 주
　식이 유리하지만, 안전성은 주식보다 부동산이 유리하며 은
　행보다 부동산이 상대적으로 불리한 측면이 있다.

② 부동산은 실물자산이기 때문에 인플레이션 방어 능력이 우
　수하여 디플레이션과 같은 경기침체기에 불리한 투자대상이
　다.

③ 부동산은 다른 투자상품에 비하여 거래비용의 부담이 크지
　만 부동산시장은 부동성과 개별성으로 인하여 정보의 비대
　칭성 성격이 강하므로 효율적이지 못한 시장이 존재하는 경
　우가 많다.

⑤ 부동산은 투자의 유동성의 문제로 투자자가 투자자산을 필
　요한 시기에 적시 처분이 곤란한 점(계약금, 중도금, 잔금)으
　로 현금으로 전환시에 자본손실이 발생할 수 있는 단점이
　존재한다. 또한 부동산은 금융을 활용하여 지렛대 효과를 누
　릴 수도 있다.

18 ★★★　　　　　　　　　　　　　　📖 ①

정답 해설

ㄱ. [○] 순현재가치(NPV)법이란 투자로부터 발생하는 현재와
　　미래의 모든 현금흐름을 적절한 할인율(요구수익률)로 할인
　　하여 현재가치로 환산하고 이를 통하여 투자의사결정에 이
　　용하는 기법이다. 따라서 순현가가 '0'보다 크면 투자 타당
　　성이 있는 것으로 판단한다.

ㄹ. [○] 수익성지수(PI)는 투자로 인해 발생하는 현금유입의 현
　　재가치를 현금유출의 현재가치로 나눈 비율로서 '1'보다 크
　　면 경제적 타당성이 있는 것으로 판단한다.

오답 해설

ㄴ. [×] 추계된 현금수지에 대한 위험을 평가하는 위험할증률
　　의 추계는 투자기간의 결정 및 현금수지에 대한 예측 이후
　　에 해야 한다. 왜냐하면 투자기간에 따라 위험 정도가 달라
　　질 것이고, 매기간 마다 위험의 정도가 달라지기 때문이다.
　　또한 현금수지에 대한 예측에 따라 위험의 정도는 달라진
　　다. 즉, 현금수지의 예측이 보수적이냐 공격적이냐 등에 따
　　라 달라지기 때문이다.

ㄷ. [×] 내부수익률(IRR)이란 투자로부터 발생하는 미래의 현
　　금흐름을 현재가치로 환원한 순현재가치를 '0'을 만드는 할
　　인율 또는 수익성지수를 '1'로 만드는 할인율을 말한다.

19 ★★☆　　　　　　　　　　　　　　📖 ⑤

정답 해설

⑤ 부동산 경기가 침체하는 시기에 상업용 부동산의 수익이 일
　정함에도 불구하고 부동산 가격이 떨어지는 것은 할인율이
　높아지기 때문이다. 왜냐하면 수익률과 가치는 반비례하기
　때문이다.

오답 해설

① 화폐의 시간가치 또는 시간의 경제적 가치가 발생하는 이유
　는 인플레이션, 화폐의 시차선호, 미래의 불확실성, 투자기
　회 등 때문이다.

② 주어진 지문은 감채기금계수에 대한 설명이다.

③ 주어진 지문은 연금의 미래가치에 대한 설명이다.

④ 현재가치에 대한 미래가치를 산출하기 위하여 사용하는 이
　율을 할증율이라 하고, 미래가치에 대한 현재가치를 산출하
　기 위하여 사용하는 이율을 할인율이라 한다.

> ※ ④ '현재가치에 대한 미래가치를 산출하기 위하여 사용
> 하는 이율'의 정확한 표현은 할증율로 표시해야 한다.
> 엄밀한 의미에서 이자율(금리)이란 할증율과 할인율을
> 통칭하여 사용하는 개념이다. 그러나 광의의 개념으로
> 본다면 틀렸다고 볼 수는 없다.

20 ★★★   답 ③

[정답 해설]

주어진 조건은 원리금균등상환방식이며 매월 상환기준으로서 기존대출을 승계할 것인가, 신규대출을 받을 것인가에 대한 문제이다. 먼저, 매월 원리금상환액을 산출한다.

- 공식 : 매월 원리금상환액 = 대출액 × 저당상수
- 저당상수는 연금의 현가계수의 역수이다.

㉠ 기존 주택저당대출 조건

매월 원리금상환액

$= 대출잔액(1억 5천만 원) \times \dfrac{1}{연금\ 현가계수(5\%,\ 20년,\ 150)}$

$= 100만\ 원$

㉡ 신규 주택저당대출 조건

매월 원리금상환액

$= 대출잔액(1억 5천만 원) \times \dfrac{1}{연금\ 현가계수(7\%,\ 20년,\ 125)}$

$= 125만\ 원$

㉢ 원리금 상환액 차액

= 신규 주택 저당대출 월원리금상환액(125만 원)

   − 기존대출 월원리금상환액(100만 원)

= 25만 원

㉣ 승계권 가치를 측정하기 위해서는 매월 원리금상환액을 연금의 현재가치로 환원한다.

승계권 가치

= 매월 원리금상환액(25만 원)

   × 연금의 현재가치(7%, 20년, 125)

= 2,500만 원

> ※ 주어진 조건이 년부상환인지 월부상환인지가 명시가 되어 있지 않다. 연금현가계수에 월 기준이 나와 있지만, 저당상환조건에 월부상환인지 년부상환조건인지가 명시가 되어 있지 않으므로 문제에 심각한 오류가 발생하여, 정답 없음으로 보는 것이 옳은 것 같다.

21 ★★★   답 ④

[정답 해설]

④ 점증상환방식은 초기에 원리금상환액이 대출이자부분도 전부 다 상환하지 못하여 미상환잔금에 가산되는 방식으로 부의 상환(negative amortization)이 일어날 수 있다.

[오답 해설]

① 만기일시상환방식은 대출만기 때까지는 원금상환이 전혀 이루어지지 않기에 매월 내는 이자가 만기 때까지 동일하고 만기시에 원금을 일시불로 상환하는 방식이다.

② 원금균등분할상환방식은 대출 초기에 대출원리금의 지급액이 가장 크기에 차입자의 원리금지급 부담도 대출 초기에 가장 크며, 시간이 경과함에 따라 원리금상환액이 점차 감소

하는 방식이다.

③ 원리금균등분할상환방식은 매기의 대출원리금이 동일하기에 대출 초기에는 대체로 원금상환부분이 작고 이자지급 부분이 크다. 후기에 갈수록 원금상환액이 점차 증가되는 대신에 이자가 차지하는 부분이 점차 감소하는 형태이다.

⑤ 원금균등분할상환방식이나 원리금균등분할상환방식에서 거치기간을 별도로 정할 수 있다. 이는 각각의 상환방식에 따라 달리 정할 수 있다.

22 ★★☆   답 ⑤

[정답 해설]

⑤ 프로젝트 파이낸싱은 원칙은 비소구금융방식이지만 때에 따라서 프로젝트 사업주의 도덕적 해이를 방지하기 위해 금융기관은 제한적 소구금융의 장치를 마련해두기도 한다.

[오답 해설]

① 일반기업금융은 기업전체의 자산 또는 신용을 바탕으로 자금을 조달하지만, 프로젝트 파이낸싱은 기업의 수익(현금흐름)으로 원리금을 상환하거나 수익을 배당하는 방식의 자금조달기법이다.

② 프로젝트 사업주는 기업 또는 개인일 수 있으나, 법인은 될수 있다.

③ 프로젝트 사업주는 대출기관으로부터 상환청구를 받지는 않으나(비소구금융), 이러한 방식으로 조달한 부채는 사업주의 재무상태표에는 부채로 계상되지 않는다(부외금융형태).

④ 프로젝트 회사가 파산 또는 청산할 경우, 채권자들은 프로젝트 회사에 대해 원리금상환을 청구할 수 있다(제한소구금융).

23 ★★☆   답 ②

[정답 해설]

② 부동산의 특성과 관련하여 분할거래의 곤란성과 생산의 장기성으로 인해 부동산금융은 부동산의 거래나 개발 등에서 중요한 역할을 하게 된다.

[오답 해설]

① 부동산금융은 부동산과 관련된 행위를 하기 위하여 자금을 조달하는 행위를 말한다. 즉, 부동산의 매입이나 매각, 개발 등과 관련하여 자금이나 신용을 조달하거나 제공하는 것을 말한다.

③ 부동산투자에서 지분권과 저당권으로 구분되는데, 지분권이란 지분투자자가 대상 부동산에 가지는 권한을 말하고, 저당권은 저당투자자가 대상 부동산에 가지는 권한을 말한다.

④ 유동화증권은 부동산보유자가 보유부동산의 증권화를 통해 유동성을 확보할 수 있는 장점이 있다.

⑤ 부동산금융이 일반금융과 다른 점으로는 담보기능과 감가상각 및 차입금 이자에 대한 세금감면 등이 있다.

정답 해설

① 시장세분화는 가격차별화, 최적의사결정, 상품차별화 등에 기초하여 부동산시장을 서로 다른 둘 또는 그 이상의 하위 시장으로 묶는 과정이다. 즉, 시장을 동질적인 성격의 시장은 군집하고 이질적인 시장을 분리하는 것을 시장세분화라고 한다.

오답 해설

② 시장을 세분화하는데 주로 사용되는 기준으로는 지리적 변수, 인구통계학적 변수, 계층적 변수, 심리적 변수, 행동적 변수 등으로 구분한다

③ 시장세분화전략은 세분된 시장을 대상으로 상품의 판매 지향점을 명확히 하여 적절할 고객을 잡기 위한 선수작업이다.

④ 부동산회사가 세분시장을 평가할 때, 우선해야 할 사항으로 적절한 시장규모와 성장성 등을 들 수 있다.

⑤ 세분시장에서 경쟁력과 매력도를 평가할 때 마이클 포터의 5 force의 모형을 적용하여 기존 경쟁자의 위협, 새로운 경쟁자의 위협, 대체재의 위협, 구매자의 협상력 증가 위협, 공급자의 협상력 증가 위협 등을 고려한다.

정답 해설

③ 주어진 지문은 대물교환방식(공사비대물변제방식)에 대한 내용이다. 대물교환방식은 토지소유자가 개발사업을 발주하고 개발업자는 공사비를 준공된 건축물의 일부로 변제받는 방식이다.

오답 해설

① 공영개발방식 : 협의매수에 따른 도시개발사업으로 개발대상지역을 매수하고 개발한 후 분양 또는 임대하는 사업이다. 토지소유자의 토지소유권의 양도의사를 전제하지 않으며 토지소유권이 완전 소멸된다.

② 직접개발(지주자체)방식 : 자금조달은 토지소유자가 직접 조달하고 건설 또한 토지소유자가 직접하든 도급발주를 하는 형태이다. 이 방식의 장점은 개발사업의 이익이 모두 토지소유자에게 귀속되고, 사업시행자의 의도대로 사업추진이 가능하며, 사업시행의 속도가 빠르다. 단점으로는 사업의 위험성이 매우 높고, 자금조달의 부담이 크며, 위기관리능력이 요구된다.

④ 토지신탁방식 : 토지소유자는 우선 신탁회사에 토지소유권을 신탁을 원인으로 이전하고 신탁회사는 지주와의 약정에 의해 신탁 수익증권을 발행하여, 이후 신탁회사는 금융기관으로부터 자금을 차입하여 건설회사에 공사를 발주한다.

⑤ BTL사업방식 : 민간사업자가 SOC시설과 공공시설을 건립한 뒤 해당 시설의 소유권을 정부나 지방자치단체에 양도 후에 정부나 자치단체는 임대료를 민간사업자에게 계약기간 동안에 지불하는 제도이다.

정답 해설

• (비용위험)은 추정된 토지비, 건축비, 설계비 등 개발비용의 범위 내에서 개발이 이루어져야하는데, 인플레이션 및 예상치 못한 개발기간의 장기화 등으로 발생할 수 있다.

• (법률위험)은 용도지역제와 같은 토지이용규제의 변화와 관계기관 인허가 승인의 불확실성 등으로 야기될 수 있다.

• (시장위험)은 개발기간 중 이자율의 변화, 시장침체에 따른 공실의 장기화 등이 원인일 수 있다.

정답 해설

② 주어진 지문은 주거환경개선사업에 대한 설명이다.

더 알아보기

㉠ 재개발사업 : 정비기반시설이 열악하고 노후 · 불량건축물이 밀집한 지역에서 주거환경을 개선하거나 상업지역 · 공업지역 등에서 도시기능의 회복 및 상권활성화 등을 위하여 도시환경을 개선하기 위한 사업

㉡ 재건축사업 : 정비기반시설은 양호하나 노후 · 불량건축물에 해당하는 공동주택이 밀집한 지역에서 주거환경을 개선하기 위한 사업

정답 해설

⑤ 부동산담보신탁은 저당권 설정이 소요되는 경비가 적지만, 채무불이행 시 부동산 처분 절차가 복잡하다.

오답 해설

② 부동산신탁의 수익자란 신탁행위에 따라 신탁이익을 받는 자를 말하며, 위탁자는 당사자가 될 수도 있고 제3자가 될 수도 있다.

④ 신탁재산은 법률적으로 수탁자에게 귀속되지만 수익자를 위한 재산이므로 수탁자의 고유재산 및 위탁자의 고유재산으로부터 독립된다. 즉, 신탁이란 소유권의 이전이므로 독립된 재산이 된다.

29 ★★☆ 정답 ②

정답 해설

② 건축물의 소유자는 중개대상물인 건축물에 관한 표시광고에 명시할 내용이 아니다.

오답 해설

인터넷을 이용하여 중개대상물인 건축물에 관한 표시 · 광고를 할 때 명시하여야 하는 사항은 다음과 같다.

㉠ 중개대상물 소재지
㉡ 중개대상물 면적
㉢ 중개대상물 가격
㉣ 중개대상물 종류
㉤ 거래형태
㉥ 건축물 및 그 밖의 토지의 정착물인 경우 다음 각 목의 사항
　ⓐ 총 층수
　ⓑ 건축법, 주택법 등 관련 법률에 따른 사용승인 · 사용검사 · 준공검사 등을 받은 날
　ⓒ 해당 건축물의 방향, 방의 개수, 욕실의 개수, 입주가능일, 주차대수 및 관리비

30 ★★★ 정답 ⑤

정답 해설

⑤ 주어진 지문은 모두 옳은 내용이다.

오답 해설

중개계약 시 거래계약서에 기재해야 할 사항은 다음과 같다.

㉠ 물건의 표시
㉡ 권리이전의 내용
㉢ 물건의 인도일시
㉣ 거래당사자의 인적사항
㉤ 계약일
㉥ 중개대상물 확인설명서 교부일자
㉦ 거래금액 · 계약금액 및 그 지급일자 등 지급에 관한 사항
㉧ 계약의 조건이나 기한이 있는 경우에는 그 조건 또한 기한
㉨ 그 밖의 약정 내용

31 ★★★ 정답 ①

정답 해설

ㄹ. [○] 상속세와 증여세는 누진세율을 적용한다.

오답 해설

ㄱ. [×] 부가가치세는 국세이지만 등록면허세는 지방세에 속한다.
ㄴ. [×] 재산세는 보통징수방식이고 상속세, 증여세, 취득세 등은 신고납부방식이다.
ㄷ. [×] 증여세는 취득단계이고 재산세는 부동산 보유단계에 부과한다.

부동산 조세의 종류

구분	취득단계	보유단계	처분단계
국세	상속세(누진세) 증여세, 인지세	종합부동산세 (누진세) 소득세, 법인세	양도 소득세
지방세	취득세(비례세), 등록세	재산세 (누진세, 비례세)	

32 ★★★ 정답 ②

정답 해설

② 현재 환매(특약)등기제는 존재하지만 예고등기제는 2011년도에 「부동산등기법」상 폐지되었다.

오답 해설

① 소유권이전등기 청구권을 확보하기 위해 처분금지가처분의 등기가 가능하다.
③ 부동산등기법 제4조 참조

> 부동산등기법 제4조(권리의 순위)
> ① 같은 부동산에 관하여 등기한 권리의 순위는 법률에 다른 규정이 없으면 등기한 순서에 따른다.
> ② 등기의 순서는 등기기록 중 같은 구(區)에서 한 등기 상호간에는 순위번호에 따르고, 다른 구에서 한 등기 상호간에는 접수번호에 따른다.

④ 부동산경매에서 말소기준권리는 크게 7가지로 경매개시결정등기, 가압류, 압류, 전세권, 근저당, 저당권, 담보가등기가 있다.
⑤ 부동산등기법 제3조 참조

> 부동산등기법 제3조(등기할 수 있는 권리 등)
> 등기는 부동산의 표시(表示)와 다음 각 호의 어느 하나에 해당하는 권리의 보존, 이전, 설정, 변경, 처분의 제한 또는 소멸에 대하여 한다.
> 1. 소유권(所有權)
> 2. 지상권(地上權)
> 3. 지역권(地役權)
> 4. 전세권(傳貰權)
> 5. 저당권(抵當權)
> 6. 권리질권(權利質權)
> 7. 채권담보권(債權擔保權)
> 8. 임차권(賃借權)

33 ★★☆   정답 ④

④ 근저당권은 을구 사항에서 확인할 수 있다.

정답 해설
④ 근저당권은 을구 사항에서 확인할 수 있다.

오답 해설
등기사항전부증명서 내용 : 표제부, 갑구, 을구로 구성
① 표제부 : 부동산의 표시와 구조에 관한 사항을 확인
    ⓐ 토지 경우는 지번, 지목, 지적이 표기되고, 건물은 지번, 구조, 용도, 면적이 기재됨
    ⓑ 아파트 등 집합건물의 경우에는 전체 건물에 대한 표제부와 개개 건물에 대한 표제부가 구분하여 기재됨
ⓒ 갑구 : 소유권에 관한 사항이 기재
    소유권자, 소유권이전, 가압류, 압류, 가처분, 가등기, 예고등기 등과 이들 권리의 변경등기, 말소 및 회복등기 등
ⓒ 을구 : 소유권 이외의 권리(담보, 채무 등)가 표시
    소유권 이외의 권리인 저당권, 전세권, 지상권, 지역권, 임차권 등의 사항과 최고 채권 금액이 기재

34 ★★★   정답 ①

정답 해설
ㄱ. [○] 토지소유자가 마당에 설치한 연못
ㄴ. [○] 타인이 토지소유자의 동의 없이 임의로 심은 조경수는 토지의 부합물로 취급된다. 즉, 일반적으로 토지에 식재된 수목은 토지의 부합물로 취급하게 된다. 토지를 구성하는 일부분이라는 것이다. 따라서 경매로 토지 소유권이 바뀌면 그 부합물인 수목 역시 낙찰자에게 귀속되곤 한다. 다만, 특별히 입목등기 등의 공시조치를 해 놓았다면 이때는 토지와 별개가 되어 낙찰자에게 귀속되지 않는다. 또한 임차권 등 적법한 토지사용권한을 가지고 수목을 식재했다면 경매 후에도 여전히 토지와 별개가 되는 것이고, 권원 없는 무단식재였다면 이때의 수목은 토지에 부합되어 최종 토지소유자인 낙찰자에게 넘어간다.

오답 해설
ㄷ. [×] 토지에 지상권을 가진 자가 경작을 위해 심은 감나무는 지상권이 설정되어 있으므로 토지의 부합물이 아니다.
ㄹ. [×] 기둥, 지붕 및 주벽의 공사가 완료되어 건물로서의 외관을 갖추었으나 사용승인을 받지 못한 건물일지라도 건축물로 보기 때문에 토지의 부합물이 아니다.
부동산의 부합물이란 본래의 부동산과는 별개의 물건이지만 부동산에 결합하여 거래관념상 부동산과 하나의 물건이 됨으로써 부동산 소유자에게 귀속되는 물건을 말한다.
또한 이런 부합물은 부동산뿐 아니라 동산도 포함이 된다. 이런 부합의 정도를 판단하는 기준은,
① 훼손하지 않으면 분리할 수 없는 경우
ⓒ 분리에 과다한 비용을 요하는 경우
ⓒ 분리할 경우 경제적 가치가 심하게 감손되는 경우에 해당된다.

예를 들어 토지의 경우 정원수, 정원석, 토지상에 권원 없이 식재한 수목은 토지소유자에게 귀속된다. 또한, 건물의 경우 기존건물에 부합된 증축 부분을 포함하여 방, 창고, 본채에서 떨어져 축조되어있는 화장실 등은 설령 감정가격에 포함되지 않았다고 할지라도 소유권을 취득하는 것이다.

35 ★★★   정답 ②

정답 해설
② 감정평가 실무기준(3.3.2.4 시점수정) 참조

> 감정평가 실무기준(3.3.2.4 시점수정)
> ① 임대사례의 임대시점과 대상물건의 기준시점이 불일치하여 임대료 수준의 변동이 있을 경우에는 임대사례의 임대료를 기준시점의 임대료 수준으로 시점수정하여야 한다.
> ② 시점수정은 사례물건의 임대료 변동률로 한다. 다만, 사례물건의 임대료 변동률을 구할 수 없거나 사례물건의 임대료 변동률로 시점수정하는 것이 적절하지 않은 경우에는 사례물건의 가격 변동률·임대료지수·생산자물가지수 등을 고려하여 임대료 변동률을 구할 수 있다.

오답 해설
① 감정평가 실무기준(3.3.2.3 사정보정)에 따르면, 임대사례비교법으로 감정평가 할 때 임대사례에 특수한 사정이나 개별적 동기가 반영되어 수집된 임대사례의 임대료가 적절하지 못한 경우에는 사정보정을 통해 그러한 사정이 없었을 경우의 적절한 임대료 수준으로 정상화하여야 한다.
③ 감정평가에 관한 규칙(제22조 임대료의 감정평가)에 따르면, 감정평가법인등은 임대료를 감정평가할 때에 임대사례비교법을 적용해야 한다.
④ 감정평가에 관한 규칙(제11조 감정평가방식)에 따르면. 적산법은 원가방식에 기초하여 대상물건의 임대료를 산정하는 감정평가방법이다.
⑤ 감정평가에 관한 규칙(제2조 정의)에 따르면, 수익분석법이란 일반기업 경영에 의하여 산출된 총수익을 분석하여 대상물건이 일정한 기간에 산출할 것으로 기대되는 순수익에 대상물건을 계속하여 임대하는 데에 필요한 경비를 더하여 대상물건의 임대료를 산정하는 감정평가방법을 말한다.

36 ★★☆　　　　　　　　　　　　　답 ④

정답 해설

④ 거래사례는 위치에 있어서 동일성 내지 유사성이 있어야 하며, 인근지역에 소재하는 경우에는 지역요인비교를 할 필요는 없지만, 개별요인은 비교하여야 한다. 반면에 유사지역에 소재한 사례인 경우에는 지역요인과 개별요인 둘 다 비교를 하여야 한다.

오답 해설

① 거래사례비교법은 실제 거래되는 가격을 준거하므로 현실성이 있으며 설득력이 풍부하다는 장점이 있지만, 매매된 사례가 없거나 호·불경기인 사례로 선택함이 부적절하다.

② 거래사례비교법과 관련된 가격원칙은 대체의 원칙이고, 구해진 가액(시산가액)은 비준가액 또는 유추가액이라 한다.

③ 거래사례비교법은 대상부동산과 동질·동일성이 있어서 비교 가능한 사례를 채택하는 것이 중요하다. 즉, 개별요인의 비교가 가능한 사례를 선택하여야 한다.

⑤ 감정평가 실무기준(3.3.1.1 정의 1항)에 따르면, 거래사례비교법이란 대상물건과 가치형성요인이 같거나 비슷한 물건의 거래사례와 비교하여 대상물건의 현황에 맞게 사정보정, 시점수정, 가치형성요인 비교 등의 과정을 거쳐 대상물건의 가액을 산정하는 감정평가방법을 말한다. 즉, 거래사례에 사정보정요인이 있는 경우 우선 사정보정을 하고, 거래시점과 기준시점간의 시간적 불일치를 정상화하는 작업인 시점수정을 하여야 한다.

37 ★★★　　　　　　　　　　　　　답 ②

정답 해설

② 재조달원가란 대상물건을 기준시점에 재생산 또는 재취득하는데 필요한 적정원가의 총액으로서 원칙적으로 그 대상물건 값의 상한선을 나타낸다. 즉, 원가법에서 적산가격은 재조달원가에서 감가수정을 공제한 가격이므로 재조달원가가 대상물건의 상한가가 된다.

오답 해설

① 원가방식은 대체의 원칙, 수요와 공급의 원칙, 균형의 원칙, 외부성의 원칙, 최유효이용 원칙과 밀접한 관련이 있다. 그러나 예측원칙과는 관련이 없다.

㉠ 대체원칙의 근거 : 기존 건물의 가격과 신규건물의 건축비는 상호밀접한 대체관계에 있다. 즉, 기존 건물가격보다 신규건물 건축비가 낮다면 매수자 스스로 새로운 건물을 지으려고 하지, 기존건물을 기꺼이 사려고 하지 않을 것이다.

㉡ 수요와 공급의 원칙의 근거 : 부동산 가격은 수요와 공급에 의해 끊임없이 변화한다. 부동산가격은 단기적으로 수요에 의해 주도되나, 장기적으로 공급에 의해 주도되는 경향이 있다. 따라서 부동산가격은 장기적으로는 그것의 생산비와 일치하는 경향이 있다.

㉢ 균형의 원칙의 근거 : 부동산이 시장에서 적정한 가치를 달성하고 이를 계속 유지하기 위해서는 자본과 토지의 결합뿐만 아니라, 부동산의 구성부분들이 서로 적절한 균형을 이루고 있어야 한다.

㉣ 외부성 원칙의 근거 : 부동산 가치는 외부적 요인에 의해 그것이 신규비용보다 클 수도 작을 수도 있다. 외부적 요인이 대상부동산의 가치에 (−)적 요인으로 작용하고 있을 때, 이를 조정하는 행위를 경제적 감가라 한다.

㉤ 최유효이용의 원칙 근거 : 최유효이용은 부동산의 가치 추계에 가장 기본이 되는 원칙이다. 이것은 원가법뿐만 아니라 다른 모든 평가방식에 필수적으로 적용되는 원칙이다.

③ 재조달원가를 산출하는 방법으로 복제원가(reproduction cost)와 대치원가(replacement cost)가 존재한다. 이때 재조달원가 산출시 신축시점이 아니라 기준시점의 건축비로 산출해야 한다. 또한 대치원가는 이미 기능적 감가는 반영되어 있다.

④ 재조달원가를 구하는 방법
　㉠ 직접법 : 총가격적산법(총량조사법), 구성단위법(부분별 단가적용법), 단위비교법
　㉡ 간접법 : 변동율적용법(비용지수법) 등

38 ★★★

정답 해설

⑤ 세전현금흐름(BTCF)은 54,500,000원이다.
- 가능총소득(150,000,000원)−공실손실상당액·대손충담금
  (10%, 15,000,000원)
- 유효총소득(135,000,000원)−영업경비(30%. 40,500,000원)
- 순영업소득(94,500,000원)−원리금 상환액(40,000,000원)
- 세전현금흐름＝54,500,000원

오답 해설

① 운영경비는 40,500,000원이다.
② 종합환원이율
  ＝[토지환원이율(3%)×토지구성비(40%)]
  ＋[건물환원이율(5%)×건물구성비(60%)]
  ＝4.2%이다.
③ 순영업소득(NOI)은 94,500,000원이다.
④ 유효총소득(EGI)은 135,000,000원이다.

39 ★★☆

정답 해설

대상토지의 시산가액
＝표준지공시지가(1,000만 원)×지가변동률[(1−0.05)
  ×(1−0.02)]×개별요인[획지조건(1−0.04)
  ×환경조건(1＋0.05)]×그 밖의 요인 보정(1＋0.2)
＝11,261,376원
주어진 지문에서 천 원 미만은 버릴 것을 전제함으로써
11,261,000원이 된다.

40 ★★★

정답 해설

④ 감정평가에 관한 규칙(제18조 과수원의 감정평가)에 따르면
  감정평가법인등은 과수원을 감정평가할 때에 거래사례비교
  법을 적용해야 한다.

오답 해설

① 감정평가에 관한 규칙(제2조 정의 1호)에 따르면 시장가치란
  감정평가의 대상이 되는 토지등이 통상적인 시장에서 충분
  한 기간 동안 거래를 위하여 공개된 후 그 대상물건의 내용
  에 정통한 당사자 사이에 신중하고 자발적인 거래가 있을
  경우 성립될 가능성이 가장 높다고 인정되는 대상물건의 가
  액을 말한다.
② 감정평가에 관한 규칙(제7조 개별물건기준 원칙 등) 4항에
  따르면 일체로 이용되고 있는 대상물건의 일부분에 대하여
  감정평가하여야 할 특수한 목적이나 합리적인 이유가 있는
  경우에는 그 부분에 대하여 감정평가할 수 있다.

③ 감정평가에 관한 규칙 제7조 참조

> 감정평가에 관한 규칙(제7조 개별물건기준 원칙 등)
> ① 감정평가는 대상물건마다 개별로 하여야 한다.
> ③ 하나의 대상물건이라도 가치를 달리하는 부분은 이를
> 구분하여 감정평가할 수 있다.

⑤ 감정평가에 관한 규칙(제6조 현황기준원칙) 1항에 따르면 감
  정평가는 기준시점에서의 대상물건의 이용상황(불법적이거
  나 일시적인 이용은 제외한다) 및 공법상 제한을 받는 상태
  를 기준으로 한다.

제4과목 | 감정평가관계법규

01	02	03	04	05	06	07	08	09	10
①	①	④	③	⑤	②	①	②	③	③
11	12	13	14	15	16	17	18	19	20
①	⑤	⑤	⑤	①	④	②	③	②	③
21	22	23	24	25	26	27	28	29	30
⑤	④	②	①	③	⑤	⑤	④	④	⑤
31	32	33	34	35	36	37	38	39	40
④	①	①	⑤	③	②	③	④	⑤	④

총평
감정평가관계법규는 예년과 비슷한 난도로 출제되었으며 시험 범위에 맞게 골고루 출제되었다. 특별히 어려운 문항은 2문제 정도였으며 새로운 형식의 문항은 출제되지 않았다. 법령의 내용을 유기적으로 공부한 수험생은 무난히 기준점수 이상 획득했으리라 본다. 법령문제는 법조문을 유기적으로 학습하는 것이 관건이다. 법, 시행령을 유기적으로 공부하는 습관을 들이고 중요한 부분은 꼭 법의 규정취지를 생각해가며 학습하는 것이 기억을 오래 가져가는 방법이다.

01 ★☆☆　　　　답 ①
정답 해설
① 국토교통부장관은 도시의 지속가능하고 균형 있는 발전과 주민의 편리하고 쾌적한 삶을 위하여 도시의 지속가능성 및 생활인프라(교육시설, 문화 · 체육시설, 교통시설 등의 시설로서 국토교통부장관이 정하는 것을 말한다) 수준을 평가할 수 있다(국토의 계획 및 이용에 관한 법률 제3조의2 제1항).

02 ★★☆　　　　답 ①
정답 해설
① 광역계획권이 둘 이상의 시 · 도의 관할 구역에 걸쳐 있는 경우 : 관할 시 · 도지사가 공동으로 수립한다(국토의 계획 및 이용에 관한 법률 제11조 제1항 제2호).

오답 해설
② 광역계획권을 지정한 날부터 3년이 지날 때까지 관할 시장 또는 군수로부터 제16조 제1항에 따른 광역도시계획의 승인 신청이 없는 경우 : 관할 도지사가 수립한다(국토의 계획 및 이용에 관한 법률 제11조 제1항 제3호).
③ 중앙행정기관의 장, 시 · 도지사, 시장 또는 군수는 국토교통부장관이나 도지사에게 광역계획권의 지정 또는 변경을 요청할 수 있다(국토의 계획 및 이용에 관한 법률 제10조 제2항).
④ 도지사는 시장 또는 군수가 요청하는 경우와 그 밖에 필요하다고 인정하는 경우에는 제1항에도 불구하고 관할 시장 또는 군수와 공동으로 광역도시계획을 수립할 수 있으며, 시장 또는 군수가 협의를 거쳐 요청하는 경우에는 단독으로 광역도시계획을 수립할 수 있다(국토의 계획 및 이용에 관한 법률 제11조 제3항).
⑤ 국토교통부장관, 시 · 도지사, 시장 또는 군수가 제4항에 따라 기초조사정보체계를 구축한 경우에는 등록된 정보의 현황을 5년마다 확인하고 변동사항을 반영하여야 한다(국토의 계획 및 이용에 관한 법률 제13조 제5항).

03 ★★☆　　　　답 ④
정답 해설
ㄴ, ㄷ, ㄹ [○] 국토의 계획 및 이용에 관한 법률 제26조 제1항 참고

국토의 계획 및 이용에 관한 법률 제26조(도시 · 군관리계획 입안의 제안)
① 주민(이해관계자를 포함한다. 이하 같다)은 다음 각 호의 사항에 대하여 제24조에 따라 도시 · 군관리계획을 입안할 수 있는 자에게 도시 · 군관리계획의 입안을 제안할 수 있다. 이 경우 제안서에는 도시 · 군관리계획도서와 계획설명서를 첨부하여야 한다.
1. 기반시설의 설치 · 정비 또는 개량에 관한 사항
2. 지구단위계획구역의 지정 및 변경과 지구단위계획의 수립 및 변경에 관한 사항
3. 다음 각 목의 어느 하나에 해당하는 용도지구의 지정 및 변경에 관한 사항

가. 개발진흥지구 중 공업기능 또는 유통물류기능 등을 집중적으로 개발·정비하기 위한 개발진흥지구로서 대통령령으로 정하는 개발진흥지구

나. 제37조에 따라 지정된 용도지구 중 해당 용도지구에 따른 건축물이나 그 밖의 시설의 용도·종류 및 규모 등의 제한을 지구단위계획으로 대체하기 위한 용도지구

4. 입지규제최소구역의 지정 및 변경과 입지규제최소구역계획의 수립 및 변경에 관한 사항

04 ★★☆ 정답 ③

정답 해설

③ 계획관리지역 : 100% 이하(국토의 계획 및 이용에 관한 법률 제78조 제1항 제2호)

오답 해설

① 준공업지역 : 150퍼센트 이상 400퍼센트 이하(국토의 계획 및 이용에 관한 법률 시행령 제85조 제1항 제13호)

② 근린상업지역 : 200퍼센트 이상 900퍼센트 이하(국토의 계획 및 이용에 관한 법률 시행령 제85조 제1항 제9호)

④ 자연환경보전지역 : 50퍼센트 이상 80퍼센트 이하(국토의 계획 및 이용에 관한 법률 시행령 제85조 제1항 제21호)

⑤ 제2종일반주거지역 : 100퍼센트 이상 250퍼센트 이하(국토의 계획 및 이용에 관한 법률 시행령 제85조 제1항 제4호)

05 ★☆☆ 정답 ⑤

정답 해설

⑤ 부지면적 또는 건축물 연면적을 5퍼센트 범위에서 축소하는 경우에는 별도의 변경허가를 받지 않아도 된다(국토의 계획 및 이용에 관한 법률 시행령 제52조 제1항 제2호 가목).

06 ★☆☆ 정답 ②

정답 해설

② 기반시설부담구역에서 기반시설설치비용의 부과대상인 건축행위는 제2조 제20호에 따른 시설로서 200제곱미터(기존 건축물의 연면적을 포함한다)를 초과하는 건축물의 신축·증축 행위로 한다. 다만, 기존 건축물을 철거하고 신축하는 경우에는 기존 건축물의 건축연면적을 초과하는 건축행위만 부과대상으로 한다(국토의 계획 및 이용에 관한 법률 제68조 제1항).

07 ★★☆ 정답 ①

정답 해설

① 매수청구를 한 토지의 소유자는 매수의무자가 그 토지를 매수하지 아니하기로 결정한 경우 개발행위허가를 받아 3층 이하의 제1종근린생활시설을 설치할 수 있다(국토의 계획 및 이용에 관한 법률 시행령 제41조 제5항 제2호).

> **국토의 계획 및 이용에 관한 법률 시행령 제41조(도시·군계획시설부지의 매수청구)**
>
> ⑤ 법 제47조 제7항 각 호 외의 부분 전단에서 "대통령령으로 정하는 건축물 또는 공작물"이란 다음 각 호의 것을 말한다. 다만, 다음 각 호에 규정된 범위에서 특별시·광역시·특별자치시·특별자치도·시 또는 군의 도시·군계획 조례로 따로 허용범위를 정하는 경우에는 그에 따른다.
>
> 1. 「건축법 시행령」 별표 1 제1호 가목의 단독주택으로서 3층 이하인 것
> 2. 「건축법 시행령」 별표 1 제3호의 제1종근린생활시설로서 3층 이하인 것
> 2의2. 「건축법 시행령」 별표 1 제4호의 제2종 근린생활시설(같은 호 거목, 더목 및 러목은 제외한다)로서 3층 이하인 것
> 3. 공작물

08 ★☆☆ 정답 ②

정답 해설

② 지구단위계획(제26조 제1항에 따라 주민이 입안을 제안한 것에 한정한다)에 관한 도시·군관리계획결정의 고시일부터 5년 이내에 이 법 또는 다른 법률에 따라 허가·인가·승인 등을 받아 사업이나 공사에 착수하지 아니하면 그 5년이 된 날의 다음날에 그 지구단위계획에 관한 도시·군관리계획결정은 효력을 잃는다(국토의 계획 및 이용에 관한 법률 제53조 제2항).

09 ★★☆ 정답 ③

정답 해설

③ 「도시 및 주거환경정비법」 제2조 제3호에 따른 노후·불량건축물이 밀집한 주거지역 또는 공업지역으로 정비가 시급한 지역(국토의 계획 및 이용에 관한 법률 제40조의2 제5호).

국토의 계획 및 이용에 관한 법률 제40조의2(입지규제최소구역의 지정 등)

① 제29조에 따른 도시·군관리계획의 결정권자(이하 "도시·군관리계획 결정권자"라 한다)는 도시지역에서 복합적인 토지이용을 증진시켜 도시 정비를 촉진하고 지역 거점을 육성할 필요가 있다고 인정되면 다음 각 호의 어느 하나에 해당하는 지역과 그 주변지역의 전부 또는 일부를 입지규제최소구역으로 지정할 수 있다.
1. 도시·군기본계획에 따른 도심·부도심 또는 생활권의 중심지역
2. 철도역사, 터미널, 항만, 공공청사, 문화시설 등의 기반시설 중 지역의 거점 역할을 수행하는 시설을 중심으로 주변지역을 집중적으로 정비할 필요가 있는 지역
3. 세 개 이상의 노선이 교차하는 대중교통 결절지로부터 1킬로미터 이내에 위치한 지역
4. 「도시 및 주거환경정비법」 제2조 제3호에 따른 노후·불량건축물이 밀집한 주거지역 또는 공업지역으로 정비가 시급한 지역
5. 「도시재생 활성화 및 지원에 관한 특별법」 제2조 제1항 제5호에 따른 도시재생활성화지역 중 같은 법 제2조 제1항 제6호에 따른 도시경제기반형 활성화계획을 수립하는 지역
6. 그 밖에 창의적인 지역개발이 필요한 지역으로 대통령령으로 정하는 지역

국토의 계획 및 이용에 관한 법률 시행령 제70조의14(성장관리계획의 수립 등)

① 법 제75조의3 제1항 제5호에서 "대통령령으로 정하는 사항"이란 다음 각 호의 사항을 말한다.
1. 성장관리계획구역 내 토지개발·이용, 기반시설, 생활환경 등의 현황 및 문제점
2. 그 밖에 난개발의 방지와 체계적인 관리에 필요한 사항으로서 특별시·광역시·특별자치시·특별자치도·시 또는 군의 도시·군계획조례로 정하는 사항

11 ★☆☆　　　　　　　　　　　　　　답 ①

정답 해설

① 국토교통부장관이나 도지사가 직접 입안한 도시·군관리계획인 경우 국토교통부장관이나 도지사는 단계별 집행계획을 수립하여 해당 특별시장·광역시장·특별자치시장·특별자치도지사·시장 또는 군수에게 송부할 수 있다(국토의 계획 및 이용에 관한 법률 제85조 제2항).

12 ★★★　　　　　　　　　　　　　　답 ⑤

정답 해설

⑤ 국토의 계획 및 이용에 관한 법률 시행령 제96조 제3항 제9호 참고

오답 해설

① 도시·군계획시설사업의 시행자(국토교통부장관, 시·도지사와 대도시 시장은 제외한다. 이하 제3항에서 같다)는 제1항에 따라 실시계획을 작성하면 대통령령으로 정하는 바에 따라 국토교통부장관, 시·도지사 또는 대도시 시장의 인가를 받아야 한다(국토의 계획 및 이용에 관한 법률 제88조 제2항).
② 도시·군계획시설사업이 둘 이상의 특별시·광역시·특별자치시·특별자치도·시 또는 군의 관할 구역에 걸쳐 시행되게 되는 경우에는 관계 특별시장·광역시장·특별자치시장·특별자치도지사·시장 또는 군수가 서로 협의하여 시행자를 정한다(국토의 계획 및 이용에 관한 법률 제86조 제2항).
③ 도시·군계획시설사업의 시행자는 도시·군계획시설사업을 효율적으로 추진하기 위하여 필요하다고 인정되면 사업시행 대상지역 또는 대상시설을 둘 이상으로 분할하여 도시·군계획시설사업을 시행할 수 있다(국토의 계획 및 이용에 관한 법률 제87조).

10 ★★☆　　　　　　　　　　　　　　답 ③

정답 해설

③ 건축물의 배치, 형태, 색채 및 높이(국토의 계획 및 이용에 관한 법률 제75조의3 제1항)

국토의 계획 및 이용에 관한 법률 제75조의3(성장관리계획의 수립 등)

① 특별시장·광역시장·특별자치시장·특별자치도지사·시장 또는 군수는 성장관리계획구역을 지정할 때에는 다음 각 호의 사항 중 그 성장관리계획구역의 지정목적을 이루는 데 필요한 사항을 포함하여 성장관리계획을 수립하여야 한다.
1. 도로, 공원 등 기반시설의 배치와 규모에 관한 사항
2. 건축물의 용도제한, 건축물의 건폐율 또는 용적률
3. 건축물의 배치, 형태, 색채 및 높이
4. 환경관리 및 경관계획
5. 그 밖에 난개발의 방지와 체계적인 관리에 필요한 사항으로서 대통령령으로 정하는 사항

④ 신청서에 자금조달계획이 기재되어 있어야 한다(국토의 계획 및 이용에 관한 법률 시행령 제96조 제1항 제5호).

> **국토의 계획 및 이용에 관한 법률 시행령 제96조(시행자의 지정)**
> ① 법 제86조 제5항의 규정에 의하여 도시·군계획시설사업의 시행자로 지정받고자 하는 자는 다음 각호의 사항을 기재한 신청서를 국토교통부장관, 시·도지사 또는 시장·군수에게 제출하여야 한다.
> 1. 사업의 종류 및 명칭
> 2. 사업시행자의 성명 및 주소(법인인 경우에는 법인의 명칭 및 소재지와 대표자의 성명 및 주소)
> 3. 토지 또는 건물의 소재지·지번·지목 및 면적, 소유권과 소유권외의 권리의 명세 및 그 소유자·권리자의 성명·주소
> 4. 사업의 착수예정일 및 준공예정일
> 5. 자금조달계획

13 ★★☆   🔖 ⑤

[정답 해설]

⑤ ㄱ, ㄴ, ㄷ, ㄹ 모두 해당한다(국토의 계획 및 이용에 관한 법률 제130조 제1항 참고).

> **국토의 계획 및 이용에 관한 법률 제130조(토지에의 출입 등)**
> ① 국토교통부장관, 시·도지사, 시장 또는 군수나 도시·군계획시설사업의 시행자는 다음 각 호의 행위를 하기 위하여 필요하면 타인의 토지에 출입하거나 타인의 토지를 재료 적치장 또는 임시통로로 일시 사용할 수 있으며, 특히 필요한 경우에는 나무, 흙, 돌, 그 밖의 장애물을 변경하거나 제거할 수 있다.
> 1. 도시·군계획·광역도시·군계획에 관한 기초조사
> 2. 개발밀도관리구역, 기반시설부담구역 및 제67조 제4항에 따른 기반시설설치계획에 관한 기초조사
> 3. 지가의 동향 및 토지거래의 상황에 관한 조사
> 4. 도시·군계획시설사업에 관한 조사·측량 또는 시행

14 ★☆☆   🔖 ⑤

[정답 해설]

⑤ 「산림조합법」에 따른 산림조합은 국유지 취득을 위해 표준지공시지가를 산정할 수 있다(부동산 가격공시에 관한 법률 제8조, 동 시행령 제13조 참고).

> **부동산 가격공시에 관한 법률 제8조(표준지공시지가의 적용)**
> 제1호 각 목의 자가 제2호 각 목의 목적을 위하여 지가를 산정할 때에는 그 토지와 이용가치가 비슷하다고 인정되는 하나 또는 둘 이상의 표준지의 공시지가를 기준으로 토지가격비준표를 사용하여 지가를 직접 산정하거나 감정평가법인등에 감정평가를 의뢰하여 산정할 수 있다. 다만, 필요하다고 인정할 때에는 산정된 지가를 제2호 각 목의 목적에 따라 가감(加減) 조정하여 적용할 수 있다.
> 1. 지가 산정의 주체
>   가. 국가 또는 지방자치단체
>   나. 「공공기관의 운영에 관한 법률」에 따른 공공기관
>   다. 그 밖에 대통령령으로 정하는 공공단체
>
> > **부동산 가격공시에 관한 법률 시행령 제13조(표준지공시지가의 적용)**
> > ① 법 제8조 제1호 다목에서 "대통령령으로 정하는 공공단체"란 다음 각 호의 기관 또는 단체를 말한다.
> > 1. 「산림조합법」에 따른 산림조합 및 산림조합중앙회
> > 2. 「농업협동조합법」에 따른 조합 및 농업협동조합중앙회
> > 3. 「수산업협동조합법」에 따른 수산업협동조합 및 수산업협동조합중앙회
> > 4. 「한국농어촌공사 및 농지관리기금법」에 따른 한국농어촌공사
> > 5. 「중소기업진흥에 관한 법률」에 따른 중소벤처기업진흥공단
> > 6. 「산업집적활성화 및 공장설립에 관한 법률」에 따른 산업단지관리공단
>
> 2. 지가 산정의 목적
>   가. 공공용지의 매수 및 토지의 수용·사용에 대한 보상
>   나. 국유지·공유지의 취득 또는 처분
>   다. 그 밖에 대통령령으로 정하는 지가의 산정

부동산 가격공시에 관한 법률 제3조(표준지공시지가의 조사·평가 및 공시 등)

⑤ 국토교통부장관이 제1항에 따라 표준지공시지가를 조사·평가할 때에는 업무실적, 신인도(信認度) 등을 고려하여 둘 이상의 「감정평가 및 감정평가사에 관한 법률」에 따른 감정평가법인등(이하 "감정평가법인등"이라 한다)에게 이를 의뢰하여야 한다. 다만, 지가 변동이 작은 경우 등 대통령령으로 정하는 기준에 해당하는 표준지에 대해서는 하나의 감정평가법인등에 의뢰할 수 있다.

15 ★★☆   답 ①

정답 해설

① 국토교통부장관은 토지이용상황이나 주변 환경, 그 밖의 자연적·사회적 조건이 일반적으로 유사하다고 인정되는 일단의 토지 중에서 선정한 표준지에 대하여 매년 공시기준일 현재의 단위면적당 적정가격(이하 "표준지공시지가"라 한다)을 조사·평가하고, 제24조에 따른 중앙부동산가격공시위원회의의 심의를 거쳐 이를 공시하여야 한다(부동산 가격공시에 관한 법률 제3조 제1항).

16 ★☆☆   답 ④

정답 해설

④ 국토교통부장관은 제1항에 따라 표준주택가격을 조사·산정하고자 할 때에는 「한국부동산원법」에 따른 한국부동산원(이하 "부동산원"이라 한다)에 의뢰한다(부동산 가격공시에 관한 법률 제16조 제4항).

17 ★★☆   답 ②

정답 해설

② 감정평가서의 원본과 관련 서류의 접수 및 보관은 협회에 위탁한다(감정평가 및 감정평가사에 관한 법률 시행령 제47조 제2항).

감정평가 및 감정평가사에 관한 법률 제46조(업무의 위탁)

① 이 법에 따른 국토교통부장관의 업무 중 다음 각 호의 업무는 「한국부동산원법」에 따른 한국부동산원, 「한국산업인력공단법」에 따른 한국산업인력공단 또는 협회에 위탁할 수 있다. 다만, 제3호 및 제4호에 따른 업무는 협회에만 위탁할 수 있다.

1. 제8조 제1항에 따른 감정평가 타당성조사 및 같은 조 제4항에 따른 감정평가서에 대한 표본조사와 관련하여 대통령령으로 정하는 업무

감정평가 및 감정평가사에 관한 법률 시행령 제47조 (업무의 위탁)

① 국토교통부장관은 법 제46조 제1항에 따라 다음 각 호의 업무를 한국부동산원에 위탁한다.

1. 제8조 제1항에 따른 타당성조사를 위한 기초자료 수집 및 감정평가 내용 분석
2. 제8조의2에 따른 감정평가서에 대한 표본조사
3. 법 제9조에 따른 감정평가 정보체계의 구축·운영

② 국토교통부장관은 법 제46조 제1항에 따라 다음 각 호의 업무를 협회에 위탁한다.

1. 법 제6조 제3항 및 이 영 제6조에 따른 감정평가서의 원본과 관련 서류의 접수 및 보관
2. 법 제17조에 따른 감정평가사의 등록 신청과 갱신등록 신청의 접수 및 이 영 제18조에 따른 갱신등록의 사전통지
3. 삭제
3의2. 법 제21조의2에 따른 소속 감정평가사 또는 사무직원의 고용 및 고용관계 종료 신고의 접수
4. 제23조 제2항에 따른 보증보험 가입 통보의 접수

③ 국토교통부장관은 법 제46조 제1항에 따라 법 제14조에 따른 감정평가사시험의 관리 업무를 「한국산업인력공단법」에 따른 한국산업인력공단에 위탁한다.

2. 제14조에 따른 감정평가사시험의 관리
3. 제17조에 따른 감정평가사 등록 및 등록 갱신
4. 제21조의2에 따른 소속 감정평가사 또는 사무직원의 신고
5. 그 밖에 대통령령으로 정하는 업무

18 ★★☆　　　　　　　　　　　정답 ③

③ 5억, 10, 납부한 날의 전날

- 감정평가법인에 대한 과징금부과처분의 경우 과징금최고액은 (5억)원이다(감정평가 및 감정평가사에 관한 법률 제41조 제1항).
- 과징금납부의무자가 과징금을 분할납부하려면 납부기한 (10)일 전까지 국토교통부장관에게 신청하여야 한다(감정평가 및 감정평가사에 관한 법률 제43조 제2항).
- 과징금을 납부기한까지 납부하지 아니한 경우에는 납부기한의 다음 날부터 과징금을 (납부한 날의 전날)까지의 기간에 대하여 가산금을 징수할 수 있다(감정평가 및 감정평가사에 관한 법률 제44조 제1항).

19 ★☆☆　　　　　　　　　　　정답 ②

정답 해설

② 제24조 제1항(감정평가법인의 사무직원이 될 수 없는 자)을 위반하여 사무직원을 둔 자에게는 500만 원 이하의 과태료를 부과한다(감정평가 및 감정평가사에 관한 법률 제52조 제1항).

20 ★★☆　　　　　　　　　　　정답 ③

정답 해설

③ 행정재산 사용 허가기간이 끝난 재산에 대하여 대통령령으로 정하는 경우를 제외하고는 5년을 초과하지 아니하는 범위에서 종전의 사용허가를 갱신할 수 있다. 다만, 수의의 방법으로 사용허가를 할 수 있는 경우가 아니면 1회만 갱신할 수 있다(국유재산법 제35조 제2항).

21 ★★★　　　　　　　　　　　정답 ⑤

정답 해설

⑤ 국유재산법 제15조 제1항 참고

> **국유재산법 제15조(증권의 보관 · 취급)**
> ① 총괄청이나 중앙관서의 장등은 증권을 한국은행이나 대통령령으로 정하는 법인(이하 "한국은행등"이라 한다)으로 하여금 보관 · 취급하게 하여야 한다.
>
> > **국유재산법 시행령 제10조(증권의 보관 · 취급)**
> > ① 법 제15조 제1항에서 "대통령령으로 정하는 법인"이란 다음 각 호의 어느 하나에 해당하는 법인을 말한다.
> > 1. 「은행법」 제2조 제1항 제2호에 따른 은행(같은 법 제5조에 따라 은행으로 보는 것과 외국은행은 제외한다)
> > 2. 한국예탁결제원

오답 해설

① 재판상 화해에 의해 일반재산에 사권(私權)을 설정할 수 없다(국유재산법 제11조 등 참고).

> **국유재산법 제11조(사권 설정의 제한)**
> ② 국유재산에는 사권을 설정하지 못한다. 다만, 일반재산에 대하여 대통령령으로 정하는 경우에는 그러하지 아니하다.
>
> > **국유재산법 시행령 제6조(사권 설정)**
> > 법 제11조 제2항 단서에서 "대통령령으로 정하는 경우"란 다음 각 호의 어느 하나에 해당하는 경우를 말한다.
> > 1. 다른 법률 또는 확정판결(재판상 화해 등 확정판결과 같은 효력을 갖는 것을 포함한다)에 따라 일반재산에 사권(私權)을 설정하는 경우

② 국유재산에 관한 사무에 종사하는 직원은 그 처리하는 국유재산을 취득하거나 자기의 소유재산과 교환하지 못한다. 다만, 해당 총괄청이나 중앙관서의 장의 허가를 받은 경우에는 그러하지 아니하다(국유재산법 제20조 제1항).

③ 국유재산법 제18조 제1항

> **제18조(영구시설물의 축조 금지)**
> ① 국가 외의 자는 국유재산에 건물, 교량 등 구조물과 그 밖의 영구시설물을 축조하지 못한다. 다만, 다음 각 호의 어느 하나에 해당하는 경우에는 그러하지 아니하다.
> 1. 기부를 조건으로 축조하는 경우
> 2. 다른 법률에 따라 국가에 소유권이 귀속되는 공공시설을 축조하는 경우

④ 총괄청은 다음 연도의 국유재산의 관리·처분에 관한 계획의 작성을 위한 지침을 매년 4월 30일까지 중앙관서의 장에게 통보하여야 한다(국유재산법 제9조 제1항).

22 ★★☆   📖 ④

정답 해설

④ ㄱ: 20, ㄴ: 50

ㄱ : (20) 중앙관서의 장은 행정재산에 대하여 일반경쟁입찰을 두 번 실시하여도 낙찰자가 없는 재산에 대하여는 세 번째 입찰부터 최초 사용료 예정가격의 100분의 20을 최저한도로 하여 매회 100분의 10의 금액만큼 그 예정가격을 낮추는 방법으로 조정할 수 있다(국유재산법 시행령 제27조 제5항).

ㄴ : (50) 중앙관서의 장등은 일반재산에 대하여 일반경쟁입찰을 두 번 실시하여도 낙찰자가 없는 경우에는 세 번째 입찰부터 최초 매각 예정가격의 100분의 50을 최저한도로 하여 매회 100분의 10의 금액만큼 그 예정가격을 낮출 수 있다(국유재산법 시행령 제42조 제3항).

23 ★☆☆   📖 ②

정답 해설

② 총괄청은 일반재산이 5년 이상 활용되지 않은 경우 이 일반재산을 민간사업자인 법인(외국법인 포함)과 공동으로 개발할 수 있다(국유재산법 제59조의2 참고).

> **국유재산법 제59조의2(민간참여 개발)**
> ① 총괄청은 다음 각 호의 어느 하나에 해당하는 일반재산을 대통령령으로 정하는 민간사업자와 공동으로 개발할 수 있다.
> 1. 5년 이상 활용되지 아니한 재산
> 2. 국유재산정책심의위원회의 심의를 거쳐 개발이 필요하다고 인정되는 재산
>
> > **국유재산법 시행령 제64조의2(민간사업자)**
> > 법 제59조의2 제1항 각 호 외의 부분에서 "대통령령으로 정하는 민간사업자"란 다음 각 호에 해당하는 자를 제외한 법인(외국법인을 포함한다)을 말한다.
> > 1. 국가, 지방자치단체 및 공공기관
> > 2. 특별법에 따라 설립된 공사 또는 공단

24 ★★☆   📖 ①

정답 해설

ㄱ. [○] 허가권자는 제79조 제1항에 따라 시정명령을 받은 자가 이를 이행하면 새로운 이행강제금의 부과를 즉시 중지하되, 이미 부과된 이행강제금은 징수하여야 한다(건축법 제80조 제6항).

오답 해설

ㄴ. [×] 동일인이 「건축법」에 따른 명령을 최근 3년 내에 2회 위반한 경우 부과될 금액을 100분의 100의 범위에서 가중하여야 한다(건축법 제80조 제2항).

> **건축법 제80조(이행강제금)**
> ② 허가권자는 영리목적을 위한 위반이나 상습적 위반 등 대통령령으로 정하는 경우에 제1항에 따른 금액을 100분의 100의 범위에서 해당 지방자치단체의 조례로 정하는 바에 따라 가중하여야 한다.
>
> > **건축법 시행령 제115조의3(이행강제금의 탄력적 운영)**
> > 4. 동일인이 최근 3년 내에 2회 이상 법 또는 법에 따른 명령이나 처분을 위반한 경우

ㄷ. [×] 허가권자는 최초의 시정명령이 있었던 날을 기준으로 하여 1년에 2회 이내의 범위에서 해당 지방자치단체의 조례로 정하는 횟수만큼 그 시정명령이 이행될 때까지 반복하여 제1항 및 제2항에 따른 이행강제금을 부과·징수할 수 있다(건축법 제80조 제5항).

25 ★★☆　　　　　　　　　　　　정답 ②

② 건축법 제2조 제1항 제9호, 건축법 시행령 제3조의2 참고

> **건축법 제2조(정의)**
> 9. "대수선"이란 건축물의 기둥, 보, 내력벽, 주계단 등의 구조나 외부 형태를 수선 · 변경하거나 증설하는 것으로서 대통령령으로 정하는 것을 말한다.
>
> **건축법 시행령 제3조의2(대수선의 범위)**
> 법 제2조 제1항 제9호에서 "대통령령으로 정하는 것"이란 다음 각 호의 어느 하나에 해당하는 것으로서 증축 · 개축 또는 재축에 해당하지 아니하는 것을 말한다.
> 1. 내력벽을 증설 또는 해체하거나 그 벽면적을 30제곱미터 이상 수선 또는 변경하는 것
> 2. 기둥을 증설 또는 해체하거나 세 개 이상 수선 또는 변경하는 것
> 3. 보를 증설 또는 해체하거나 세 개 이상 수선 또는 변경하는 것
> 4. 지붕틀(한옥의 경우에는 지붕틀의 범위에서 서까래는 제외한다)을 증설 또는 해체하거나 세 개 이상 수선 또는 변경하는 것
> 5. 방화벽 또는 방화구획을 위한 바닥 또는 벽을 증설 또는 해체하거나 수선 또는 변경하는 것
> 6. 주계단 · 피난계단 또는 특별피난계단을 증설 또는 해체하거나 수선 또는 변경하는 것
> 7. 삭제
> 8. 다가구주택의 가구 간 경계벽 또는 다세대주택의 세대 간 경계벽을 증설 또는 해체하거나 수선 또는 변경하는 것
> 9. 건축물의 외벽에 사용하는 마감재료(법 제52조 제2항에 따른 마감재료를 말한다)를 증설 또는 해체하거나 벽면적 30제곱미터 이상 수선 또는 변경하는 것

26 ★☆☆　　　　　　　　　　　　정답 ③

③ 조정안을 제시받은 당사자는 제시를 받은 날부터 15일 이내에 수락 여부를 조정위원회에 알려야 한다(건축법 제96조 제2항).

27 ★☆☆　　　　　　　　　　　　정답 ⑤

⑤ ㄱ : 10, ㄴ : 16(건축법 시행령 제10조의3 제1항 제2호)

> **건축법 시행령 제10조의3(건축물 안전영향평가)**
> ① 법 제13조의2 제1항에서 "초고층 건축물 등 대통령령으로 정하는 주요 건축물"이란 다음 각 호의 어느 하나에 해당하는 건축물을 말한다.
> 1. 초고층 건축물
> 2. 다음 각 목의 요건을 모두 충족하는 건축물
>   가. 연면적(하나의 대지에 둘 이상의 건축물을 건축하는 경우에는 각각의 건축물의 연면적을 말한다)이 10만 제곱미터 이상일 것
>   나. 16층 이상일 것

28 ★☆☆　　　　　　　　　　　　정답 ④

④ "신규등록"이란 새로 조성된 토지와 지적공부에 등록되어 있지 아니한 토지를 지적공부에 등록하는 것을 말한다. "등록전환"이란 임야대장 및 임야도에 등록된 토지를 토지대장 및 지적도에 옮겨 등록하는 것을 말한다(공간정보의 구축 및 관리 등에 관한 법률 제2조 참고).

29 ★☆☆　　　　　　　　　　　　정답 ④

④ 토지소유자는 신규등록할 토지가 있으면 대통령령으로 정하는 바에 따라 그 사유가 발생한날부터 60일 이내에 지적소관청에 신규등록을 신청하여야 한다(공간정보의 구축 및 관리 등에 관한 법률 제77조).

30 ★☆☆　　　　　　　　　　　　정답 ②

② 지적소관청은 제2항에 따라 축척변경을 하려면 축척변경 시행지역의 토지소유자 3분의 2 이상의 동의를 받아 제1항에 따른 축척변경위원회의 의결을 거친 후 시 · 도지사 또는 대도시 시장의 승인을 받아야 한다(공간정보의 구축 및 관리 등에 관한 법률 제83조 제3항).

31 ★★☆ 답 ④

정답 해설

④ 공간정보의 구축 및 관리 등에 관한 법률 시행령 제58조 제14호

> **공간정보의 구축 및 관리 등에 관한 법률 시행령 제58조 (지목의 구분)**
> 14. 도로
> 다음 각 목의 토지. 다만, 아파트 · 공장 등 단일 용도의 일정한 단지 안에 설치된 통로 등은 제외한다.
> 가. 일반 공중(公衆)의 교통 운수를 위하여 보행이나 차량 운행에 필요한 일정한 설비 또는 형태를 갖추어 이용되는 토지
> 나. 「도로법」 등 관계 법령에 따라 도로로 개설된 토지
> 다. 고속도로의 휴게소 부지
> 라. 2필지 이상에 진입하는 통로로 이용되는 토지

32 ★☆☆ 답 ①

정답 해설

① 등기목적은 갑구 또는 을구에 기재된다(부동산등기법 제48조 제1항 제2호).

> **부동산등기법 제48조(등기사항)**
> ① 등기관이 갑구 또는 을구에 권리에 관한 등기를 할 때에는 다음 각 호의 사항을 기록하여야 한다.
> 1. 순위번호
> 2. 등기목적
> 3. 접수연월일 및 접수번호
> 4. 등기원인 및 그 연월일
> 5. 권리자

33 ★☆☆ 답 ①

정답 해설

① 국가 · 지방자치단체 · 국제기관 및 외국정부의 등록번호는 국토교통부장관이 지정 · 고시한다(부동산등기법 제49조 제1항 제1호).

34 ★★☆ 답 ⑤

정답 해설

ㄷ. [○] 이의에는 집행정지(執行停止)의 효력이 없다(부동산등기법 제104조).

ㄹ. [○] 송달에 대하여는 「민사소송법」을 준용하고, 이의의 비용에 대하여는 「비송사건절차법」을 준용한다(부동산등기법 제108조).

오답 해설

ㄱ. [×] 새로운 사실이나 새로운 증거방법을 근거로 이의신청을 할 수는 없다(부동산등기법 제102조).

ㄴ. [×] 등기관은 이의가 이유 없다고 인정하면 이의신청일부터 3일 이내에 의견을 붙여 이의신청서를 관할 지방법원에 보내야 한다(부동산등기법 제103조 제2항).

35 ★★☆ 답 ③

정답 해설

③ 등기관은 부동산이 5개 이상일 때에는 공동담보목록을 작성하여야 한다(부동산등기법 제78조 제1항 참고).

> **부동산등기법 제78조(공동저당의 등기)**
> ① 등기관이 동일한 채권에 관하여 여러 개의 부동산에 관한 권리를 목적으로 하는 저당권설정의 등기를 할 때에는 각 부동산의 등기기록에 그 부동산에 관한 권리가 다른 부동산에 관한 권리와 함께 저당권의 목적으로 제공된 뜻을 기록하여야 한다.
> ② 등기관은 제1항의 경우에 부동산이 5개 이상일 때에는 공동담보목록을 작성하여야 한다.

36 ★★☆　　　　　　　　　　　정답 ②

② 도시 및 주거환경정비법 제35조 제4항, 도시 및 주거환경정
비법 시행령 제31조 제5호

> 도시 및 주거환경정비법 제35조(조합설립인가 등)
> ⑤ 제2항 및 제3항에 따라 설립된 조합이 인가받은 사항을
> 변경하고자 하는 때에는 총회에서 조합원의 3분의 2 이상
> 의 찬성으로 의결하고, 제2항 각 호의 사항을 첨부하여 시
> 장·군수 등의 인가를 받아야 한다. 다만, 대통령령으로 정
> 하는 경미한 사항을 변경하려는 때에는 총회의 의결 없이
> 시장·군수등에게 신고하고 변경할 수 있다.
>
>> 도시 및 주거환경정비법 시행령 제31조(조합설립인가
>> 내용의 경미한 변경)
>> 법 제35조 제5항 단서에서 "대통령령으로 정하는 경
>> 미한 사항"이란 다음 각 호의 사항을 말한다.
>> 5. 건설되는 건축물의 설계 개요의 변경

오답 해설

① 조합이 정관의 기재사항인 조합임원의 수를 변경하려는 때
에는 시장·군수 등에게 신고하여야 한다(도시 및 주거환경
정비법 제40조 제4항 등).
③ 토지 등 소유자의 수가 100인을 초과하는 경우에는 이사의
수를 5명 이상으로 한다(도시 및 주거환경정비법 시행령 제
40조).
④ 조합임원의 임기는 3년 이하의 범위에서 정관으로 정하되,
연임할 수 있다(도시 및 주거환경정비법 제41조 제4항).
⑤ 조합장이 아닌 조합임원은 대의원이 될 수 없다(도시 및 주
거환경정비법 제46조 제3항).

37 ★★☆　　　　　　　　　　　정답 ③

정답 해설

③ 위치가 변경되는 경우는 제외한다(도시 및 주거환경정비법
시행령 제46조 제2호).

> 도시 및 주거환경정비법 시행령 제46조(사업시행계획인가
> 의 경미한 변경)
> 법 제50조 제1항 단서에서 "대통령령으로 정하는 경미한
> 사항을 변경하려는 때"란 다음 각 호의 어느 하나에 해당
> 하는 때를 말한다.
> 1. 정비사업비를 10퍼센트의 범위에서 변경하거나 관리처
> 　분계획의 인가에 따라 변경하는 때. 다만, 「주택법」 제2
> 　조 제5호에 따른 국민주택을 건설하는 사업인 경우에는
> 　「주택도시기금법」에 따른 주택도시기금의 지원금액이
> 　증가되지 아니하는 경우만 해당한다.
> 2. 건축물이 아닌 부대시설·복리시설의 설치규모를 확대
> 　하는 때(위치가 변경되는 경우는 제외한다)
> 3. 대지면적을 10퍼센트의 범위에서 변경하는 때
> 4. 세대수와 세대당 주거전용면적을 변경하지 않고 세대당
> 　주거전용면적의 10퍼센트의 범위에서 세대 내부구조의
> 　위치 또는 면적을 변경하는 때
> 5. 내장재료 또는 외장재료를 변경하는 때
> 6. 사업시행계획인가의 조건으로 부과된 사항의 이행에 따
> 　라 변경하는 때
> 7. 건축물의 설계와 용도별 위치를 변경하지 아니하는 범
> 　위에서 건축물의 배치 및 주택단지 안의 도로선형을 변
> 　경하는 때
> 8. 「건축법 시행령」 제12조 제3항 각 호의 어느 하나에 해
> 　당하는 사항을 변경하는 때
> 9. 사업시행자의 명칭 또는 사무소 소재지를 변경하는 때
> 10. 정비구역 또는 정비계획의 변경에 따라 사업시행계획
> 　　서를 변경하는 때
> 11. 법 제35조 제5항 본문에 따른 조합설립변경 인가에 따
> 　　라 사업시행계획서를 변경하는 때
> 12. 그 밖에 시·도조례로 정하는 사항을 변경하는 때

④ ㄱ. (인가), ㄴ. (인가)

ㄱ : (인가) 사업시행자(제25조 제1항 및 제2항에 따른 공동시행의 경우를 포함하되, 사업시행자가 시장·군수등인 경우는 제외한다)는 정비사업을 시행하려는 경우에는 제52조에 따른 사업시행계획서(이하 "사업시행계획서"라 한다)에 정관등과 그 밖에 국토교통부령으로 정하는 서류를 첨부하여 시장·군수등에게 제출하고 사업시행계획인가를 받아야 하고, 인가받은 사항을 변경하거나 정비사업을 중지 또는 폐지하려는 경우에도 또한 같다. 다만, 대통령령으로 정하는 경미한 사항을 변경하려는 때에는 시장·군수등에게 신고하여야 한다(도시 및 주거환경정비법 제50조 제1항).

ㄴ : (인가) 시장·군수 등이 아닌 사업시행자가 정비사업 공사를 완료한 때에는 대통령령으로 정하는 방법 및 절차에 따라 시장·군수등의 준공인가를 받아야 한다(도시 및 주거환경정비법 제83조 제1항).

⑤ 시장·군수등은 시장·군수등이 아닌 사업시행자가 시행하는 정비사업의 정비계획에 따라 설치되는 임시거주시설에 대하여는 그 건설에 드는 비용의 전부 또는 일부를 부담할 수 있다(제92조 제2항).

도시 및 주거환경정비법 제92조(비용부담의 원칙)
① 정비사업비는 이 법 또는 다른 법령에 특별한 규정이 있는 경우를 제외하고는 사업시행자가 부담한다.
② 시장·군수등은 시장·군수등이 아닌 사업시행자가 시행하는 정비사업의 정비계획에 따라 설치되는 다음 각 호의 시설에 대하여는 그 건설에 드는 비용의 전부 또는 일부를 부담할 수 있다.
1. 도시·군계획시설 중 대통령령으로 정하는 주요 정비기반시설 및 공동이용시설
2. 임시거주시설

④ 동산담보권의 효력은 담보목적물에 대한 압류 또는 제25조 제2항의 인도 청구가 있은 후에 담보권설정자가 그 담보목적물로부터 수취한 과실(果實) 또는 수취할 수 있는 과실에 미친다(동산·채권 등의 담보에 관한 법률 제11조).

① 창고증권이 작성된 동산을 목적으로 담보등기를 할 수 없다(동산·채권 등의 담보에 관한 법률 제3조 제3항 제2호).
② 담보권설정자의 사업자등록이 말소된 경우에도 이미 설정된 동산담보권의 효력에는 영향을 미치지 아니한다(동산·채권 등의 담보에 관한 법률 제4조).
③ 담보권설정자에게 책임이 있는 사유로 담보목적물의 가액(價額)이 현저히 감소된 경우에는 담보권자는 담보권설정자에게 그 원상회복 또는 적당한 담보의 제공을 청구할 수 있다(동산·채권 등의 담보에 관한 법률 제17조 제2항).
⑤ 약정에 따른 동산담보권의 득실변경(得失變更)은 담보등기부에 등기를 하여야 그 효력이 생긴다(동산·채권 등의 담보에 관한 법률 제7조 제1항).

제5과목 | 회계학

01	02	03	04	05	06	07	08	09	10
①	①	⑤	③	④	①	②	②	①	②
11	12	13	14	15	16	17	18	19	20
⑤	④	②	②	④	③	④	③	①	③
21	22	23	24	25	26	27	28	29	30
④	④	②	③	③	⑤	②	③	④	④
31	32	33	34	35	36	37	38	39	40
②	⑤	③	④	④	⑤	②	⑤	①	⑤

총평

회계학은 크게 재무회계와 원가관리회계로 구분됩니다. 전반적인 난이도는 예년과 비슷하였습니다. 재무회계 문항들은 계산 과정상 복잡한 풀이를 요구하는 문항들은 거의 없었으나, 원가관리회계의 경우 풀이에 다소 시간이 소요되는 문항들이 출제되었습니다. 회계학은 시간 관리가 중요하므로, 계산 과정이 너무 복잡하거나 시간이 다소 소요되는 문항들은 스킵하는 요령도 필요해 보입니다.

01 ★☆☆ 답 ①

정답 해설

① 서술형 정보가 당기 재무제표를 이해하는 데 목적 적합하면 서술형 정보도 포함하여 비교정보를 표시한다.

02 ★★☆ 답 ①

정답 해설

① 무형자산은 유형자산과 마찬가지로 매각예정으로 분류되는 날과 자산이 제거되는 날 중 이른 날에 상각을 중지한다.

더 알아보기

자산이 사용가능한 때 상각의 개시가 이루어지고, 완전히 상각한 경우에는 상각을 중지한다.

03 ★☆☆ 답 ⑤

정답 해설

⑤ 금융리스로 제공하는 부동산이나 처분예정인 자가사용부동산은 투자부동산으로 분류되지 않는다.

04 ★★☆ 답 ③

정답 해설

20x2년 주식선택권
$= 50개 \times ₩10 \times (70명 - 6명 - 8명 - 5명) \times 2년/3년$
$= ₩17,000$

05 ★☆☆ 답 ④

정답 해설

④ 개념체계는 회계기준위원회가 관련 업무를 통해 축적한 경험을 토대로 수시로 개정될 수 있다. 그러나, 개념체계가 개정되었다고 자동으로 회계기준이 개정되는 것은 아니다. 회계기준을 개정하기로 결정이 나면 회계기준위원회는 정규절차에 따라 의제에 프로젝트를 추가하고 해당 회계기준에 대한 개정안을 개발할 것이다.

06 ★★☆ 답 ①

정답 해설

$₩162 = (₩900,000 - 우선주 배당금) \div 5,425주(주1)$
따라서, 우선주배당금 $= ₩900,000 - ₩162 \times 5,425주$
$= ₩21,150$
(주1) 가중평균유통보통주식수
$= [(5,000주 \times 1.1 \times 5) + (5,500주 \times 4) + (5,200주 \times 3)] \div 12$
$= 5,425주$

더 알아보기

기본주당이익
$=$ (보통주 당기순이익 - 우선주 배당금)
$\div$ 가중평균유통보통주식수

07 ★☆☆ 답 ②

정답 해설

ㄱ. [×] 오류가 없다는 것은 현상의 기술에 오류나 누락이 없고, 보고 정보를 생산하는데 사용되는 절차의 선택과 적용 시 절차상 오류가 없음을 의미한다.

ㄷ. [×] 회계기준위원회는 중요성에 대한 획일적인 계량 임계치를 정하거나 특정한 상황에서 무엇이 중요한 것인지를 미리 결정할 수 없다.

08 ★★☆ 답 ②

오답 해설

① 가득급여 : 종업원의 미래 계속 근무와 관계없이 퇴직급여제도에 따라 받을 권리가 있는 급여를 말한다.

③ 급여지급에 이용가능한 순자산 : 제도의 자산에서 약정퇴직급여의 보험수리적 현재가치를 제외한 부채를 차감한 잔액을 의미한다.

④ 확정기여제도 : 종업원에게 지급할 퇴직급여금액이 기금에 출연하는 기여금과 그 투자수익에 의해 결정되는 퇴직급여제도를 의미한다.

⑤ 기금적립 : 퇴직급여를 지급할 미래의무를 충족하기 위해 사용자와는 구별된 실체(기금)에 자산을 이전하는 것을 말한다.

더 알아보기

퇴직급여제도	종업원이 퇴직한 때 또는 퇴직한 후에 일시불이나 연금의 형식으로 급여를 지급하기로 하는 약정을 말한다. 퇴직급여제도에서 종업원에게 지급하는 급여와 급여지급을 위해 사용자가 납부하는 기여금은 종업원이 퇴직하기 전에 이미 명문의 규정이나 관행에 따라 결정되거나 추정할 수 있다.
확정급여제도	종업원에게 지급할 퇴직급여금액이 일반적으로 종업원의 임금과 근무연수에 기초하는 산정식에 의해 결정되는 퇴직급여제도를 의미한다.
가입자	퇴직급여제도의 구성원과 퇴직급여제도에 따라 급여에 대한 자격을 획득한 그 밖의 자를 말한다.
약정퇴직급여의 보험수리적 현재가치	퇴직급여제도에 의거하여 현직 및 전직 종업원에게 이미 제공한 근무용역에 대해 지급할 예상퇴직급여의 현재가치를 의미한다.

09 ★☆☆ 답 ①

정답 해설

• 가산할 금액 = ₩1,000(미통지예금)

• 차감할 금액
 = ₩100(수수료비용) + ₩200(부도수표) = ₩300

10 ★☆☆ 답 ②

정답 해설

상환할증금
= ₩10,000 × (7% − 3%) × (₩1 + ₩1.070 + ₩1.145)
= ₩1,286

11 ★★☆ 답 ⑤

정답 해설

당기순이익 감소 = ₩6,000(주1) + ₩3,000(주2) = ₩9,000
(주1) 감가상각비 = ₩30,000 ÷ 5년 = ₩6,000
(주2) 손상차손 = (₩30,000 − ₩6,000 × 2년) − ₩15,000
= ₩3,000

12 ★★★ 답 ④

정답 해설

• 발행가액
 = ₩26,000 × 0.8929 + ₩24,000 × 0.7972
  + ₩22,000 × 0.7118
 = ₩58,008

• 20x2년 이자비용
 = [₩58,008 × (1 + 12%) − ₩26,000] × 12%
 = ₩4,676

13 ★★☆ 답 ②

정답 해설

포인트 매출
= ₩50,000 × 1% × ₩10 × 500포인트/2,500포인트
= ₩1,000

14 ★★☆ 답 ②

정답 해설

20x1년도에 자본화할 차입원가
= ₩30,000(주1) + ₩5,000(주2) = ₩35,000
(주1) 특정차입금 관련 자본화할 차입원가
= ₩2,000,000 × 3% × 6/12 = ₩30,000
(주2) 일반차입금 관련 자본화할 차입원가
= (₩2,200,000(주3) − ₩1,000,000) × 5%
= ₩60,000
(한도 : ₩100,000 × 5% = ₩5,000)
(주3) 연평균지출액
= ₩2,000,000 × 12/12 + ₩400,000 × 6/12
= ₩2,200,000

15 ★★☆　　　　　　　　　　　　　답 ④

정답 해설

제품보증비＝(₩210(주1)－₩200)＋₩300＝₩310
(주1) 제품보증충당부채
　＝₩100×10%＋₩4,000×5%＝₩210

16 ★★☆　　　　　　　　　　　　　답 ③

정답 해설

• 공사이익＝(₩1,200－₩1,000)×30%(주1)＝₩60
• 계약부채＝₩400－₩1,200×30%＝₩40
(주1) 공사진행률＝₩300÷(₩300＋₩700)＝30%

17 ★☆☆　　　　　　　　　　　　　답 ④

정답 해설

④ 인식한 금융자산과 인식한 금융부채를 상계하여 순액으로 표시하는 것과 금융자산이나 금융부채를 제거하는 것은 다르다. 금융자산과 금융부채를 상계하면 손익이 생기지 않는다. 그러나 금융상품을 제거하는 경우에는 이미 인식한 항목이 재무상태표에서 제거될 뿐만 아니라 손익도 발생할 수 있다.

더 알아보기

다음 조건을 모두 충족하는 경우에만 금융자산과 금융부채를 상계하고 재무상태표에 순액으로 표시한다.
(1) 인식한 자산과 부채에 대해 법적으로 집행가능한 상계권리를 현재 갖고 있다.
(2) 차액으로 결제하거나, 자산을 실현하는 동시에 부채를 결제할 의도가 있다.
제거 조건을 충족하지 않는 금융자산의 양도에 관하여 회계처리하는 경우에 양도 자산과 이와 관련된 부채는 상계하지 않는다.

18 ★★☆　　　　　　　　　　　　　답 ③

정답 해설

20x2년 말 자본 총계
＝₩48,000(기초자본)－₩450×20주(자기주식 취득)
　＋₩700×8주(자기주식 처분)＋₩50,000(당기순이익)
＝₩94,600

19 ★☆☆　　　　　　　　　　　　　답 ①

정답 해설

기말상품
＝₩2,840＋₩100(보관상품)＋₩600×20%(적송품)
　＋₩200(시송품)
＝₩3,260

20 ★☆☆　　　　　　　　　　　　　답 ③

정답 해설

유형자산처분이익
＝₩2,500(건물의 공정가치)＋₩700(현금취득)
　－₩2,000(기계장치의 장부금액)
＝₩1,200

21 ★★☆　　　　　　　　　　　　　답 ④

정답 해설

매출원가
＝70개×₩60(기초재고)＋100개×₩60(당기매입)－30개
　×₩50(B/S상 기말재고)－12개×₩60(비정상감모손실)
＝₩7,980

더 알아보기

정상감모손실＝(50개－30개)×40%×₩60＝₩480
비정상감모손실＝(50개－30개)×60%×₩60＝₩720
재고자산 평가손실＝(₩60－₩50)×30개＝₩300

22 ★☆☆　　　　　　　　　　　　　답 ④

오답 해설

ㄴ. [×] 리스이용자는 리스의 내재이자율을 쉽게 산정할 수 없는 경우에는 리스이용자의 증분차입이자율을 사용하여 리스료를 할인한다.

23 ★★☆   답 ②

① 고객과의 계약에서 생기는 수익 기준서는 고객과의 계약에서 생기는 수익 및 현금흐름의 특성, 금액, 시기, 불확실성에 대한 포괄적인 정보를 재무제표이용자에게 제공하도록 짜임새 있는 공시 요구사항을 포함한다.
    ㉠ 적절한 범주로 구분된 수익금액을 포함한 고객과의 계약으로 인식한 수익 공시
    ㉡ 수취채권, 계약자산, 계약부채의 기초 및 기말 잔액을 포함한 계약 잔액 공시
    ㉢ 기업의 수행의무를 일반적으로 이행하는 시기, 나머지 수행의무에 배분된 거래가격을 포함한 수행의무 공시
    ㉣ 이 기준서를 적용할 때 내린 유의적인 판단과 그 판단의 변경
    ㉤ 계약을 체결하거나 이행하기 위한 원가 중에서 인식한 자산
③ 다음 기준을 모두 충족하는 때에만, 이 기준서의 적용범위에 포함되는 고객과의 계약으로 회계처리한다.
    ㉠ 계약 당사자들이 계약을 (서면으로, 구두로, 그 밖의 사업관행에 따라) 승인하고 각자의 의무를 수행하기로 확약한다.
    ㉡ 이전할 재화나 용역과 관련된 각 당사자의 권리를 식별할 수 있다.
    ㉢ 이전할 재화나 용역의 지급조건을 식별할 수 있다.
    ㉣ 계약에 상업적 실질이 있다(계약의 결과로 기업의 미래 현금흐름의 위험, 시기, 금액이 변동될 것으로 예상된다).
    ㉤ 고객에게 이전할 재화나 용역에 대하여 받을 권리를 갖게 될 대가의 회수 가능성이 높다. 대가의 회수 가능성이 높은지를 평가할 때에는 지급기일에 고객이 대가(금액)를 지급할 수 있는 능력과 지급할 의도만을 고려한다. 기업이 고객에게 가격할인(price concessions)을 제공할 수 있기 때문에 대가가 변동될 수 있다면, 기업이 받을 권리를 갖게 될 대가는 계약에 표시된 가격보다 적을 수 있다.
④ 계약변경이란 계약 당사자들이 승인한 계약의 범위나 계약가격(또는 둘 다)의 변경을 말한다. 몇몇 산업과 국가(법적 관할구역)에서는 계약변경을 주문변경(change order), (공사)변경(variation), 수정이라고 표현하기도 한다. 계약 당사자가 집행 가능한 권리와 의무를 새로 설정하거나 기존의 집행 가능한 권리와 의무를 변경하기로 승인할 때 계약변경이 존재한다. 계약변경은 서면으로, 구두 합의로, 기업의 사업 관행에서 암묵적으로 승인될 수 있다. 계약 당사자들이 계약변경을 승인하지 않았다면, 계약변경의 승인을 받을 때까지는 기존 계약에 이 기준서를 계속 적용한다.
⑤ 고객과의 계약에서 식별되는 수행의무는 계약에 기재한 재화나 용역에만 한정되지 않을 수 있으며, 약속도 고객과의 계약에 포함될 수 있다.

24 ★★☆   답 ③

법인세 비용
$= ₩94,000(주1) + ₩5,000(주2) - ₩11,000(주3)$
    $- ₩6,000(주4)$
$= ₩82,000$
(주1) 미지급법인세
$= (₩400,000 + ₩55,000 - ₩25,000 + ₩10,000 + ₩30,000)$
    $× 20\%$
$= ₩94,000$
(주2) 이연법인세부채 $= ₩25,000 × 20\% = ₩5,000$
(주3) 이연법인세자산 $= ₩55,000 × 20\% = ₩11,000$
(주4) 자기주식처분이익 $= ₩30,000 × 20\% = ₩6,000$

25 ★★☆   답 ③

20x2년 감가상각비
$= ₩1,037,630(주1) ÷ 4년 = ₩259,408$
(주1) 20x2년 초 폐기물처리시설 (장부가액)
$= ₩800,000(주2) + ₩300,000 × 0.7921 = ₩1,037,630$
(주2) 20x1년말 폐기물처리시설 (장부가액)
$= ₩1,000,000 - ₩1,000,000 ÷ 5년 = ₩800,000$

26 ★★★   답 ⑤

20x2년 당기순이익 감소
$= ₩10,000(주1) + ₩11,000(주2) + ₩14,000(주3) = ₩35,000$
(주1) 투자부동산평가손실
$= ₩340,000 - ₩330,000 = ₩10,000$
(주2) 감가상각비 $= ₩330,000 ÷ 10년 × 4/12 = ₩11,000$
(주3) 재평가손실
$= (₩330,000 - ₩11,000) - ₩305,000 = ₩14,000$

27 ★★☆   답 ②

① 20x1년도 투자부동산(순액)은 ₩190,000이다.
③ 20x1년도 투자부동산평가이익은 ₩10,000이다.
④ 20x2년도 투자부동산평가손실은 ₩5,000이다.
⑤ 20x2년도 투자부동산(순액)은 ₩185,000이다.

28 ★★★ 답 ③

정답 해설

관계기업투자주식 장부금액

$$= ₩300,000 - ₩4,000(주1) + ₩20,000(주2) + ₩6,000(주3)$$
$$\quad - ₩3,000(주4)$$
$$= ₩319,000$$

(주1) 건물 감가상각비 = ₩200,000 × 20% ÷ 10년 = ₩4,000

(주2) 당기순이익 = ₩100,000 × 20% = ₩20,000

(주3) 기타포괄이익 = ₩30,000 × 20% = ₩6,000

(주4) 현금배당 = ₩15,000 × 20% = ₩3,000

29 ★☆☆ 답 ④

정답 해설

매출총이익

$$= ₩215,000 - ₩120,000 + ₩4,000 - ₩6,000$$
$$= ₩93,000$$

30 ★★☆ 답 ④

정답 해설

영업에서 창출된 현금

$$= ₩147,000(당기순이익) + ₩30,000(법인세비용)$$
$$\quad - ₩20,000(유형자산처분이익) + ₩25,000(이자비용)$$
$$\quad - ₩15,000(이자수익) + ₩5,000(감가상각비)$$
$$\quad + ₩15,000(매출채권 감소액) - ₩4,000(재고자산 증가액)$$
$$\quad - ₩6,000(매입채무 감소액) - ₩8,000(배당금수익)$$
$$= ₩169,000$$

31 ★★☆ 답 ②

정답 해설

단위당 최소판매가격

$$= ₩900(단위당 변동원가) + ₩225(주1) = ₩1,125$$

(주1) 구분	제품 X	제품 Y	제품 Z
단위당 공헌이익	300	200	
단위당 기계시간	2	1	
기계시간당 공헌이익	150	200	
정규시장 판매수량	300	400	
기계시간 할당	600	400	
특별주문 수량			200
단위당 기계시간			1.5
기계시간	(300)		300
공헌이익	(45,000)		45,000
단위당 공헌이익			₩225

32 ★★☆ 답 ⑤

정답 해설

제품 X의 매출수량 = 0.6 × 15,000개(주3) = 9,000단위

(주1) BEP 공헌이익 = 고정원가

$$= ₩31,200(X) + ₩117,000(Y) + ₩20,800(Z) = ₩169,000$$

(주2) 가중평균 공헌이익 = 0.6 × ₩12 + 0.4 × ₩15 = ₩13.2

(주3) 목표 BEP

$$= [₩169,000(주1) - ₩4,000 + ₩33,000] ÷ ₩13.2(주2)$$
$$= 15,000개$$

33 ★☆☆ 답 ③

정답 해설

제조간접원가 실제발생액

$$= 4,800시간 × (₩100 + ₩300) + ₩20,000(과소배부)$$
$$= ₩1,940,000$$

34 ★★☆ 답 ④

정답 해설

단위당 제조원가

$$= [₩100,000(직접재료원가) + ₩97,200(직접노무원가)$$
$$\quad + ₩64,800(변동제조원가) + ₩100,000(고정제조원가)]$$
$$\quad ÷ 400단위$$
$$= 362,000 ÷ 400단위$$
$$= ₩905$$

더 알아보기

누적생산량	직접노무원가	평균노무시간	총노무시간
100	30,000	300	300
200		270	540
400	97,200	243	972

35 ★★★ 답 ④

정답 해설

전부원가계산에 의한 기초재고자산

$$= ₩60,000(변동 영업이익) + ₩25,000(전부 기말재고)$$
$$\quad + ₩64,000(변동 기초재고) - ₩72,000(전부 영업이익)$$
$$= ₩77,000$$

36 ★★★ 답 ⑤

제품 Y의 단위당 제조원가＝₩120

결합원가 배부표

결합제품	생산량	판매가격	판매가치	원가율 (주2)	총원가	추가가공 원가	결합원가 배분	단위당 제조원가
X	800	150	120,000	60%	72,000	0	72,000	90
Y	1,600	200	320,000	60%	192,000	24,000	168,000	120
			440,000		264,000	24,000	240,000 (주1)	

(주1) 완성품원가
＝2,400개×(₩180,000÷3,000개＋₩108,000÷2,700개)
＝₩240,000

(주2) 원가율＝₩264,000÷₩440,000＝60%

37 ★☆☆ 답 ②

정답 해설

부품 X의 최소대체가격
＝증분원가(₩100)＋기회원가(₩25)
＝[4,000개×(₩40＋₩35＋₩25)]÷4,000개
　＋[2,000개×(₩150－₩40－₩35－₩25)]÷4,000개
＝₩125

38 ★★☆ 답 ⑤

정답 해설

• 실제 제조간접원가
　＝₩9,600(주1)＋₩2,700(주2)＝₩12,300
(주1) 제조간접비＝₩24,000×40%＝₩9,600
• 직접재료비＝₩3,200＋₩35,000－₩6,200＝₩32,000
• 직접노무비＝₩56,000－₩32,000＝₩24,000
(주2) 과소배부＝₩67,700－₩65,000＝₩2,700
• 당기제품제조원가
　＝₩65,600＋₩8,600－₩7,200＝₩67,000
• 매출원가＝₩67,000＋₩6,000－₩8,000＝₩65,000

39 ★★☆ 답 ①

정답 해설

단위당 변동제조원가＝₩600(주1)－₩550(주2)＝₩50

구분	변경 전		변경 후	
	단위당 가격	총 금액	단위당 가격	총 금액
판매가격	1,000		1,100	
변동제조원가	600			
변동판매관리비	100		100	
공헌이익	300			
고정제조간접원가		600,000		690,000
고정 판매관리비		120,000		120,000
고정원가 합계		720,000		810,000
BEP 판매수량		2,400		1,800
단위당 공헌이익			450	
판매가격			1,100	
변동원가			650	
변동판매관리비			100	
변동제조원가	600(주1)		550(주2)	

40 ★★☆ 답 ⑤

정답 해설

선입선출법에 의한 기말재공품 원가
＝100개×(₩20,000＋₩39,500)÷850개
＝₩7,000

더 알아보기

(₩4,300＋₩8,200＋₩20,000＋₩39,500)
÷(800개＋200개×완성도)
＝₩80
∴ 완성도＝50%

당신이 저지를 수 있는 가장 큰 실수는,
실수를 할까 두려워하는 것이다.

– 앨버트 하버드 –

PART 02

2022년 제33회
기출문제 정답 및 해설

제1교시	민법 / 경제학원론 / 부동산학원론
제2교시	감정평가관계법규 / 회계학

제1과목 | 민법

01	02	03	04	05	06	07	08	09	10
④	④	⑤	②	⑤	②	⑤	⑤	⑤	①
11	12	13	14	15	16	17	18	19	20
①	④	②	③	②	④	①	②	④	③
21	22	23	24	25	26	27	28	29	30
③	④	②	③	①	①	③	③	③	①
31	32	33	34	35	36	37	38	39	40
③	③	③	①	②	①	④	⑤	⑤	⑤

01 ★☆☆　　　　　　　　　　답 ④

정답 해설

ㄴ. [○] ㄷ. [○] 관습법이란 사회의 거듭된 관행으로 생성한 사회생활규범이 사회의 법적 확신과 인식에 의하여 법적 규범으로 승인·강행되기에 이르른 것을 말하고, 사실인 관습은 사회의 관행에 의하여 발생한 사회생활규범인 점에서 관습법과 같으나 사회의 법적 확신이나 인식에 의하여 법적 규범으로서 승인된 정도에 이르지 않은 것을 말하는 바, 관습법은 바로 법원으로서 법령과 같은 효력을 갖는 관습으로서 법령에 저촉되지 않는 한 법칙으로서의 효력이 있는 것이며, 이에 반하여 사실인 관습은 법령으로서의 효력이 없는 단순한 관행으로서 법률행위의 당사자의 의사를 보충함에 그치는 것이다[80다3231].

오답 해설

ㄱ. [×] 헌법에 의하여 체결·공포된 조약과 일반적으로 승인된 국제법규는 국내법과 같은 효력을 가지므로(헌법 제6조 제1항), 조약·국제법규 중 민사에 관한 것은 그 성격에 따라 법률·명령과 같은 순위의 법원이 된다.

02 ★☆☆　　　　　　　　　　답 ④

정답 해설

ㄴ. [○] 94다20617
ㄷ. [○] 2004다48515

오답 해설

ㄱ. [×] 신의성실의 원칙에 반하는 것은 강행규정에 위배되는 것으로서 당사자의 주장이 없더라도 법원이 직권으로 판단할 수 있다[97다37821].

03 ★★☆　　　　　　　　　　답 ⑤

정답 해설

⑤ 제7조

오답 해설

① 제145조의 법정추인사유는 취소원인이 종료되어 추인할 수 있는 후에 행해져야 한다(제145조 본문·제144조 제1항). 甲이 미성년인 상태에서 매매대금의 이행을 청구하여 대금을 모두 지급받았더라도 법정대리인인 乙은 그 매매계약을 취소할 수 있다.

② 허락된 영업에 관하여 미성년자는 성년자와 동일한 행위능력이 있으므로, 그 범위 내에서 법정대리인의 대리권은 소멸한다. 이와 달리, 영업 외의 경우에는 법정대리인은 허락 또는 동의를 한 행위를 자기가 대리해서 할 수도 있다.

③ 대리인은 행위능력자임을 요하지 않는다(제117조). 즉 제한능력자도 대리행위를 유효하게 할 수 있고, 본인은 대리인의 제한능력을 이유로 대리행위를 취소할 수 없다.

④ 미성년자의 법률행위에 법정대리인의 동의를 요하도록 하는 것은 강행규정인데, 위 규정에 반하여 이루어진 신용구매계약을 미성년자 스스로 취소하는 것을 신의칙 위반을 이유로 배척한다면, 이는 오히려 위 규정에 의해 배제하려는 결과를 실현시키는 셈이 되어 미성년자 제도의 입법 취지를 몰각시킬 우려가 있으므로, 법정대리인의 동의 없이 신용구매계약을 체결한 미성년자가 사후에 법정대리인의 동의 없음을 사유로 들어 이를 취소하는 것이 신의칙에 위배된 것이라고 할 수 없다[2005다71659, 71666, 71673].

04 ★★☆　　　　　　　　　　답 ②

정답 해설

② 제26조 제2항

오답 해설

① 법원의 재산관리인의 초과행위허가의 결정은 그 허가받은 재산에 대한 장래의 처분행위를 위한 경우뿐만 아니라 기왕의 처분행위를 추인하는 행위를 행위로도 할 수 있다고 봄이 상당하므로 부재자의 재산관리인 법원의 초과행위허가 결정을 받아 그 허가결정등본을 매수인에게 교부한 때에는 그 이전에 한 부재자소유의 주식매매계약을 추인한 것으로 볼 수 있다[80다3063].

③ 부재자의 자매로서 제2순위 상속인에 불과한 자는 부재자에 대한 실종선고의 여부에 따라 상속지분에 차이가 생긴다고 하더라도 이는 부재자의 사망 간주시기에 따른 간접적인 영향에 불과하고 부재자의 실종선고 자체를 원인으로 한 직접적인 결과는 아니므로 부재자에 대한 실종선고를 청구할 이해관계인이 될 수 없다[86스20].

④ 실종자에 대하여 1950. 7. 30. 이후 5년간 생사불명을 원인으로 이미 1988. 11. 26. 실종선고가 되어 확정되었는데도, 그 이후 타인의 청구에 의하여 1992. 12. 28. 새로이 확정된 실종신고를 기초로 상속관계를 판단한 것은 잘못이다[95다12736].

⑤ 실종선고를 받은 자가 실종기간 동안 생존했던 사실이 확인되더라도 실종선고의 취소가 있어야 실종선고 전의 가족관계 및 재산관계가 회복된다. 실종선고로 인한 상속·유증의 개시는 그 개시시로 소급하여 무효로 되고, 상속재산의 처분행위는 무권리자의 처분행위로서 처분시로 소급하여 무효로 되며, 실종자의 배우자가 재혼하였다면 전혼의 부활로 인해 후혼은 중혼으로서 취소대상이 된다.

05 ★☆☆   정답 ⑤

정답 해설

⑤ 청산인은 공고된 채권신고기간 내에는 채권자에게 변제하지 못하며, 이 경우 법인은 채권자에 대한 지연손해배상의 의무를 면하지 못한다(제90조).

오답 해설

① 제45조 제3항, 제42조 제2항
② 제74조
③ 제40조 제6호
④ 민법 제80조, 제81조, 제87조와 같은 청산절차에 관한 규정은 모두 제3자의 이해관계에 중대한 영향을 미치기 때문에 소위 강행규정이라고 해석되므로 만일 그 청산법인이나 그 청산인이 청산법인의 목적범위 외의 행위를 한 때는 무효라 아니할 수 없다[79다2036].

06 ★★★   정답 ②

정답 해설

② 법인에 대한 손해배상 책임 원인이 대표기관의 고의적인 불법행위라고 하더라도, 피해자에게 그 불법행위 내지 손해발생에 과실이 있다면 법원은 과실상계의 법리에 좇아 손해배상의 책임 및 그 금액을 정함에 있어 이를 참작하여야 한다[86다카1170].

오답 해설

① 제35조 제1항 제2문
③ 비법인사단의 경우 대표자의 행위가 직무에 관한 행위에 해당하지 아니함을 피해자 자신이 알았거나 또는 중대한 과실로 인하여 알지 못한 경우에는 비법인사단에게 손해배상책

임을 물을 수 없다고 할 것이고, 여기서 중대한 과실이라 함은 거래의 상대방이 조금만 주의를 기울였더라면 대표자의 행위가 그 직무권한 내에서 적법하게 행하여진 것이 아니라는 사정을 알 수 있었음에도 만연히 이를 직무권한 내의 행위라고 믿음으로써 일반인에게 요구되는 주의의무에 현저히 위반하는 것으로 거의 고의에 가까운 정도의 주의를 결여하고, 공평의 관점에서 상대방을 구태여 보호할 필요가 없다고 봄이 상당하다고 인정되는 상태를 말한다[2002다27088].

④ 법인의 대표자가 그 직무에 관하여 타인에게 손해를 가함으로써 법인에 손해배상책임이 인정되는 경우에, 대표자의 행위가 제3자에 대한 불법행위를 구성한다면 그 대표자도 제3자에 대하여 손해배상책임을 면하지 못하며(제35조 제1항), 또한 사원도 위 대표자와 공동으로 불법행위를 저질렀거나 이에 가담하였다고 볼 만한 사정이 있으면 제3자에 대하여 위 대표자와 연대하여 손해배상책임을 진다[2006다37465].

07 ★★☆   정답 ⑤

정답 해설

⑤ 법인과 이사의 이익이 상반하는 사항에 관하여는 이사는 대표권이 없으며, 이 경우에 다른 이사가 없으면 법원은 이해관계인이나 검사의 청구에 의하여 특별대리인을 선임해야 한다(제64조).

오답 해설

① 제59조 제1항 본문
② 제58조 제2항
③ 법인의 정관에 법인 대표권의 제한에 관한 규정이 있으나 그와 같은 취지가 등기되어 있지 않다면 법인은 그와 같은 정관의 규정에 대하여 선의냐 악의냐에 관계없이 제3자에 대하여 대항할 수 없다[91다24564].
④ 비법인사단의 대표자는 정관 또는 총회의 결의로 금지하지 아니한 사항에 한하여 타인으로 하여금 특정한 행위를 대리하게 할 수 있을 뿐 비법인사단의 제반 업무처리를 포괄적으로 위임할 수는 없다 할 것이므로, 비법인사단 대표자가 행한 타인에 대한 업무의 포괄적 위임과 그에 따른 포괄적 수임인의 대행행위는 민법 제62조의 규정에 위반된 것이어서 비법인사단에 대하여는 그 효력이 미치지 아니한다[94다18522].

08 ★☆☆   정답 ⑤

정답 해설

⑤ 주택매매계약에서 양도소득세를 면탈할 목적으로 소유권이전등기를 일정 기간 후에 이전받기로 한 특약이나 양도소득세를 회피하기 위한 방법으로 부동산을 명의신탁한 것이라 하더라도 그러한 이유 때문에 민법 제103조의 반사회적 법률행위로서 위 명의신탁이 무효라고 할 수 없다[91다16334, 16341(반소)].

① 조건부 법률행위에 있어 조건의 내용 자체가 불법적인 것이어서 무효일 경우 또는 조건을 붙이는 것이 허용되지 아니하는 법률행위에 조건을 붙인 경우 그 조건만을 분리하여 무효로 할 수는 없고 그 법률행위 전부가 무효로 된다[2005마541].

② 민법 제103조에 의하여 무효로 되는 반사회질서 행위는 법률행위의 목적인 권리·의무의 내용이 선량한 풍속 기타 사회질서에 위반되는 경우뿐 아니라 그 내용 자체는 반사회질서적인 것이 아니라고 하여도 법률적으로 이를 강제하거나 법률행위에 반사회질서적인 조건 또는 금전적 대가가 결부됨으로써 반사회질서적 성질을 띠게 되는 경우 및 표시되거나 상대방에게 알려진 법률행위의 동기가 반사회질서적인 경우를 포함한다[2000다4736].

③ 부첩관계인 부부생활의 종료를 해제조건으로 하는 증여계약은 그 조건만이 무효인 것이 아니라 증여계약 자체가 무효이다[66다530].

④ 당초부터 오로지 보험사고를 가장하여 보험금을 취득할 목적으로 생명보험계약을 체결한 경우, 이와 같은 생명보험계약은 사회질서에 위배되는 법률행위로서 무효이다[99다49064].

09 ★☆☆   ⑤

⑤ 경매에 있어서는 불공정한 법률행위 또는 채무자에게 불리한 약정에 관한 것으로서 효력이 없다는 민법 제104조, 제608조는 적용될 여지가 없다[80마77].

① 불공정한 법률행위로서 매매계약의 무효를 주장하려면 주장자측에서 매도인에게 궁박, 경솔, 무경험 등의 상태에 있었을 것, 매수인측에서 위와 같은 사실을 인식하고 있었을 것, 대가가 시가에 비하여 헐값이어서 매매가격이 현저하게 불공정한 것을 주장 입증해야 한다[70다2065].

② '무경험'이라 함은 일반적인 생활체험의 부족을 의미하는 것으로서 어느 특정영역에 있어서의 경험부족이 아니라 거래일반에 대한 경험부족을 뜻한다[2002다38927].

③ 대리인에 의하여 법률행위가 이루어진 경우 그 법률행위가 민법 제104조의 불공정한 법률행위에 해당하는지 여부를 판단함에 있어서 경솔과 무경험은 대리인을 기준으로 하여 판단하고, 궁박은 본인의 입장에서 판단하여야 한다[2002다38927].

④ 불공정한 법률행위로서 무효인 경우에는 추인에 의하여 무효인 법률행위가 유효로 될 수 없다[94다10900].

10 ★☆☆   ①

① 구분건물의 전유부분에 대한 소유권보존등기만 경료되고 대지지분에 대한 등기가 경료되기 전에 전유부분만에 대해 내려진 가압류결정의 효력은, 대지사용권의 분리처분이 가능하도록 규약으로 정하였다는 등의 특별한 사정이 없는 한, 종물 내지 종된 권리인 그 대지권에까지 미친다[2006다29020].

② 사람의 유체·유골은 매장·관리·제사·공양의 대상이 될 수 있는 유체물로서, 분묘에 안치되어 있는 선조의 유체·유골은 민법 제1008조의3 소정의 제사용 재산인 분묘와 함께 그 제사주재자에게 승계되고, 피상속인 자신의 유체·유골 역시 위 제사용 재산에 준하여 그 제사주재자에게 승계된다[2007다27670 전원합의체].

③ 제98조

④ 제102조 제2항

⑤ 종물은 주물의 처분에 수반된다는 민법 제100조 제2항은 임의규정이므로, 당사자는 주물을 처분할 때에 특약으로 종물을 제외할 수 있고 종물만을 별도로 처분할 수도 있다[2009다76546]. 따라서 주물만 처분하고 종물은 처분하지 않기로 하는 특약은 유효하다.

11 ★★☆   ①

① 대리인의 의사표시에 착오가 있는 경우에는 대리인을 기준으로 판단한다(제116조 제1항). 이 경우 본인에 의한 의사표시의 착오는 없고, 대리인에 의한 착오의 효과가 본인에 귀속하여 본인은 착오를 이유로 취소할 수 있다.

② 제109조 제1항 단서

③ 착오가 법률행위 내용의 중요 부분에 있다고 하기 위하여는 표시와 의사의 불일치가 객관적으로 현저하여야 하고, 만일 그 착오로 인하여 표의자가 무슨 경제적인 불이익을 입은 것이 아니라면 이를 법률행위 내용의 중요 부분의 착오라고 할 수 없다[2006다41457].

④ 진의와 표시가 다르고 표시된 대로의 효과가 표의자에게 불리하나 상대방이 표의자의 착오를 발견하고 표의자가 본래 의욕한 효과에 동의한 경우(甲이 A물건을 110만 원에 판다고 청약한다는 것이 100만 원으로 잘못 표기하여 착오를 이유로 취소하고자 할 때 매수인이 110만 원도 좋다고 하며 매매대금을 지급하겠다고 하는 경우)에는 상대방의 동의를 통해 표의자는 마치 착오 없는 상태로 환원되어 진의에 따른 효과에 구속되기 때문에 착오를 이유로 취소할 수 없다.

⑤ 착오를 이유로 의사표시를 취소하는 자는 법률행위의 내용에 착오가 있었다는 사실과 함께 그 착오가 의사표시에 결

정적인 영향을 미쳤다는 점, 즉 만약 그 착오가 없었더라면 의사표시를 하지 않았을 것이라는 점을 증명하여야 한다[2007다74188].

12 ★★☆　　　　　　　　　　　　　🗐 ④

정답 해설

④ 제3자의 사기행위로 인하여 주택에 관한 분양계약을 체결하였다고 하더라도 제3자의 사기행위 자체가 불법행위를 구성하는 이상, 피해자가 제3자를 상대로 손해배상청구를 하기 위하여 반드시 그 분양계약을 취소할 필요는 없다[97다55829].

오답 해설

① 기망행위로 인하여 법률행위의 중요부분에 관하여 착오(주관적 요건＋객관적 요건)를 일으킨 경우 뿐만 아니라 법률행위의 내용으로 표시되지 아니한 의사결정의 동기에 관하여 착오(주관적 요건)를 일으킨 경우에도 표의자는 그 법률행위를 사기에 의한 의사표시로서 취소할 수 있다[85도167].

② 강박에 의한 의사표시라고 하려면 상대방이 불법으로 어떤 해악을 고지하므로 말미암아 공포를 느끼고 의사표시를 한 것이어야 하므로 각서에 서명 날인할 것을 강력히 요구하였다고 설시한 것은 심리미진 또는 강박에 의한 의사표시의 법리를 오해한 것이라 할 것이다[78다1968].

③ 우리 사회의 통념상으로는 공동묘지가 주거환경과 친한 시설이 아니어서 분양계약의 체결 여부 및 가격에 상당한 영향을 미치는 요인일 뿐만 아니라 대규모 공동묘지를 가까이에서 조망할 수 있는 곳에 아파트단지가 들어선다는 것은 통상 예상하기 어렵다는 점 등을 감안할 때 아파트 분양자는 아파트단지 인근에 공동묘지가 조성되어 있는 사실을 수분양자에게 고지할 신의칙상의 의무를 부담하고, 이를 고지하지 않을 경우 부작위에 의한 기망행위가 성립한다[2005다5812].

⑤ 사기의 의사표시로 인한 매수인으로부터 부동산의 권리를 취득한 제3자는 특별한 사정이 없는 한 선의로 추정할 것이므로 사기로 인하여 의사표시를 한 부동산의 양도인이 제3자에 대하여 사기에 의한 의사표시의 취소를 주장하려면 제3자의 악의를 입증할 필요가 있다[70다2155].

13 ★☆☆　　　　　　　　　　　　　🗐 ②

정답 해설

② 제112조

오답 해설

① 도달이라 함은 사회통념상 상대방이 통지의 내용을 알 수 있는 객관적 상태에 놓여 있는 경우를 가리키는 것으로서, 상대방이 통지를 현실적으로 수령하거나 통지의 내용을 알 것까지는 필요로 하지 않는 것이므로, 상대방이 정당한 사유 없이 통지의 수령을 거절한 경우에는 상대방이 그 통지의

내용을 알 수 있는 객관적 상태에 놓여 있는 때에 의사표시의 효력이 생기는 것으로 보아야 한다[2008다19973].

③ 내용증명우편이나 등기우편과는 달리, 보통우편의 방법으로 발송되었다는 사실만으로는 그 우편물이 상당한 기간 내에 도달하였다고 추정할 수 없고, 송달의 효력을 주장하는 측에서 증거에 의하여 이를 입증하여야 한다[2007두20140].

④ 의사표시자가 그 통지를 발송한 후 사망하거나 제한능력자가 되어도 의사표시의 효력에 영향을 미치지 아니한다(제111조 제2항).

⑤ 표의자가 과실없이 상대방을 알지 못하거나 상대방의 소재를 알지 못하는 경우에는 의사표시는 민사소송법 공시송달의 규정에 의하여 송달할 수 있다(제113조).

14 ★☆☆　　　　　　　　　　　　　🗐 ③

정답 해설

③ 대리인이 대리권 소멸 후 복대리인을 선임하여 복대리인으로 하여금 상대방과 사이에 대리행위를 하도록 한 경우에도, 상대방이 대리권 소멸 사실을 알지 못하여 복대리인에게 적법한 대리권이 있는 것으로 믿었고 그와 같이 믿은 데 과실이 없다면 민법 제129조에 의한 표현대리가 성립할 수 있다[97다55317].

오답 해설

①·② 복대리인은 대리인에 의해 선임된 자이므로, 대리인의 감독을 받을 뿐만 아니라 대리권의 존립과 범위에 있어 대리인의 대리권에 의존한다. 즉, 복대리권은 대리인의 대리권이 소멸하면 그와 함께 소멸하며, 그 범위가 대리인의 대리권보다 넓을 수 없다.

④ 제122조

⑤ 제120조

15 ★★★　　　　　　　　　　　　　🗐 ②

정답 해설

①·② 무권대리행위의 추인은 무권대리인에 의하여 행하여진 불확정한 행위에 관하여 그 행위의 효과를 자기에게 직접 발생케 하는 것을 목적으로 하는 의사표시이며, 무권대리인 또는 상대방의 동의나 승락을 요하지 않는 단독행위로서 추인은 의사표시의 전부에 대하여 행하여져야 하고, 그 일부에 대하여 추인을 하거나 그 내용을 변경하여 추인을 하였을 경우에는 상대방의 동의를 얻지 못하는 한 무효이다[81다카549].

오답 해설

③ 타인의 채무에 대한 보증행위는 그 성질상 아무런 반대급부 없이 오직 일방적으로 불이익만을 입는 것인 점에 비추어 볼 때, 남편이 처에게 타인의 채무를 보증함에 필요한 대리권을 수여한다는 것은 사회통념상 이례에 속하므로, 처가 특별한 수권 없이 남편을 대리하여 위와 같은 행위를 하였을

경우에 그것이 민법 제126조 소정의 표현대리가 되려면 처에게 일상가사대리권이 있었다는 것만이 아니라 상대방이 처에게 남편이 그 행위에 관한 대리의 권한을 주었다고 믿었음을 정당화할 만한 객관적인 사정이 있어야 한다. 처가 임의로 남편의 인감도장과 용도란에 아무런 기재 없이 대리방식으로 발급받은 인감증명서를 소지하고 남편을 대리하여 친정 오빠의 할부판매 보증보험계약상의 채무를 연대보증한 경우, 남편의 표현대리 책임을 부정한다[98다18988].

④ 계약이 무효로 확정된다(불확정적 무효가 확정적 무효로 변한다). 상대방이 철회한 후에는 본인은 추인하지 못하고 상대방은 무권대리인에게 제135조의 책임을 물을 수 없다.

⑤ 대리권 없는 자가 타인의 대리인으로 계약한 경우에 상대방이 상당한 기간을 정하여 본인에게 그 추인여부의 확답을 최고할 수 있는 권리(제131조 전문)를 말한다. 이는 계약 당시 상대방이 악의인 경우(대리행위자에게 대리권 없음을 안 경우)에도 인정된다.

16 ★★☆ 〔정답〕 ④

〔정답 해설〕

④ 이른바 집합채권의 양도가 양도금지특약에 위반해서 무효인 경우 채무자는 일부 개별 채권을 특정하여 추인하는 것이 가능하다고 할 것이다[2009다47685].

〔오답 해설〕

① 2009다50308

② 취소한 법률행위는 처음부터 무효인 것으로 간주되므로 취소할 수 있는 법률행위가 일단 취소된 이상 그 후에는 취소할 수 있는 법률행위의 추인에 의하여 다시 확정적으로 유효하게 할 수는 없고, 다만 무효인 법률행위의 추인의 요건과 효력으로서 추인할 수는 있으나, 무효행위의 추인은 그 무효 원인이 소멸한 후에 하여야 그 효력이 있고, 결국 무효 원인이 소멸한 후란 것은 당초의 의사표시의 성립 과정에 존재하였던 취소의 원인이 종료된 후, 즉 강박 상태에서 벗어난 후라고 보아야 한다[95다38240].

③ 민법 제137조는 임의규정으로서 의사자치의 원칙이 지배하는 영역에서 적용된다고 할 것이므로, 법률행위의 일부가 강행법규인 효력규정에 위반되어 무효가 되는 경우 그 부분의 무효가 나머지 부분의 유효·무효에 영향을 미치는가의 여부를 판단함에 있어서는 개별 법령이 일부무효의 효력에 관한 규정을 두고 있는 경우에는 그에 따라야 하고, 그러한 규정이 없다면 원칙적으로 민법 제137조가 적용될 것이다 [2010다23425].

⑤ 91다26546

17 ★☆☆ 〔정답〕 ①

〔정답 해설〕

① 추인은 취소의 원인이 소멸된 후에 하여야만 효력이 있다(제144조 제1항). 그러나 법정대리인(친권자) 또는 후견인이 추인하는 경우에는 적용하지 아니하므로(제144조 제2항) 법정대리인은 취소원인이 종료되기 전에는 언제든지 추인할 수 있다.

〔오답 해설〕

② 제141조 단서

③ 제140조

④ 제146조

⑤ 취소권의 행사는 재판상 또는 재판외에서도 행사할 수 있다.

18 ★☆☆ 〔정답〕 ②

〔정답 해설〕

② 조건이 법률행위의 당시 이미 성취한 것인 경우에는 그 조건이 정지조건이면 조건 없는 법률행위로 하고 해제조건이면 그 법률행위는 무효로 한다(제151조 제2항).

〔오답 해설〕

① 제150조 제1항

③ 제147조 제1항

④ 제148조

⑤ 제149조

19 ★★☆ 〔정답〕 ④

〔정답 해설〕

④ 소멸시효는 권리를 행사할 수 있는 때로부터 진행하며 여기서 권리를 행사할 수 있는 때라 함은 권리행사에 법률상의 장애가 없는 때를 말하므로 정지조건부권리의 경우에는 조건 미성취의 동안은 권리를 행사할 수 없는 것이어서 소멸시효가 진행되지 않는다[92다28822]. 따라서 이익금분배청구권은 甲이 건물의 잔금을 모두 수령한 때 이를 행사할 수 있으므로 소멸시효도 이때부터 진행한다.

〔오답 해설〕

① 부작위를 목적으로 하는 채권 - 위반행위시

② 동시이행의 항변권이 붙어 있는 채권 - 이행기 도래시

③ 이행불능으로 인한 손해배상청구권 - 이행불능시

⑤ 기한이 있는 채권의 이행기가 도래한 후 채권자와 채무자가 기한을 유예하기로 합의한 경우 그 채권 - 변경된 이행기 도래시

20 ★☆☆   답 ③

정답 해설

③ 시효중단의 효력있는 승인에는 상대방의 권리에 관한 처분의 능력이나 권한 있음을 요하지 아니하나(제177조) 관리의 능력이나 권한은 있어야 하며, 의사표시에 준해 행위능력을 요한다. 예컨대 부재자재산관리인의 경우 가정법원의 허가 없이도 관리행위는 할 수 있으므로 가정법원의 허가 없이 시효중단사유인 승인은 할 수 있다.

오답 해설

① 제169조
② 제171조
④ 제182조
⑤ 제180조 제2항

21 ★★★   답 ③

정답 해설

③ 가등기는 그 성질상 본등기의 순위보전만의 효력이 있고 후일 본등기가 경료된 때에는 본등기의 순위가 가등기한 때로 소급함으로써 가등기후 본등기 전에 이루어진 중간처분이 본등기보다 후순위로 되어 실효될 뿐이고 본등기에 의한 물권변동의 효력이 가등기한 때로 소급하여 발생하는 것은 아니다[92다21258].

오답 해설

① 98다24105 전원합의체
② 등기는 물권의 효력 발생요건이고 존속요건은 아니어서 등기가 원인 없이 말소된 경우에는 그 물권의 효력에 아무런 영향이 없고, 그 회복등기가 마쳐지기 전이라도 말소된 등기의 등기명의인은 적법한 권리자로 추정되므로 원인 없이 말소된 등기의 효력을 다투는 쪽에서 그 무효 사유를 주장·입증하여야 한다[95다39526].
④ 소유권이전등기의 원인으로 주장된 계약서가 진정하지 않은 것으로 증명된 이상 그 등기의 적법추정은 복멸되는 것이고 계속 다른 적법한 등기원인이 있을 것으로 추정할 수는 없다[98다29568].
⑤ 동일부동산에 관하여 등기명의인을 달리하여 중복된 소유권보존등기가 경료된 경우에는 먼저 이루어진 소유권보존등기가 원인무효가 되지 아니하는 한 뒤에 된 소유권보존등기는 비록 그 부동산의 매수인에 의하여 이루어진 경우에도 1부동산1용지주의를 채택하고 있는 부동산등기법 아래에서는 무효라고 해석함이 상당하다[87다카2961, 87다453 전원합의체].

22 ★☆☆   답 ④

정답 해설

④ 채권담보의 목적으로 이루어지는 부동산 양도담보의 경우에 있어서 피담보채무가 변제된 이후에 양도담보권설정자가 행사하는 등기청구권은 양도담보권설정자의 실질적 소유권에 기한 물권적 청구권이므로 따로이 시효소멸되지 아니한다[78다2412].

오답 해설

① 제214조의 규정은 지역권에 준용한다(제301조). 지역권에는 승역지를 점유할 수 있는 권능이 없으므로, 지역권자에게는 목적물반환청구권이 인정되지 않고 방해제거청구권과 방해예방청구권만 인정되는 것이다.
② 직접점유자는 물론 간접점유자도 점유보호청구권을 행사할 수 있지만(제207조 제1항), 점유보조자는 점유자가 아니므로 이를 행사할 수 없다.
③ 92다5300
⑤ 민법 제204조 제3항과 제205조 제2항에 의하면 점유를 침탈 당하거나 방해를 받은 자의 침탈자 또는 방해자에 대한 청구권은 그 점유를 침탈 당한 날 또는 점유의 방해행위가 종료된 날로부터 1년 내에 행사하여야 하는 것으로 규정되어 있는데, 위의 제척기간은 재판외에서 권리행사하는 것으로 족한 기간이 아니라 반드시 그 기간 내에 소를 제기하여야 하는 이른바 출소기간으로 해석함이 상당하다[2001다8097, 8103].

23 ★★☆   답 ②

정답 해설

ㄷ. [○] 부동산에 관한 점유취득시효기간이 경과하였다고 하더라도 그 점유자가 자신의 명의로 등기하지 아니하고 있는 사이에 먼저 제3자 명의로 소유권이전등기가 경료되어 버리면, 특별한 사정이 없는 한, 그 제3자에 대하여는 시효취득을 주장할 수 없으나, 그 제3자가 취득시효 기간만료 당시의 등기명의인으로부터 신탁 또는 명의신탁받은 경우라면 종전 등기명의인으로서는 언제든지 이를 해지하고 소유권이전등기를 청구할 수 있고, 점유시효취득자로서는 종전 등기명의인을 대위하여 이러한 권리를 행사할 수 있으므로, 그러한 제3자가 소유자로서의 권리를 행사하는 경우 점유자로서는 취득시효완성을 이유로 이를 저지할 수 있다[95다24586].

오답 해설

ㄱ. [×] 민법 제245조 제1항의 취득시효기간의 완성만으로는 소유권취득의 효력이 바로 생기는 것이 아니라, 다만 이를 원인으로 하여 소유권취득을 위한 등기청구권이 발생할 뿐이고, 미등기 부동산의 경우라 하여 취득시효기간의 완성만으로 등기 없이도 점유자가 소유권을 취득한다고 볼 수 없다[2012다5834].

ㄴ. [×] 부동산에 대한 취득시효가 완성되면 점유자는 소유명의자에 대하여 취득시효완성을 원인으로 한 소유권이전등기절차의 이행을 청구할 수 있고 소유명의자는 이에 응할 의무가 있으므로 점유자가 그 명의로 소유권이전등기를 경료하지 아니하여 아직 소유권을 취득하지 못하였다고 하더라도 소유명의자는 점유자에 대하여 점유로 인한 부당이득 반환청구를 할 수 없다[92다51280].

24 ★★☆   답 ③

정답 해설

③ 양도담보권의 목적인 주된 동산에 다른 동산이 부합되어 부합된 동산에 관한 권리자가 권리를 상실하는 손해를 입은 경우 주된 동산이 담보물로서 가치가 증가된 데 따른 실질적 이익은 주된 동산에 관한 양도담보권설정자에게 귀속되는 것이므로, 이 경우 부합으로 인하여 권리를 상실하는 자는 양도담보권설정자를 상대로 민법 제261조에 따라 보상을 청구할 수 있을 뿐 양도담보권자를 상대로 보상을 청구할 수는 없다[2012다19659].

오답 해설

① 제257조
② 부동산에 부합된 물건이 사실상 분리복구가 불가능하여 거래상 독립한 권리의 객체성을 상실하고 그 부동산과 일체를 이루는 부동산의 구성부분이 된 경우에는 타인이 권원에 의하여 이를 부합시켰더라도 그 물건의 소유권은 부동산의 소유자에게 귀속된다[2007다36933].
④ 제259조 제1항
⑤ 99다24256

25 ★☆☆   답 ①

정답 해설

① 채무자 이외의 자의 소유에 속하는 동산을 경매한 경우에도 경매절차에서 그 동산을 경락받아 경락대금을 납부하고 이를 인도받은 경락인은 특별한 사정이 없는 한 소유권을 선의취득한다[97다32680].

오답 해설

② 동산의 선의취득에 필요한 점유의 취득은 현실적인 인도가 있어야 하고 점유개정에 의한 점유취득만으로는 그 요건을 충족할 수 없다[2003다30463].
③ 선의취득자는 물권행위의 목적인 소유권 또는 질권을 취득한다(제249조·제343조).
④ 민법 제249조의 동산을 선의취득한 자는 권리를 취득하는 반면 종전 소유자는 소유권을 상실하게 되는 법률효과가 법률의 규정에 의하여 발생되므로, 선의취득자가 임의로 이와 같은 선의취득 효과를 거부하고 종전 소유자에게 동산을 반환받아 갈 것을 요구할 수 없다[98다6800].

⑤ 점유보조자 내지 소지기관의 횡령처럼 형사법상 절도죄가 되는 경우도 형사법과 민사법의 경우를 동일시해야 하는 것은 아닐 뿐만 아니라 진정한 권리자와 선의의 거래 상대방 간의 이익형량의 필요성에 있어서 위탁물 횡령의 경우와 다를 바 없으므로 이 역시 민법 제250조의 도품·유실물에 해당되지 않는다[91다70].

26 ★☆☆   답 ①

정답 해설

① 분할로 인하여 공로에 통하지 못하는 토지가 있는 때에는 그 토지소유자는 공로에 출입하기 위하여 다른 분할자의 토지를 통행할 수 있다. 이 경우에는 보상의 의무가 없다(제220조 제1항).

오답 해설

② 다른 사람의 소유토지에 대하여 상린관계로 인한 통행권을 가지고 있는 사람은 그 통행권의 범위 내에서 그 토지를 사용할 수 있을 뿐이고 그 통행지에 대한 통행지 소유자의 점유를 배제할 권능까지 있는 것은 아니므로 그 통행지 소유자는 그 통행지를 전적으로 점유하고 있는 주위토지통행권자에 대하여 그 통행지의 인도를 구할 수 있다[2002다53469].
③ 일단 주위토지통행권이 발생하였다고 하더라도 나중에 그 토지에 접하는 공로가 개설됨으로써 주위토지통행권을 인정할 필요성이 없어진 때에는 그 통행권은 소멸한다[97다47118].
④ 주위토지통행권자가 민법 제219조 제1항 본문에 따라 통로를 개설하는 경우 통행지 소유자는 원칙적으로 통행권자의 통행을 수인할 소극적 의무를 부담할 뿐 통로개설 등 적극적인 작위의무를 부담하는 것은 아니고, 다만 통행지 소유자가 주위토지통행권에 기한 통행에 방해가 되는 담장 등 축조물을 설치한 경우에는 주위토지통행권의 본래적 기능발휘를 위하여 통행지 소유자가 그 철거의무를 부담한다[2005다30993].
⑤ 통행권의 범위는 현재의 토지의 용법에 따른 이용의 범위에서 인정할 수 있을 뿐, 장래의 이용상황까지 미리 대비하여 정할 것은 아니다[2005다30993].

27 ★☆☆

정답 해설

② 건물 공유자 중 일부만이 당해 건물을 점유하고 있는 경우라도 그 건물의 부지는 건물 소유를 위하여 공유명의자 전원이 공동으로 이를 점유하고 있는 것으로 볼 것이며, 건물 공유자들이 건물부지의 공동점유로 인하여 건물부지에 대한 소유권을 시효취득하는 경우라면 그 취득시효 완성을 원인으로 한 소유권이전등기청구권은 당해 건물의 공유지분비율과 같은 비율로 건물 공유자들에게 귀속된다[2002다57935].

오답 해설

① 미등기건물을 양수하여 건물에 관한 사실상의 처분권을 보유하게 됨으로써 그 양수인이 건물부지 역시 아울러 점유하고 있다고 볼 수 있는 등의 다른 특별한 사정이 없는 한 건물의 소유명의자가 아닌 자로서는 실제로 그 건물을 점유하고 있다고 하더라도 그 건물의 부지를 점유하는 자로는 볼 수 없다[2002다57935].

③ 부동산에 있어서 권리의 추정은 점유에 의하지 않고 등기에 의한다[66다677]. 점유자의 권리추정의 규정은 특별한 사정이 없는 한 부동산 물권에 대하여는 적용되지 아니하고 다만 그 등기에 대하여서만 추정력이 부여된다[81다780].

④·⑤ 진정한 소유자가 점유자 명의의 소유권이전등기는 원인무효의 등기라 하여 점유자를 상대로 토지에 관한 점유자 명의의 소유권이전등기의 말소등기청구소송을 제기하여 그 소송사건이 점유자의 패소로 확정되었다면, 점유자는 그 소송의 제기시부터는 토지에 대한 악의의 점유자로 간주되고, 또 패소판결 확정 후부터는 타주점유로 전환되었다고 보아야 할 것이다[2000다14934].

28 ★★★

정답 해설

③ 과반수 지분의 공유자는 공유자와 사이에 미리 공유물의 관리방법에 관하여 협의가 없었다 하더라도 공유물의 관리에 관한 사항을 단독으로 결정할 수 있으므로 과반수 지분의 공유자는 그 공유물의 관리방법으로서 그 공유토지의 특정된 한 부분을 배타적으로 사용·수익할 수 있으나, 그로 말미암아 지분은 있으되 그 특정 부분의 사용·수익을 전혀 하지 못하여 손해를 입고 있는 소수지분권자에 대하여 그 지분에 상응하는 임료 상당의 부당이득을 하고 있다 할 것이므로 이를 반환할 의무가 있다 할 것이다[2002다9738].

오답 해설

① 공유물의 소수지분권자인 乙이 다른 공유자와 협의하지 않고 공유물의 전부 또는 일부를 독점적으로 점유하는 경우 소수지분권자인 甲은 乙을 상대로 공유물의 인도를 청구할 수는 없다고 보아야 한다[2018다287522 전원합의체].

② 토지의 공유자는 단독으로 그 토지의 불법점유자에 대하여 명도를 구할 수 있다[69다21].

④ 공유물의 관리에 관한 사항은 공유자의 지분의 과반수로써 결정하고, 공유자간의 공유물에 대한 사용수익·관리에 관한 특약은 공유자의 특정승계인에 대하여도 당연히 승계된다고 할 것이나, 공유물에 관한 특약이 지분권자로서의 사용수익권을 사실상 포기하는 등으로 공유지분권의 본질적 부분을 침해한다고 볼 수 있는 경우에는 특정승계인이 그러한 사실을 알고도 공유지분권을 취득하였다는 등의 특별한 사정이 없는 한 특정승계인에게 당연히 승계되는 것으로 볼 수는 없다[2009다54294].

⑤ 각 공유자는 그 지분권을 다른 공유자의 동의가 없는 경우라도 양도 기타의 처분을 할 수 있는 것이며 공유자끼리 그 지분을 교환하는 것도 그것이 지분권의 처분에 해당하는 이상 다른 공유자의 동의를 요하는 것이 아니다[71다2760].

29 ★☆☆

정답 해설

③ 甲, 乙의 공유인 부동산 중 甲의 지분 위에 설정된 근저당권 등 담보물권은 특단의 합의가 없는 한 공유물분할이 된 뒤에도 종전의 지분비율대로 공유물 전부의 위에 그대로 존속하고 근저당권설정자인 甲 앞으로 분할된 부분에 당연히 집중되는 것은 아니다[88다카24868].

오답 해설

①·② 공유물분할청구권은 공유관계에서 수반되는 형성권이므로 공유관계가 존속하는 한 그 분할청구권만이 독립하여 시효소멸될 수 없다[80다1888, 1889].

④ 재판에 의하여 공유물을 분할하는 경우에는 법원은 현물로 분할하는 것이 원칙이고, 현물로 분할할 수 없거나 현물로 분할을 하게 되면 현저히 그 가액이 감손될 염려가 있는 때에 비로소 물건의 경매를 명하여 대금분할을 할 수 있는 것이므로, 그 분할의 방법은 당사자가 구하는 방법에 구애받지 아니하고 법원의 재량에 따라 공유자의 지분 비율에 따른 합리적인 분할을 하면 된다[2004다10183].

⑤ 공유자 사이에는 아무런 인적 결합관계가 없으므로, 각 공유자는 언제든지 공유물의 분할을 청구할 수 있다(제268조 제1항 본문).

30 ★★★　　　　　　　　　　　답①

정답 해설

① 강제경매의 목적이 된 토지 또는 그 지상 건물의 소유권이 강제경매로 인하여 그 절차상의 매수인에게 이전된 경우에 건물의 소유를 위한 관습상 법정지상권이 성립하는가 하는 문제에 있어서는 그 매수인이 소유권을 취득하는 매각대금의 완납시가 아니라 그 압류의 효력이 발생하는 때를 기준으로 하여 토지와 그 지상 건물이 동일인에 속하였는지가 판단되어야 한다. 경매의 목적이 된 부동산에 대하여 가압류가 있고 그것이 본압류로 이행되어 경매절차가 진행된 경우에는, 애초 가압류가 효력을 발생하는 때를 기준으로 토지와 그 지상 건물이 동일인에 속하였는지를 판단하여야 한다[2010다52140 전원합의체].

오답 해설

② 동일인 소유의 토지와 그 토지상에 건립되어 있는 건물 중 어느 하나만이 타에 처분되어 토지와 건물의 소유자를 각 달리하게 된 경우에는 관습상의 법정지상권이 성립한다고 할 것이나, 건물 소유자가 토지 소유자와 사이에 건물의 소유를 목적으로 하는 토지 임대차계약을 체결한 경우에는 관습상의 법정지상권을 포기한 것으로 봄이 상당하다[92다3984].

③ 관습상의 지상권은 법률행위로 인한 물권의 취득이 아니고 관습법에 의한 부동산물권의 취득이므로 등기를 필요로 하지 아니하고 지상권취득의 효력이 발생하고 이 관습상의 법정지상권은 물권으로서의 효력에 의하여 이를 취득할 당시의 토지소유자나 이로부터 소유권을 전득한 제3자에 대하여도 등기 없이 위 지상권을 주장할 수 있다[87다카279].

④ 민법 제366조 소정의 법정지상권이 성립하려면 저당권의 설정 당시 저당권의 목적이 되는 토지 위에 건물이 존재하여야 하고, 저당권 설정 당시 건물이 존재한 이상 그 이후 건물을 개축, 증축하는 경우는 물론이고 건물이 멸실되거나 철거된 후 재축, 신축하는 경우에도 법정지상권이 성립하며, 이 경우의 법정지상권의 내용인 존속기간, 범위 등은 구 건물을 기준으로 하여 그 이용에 일반적으로 필요한 범위 내로 제한된다[90다19985].

⑤ 관습상의 법정지상권은 건물철거 등의 특약이 없는 한 성립함이 원칙이므로 철거특약의 합의를 주장하는 자가 그러한 합의의 존재를 증명하여야 한다[88다카279].

31 ★☆☆　　　　　　　　　　　답③

정답 해설

③ 요역지가 수인의 공유인 경우에 그 1인에 의한 지역권소멸시효의 중단 또는 정지는 다른 공유자를 위하여 효력이 있다(제296조).

오답 해설

① 통로의 개설이 없는 일정한 장소를 오랜 시일 통행한 사실이 있다거나 또는 토지의 소유자가 다만 이웃하여 사는 교분으로 통행을 묵인하여 온 사실이 있다고 하더라도 그러한 사실만으로는 지역권을 취득할 수 없고, 본조에 의하여 지역권을 취득함에 있어서는 요역지의 소유자(또는 지상권자·전세권자 등 토지사용권을 가진 자[76다1694])가 승역지상에 통로를 개설(또는 이에 버금가는 정도의 노력과 비용으로 통로를 유지·관리[95다3619])하여 승역지를 항시 사용하고 있는 객관적 상태가 민법 제245조에 규정된 기간(20년) 계약한 사실이 있어야 한다[65다2305].

② 제295조 제1항

④ 제295조 제2항

⑤ 종전의 승역지 사용이 무상으로 이루어졌다는 등의 다른 특별한 사정이 없다면 통행지역권을 취득시효한 경우에도 주위토지통행권의 경우와 마찬가지로 요역지 소유자는 승역지에 대한 도로 설치 및 사용에 의하여 승역지 소유자가 입은 손해를 보상하여야 한다[2012다17479].

32 ★☆☆　　　　　　　　　　　답③

정답 해설

③ 제303조 제2항

오답 해설

① 전세권은 전세금을 지급하고 타인의 부동산을 그 용도에 따라 사용·수익하는 권리로서 전세금의 지급이 없으면 전세권은 성립하지 아니하는 등으로 전세금은 전세권과 분리될 수 없는 요소이다[2001다69122].

② 전세권이 용익물권적 성격과 담보물권적 성격을 겸비하고 있다는 점 및 목적물의 인도는 전세권의 성립요건이 아닌 점 등에 비추어 볼 때, 당사자가 주로 채권담보의 목적으로 전세권을 설정하였더라도, 장차 전세권자가 목적물을 사용·수익하는 것을 완전히 배제하는 것이 아니라면, 그 전세권의 효력을 부인할 수는 없다 할 것이고, 한편 전세금의 지급이 반드시 현실적으로 수수되어야만 하는 것은 아니고 기존의 채권으로 전세금의 지급에 갈음할 수도 있다[2008다67217].

④ 제312조의2

⑤ 제315조

33 ★★☆ 🔖 ③

정답 해설

③ 지상권을 가지는 건물소유자가 그 건물에 전세권을 설정하였으나 그가 2년 이상의 지료를 지급하지 아니하였음을 이유로 지상권설정자, 즉 토지소유자의 청구로 지상권이 소멸하는 것(민법 제287조 참조)은 전세권설정자가 전세권자의 동의 없이는 할 수 없는 위 민법 제304조 제2항 상의 '지상권 또는 임차권을 소멸하게 하는 행위'에 해당하지 아니한다 [2010다43801].

오답 해설

① 제304조 제1항
② 전세권설정자가 건물의 존립을 위한 토지사용권을 가지지 못하여 그가 토지소유자의 건물철거 등 청구에 대항할 수 없는 경우에 민법 제304조 등을 들어 전세권자 또는 대항력 있는 임차권자가 토지소유자의 권리행사에 대항할 수 없음은 물론이다[2010다43801].
④ 제305조 제1항
⑤ 제312조 제2항

34 ★☆☆ 🔖 ①

정답 해설

① 과실은 먼저 채권의 이자에 충당하고 그 잉여가 있으면 원본에 충당한다(제323조 제2항).

정답 해설

② 제322조 제1항
③ 제326조
④ 제324조 제2항 단서
⑤ 제321조

35 ★☆☆ 🔖 ②

정답 해설

② 제327조

오답 해설

① 당사자는 미리 유치권의 발생을 막는 특약을 할 수 있고 이러한 특약은 유효하다. 유치권 배제 특약이 있는 경우 다른 법정요건이 모두 충족되더라도 유치권은 발생하지 않는데, 특약에 따른 효력은 특약의 상대방뿐 아니라 그 밖의 사람도 주장할 수 있다[2016다234043].
③ 유치권은 타물권인 점에 비추어 볼 때 수급인의 재료와 노력으로 건축되었고 독립한 건물에 해당되는 기성부분은 수급인의 소유라 할 것이므로 수급인은 공사대금을 지급받을 때까지 이에 대하여 유치권을 가질 수 없다[91다14116].
④ 유치권은 목적물을 유치함으로써 채무자의 변제를 간접적으로 강제하는 것을 본체적 효력으로 하는 권리인 점 등에 비추어, 그 직접점유자가 채무자인 경우에는 유치권의 요건으로서의 점유에 해당하지 않는다고 할 것이다(유치권 소멸) [2007다27236].
⑤ 유치권에 관한 규정은 그 점유가 불법행위로 인한 경우에 적용하지 아니한다(제320조 제2항). 점유물에 대한 필요비와 유익비 상환청구권을 기초로 하는 유치권 주장을 배척하려면 적어도 점유가 불법행위로 인하여 개시되었거나 점유자가 필요비와 유익비를 지출할 당시 점유권원이 없음을 알았거나 중대한 과실로 알지 못하였다고 인정할만한 사유에 대한 상대방 당사자의 주장·증명이 있어야 한다[2009다5162].

36 ★☆☆ 🔖 ①

정답 해설

① 질권자는 채권의 변제를 받기 위하여 질물을 경매할 수 있다(제388조 제1항). 동산질권자는 채권의 담보로 채무자 또는 제3자가 제공한 동산을 점유하고 그 동산에 대하여 다른 채권자보다 자기채권의 우선변제를 받을 권리가 있다(제329조). 즉, 질물에 대한 경매는 채권자가 그 목적물을 제출하거나 그 목적물의 점유자가 압류를 승낙한 때에 개시한다(민집법 제271조). 질권자는 그 순위에 따라 그 경락대금으로부터 우선변제를 받는데, 이는 다른 채권자가 경매신청을 한 경우에도 마찬가지이다.

오답 해설

② 제331조
③ 제334조
④ 제335조
⑤ 제333조

37 ★★☆ 🔖 ④

정답 해설

ㄴ. [○] 제365조에 기한 일괄경매청구권은 토지상의 저당권설정자가 건물을 축조하여 소유하고 있는 경우에 한한다[99마146]. 그러나 저당지상의 건물에 대한 일괄경매청구권은 저당권설정자가 건물을 축조한 경우뿐만 아니라 저당권설정자로부터 저당토지에 대한 용익권을 설정받은 자가 그 토지에 건물을 축조한 경우라도 그 후 저당권설정자가 그 건물의 소유권을 취득한 경우에는 저당권자는 토지와 함께 그 건물에 대하여 경매를 청구할 수 있다[2003다3850].

ㄷ. [○] 민법 제365조가 토지를 목적으로 한 저당권을 설정한 후 그 저당권설정자가 그 토지에 건물을 축조한 때에는 저당권자가 토지와 건물을 일괄하여 경매를 청구할 수 있도록 규정하고 있으므로 일괄경매청구권은 저당권설정자가 건물을 축조하여 소유하고 있는 경우에 한한다고 봄이 상당하다[99마146]. 따라서 경매개시결정당시 건물의 소유권이 제3자에게 이전된 경우 일괄경매를 청구할 수 없다.

ㄱ. [×] 토지를 목적으로 저당권을 설정한 후 그 설정자가 그 토지에 건물을 축조한 때에는 저당권자는 토지와 함께 그 건물에 대하여도 경매를 청구할 수 있다. 그러나 그 건물의 경매대가에 대하여는 우선변제를 받을 권리가 없다(제365조).

38 ★★☆　　　　　　　　　　　🔖 ⑤

ㄱ. [○] 민법 제366조는 그 지상건물은 반드시 등기를 거친 것임을 필요로 하지 아니하며 또 그 건물은 건물로서의 요소를 갖추고 있는 이상 무허가 건물이고 건평 5평에 지나지 아니한다 하여도 법정지상권 성립에 아무런 장애도 될 수 없다[선고 63아62].

ㄴ. [○] 법정지상권에 관한 지료가 결정된 바 없다면 법정지상권자가 지료를 지급하지 아니하였다고 하더라도 지료지급을 지체한 것으로는 볼 수 없으므로 법정지상권자가 2년 이상의 지료를 지급하지 아니하였음을 이유로 하는 토지소유자의 지상권소멸청구는 그 이유가 없다[93다52297].

ㄷ. [○] 건물 소유를 위하여 법정지상권을 취득한 사람으로부터 경매에 의하여 그 건물의 소유권을 이전받은 매수인은 매수 후 건물을 철거한다는 등의 매각조건하에서 경매되는 경우 등 특별한 사정이 없는 한 건물의 매수취득과 함께 위 지상권도 당연히 취득한다[2013다43345].

39 ★★☆　　　　　　　　　　　🔖 ⑤

⑤ 공동근저당권자가 적극적으로 경매를 신청하였는지 아니면 제3자의 경매신청에 소극적으로 참가하였는지를 불문하고 공동근저당권의 목적 부동산 중 일부 부동산에 대한 경매절차에서 자신의 우선변제권을 행사하여 우선변제권 범위의 채권최고액에 해당하는 전액을 배당받은 경우에는 후에 이루어지는 공동근저당권의 다른 목적 부동산에 대한 경매절차를 통해서 중복하여 다시 배당받을 수는 없다고 봄이 상당하다[2011다68012].

① 피담보채무는 근저당권설정계약에서 근저당권의 존속기간을 정하거나 근저당권으로 담보되는 기본적인 거래계약에서 결산기를 정한 경우에는 원칙적으로 존속기간이나 결산기가 도래한 때에 확정된다[2002다7176].

② 근저당권에 의하여 담보되는 채권이 전부 소멸하고 채무자가 채권자로부터 새로이 금원을 차용하는 등 거래를 계속할 의사가 없는 경우에는, 그 존속기간 또는 결산기가 경과하기 전이라 하더라도 근저당권설정자는 계약을 해지하고 근저당권설정등기의 말소를 구할 수 있고, 한편 존속기간이나 결산기의 정함이 없는 때에는 근저당권설정자가 근저당권자를

상대로 언제든지 해지의 의사표시를 함으로써 피담보채무를 확정시킬 수 있다[2002다7176].

③ 근저당권자가 피담보채무의 불이행을 이유로 경매신청을 한 경우에는 경매신청시에 근저당 채무액이 확정되고, 그 이후부터 근저당권은 부종성을 가지게 되어 보통의 저당권과 같은 취급을 받게 되는바, 위와 같이 경매신청을 하여 경매개시결정이 있은 후에 경매신청이 취하되었다고 하더라도 채무확정의 효과가 번복되는 것은 아니다[2001다73022].

④ 후순위 근저당권자가 경매를 신청한 경우 선순위 근저당권의 피담보채권은 그 근저당권이 소멸하는 시기, 즉 경락인이 경락대금을 완납한 때에 확정된다고 보아야 한다[99다26085].

40 ★★☆　　　　　　　　　　　🔖 ⑤

⑤ 저당목적물의 변형물인 금전 기타 물건에 대하여 이미 제3자가 압류하여 그 금전 또는 물건이 특정된 이상 저당권자가 스스로 이를 압류하지 않고서도 물상대위권을 행사하여 일반 채권자보다 우선변제를 받을 수 있다[98다12812].

① 제361조

② 제363조 제2항

③ 민법 제358조 본문은 건물에 대한 저당권의 효력은 그 건물의 소유를 목적으로 하는 지상권에도 미친다고 보아야 할 것이다[92다527].

④ 전세권을 목적으로 한 저당권이 설정된 경우, 전세권의 존속기간이 만료되면 전세권의 용익물권적 권능이 소멸하기 때문에 더 이상 전세권 자체에 대하여 저당권을 실행할 수 없게 되고, 저당권자는 저당권의 목적물인 전세권에 갈음하여 존속하는 것으로 볼 수 있는 전세금반환채권에 대하여 압류 및 추심명령 또는 전부명령을 받거나 제3자가 전세금반환채권에 대하여 실시한 강제집행절차에서 배당요구를 하는 등의 방법으로 물상대위권을 행사하여 전세금의 지급을 구하여야 한다[2013다91672].

제2과목 | 경제학원론

01	02	03	04	05	06	07	08	09	10
②	③	①	④	④	④	⑤	④	④	①
11	12	13	14	15	16	17	18	19	20
①	②	③	④	①	③	③	①	②	②
21	22	23	24	25	26	27	28	29	30
④	③	③	①	②	④	③	⑤	⑤	③
31	32	33	34	35	36	37	38	39	40
④	②	②	①	②	⑤	⑤	⑤	⑤	①

01 ★☆☆　　　　　답 ②

정답 해설

수요곡선과 공급곡선이 교차하는 곳에서 결정되는 균형가격은 $P^*=150$이다. 수요곡선이 $P=500-Q$이므로 $P^*=150$을 대입하면 균형거래량은 $Q^*=350$이다.

02 ★★☆　　　　　답 ③

정답 해설

레온티에프 생산함수인 경우 비용을 극소화하려면 $Q=L=2K$의 조건이 충족되어야 한다. $L=2K$이면 $K=\frac{1}{2}L$이어야 하고 $110=L=2K$이다. 따라서 최소비용으로 110을 생산하기 위한 생산요소 묶음은 $L=110$, $K=55$이다.

03 ★☆☆　　　　　답 ①

정답 해설

사회적 한계편익(SMB)＝사적 한계편익(PMB)＋외부 한계편익(EMB)이고, 사회적 한계비용(SMC)＝사적 한계비용(PMC)＋외부 한계비용(EMC)이다.
따라서 1. 소비의 긍정적 외부성이 존재하면, 외부 한계편익>0이므로 사회적 한계편익이 사적 한계편익보다 크다. 2. 생산의 부정적 외부성이 존재하면, 외부 한계비용>0이므로 사회적 한계비용이 사적 한계비용보다 크다.

04 ★★☆　　　　　답 ④

정답 해설

이윤을 극대화하는 노동투입량은 노동의 한계생산가치와 임금률이 일치하는 수준에서 결정된다. 즉 $VMP_L=P \cdot MP_L=W$에서 노동투입량을 결정해야 한다.
기업 A의 생산함수가 $Q=\sqrt{L}=L^{\frac{1}{2}}$이면 $MP_L=\frac{1}{2\sqrt{L}}$이다.
따라서 $5\left(\frac{1}{2\sqrt{L}}\right)=0.5$에서 이윤극대화 노동투입량$(L^*)=25$, 산출량$(Q^*)=5$이다.

05 ★☆☆　　　　　답 ④

정답 해설

X재에 대해 종량세를 판매자에게 부과하면 공급곡선은 상방으로(왼쪽으로) 이동하고, 구매자에게 부과하면 수요곡선은 하방으로(왼쪽으로) 이동한다. 동일한 세율로 부과하면 수요곡선과 공급곡선은 같은 크기만큼 왼쪽으로 이동한다. 따라서 균형 거래량은 모두 감소한다.

06 ★☆☆　　　　　답 ④

정답 해설

가격이 P_4일 때 $P=MC$인 AVC의 최저점에서 생산하게 되면 $P=AVC$이고 따라서 $TR=TVC$이다. 따라서 총수입으로 가변비용을 모두 충당하고 있다. AVC의 최저점은 생산폐쇄점(shut down point, 조업중단점)이다.

07 ★☆☆　　　　　답 ⑤

정답 해설

기술혁신으로 노동의 한계생산(MP_L)이 증가하면 노동수요곡선, 즉 노동의 한계생산가치($VMP_L=P \cdot MP_L$)곡선은 우측으로 이동한다. 노동수요곡선이 우측으로 이동하면 균형 노동량은 증가하고, 균형 임금률은 상승한다.

08 ★☆☆ 정답 ④

정답 해설

독점적 경쟁시장은 다수의 공급자가 차별화된(이질적인) 상품을 공급하므로 공급자는 가격에 어느 정도의 영향을 미칠 수 있다. 따라서 독점적 경쟁시장에서 개별기업들은 완만하게 우하향하는 형태의 수요곡선에 직면하게 된다.

개별기업들이 우하향하는 형태의 수요곡선에 직면하므로 MR＝MC에서 생산량을 결정하면 P＞MC가 된다.

09 ★★☆ 정답 ④

정답 해설

기업 A와 기업 B가 동시에 전략을 선택하는 일회성 게임에서 우월전략(dominant strategy)은 (32, 14)이다. 균형에서 기업 A의 보수는 32이다. 우월전략은 상대방의 전략에 관계없이 자신에게 유리한 결과를 가져오는 전략이다.

기업 A가 먼저 전략을 선택하고 신뢰할 수 있는 방법으로 확약하는 경우 A의 우월전략은 (32, 14)이다. 균형에서 기업 B의 보수는 14이다.

10 ★★☆ 정답 ①

정답 해설

1급(first degree) 가격차별 또는 완전가격차별은 각 단위의 재화에 대하여 소비자들의 지불용의 가격(기꺼이 지불할 의사가 있는 가격)을 책정하는 것을 말한다. 따라서 재화 단위마다 가격은 다 다르고, 소비자잉여는 전부 독점기업의 이윤으로 귀속된다.

1급 가격차별을 하는 경우 보상수요곡선과 한계수입곡선이 일치하고, P＝MC가 성립하므로 완전경쟁시장과 같은 생산량을 생산하고 자원배분은 효율적이다.

11 ★★☆ 정답 ①

정답 해설

효용을 극대화하기 위해서는 한계효용 균등의 법칙에 따라 최적의 소비조합을 선택해야 한다. 효용함수를 X재와 Y재에 대해 미분하여 한계효용을 구한 후 가격으로 나누어주면 각 재화 1원어치의 한계효용을 구할 수 있다. $MU_X = 6X$, $MU_Y = 2Y$이고, $\frac{MU_X}{P_X} = \frac{6X}{6} = X$, $\frac{MU_Y}{P_Y} = \frac{2Y}{2} = Y$이다.

이 조건 하에서 효용을 극대화하는 갑의 소비배합은 (0, 60), 또는 (60, 0), (30, 30)이다.

12 ★★☆ 정답 ②

정답 해설

수요함수 P＝30－2Q는 $Q = 15 - \frac{1}{2}P$이다. 가격이 10일 때 수요의 가격탄력성 $e_D = -\frac{dQ}{dP} \cdot \frac{P}{Q} = -\left(-\frac{1}{2}\right) \cdot \frac{10}{10} = 0.5$이다. 따라서 수요의 가격탄력성은 비탄력적이고(수요곡선의 아랫부분), 이 경우 총수입(TR＝PQ)을 증가시키려면 가격을 인상해야 한다.

13 ★★☆ 정답 ③

정답 해설

콥－더글러스(Cobb–Douglas) 효용함수의 무차별곡선이 원점에 대해 볼록하고 우하향하는 일반적인 형태라면 보상수요곡선은 항상 우하향하므로 열등재와 기펜재(Giffen's goods)의 보상수요곡선도 우하향한다.

보상수요곡선(compensation demand curve)은 가격효과에서 소득효과를 제외한 순수한 상대가격 변화의 효과만을 나타낸 수요곡선이다. 보상수요곡선은 대체효과만을 고려하여 도출된 수요곡선이므로 소득효과가 0이라면 보통수요곡선과 일치한다.

14 ★☆☆ 정답 ④

정답 해설

갑의 효용함수가 $U(X, Y) = X^{0.3}Y^{0.7}$은 콥－더글러스 효용함수이므로 무차별곡선은 원점에 대해 볼록하고, 선호체계는 단조성(monotonicity)을 만족한다.

X재 가격이 하락할 때 효용극대화를 위해 X재 소비량을 증가시키므로 가격소비곡선은 Y의 축과 평행할 수는 없다. 가격소비곡선은 X, Y 두 재화가 독립재라면 수평이 되고, 대체재라면 우하향하는 형태가 된다.

15 ★★★ 정답 ①

정답 해설

현시선호의 약공리(weak axiom)는 직접 현시선호로부터 도출된 것으로 소비행위의 일관성을 의미한다. 소비조합 Q_0와 Q_1 중에서 Q_0가 직접 현시선호되었다면, 어떠한 경우라도 Q_1이 Q_0보다 직접 현시선호되어서는 안된다.

상품가격의 변화로 최초의 직접 현시선호점이 구입불가능하게 된 경우 약공리가 충족된다. 따라서 제시된 사례는 현시선호의 약공리가 충족된다.

16 ★★★

답 ③

정답 해설

소비자 갑의 효용함수는 레온티에프 효용함수이므로 무차별곡선은 원점을 통과하는 45°선 상에서 꺾어지는 L자 형태이다. 소비자 을의 효용함수는 콥-더글러스 함수로 무차별곡선은 원점에 대해 볼록한 형태이다.

갑과 을의 초기 부존자원(X, Y)이 각각 (30, 60), (60, 30)이고 X재의 가격이 1이면 일반균형에서 Y재의 가격도 1이 된다.

17 ★★★

답 ③

정답 해설

전형적인 꾸르노 모형에 대한 문제이다. 두 기업의 반응함수 (reaction function)를 구한 후 이를 이용해 꾸르노 균형을 구하면 된다. 각 기업의 반응함수는 이윤극대화 문제로부터 구할 수 있다.

1. A기업의 TR_A

$$= P \cdot Q_A = [120 - 2(Q_A + Q_B)]Q_A$$
$$= 120Q_A - 2Q_A^2 - 2Q_AQ_B 이다.$$

B기업의 TR_B

$$= P \cdot Q_B = [120 - 2(Q_A + Q_B)]Q_B$$
$$= 120Q_B - 2Q_B^2 - 2Q_AQ_B 이다.$$

2. A기업의 $MR_A = \dfrac{dTR_A}{dQ_A} = 120 - 4Q_A - 2Q_B$이고,

$MC_A = 40$이다. $MR_A = MC_A$이므로 A의 반응곡선은

$Q_A = \dfrac{80 - 2Q_B}{4}$이다.

같은 방법으로 B의 반응곡선을 구하면

$Q_B = \dfrac{100 - 2Q_A}{4}$이다.

A의 반응곡선과 B의 반응곡선을 연립하여 풀면

$Q_A = 20$, $Q_B = 10$이다.

시장 총생산량 $Q^* = Q_A + Q_B = 20 + 10 = 30$이다.

3. $Q^* = 30$을 시장수요곡선에 대입하여 풀면 꾸르노 균형가격 $P^* = 60$이다.

18 ★☆☆

답 ①

정답 해설

교역 후 국내가격이 국제가격 수준으로 하락하여 수요량은 증가하고, 공급량은 감소한다. 이로 인해 소비자 잉여는 증가하고, 생산자 잉여는 감소한다. 소비자 잉여의 증가분 〉 생산자 잉여의 감소분이므로 총잉여는 증가한다.

19 ★★☆

답 ②

정답 해설

ㄱ. [○] ㄷ. [○] 노동시장이 수요독점일 때 한계수입생산 (MRP_L)곡선 또는 VMP_L곡선이 노동수요곡선이 되고, $VMP_L = MFC$에서 균형고용량이 결정된다. 균형임금은 균형고용량 수준에서 노동공급곡선에 의해 결정된다.

오답 해설

ㄴ. [×] 한계요소비용(MFC)곡선은 노동공급곡선의 위쪽에 위치한다.

ㄹ. [×] 노동시장이 완전경쟁인 경우보다 균형 임금률이 높고 균형 고용량이 적다.

20 ★★★

답 ②

정답 해설

사회적으로 바람직한 최적생산량은 사회적 한계편익(SMB)= 사회적 한계비용(SMC)에서 결정된다. 시장수요곡선 $P = 200 - Q$가 사회적 한계편익 SMB이다. 사회적 한계비용 $SMC = PMC + EMC$로 PMC와 EMC의 수직합이다.

$PMC = \dfrac{dC}{dQ} = 2Q + 20$이고, $EMC = \dfrac{dSC}{dQ} = 4Q + 20$이고 $SMC = 4Q + 20$이다. $200 - Q = 4Q + 20$에서 최적생산량 $Q^* = 36$이다.

21 ★☆☆

답 ④

정답 해설

국민소득 항등식 $Y = C + I + G + (X - M)$을 저축과 투자의 관계로 정리하면,

$(X - M) = S_P + (T - G) - I$이다.

$(X - M) = 150 + (50 - 70) - 50 = 80$이다.

22 ★☆☆

답 ③

정답 해설

ㄱ. [○] GDP 디플레이터는 GDP를 추계할 때 포함되는 국내에서 생산된 모든 최종 재화와 서비스의 가격변동이 반영된다.

ㄴ. [○] 소비자물가지수(CPI)의 산정에 포함되는 재화와 서비스의 종류와 수량 및 가중치는 일정 기간(일반적으로 5년간) 고정되어 있다.

오답 해설

ㄷ. [×] 생산자물가지수(PPI)에는 기업이 생산 목적으로 구매하는 수입품의 가격변동이 반영된다.

23 ★☆☆   답 ③

정답 해설

실망실업자(구직단념자)는 비경제활동인구에 포함되므로 그 수가 변화하여도 실업률에는 영향을 미치지 않는다.

실업율(%)$=\dfrac{\text{실업자수}}{\text{경제활동인구}}=\dfrac{6\text{만 명}}{60\text{만 명}}\times100(\%)=10\%$이다.

취업자수는 54만 명에서 9만 명이 증가하였으므로 63만 명이 되었고, 따라서

고용률(%)$=\dfrac{\text{취업자수}}{\text{생산가능인구}}=\dfrac{63\text{만 명}}{100\text{만 명}}\times100(\%)=63\%$이다.

24 ★★☆   답 ①

정답 해설

필립스 곡선이 수직이 되는 경우는 $\pi=\pi^e-\beta(u-u_n)$에서 $\pi=\pi^e$인 경우, 또는 $u=u_n$인 경우이다. 이 경우 총공급 곡선은 수직이 된다.

25 ★★☆   답 ②

정답 해설

주어진 테일러 준칙에서 현재의 목표 인플레이션율은 3%이다. 이를 2%로 낮추려면 명목정책금리는 0.5%p 인상해야 한다.

26 ★★☆   답 ④

정답 해설

이 모형에서 수출승수는 $\dfrac{1}{1-b+m}=\dfrac{1}{1-0.7+0.5}=2$이다. 따라서 수출이 100만큼 늘어나면 국민소득은 2배, 즉 200만큼 증가한다. 경상수지 $X-M$의 변동분$=100-0.2(200)=60$이다.

27 ★☆☆   답 ③

정답 해설

긴축 재정정책과 팽창 통화정책을 조합하면 IS곡선은 좌측으로 이동하고 LM곡선은 우측으로 이동하므로 AD곡선은 이동하지 않고 따라서 물가는 원래 수준에서 유지될 수 있다. LM곡선의 우측이동에 따라 이자율이 하락하므로 투자는 증가할 수 있다.

28 ★☆☆   답 ⑤

정답 해설

폐쇄경제 IS-LM 모형에서 기대 인플레이션이 상승하면 LM곡선이 오른쪽으로(하방으로) 이동하므로 실질 이자율은 하락하고, 생산량은 증가한다.

29 ★☆☆   답 ⑤

오답 해설

ㄱ. [×] 투자가 이자율에 민감할수록, 즉 투자의 이자율 탄력성이 클수록 IS곡선은 완만하다. 이 경우 재정정책은 구축효과(crowding out effect)가 커서 효과가 적고, 통화정책의 효과는 크다. 이는 프리드먼(M. Friedman) 등 통화주의 학자들의 주장이다.

30 ★★☆   답 ③

정답 해설

ㄱ. [○] ㄹ. [○] 먼델-플레밍(Mundell-Fleming) 모형은 국가 간 자본이동을 고려한 IS-LM-BP 모형이다. 변동환율제도인 경우 통화량을 줄이면 이자율이 상승하므로 투자가 감소하여 소득은 감소하고, 해외자본이 유입된다.

오답 해설

ㄴ. [×] ㄷ. [×] 통화량을 줄이면 자국통화의 대외가치는 상승(절상)하고 경상수지는 악화된다.

31 ★☆☆   답 ④

정답 해설

1인당 생산함수가 $y=5k^{0.4}=(\dfrac{Y}{L})=5(\dfrac{K}{L})^{0.4}$이므로 양변에 L을 곱해주면 총생산함수는 $Y=5K^{0.4}L^{0.6}$이다. 황금률에서는 노동소득 분배율이 소비율과 같고, 저축율이 자본소득 분배율과 일치하므로 황금률 수준에서의 저축률은 0.4이다.

32 ★★☆   답 ②

오답 해설

① 신케인즈 학파(new Keynesian)는 불완전한 시장을 가정하고, 시장의 불완전 요소들이 가격경직성을 가져온다고 주장한다.

③ 신케인즈 학파는 총수요 충격이 경기변동의 근본 원인이라고 주장한다. 총공급 충격을 경기변동의 원인으로 강조하는 것은 새고전학파이다.

④ 실물경기변동이론은 새고전학파 경제학자들의 주장으로 완전 신축적인 물가와 임금을 가정한다.

⑤ 실물경기변동이론은 물가와 임금의 신축성을 가정하므로 불경기에도 비용 최소화가 달성된다.

33 ★★☆   답 ②

정답 해설

② AK 모형에서 자본축적 증가율 $\dfrac{\Delta K}{K}=\dfrac{\Delta Y}{Y}=sA-\delta>0$이면 지속적인 성장이 가능하다.

① AK 모형에서는 자본의 한계생산은 자본이 축적되어도 체감하지 않고 $Y=AK$에서 A로 일정하다.

③ 감가상각률보다 자본의 한계생산이 커야만 경제는 지속적으로 성장할 수 있다.

⑤ 자본의 한계생산이 일정하므로 자본의 한계생산과 자본의 평균생산은 같다.

34 ★★☆ 답①

① 항상소득가설에 따르면, 단기적으로 소득(Y)이 감소하면 평균 소비성향($\frac{C}{Y}$)은 일시적으로 증가한다. 그러나 장기적으로 항상소득에 변화가 없으면 평균소비성향을 불변이라고 주장한다.

② 생애주기가설은 소비자는 차입에 제약이 없다고 가정한다.

③ 이자율에 대한 소비의 기간별 대체효과를 반영하는 소비이론은 피셔(I. Fisher)의 기간간 선택(intertemporal choice)이론이다. 케인즈(J. M. Keynes)의 소비이론은 소비는 현재의 가처분소득에 의해 현재의 소비가 결정된다고 주장하는 절대소득가설이다.

④ 홀(R. Hall)의 임의보행가설은 항상소득가설을 기초로 소비자는 합리적 기대를 한다고 가정한다.

⑤ 항상소득가설은 소비자는 차입제약, 즉 유동성 제약에 처해있지 않다고 가정한다.

35 ★★☆ 답②

$q>1$인 경우 자본을 새로 설치하는 비용보다 새로 설치한 자본에서 발생하는 수익의 흐름이 더 크기 때문에 기업은 투자를 증가시키고 자본 스톡(capital stock)은 증가한다.

토빈(J. Tobin)에 의해서 정립된 q이론은 투자의 수요는 투자로 인한 순한계생산력(즉 자본의 한계생산력−투자비용)과 실질이자율의 비율에 의해 결정된다는 것이다.

토빈의 q는 주식시장에서 평가된 기업의 시장가치를 기업의 실물자본 대체비용으로 나눈 값이다.

36 ★★☆ 답⑤

주어진 조건을 이용하여 먼저 LM곡선을 구하고 IS−LM 균형점에서 AD곡선을 구한다. $M^d=P(0.1Y-r)$이므로

$P(0.1Y-r)=4$에서 LM곡선은 $r=0.1Y-\frac{4}{P}$이다.

IS곡선 식과 연립하여 P를 구한다.

즉 $0.1Y-\frac{4}{P}=10-0.4Y$에서 P를 구하면 총수요곡선은

$P=\frac{8}{(Y-20)}$이다.

37 ★★★ 답⑤

균제상태(steady−state)에서는 자본량과 산출량은 인구증가율(n)로 증가한다. 따라서 실업률은 불변이다.

실업률이 변화하지 않는다는 것은 실업자 중 새로운 일자리를 얻는 사람의 수와 취업자 중 일자리를 잃는 사람의 수가 같다는 것이다. 경제활동인구＝취업자 수＋실업자 수이다.

매 기간 취업자 수를 E라고 하면 매 기간 실업자 수＝(6,000만−E)이다. 따라서 $0.05E=0.2(6,000만-E)$이다. 매 기간 취업자 수(E)＝4,800만 명이다.

따라서 실업자 수＝6,000만 명−4,800만 명＝1,200만 명이다.

38 ★☆☆ 답⑤

AD−AS 모형에서 AD와 AS 모두 감소하면 균형국민소득은 감소한다. 균형물가수준은 불확실하다. AD가 AS보다 크게 감소하면 균형물가수준은 하락하지만, AD보다 AS가 크게 감소하면 균형물가수준은 상승한다.

39 ★★☆ 답⑤

총생산함수를 증가율에 관한 식으로 바꾸면 성장회계방정식이 된다.

즉, $\frac{\Delta Y}{Y}=\frac{\Delta A}{A}+0.6\frac{\Delta L}{L}+0.4\frac{\Delta K}{K}$이다. 여기에 주어진 조건들을 대입하여 정리하면 생산량 증가율($\frac{\Delta Y}{Y}$)＝5.8%이고, 노동자 1인당 생산량 증가율은 생산량 증가율(5.8%)에서 노동량 증가율(−2%)을 빼면 7.8%이다.

40 ★★☆ 답①

균형민간저축 $S_P=Y-C-T$이다. IS곡선과 LM곡선을 도출한 후 균형국민소득을 구해서 S_P 식에 대입한다.

IS곡선 : $Y=C+I+G=8+0.8(Y-5)+14-2r+2$에서 $Y=100-10r$이다.

LM곡선 : $M^s=M^d$, $10=Y-10r$에서 $Y=10+10r$이다.

두 식을 연립하여 풀면 균형국민소득 $Y=55$, 균형이자율 $r=4.5$이다. 이 값을 균형민간저축 $S_P=Y-C-T$식에 대입하여 값을 구하면 $S_P=2$이다.

제3과목 | 부동산학원론

01	02	03	04	05	06	07	08	09	10
②	②	⑤	⑤	①	⑤	③	③	①	①
11	12	13	14	15	16	17	18	19	20
③	②	①	⑤	④	⑤	③	④	④	③
21	22	23	24	25	26	27	28	29	30
⑤	④	④	①	④	⑤	④	④	①	⑤
31	32	33	34	35	36	37	38	39	40
③	⑤	③	②	②	②	①	④	②	②

01 ★★☆ 답 ②

정답 해설

자연으로서 토지는 인간의 노력에 의해 그 특성을 바꿀 수 있다. 자연으로서의 토지는 인간의 삶에 필요한 장소를 제공하면서 모든 생산활동을 위한 요소이다. 토지는 생산할 수 없으므로 유한성을 극복하기 위해서 효율적인 이용을 강조하여 최유효이용의 개념이 중시된다. 그리고 자연으로서의 토지가치를 점차 크게 인식하기 때문에 토지는 개발보다는 보전을 위한 노력이 필요하다.

02 ★★★ 답 ②

정답 해설

ㄱ. [ㅇ] 1필지의 토지를 2인 이상이 공동으로 소유하고 있는 토지의 지분을 감정평가할 때에는 대상토지 전체의 가액에 지분비율을 적용하여 감정평가한다. 다만, 대상지분의 위치가 확인되는 경우에는 그 위치에 따라 감정평가할 수 있다.

ㄷ. [ㅇ] 선하지는 고압선 등이 통과하는 토지는 통과전압의 종별, 고압선 등의 높이, 고압선 등 통과부분의 면적 및 획지 안에서의 위치, 철탑 및 전선로의 이전 가능성, 지상권설정 여부 등에 따른 제한의 정도를 고려하여 감정평가할 수 있다.

ㄹ. [ㅇ] 맹지는 지적도상 도로에 접한 부분이 없는 토지를 말하며 「민법」 제219조에 따라 공로에 출입하기 위한 통로를 개설하기 위해 비용이 발생하는 경우에는 그 비용을 고려하여 감정평가한다. 다만, 다음 각 호의 어느 하나에 해당하는 경우에는 해당 도로에 접한 것으로 보고 감정평가할 수 있다.

ⓐ 토지소유자가 그 의사에 의하여 타인의 통행을 제한할 수 없는 경우 등 관습상 도로가 있는 경우

ⓑ 지역권(도로로 사용하기 위한 경우) 등이 설정되어 있는 경우

오답 해설

ㄴ. [×] 일단(一團)으로 이용 중인 토지 2필지 이상의 토지가 일단으로 이용 중이고 그 이용 상황이 사회적 · 경제적 · 행정적 측면에서 합리적이고 대상토지의 가치형성 측면에서 타당하다고 인정되는 등 용도상 불가분의 관계에 있는 경우에는 일괄감정평가를 할 수 있다.

ㅁ. [×] 「도시개발법」에서 규정하는 환지방식에 따른 사업시행지구 안에 있는 토지는 다음과 같이 감정평가한다.

ⓐ 환지처분 이전에 환지예정지로 지정된 경우에는 환지예정지의 위치, 확정예정지번(블록 · 롯트), 면적, 형상, 도로접면상태와 그 성숙도 등을 고려하여 감정평가한다. 다만, 환지면적이 권리면적보다 큰 경우로서 청산금이 납부되지 않은 경우에는 권리면적을 기준으로 한다.

ⓑ 환지예정지로 지정 전인 경우에는 종전 토지의 위치, 지목, 면적, 형상, 이용상황 등을 기준으로 감정평가한다.

03 ★☆☆ 답 ⑤

정답 해설

주어진 지문에 대한 설명으로, ㄱ : 부증성, ㄴ : 부동성, ㄷ : 개별성에 대한 것이다.

04 ★★☆ 답 ⑤

정답 해설

주어진 내용은 모두 옳은 지문이다.

• 용도다양성은 최유효이용, 경제적 공급 등과 연관되어 있다.

• 외부효과는 부동성 또는 인접성과 연관되어 있다.

• 분할 · 합병의 가능성은 부동산의 가치를 변화시킨다.

• 부동성은 인근지역과 유사지역의 분류, 즉 지역분석의 근거가 된다.

• 영속성은 부동산활동을 장기적으로 고려하게 한다.

05 ★★★   답 ①

정답 해설

장기균형에서 4개의 내생변수, 즉 공간재고, 임대료, 자산가격, 건물의 신규공급량이 결정된다.

오답 해설

② 3사분면의 신축을 통한 건물의 신규공급량은 자산가격(P)과 생산요소의 가격(C) 및 정부규제에 의해 결정된다는 이론이다. 원가방식에 접근하여 재조달원가와 자산가격과의 관계에 의해서 주택건설량이 결정된다는 이론이다.

③ 자본환원율은 요구수익률을 의미하며, 이때 자본환원율은 시장이자율, 조세, 금리, 기대상승률, 위험프리미엄 등의 모든 요인을 포함한다.

④ 1사분면인 최초 공간재고가 공간서비스에 대한 수요량과 일치할 때 균형임대료가 결정한다.

⑤ 4사분면인 건물의 신규공급량과 기존 재고의 소멸에 의한 재고량 감소분이 일치할 때 장기균형에 도달한다.

06 ★★★   답 ⑤

정답 해설

(1) 수요와 공급을 일치시킨다.

수요함수 : $Q_D = 2,600 - 2P$, 공급함수 : $3Q_S = 600 + 4P$

$\rightarrow Q_S = 200 + \dfrac{4}{3}P$

$\therefore$ 균형가격 = 720, 균형량 = 1,160

(2) 탄력성을 구하기 위하여 수요함수와 공급함수를 미분한다.

• 수요의 가격탄력성(EP) :

$\dfrac{dQ}{dP} \times \dfrac{P}{Q} = \left| -2 \times \dfrac{720}{1,160} \right| = \dfrac{36}{29}$

• 공급의 가격탄력성(N) : $\dfrac{dQ}{dP} \times \dfrac{P}{Q} = \dfrac{4}{3} \times \dfrac{720}{1,160} = \dfrac{24}{29}$

(3) 수요와 공급 가격탄력성의 합은 다음과 같다.

수요의 가격탄력성($\dfrac{36}{29}$) + 공급의 가격탄력성($\dfrac{24}{29}$) = $\dfrac{60}{29}$

07 ★★☆   답 ③

정답 해설

정부의 부동산시장 간접개입방식으로는 개발부담금제, 부동산 거래세, 부동산가격공시제도 등이 있다.

직접개입 방식	공영개발, 공공임대보유, 공공투자사업, 토지은행, 도시개발사업, 매수, 수용, 환지, 보금자리주택 공급 등
이용규제 방식	토지이용계획, 도시계획, 지구단위계획, 지역지구제, 토지구획규제, 건축규제, 인허가, 임대료상환제, 담보대출규제
간접개입 방식	토지세, 부동산 거래세, 부동산보유세, 토지거래허가세, 개발부담금제, 금융지원, 행정적지원(가격공시제도, 등기부등본 등)

08 ★★☆   답 ③

정답 해설

뢰쉬(A. Lösch)의 최대수요이론은 생산비용은 어디서나 동일하나 수요가 다르다는 전제하에 결국 최대의 수익을 올릴 수 있는 곳이 공업의 최적입지가 된다는 논리다. 뢰쉬는 공업의 최적입지장소는 제품을 가장 많이 팔 수 있는 소비시장, 즉 수요극대화지점이라고 주장하여, 비용인자보다는 수요 곧 시장인자에 중점을 두었다.

09 ★★☆   답 ①

정답 해설

특정 투자자가 얻은 초과이윤이 이를 발생시키는데, 소요되는 정보비용보다 크면 초과이윤이 발생하므로 배분 효율적 시장이 되지 않는다.

오답 해설

② 강성 효율적 시장은 정보가 완전하고 모든 정보가 공개되어 있으며, 정보비용이 없다는 완전경쟁시장의 조건을 만족한다.

③ 부동산시장은 주식시장이나 일반적인 재화시장보다 더 불완전경쟁적이지만 배분 효율성을 달성할 수도 있다.

④ 강성 효율적 시장에서는 어떤 정보를 이용하여도 초과이윤을 얻을 수 없다.

⑤ 준강성 효율적 시장의 개념은 약성 효율적 시장의 성격을 모두 포함하고 있다.

10 ★★☆   답 ①

오답 해설

② 상향여과는 고소득층 주거지역에서 주택의 개량을 통한 가치상승분이 주택개량비용보다 큰 경우에 발생한다.

③ 다른 조건이 동일한 경우 고가주택에 가까이 위치한 저가주택에는 정(+)의 외부효과가 발생한다.

④ 민간주택시장에서 불량주택이 발생하는 것은 시장성공, 즉 자원이 할당효율적 배분되는 시장을 의미한다.

⑤ 주거분리현상은 도시지역 전체뿐만 아니라, 도시와 지리적으로 인접한 근린지역에서도 발생한다.

11 ★☆☆   답 ③

정답 해설

분양프리미엄 유발-분양주택의 전매제한 강화, 보유기간 강화 등

12 ★★☆   답 ②

정답 해설

저소득층에 대한 임대주택 공급은 소득의 간접분배효과가 있다.

13 ★★★

정답 해설

ㄱ : 추가투자가 없는 경우의 NPV
- 수익의 현가
  = (4천만 원×0.952)+(3천만 원×0.906)
    +(4천만 원×0.862)
  = 9,974만 원
- 비용의 현가 (1억 원)
- 순현가
  = 수익의 현가(9,974만 원)−비용의 현가(1억 원)
  = −26만 원

ㄴ : 추가투자가 있는 NPV
- 수익현가
  = (3천만 원×0.906)+(4천만 원×0.862)=6,166만 원
- 비용의 현가=5천만 원×0.906=4,530만 원
- 순현가
  = 수익의 현가(6,166만 원)−비용의 현가(4,530만 원)
  = 1,636만 원

14 ★★☆

정답 ⑤

정답 해설

위탁관리 부동산투자회사가 제1항에 따라 이익을 배당할 때에는 이익을 초과하여 배당할 수 있다. 이 경우 초과배당금의 기준은 해당 연도 감가상각비의 범위에서 대통령령으로 정한다.

오답 해설

① 최저자본금준비기간이 지난 위탁관리 부동산투자회사의 자본금은 50억 원 이상이 되어야 한다.
② 자기관리 부동산투자회사의 설립자본금은 5억 원 이상으로 한다.
③ 자기관리 부동산투자회사는 그 자산을 투자·운용할 때에는 전문성을 높이고 주주를 보호하기 위하여 대통령령으로 정하는 바에 따라 다음 각 호에 따른 자산운용 전문인력을 상근으로 두어야 한다.
  ㉠ 감정평가사 또는 공인중개사로서 해당 분야에 5년 이상 종사한 사람
  ㉡ 부동산 관련 분야의 석사학위 이상의 소지자로서 부동산의 투자·운용과 관련된 업무에 3년 이상 종사한 사람
  ㉢ 그 밖에 제1호 또는 제2호에 준하는 경력이 있는 사람으로서 대통령령으로 정하는 사람
④ 부동산투자회사는 최저자본금준비기간이 끝난 후에는 매 분기 말 현재 총자산의 100분의 80 이상을 부동산, 부동산 관련 증권 및 현금으로 구성하여야 한다. 이 경우 총자산의 100분의 70 이상은 부동산(건축 중인 건축물을 포함한다)이어야 한다.

15 ★★☆

정답 ④

정답 해설

두 개별자산으로 구성된 포트폴리오에서 자산간 상관계수가 양수인 경우에 음수인 경우보다 포트폴리오 위험절감효과가 낮다. 상관계수 값이 낮을수록 위험절감효과는 더 높아진다.

16 ★★★

정답 ⑤

오답 해설

① 투자규모가 상이한 투자안에서 수익성지수(PI)가 큰 투자안이 순현재가치(NPV)가 항상 높은 것은 아니다.
② 서로 다른 투자안 A, B를 결합한 새로운 투자안의 내부수익률(IRR)은 A의 내부수익률과 B의 내부수익률을 합(가치합산원칙 적용)하여 계산할 수 없는 단점이 있다. 그러나 순현가는 가치합산원칙을 적용할 수 있다. 따라서 내부수익률도 이런 단점을 보완한 하나의 방법으로 증분IRR(incremental IRR)을 사용하는 방법이 있다. 이는 A, B 투자안의 현금흐름을 서로 뺀 현금흐름들이 각각 연도의 현금흐름이라고 가정하고 이를 통해 IRR을 산출한다.
③ 할인현금수지분석법인 순현재가치법과 수익성지수법, 내부수익률 등은 화폐의 시간가치를 고려하며, 매기 현금흐름도 고려한다.
④ 투자안마다 두 개 이상의 내부수익률도 존재한다.

17 ★★☆

정답 ③

정답 해설

대출조건이 동일하다면 대출기간동안 차입자의 총원리금상환액은 원금균등분할상환방식이 원리금균등분할상환방식보다 낮다. 이유는 이자지급액 때문이다. 즉, 이자지급액은 미상환잔금에 이자율을 곱하기 때문에 원금균등분할상환방식이 원리금균등분할상환방식보다 미상환잔금이 낮기 때문에 이자지급액이 낮다. 따라서 전체 누적이자지급액이 원금균등분할상환이 낮다.

18 ★★★　　　　　　　　　　　　　　　답 ④

정답 해설

- 대출잔액＝대출액×잔금비율$\left(\dfrac{\text{연금현가계수(잔여기간)}}{\text{연금현가계수(전체기간)}}\right)$

- 주어진 지문은 원리금균등분할상환방식에서 대출기간(15년)에서 5년 경과한 후 잔여기간이 10년에 대출잔액을 파악하고자 한다.

  원리금상환조건은 매월 상환 조건이므로 대출기간(180월), 잔여기간(120월)이고 이자율$\left(\dfrac{6\%}{12\text{월}}=0.5\%\right)$로 적용하여야 한다.

- 대출액(47,400만 원)×잔금비율

  $\left(\dfrac{\text{연금현가}(0.5\%,\ 120:90.07)}{\text{연금현가}(0.5\%,\ 180:118.50)}=0.76\right)=36,028$만 원

19 ★★★　　　　　　　　　　　　　　　답 ④

정답 해설

A : 주어진 지문은 연금의 현재가치와 일시불 현재가치 두 개의 식을 적용하는 문제이다.

  첫째, 2차년도 ~ 6차년도(총 5년)의 연금의 현재가치를 적용하면 다음과 같다.

  - 250만 원×연금의 현재가치(6%, 5년: 4.212)
    ＝1,053만 원

  둘째, 1,053만 원은 2년차의 연금의 현재가치의 값이다. 이것을 다시 1년차의 값을 산출하기 위하여 이자율 6%일 때 일시불 현재가치$(\dfrac{1}{(1+i)^n})$를 적용한다.

  - 1,053만원×$\dfrac{1}{(1+0.06)^1}$＝993.396만 원이 된다.

B : 주어진 지문은 2차년도 ~ 6차년도(총 5년)의 연금의 내가계수를 활용한다.

  200만원×연금의 내가(6%, 5년: 5.637)＝1,127만 4,000원

C : 일정성장 영구연금의 현재가치

  $(=\text{연금액}×\dfrac{1}{\text{이자율}(i)-\text{증가율}(g)})$

  일정성장 영구연금의 현재가치는 매 기간 일정비율로 증가하면서 영구히(기간n이 무한함) 발생하는 현금흐름을 말한다.

  현재가치＝1기말의 현금흐름(40만 원)×

  $(=\text{연금액}×\dfrac{1}{\text{이자율}(6\%)-\text{증가율}(2\%)})$＝1,000만 원

20 ★★☆　　　　　　　　　　　　　　　답 ③

정답 해설

저당담보부채권(MBB)의 발행기관이 채무불이행위험을 부담하고 저당권을 보유하고, 원리금수취권도 가지고 있다.

오답 해설

④ 저당이체증권(MPTS)은 지분형 증권이며 유동화기관의 부채로 표기되지 않고(부외금융), 투자자가 원리금수취권과, 조기상환 위험, 저당권을 보유한다.

⑤ 지불이체채권(MPTB)의 투자자는 조기상환위험과 원리금수취권을 보유한다.

21 ★★☆　　　　　　　　　　　　　　　답 ⑤

정답 해설

총부채원리금상환비율(DSR)은 소득기준으로, 담보인정비율(LTV)은 부동산 가치로 채불이행위험을 측정하는 지표이다.

㉠ DSR은 개인소득을 기준으로 대출비율을 산정한다.

$DSR=\dfrac{\text{주택대출 원리금 상환액＋기타 대출 원리금 상환액}}{\text{연간 소득}}$

㉡ LTV는 주택의 담보가치에 따라 대출 비율을 통해 산정한다.

$LTV=\dfrac{Loan(\text{대출액})}{Value(\text{부동산 가치})}$

22 ★★★　　　　　　　　　　　　　　　답 ④

정답 해설

주어진 지문은 연금의 현가계수$\left(=\dfrac{1-(1+r)^{-n}}{r}\right)$를 계산하는 문제이다.

- 주어진 조건은 매월 지급조건이다. 따라서 모든 조건을 연단위를 월로 변환하여야 한다. 즉, 이자율$\left(=\dfrac{6\%}{12\text{월}}\right)$, 기간(30년×12)으로 환산하여야 한다.

- 연금현가계수＝$\dfrac{1-\left(1+\dfrac{0.06}{12}\right)^{-30×12}}{\dfrac{0.06}{12}}$

- 30만 원×$\left[\dfrac{1-\left(1+\dfrac{0.06}{12}\right)^{-30×12}}{\dfrac{0.06}{12}}\right]$

23 ★★☆   답 ④

정답 해설

주어진 지문은 자산관리(Asset Management)에 대한 설명이다. 재산관리(Property Management)란 건물 및 임대차관리라고 하는데, 이는 임대 및 수지관리로서 수익목표의 수립, 자본적, 수익적 지출계획 수립, 연간 예산 수립, 임대차 유치 및 유지, 비용통제 등을 수행하는 것을 말한다.

24 ★☆☆   답 ①

오답 해설

② 혼합관리방식은 필요한 부분만 일부 위탁하는 방식으로 관리자들간의 불협화음이 자주 발생한다.
③ 자기관리방식은 관리업무의 타성에 빠지기 쉽다. 그러나 위탁관리방식은 타성화를 방지할 수 있다.
④ 위탁관리방식은 외부전문가가 관리하므로 기밀 및 보안 유지에 불리하다.
⑤ 혼합관리방식은 관리문제 발생시 책임소재가 불명확하다.

25 ★★☆   답 ④

정답 해설

토지의 취득방식에 따른 개발방식
ㄱ. [○] 단순개발방식－지주에 의한 자력개발방식
ㄷ. [○] 매수(수용)방식－공공부문이 토지를 전면 매수하여 개발하는 방식, 택지공영개발방식, 주택지조성사업 등 개발사업 후 개발사업 전 토지소유권자의 권리는 소멸된다. 수용절차가 필요하고 사업시행자와 주민의 갈등 발생, 초기에 막대한 토지 구입비용발생
ㄹ. [○] 혼용방식－환지방식과 매수(수용)방식을 혼합한 방식, 도시개발사업, 산업단지개발사업 등

오답 해설

ㄴ. [×] 환지방식－택지화되기 전의 토지의 위치, 면적, 지목, 등급, 이용도 등을 고려하여 개발 후 개발된 토지를 토지소유자에게 재분배하는 개발방식, 토지구획정리사업

26 ★☆☆   답 ⑤

정답 해설

AIDA 원리에 따르면 소비자의 구매의사결정은 주의(Attention) → 관심(Interest) → 욕망(Desire) → 행동(Action)의 단계를 순차적으로 거친다.

27 ★★☆   답 ④

정답 해설

ㄱ : 시장성분석에 대한 설명이다. 주의할 것은 시장분석과 혼동해서는 안 된다. 시장분석은 특정 부동산에 대한 시장지역의 수요와 공급상황을 분석하는 것을 말한다.
ㄴ : 투자분석에 대한 설명이다. 대상개발사업의 타당성이 충분하다고 해서, 언제나 투자자에게 채택되는 것은 아니다. 투자자의 입장에서 대상개발사업은 투자 가능한 대안 중의 하나일 뿐이다.
ㄷ : 민감도분석에 대한 설명이다. 민감도는 투입요소가 변화하여 그 결과치의 변화를 파악하고자 하는 분석이다.

28 ★★☆   답 ④

정답 해설

에스크로우 회사는 은행이나 권원보험회사, 신탁회사 등도 산하에 별도의 에스크로우 부서를 설치하여 에스크로우 대행업자로서의 역할을 하기도 한다.

오답 해설

① 에스크로우는 부동산의 매매에 한정하지 않고, 교환·매매예약 등의 업무도 하는 부동산거래계약의 이행행위를 대행하는 부동산업의 한 종류이다.
② 권리관계조사, 물건확인 등의 업무를 포함한다. 이외에도 에스크로우업은 대금의 회수, 소유권 이전 업무대행 이외에 부동산거래를 완결짓는 세금·금융이자·보험료·임료 등의 청산도 대행한다.
③ 매수자, 매도자, 저당대출기관 등의 권익을 보호한다. 즉, 에스크로우 대행업자는 공정한 제3자적 입장에서 등기증서를 기록하고 권원조사를 지시하고, 권원상에 하자가 없을 경우에는 대금을 매도자에게 전달하는 역할을 한다.

29 ★☆☆   답 ①

정답 해설

• 순가중개계약은 중개의뢰인이 중개대상물의 가격을 사전에 중개업자에게 제시하고 그 금액을 초과하여 거래계약을 성립시키면 초과하는 부분은 모두 중개수수료로 지불하기로 하는 중개계약이다. 즉 초과액은 개업공인중개사가 가져간다.
• 순가중개계약은 공인중개사법령에서는 금지하고 있는 중개계약에 해당된다. 그러나 순가중개계약을 체결했다는 자체만으로는 중개업자 등의 금지행위에 해당되지 않고, 중개수수료를 초과하여 받는 경우에만 중개업자 등의 금지행위에 해당된다.

30 ★★★　　　　　　　　　　　　　답 ⑤

정답 해설

ㄱ, ㄴ, ㄷ, ㄹ, ㅁ 모두 확인·설명해야 할 사항이다.

개업공인중개사가 매수·임차중개의뢰인 등 권리를 취득하고자 하는 중개의뢰인에게 확인·설명하여야 하는 사항은 다음과 같다.

- 중개대상물의 종류·소재지·지번·지목·면적·용도·구조 및 건축연도 등 중개대상물에 관한 기본적인 사항
- 소유권·전세권·저당권·지상권 및 임차권 등 중개대상물의 권리관계에 관한 사항
- 거래예정금액·중개보수 및 실비의 금액과 그 산출내역
- 토지이용계획, 공법상의 거래규제 및 이용제한에 관한 사항
- 수도·전기·가스·소방·열공급·승강기 및 배수 등 시설물의 상태
- 벽면 및 도배의 상태
- 일조·소음·진동 등 환경조건
- 도로 및 대중교통수단과의 연계성, 시장·학교와의 근접성 등 입지조건
- 중개대상물에 대한 권리를 취득함에 따라 부담하여야 할 조세의 종류 및 세율

31 ★★★　　　　　　　　　　　　　답 ③

정답 해설

종량세란, 단위당 t원의 조세를 부과하는 방식으로 조세를 부과하면 공급곡선이 상방으로 평행이동 또는 수요곡선이 하방으로 평행이동한다. 조세는 공급자에게 부과하거나 소비자에게 부과하나 결과는 같다. 단, 주의할 것은 단위당 세금이 부과되었으므로 가격을 '1P'로 변형하는 것이 중요하다.

따라서 주어진 조건을 변형한다. 시장수요함수는

$P = 1,200 - \frac{1}{2} Q_D$이고, 공급함수는 $P = 400 + \frac{1}{3} Q_S$가 된다.

(1) 조세부과 전 주택시장의 균형가격과 균형거래량은 다음과 같다.

　　수요와 공급을 일치시키면 균형거래량과 균형가격을 측정할 수 있다.

　　균형가격(Q)은 960($: 1,200 - \frac{1}{2} Q_D = 400 + \frac{1}{3} Q_S$,

　　$5Q = 4,800$, $Q = 960$)이고, 이를 수요함수(혹은 공급함수)에 대입하면 균형가격 (P) = 720임을 알 수 있다.

(2) 조세부과 후 주택가격과 균형거래량은 다음과 같다.

　　단위당 20만 원의 조세가 부과되면 공급곡선이 20만 원 만큼 상방으로 이동하므로 공급함수가 $P = 420 + \frac{1}{3} Q_S$로 바뀌게 된다. 이제 조세부과 이후의 균형거래량을 구하면 균형가격(Q)은 936($: 1,200 - \frac{1}{2} Q_D = 420 + \frac{1}{3} Q_S$,

　　$5Q = 4,680$, $Q = 936$)이고, 이를 수요함수(혹은 공급함수)

에 대입하면 균형가격(P) = 732임을 알 수 있다.

그러므로 조세부과에 따라 거래량은 24만 호 감소하고, 가격은 12만 원 상승한다.

따라서 조세부과에 따른 사회적 후생손실(즉, 초과부담)은 240억 원($= \frac{1}{2} \times$ 세금(20만 원) $\times$ 거래량(24만 호) = 240억 원)이 된다.

32 ★★☆　　　　　　　　　　　　　답 ⑤

정답 해설

■ 부동산 조세의 종류

구분	취득단계	보유단계	처분단계
국세	상속세(누진세), 증여세, 인지세	종합부동산세 (누진세), 소득세, 법인세	양도소득세
지방세	취득세(비례세), 등록세	재산세 (누진세, 비례세)	–

33 ★★☆　　　　　　　　　　　　　답 ③

정답 해설

권리분석 활동의 절차는 다음과 같다.

자료의 수집(각종 공부 등의 자료수집) → 자료판독 → 임장활동 → 권리상태의 인식

주어진 지문은 권리보증이 아니라 자료판독에 해당되는 내용이다.

34 ★★★　　　　　　　　　　　　　답 ②

정답 해설

- 등기능력이 없는 권리관계 : 등기사항전부증명서를 통해 확인할 수 없는 것은 유치권, 점유권, 법정지상권, 분묘기지권, 권리질권이 해당되는 내용이다.
- 등기를 요하지 않는 권리관계 : 상속·공용징수·판결·경매, 법정지상권 등이 있다.

35 ★★☆　　　　　　　　　　　　　답 ②

정답 해설

- '적산법(積算法)'이란 기준시점에 있어서의 대상물건의 기초가액에 기대이율을 곱하여 산정된 기대수익에 대상물건을 계속하여 임대하는 데에 필요한 경비를 더하여 대상물건의 임대료를 산정하는 감정평가 방법을 말한다.
- '원가법'이란 기준시점에서 대상물건의 재조달원가에 감가수정(減價修正)을 하여 대상물건의 가액을 산정하는 감정평가 방법을 말한다(감정평가에 관한 규칙 제2조 제5호).

36 ★★★　　　　　　　　　　　　답②

정답 해설

할인현금수지분석법의 유형은 순영업소득모형, 세전현금수지모형, 세후현금수지모형으로 구분된다. 이 중에서 주어진 문제는 순영업소득모형에 해당된다.

시장가치＝순영업소득의 현가합＋기간 말 재매도가치의 현가

(1) 순영업소득의 현가합
　　＝순영업소득(9천만 원)×연금현가계수(4.329)
　　＝38,961만 원

(2) 재매도가치의 현가(: 주어진 지문은 기간 말 1년 후의 순영업소득임)
　　① 재매도가치
　　$=\dfrac{\text{6기 순영업소득(1억 원)}}{\text{기출환원율(5\%)}}-\text{매도경비(1억 원)}$
　　＝19억 원
　　(매도경비＝재매도가치(20억 원)의 5%＝1억 원)
　　② 재매도가치의 현가합
　　　＝기간 말 재매도가치(19억 원)×일시불현가(0.783)
　　　＝148,770만 원

(3) 시장가치
　　＝순영업소득의 현가합(38,961만 원)
　　　＋재매도가치의 현가(148,770만 원)
　　＝187,731만 원

37 ★★★　　　　　　　　　　　　답①

정답 해설

운영경비에 감가상각비를 제외시킨 상각전환원율을 적용한다.

오답 해설

② 직접환원법에서 사용할 환원율은 시장추출법으로 구하는 것을 원칙으로 한다. 다만, 시장추출법의 적용이 적절하지 않은 때에는 요소구성법, 투자결합법, 유효총수익승수에 의한 결정방법, 시장에서 발표된 환원율 등을 검토하여 조정할 수 있다.

④ 할인 또는 환원할 순수익을 구할 때 영업경비를 고려하는데 자본적 지출은 영업경비에 포함되지 않지만 수익적 지출은 비용으로 고려한다.

38 ★★★　　　　　　　　　　　　답④

정답 해설

C토지의 실거래가격과 정상가격과의 차이를 묻는 문제이다.

• 거래가격(1.5억 원)×면적$\left(\dfrac{\text{대상토지(200)}}{\text{사례토지(150)}}\right)$×지가변동률
　$(1+0.1)$×개별요인$(1+0.1)$＝평가액(2.42억 원)
　∴ 주어진 조건에 의하면 C토지의 평가가격은 2.42억 원으로 평가된다.

• 그러나 C토지의 실제평가가격은 2억 원에 평가되었다. 따라서 B토지의 실제 정상가치와 실거래가격에 오차가 발생한다. 즉, 사정보정이 요구된다. 따라서 21% 고가$\left(\dfrac{\text{2.42억 원}}{\text{2억 원}}\right)$로 매매된 것으로 판단된다.

39 ★☆☆　　　　　　　　　　　　답②

정답 해설

"적정한 실거래가"란 「부동산 거래신고에 관한 법률」에 따라 신고된 실제 거래가격(이하 "거래가격"이라 한다)으로서 거래 시점이 도시지역(「국토의 계획 및 이용에 관한 법률」 제36조 제1항 제1호에 따른 도시지역을 말한다)은 3년 이내, 그 밖의 지역은 5년 이내인 거래가격 중에서 감정평가업자가 인근지역의 지가수준 등을 고려하여 감정평가의 기준으로 적용하기에 적정하다고 판단하는 거래가격을 말한다(감정평가에 관한 규칙 제2조 제12의2호).

40 ★★★　　　　　　　　　　　　답②

정답 해설

건물잔여법을 활용한다.

(1) 순영업소득
　　＝가능총수익(7,200만 원)－공실 및 대손(1,200만 원)
　　　－운영경비(1,200만 원)
　　＝4,800만 원

(2) 토지와 건물의 가격구성비가 50:50이므로 건물가격은 4억 원이다.

(3) 건물의 순영업소득
　　＝전체 순영업소득(4,800만 원)
　　　－[건물가치(4억 원)×건물상각후환원율(5%)]
　　＝2,800만 원

(4) 건물환원율＝$\dfrac{\text{건물순영업소득(2,800만 원)}}{\text{건물가치(4억 원)}}$＝7%

(5) 환원율(7%)＝자본수익률(5%)＋자본회수율(?)
　　자본회수율(연간감가율)＝2%

제4과목 | 감정평가관계법규

01	02	03	04	05	06	07	08	09	10
⑤	④	①	⑤	②	③	④	①	②	④
11	12	13	14	15	16	17	18	19	20
④	③	④	④	②	②	⑤	③	①	②
21	22	23	24	25	26	27	28	29	30
②	④	③	③	⑤	③	④	③	⑤	⑤
31	32	33	34	35	36	37	38	39	40
③	⑤	②	④	①	③	①	②	②	⑤

01 ★☆☆   📖 ⑤

[정답 해설]

⑤ 광역계획권의 미래상과 이를 실현할 수 있는 체계화된 전략을 제시하고 국토종합계획 등과 서로 연계되도록 할 것은 광역도시계획의 수립기준 등은 다음 각 호의 사항을 종합적으로 고려하여 국토교통부장관이 정한다(국토의 계획 및 이용에 관한 법 제12조 제2항, 영 제10조).

[오답 해설]

① · ② · ③ · ④ 도시 · 군관리계획의 수립기준, 도시 · 군관리계획도서 및 계획설명서의 작성기준 · 작성방법 등은 국토교통부장관(수산자원보호구역의 경우 해양수산부장관)이 다음 각 호의 사항을 종합적으로 고려하여 정한다(국토의 계획 및 이용에 관한 법 제25조 제4항, 영 제19조).

> 1. 광역도시계획 및 도시 · 군기본계획 등에서 제시한 내용을 수용하고 개별 사업계획과의 관계 및 도시의 성장추세를 고려하여 수립하도록 할 것
> 2. 도시 · 군기본계획을 수립하지 아니하는 시 · 군의 경우 당해 시 · 군의 장기발전구상 및 도시 · 군기본계획에 포함될 사항 중 도시 · 군관리계획의 원활한 수립을 위하여 필요한 사항이 포함되도록 할 것
> 3. 도시 · 군관리계획의 효율적인 운영 등을 위하여 필요한 경우에는 특정지역 또는 특정부문에 한정하여 정비할 수 있도록 할 것
> 4. 공간구조는 생활권단위로 적정하게 구분하고 생활권별로 생활 · 편익시설이 고루 갖추어지도록 할 것

> 5. 도시와 농어촌 및 산촌지역의 인구밀도, 토지이용의 특성 및 주변환경 등을 종합적으로 고려하여 지역별로 계획의 상세정도를 다르게 하되, 기반시설의 배치계획, 토지용도 등은 도시와 농어촌 및 산촌지역이 서로 연계되도록 할 것
> 6. 토지이용계획을 수립할 때에는 주간 및 야간활동인구 등의 인구규모, 도시의 성장추이를 고려하여 그에 적합한 개발밀도가 되도록 할 것
> 7. 녹지축 · 생태계 · 산림 · 경관 등 양호한 자연환경과 우량농지 등을 고려하여 토지이용계획을 수립하도록 할 것
> 8. 수도권 안의 인구집중유발시설이 수도권 외의 지역으로 이전하는 경우 종전의 대지에 대하여는 그 시설의 지방이전이 촉진될 수 있도록 토지이용계획을 수립하도록 할 것
> 9. 도시 · 군계획시설은 집행능력을 고려하여 적정한 수준으로 결정하고, 기존 도시 · 군계획시설은 시설의 설치현황과 관리 · 운영상태를 점검하여 규모 등이 불합리하게 결정되었거나 실현가능성이 없는 시설 또는 존치 필요성이 없는 시설은 재검토하여 해제하거나 조정함으로써 토지이용의 활성화를 도모할 것
> 10. 도시의 개발 또는 기반시설의 설치 등이 환경에 미치는 영향을 미리 검토하는 등 계획과 환경의 유기적 연관성을 높여 건전하고 지속가능한 도시발전을 도모하도록 할 것
> 11. 「재난 및 안전관리 기본법」에 따른 시 · 도안전관리계획 및 시 · 군 · 구안전관리계획과 「자연재해대책법」에 따른 시 · 군 자연재해저감 종합계획을 고려하여 재해로 인한 피해가 최소화되도록 할 것

02 ★★★

정답 해설

④ 개발행위허가를 받은 자가 행정청이 아닌 경우 개발행위허가를 받은 자가 새로 설치한 공공시설은 그 시설을 관리할 관리청에 무상으로 귀속되고, 개발행위로 용도가 폐지되는 공공시설은 「국유재산법」과 「공유재산 및 물품 관리법」에도 불구하고 새로 설치한 공공시설의 설치비용에 상당하는 범위에서 개발행위허가를 받은 자에게 <u>무상으로 양도할 수 있다</u>(국토의 계획 및 이용에 관한 법 제65조 제2항).

03 ★☆☆

답 ①

정답 해설

① 공동구협의회의 심의를 거쳐야 공동구에 수용할 수 있는 시설은 가스관이다.

> 국토의 계획 및 이용에 관한 법 시행령 제35조의3(공동구에 수용하여야 하는 시설) 공동구가 설치된 경우에는 법 제44조 제3항에 따라 제1호부터 제6호까지의 시설을 공동구에 수용하여야 하며, 제7호 및 제8호의 시설은 법 제44조의2 제4항에 따른 공동구협의회(이하 "공동구협의회"라 한다)의 심의를 거쳐 수용할 수 있다.
> 1. 전선로
> 2. 통신선로
> 3. 수도관
> 4. 열수송관
> 5. 중수도관
> 6. 쓰레기수송관
> 7. 가스관
> 8. 하수도관, 그 밖의 시설

04 ★★★

답 ⑤

정답 해설

⑤ ㄱ, ㄴ, ㄷ은 중앙도시계획위원회와 지방도시계획위원회의 심의를 거치지 아니하고 개발행위의 허가를 할 수 있다.

> 국토의 계획 및 이용에 관한 법 제59조(개발행위에 대한 도시계획위원회의 심의)
> ① 관계 행정기관의 장은 제56조 제1항 제1호부터 제3호까지의 행위 중 어느 하나에 해당하는 행위로서 대통령령으로 정하는 행위를 이 법에 따라 허가 또는 변경허가를 하거나 다른 법률에 따라 인가·허가·승인 또는 협의를 하려면 대통령령으로 정하는 바에 따라 중앙도시계획위원회나 지방도시계획위원회의 심의를 거쳐야 한다.

> ② 제1항에도 불구하고 다음 각 호의 어느 하나에 해당하는 개발행위는 중앙도시계획위원회와 지방도시계획위원회의 심의를 거치지 아니한다.
> 1. 제8조, 제9조 또는 다른 법률에 따라 도시계획위원회의 심의를 받는 구역에서 하는 개발행위
> 2. 지구단위계획 또는 성장관리계획을 수립한 지역에서 하는 개발행위
> 3. 주거지역·상업지역·공업지역에서 시행하는 개발행위 중 특별시·광역시·특별자치시·특별자치도·시 또는 군의 조례로 정하는 규모·위치 등에 해당하지 아니하는 개발행위
> 4. 「환경영향평가법」에 따라 환경영향평가를 받은 개발행위
> 5. 「도시교통정비 촉진법」에 따라 교통영향평가에 대한 검토를 받은 개발행위
> 6. 「농어촌정비법」 제2조 제4호에 따른 농어촌정비사업 중 대통령령으로 정하는 사업을 위한 개발행위
> 7. 「산림자원의 조성 및 관리에 관한 법률」에 따른 산림사업 및 「사방사업법」에 따른 사방사업을 위한 개발행위

05 ★★☆

답 ②

정답 해설

② 기반시설이 부족할 것으로 예상되나 기반시설을 설치하기 곤란한 지역을 대상으로 건폐율이나 용적률을 강화하여 적용하기 위한 지역은 성장관리계획구역을 지정할 수 있는 지역에 속하지 않는다.

> 국토의 계획 및 이용에 관한 법 제75조의2(성장관리계획구역의 지정 등)
> ① 특별시장·광역시장·특별자치시장·특별자치도지사·시장 또는 군수는 녹지지역, 관리지역, 농림지역 및 자연환경보전지역 중 다음 각 호의 어느 하나에 해당하는 지역의 전부 또는 일부에 대하여 성장관리계획구역을 지정할 수 있다.
> 1. 개발수요가 많아 무질서한 개발이 진행되고 있거나 진행될 것으로 예상되는 지역
> 2. 주변의 토지이용이나 교통여건 변화 등으로 향후 시가화가 예상되는 지역
> 3. 주변지역과 연계하여 체계적인 관리가 필요한 지역
> 4. 「토지이용규제 기본법」 제2조 제1호에 따른 지역·지구 등의 변경으로 토지이용에 대한 행위제한이 완화되는 지역
> 5. 그 밖에 난개발의 방지와 체계적인 관리가 필요한 지역으로서 대통령령으로 정하는 지역

06 ★★☆   답 ③

정답 해설

② ㄱ : 100, ㄴ : 200, ㄷ : 250, ㄹ : 300

> 국토의 계획 및 이용에 관한 법 시행령 제85조(용도지역 안에서의 용적률)
>
> ① 법 제78조 제1항 및 제2항에 따른 용적률은 다음 각 호의 범위에서 관할구역의 면적, 인구규모 및 용도지역의 특성 등을 고려하여 특별시 · 광역시 · 특별자치시 · 특별자치도 · 시 또는 군의 도시 · 군계획조례가 정하는 비율을 초과할 수 없다.
> 1. 제1종전용주거지역 : 50퍼센트 이상 100퍼센트 이하
> 2. 제2종전용주거지역 : 50퍼센트 이상 150퍼센트 이하
> 3. 제1종일반주거지역 : 100퍼센트 이상 200퍼센트 이하
> 4. 제2종일반주거지역 : 100퍼센트 이상 250퍼센트 이하
> 5. 제3종일반주거지역 : 100퍼센트 이상 300퍼센트 이하
> 6. 준주거지역 : 200퍼센트 이상 500퍼센트 이하
> 7. 중심상업지역 : 200퍼센트 이상 1천500퍼센트 이하
> 8. 일반상업지역 : 200퍼센트 이상 1천300퍼센트 이하
> 9. 근린상업지역 : 200퍼센트 이상 900퍼센트 이하
> 10. 유통상업지역 : 200퍼센트 이상 1천100퍼센트 이하

07 ★☆☆   답 ④

정답 해설

④ 도시지역 · 관리지역 · 농림지역 또는 자연환경보전지역으로 용도가 지정되지 아니한 지역에 대하여는 용도지역별 건축제한, 건폐율, 용적률의 규정을 적용함에 있어서 (자연환경보전지역)에 관한 규정을 적용한다.

> 국토의 계획 및 이용에 관한 법 제79조(용도지역 미지정 또는 미세분 지역에서의 행위 제한 등)
>
> ① 도시지역, 관리지역, 농림지역 또는 자연환경보전지역으로 용도가 지정되지 아니한 지역에 대하여는 제76조부터 제78조까지의 규정을 적용할 때에 자연환경보전지역에 관한 규정을 적용한다.
> ② 제36조에 따른 도시지역 또는 관리지역이 같은 조 제1항 각 호 각 목의 세부 용도지역으로 지정되지 아니한 경우에는 제76조부터 제78조까지의 규정을 적용할 때에 해당 용도지역이 도시지역인 경우에는 녹지지역 중 대통령령으로 정하는 지역에 관한 규정을 적용하고, 관리지역인 경우에는 보전관리지역에 관한 규정을 적용한다.

08 ★☆☆   답 ①

정답 해설

① 시 또는 군의 관할 구역에 대하여 기본적인 공간구조와 장기발전방향을 제시하는 종합계획은 '도시 · 군기본계획'이다.

> 국토의 계획 및 이용에 관한 법 제2조(정의)
>
> 3. "도시 · 군기본계획"이란 특별시 · 광역시 · 특별자치시 · 특별자치도 · 시 또는 군의 관할 구역에 대하여 기본적인 공간구조와 장기발전방향을 제시하는 종합계획으로서 도시 · 군관리계획 수립의 지침이 되는 계획을 말한다.
> 4. "도시 · 군관리계획"이란 특별시 · 광역시 · 특별자치시 · 특별자치도 · 시 또는 군의 개발 · 정비 및 보전을 위하여 수립하는 토지 이용, 교통, 환경, 경관, 안전, 산업, 정보통신, 보건, 복지, 안보, 문화 등에 관한 다음 각 목의 계획을 말한다.
>   가. 용도지역 · 용도지구의 지정 또는 변경에 관한 계획
>   나. 개발제한구역, 도시자연공원구역, 시가화조정구역(市街化調整區域), 수산자원보호구역의 지정 또는 변경에 관한 계획
>   다. 기반시설의 설치 · 정비 또는 개량에 관한 계획
>   라. 도시개발사업이나 정비사업에 관한 계획
>   마. 지구단위계획구역의 지정 또는 변경에 관한 계획과 지구단위계획
>   바. 입지규제최소구역의 지정 또는 변경에 관한 계획과 입지규제최소구역계획

09 ★★☆   답 ②

정답 해설

② 이행보증금은 개발행위허가를 받은 자가 준공검사를 받은 때에는 즉시 이를 반환하여야 한다.

> 국토의 계획 및 이용에 관한 법 시행령 제59조(개발행위허가의 이행담보 등)
>
> ① 법 제60조 제1항 각 호 외의 부분 본문에서 "대통령령으로 정하는 경우"란 다음 각 호의 어느 하나에 해당하는 경우를 말한다.
> 1. 법 제56조 제1항 제1호 내지 제3호의1에 해당하는 개발행위로서 당해 개발행위로 인하여 도로 · 수도공급설비 · 하수도 등 기반시설의 설치가 필요한 경우
> 2. 토지의 굴착으로 인하여 인근의 토지가 붕괴될 우려가 있거나 인근의 건축물 또는 공작물이 손괴될 우려가 있는 경우

3. 토석의 발파로 인한 낙석·먼지 등에 의하여 인근지역에 피해가 발생할 우려가 있는 경우

4. 토석을 운반하는 차량의 통행으로 인하여 통행로 주변의 환경이 오염될 우려가 있는 경우

5. 토지의 형질변경이나 토석의 채취가 완료된 후 비탈면에 조경을 할 필요가 있는 경우

② 법 제60조 제1항에 따른 이행보증금(이하 "이행보증금"이라 한다)의 예치금액은 기반시설의 설치나 그에 필요한 용지의 확보, 위해의 방지, 환경오염의 방지, 경관 및 조경에 필요한 비용의 범위 안에서 산정하되 총공사비의 20퍼센트 이내(산지에서의 개발행위의 경우 「산지관리법」 제38조에 따른 복구비를 합하여 총공사비의 20퍼센트 이내)가 되도록 하고, 그 산정에 관한 구체적인 사항 및 예치방법은 특별시·광역시·특별자치시·특별자치도·시 또는 군의 도시·군계획조례로 정한다. 이 경우 산지에서의 개발행위에 대한 이행보증금의 예치금액은 「산지관리법」 제38조에 따른 복구비를 포함하여 정하되, 복구비가 이행보증금에 중복하여 계상되지 아니하도록 하여야 한다.

③ 이행보증금은 현금으로 납입하되, 「국가를 당사자로 하는 계약에 관한 법률 시행령」 제37조 제2항 각 호 및 「지방자치단체를 당사자로 하는 계약에 관한 법률 시행령」 제37조 제2항 각 호의 보증서 등 또는 「한국광해광업공단법」 제8조 제1항 제6호에 따라 한국광해광업공단이 발행하는 이행보증서 등으로 이를 갈음할 수 있다.

④ 이행보증금은 개발행위허가를 받은 자가 법 제62조 제1항의 규정에 의한 준공검사를 받은 때에는 즉시 이를 반환하여야 한다.

⑤ 법 제60조 제1항 제2호에서 "대통령령으로 정하는 기관"이란 「공공기관의 운영에 관한 법률」 제5조 제4항 제1호 또는 제2호 나목에 해당하는 기관을 말한다.

⑥ 특별시장·광역시장·특별자치시장·특별자치도지사·시장 또는 군수는 개발행위허가를 받은 자가 법 제60조 제3항의 규정에 의한 원상회복명령을 이행하지 아니하는 때에는 이행보증금을 사용하여 동조 제4항의 규정에 의한 대집행에 의하여 원상회복을 할 수 있다. 이 경우 잔액이 있는 때에는 즉시 이를 이행보증금의 예치자에게 반환하여야 한다.

⑦ 특별시장·광역시장·특별자치시장·특별자치도지사·시장 또는 군수는 법 제60조 제3항에 따라 원상회복을 명하는 경우에는 국토교통부령으로 정하는 바에 따라 구체적인 조치내용·기간 등을 정하여 서면으로 통지해야 한다.

10 ★☆☆ 📖 ④

[정답 해설]

④ ㄱ : 20년, ㄴ : 20년이 되는 날의 다음 날

> **국토의 계획 및 이용에 관한 법 제48조(도시·군계획시설결정의 실효 등)**
> ① 도시·군계획시설결정이 고시된 도시·군계획시설에 대하여 그 고시일부터 (ㄱ : 20년)이 지날 때까지 그 시설의 설치에 관한 도시·군계획시설사업이 시행되지 아니하는 경우 그 도시·군계획시설결정은 그 고시일부터 (ㄴ : 20년이 되는 날의 다음날)에 그 효력을 잃는다.

11 ★★☆ 📖 ④

[정답 해설]

④ 도지사가 광역계획권을 지정하거나 변경하려면 관계 중앙행정기관의 장, 관계 시·도지사, 시장 또는 군수의 의견을 들은 후 지방도시계획위원회의 심의를 거쳐야 한다(국토의 계획 및 이용에 관한 법 제10조).

[오답 해설]

① 국토의 계획 및 이용에 관한 법 제11조 제2항
② 국토의 계획 및 이용에 관한 법 제14조 제1항
③ 국토의 계획 및 이용에 관한 법 제13조 제2항
⑤ 국토의 계획 및 이용에 관한 법 시행령 제13조 제1항

12 ★☆☆ 📖 ③

[정답 해설]

③ 고등교육법 제2조에 따른 학교(대학교)는 제외된다.

> **국토의 계획 및 이용에 관한 법 시행령 제4조의2(기반시설부담구역에 설치가 필요한 기반시설)** 법 제2조 제19호에서 "도로, 공원, 녹지 등 대통령령으로 정하는 기반시설"이란 다음 각 호의 기반시설(해당 시설의 이용을 위하여 필요한 부대시설 및 편의시설을 포함한다)을 말한다.
> 1. 도로(인근의 간선도로로부터 기반시설부담구역까지의 진입도로를 포함한다)
> 2. 공원
> 3. 녹지
> 4. 학교(「고등교육법」 제2조에 따른 학교는 제외한다)
> 5. 수도(인근의 수도로부터 기반시설부담구역까지 연결하는 수도를 포함한다)
> 6. 하수도(인근의 하수도로부터 기반시설부담구역까지 연결하는 하수도를 포함한다)
> 7. 폐기물처리 및 재활용시설

8. 그 밖에 특별시장·광역시장·특별자치시장·특별자치
   도지사·시장 또는 군수가 법 제68조 제2항 단서에 따
   른 기반시설부담계획에서 정하는 시설

13 ★☆☆   📖 ④

정답 해설

④ 방송·통신시설은 유통·공급시설이다.

국토의 계획 및 이용에 관한 법 시행령 제2조(기반시설)

① 국토의 계획 및 이용에 관한 법률(이하 "법"이라 한다)
제2조 제6호 각 목 외의 부분에서 "대통령령으로 정하는
시설"이란 다음 각 호의 시설(당해 시설 그 자체의 기능발
휘와 이용을 위하여 필요한 부대시설 및 편익시설을 포함
한다)을 말한다.
1. 교통시설 : 도로·철도·항만·공항·주차장·자동차
   정류장·궤도·차량 검사 및 면허시설
2. 공간시설 : 광장·공원·녹지·유원지·공공공지
3. 유통·공급시설 : 유통업무설비, 수도·전기·가스·열
   공급설비, 방송·통신시설, 공동구·시장, 유류저장 및
   송유설비
4. 공공·문화체육시설 : 학교·공공청사·문화시설·공
   공필요성이 인정되는 체육시설·연구시설·사회복지시
   설·공공직업훈련시설·청소년수련시설
5. 방재시설 : 하천·유수지·저수지·방화설비·방풍설
   비·방수설비·사방설비·방조설비
6. 보건위생시설 : 장사시설·도축장·종합의료시설
7. 환경기초시설 : 하수도·폐기물처리 및 재활용시설·빗
   물저장 및 이용시설·수질오염방지시설·폐차장

14 ★☆☆   📖 ④

정답 해설

④ 법원에 계속 중인 소송을 위한 감정평가 중 보상과 관련된
   감정평가는 고려대상이 아니다.

감정평가 및 감정평가사에 관한 법 제3조(기준)

① 감정평가법인 등이 토지를 감정평가하는 경우에는 그
토지와 이용가치가 비슷하다고 인정되는 「부동산 가격공
시에 관한 법률」에 따른 표준지공시지가를 기준으로 하여
야 한다. 다만, 적정한 실거래가가 있는 경우에는 이를 기
준으로 할 수 있다.

② 제1항에도 불구하고 감정평가법인 등이 「주식회사 등
의 외부감사에 관한 법률」에 따른 재무제표 작성 등 기업
의 재무제표 작성에 필요한 감정평가와 담보권의 설정·
경매 등 대통령령으로 정하는 감정평가를 할 때에는 해당
토지의 임대료, 조성비용 등을 고려하여 감정평가를 할 수
있다.

감정평가 및 감정평가사에 관한 법 시행령 제3조(토
지의 감정평가) 법 제3조 제2항에서 "「주식회사 등의
외부감사에 관한 법률」에 따른 재무제표 작성 등 기업
의 재무제표 작성에 필요한 감정평가와 담보권의 설
정·경매 등 대통령령으로 정하는 감정평가"란 법 제
10조 제3호·제4호(법원에 계속 중인 소송을 위한 감
정평가 중 보상과 관련된 감정평가는 제외한다) 및 제
5호에 따른 감정평가를 말한다.

15 ★☆☆   📖 ②

정답 해설

② 감정평가법인 등이 해산하거나 폐업하는 경우 국토교통부장
   관은 감정평가서의 원본을 발급일부터 5년 동안 보관해야
   한다.

감정평가 및 감정평가사에 관한 법 시행령 제6조(감정평가
서 등의 보존)

① 감정평가법인 등은 해산하거나 폐업하는 경우 법 제6조
제3항에 따른 보존을 위하여 감정평가서의 원본과 그 관련
서류를 국토교통부장관에게 제출해야 한다. 이 경우 법 제
6조 제3항 후단에 따라 감정평가서의 원본과 관련 서류를
전자적 기록매체에 수록하여 보존하고 있으면 감정평가서
의 원본과 관련 서류의 제출을 갈음하여 그 전자적 기록매
체를 제출할 수 있다.

② 감정평가법인 등은 제1항 전단에 따른 감정평가서의 원
본과 관련 서류(같은 항 후단에 따라 전자적 기록매체를 제
출하는 경우에는 전자적 기록매체로 한다. 이하 이 조에서
같다)를 해산하거나 폐업한 날부터 30일 이내에 제출해야
한다.

③ 국토교통부장관은 제1항에 따라 제출받은 감정평가서
의 원본과 관련 서류를 다음 각 호의 구분에 따른 기간 동
안 보관해야 한다.
1. 감정평가서 원본 : 발급일부터 5년
2. 감정평가서 관련 서류 : 발급일부터 2년

16 ★☆☆

정답 해설

② 감정평가법인은 국토교통부장관의 허가를 받아 토지 등의 매매업을 직접 할 수 없다.

감정평가 및 감정평가사에 관한 법 제25조(성실의무 등)

① 감정평가법인 등(감정평가법인 또는 감정평가사사무소의 소속 감정평가사를 포함한다. 이하 이 조에서 같다)은 제10조에 따른 업무를 하는 경우 품위를 유지하여야 하고, 신의와 성실로써 공정하게 하여야 하며, 고의 또는 중대한 과실로 업무를 잘못하여서는 아니 된다.

② 감정평가법인 등은 자기 또는 친족 소유, 그 밖에 불공정하게 제10조에 따른 업무를 수행할 우려가 있다고 인정되는 토지등에 대해서는 그 업무를 수행하여서는 아니 된다.

③ 감정평가법인 등은 토지 등의 매매업을 직접 하여서는 아니 된다.

④ 감정평가법인 등이나 그 사무직원은 제23조에 따른 수수료와 실비 외에는 어떠한 명목으로도 그 업무와 관련된 대가를 받아서는 아니 되며, 감정평가 수주의 대가로 금품 또는 재산상의 이익을 제공하거나 제공하기로 약속하여서는 아니 된다.

⑤ 감정평가사, 감정평가사가 아닌 사원 또는 이사 및 사무직원은 둘 이상의 감정평가법인(같은 법인의 주·분사무소를 포함한다) 또는 감정평가사사무소에 소속될 수 없으며, 소속된 감정평가법인 이외의 다른 감정평가법인의 주식을 소유할 수 없다.

⑥ 감정평가법인 등이나 사무직원은 제28조의2에서 정하는 유도 또는 요구에 따라서는 아니 된다.

17 ★★☆

정답 해설

⑤ 다음 해 1월 1일이 공시기준일이다.

부동산 가격공시에 관한 법률 시행령 제34조(개별주택가격 공시기준일을 다르게 할 수 있는 단독주택)

① 법 제17조 제4항에 따라 개별주택가격 공시기준일을 다르게 할 수 있는 단독주택은 다음 각 호의 어느 하나에 해당하는 단독주택으로 한다.

1. 「공간정보의 구축 및 관리 등에 관한 법률」에 따라 그 대지가 분할 또는 합병된 단독주택

2. 「건축법」에 따른 건축·대수선 또는 용도변경이 된 단독주택

3. 국유·공유에서 매각 등에 따라 사유로 된 단독주택으로서 개별주택가격이 없는 단독주택

② 법 제17조 제4항에서 "대통령령으로 정하는 날"이란 다음 각 호의 구분에 따른 날을 말한다.

1. 1월 1일부터 5월 31일까지의 사이에 제1항 각 호의 사유가 발생한 단독주택: 그 해 6월 1일

2. 6월 1일부터 12월 31일까지의 사이에 제1항 각 호의 사유가 발생한 단독주택: 다음 해 1월 1일

18 ★★★

정답 해설

③ 개별토지 가격 산정의 타당성 검증을 의뢰할 감정평가법인 등을 선정할 때 선정기준일부터 직전 1년간 과태료처분을 3회 받은 감정평가법인 등은 선정에서 배제된다.

부동산 가격공시에 관한 법률 시행령 제7조(표준지공시지가 조사·평가의 의뢰)

① 국토교통부장관은 법 제3조 제5항에 따라 다음 각 호의 요건을 모두 갖춘 감정평가법인 등 중에서 표준지공시지가 조사·평가를 의뢰할 자를 선정해야 한다.

1. 표준지공시지가 조사·평가 의뢰일부터 30일 이전이 되는 날(이하 "선정기준일"이라 한다)을 기준으로 하여 직전 1년간의 업무실적이 표준지 적정가격 조사·평가 업무를 수행하기에 적정한 수준일 것

2. 회계감사절차 또는 감정평가서의 심사체계가 적정할 것

3. 「감정평가 및 감정평가사에 관한 법률」에 따른 업무정지처분, 과태료 또는 소속 감정평가사에 대한 징계처분 등이 다음 각 목의 기준 어느 하나에도 해당하지 아니할 것

가. 선정기준일부터 직전 2년간 업무정지처분을 3회 이상 받은 경우

나. 선정기준일부터 직전 1년간 과태료처분을 3회 이상 받은 경우

다. 선정기준일부터 직전 1년간 징계를 받은 소속 감정평가사의 비율이 선정기준일 현재 소속 전체 감정평가사의 10퍼센트 이상인 경우

라. 선정기준일 현재 업무정지기간이 만료된 날부터 1년이 지나지 아니한 경우

19 ★☆☆ 답 ①

정답 해설

ㄱ. [○] **부동산 가격공시에 관한 법률 제5조 제4호**

> **제5조(표준지공시지가의 공시사항)** 제3조에 따른 공시에는 다음 각 호의 사항이 포함되어야 한다.
> 1. 표준지의 지번
> 2. 표준지의 단위면적당 가격
> 3. 표준지의 면적 및 형상
> 4. 표준지 및 주변토지의 이용상황
> 5. 그 밖에 대통령령으로 정하는 사항

ㄴ. [○] **부동산 가격공시에 관한 법률 제9조**

> **제9조(표준지공시지가의 효력)** 표준지공시지가는 토지시장에 지가정보를 제공하고 일반적인 토지거래의 지표가 되며, 국가·지방자치단체 등이 그 업무와 관련하여 지가를 산정하거나 감정평가법인 등이 개별적으로 토지를 감정평가하는 경우에 기준이 된다.

오답 해설

ㄷ. [×] 표준지공시지가를 기준으로 한다.

> **부동산 가격공시에 관한 법률 시행령 제13조(표준지공시지가의 적용)**
> ② 법 제8조 제2호 다목에서 "대통령령으로 정하는 지가의 산정"이란 다음 각 호의 목적을 위한 지가의 산정을 말한다.
> 1. 「국토의 계획 및 이용에 관한 법률」 또는 그 밖의 법령에 따라 조성된 용지 등의 공급 또는 분양
> 2. 다음 각 목의 어느 하나에 해당하는 사업을 위한 환지·체비지(替費地)의 매각 또는 환지신청
>   가. 「도시개발법」 제2조 제1항 제2호에 따른 도시개발사업
>   나. 「도시 및 주거환경정비법」 제2조 제2호에 따른 정비사업
>   다. 「농어촌정비법」 제2조 제5호에 따른 농업생산기반 정비사업

ㄹ. [×] 최근 1년간 읍·면·동별 지가변동률이 전국 평균 지가변동률 이하인 지역이다.

> **부동산 가격공시에 관한 법률 시행령 제7조(표준지공시지가 조사·평가의 의뢰)**
> ④ 법 제3조 제5항 단서에서 "지가 변동이 작은 경우 등 대통령령으로 정하는 기준에 해당하는 표준지"란 다음 각 호의 요건을 모두 갖춘 지역의 표준지를 말한다.
> 1. 최근 1년간 읍·면·동별 지가변동률이 전국 평균 지가변동률 이하인 지역
> 2. 개발사업이 시행되거나 「국토의 계획 및 이용에 관한 법률」 제2조 제15호에 따른 용도지역(이하 "용도지역"이라 한다) 또는 같은 조 제16호에 따른 용도지구(이하 "용도지구"라 한다)가 변경되는 등의 사유가 없는 지역

20 ★★☆ 답 ②

정답 해설

② 총괄청은 일반재산을 보존용재산으로 전환하여 관리할 수 있다(국유재산법 제8조 제2항).

오답 해설

① 국가가 직접 사무용·사업용으로 사용하는 재산은 공용재산이다(국유재산법 제6조 제2항 제1호).
③ 국유재산에는 사권을 설정하지 못한다(국유재산법 제11조 제2항).
④ 행정재산은 민법 제245조에도 불구하고 시효취득의 대상이 되지 아니한다(국유재산법 제7조 제2항).
⑤ 조림을 목적으로 하는 토지와 그 정착물의 대부기간은 20년 이내로 한다(국유재산법 제46조 제1항 제1호).

21 ★★☆ 답 ②

정답 해설

② 행정재산의 관리위탁을 받은 자가 그 재산의 일부를 사용·수익하는 경우에는 미리 해당 중앙관서의 장의 승인을 받아야 한다(국유재산법 제29조 제1항).

오답 해설

① 중앙관서의 장은 사용허가한 행정재산을 지방자치단체가 직접 공용으로 사용하기 위하여 필요하게 된 경우에도 그 허가를 철회할 수 있다(국유재산법 제36조 제2항).
③ 경작용으로 실경작자에게 행정재산의 사용허가를 하려는 경우에는 수의방법으로 결정할 수 있다.
④ 수의의 방법으로 한 사용허가는 허가기간이 끝난 후 갱신할 수 있다(국유재산법 시행령 제27조 제3항).
⑤ 중앙관서의 장은 동일인(상속인이나 그 밖의 포괄승계인은 피승계인과 동일인으로 본다)이 같은 행정재산을 사용허가기간 내에서 1년을 초과하여 계속 사용·수익하는 경우로서 대통령령으로 정하는 경우에는 사용료를 조정할 수 있다(국유재산법 제33조 제1항).

22 ★★★ 답 ④

정답 해설

④ 국가가 보존·활용할 필요가 없고 대부·매각이나 교환이 곤란하여 일반재산을 양여하는 경우에는 대장가격을 재산가격으로 한다(국유재산법 시행령 제42조 제8항).

오답 해설

① 증권을 제외한 일반재산을 처분할 때에는 시가를 고려하여 해당 재산의 예정가격을 결정하여야 한다(국유재산법 시행령 제42조 제1항).

② 공공기관에 일반재산을 처분하는 경우에는 하나의 감정평가법인 등의 평가액을 산술평균한 금액을 예정가격으로 하여야 한다(국유재산법 시행령 제42조 제1항 제2호).

③ 감정평가법인 등의 평가액은 평가일부터 1년이 지나면 적용할 수 없다(국유재산법 시행령 제42조 제2항).

⑤ 일단(一團)의 토지 대장가격이 1천만 원 이하인 국유지를 경쟁입찰의 방법으로 처분하는 경우에는 해당 국유지의 개별공시지가를 예정가격으로 할 수 있다(국유재산법시행령 제42조 제10항 제2호).

23 ★★★ 답 ③

정답 해설

③ '지식재산(「상표법」에 따라 등록된 특허권, 실용신안권, 디자인권 및 상표권)'의 사용료 면제기간은 20년으로 한다(국유재산법 시행령 제32조 제2항).

국유재산법시행령 제32조(사용료의 감면)

① 법 제34조 제1항 제1호에 따라 사용료를 면제할 때에는 사용료 총액이 기부받은 재산의 가액이 될 때까지 면제할 수 있다. 그 기간은 20년을 넘을 수 없다.

② 제1항에도 불구하고 법 제5조 제1항 제6호의 재산(이하 "지식재산"이라 한다)의 사용료 면제기간은 20년으로 한다.

국유재산법 제5조(국유재산의 범위)

6. 다음 각 목의 어느 하나에 해당하는 권리(이하 "지식재산"이라 한다)

가. 「특허법」·「실용신안법」·「디자인보호법」 및 「상표법」에 따라 등록된 특허권, 실용신안권, 디자인권 및 상표권

24 ★☆☆ 답 ③

정답 해설

③ ㄱ : 2, ㄴ : 30, ㄷ : 120

건축법 제2조(정의)

① 이 법에서 사용하는 용어의 뜻은 다음과 같다.

5. "지하층"이란 건축물의 바닥이 지표면 아래에 있는 층으로서 바닥에서 지표면까지 평균높이가 해당 층 높이의 2분의 1 이상인 것을 말한다.

19. "고층건축물"이란 층수가 30층 이상이거나 높이가 120미터 이상인 건축물을 말한다.

25 ★★☆ 답 ⑤

정답 해설

⑤ 안전영향평가를 실시하여야 하는 건축물이 다른 법률에 따라 구조안전과 인접 대지의 안전에 미치는 영향 등을 평가받은 경우에는 안전영향평가의 해당 항목을 평가 받은 것으로 본다(건축법 제13조의2 제7항).

건축법 제13조의2(건축물 안전영향평가)

① 허가권자는 초고층 건축물 등 대통령령으로 정하는 주요 건축물에 대하여 제11조에 따른 건축허가를 하기 전에 건축물의 구조, 지반 및 풍환경(風環境) 등이 건축물의 구조안전과 인접 대지의 안전에 미치는 영향 등을 평가하는 건축물 안전영향평가(이하 "안전영향평가"라 한다)를 안전영향평가기관에 의뢰하여 실시하여야 한다.

② 안전영향평가기관은 국토교통부장관이 「공공기관의 운영에 관한 법률」 제4조에 따른 공공기관으로서 건축 관련 업무를 수행하는 기관 중에서 지정하여 고시한다.

③ 안전영향평가 결과는 건축위원회의 심의를 거쳐 확정한다. 이 경우 제4조의2에 따라 건축위원회의 심의를 받아야 하는 건축물은 건축위원회 심의에 안전영향평가 결과를 포함하여 심의할 수 있다.

④ 안전영향평가 대상 건축물의 건축주는 건축허가 신청 시 제출하여야 하는 도서에 안전영향평가 결과를 반영하여야 하며, 건축물의 계획상 반영이 곤란하다고 판단되는 경우에는 그 근거 자료를 첨부하여 허가권자에게 건축위원회의 재심의를 요청할 수 있다.

⑤ 안전영향평가의 검토 항목과 건축주의 안전영향평가 의뢰, 평가 비용 납부 및 처리 절차 등 그 밖에 필요한 사항은 대통령령으로 정한다.

⑥ 허가권자는 제3항 및 제4항의 심의 결과 및 안전영향평가 내용을 국토교통부령으로 정하는 방법에 따라 즉시 공개하여야 한다.

⑦ 안전영향평가를 실시하여야 하는 건축물이 다른 법률에 따라 구조안전과 인접 대지의 안전에 미치는 영향 등을 평가받은 경우에는 안전영향평가의 해당 항목을 평가받은 것으로 본다.

26 ★★★

정답 해설

③ 업무시설(일반업무시설은 제외한다)이다.

> **건축법 제11조(건축허가)**
> ② 시장 · 군수는 제1항에 따라 다음 각 호의 어느 하나에 해당하는 건축물의 건축을 허가하려면 미리 건축계획서와 국토교통부령으로 정하는 건축물의 용도, 규모 및 형태가 표시된 기본설계도서를 첨부하여 도지사의 승인을 받아야 한다.
> 2. 자연환경이나 수질을 보호하기 위하여 도지사가 지정 · 공고한 구역에 건축하는 3층 이상 또는 연면적의 합계가 1천제곱미터 이상인 건축물로서 위락시설과 숙박시설 등 대통령령으로 정하는 용도에 해당하는 건축물
> ③ 법 제11조 제2항 제2호에서 "위락시설과 숙박시설 등 대통령령으로 정하는 용도에 해당하는 건축물"이란 다음 각 호의 건축물을 말한다.
> 1. 공동주택
> 2. 제2종 근린생활시설(일반음식점만 해당한다)
> 3. 업무시설(일반업무시설만 해당한다)
> 4. 숙박시설
> 5. 위락시설

27 ★★☆

정답 해설

④ 숙박시설로서 해당 용도로 쓰는 바닥면적의 합계가 5천 제곱미터인 건축물의 대지에는 공개 공지 또는 공개 공간을 설치하여야 한다.

> **건축법 시행령 제27조의2(공개 공지 등의 확보)**
> ① 법 제43조 제1항에 따라 다음 각 호의 어느 하나에 해당하는 건축물의 대지에는 공개 공지 또는 공개 공간(이하 이 조에서 "공개 공지 등"이라 한다)을 설치해야 한다. 이 경우 공개 공지는 필로티의 구조로 설치할 수 있다.
> 1. 문화 및 집회시설, 종교시설, 판매시설(「농수산물 유통 및 가격안정에 관한 법률」에 따른 농수산물유통시설은 제외한다), 운수시설(여객용 시설만 해당한다), 업무시설 및 숙박시설로서 해당 용도로 쓰는 바닥면적의 합계가 5천 제곱미터 이상인 건축물
> 2. 그 밖에 다중이 이용하는 시설로서 건축조례로 정하는 건축물

28 ★☆☆

정답 해설

③ 학교의 교사(校舍)와 이에 접속된 체육장 등 부속시설물의 부지 - 학교용지

오답 해설

① 묘지의 관리를 위한 건축물의 부지 - 대
② 원상회복을 조건으로 흙을 파는 곳으로 허가된 토지 - 잡종지에서 제외
④ 자동차 판매 목적으로 설치된 야외전시장의 부지 - 주차장에서 제외
⑤ 자연의 유수가 있을 것으로 예상되는 소규모 수로부지 - 구거

29 ★★☆

정답 해설

⑤ ㄱ, ㄴ, ㄷ 모두 합병할 수 없다.

> **공간정보의 구축 및 관리 등에 관한 법률 제80조(합병 신청)**
> ① 토지소유자는 토지를 합병하려면 대통령령으로 정하는 바에 따라 지적소관청에 합병을 신청하여야 한다.
> ② 토지소유자는 「주택법」에 따른 공동주택의 부지, 도로, 제방, 하천, 구거, 유지, 그 밖에 대통령령으로 정하는 토지로서 합병하여야 할 토지가 있으면 그 사유가 발생한 날부터 60일 이내에 지적소관청에 합병을 신청하여야 한다.
> ③ 다음 각 호의 어느 하나에 해당하는 경우에는 합병 신청을 할 수 없다.
> 1. 합병하려는 토지의 지번부여지역, 지목 또는 소유자가 서로 다른 경우
> 2. 합병하려는 토지에 다음 각 목의 등기 외의 등기가 있는 경우
>   가. 소유권 · 지상권 · 전세권 또는 임차권의 등기
>   나. 승역지(承役地)에 대한 지역권의 등기
>   다. 합병하려는 토지 전부에 대한 등기원인(登記原因) 및 그 연월일과 접수번호가 같은 저당권의 등기
>   라. 합병하려는 토지 전부에 대한 「부동산등기법」 제81조 제1항 각 호의 등기사항이 동일한 신탁등기

3. 그 밖에 합병하려는 토지의 지적도 및 임야도의 축척이 서로 다른 경우 등 대통령령으로 정하는 경우

> **공간정보의 구축 및 관리 등에 관한 법률 시행령 제66조(합병 신청)**
> ③ 법 제80조 제3항 제3호에서 "합병하려는 토지의 지적도 및 임야도의 축척이 서로 다른 경우 등 대통령령으로 정하는 경우"란 다음 각 호의 경우를 말한다.
> 5. 합병하려는 토지의 소유자별 공유지분이 다르거나 소유자의 주소가 서로 다른 경우
> 6. 합병하려는 토지가 구획정리, 경지정리 또는 축척변경을 시행하고 있는 지역의 토지와 그 지역 밖의 토지인 경우

30 ★☆☆ 　　　　　　　　 답 ⑤

정답 해설

⑤ 소유자의 주소는 토지이동사유가 아니다.

> **공간정보의 구축 및 관리 등에 관한 법률 제2조(정의)** 이 법에서 사용하는 용어의 뜻은 다음과 같다.
> 20. "토지의 표시"란 지적공부에 토지의 소재·지번(地番)·지목(地目)·면적·경계 또는 좌표를 등록한 것을 말한다.
> 28. "토지의 이동(異動)"이란 토지의 표시를 새로 정하거나 변경 또는 말소하는 것을 말한다.

31 ★★☆ 　　　　　　　　 답 ③

정답 해설

③ 지적도면의 번호는 등록사항이 아니다.

> **공간정보의 구축 및 관리 등에 관한 법률 제71조(토지대장 등의 등록사항)**
> ③ 토지대장이나 임야대장에 등록하는 토지가 「부동산등기법」에 따라 대지권 등기가 되어 있는 경우에는 대지권등록부에 다음 각 호의 사항을 등록하여야 한다.
> 1. 토지의 소재
> 2. 지번
> 3. 대지권 비율
> 4. 소유자의 성명 또는 명칭, 주소 및 주민등록번호
> 5. 그 밖에 국토교통부령으로 정하는 사항

32 ★★★ 　　　　　　　　 답 ⑤

정답 해설

⑤ 도면의 번호를 기록한다.

> **부동산등기법 40조(등기사항)**
> ① 등기관은 건물 등기기록의 표제부에 다음 각 호의 사항을 기록하여야 한다.
> 1. 표시번호
> 2. 접수연월일
> 3. 소재, 지번 및 건물번호. 다만, 같은 지번 위에 1개의 건물만 있는 경우에는 건물번호는 기록하지 아니한다.
> 4. 건물의 종류, 구조와 면적. 부속건물이 있는 경우에는 부속건물의 종류, 구조와 면적도 함께 기록한다.
> 5. 등기원인
> 6. 도면의 번호[같은 지번 위에 여러 개의 건물이 있는 경우와 「집합건물의 소유 및 관리에 관한 법률」 제2조 제1호의 구분소유권(區分所有權)의 목적이 되는 건물(이하 "구분건물"이라 한다)인 경우로 한정한다]

33 ★★☆ 　　　　　　　　 답 ②

정답 해설

ㄱ. [○] 소유권보존등기 또는 소유권보존등기의 말소등기는 등기명의인으로 될 자 또는 등기명의인이 단독으로 신청한다.

ㄷ. [○] 등기신청은 해당 부동산이 다른 부동산과 구별될 수 있게 하는 정보가 전산정보처리조직에 저장된 때 접수된 것으로 본다.

오답 해설

ㄴ. [×] 대표자가 있는 법인 아닌 사단에 속하는 부동산의 등기신청에 관하여는 그 사단의 대표자는 단지 등기신청인에 불과하다.

ㄹ. [×] 등기관이 등기를 마친 경우 그 등기는 접수한 때부터 효력을 발생한다.

34 ★★☆ 　　　　　　　　 답 ④

정답 해설

④ 전체가 말소된 등기에 대한 회복등기는 주등기에 의하고, 일부말소회복등기는 부기등기에 의한다.

오답 해설

① 소유권 외의 권리의 이전등기, ② 소유권 외의 권리에 대한 처분제한 등기, ③ 소유권 외의 권리를 목적으로 하는 권리에 관한 등기, ⑤ 등기명의인표시의 변경이나 경정의 등기는 부기등기에 의한다.

35 ★★★　　　　　　　　　정답 ①

정답 해설
① A : 지역권, B : 범위는 필요적 기록사항이다.

오답 해설
② A : 전세권, B : 존속기간
③ A : 저당권, B : 변제기
④ A : 근저당권, B : 존속기간
⑤ A : 지상권, B : 지료와 지급시기는 약정이 있으면 기록하여야 한다.

36 ★★☆　　　　　　　　　정답 ③

정답 해설
③ 동산담보권을 그 담보할 채무의 최고액만을 정하고 채무의 확정을 장래에 보류하여 설정하는 경우 채무의 이자는 최고액 중에 포함되어야 한다.

> **동산·채권 등의 담보에 관한 법률 제5조(근담보권)**
> ① 동산담보권은 그 담보할 채무의 최고액만을 정하고 채무의 확정을 장래에 보류하여 설정할 수 있다. 이 경우 그 채무가 확정될 때까지 채무의 소멸 또는 이전은 이미 설정된 동산담보권에 영향을 미치지 아니한다.
> ② 제1항의 경우 채무의 이자는 최고액 중에 포함된 것으로 본다.

37 ★★★　　　　　　　　　정답 ①

정답 해설
① 도시 및 주거환경정비법 시행령 제15조 제1항

> **도시 및 주거환경정비법 시행령 제15조(행위허가의 대상 등)**
> ① 법 제19조 제1항에 따라 시장·군수등의 허가를 받아야 하는 행위는 다음 각 호와 같다.
> 1. 건축물의 건축 등 : 「건축법」 제2조 제1항 제2호에 따른 건축물(가설건축물을 포함한다)의 건축, 용도변경
> 2. 공작물의 설치 : 인공을 가하여 제작한 시설물(「건축법」 제2조 제1항 제2호에 따른 건축물을 제외한다)의 설치
> 3. 토지의 형질변경 : 절토(땅깎기)·성토(흙쌓기)·정지(땅고르기)·포장 등의 방법으로 토지의 형상을 변경하는 행위, 토지의 굴착 또는 공유수면의 매립
> 4. 토석의 채취 : 흙·모래·자갈·바위 등의 토석을 채취하는 행위. 다만, 토지의 형질변경을 목적으로 하는 것은 제3호에 따른다.
> 5. 토지분할
> 6. 물건을 쌓아놓는 행위 : 이동이 쉽지 아니한 물건을 1개월 이상 쌓아놓는 행위
> 7. 죽목의 벌채 및 식재

38 ★★★　　　　　　　　　정답 ②

정답 해설
② 재건축조합이 사업시행 예정일부터 2년 이내에 사업시행계획인가를 신청하지 아니한 때는 재개발사업·재건축사업의 지정개발자가 시행한다.

> **도시 및 주거환경정비법 제27조(재개발사업·재건축사업의 지정개발자)**
> ① 시장·군수 등은 재개발사업 및 재건축사업이 다음의 어느 하나에 해당하는 때에는 토지등소유자, 「사회기반시설에 대한 민간투자법」 제2조 제12호에 따른 민관합동법인 또는 신탁업자로서 대통령령으로 정하는 요건을 갖춘 자(이하 "지정개발자"라 한다)를 사업시행자로 지정하여 정비사업을 시행하게 할 수 있다(법 제27조 제1항).
> 1. 천재지변, 「재난 및 안전관리 기본법」 제27조 또는 「시설물의 안전 및 유지관리에 관한 특별법」 제23조에 따른 사용제한·사용금지, 그 밖의 불가피한 사유로 긴급하게 정비사업을 시행할 필요가 있다고 인정하는 때
> 2. 제16조 제2항 전단에 따라 고시된 정비계획에서 정한 정비사업시행 예정일부터 2년 이내에 사업시행계획인가를 신청하지 아니하거나 사업시행계획인가를 신청한 내용이 위법 또는 부당하다고 인정하는 때(재건축사업의 경우는 제외한다)
> 3. 제35조에 따른 재개발사업 및 재건축사업의 조합설립을 위한 동의요건 이상에 해당하는 자가 신탁업자를 사업시행자로 지정하는 것에 동의하는 때

> **도시 및 주거환경정비법 시행령 제21조(지정개발자의 요건)** 법 제27조 제1항 각 호 외의 부분에서 "대통령령으로 정하는 요건을 갖춘 자"란 다음 각 호의 어느 하나에 해당하는 자를 말한다.
> 1. 정비구역의 토지 중 정비구역 전체 면적 대비 50퍼센트 이상의 토지를 소유한 자로서 토지등소유자의 50퍼센트 이상의 추천을 받은 자
> 2. 「사회기반시설에 대한 민간투자법」 제2조 제12호에 따른 민관합동법인(민간투자사업의 부대사업으로 시행하는 경우에만 해당한다)으로서 토지등소유자의 50퍼센트 이상의 추천을 받은 자
> 3. 신탁업자로서 정비구역의 토지 중 정비구역 전체 면적 대비 3분의 1 이상의 토지를 신탁받은 자. 이 경우 정비구역 전체 면적에서 국·공유지는 제외한다.

정답 해설

② 정비사업비의 추산액(재건축사업의 경우에는 「재건축초과이익 환수에 관한 법률」에 따른 재건축부담금에 관한 사항을 포함한다)(도시 및 주거환경정비법 제74조 제1항 6호)

도시 및 주거환경정비법 제74조(관리처분계획의 인가 등)

① 사업시행자는 제72조에 따른 분양신청기간이 종료된 때에는 분양신청의 현황을 기초로 다음 각 호의 사항이 포함된 관리처분계획을 수립하여 시장·군수 등의 인가를 받아야 하며, 관리처분계획을 변경·중지 또는 폐지하려는 경우에도 또한 같다. 다만, 대통령령으로 정하는 경미한 사항을 변경하려는 경우에는 시장·군수 등에게 신고하여야 한다.

1. 분양설계
2. 분양대상자의 주소 및 성명
3. 분양대상자별 분양예정인 대지 또는 건축물의 추산액(임대관리 위탁주택에 관한 내용을 포함한다)
4. 다음 각 목에 해당하는 보류지 등의 명세와 추산액 및 처분방법. 다만, 나목의 경우에는 제30조 제1항에 따라 선정된 임대사업자의 성명 및 주소(법인인 경우에는 법인의 명칭 및 소재지와 대표자의 성명 및 주소)를 포함한다.
   가. 일반 분양분
   나. 공공지원민간임대주택
   다. 임대주택
   라. 그 밖에 부대시설·복리시설 등
5. 분양대상자별 종전의 토지 또는 건축물 명세 및 사업시행계획인가 고시가 있는 날을 기준으로 한 가격(사업시행계획인가 전에 제81조 제3항에 따라 철거된 건축물은 시장·군수등에게 허가를 받은 날을 기준으로 한 가격)
6. 정비사업비의 추산액(재건축사업의 경우에는 「재건축초과이익 환수에 관한 법률」에 따른 재건축부담금에 관한 사항을 포함한다) 및 그에 따른 조합원 분담규모 및 분담시기
7. 분양대상자의 종전 토지 또는 건축물에 관한 소유권 외의 권리명세
8. 세입자별 손실보상을 위한 권리명세 및 그 평가액
9. 그 밖에 정비사업과 관련한 권리 등에 관하여 대통령령으로 정하는 사항

도시 및 주거환경정비법 시행령 제62조(관리처분계획의 내용)

4. 정비사업의 시행으로 인하여 새롭게 설치되는 정비기반시설의 명세와 용도가 폐지되는 정비기반시설의 명세

정답 해설

⑤ ㄱ, ㄴ, ㄷ, ㄹ 모두 포함된다.

도시 및 주거환경정비법 제5조(기본계획의 내용)

① 기본계획에는 다음 각 호의 사항이 포함되어야 한다.

1. 정비사업의 기본방향
2. 정비사업의 계획기간
3. 인구·건축물·토지이용·정비기반시설·지형 및 환경 등의 현황
4. 주거지 관리계획
5. 토지이용계획·정비기반시설계획·공동이용시설설치계획 및 교통계획
6. 녹지·조경·에너지공급·폐기물처리 등에 관한 환경계획
7. 사회복지시설 및 주민문화시설 등의 설치계획
8. 도시의 광역적 재정비를 위한 기본방향
9. 제16조에 따라 정비구역으로 지정할 예정인 구역(이하 "정비예정구역"이라 한다)의 개략적 범위
10. 단계별 정비사업 추진계획(정비예정구역별 정비계획의 수립시기가 포함되어야 한다)
11. 건폐율·용적률 등에 관한 건축물의 밀도계획
12. 세입자에 대한 주거안정대책
13. 그 밖에 주거환경 등을 개선하기 위하여 필요한 사항으로서 대통령령으로 정하는 사항

② 기본계획의 수립권자는 기본계획에 다음 각 호의 사항을 포함하는 경우에는 제1항 제9호 및 제10호의 사항을 생략할 수 있다.

1. 생활권의 설정, 생활권별 기반시설 설치계획 및 주택수급계획
2. 생활권별 주거지의 정비·보전·관리의 방향

③ 기본계획의 작성기준 및 작성방법은 국토교통부장관이 정하여 고시한다.

제5과목 | 회계학

01	02	03	04	05	06	07	08	09	10
④	③	⑤	①	③	①	③	②	①	⑤
11	12	13	14	15	16	17	18	19	20
②	④	③	⑤	③	③	⑤	②	④	①
21	22	23	24	25	26	27	28	29	30
①	④	④	⑤	⑤	④	④	②·③	②	①
31	32	33	34	35	36	37	38	39	40
⑤	②	②	②	④	②	①	③	③	③

01 ★★★ 답 ④

정답 해설

ㄱ. 부도수표는 회사 장부에서 차감처리한다.
ㄷ. 기장오류는 회사 장부에서 차감처리한다.
ㄹ. 미통지입금은 회사 장부에서 가산처리한다.

오답 해설

ㄴ. 기발행미인출수표는 은행 장부에서 차감처리한다.

02 ★★☆ 답 ③

정답 해설

이익＝기말자본－유지할 자본＝3,000원－(200개×12원)
＝600원

03 ★☆☆ 답 ⑤

정답 해설

⑤ 유동비율 증가, 당좌비율 증가

오답 해설

① 유동비율 감소, 당좌비율 감소
② 유동비율 감소, 당좌비율 감소
③ 유동비율 불변, 당좌비율 불변
④ 유동비율 감소, 당좌비율 감소

04 ★★★ 답 ①

정답 해설

(A) 공정가치 평가손익＝930원－1,000원
＝－70원 (당기순이익 감소)
(B) 감가상각비＝1,000원÷10년＝100원 (당기순이익 감소)

05 ★★☆ 답 ③

정답 해설

사용가치와 이행가치는 시장참여자의 가정보다는 기업 특유의 가정을 반영한다. 또한, 사용가치와 이행가치는 직접 관측될 수 없으며 현금흐름기준 측정기법으로 결정된다.

오답 해설

① 공정가치는 자산을 취득할 때 발생한 거래원가로 인해 증가하지 않으며 부채를 발생시키거나 인수할 때 발생한 거래원가로 인해 감소하지 않는다.
② 자산의 현행원가는 측정일에 동등한 자산의 원가로서 측정일에 지급할 대가와 그 날에 발생할 거래원가를 포함한다. 부채의 현행원가는 측정일에 동등한 부채에 대해 수취할 수 있는 대가에서 그 날에 발생할 거래원가를 차감한다.
④ 이행가치는 기업이 부채를 이전할 때 이전해야 하는 현금이나 그 밖의 경제적자원의 현재가치이다.
⑤ 자산을 취득하거나 창출할 때의 역사적 원가는 자산의 취득 또는 창출에 발생한 원가의 가치로서, 자산의 취득 또는 창출을 위하여 지급한 대가와 거래원가를 포함한다. 부채가 발생하거나 인수할 때의 역사적 원가는 발생시키거나 인수하면서 수취한 대가에서 거래원가를 차감한 가치이다.

06 ★★★ 답 ①

정답 해설

• 재고자산평가손실(B)＝100개×70%×(200원－190원)
＝700원
• 재고자산평가손실(C)＝200개×(100원－90원)＝2,000원
∴ 당기손실＝700원＋2,000원＝2,700원

07 ★★☆ 답 ③

정답 해설

③ 수익은 자본의 증가를 가져오는 자산의 증가나 부채의 감소로서, 자본청구권 보유자의 출자와 관련된 것은 제외한다.

오답 해설

④ 기업은 기업 스스로부터 경제적 효익을 획득하는 권리를 가질 수는 없다. 따라서, 기업이 발행한 후 재매입하여 보유하고 있는 채무상품이나 지분상품은 기업의 경제적자원이 아니다. 또한 보고기업이 둘 이상의 법적 실체를 포함하는 경우, 그 법적 실체들 중 하나가 발행하고 다른 하나가 보유하고 있는 채무상품이나 지분상품은 그 보고기업의 경제적자원이 아니다.

08 ★★☆ 답 ②

정답 해설

- 기말재고(매가)
  = 13,000원 + 91,000원 + 9,000원 − 3,000원 − 90,000원
  = 20,000원
- 평균원가율
  = (10,000원 + 83,500원) ÷ (13,000원 + 91,000원 + 9,000원 − 3,000원)
  = 85%
- 매출원가 = 93,500원 − 20,000원 × 85% = 76,500원

09 ★☆☆ 답 ①

정답 해설

완성될 제품이 원가 이상으로 판매될 것으로 예상하는 경우에는 그 생산에 투입하기 위해 보유하는 원재료 및 기타 소모품을 감액하지 아니한다. 그러나 원재료 가격이 하락하여 제품의 원가가 순실현가능가치를 초과할 것으로 예상된다면 해당 원재료를 순실현가능가치로 감액한다.

10 ★★★ 답 ⑤

정답 해설

- 재고자산평가손실 = 16개 × (1,200원 − 1,170원) = 480원
- ∴ 20x1년 재고자산평가손실 480원만큼 기말재고 과대는 20x2년 기초재고 과대로 반영되며 이는 20x2년 당기순이익 과소로 반영된다.

더 알아보기

재고자산감모손실 = (20개 − 16개) × 1,200원 = 4,800원

11 ★★☆ 답 ②

정답 해설

(A) 고객으로부터 유입된 현금흐름
  = 410원(매출액) − 70원(매출채권 증가) = 340원
(B) 영업비용으로 유출된 현금흐름
  = 150원(영업비용) − 15원(선급영업비용 감소)
    − 20원(미지급영업비용 증가)
  = 115원

12 ★★★ 답 ④

정답 해설

- 전환사채 발행가액
  = 60,000원 × 2.48685 + 1,064,900원 × 0.75131
  = 949,281원
- ∴ 3년간 인식할 이자비용 총액
  = (60,000원 × 3 + 1,064,900원) − 949,281원 = 295,619원

13 ★★★ 답 ③

정답 해설

- 리스부채
  = 1,000,000원 × 2.48685 + 300,000원 × 0.75131
  = 2,712,243원
- 사용권자산 = 2,712,243원 + 100,000원 = 2,812,243원
- 이자비용 = 2,712,243원 × 10% = 271,224원
- 사용권자산 상각비 = 2,812,243원 ÷ 4년 = 703,061원
- ∴ 20x1년 비용총액 = 271,224원 + 703,061원 = 974,285원

더 알아보기

사용권자산의 상각기간
리스기간 종료시점까지 리스이용자에게 기초자산의 소유권을 이전하는 경우 또는 사용권자산의 원가에 리스이용자가 매수선택권을 행사할 것이 반영되는 경우에는 리스개시일부터 기초자산의 내용연수 종료시점까지 상각한다.

14 ★★☆ 답 ⑤

정답 해설

충당부채는 충당부채의 법인세효과와 그 변동을 고려하여 세전금액으로 측정한다.

15 ★★★   답 ③

정답 해설

(A) 금융약정(이자비용)

    = (1,300원 − 1,200원) × 3 ÷ 6 = 50원(당기순이익 감소)

(B) 반품권이 부여된 판매

    = 1,300원 − 900원 − 50원 = 350원(당기순이익 증가)

16 ★★☆   답 ③

정답 해설

• 기초자본 + 유상증자 − 현금배당 + 재평가잉여금 + 당기순이익
  = 기말자본

• 2,500 + 300 − 200원 + 80원 + 당기순이익 = 3,600원

∴ 당기순이익 = 920원

17 ★☆☆   답 ⑤

정답 해설

최초 발생시점이나 매입할 때 신용이 손상되어있는 상각후원가 측정 금융자산의 이자수익은 최초 인식시점부터 상각후원가에 신용조정 유효이자율을 적용하여 계산한다.

18 ★★☆   답 ②

정답 해설

고객에게 재화나 용역을 이전하면서 유의적인 금융 효익이 고객이나 기업에 제공되는 경우에는 화폐의 시간가치가 미치는 영향을 반영하여 약속된 대가를 조정한다.

19 ★★★   답 ④

정답 해설

④ 당기순이익 과소계상

  = 200원(이자수익) − 60원(법인세비용)

  = 140원

오답 해설

법인세비용과 이연법인세부채는 각각 ₩60 과소계상되었다.

20 ★★★   답 ①

정답 해설

• 20x1년 상각액

  = 475,982원 × 12% − 500,000원 × 10% = 7,118원

• 20x1년 말 장부가액 = 475,982원 + 7,118원 = 483,100원

• 이자수익 = 57,118원

• 금융자산평가이익 = 510,000원 − 483,100원 = 26,900원

∴ 당기순이익 = 57,118원 + 26,900원 = 84,018원 (증가)

21 ★★★   답 ①

정답 해설

(A) 20x1년도 연평균지출액

$$= 300,000원 \times \frac{8}{12} + 200,000원 \times \frac{3}{12} = 240,000원$$

  차입원가

  = Min[240,000원 × 10% = 24,000원, 한도액 = 20,000원]

  = 20,000원

(B) 20x2년도 연평균지출액

$$= 500,000원 \times \frac{6}{12} + 100,000원 \times \frac{3}{12} = 275,000원$$

  차입원가

  = Min[275,000원 × 8% = 22,000원, 한도액 = 24,200원]

  = 22,000원

22 ★★☆   답 ④

정답 해설

• 유상증자주식수 = 600주 × 400원 ÷ 600원 = 400주

• 무상증자비율 = 200주 ÷ (1,600주 + 400주) = 10%

∴ 가중평균유통주식수

$$= 1,600주 \times (1 + 10\%) \times \frac{6}{12} + 2,200주 \times \frac{6}{12} = 1,980주$$

23 ★★★   답 ④

정답 해설

자본증가액 = 6,000원 × 10개 × 35명 × 60% = 1,260,000원

더 알아보기

• 20x1년 주식보상비용

$$= 1,000원 \times 10개 \times 50명 \times (1 − 25\%) \times \frac{1}{3}$$

$$= 125,000원$$

• 20x2년 주식보상비용

$$= 1,000원 \times 10개 \times 50명 \times (1 − 28\%) \times \frac{2}{3} − 125,000원$$

$$= 115,000원$$

• 20x3년 주식보상비용

$$= 1,000원 \times 10개 \times 35명 − 125,000원 − 115,000원$$

$$= 110,000원$$

24 ★★☆　　　　　　　　　　📖 ⑤

정답 해설

할인율은 보고기간 말 현재 우량회사채의 시장수익률을 참조하여 결정한다. 만약 그러한 회사채에 대해 거래층이 두터운 시장이 없는 경우에는 보고기간 말 현재 국공채의 시장수익률을 사용한다.

25 ★☆☆　　　　　　　　　　📖 ⑤

정답 해설

• 재평가된 금액에 근거한 감가상각비
　＝6,000원÷3년＝2,000원
• 최초 원가에 근거한 감가상각비＝5,000원÷5년＝1,000원
• 이익잉여금 대체액＝2,000원－1,000원＝1,000원

> **더 알아보기**
>
> • 20x2년 말 장부가액＝5,000원×$\frac{3}{5}$＝3,000원
> • 20x2년 말 재평가잉여금
> 　＝6,000원－3,000원＝3,000원

26 ★☆☆　　　　　　　　　　📖 ④

정답 해설

내용연수가 비한정인 무형자산은 상각하지 아니하고, 매년 그리고 무형자산의 손상을 시사하는 징후가 있을 때 회수가능액과 장부금액을 비교하여 무형자산의 손상검사를 수행하여야 한다.

27 ★★☆　　　　　　　　　　📖 ④

정답 해설

유형자산 처분이익
＝처분가액－장부가액
＝1,550달러×1,180원－5,000달러×30%×1,200원
＝29,000원

28 ★★★　　　　　　　　　📖 ② · ③

정답 해설

• 20x1년 감가상각비＝20,000원÷5년＝4,000원
• 20x1년 말 공정가치＝18,000원
• 20x1년 말 재평가잉여금
　＝18,000원－16,000원＝(＋) 2,000원
• 20x2년 감가상각비＝18,000원÷4년＝4,500원
• 20x2년 말 공정가치＝12,000원
• 20x2년 말 재평가잉여금
　＝(13,500원－12,000원)＋(12,000원－11,500원)
　＝(－) 2,000

• 20x2년 말 손상차손＝11,500원－11,000원＝500원

> **더 알아보기**
>
> 회수가능가액은 순공정가치와 사용가치 중 큰 금액으로 한다.

> ※ 출제문항의 기타 해석상의 이유로 ③번도 복수 정답처리되었습니다만 본서에서는 ②번을 정답으로 하여 풀이하였습니다.

29 ★★★　　　　　　　　　　📖 ②

정답 해설

• 당기근무원가＝28,000－10,000＋9,000＝27,000원
• 확정급여채무의 재측정손실
　＝12,000＋128,000－100,000－10,000－27,000
　＝3,000원

30 ★★☆　　　　　　　　　　📖 ①

오답 해설

② 소유주에 대한 분배예정으로 분류된 비유동자산(또는 처분자산집단)은 분배부대원가 차감 후 공정가치와 장부금액 중 작은 금액으로 측정한다.
③ 비유동자산이 매각예정으로 분류되거나 매각예정으로 분류된 처분자산집단의 일부라고 하더라도 그 자산은 감가상각(또는 상각)하지 아니한다.
④ 매각예정으로 분류된 비유동자산(또는 처분자산집단)은 순공정가치와 장부금액 중 작은 금액으로 측정한다.
⑤ 매각예정으로 분류된 처분자산집단의 부채와 관련된 이자와 기타 비용은 계속해서 인식한다.

> **더 알아보기**
>
> 중단영업은 이미 처분되었거나 매각예정으로 분류되고 다음 중 하나에 해당하는 기업의 구분단위이다.
> – 별도의 주요 사업계열이나 영업지역이다.
> – 별도의 주요 사업계열이나 영업지역을 처분하려는 단일 계획의 일부이다.
> – 매각만을 목적으로 취득한 종속기업이다.

31 ★★☆　　　　　　　　　　　　답 ⑤

정답 해설

- A의 판매가액＝70원÷(1－30%)＝100원
- A의 순실현가치＝100원－40원＝60원
- A의 결합원가 배분액
  ＝70원－40원＝30원
  ＝120원×60원÷(60원＋B의 순실현가치)
  ∴ B의 순실현가치＝180원
- B의 결합원가 배분액＝120원－30원＝90원
- B의 판매가액＝180원＋60원＝240원
- B의 매출총이익＝240원－60원－90원＝90원
- B의 매출총이익률＝90원÷240원＝37.5%

32 ★☆☆　　　　　　　　　　　　답 ②

정답 해설

연간 발생할 것으로 기대되는 총고정원가는 관련범위 내에서 일정하다.

33 ★★☆　　　　　　　　　　　　답 ②

정답 해설

- 3월 영업이익
  ＝(800원－500원)×1,000단위－250,000＝50,000
- 공헌이익률＝(800원－500원)÷800원＝37.5%
- 4월 영업이익 증가분
  ＝50,000원×37.5%－15,000원
  ＝3,750원

34 ★★★　　　　　　　　　　　　답 ②

정답 해설

상호배분법에 따라 식을 세우면,
－ $S_1＝90원＋0.2×S_2$
－ $S_2＝180원＋0.5×S_1$
위 두 식을 연립하여 풀면, $S_1＝140원$, $S_2＝250원$
∴ X의 원가＝275원＝158원＋0.3×S_1＋□×S_2
∴ □＝0.3

35 ★★★　　　　　　　　　　　　답 ④

정답 해설

현금흐름
＝[(25원－10원－6원)×Q－(1,500원＋2,500원)]
　×(1－20%)＋(200원＋300원)
＝0
∴ Q＝375단위

36 ★☆☆　　　　　　　　　　　　답 ②

정답 해설

- 제품 A
  ＝55원×20회÷(20회＋35회)＋84원×10회÷(10회＋18회)
  ＋180원×80시간÷(80시간＋100시간)
  ＝130원
- 제품 B
  ＝55원×35회÷(20회＋35회)＋84원×18회÷(10회＋18회)
  ＋180원×100시간÷(80시간＋100시간)
  ＝189원

37 ★★★　　　　　　　　　　　　답 ①

정답 해설

- 4월 제품 생산량
  ＝2,500개＋2,400개×10%－2,500개×10%＝2,490개
- 5월 제품 생산량
  ＝2,400개＋2,700개×10%－2,400개×10%＝2,430개
- 4월 원재료 구입량
  ＝2,490개×2kg＋2,430개×2kg×5%－2,490개×2kg
  　×5%
  ＝4,974kg
- 4월 원재료 구입예산액＝4,974kg×10원＝49,740원

38 ★★★　　　　　　　　　　　　답 ③

정답 해설

- 판매수량＝1,000,000원÷1,000원＝1,000단위
- 총변동판매관리비＝200,000원－50,000원＝150,000원
- 단위당 변동판매관리비＝150,000원÷1,000단위＝150원
- 단위당 변동제조원가＝520원－150원＝370원
- 단위당 고정제조간접비＝650원－370원＝280원
- 기말제품＝70,000원÷280원＝250단위
- 전부원가계산하의 기말제품재고액
  ＝650원×250단위＝162,500원

39 ★☆☆　　　　　　　　　　　　답 ③

정답 해설

- 완성품환산량＝800단위＋200단위×50%＝900단위
- 완성품환산량 단위당원가
  ＝(3,000원＋42,000원)÷900단위＝50원
∴ 기말재공품원가＝100단위×50원＝5,000원

40 ★★☆   🗐 ③

정답 해설

- 능률차이
  =500원 불리=10원×(실제노동시간−100단위×3시간)
  ∴ 실제노동시간=350시간
- 임률차이=700원 유리=350시간×(10원−실제임률)
  ∴ 실제임률=8원
  ∴ 실제 총직접노무원가=8원×350시간=2,800원

PART 03

2021년 제32회
기출문제 정답 및 해설

| 제1교시 | 민법 / 경제학원론 / 부동산학원론 |
| 제2교시 | 감정평가관계법규 / 회계학 |

제1과목 | 민법

01	02	03	04	05	06	07	08	09	10
⑤	③	①	⑤	④	①	⑤	④	③	②
11	12	13	14	15	16	17	18	19	20
④	①	③	③	①	④	②	⑤	②	③
21	22	23	24	25	26	27	28	29	30
①	④	①	④	④	⑤	⑤	④	②	⑤
31	32	33	34	35	36	37	38	39	40
④	⑤	③	⑤	③	②	③	②	④	②

01 ★☆☆   답 ⑤

정답 해설

⑤ 미등기 무허가건물의 매수인은 소유권이전등기를 마치지 않는 한 건물의 소유권을 취득할 수 없고, 소유권에 준하는 관습상의 물권이 있다고도 할 수 없으며, 현행법상 사실상의 소유권이라고 하는 포괄적인 권리 또는 법률상의 지위를 인정하기도 어렵다[2011다64782].

오답 해설

① 관습법의 제정법에 대한 열후적 · 보충적 성격에 비추어, 가정의례준칙 제13조의 규정과 배치되는 관습법의 효력을 인정하는 것은 관습법의 법원으로서의 효력을 정한 민법 제1조의 취지에 어긋난다고 함으로써 민법 제1조의 관습법은 법원으로서의 보충적 효력이 있다[80다3231]거나 관습법은 법원으로서 법령에 저촉되지 않는 한 법칙으로서의 효력이 있다[2002다1178 전합]고 한다.

② 종중이란 공동선조의 분묘수호와 제사 및 종원 상호간의 친목 등을 목적으로 하여 구성되는 자연발생적인 종족집단이므로, 종중의 이러한 목적과 본질에 비추어 볼 때 공동선조와 성과 본을 같이 하는 후손은 성별의 구별 없이 성년이 되면 당연히 그 구성원이 된다고 보는 것이 조리에 합당하다[2002다1178 전합]. 따라서 미성년자인 후손은 종중의 구성원이 될 수 없다.

③ 사회의 거듭된 관행으로 생성된 사회생활규범이 관습법으로 승인되었다고 하더라도, 사회 구성원들이 그러한 관행의 법적 구속력에 대하여 확신을 갖지 않게 되었다거나 사회를 지배하는 기본적 이념이나 사회질서의 변화로 인하여 그러한 관습법을 적용하여야 할 시점에 있어서의 전체 법질서에 부합하지 않게 되었다면, 그러한 관습법은 법적 규범으로서

의 효력이 부정될 수밖에 없다[2002다1178 전합].

④ 관습법이란 사회의 거듭된 관행으로 생성한 사회생활규범이 사회의 법적 확신과 인식에 의하여 법적 규범으로 승인 · 강행되기에 이른 것을 말하고, 사실인 관습은 사회의 관행에 의하여 발생한 사회생활규범인 점에서 관습법과 같으나 사회의 법적 확신이나 인식에 의하여 법적 규범으로서 승인된 정도에 이르지 않은 것을 말하는 바, 관습법은 바로 법원으로서 법령과 같은 효력을 갖는 관습으로서 법령에 저촉되지 않는 한 법칙으로서의 효력이 있는 것이며, 이에 반하여 사실인 관습은 법령으로서의 효력이 없는 단순한 관행으로서 법률행위의 당사자의 의사를 보충함에 그치는 것이다[80다3231].

02 ★☆☆   답 ③

정답 해설

ㄱ. [○] 사정변경을 이유로 보증계약을 해지할 수 있는 것은 포괄근보증이나 한정근보증과 같이 채무액이 불확정적이고 계속적인 거래로 인한 채무에 대하여 한 보증에 한하고, 확정채무에 대해 보증한 후 이사직을 사임하였다 하더라도 사정변경을 이유로 보증계약을 해지할 수 없다[95다27431].

ㄴ. [○] 민사법적으로 보았을 때 채무자가 시효완성 전에 채권자의 권리행사나 시효중단을 불가능 또는 현저히 곤란하게 하였다면, 채무자가 소멸시효의 완성을 주장하는 것은 신의성실의 원칙에 반하여 권리남용으로서 허용될 수 없다[2017두38959 전합].

ㄷ. [×] 특별한 사정이 없는 한, 법령에 위반되어 무효임을 알고서도 그 법률행위를 한 자가 강행법규 위반을 이유로 무효를 주장한다 하여 신의칙 또는 금반언의 원칙에 반하거나 권리남용에 해당한다고 볼 수는 없다[2001다67126].

03 ★☆☆   답 ①

정답 해설

① 가정법원은 한정후견개시의 심판을 할 때 본인의 의사를 고려하여야 한다(제9조 제2항).

오답 해설

② 제10조 제2항, 제3항

③ 제10조 제4항

④ 제9조 제2항

⑤ 피성년후견인이 속임수로써 법정대리인의 동의가 있는 것으로 믿게 한 경우는 제17조 제2항의 요건에 해당하지 않는데, 피성년후견인의 법률행위는 그 법정대리인의 동의가 있더라도 취소대상이 되기 때문이다.

04 ★☆☆   답 ⑤

정답 해설

⑤ 실종선고의 효력이 발생하기 전에는 실종기간이 만료된 실종자도 소송상 당사자능력을 상실하는 것은 아니므로, 실종선고 확정 전에는 실종기간이 만료된 실종자를 상대로 하여 제기된 소도 적법하고 실종자를 당사자로 하여 선고된 판결도 유효하며 그 판결이 확정되면 기판력도 발생한다. 비록 실종자를 당사자로 한 판결이 확정된 후에 실종선고가 확정되어 그 사망간주의 시점이 소 제기 전으로 소급하는 경우에도 위 판결 자체가 소급하여 당사자능력이 없는 사망한 사람을 상대로 한 판결로서 무효가 된다고는 볼 수 없다[92다2455].

오답 해설

① 가족관계등록부상(구 호적상) 이미 사망한 것으로 기재되어 있는 자는 그 호적상 사망기재의 추정력을 뒤집을 수 있는 자료가 없는 한 그 생사가 불분명한 자라고 볼 수 없어 실종선고를 할 수 없다[97스4 결정].

② 실종선고를 받은 자는 실종 기간이 만료한 때에 사망한 것으로 본다(제28조). 따라서 실종선고가 취소되지 않고 있는 동안은 생존 등의 반증을 들어 실종선고의 효력을 부정할 수 없고[94다52751], 실종선고를 받은 자에 대한 사망의 효과를 저지하려면 그 선고를 취소해야 한다[69다2103].

③ 제29조 제1항

④ 형식적 요건으로 본인 · 이해관계인 또는 검사의 청구가 있어야 하며, 공시최고는 불필요하다.

05 ★★☆   답 ④

정답 해설

④ 주무부장관의 허가를 얻어 재단법인의 기본재산에 편입하여 정관기재사항의 일부가 된 경우, 그것이 명의신탁 받은 것이라 하더라도 이를 처분(반환)하는 것은 정관의 변경을 초래하므로, 주무부장관의 허가 없이 그 소유권이전등기를 할 수 없다[90다8558].

오답 해설

① 이사의 대표권에 대한 제한은 정관에 기재하지 않으면 효력이 없고(제41조), 등기하지 않으면 제3자에게 대항할 수 없다(제60조). 여기서 제3자에 관해서는, 대표권제한이 등기되어 있지 않다면 그 정관규정으로써 선의냐 악의냐에 관계없이 제3자에게 대항할 수 없다[91다24564].

② 제45조 제3항

③ 재단법인의 기본재산처분은 정관변경을 요하므로, 주무관청의 허가가 없으면 그 처분행위(근저당권 설정행위)는 물권계약으로 무효일 뿐 아니라 채권계약으로서도 무효이다.

⑤ 청산종결등기가 경료되었더라도 청산사무가 종료되지 않은 경우에는 청산법인으로 존속하며[79다2036], 청산법인으로서 당사자능력이 있다[97다3408].

06 ★★☆   답 ①

정답 해설

① 행위의 외형상 법인의 대표자의 직무행위라고 인정할 수 있는 것이라면, 설사 그것이 대표자 개인의 사리를 도모하기 위한 것이었거나 법령의 규정에 위배된 것이었다 하더라도 직무에 관한 행위에 해당한다[2003다15280]. 그런데 대표기관의 행위가 유효한 법률행위로서 그 효과가 법인에게 미친다면 제35조의 적용이 없지만, 대표권이 제한되거나, 대표권 남용에 해당하거나, 강행규정 위반으로 무효인 경우에 제35조가 적용될 수 있다. 판례도 법인의 대표기관이 권한을 남용하여 부정한 대표행위를 한 경우에 법인의 불법행위책임을 인정했다[89다카555].

오답 해설

② 민법 제35조 제1항은 "법인은 이사 기타 대표자가 그 직무에 관하여 타인에게 가한 손해를 배상할 책임이 있다"라고 정한다. 여기서 '법인의 대표자'에는 그 명칭이나 직위 여하, 또는 대표자로 등기되었는지 여부를 불문하고 당해 법인을 실질적으로 운영하면서 법인을 사실상 대표하여 법인의 사무를 집행하는 사람을 포함한다고 해석함이 상당하다[2008다15438].

③ 법인대표자의 행위가 직무에 관한 행위에 해당하지 않음을 피해자 자신이 알았거나 중대한 과실로 인하여 알지 못한 경우에는 법인에게 손해배상책임을 물을 수 없다[2003다34045].

④ 제35조에서 말하는 '이사 기타 대표자'는 법인의 대표기관을 의미하는 것이고 대표기관이 아닌 사원총회 · 감사의 행위, 즉 대표권이 없는 이사는 법인의 기관이기는 하지만 대표기관은 아니기 때문에 그의 행위로 인하여 법인의 불법행위가 성립하지 않는다[2003다30159]. 이사의 임의대리인(제62조)의 행위인 경우, 이사의 임의대리인은 대표기관이 아니므로 법인은 사용자책임(제756조)을 질 뿐이다.

⑤ 대표기관 개인은 법인과 경합하여 피해자에게 배상할 책임을 지며(제35조 제1항 후문), 기관 개인과 법인의 손해배상책임은 부진정연대채무관계에 있으므로, 피해자는 가해기관인 개인 또는 그 법인에 대해 선택적으로(순차로 또는 동시에) 손해배상청구권을 행사할 수 있다. 법인이 피해자에게 배상한 경우 법인은 기관 개인에게 임무해태를 이유로 구상권을 행사할 수 있는데(제65조), 이 구상권은 이사 · 청산인의 선관주의의무(제61조 · 제96조) 위반에 근거한다.

07 ★☆☆

정답 해설

⑤ 비법인사단인 교회의 대표자는 총유물인 교회 재산의 처분에 관하여 교인총회의 결의를 거치지 아니하고는 이를 대표하여 행할 권한이 없다. 그리고 교회의 대표자가 권한 없이 행한 교회 재산의 처분행위에 대하여는 민법 제126조의 표현대리에 관한 규정이 준용되지 아니한다[2006다23312].

오답 해설

① 비법인사단 대표자가 행한 타인에 대한 업무의 포괄적 위임과 그에 따른 포괄적 수임인의 대행행위는 민법 제62조의 규정에 위반된 것이어서, 비법인사단에 대하여는 그 효력이 미치지 않는다[94다18522].

② 대표자를 선임하기 위하여 개최되는 종중총회의 소집권을 가지는 연고항존자를 확정함에 있어서 여성을 제외할 아무런 이유가 없으므로, 여성을 포함한 전체 종원 중 항렬이 가장 높고 나이가 가장 많은 사람이 연고항존자가 된다[2009다26596].

③ 민법 제63조는 법인의 조직과 활동에 관한 것으로서 법인격을 전제로 하는 조항이 아니고, 법인 아닌 사단이나 재단의 경우에도 이사가 없거나 결원이 생길 수 있으며, 통상의 절차에 따른 새로운 이사의 선임이 극히 곤란하고 종전 이사의 긴급처리권도 인정되지 아니하는 경우에는 사단이나 재단 또는 타인에게 손해가 생길 염려가 있을 수 있으므로, 민법 제63조는 법인 아닌 사단이나 재단에도 유추 적용할 수 있다[2008마699 전합].

④ 민법이 사단법인의 분열을 인정하지 않고 이 법리는 비법인사단에도 동일하게 적용되므로 교회가 비법인사단으로서 존재하는 이상 교회의 분열은 인정되지 않고, 일부 교인들이 개별적이든 집단적이든 교회를 탈퇴하면 종전교회는 잔존교인들을 구성원으로 하여 실체의 동일성을 유지하면서 존속하고 종전교회의 재산은 그 교회에 소속된 잔존교인들의 총유로 귀속됨이 원칙이지만, 의결권을 가진 교인의 2/3 이상의 찬성으로 교단탈퇴・변경결의를 하면 종전교회의 실체는 교단을 탈퇴한 교회로서 존속하고 종전교회재산은 탈퇴한 교회 소속 교인들의 총유로 귀속된다[2004다37775 전합].

08 ★☆☆

정답 해설

④ 토지의 일부에는 지상권・지역권・전세권 등 용익물권을 설정할 수는 있으나 저당권을 설정할 수는 없다.

오답 해설

① 주물의 상용에 이바지한다 함은 주물 자체의 경제적 효용을 다하게 하는 것을 말하며, 주물의 소유자나 이용자의 상용에 공여되고 있더라도 주물 자체의 효용과는 직접 관계없는 물건은 종물이 아니다[2007도7247].

② 소유권보존등기가 된 수목의 집단은 입목이라는 독립된 부동산으로 인정되고 토지와 분리하여 입목을 양도하거나 저당권의 목적으로 할 수 있다.

③ 주물과 종물간의 관계에 관한 민법 제100조 제2항과 제358조는 물건과 권리간 또는 권리와 권리간에도 유추적용된다. 민법 제358조 본문을 유추해 보면 건물에 대한 저당권의 효력은 그 건물에 종된 권리인 건물의 소유를 목적으로 하는 지상권에도 미치므로 특별한 사정이 없는 한 경락인은 건물 소유를 위한 지상권도 민법 제187조의 규정에 따라 등기없이 당연히 취득하게 된다[95다52864].

⑤ 주물에 설정된 저당권의 효력은 저당권설정 당시의 종물은 물론 설정 후의 종물에도 미친다. 집합건물법상의 구분건물의 전유부분만에 관하여 설정된 저당권의 효력은 특별한 사정이 없는 한 그 전유부분의 소유자가 사후에라도 대지사용권을 취득함으로써 전유부분과 대지권이 동일소유자의 소유에 속하게 되었다면 그 대지사용권에까지 미친다[2000다62179].

09 ★★☆

정답 해설

③ 대리인이 본인을 대리하여 매매계약을 체결함에 있어서 매도인의 배임행위에 적극가담 하였다면 설사 본인이 미리 그러한 사정을 몰랐거나 반사회성을 야기한 것이 아니라고 할지라도 그 매매계약은 사회질서에 반한다[97다45532].

오답 해설

① 제103조에 위반되는지 여부는 법률행위를 한 당시를 기준으로 판단한다. 따라서 매매계약체결 당시(법률행위시)에 정당한 대가를 지급하고 목적물을 매수하는 계약을 체결하였다면 비록 그 후 목적물이 범죄행위로 취득된 것을 알게 되었다고 하더라도 특별한 사정이 없는 한 민법 제103조의 공서양속에 반하는 행위라고 단정할 수 없다[2001다44987].

② 강제집행을 면할 목적으로 부동산에 허위의 근저당권설정등기를 경료하는 행위는 선량한 풍속 기타 사회질서에 위반한 사항을 내용으로 하는 법률행위로 볼 수 없다[2003다70041].

④ 단지 법률행위의 성립 과정에서 불법적 방법이 사용된 데 불과한 때에는, 그 불법이 의사표시의 형성에 영향을 미친 경우에는 의사표시의 하자를 이유로 그 효력을 논의할 수는 있을지언정 반사회질서의 법률행위로서 무효(의사결정의 자유를 박탈)라고 할 수는 없다[2002다21509].

⑤ 공서양속 위반의 법률행위의 무효는 절대적이어서 선의의 제3자를 포함한 누구에게 대해서도 무효를 주장할 수 있다[63다479].

10 ★★☆   정답 ②

정답 해설

② 상속, 매매, 교환, 증여 등은 승계취득에 속한다.

오답 해설

① 제252조

③ 토지구획정리사업의 환지계획에서 초등학교 및 중·고등학교 교육에 필요한 학교용지로 지정된 토지는 환지처분의 공고 다음 날에 법 제63조 본문에 따라 토지를 관리할 국가 또는 지방자치단체(이하 '국가 등'이라고 한다)에 귀속되어 국가 등이 소유권을 원시취득하고, 다만 국가 등은 법 제63조 단서에 따라 사업시행자에게 학교용지의 취득에 대한 대가를 지급할 의무를 부담하게 된다[2015다256312].

④ 신축건물의 소유권 취득은 원시취득에 해당한다.

⑤ 토지수용법상의 재결에 의한 토지취득은 원시취득이고, 협의취득은 토지수용법의 규정에 의한 협의성립의 확인이 없는 이상 사경제주체로서 행하는 사법상의 취득으로서 승계취득이다[95다3510].

11 ★☆☆   정답 ④

정답 해설

④ 채권의 가장양수인으로부터 추심을 위해 채권을 양수한 자, 채권의 가장양도에 있어서 채무자, 대리인·대표기관이 상대방과 허위표시를 한 경우에 본인·법인, 가장의 '제3자를 위한 계약'에 있어서 제3자(수익자), 저당권을 가장포기한 경우에 후순위저당권자(포기 전에 존재하던 것), 주식이 가장양도되어 양수인 앞으로 명의개서된 경우에 그 주식의 발행회사, 가장매매 당사자의 상속인 또는 계약인수인[2002다31537 참고], 가장매매에 의한 손해배상청구권의 양수인은 제3자에 해당하지 않는다.

오답 해설

①·②·③·⑤ 부동산 가장매매의 매수인으로부터 그 부동산을 전득하거나 그 부동산에 저당권을 설정받은 자 또는 가등기를 취득한 자, 가장매매의 매수인에 대한 가장매매목적물 압류채권자, 가장제한물권의 양수인, 가장매매·가장소비대차에 의한 대금채권·금전채권의 양수인(가장채권의 양수인) 또는 그 채권을 가압류한 가압류권자, 허위표시에 의한 예금통장의 명의인으로부터 그 예금채권을 양수한 자, 가장저당권설정행위에 기한 저당권의 실행으로 경락받은 자, 가장전세권설정 후 그 전세권에 대하여 근저당권을 설정받은 자, 제한물권의 가장포기 후 그 제한물권 없는 부동산의 양수인, 가장채무를 보증한 후 그 보증채무를 이행하여 구상권을 취득한 자, 허위표시에 의한 권리취득자가 파산한 경우의 파산관재인[2002다48214] 등은 제3자에 해당한다.

12 ★★★   정답 ①

정답 해설

① 토지매매에서 특별한 사정이 없는 한 매수인에게 측량을 하거나 지적도와 대조하는 등의 방법으로 매매목적물이 지적도상의 그것과 정확히 일치하는지 여부를 미리 확인하여야 할 주의의무가 있다고 볼 수 없다[2019다288232].

오답 해설

② 착오는 의사와 표시의 불일치를 표의자가 모르는 것이므로[84다카890], 상대방의 표의자의 진의에 동의한 경우 자연적 해석에 따르면 일치한 의사대로 효력이 발생하므로 착오를 이유로 그 의사표시를 취소할 수 없다.

③ 경계선을 침범하였다는 상대방의 강력한 주장에 의하여 착오로 그간의 경계 침범에 대한 금원을 지급한 경우[97다6063]처럼 동기의 착오가 상대방으로부터 유발된 경우에는 착오를 동기가 표시된 여부를 불문하고 취소할 수 있다.

④ 중대한 과실은 표의자의 직업·행위의 종류·목적 등에 비추어 보통 요구되는 주의를 현저히 결한 것을 의미한다[94다25964]. 주의할 것은 표의자에게 중대한 과실이 있다 하더라도 그 상대방이 표의자의 착오를 알고서 악용한 경우에는 표의자의 의사표시 취소가 허용된다[4288민상321].

⑤ 신원보증서류에 서명날인(署名捺印)한다는 착각에 빠진 상태로 연대보증의 서면에 서명날인한 경우, 결국 위와 같은 행위는 강학상 기명날인의 착오(서명의 착오), 이른바 표시상의 착오에 해당하므로, 비록 위와 같은 착오가 제3자의 기망행위에 의하여 일어난 것이라 하더라도 민법 제110조 제2항의 규정을 적용할 것이 아니라, 착오에 의한 의사표시에 관한 법리만을 적용하여 취소권 행사의 가부를 가려야 한다[2004다43824].

13 ★☆☆   정답 ③

정답 해설

③ 토지거래가 계약당사자의 의사와 표시의 불일치(비진의표시·허위표시·착오) 또는 하자있는 의사(사기·강박)에 의해 이루어진 경우 거래허가를 신청하기 전 단계에서 이러한 사유를 주장하여 그 계약을 확정적으로 무효화시키고서 자신의 거래허가절차협력의무를 면하고 이미 지급된 계약금 등의 반환을 구할 수 있다[97다36118].

오답 해설

① 교환계약을 체결하려는 일방 당사자가 자기가 소유하는 목적물의 시가를 묵비하여 상대방에게 고지하지 아니하거나 혹은 허위로 시가보다 높은 가액을 시가라고 고지하였다 하더라도 이는 상대방의 의사결정에 불법적인 간섭을 한 것이라고 볼 수 없다[2000다54406, 54413].

② 강박에 의한 법률행위가 하자 있는 의사표시로서 취소되는 것에 그치지 않고, 나아가 무효로 되기 위해서는 의사표시자로 하여금 의사결정을 스스로 할 수 있는 여지를 완전히 박

탈한 상태(강박행위가 극심)에서 의사표시가 이루어져 단지 법률행위의 외형만이 만들어진 것에 불과한 정도이어야 한다[96다49353].
④ 민법 제110조 제2항에서 정한 제3자에 해당되지 않는다고 볼 수 있는 자란 그 의사표시에 관한 상대의 대리인(은행의 지점장, 은행출장소장[98다60828]) 등 상대방과 동일시할 수 있는 자만을 의미한다. 따라서 대리인의 사기에 의하여 상대방이 의사표시를 하였을 경우에 상대방은 본인이 그 사실을 알든, 모르든 기망에 인한 의사표시를 취소할 수 있다[4291민상101].
⑤ 부정행위에 대한 고소, 고발은 정당한 권리행사가 되어 위법하다고 할 수 없으나, 부정한 이익의 취득을 목적으로 하는 경우에는 위법한 강박행위가 되는 경우가 있고, 목적이 정당하다 하더라도 행위나 수단 등이 부당한 때에는 위법성이 있는 경우가 있을 수 있다[92다25120].

14 ★★☆　　　　　　　　　　　　📖 ③

정답 해설
③ 의사표시자가 의사표시를 발송한 후 사망한 경우에는 그 의사표시의 효과는 상속인에게 승계되고(매도인이 청약을 한 후 사망했는데 이에 대해 상대방이 승낙한 경우 매도인의 상속인과 매매계약이 성립한다), 제한능력자로 된 경우라면 법률효과는 법정대리인에 의해 의사표시자 본인에게 발생한다(제111조). 그런데 의사표의자의 상대방이 도달 전에 사망하면 그의 상속인이 승계할 성질의 것인지에 의해 결정되고, 제한능력자라면 수령능력의 문제로 된다.

오답 해설
① 도달주의 원칙은 의사의 통지나 관념의 통지인 준법률행위에도 유추적용된다. 즉 채권양도통지서가 들어 있는 우편물을 채무자의 가정부가 수령한 직후에 한 집에 거주하던 채권양도 통지인이 이를 회수해 버렸다면 특별한 사정이 없는 한 그 통지가 채무자에게 도달된 것이라고 볼 수 없다[82다카439].
② 의사표시의 도달에 대한 입증책임은 도달을 주장하는 의사표시자 측에서 부담한다. 의사표시는 상대방에게 도달한 때에 효력이 생기므로 도달 후에는 요지하기 전이라도 철회할 수 없다. 의사표시의 불착·연착으로 인한 불이익은 의사표시자에게 귀속된다.
④ 의사표시의 상대방이 의사표시를 받은 때에 제한능력자인 경우에는 의사표시자는 그 의사표시로써 대항할 수 없다. 다만, 그 상대방의 법정대리인이 의사표시가 도달한 사실을 안 후에는 그 의사표시로써 대항할 수 있다(제112조).
⑤ 도달이라 함은 사회통념상 상대방이 통지의 내용을 알 수 있는 객관적 상태에 놓여 있는 경우를 가리키는 것으로서, 상대방이 통지를 현실적으로 수령하거나 통지의 내용을 알 것까지는 필요로 하지 않는 것이므로, 상대방이 정당한 사유

없이 통지의 수령을 거절한 경우에는 상대방이 그 통지의 내용을 알 수 있는 객관적 상태에 놓여 있는 때에 의사표시의 효력이 생기는 것으로 보아야 한다[2008다19973]. 채권양도의 통지는 관념의 통지지만, 의사표시에 준하여 도달주의가 적용된다.

15 ★☆☆　　　　　　　　　　　　📖 ①

정답 해설
① 제123조 제2항

오답 해설
② 대리의 목적인 법률행위의 성질상 대리인 자신에 의한 처리가 필요하지 않은 경우에는 본인이 복대리 금지의 의사를 명시하지 않는 한 복대리인의 선임에 관해 묵시적인 승낙이 있는 것으로 보는 것이 타당하고, 복대리인 선임을 본인이 사후에 추인하는 것도 가능하다[94다30690].
③ 본인의 승낙이 있거나 부득이한 사유(질병으로 인하여 대리행위를 할 수 없을 때)가 있는 때에는 복대리인을 선임할 수 있고(제120조), 이 경우 복대리인을 선임한 임의대리인은 본인에 대하여 그 선임·감독의 과실 책임을 진다(제121조 제1항).
④ 법정대리인이 선임한 복대리인은 본인의 임의대리인에 해당한다.
⑤ 표현대리의 법리는 거래의 안전을 위하여 어떠한 외관적 사실을 야기한 데 원인을 준 자는 그 외관적 사실을 믿음에 정당한 사유가 있다고 인정되는 자에 대하여는 책임이 있다는 일반적인 권리외관 이론에 그 기초를 두고 있는 것인 점에 비추어 볼 때, 대리인이 대리권 소멸 후 직접 상대방과 사이에 대리행위를 하는 경우는 물론 대리인이 대리권 소멸 후 복대리인을 선임하여 복대리인으로 하여금 상대방과 사이에 대리행위를 하도록 한 경우에도, 상대방이 대리권 소멸 사실을 알지 못하여 복대리인에게 적법한 대리권이 있는 것으로 믿었고 그와 같이 믿은 데 과실이 없다면 민법 제129조에 의한 표현대리가 성립할 수 있다[97다55317].

16 ★☆☆　　　　　　　　　　　　📖 ④

정답 해설
ㄱ. [×] 대리권수여의 표시에 의한 표현대리(제125조)는 임의대리에만 적용되지만 권한을 넘은 표현대리(제126조)와 대리권소멸후의 표현대리(제129조)의 표현대리는 임의대리뿐만 아니라 법정대리에도 적용된다. 따라서 민법 제129조는 미성년자의 법정대리인의 대리권소멸에 관하여도 적용된다[74다1199].
ㄴ. [○] 표현대리 제도는 대리권이 있는 것 같은 외관이 생긴데 대해 본인이 민법 제125조, 제126조 및 제129조 소정의 원인을 주고 있는 경우에 그러한 외관을 신뢰한 선의 무과실의 제3자를 보호하기 위하여 그 무권대리 행위에 대하여 본

인이 책임을 지게 하려는 것이므로 당사자가 표현대리를 주장함에는 무권대리인과 표현대리에 해당하는 무권대리 행위를 특정하여 주장하여야 한다 할 것이고 따라서 당사자의 표현대리의 항변은 특정된 무권대리인의 행위에만 미치고 그 밖의 무권대리인이나 무권대리 행위에는 미치지 아니한다[83다카1819].

ㄷ. [×] (구) 증권거래법(제52조 제1호)에 위배되는 주식거래에 관한 투자수익보장약정은 무효이고, 투자수익보장이 강행법규에 위반되어 무효인 이상 표현대리의 법리가 준용될 여지가 없다[94다38199].

ㄹ. [×] 표현대리행위가 성립하는 경우에 그 본인은 표현대리 행위에 의하여 전적인 책임을 져야 하고, 상대방에게 과실이 있다고 하더라도 과실상계의 법리를 유추적용하여 본인의 책임을 경감할 수 없다[95다49554].

17 ★★★　　　　　　　　　　　🔒 ②

정답 해설

② 시기 있는 법률행위는 기한이 도래한 때로부터 그 효력이 생긴다(제152조 제1항). 따라서 기한도래에는 소급효가 없다. 당사자 간에 소급효를 인정하는 특약을 체결하더라도 무효이다.

오답 해설

① 무권대리행위의 추인은 다른 의사표시가 없는 때에는 계약시에 소급하여 그 효력이 생긴다(제133조 전문).

③ 허가받을 것을 전제로 한 거래계약은 일단 허가를 받으면 소급하여 유효한 계약이 되므로 허가 후에 거래계약을 새로 체결할 필요는 없다[98다40459전합].

④ 소멸시효는 그 기산일에 소급하여 효력이 생긴다(제167조).

⑤ 취소된 법률행위는 처음부터 무효인 것으로 본다(제141조).

18 ★★☆　　　　　　　　　　　🔒 ⑤

정답 해설

⑤ 부관이 붙은 법률행위에 있어서 ㉠ 부관에 표시된 사실이 발생하지 않으면 채무를 이행하지 않아도 된다고 보는 것이 상당한 경우에는 조건으로 보아야 하고 ㉡ 표시된 사실이 발생한 때에는 물론이고 반대로 발생하지 않는 것이 확정된 때에도 그 채무를 이행하여야 한다고 보는 것이 상당한 경우에는 표시된 사실의 발생 여부가 확정되는 것을 불확정기한으로 정한 것으로 보아야 한다[2003다24215].

오답 해설

① 법정조건은 법인설립행위에 있어서의 주무관청의 허가, 유언에 있어서의 유언자의 사망 등과 같이 법률상 당연히 요구되는 법률행위의 효력발생요건이며 부관으로서의 조건은 아니나, 성질에 반하지 않는 범위에서 민법의 조건에 관한 규정을 법정조건에 유추적용할 수 있다.

② 상계·취소·해제·해지·철회·환매권 행사 등의 단독행위에는 원칙적으로 조건을 붙이지 못한다. 다만, 상대방의 동의가 있는 경우, 채무면제·유언·유증처럼 상대방에게 이익만을 주는 경우에는 가능하다.

③ 기한은 채무자의 이익을 위한 것으로 추정한다(제153조 제1항).

④ 선량한 풍속 기타 사회질서에 위반하는 조건으로써 불법조건뿐만 아니라 그 법률행위 전부가 무효이고, 조건 없는 법률행위가 되는 것이 아니다. 조건부 법률행위에 있어 조건의 내용 자체가 불법적인 것이어서 무효일 경우 또는 조건을 붙이는 것이 허용되지 아니하는 법률행위에 조건을 붙인 경우 그 조건만을 분리하여 무효로 할 수는 없고 그 법률행위 전부가 무효로 된다[2005마541].

19 ★★★　　　　　　　　　　　🔒 ②

정답 해설

② 조건·기한이 붙어 있지 않아서 권리자가 언제든지 청구권을 행사할 수 있는 경우, 그 청구권은 채권발생시(권리발생시)부터 소멸시효가 진행한다(그러나 이행지체책임은 청구시부터 발생한다).

오답 해설

① 정지조건부 법률행위가 채권행위인 때에는 조건이 성취된때부터 채권의 소멸시효가 진행한다(제166조 제1항).

③ 채무불이행으로 인한 손해배상청구권의 소멸시효는 채무불이행시로부터 진행한다[94다54269].

④ 부동산에 대한 매매대금 채권이 소유권이전등기청구권과 동시이행의 관계에 있다고 할지라도 매도인은 매매대금의 지급기일 이후 언제라도 그 대금의 지급을 청구할 수 있는 것이며, 다만 매수인은 매도인으로부터 그 이전등기에 관한 이행의 제공을 받기까지 그 지급을 거절할 수 있는 데 지나지 아니하므로 매매대금 청구권은 그 지급기일 이후 시효의 진행에 걸린다[90다9797].

⑤ 무권대리인에 대한 상대방의 계약이행·손해배상청구권은 대리권의 증명 또는 본인의 추인을 얻지 못한 때(선택권을 행사할 수 있는 때)부터 소멸시효가 진행한다[64다1156].

20 ★★☆   ③

정답 해설

③ 소멸시효 중단사유로서의 채무승인은 시효이익을 받을 자가 시효완성으로 인해 권리를 잃을 자에게 자기 채무(상대방의 권리)의 존재를 인정함을 시효완성 전에 표시하는 것으로서 관념의 통지에 해당한다. 승인자는 시효완성에 의해 이익을 얻을 채무자나 그 대리인이고, 상대방의 권리의 존재를 인식하고 있어야 한다.

오답 해설

① 소멸시효는 법률행위에 의하여 이를 배제, 연장 또는 가중할 수 없으나 이를 단축 또는 경감할 수 있다(제184조 제2항).

② 제169조

④ 소멸시효의 이익은 미리 포기하지 못한다(제184조). 미리란 시효가 완성하기 전을 뜻한다. 이미 경과한 시효기간에 대한 포기는 승인(제168조 제3호)에 해당하여 시효중단사유가 된다.

⑤ 특별한 방식을 요하지 않는다. 재판상 또는 재판 외에서 할 수 있고, 명시적으로 또는 묵시적으로 할 수 있다. 소멸시효 완성 후의 변제·변제약속·기한유예요청[65다2133]·채무승인[65다1996] 등은 시효이익의 포기에 해당한다. 시효완성 후에 채무를 승인한 때에는 시효완성의 사실을 알고 그 이익을 포기한 것이라고 추정할 수 있다[66다2173].

21 ★★☆   ①

정답 해설

① 신축건물의 물권변동에 관한 등기를 멸실건물의 등기부에 등재하여도 그 등기는 무효이고, 멸실건물의 등기부상 표시를 신축건물의 내용으로 표시 변경 등기를 하였다고 하더라도 그 등기가 무효임에는 변함이 없다[80다441].

오답 해설

② 물권에 관한 등기가 원인없이 말소된 경우에 그 물권의 효력에 관하여 등기는 물권의 효력발생 요건이고 효력존속요건은 아니므로 물권에 관한 등기가 원인없이 말소된 경우에도 그 물권의 효력에는 아무런 영향을 미치지 않는다[87다카1232].

③ 소유권이전청구권의 보전을 위한 가등기가 있다하여 반드시 소유권이전등기할 어떤 계약관계가 있었던 것이라 단정할 수 없으므로 소유권이전등기를 청구할 어떤 법률관계가 있다고 추정이 되는 것도 아니라 할 것이다[79다239].

④ 가등기 후에 제3자에게 소유권이전의 본등기가 된 경우에 가등기권리자는 본등기를 경료하지 않고는 가등기 이후의 본등기의 말소를 청구할 수 없다. 이 경우에 가등기권자는 가등기의무자인 전소유자를 상대로 본등기청구권을 행사할 것이고 가등기권자가 소유권이전의 본등기를 한 경우에는 등기공무원은 가등기 이후에 한 제3자의 본등기를 직권말소할 수 있다[4294민재항675 전합].

⑤ '소유권이전등기'의 명의자는 제3자에 대해서뿐만 아니라 전소유자에 대해서도 적법한 등기원인에 의해 소유권을 취득한 것으로 추정되므로, 이를 다투는 측에서 무효사유를 주장·입증해야 한다[97다2993].

22 ★★☆   ④

정답 해설

④ 점유자의 필요비 또는 유익비 상환청구권은 점유자가 회복자로부터 점유물의 반환을 청구받거나 회복자에게 점유물을 반환한 때에 비로소 회복자에 대해 행사할 수 있다[94다4592].

오답 해설

① 선의의 점유자가 취득하는 과실에는 천연과실, 법정과실이 포함되고, 건물을 사용함으로써 얻는 이득도 그 건물의 과실에 준하는 것이므로, 선의의 점유자는 비록 법률상 원인 없이 타인의 건물을 점유·사용하고 이로 말미암아 그에게 손해를 입혔다고 하더라도 그 점유·사용으로 인한 이득을 반환할 의무는 없다[95다44290].

② 선의의 점유자라 함은 과실수취권을 포함하는 권원(소유권, 지상권, 전세권, 임차권 등)이 있다고 오신한 점유자를 말하고, 다만 그와 같은 오신을 함에는 오신할 만한 정당한 근거(선의·무과실)가 있어야 하나[99다63350], 유치권이나 지역권·질권·저당권이 있다고 오신한 경우에는 선의점유자가 아니다.

③ 점유물이 점유자의 책임있는 사유로 인하여 멸실 또는 훼손한 때에는 악의의 점유자는 그 손해의 전부를 배상하여야 한다. 소유의 의사가 없는 점유자는 선의인 경우에도 손해의 전부를 배상하여야 한다(제202조).

⑤ 민법 제203조 제2항에 의한 점유자의 회복자에 대한 유익비 상환청구권은 점유자가 계약관계 등 적법하게 점유할 권리를 가지지 않아 소유자의 소유물반환청구에 응하여야 할 의무가 있는 경우에 성립되는 것으로서, 이 경우 점유자는 그 비용을 지출할 당시의 소유자가 누구이었는지 관계없이 점유회복 당시의 소유자 즉 회복자에 대하여 비용상환청구권을 행사할 수 있는 것이나, 점유자가 유익비를 지출할 당시 계약관계 등 적법한 점유의 권원을 가진 경우에 그 지출비용의 상환에 관하여는 그 계약관계를 규율하는 법조항이나 법리 등이 적용되는 것이어서, 점유자는 그 계약관계 등의 상대방에 대하여 해당 법조항이나 법리에 따른 비용상환청구권을 행사할 수 있을 뿐 계약관계 등의 상대방이 아닌 점유회복 당시의 소유자에 대하여 민법 제203조 제2항에 따른 지출비용의 상환을 구할 수는 없다[2001다64752].

정답 해설

① 비법인사단이 총유물에 관한 매매계약을 체결하는 행위는 총유물 그 자체의 처분이 따르는 채무부담행위로서 총유물의 처분행위에 해당하나, 그 매매계약에 의하여 부담하고 있는 채무의 존재를 인식하고 있다는 뜻을 표시하는 데 불과한 소멸시효 중단사유로서의 승인은 총유물 그 자체의 관리·처분이 따르는 행위가 아니어서 총유물의 관리·처분행위라고 볼 수 없다[2009다64383].

오답 해설

② 비법인사단이 타인 간의 금전채무를 보증하는 행위는 총유물 그 자체의 관리·처분이 따르지 아니하는 단순한 채무부담행위에 불과하여 이를 총유물의 관리·처분행위라고 볼 수는 없다[2004다60072, 60089 전합].

③ 총유물의 보존에 있어서는 공유물의 보존에 관한 민법 제265조의 규정이 적용될 수 없고[94다28437] 사원총회의 결의에 의한다. 총유재산에 관한 소송은 '법인 아닌 사단'이 그 명의로 사원총회의 결의를 거쳐 하거나 또는 그 '구성원 전원'이 당사자가 되어 필수적 공동소송의 형태로 할 수 있을 뿐 그 사단의 구성원은 설령 그가 사단의 대표자라거나 사원총회의 결의를 거쳤다 하더라도 그 소송의 당사자가 될 수 없고 이러한 법리는 총유재산의 보존행위로서 소를 제기하는 경우에도 마찬가지이다[2004다44971 전합].

④ 총유재산에 관한 소송은 법인 아닌 사단이 그 명의로 사원총회의 결의를 거쳐 하거나 또는 그 구성원 전원이 당사자가 되어 필수적 공동소송의 형태로 할 수 있을 뿐 그 사단의 구성원은 설령 그가 사단의 대표자라거나 사원총회의 결의를 거쳤다 하더라도 그 소송의 당사자가 될 수 없고, 이러한 법리는 총유재산의 보존행위로서 소를 제기하는 경우에도 마찬가지이다. 따라서 종중의 구성원에 불과한 종중대표자 개인이 총유재산의 보존행위로서 제기한 소유권말소등기청구의 소는 부적법하다[2004다44971 전합].

⑤ 주택조합이 주체가 되어 신축 완공한 건물로서 조합원 외의 일반에게 분양되는 부분은 조합원 전원의 총유에 속하며, 총유물의 관리 및 처분에 관하여 주택조합의 정관이나 규약에 정한 바가 있으면 이에 따라야 하고 그에 관한 정관이나 규약이 없으면 조합원 총회의 결의에 의하여야 할 것이며, 그와 같은 절차를 거치지 않은 행위는 무효라고 할 것이다[2010다88781].

정답 해설

④ 간접점유의 요건이 되는 점유매개관계는 법률행위뿐만 아니라 법률의 규정(유치권자와 채무자), 국가행위 등에 의하여도 설정될 수 있으므로, 이러한 법령의 규정 등을 점유매개관계로 볼 수 있는 점, 사무귀속의 주체인 위임관청은 법령의 개정 등에 의한 기관위임의 종결로 수임관청에게 그 점유의 반환을 요구할 수 있는 지위에 있는 점 등에 비추어 보면, 위임관청은 법령의 규정 등을 점유매개관계로 하여 법령상 관리청인 수임관청이 직접점유하는 도로 등의 부지가 된 토지를 간접점유한다고 보아야 한다[2008다92268].

오답 해설

① 농지를 소작을 준 것이 농지개혁법상 무효라 하더라도 소작인들을 점유매개자로 하여 간접적으로 이를 점유하고 있고 또 그들을 상대로 그 농지의 반환을 청구할 수 있는 지위에 있는 한 위 간접점유자의 시효취득에 있어서의 점유 자체를 부정할 수 없다[91다25116].

② 사기의 의사표시에 의해 건물을 명도해 준 것이라면 건물의 점유를 침탈당한 것이 아니므로 피해자는 점유회수의 소권을 가진다고 할 수 없다[91다17443].

③ 건물철거는 그 소유권의 종국적 처분에 해당하는 사실행위이므로 원칙으로는 그 소유자(등기명의자)에게만 그 철거처분권이 있다고 할 것이나 그 건물을 매수하여 점유하고 있는 자는 등기부상 아직 소유자로서의 등기명의가 없다 하더라도 그 권리의 범위 내에서 그 점유 중인 건물에 대하여 법률상 또는 사실상 처분을 할 수 있는 지위에 있고 그 건물이 건립되어 있어 불법으로 점유를 당하고 있는 토지소유자는 위와 같은 지위에 있는 건물점유자에게 그 철거를 구할 수 있다[86다카1751].

⑤ 상속인은 피상속인의 점유의 성질과 하자를 그대로 승계하므로 상속은 타주점유가 자주점유로 전환되기 위한 새로운 권원이 아니다[70다2755]. 상속인이 새로운 권원(상속 이외의 매매·교환·경매 등)에 기하여 자기고유의 점유를 시작한 경우만 자기 고유의 점유를 주장할 수 있다[96다25319]. 상속에 의해 점유권을 취득한 경우에는 상속인은 새로운 권원에 의해 자기 고유의 점유를 개시하지 않는 한 피상속인의 점유를 떠나 자기만의 점유를 주장할 수 없다.

25 ★☆☆

📖 ⑤

⑤ 양도인이 소유자로부터 보관을 위탁받은 동산을 제3자에게 보관시킨 경우에 양도인이 그 제3자에 대한 반환청구권을 양수인에게 양도하고 지명채권 양도의 대항요건을 갖추었을 때에는 동산의 선의취득에 필요한 점유의 취득 요건을 충족한다[97다48906].

① 민법 제249조의 선의취득은 점유인도를 물권변동의 요건으로 하는 동산의 소유권취득에 관한 규정으로서(동법 제343조에 의하여 동산질권에도 준용) 저당권의 취득에는 적용될 수 없다[84다카2428].

② 현실의 인도, 간이인도[80다2530], 목적물반환청구권의 양도의 경우[97다48906]에는 선의취득할 수 있다. 그러나 점유개정에 의한 점유취득만으로는 그 선의취득의 요건을 충족할 수 없다[2003다30463].

③ 민법 제249조가 규정하는 선의·무과실의 기준시점은 물권행위가 완성되는 때(물권적 합의+인도)이므로, 물권적 합의가 동산의 인도보다 먼저 행하여지면 인도된 때를, 인도가 물권적 합의보다 먼저 행하여지면 물권적 합의가 이루어진 때를 기준으로 해야 한다[91다70].

④ 제251조는 선의취득자에게 대가변상을 받을 때까지는 물건 반환을 거부할 수 있는 항변권만을 인정한 것이 아니라 선의취득자를 보호하기 위해 반환청구를 받은 선의취득자의 대가변상청구권을 부여한 것이다[72다115]. 따라서 선의취득자는 반환청구를 받은 때뿐만 아니라 반환청구를 받아 반환을 한 후에도 대가변상을 요구할 수 있다.

26 ★★★

📖 ③

③ 구분소유적 공유관계에 있어서, 각 구분소유적 공유자가 자신의 권리를 타인에게 처분하는 경우 중에는 구분소유의 목적인 특정 부분을 처분하면서 등기부상의 공유지분을 그 특정 부분에 대한 표상으로서 이전하는 경우와 등기부의 기재대로 1필지 전체에 대한 진정한 공유지분으로서 처분하는 경우가 있을 수 있고, 이 중 전자의 경우에는 그 제3자에 대하여 구분소유적 공유관계가 승계되나, 후자의 경우에는 제3자가 그 부동산 전체에 대한 공유지분을 취득하고 구분소유적 공유관계는 소멸한다[92다18634 참조]. 이는 경매에서도 마찬가지이므로, 전자에 해당하기 위하여는 집행법원이 공유지분이 아닌 특정 구분소유 목적물에 대한 평가를 하게 하고 그에 따라 최저경매가격을 정한 후 경매를 실시하여야 하며[2000마2633 참조], 그러한 사정이 없는 경우에는 1필지에 관한 공유자의 지분에 대한 경매목적물은 원칙적으로 1필지 전체에 대한 공유지분이라고 봄이 상당하다[2006다68810].

① 甲과 乙이 부동산의 특정부분을 각 증여받아 공동명의로 등기를 마쳤다면 甲과 乙은 소유하는 특정부분에 대하여 서로 공유지분등기명의를 신탁한 관계에 있을 뿐이므로 자기소유 부분에 대하여 지분의 명의신탁 해지를 원인으로 한 지분이전등기를 청구함은 모르되 공유물의 분할청구를 할 수는 없다[85다카451].

② 구분소유적 공유관계에 있어서는 통상적인 공유관계와는 달리 당사자 내부에 있어서는 각자가 특정매수한 부분은 각자의 단독소유로 된다[93다49871]. 상호명의신탁의 지분권자는 특정부분에 한해 소유권을 취득하고 이를 배타적으로 사용·수익할 수 있으며, 다른 구분소유자의 방해행위에 대하여는 소유권에 터잡아 그 배제를 구할 수 있다[93다42986].

④ 1필지 전체에 관해 공유자로서의 권리만을 주장할 수 있으므로, 제3자의 방해행위가 있는 경우에는 각 지분권자는 자기의 구분소유부분뿐만 아니라 전체토지에 대해 공유물의 보존행위로서의 방해배제청구를 할 수 있다[93다42986].

⑤ 공유자들 사이에서 특정 부분을 각각의 공유자들에게 배타적으로 귀속시키려는 의사의 합치가 이루어지지 않은 경우에는 구분소유적 공유관계가 성립할 여지가 없다[2004다71409].

27 ★☆☆

📖 ⑤

⑤ 점유로 인한 부동산소유권의 시효취득에 있어 취득시효의 중단사유는 종래의 점유상태의 계속을 파괴하는 것으로 인정될 수 있는 사유이어야 하는데, 민법 제168조 제2호에서 정하는 '압류 또는 가압류'는 금전채권의 강제집행을 위한 수단이거나 그 보전수단에 불과하여 취득시효기간의 완성 전에 부동산에 압류 또는 가압류 조치가 이루어졌다고 하더라도 이로써 종래의 점유상태의 계속이 파괴되었다고는 할 수 없으므로 이는 취득시효의 중단사유가 될 수 없다[2018다296878].

① 소유의 의사로 평온·공연하게 점유해야 한다. 점유자는 소유의 의사로 평온·공연하게 점유한 것으로 추정된다(제197조 제1항). 직접점유·간접점유를 불문하며[96다14326], 선의·무과실은 점유시효취득의 요건이 아니다.

② 시효로 인한 부동산 소유권의 취득은 원시취득으로서 취득시효의 요건을 갖추면 곧 등기청구권을 취득하는 것이고 또 타인의 소유권을 승계취득하는 것이 아니어서 시효취득의 대상이 반드시 타인의 소유물이어야 하거나 그 타인이 특정되어 있어야만 하는 것은 아니므로 성명불상자의 소유물에 대하여 시효취득을 인정할 수 있다[91다9312].

③ 명문규정은 없지만, 소멸시효에 관한 제184조 제1항을 유추
적용하여 시효완성 후에는 취득시효의 이익을 포기할 수 있
는 것으로 해석된다. 시효이익의 포기는 달리 특별한 사정이
없는 한 시효취득자가 취득시효완성 당시의 진정한 소유자
에게 해야 효력이 발생하고, 원인무효인 등기의 등기부상 소
유명의자에게 하면 포기의 효력이 발생하지 않는다[94다
40734].

④ 국유재산 중에서 행정재산에 대해서는 시효취득이 인정되지
않지만, 사경제적 거래의 대상이 되는 일반재산에 대해서는
시효취득이 인정된다[89헌가97]. 그러나 원래 일반재산이던
것이 행정재산으로 된 경우 일반재산일 당시에 취득시효가
완성되었다고 하더라도 행정재산으로 된 이상 이를 원인으
로 하는 소유권이전등기를 청구할 수 없다[96다10782].

28 ★★★

📖 ④

정답 해설

ㄱ. [×] 중간생략등기의 합의는 중간등기를 생략하여도 당사자
사이에 이의가 없겠고 또 그 등기의 효력에 영향을 미치지
않겠다는 의미가 있을 뿐이지, 그러한 합의가 있었다 하여
중간매수인의 소유권이전등기청구권이 소멸된다거나 첫 매
도인의 그 매수인에 대한 소유권이전등기의무가 소멸되는
것은 아니다[91다18316].

ㄴ. [×] 최종양수인이 중간자로부터 소유권이전등기청구권을
양도받았다 하더라도 최초양도인이 그 양도에 대해 동의하
지 않고 있다면 최종양수인은 최초양도인에 대해 채권양도
를 원인으로 하여 소유권이전등기절차 이행을 청구할 수 없
다[95다15575]. 부동산매매로 인한 소유권이전등기청구권
의 양도는 채무자의 동의나 승낙 없이 양도인의 채무자에
대한 통지만으로는 채무자에 대한 대항력이 생기지 않는다
[2000다51216].

ㄷ. [×] 관계 계약당사자 사이에 적법한 원인행위가 성립되어
중간생략등기가 이행된 이상 중간생략등기에 관한 합의가
없었다는 사유로써 이를 무효라고 할 수는 없다[79다847].
이 경우의 중간생략등기는 실체적 권리관계에 부합하기 때
문이다.

ㄹ. [○] 최초 매도인과 중간 매수인, 중간 매수인과 최종 매수
인 사이에 순차로 매매계약이 체결되고 이들 간에 중간생략
등기의 합의가 있은 후에 최초 매도인과 중간 매수인 간에
매매대금을 인상하는 약정이 체결된 경우, 최초 매도인은
인상된 매매대금이 지급되지 않았음을 이유로 최종 매수인
명의로의 소유권이전등기의무의 이행을 거절할 수 있다(동
시이행항변권의 행사)[2003다66431].

29 ★★☆

📖 ②

정답 해설

② 공유물의 소수지분권자인 甲이 다른 공유자와 협의하지 않
고 공유물의 전부 또는 일부를 독점적으로 점유하는 경우
소수지분권자인 乙은 甲을 상대로 공유물의 인도를 청구할
수는 없다[2018다287522 전합]. 일부 공유자가 공유물의
전부나 일부를 독점적으로 점유한다면 이는 다른 공유자의
지분권에 기초한 사용·수익권을 침해하는 것이다. 공유자
는 자신의 지분권 행사를 방해하는 행위에 대해서 민법 제
214조에 따른 방해배제청구권을 행사할 수 있고, 이는 공유
자 각자가 행사할 수 있다[2018다287522 전합].

오답 해설

① 민법 제267조는 "공유자가 그 지분을 포기하거나 상속인 없
이 사망한 때에는 그 지분은 다른 공유자에게 각 지분의 비
율로 귀속한다."라고 규정하고 있다. 여기서 공유지분의 포
기는 법률행위로서 상대방 있는 단독행위에 해당하므로, 부
동산 공유자의 공유지분 포기의 의사표시가 다른 공유자에
게 도달하더라도 이로써 곧바로 공유지분 포기에 따른 물권
변동의 효력이 발생하는 것은 아니고, 다른 공유자는 자신에
게 귀속될 공유지분에 관하여 소유권이전등기청구권을 취득
하며, 이후 민법 제186조에 의하여 등기를 하여야 공유지분
포기에 따른 물권변동의 효력이 발생한다[2015다52978].

③ 공유자 사이에 공유물을 사용·수익할 구체적인 방법을 정
하는 것은 공유물의 관리에 관한 사항으로서 공유자의 지분
의 과반수로써 결정하여야 할 것이고, 과반수 지분의 공유자
는 다른 공유자와 사이에 미리 공유물의 관리방법에 관한
협의가 없었다 하더라도 공유물의 관리에 관한 사항을 단독
으로 결정할 수 있다[2002다9738].

④ 제266조 제1항

⑤ 공유는 물건을 공동으로 소유하고 있다는 것 외에는 내부
적·단체적 구속은 없으므로 언제든지 분할을 청구할 수 있
다(제268조 제1항 본문).

30 ★★☆   📘 ⑤

[정답 해설]

⑤ 공유물분할청구의 소는 형성의 소로서 공유자 사이의 권리관계를 정하는 창설적 판결을 구하는 것이며[68다2425], 고유필수적 공동소송이다[2003다44615]. 형성권에 기한 형성판결이므로 판결이 확정되면 제187조에 의해 등기 없이도 물권변동의 효과가 발생한다. 그러나 공유물분할의 소송절차 또는 조정절차에서 공유자 사이에 공유토지에 관한 현물분할의 협의가 성립하여 조정이 성립하였다면, 공유자들이 협의한 바에 따라 공유지분을 이전받아 등기를 마침으로써 소유권을 취득하게 된다[2011두1917 전합].

[오답 해설]

① 공유물분할에 의해 공유관계는 종료하고 각 공유자 간에 '현물분할'의 경우에는 지분권의 교환이 있게 되고 '가격배상'의 경우에는 지분권의 매매가 있게 된다. 협의상 분할의 경우에는 등기 시, 재판상 분할의 경우에는 판결확정 시에 소유권을 취득하므로 공유물분할의 효과는 공유관계 발생 시로 소급하지 않는다. 다만, 공동상속재산의 경우에는 제3자의 권리를 해하지 않는 한도에서 상속개시 시로 소급한다.

② 재판에 의한 공유물분할은 현물로 분할할 수 없거나 분할로 인하여 현저히 그 가액이 감손될 염려가 있는 때에는 법원은 물건의 경매를 명할 수 있다(제269조 제2항). 즉 현물분할이 원칙이며 대금분할은 보충적으로만 가능하다. 따라서 현물분할이 가능함에도 경매를 명함은 위법하다[95다32662].

③ 공유물분할청구권은 공유관계에 수반되는 형성권이므로 공유관계가 존속하는 한 그 분할청구권만이 독립하여 시효소멸될 수 없다[80다1888]. 이는 형성권으로서 제척기간의 대상이다.

④ 토지를 분할하는 경우에는 ㉠ 원칙적으로는 각 공유자가 취득하는 토지의 면적이 그 공유지분의 비율과 같도록 해야 하나 ㉡ 토지의 형상·위치·이용상황이나 경제적 가치가 균등하지 않은 때에는 제반사정을 고려하여 경제적 가치가 지분비율에 상응되도록 분할하는 것도 허용되며, ㉢ 일정한 요건이 갖추어진 경우에는 공유자 상호 간에 금전으로 경제적 가치의 과부족을 조정하게 하여 분할을 하는 것도 현물분할의 한 방법으로 허용되고, 여러 사람이 공유하는 물건을 ㉣ 현물분할하는 경우에는 분할을 원하지 않는 나머지 공유자는 공유로 남겨두는 방법도 허용된다[97다18219].

31 ★☆☆   📘 ④

[정답 해설]

④ 부동산실명법을 위반하여 무효인 명의신탁약정에 따라 명의수탁자 명의로 등기를 하였다는 이유만으로 그것이 당연히 불법원인급여에 해당한다고 단정할 수는 없다. 이는 농지법에 따른 제한을 회피하고자 명의신탁을 한 경우에도 마찬가지로 불법원인급여에 해당한다고 단정할 수 없다[2013다218156 전합].

[오답 해설]

① 부동산실권리자명의등기에관한법률이 규정하는 명의신탁약정은 부동산에 관한 물권의 실권리자가 타인과의 사이에서 대내적으로는 실권리자가 부동산에 관한 물권을 보유하거나 보유하기로 하고 그에 관한 등기는 그 타인의 명의로 하기로 하는 약정을 말하는 것일 뿐이므로, 그 자체로 선량한 풍속 기타 사회질서에 위반하는 경우에 해당한다고 단정할 수 없을 뿐만 아니라, 위 법률은 원칙적으로 명의신탁약정과 그 등기에 기한 물권변동만을 무효로 하고 명의신탁자가 다른 법률관계에 기하여 등기회복 등의 권리행사를 하는 것까지 금지하지는 않는 대신, 명의신탁자에 대하여 행정적 제재나 형벌을 부과함으로써 사적자치 및 재산권보장의 본질을 침해하지 않도록 규정하고 있으므로, 위 법률이 비록 부동산등기제도를 악용한 투기·탈세·탈법행위 등 반사회적 행위를 방지하는 것 등을 목적으로 제정되었다고 하더라도, 무효인 명의신탁약정에 기하여 타인 명의의 등기가 마쳐졌다는 이유만으로 그것이 당연히 불법원인급여에 해당한다고 볼 수 없다[2003다41722].

② 본래 명의신탁등기가 부동산 실권리자명의등기에 관한 법률의 규정에 따라 무효로 된 경우에도 그 후 명의신탁자가 수탁자와 혼인을 함으로써 법률상의 배우자가 되고 위 법률 제8조 제2호의 특례의 예외사유(조세포탈 등)에 해당되지 않으면 그 때부터는 위 특례가 적용되어 그 명의신탁등기가 유효로 된다[2001마1235].

③ 명의신탁약정과 그에 따라 행해진 등기에 의한 부동산물권변동이 무효일지라도, 그 무효로써 제3자에게 대항하지 못한다(부동산실명법 제4조 제3항). 즉 명의수탁자가 신탁부동산을 임의로 매각처분한 경우에 특별한 사정이 없는 한 그 매수인(제3자)은 유효하게 소유권을 취득한다[2001다61654]. 이때 제3자의 선의·악의를 묻지 않는다[99다56529]. 제3자에 대해 물권변동의 무효를 주장하지 못하므로, 그 반사적 효과로서 수탁자명의의 등기와 그 등기에 의한 물권변동은 유효한 것처럼 취급된다.

⑤ 조세 포탈, 강제집행의 면탈 또는 법령상 제한의 회피를 목적으로 하지 아니하고 종교단체의 명의로 그 산하 조직이 보유한 부동산에 관한 물권을 등기한 경우, 명의신탁약정과 물권변동은 유효하다(부동산실명법 제8조). 따라서 종교단체장의 명의로 그 종교단체 보유 부동산의 소유권을 등기한 경우 그 단체와 단체장 간의 명의신탁약정은 무효이다.

32 ★★★　　　　　　　　　　　　　정답 ⑤

정답 해설

⑤ 금융기관이 대출금 채무의 담보를 위하여 채무자 또는 물상
보증인 소유의 토지에 저당권을 취득함과 아울러 그 토지에
지료를 지급하지 아니하는 지상권을 취득하면서 채무자 등
으로 하여금 그 토지를 계속하여 점유, 사용토록 하는 경우,
특별한 사정이 없는 한 당해 지상권은 저당권이 실행될 때까
지 제3자가 용익권을 취득하거나 목적 토지의 담보가치를
하락시키는 침해행위를 하는 것을 배제함으로써 저당 부동
산의 담보가치를 확보하는 데에 그 목적이 있다고 할 것이
고, 그 경우 지상권의 목적 토지를 점유, 사용함으로써 임료
상당의 이익이나 기타 소득을 얻을 수 있었다고 보기 어려우
므로, 그 목적 토지의 소유자 또는 제3자가 저당권 및 지상
권의 목적 토지를 점유, 사용한다는 사정만으로는 금융기관
에게 어떠한 손해가 발생하였다고 볼 수 없다[2006다586].

오답 해설

① 지상권은 용익물권으로서 담보물권이 아니므로 피담보채무
라는 것이 존재할 수 없다. 근저당권 등 담보권 설정의 당사
자들이 담보로 제공된 토지에 추후 용익권이 설정되거나 건
물 또는 공작물이 축조·설치되는 등으로 토지의 담보가치
가 줄어드는 것을 막기 위하여 담보권과 아울러 설정하는
지상권을 이른바 담보지상권이라고 하는데, 이는 당사자의
약정에 따라 담보권의 존속과 지상권의 존속이 서로 연계되
어 있을 뿐이고, 이러한 경우에도 지상권의 피담보채무가 존
재하는 것은 아니다[2015다65042].

②·③ 근저당권 등 담보권 설정의 당사자들이 그 목적이 된 토
지 위에 차후 용익권이 설정되거나 건물 또는 공작물이 축
조·설치되는 등으로써 그 목적물의 담보가치가 저감하는
것을 막는 것을 주요한 목적으로 하여 채권자 앞으로 아울러
지상권을 설정하였다면, 그 피담보채권이 변제 등으로 만족
을 얻어 소멸한 경우는 물론이고 시효소멸한 경우에도 그 지
상권은 피담보채권에 부종하여 소멸한다[2011다6342].

④ 토지에 관하여 저당권을 취득함과 아울러 그 저당권의 담보
가치를 확보하기 위하여 지상권을 취득하는 경우, 특별한 사
정이 없는 한 당해 지상권은 저당권이 실행될 때까지 제3자
가 용익권을 취득하거나 목적 토지의 담보가치를 하락시키
는 침해행위를 하는 것을 배제함으로써 저당 부동산의 담보
가치를 확보하는 데에 그 목적이 있다고 할 것이므로, 그와
같은 경우 제3자가 비록 토지소유자로부터 신축중인 지상
건물에 관한 건축주 명의를 변경받았다 하더라도, 그 지상권
자에게 대항할 수 있는 권원이 없는 한 지상권자로서는 제3
자에 대하여 목적 토지 위에 건물을 축조하는 것을 중지하
도록 요구할 수 있다[2003마1753].

33 ★★☆　　　　　　　　　　　　　정답 ③

정답 해설

③ 타인 소유의 토지에 분묘를 설치한 경우에 20년간 평온, 공
연하게 그 분묘의 기지를 점유하면 지상권과 유사한 관습상
의 물권인 분묘기지권을 시효로 취득한다는 점은 오랜 세월
동안 지속되어 온 관습 또는 관행으로서 법적 규범으로 승
인되어 왔고, 이러한 법적 규범이 장사법(법률 제6158호) 시
행일인 2001.1.13. 이전에 설치된 분묘에 관하여 현재까지
유지되고 있다고 보아야 한다[2013다17292 전합].

오답 해설

① 장사법 시행일 이전에 타인의 토지에 분묘를 설치한 다음
20년간 평온·공연하게 그 분묘의 기지를 점유함으로써 분
묘기지권을 시효로 취득하였더라도, 분묘기지권자는 토지
소유자가 분묘기지에 관한 지료를 청구하면 그 청구한 날부
터의 지료를 지급할 의무가 있다고 보아야 한다[2017다
228007 전합].

② 장사 등에 관한 법률(약칭 : 장사법)[시행 2001.1.13.] 제23
조는 '① 토지 소유자(占有者 기타 관리인을 포함한다. 이하
條에서 같다)·묘지 설치자 또는 연고자는 토지 소유자의 승
낙없이 당해 토지에 설치한 분묘나 묘지 설치자 또는 연고
자의 승낙없이 당해 묘지에 설치한 분묘에 대하여 당해 분
묘를 관할하는 시장·군수·구청장의 허가를 받아 분묘에
매장된 시체 또는 유골을 개장할 수 있다. ③ 제1항 각호에
해당하는 분묘의 연고자는 당해 토지 소유자·묘지 설치자
또는 연고자에 대하여 토지 사용권 기타 분묘의 보존을 위
한 권리를 주장할 수 없다.'고 규정하고 있다. 즉, 2001.1.13.
이후 설치된 분묘에 대해서는 더 이상 취득시효가 인정되지
아니한다.

④ 타인의 토지에 합법적으로 분묘를 설치한 자는 관습상 그 토
지 위에 지상권에 유사한 일종의 물권인 분묘기지권을 취득
하나, 분묘기지권에는 그 효력이 미치는 범위 안에서 새로운
분묘를 설치하거나 원래의 분묘를 다른 곳으로 이장할 권능
은 포함되지 않는다[2007다16885].

⑤ 분묘가 멸실된 경우라고 하더라도 유골이 존재하여 분묘의
원상회복이 가능하여 일시적인 멸실에 불과하다면 분묘기지
권은 소멸하지 않고 존속하고 있다고 해석함이 상당하다
[2005다44114].

34 ★☆☆　　　　　　　　　정답 ⑤

⑤ 전세권자는 목적물의 현상을 유지하고 그 통상의 관리에 속한 수선을 하여야 한다(제309조). 따라서 전세권자는 임차인과 달리 전세권설정자에게 필요비상환청구권이 없다(제310조 제1항).

① 전세권이 성립한 후 목적물의 소유권이 이전된 경우 민법이 전세권관계로부터 생기는 상환청구 · 소멸청구 · 갱신청구 · 전세금증감청구 · 원상회복 · 매수청구 등의 법률관계의 당사자는 모두 목적물의 소유권을 취득한 신소유자로 새길 수밖에 없으므로, 전세권은 전세권자와 신소유자 사이에서 계속 동일한 내용으로 존속하게 된다[99다15122]. 따라서 목적물의 신소유자는 전세권이 소멸하는 때에 전세권자에 대하여 전세권설정자의 지위에서 전세금반환의무를 부담하고[2006다6072], 구소유자는 전세권설정자의 지위를 상실하여 전세금반환의무를 면한다[99다15122].

② 전세권이 용익물권적인 성격과 담보물권적인 성격을 모두 갖추고 있는 점에 비추어 전세권 존속기간이 시작되기 전에 마친 전세권설정등기도 특별한 사정이 없는 한 유효한 것으로 추정된다. 한편 부동산등기법 제4조 제1항은 "같은 부동산에 관하여 등기한 권리의 순위는 법률에 다른 규정이 없으면 등기한 순서에 따른다."라고 정하고 있으므로, 전세권은 등기부상 기록된 전세권설정등기의 존속기간과 상관없이 등기된 순서에 따라 순위가 정해진다[2017마1093].

③ 전세금의 지급이 반드시 현실적으로 수수되어야 하는 것은 아니고 기존의 채권으로 전세금의 지급에 갈음할 수도 있다[94다18508].

④ 단일 소유자의 1동의 건물 중 일부에 대하여 경매신청을 하고자 할 경우에는 그 부분에 대한 분할등기를 한 연후에 하여야 한다[73마283]. 따라서 전세권의 목적물이 아닌 나머지 건물부분에 대하여는 제303조 제1항에 의한 우선변제권은 별론으로 하고, 제318조에 의한 경매신청권은 없으므로[91마256], 부동산 전부에 대한 경매청구를 부정한다(제303조 제1항 후단에 따라 제3자가 신청한 경매의 경락대금 전부에서 우선변제 받을 수는 있다).

35 ★★☆　　　　　　　　　정답 ③

③ 명의신탁자와 명의수탁자가 계약명의신탁약정을 맺고 명의수탁자가 당사자가 되어 매도인과 부동산에 관한 매매계약을 체결하는 경우 그 계약과 등기의 효력은 매매계약을 체결할 당시 매도인의 인식을 기준으로 판단해야 하고, 매도인이 계약 체결 이후에 명의신탁약정 사실을 알게 되었다고 하더라도 위 계약과 등기의 효력에는 영향이 없다[2017다257715].

① 신탁자와 수탁자간의 명의신탁약정은 무효이고, 계약의 무효만으로는 양자 간의 의무위반을 이유로 한 채무불이행책임 · 불법행위책임은 생기지 않고, 명의신탁자는 목적물의 물권자가 아니므로 물권적 청구권을 행사할 수 없다.

② 수탁자가 당사자가 되어 명의신탁약정이 있다는 사실을 알지 못하는 소유자와 사이에서 부동산에 관한 매매계약을 체결한 후 그 매매계약에 기하여 당해 부동산의 소유권이전등기를 수탁자 명의로 경료한 경우에는 그 부동산이전등기에 의한 당해 부동산에 관한 물권변동은 유효하고, 한편 신탁자와 수탁자 사이의 명의신탁약정은 무효이므로, 결국 수탁자는 전소유자인 매도인뿐만 아니라 신탁자에 대한 관계에서도 유효하게 당해 부동산의 소유권을 취득한 것으로 보아야 하고, 따라서 그 수탁자는 타인의 재물을 보관하는 자라고 볼 수 없다[98도4347].

④ 명의신탁약정의 무효로 인하여 명의신탁자가 입은 손해는 당해 부동산 자체가 아니라 명의수탁자에게 제공한 매수자금이고, 따라서 명의수탁자는 당해 부동산 자체가 아니라 명의신탁자로부터 제공받은 매수자금을 부당이득하였다[2002다66922]. 즉 명의신탁자는 명의수탁자에게 제공한 부동산 매수자금에 대해 동액 상당의 부당이득반환청구권을 가질 수 있을 뿐이다[2008다34828].

⑤ 명의신탁자와 명의수탁자가 이른바 계약명의신탁 약정을 맺고 매매계약을 체결한 소유자도 명의신탁자와 명의수탁자 사이의 명의신탁약정을 알면서 그 매매계약에 따라 명의수탁자 앞으로 당해 부동산의 소유권이전등기를 마친 경우 부동산 실권리자명의 등기에 관한 법률 제4조 제2항 본문에 의하여 명의수탁자 명의의 소유권이전등기는 무효이므로, 당해 부동산의 소유권은 매매계약을 체결한 소유자에게 그대로 남아 있게 되고, 명의수탁자가 자신의 명의로 소유권이전등기를 마친 부동산을 제3자에게 처분하면(제3자는 선의 · 악의를 불문하고 소유권을 취득하게 되므로) 이는 매도인의 소유권 침해행위로서 불법행위가 된다[2010다95185].

36 ★☆☆ 답 ②

정답 해설

① · ② 건물의 임대차에 있어서 임차인의 임대인에게 지급한 임차보증금반환청구권이나 임대인이 건물시설을 아니하기 때문에 임차인에게 건물을 임차목적대로 사용하지 못한 것을 이유로 하는 손해배상청구권은 모두 그 건물에 관하여 생긴 채권이라 할 수 없어 유치권을 부정한다[75다1305].

오답 해설

③ 주택건물의 신축공사를 한 수급인이 그 건물을 점유하고 있고 또 그 건물에 관하여 생긴 공사금 채권이 있다면, 수급인은 그 채권을 변제받을 때까지 건물을 유치할 권리가 있으나[95다16202], 수급인의 재료와 노력으로 건축되었고 독립한 건물에 해당되는 기성부분은 수급인의 소유이므로 수급인은 공사대금을 지급받을 때까지 이에 대해 유치권을 가질 수 없다[91다14116].

④ 유치권의 성립요건이자 존속요건인 유치권자의 점유는 직접점유이든 간접점유이든 관계가 없으나, 다만 그 직접점유자가 채무자인 경우에는 유치권의 요건으로서의 점유에 해당하지 않는다고 할 것이다[2007다27236].

⑤ 乙의 점유침탈로 甲이 점유를 상실한 이상 유치권은 소멸하고(제328조), 甲이 점유회수의 소를 제기하여 승소판결을 받아 점유를 회복하면 점유를 상실하지 않았던 것으로 되어 유치권이 되살아나지만, 위와 같은 방법으로 점유를 회복하기 전에는 유치권이 되살아나는 것이 아니고, 甲이 점유회수의 소를 제기하여 점유를 회복할 수 있다는 사정만으로 甲의 유치권이 소멸하지 않았다고 볼 수 없다[2011다72189].

37 ★★☆ 답 ③

정답 해설

③ 질권의 목적이 된 채권이 금전채권인 때에는 질권자는 자기채권의 한도에서 질권의 목적이 된 채권을 직접 청구할 수 있고, 채권질권의 효력은 질권의 목적이 된 채권의 지연손해금 등과 같은 부대채권에도 미치므로 채권질권자는 질권의 목적이 된 채권과 그에 대한 지연손해금채권을 피담보채권의 범위에 속하는 자기채권액에 대한 부분에 한하여 직접 추심하여 자기채권의 변제에 충당할 수 있다[2003다40668].

오답 해설

① 질권은 양도할 수 없는 물건을 목적으로 하지 못한다(제331조). 양도성이 있어야 교환가치를 실현할 수 있고 우선변제를 받을 수 있기 때문이다. 아편 · 마약과 같은 금제물은 질권의 목적이 될 수 없다.

② 제338조 제1항

④ 질권의 목적인 채권의 양도행위는 민법 제352조 소정의 질권자의 이익을 해하는 변경에 해당되지 않으므로 질권자의 동의를 요하지 아니한다[2003다55059].

⑤ 제333조

38 ★☆☆ 답 ②

정답 해설

② 저당목적물의 변형물인 금전 기타 물건에 대하여 이미 제3자가 압류하여 그 금전 또는 물건이 특정된 이상 저당권자가 스스로 이를 압류하지 않고서도 물상대위권을 행사하여 일반 채권자보다 우선변제를 받을 수 있다[98다12812].

오답 해설

① 저당권의 효력은 저당부동산에 대한 압류(경매개시결정의 송달 또는 등기)가 있은 후에 저당권설정자가 그 부동산으로부터 수취한 과실 또는 수취할 수 있는 과실에 미친다(제359조). 위 규정상 '과실'에는 천연과실뿐만 아니라 법정과실도 포함되므로, 저당부동산에 대한 압류가 있으면 압류 이후의 저당권설정자의 저당부동산에 관한 차임채권 등에도 저당권의 효력이 미친다[2015다230020].

③ 제361조

④ 제358조 본문

⑤ 저당부동산에 대하여 소유권, 지상권 또는 전세권을 취득한 제3자는 저당권자에게 그 부동산으로 담보된 채권을 변제하고 저당권의 소멸을 청구할 수 있다(제364조).

39 ★★★ 답 ④

정답 해설

	X토지(3억)	Y건물(1억)
1번	甲(2억) 공동담보(Y)	甲(2억) 공동담보(X)
2번	丙(1억6천)	丁(7천)

먼저 동시배당의 경우처럼 X토지와 Y건물에 대한 甲의 안분액을 정한다.

㉠ X토지(3억) → 2억(乙)×X토지(3억) / 4억(X＋Y) ＝1억 5,000만 원

㉡ Y건물(1억) → 2억(乙)×Y건물(1억) / 4억(X＋Y) ＝5,000만 원

㉢ 甲은 X토지에서 1억 5,000만 원, Y건물에서 5,000만 원을 배당받는다.

㉣ X토지(3억)에서 丙은 1억 5,000만 원을 배당받고, Y건물(1억)에서 丁은 5,000만 원을 배당받는다.

정답 해설

②·④·⑤ 전세권에 대하여 저당권이 설정된 경우 그 저당권
의 목적물은 물권인 전세권 자체이지 전세금반환채권은 그
목적물이 아니고, 전세권의 존속기간이 만료되면 전세권은
소멸하므로 더 이상 전세권 자체에 대하여 저당권을 실행할
수 없게 되고, 전세권을 목적물로 하는 저당권의 설정은 전
세권의 목적물 소유자의 의사와는 상관없이 전세권자의 동
의만 있으면 가능한 것이고, 원래 전세권에 있어 전세권설정
자가 부담하는 전세금반환의무는 전세금반환채권에 대한 제
3자의 압류 등이 없는 한 전세권자에 대하여만 전세금반환
의무를 부담한다고 보아야 한다[98다31301].

오답 해설

① 지상권 또는 전세권을 목적으로 저당권을 설정한 자는 저당
　권자의 동의없이 지상권 또는 전세권을 소멸하게 하는 행위
　를 하지 못한다(제371조 제2항). → 전세권의 포기는 물권적
　단독행위로서 등기를 해야 효력이 생긴다.

③ 전세권을 목적으로 한 저당권이 설정된 경우, 전세권의 존속
　기간이 만료되면 전세권의 용익물권적 권능이 소멸하기 때
　문에 더 이상 전세권 자체에 대하여 저당권을 실행할 수 없
　게 되고, 저당권자는 저당권의 목적물인 전세권에 갈음하여
　존속하는 것으로 볼 수 있는 전세금반환채권에 대하여 압류
　및 추심명령 또는 전부명령을 받거나 제3자가 전세금반환채
　권에 대하여 실시한 강제집행절차에서 배당요구를 하는 등
　의 방법으로 물상대위권을 행사하여 전세금의 지급을 구하
　여야 한다[2013다91672].

제2과목 | 경제학원론

01	02	03	04	05	06	07	08	09	10
③	⑤	②	④	④	⑤	①	③	⑤	②
11	12	13	14	15	16	17	18	19	20
⑤	③	②	⑤	①	②	②	④	④	⑤
21	22	23	24	25	26	27	28	29	30
②	⑤	④	④	②	①	④	⑤	①	⑤
31	32	33	34	35	36	37	38	39	40
①	③	③	②	③	③	②	②	①	①

01 ★☆☆　　　　　　　　　　　답 ③

정답 해설

일반적으로 한계대체율 체감과 무차별곡선의 볼록성은 같은 의미이다. 무차별곡선이 볼록할 경우 무차별곡선의 기울기는 X재 소비증가에 따라 점점 평평해지며, 이는 X재를 많이 소비할수록 Y재 단위로 나타낸 X재의 상대적 선호도가 감소한다는 의미이므로 한계대체율 체감을 의미한다.

02 ★★☆　　　　　　　　　　　답 ⑤

정답 해설

전원합의제에서는 모든 사람의 효용이 증가할 때 단 한 사람의 효용도 감소하지 않아 어떤 정책이 실시된다면 반드시 파레토 효율적이다. 반면 과반수제에서는 정책이 실시될 때 적어도 반대하는 누군가의 효용이 감소할 수 있으므로 파레토 효율적이라고 할 수 없다. 따라서 애로우의 불가능성 정리에서 파레토 원칙은 과반수제가 아닌 전원합의제를 의미한다.

03 ★★☆　　　　　　　　　　　답 ②

정답 해설

가격하락 시 정상재의 경우 대체효과로 인해 수요가 증가, 소득효과로 인해 수요가 증가하므로 전체 가격효과는 수요 증가이다. 열등재와 기펜재의 경우 대체효과로 수요가 증가, 소득효과로 인해 수요가 감소하지만 이 두 효과 중 대체효과가 더 커서 전체 가격효과가 수요 증가인 경우 열등재, 소득효과가 더 커서 전체 가격효과가 수요 감소인 경우 기펜재로 구분된다.

04 ★★★　　　　　　　　　　　답 ④

정답 해설

직선인 공급곡선이

㉠ 원점에서 출발할 경우 공급탄력성은 항상 1이며,

㉡ 가격축에서 출발할 경우 공급탄력성은 항상 1보다 크며,

㉢ 수량축에서 출발할 경우 공급탄력성은 항상 1보다 작다.

오답 해설

① 수요곡선이 수직이면 가격탄력성이 0이다.

② 수요의 가격탄력성은 ㉠ 기울기의 역수, ㉡ 수요곡선상의 위치에 의해 결정된다. 우하향하는 직선의 수요곡선상 모든 점들의 기울기의 역수값은 동일하지만 수요곡선상의 위치가 각각 다르기 때문에 가격탄력성 또한 각각 다르다.

③ 가격탄력성이 1보다 크면 탄력적이다.

⑤ 수요의 교차탄력성이 0보다 크면 대체재 관계이며 0보다 작으면 보완재 관계이기 때문에, 1보다 크면 두 상품은 대체재 관계이다.

05 ★★☆　　　　　　　　　　　답 ④

정답 해설

자중손실은 조세로 인한 비효율성의 크기를 의미한다. 소비자잉여의 감소분과 생산자잉여의 감소분을 합한 뒤 조세징수분을 제할 경우 사회적 후생감소분이 도출되며 그 값은 2이다.

오답 해설

① 물품세를 소비자에게 부과하든 생산자에게 부과하든 실질조세부담에는 변화가 없다. 즉, 실제 조세부담은 법에서 조세를 누구에게 부과하는지와 무관하다.

② 수요곡선이 수평선일 경우 소비자잉여는 조세 부과 이전과 이후 모두 0이므로 변화가 없다.

③ 생산자잉여의 감소분은 최초 50원에서 조세부과 후 32원으로 변화하므로 감소분은 18원이다.

⑤ 조세수입은 단위당 조세의 크기인 2원과 조세부과 후 최종 생산량인 8을 곱해 16원으로 도출된다.

06 ★☆☆　　　　　　　　　　　　　　답 ⑤

정답 해설

생산가능곡선은 주어진 자원과 기술수준 하에서 최대로 생산 가능한 재화나 서비스의 조합을 나타내는 곡선이므로 생산가능 곡선 상의 점들은 이미 파레토 효율적이고, 따라서 더 이상의 파레토 개선이 불가하다.

07 ★★☆　　　　　　　　　　　　　　답 ①

정답 해설

ㄱ. 네트워크 효과에 의해 특정 상품에 대한 어떤 사람의 수요 가 다른 사람들의 수요에 의해 영향을 받게 된다면, 시장수 요곡선은 개별 수요곡선의 수평 합과 다를 수 있다.

ㄴ. 속물효과는 상품 소비자의 수가 증가함에 따라 그 상품 수 요가 감소하는 효과를 이르는 말이다.

08 ★★★　　　　　　　　　　　　　　답 ③

오답 해설

ㄹ. 비용극소화를 통해 도출된 비용함수를 이윤함수에 넣어서 다시 이윤극대화 과정을 거쳐야 하므로 필요조건이기는 하 나 충분조건은 아니다.

09 ★☆☆　　　　　　　　　　　　　　답 ⑤

정답 해설

후생경제학 제1정리는 분권화된 경쟁시장에 의해 이루어진 자 원배분이 일정한 조건 하에 반드시 파레토 효율적임을 의미한 다. 이런 맥락에서 후생경제학 제1정리를 아담스미스의 '보이지 않는 손'을 현대적으로 재해석한 것이라 평가한다.

오답 해설

① 파레토(Pareto) 효율적인 상태는 파레토 개선이 불가능한 상태를 뜻한다.

② 제2정리는 모든 사람의 선호가 볼록성을 가지면 파레토 효 율적인 배분은 일반경쟁균형이 된다는 것이다.

③ 제1정리는 모든 소비자의 선호체계가 약 단조성을 갖고 외 부성이 존재하지 않으면 일반경쟁균형의 배분은 파레토 효 율적이라는 것이다.

④ 제1정리는 완전경쟁시장 하에서 사익과 공익은 서로 상충됨 을 의미하지는 않는다. 제2정리는 정부의 두 가지 역할인 효 율성의 달성과 공평성의 추구가 분리될 수 있음을 의미한다.

10 ★☆☆　　　　　　　　　　　　　　답 ②

정답 해설

레온티에프 생산함수의 형태임을 고려할 때 기업이 재화 200개 를 생산하려고 할 때 필요한 최소한의 노동(L)과 자본(K)은 각 각 400단위, 200단위이다. 따라서 노동가격인 2원과 자본가격 인 3원을 각각 곱해주면 전체비용은 1400원으로 도출되고, 이 를 생산된 재화인 200개로 나누어 주면 평균비용은 7원이다.

11 ★★☆　　　　　　　　　　　　　　답 ⑤

정답 해설

제도 변화 후 새로운 내쉬 균형은 (조업가동, 1톤 배출)이므로 오염물질의 총배출량은 2톤에서 1톤으로 감소했다.

오답 해설

새로운 보수행렬을 그리면 다음과 같다.

구분		乙	
		1톤 배출	2톤 배출
甲	조업중단	(0, 4)	(5, 3)
	조업가동	(10, 4)	(8, 3)

① 초기 상태의 내쉬균형은 (조업가동, 2톤 배출)이다.

② 초기 상태의 甲의 우월전략은 '조업가동'이며 乙의 우월전략 은 '2톤 배출'이다.

③ 제도 변화 후 甲의 우월전략은 '조업가동'이며 乙의 우월전 략은 '1톤 배출'이다.

④ 甲이 乙에게 보상금을 지급한 것이므로 제도 변화 후 甲과 乙의 전체 보수는 이전과 동일하다.

12 ★★★　　　　　　　　　　　　　　답 ③

정답 해설

수요곡선이 굴절되어 불연속적인 한계수입곡선이 도출되는 지 점에서는 한계비용의 변화에도 불구하고 상품가격이 안정적으 로 유지된다.

오답 해설

① 기업이 선택하는 가격에 대한 예상된 변화가 비대칭적이기 때문에 발생한다.

② 아무런 담합이 없더라도 과점시장에서는 가격의 안정성이 나타날 수 있음을 주장하는 이론이다.

④ 경쟁기업의 가격인상에는 반응하지 않으며, 경쟁기업의 가 격인하에 가격을 따라 내려 시장을 잃지 않으려고 한다고 가정한다.

⑤ 일반적으로 비가격경쟁은 동질적 과점시장에서 가격경쟁이 발생할 경우 가격을 계속 내릴 수밖에 없는 위험성에서 비 롯된다. 하지만 굴절수요곡선 모형에서는 가격이 안정적으 로 형성되기 때문에 비가격경쟁이 증가한다고 단정 짓기 어 렵다.

13 ★★☆   답②

정답 해설

ㄱ. 모형의 가정상 각 기업은 상대방이 생산량을 결정했을 때 이를 주어진 것으로 보고 자신의 이윤을 극대화하는 산출량을 결정한다.

ㄹ. 기업이 시장에 더 많이 진입하는 경우 시장은 과점의 형태에서 완전경쟁의 형태로 근접하게 되므로 균형가격은 한계비용에 접근한다.

오답 해설

ㄴ. 꾸르노 모형은 독자적 행동을 가정하는 비협조적 과점모형의 대표적인 예이다.

ㄷ. 甲, 乙 두 기업이 완전한 담합을 이루는 경우 하나의 독점기업처럼 행동하게 되므로 꾸르노 균형의 결과는 달라진다.

14 ★☆☆   답⑤

정답 해설

소비자에게 품질에 대한 정보가 제대로 전달되지 않을 경우 실제로 품질이 좋지 않은 제품을 구매할 확률이 높으므로 이에 대한 정보제공을 원활히 하여 역선택을 해결하기 위한 제도가 품질표시제도이다.

오답 해설

① 동일한 조건과 보험료로 구성된 치아보험에 치아건강상태가 더 좋지 않은 계층이 더 가입하려는 경향이 있어 보험시장에서는 역선택의 문제가 발생한다.

② 역선택은 정보가 비대칭인 시장에서 자주 발생하며, 대표적인 예로는 중고차시장이 있다.

③ 통신사에서 소비자별로 다른 요금을 부과하는 것은 역선택이 아닌 가격차별의 문제이다.

④ 의료보험의 기초공제제도는 손실액의 일정액 이하는 가입자가 부담하고 초고액만 보험회사에서 보상하는 제도로, 자기부담이 있기 때문에 사고를 방지하고자 하는 노력을 하도록 만들기 위한 제도로서 대표적인 도덕적 해이의 해결방안이다.

15 ★☆☆   답①

정답 해설

순수 공공재는 비배제성과 비경합성을 가진다. 이 중 비경합성으로 인해 추가적인 소비가 다른 사람의 소비를 제한하지 않으므로, 소비자가 많아도 개별 소비자가 이용하는 편익은 유지된다.

16 ★★★   답②

정답 해설

ㄱ. 이부가격제에 대한 기본적인 개념 설명이다.

ㄷ. 소비자잉여에서 사용료를 제한 부분에서 가입비를 부과할 수 있으므로, 사용료를 아예 부과하지 않는다면 소비자잉여는 독점기업이 부과할 수 있는 가입비의 한도액이 된다.

오답 해설

ㄴ. 적은 수량을 소비하더라도 가입비는 동일하게 지급하므로 적은 수량을 소비할수록 소비자의 평균지불가격이 높아진다.

ㄹ. 자연독점 하에서 기업이 평균비용 가격설정으로 인한 손실을 보전하기 위해 선택하는 것이 아니라, 종량요금이 얼마이든 소비자잉여를 가입비로 흡수할 수 있으므로 1차 가격차별과 근접한 방식으로 독점기업의 이윤을 늘리기 위해 선택한다.

17 ★★☆   답②

정답 해설

두 기업의 오염저감비용의 합계를 최소화하기 위해서는 $TAC_1 = TAC_2$가 성립해야 하며 두 기업의 총오염배출량이 80톤이므로 $X_1 + X_2 = 80$을 만족해야 한다.

따라서, $8X_1 = 2X_2$와 $X_1 + X_2 = 80$을 연립하면 $X_1 = 16$, $X_2 = 64$가 도출된다.

18 ★★☆   답④

정답 해설

우하향하는 장기평균비용곡선은 규모수익체증을 뜻하며 이는 일반적으로 규모의 경제로 이어진다. 규모의 경제가 장기적으로 존재할 경우 다른 기업들이 진입하기 어려워져 시장에는 하나의 기업만이 존재하게 된다.

오답 해설

① 생산량이 많은 기업의 평균비용이 생산량이 적은 기업의 평균비용보다 낮다.

② 규모의 경제가 있는 경우 진입 장벽이 없는 경우에도 일종의 진입 장벽으로 작용하기 때문에 기업의 참여가 증가한다고 보기 어렵다.

③ 규모의 경제가 존재할 경우 규모를 늘릴수록 평균비용이 낮아지므로 소규모 기업의 평균비용이 더 높다.

⑤ 대규모 소품종을 생산하면 평균비용이 낮아진다.

19 ★★★ 정답 ④

정답 해설

(ㄱ) 사회적 최적 수준의 생산은 상품의 시장수요곡선 $P = 100 - 2Q$와 사회적 한계비용 $SMC = 40$이 만나는 지점에서 이루어진다. 이 두 식을 연립하면 $Q^* = 30$이 도출된다.

(ㄴ) 사회후생의 순손실은 사회적 최적 생산량인 $Q^* = 30$에서 시장 생산량인 $Q = 40$으로 변할 때의 후생변화를 통해 측정할 수 있다. 먼저 편익은 생산량 증가로 인해 300만큼 증가하며, 사적 비용 또한 생산량 증가로 인해 200만큼 증가하고, 사회적 비용이 추가로 200만큼 발생한다. 따라서 $300 - 200 - 200 = -100$이므로 사회후생의 순손실은 100으로 도출된다.

20 ★★☆ 정답 ⑤

정답 해설

기업의 이윤 $= 4Q - 0.25L = 8L^{0.5} - 0.25L$이므로 이를 극대화하는 노동투입량은 이윤을 L로 1계미분하여 도출되며, $4L^{-0.5} - 0.25 = 0$를 풀면 $L = 256$이다. 이를 생산함수에 대입하면 $Q = 32$가 도출된다.

21 ★★☆ 정답 ②

정답 해설

균형재정승수는 $T = G$일 때 정부지출 변화에 대한 국민소득 변화의 비율이므로, IS-LM 균형을 구한 뒤 $T = G$를 대입한 식을 통해 도출 가능하다.

LM을 $r = Y - \dfrac{M}{P}$로 정리한 뒤 IS곡선에 대입하고 T자리에 G를 대입하면 최종적으로 $Y = 100 + 0.5G + \dfrac{M}{2P}$이 도출된다.

따라서 균형재정승수는 0.50이다.

22 ★☆☆ 정답 ⑤

정답 해설

한국은행은 고용증진 목표 달성이 아닌 통화정책 운영체제로서 물가안정목표제를 운영하고 있다.

23 ★☆☆ 정답 ④

정답 해설

화폐의 기능 중 가치 저장 기능은 발생한 소득을 바로 쓰지 않고 나중에 지출할 수 있도록 해준다.

오답 해설

① 금과 같은 상품화폐의 내재적 가치는 변동한다.

② M2에는 요구불 예금과 저축성 예금이 포함된다.

③ 명령화폐(flat money)는 상품화폐와 달리 내재적 가치를 갖지 않는다.

⑤ 다른 용도로 사용될 수 있더라도 교환의 매개 수단으로 활용될 수 있다.

24 ★★☆ 정답 ④

정답 해설

일반적인 폐쇄경제 모형에서 정부저축은 이자율의 함수로 표현되지 않는다. 이자율이 하락할 경우 투자가 증가하지만 $S_P + S_G = I$에 따르면 민간저축이 증가한 상태에서 정부저축이 증가했는지 감소했는지를 단정하기 어렵다.

25 ★★☆ 정답 ②

정답 해설

화폐의 중립성은 통화량의 변화가 실질 변수에 영향을 주지 않는다는 이론으로 중앙은행이 통화정책을 실시해도 산출량은 변하지 않고 명목 변수인 물가만 변동하게 된다. 산출량이 변하지 않는다면 장기적으로 실업률에도 영향을 줄 수 없다.

오답 해설

① 고전적 이분법은 장기적인 관점에서 성립한다.

③ · ⑤ 실질 변수에는 영향을 줄 수 없다.

④ 물가는 명목 변수로서 변동하므로 물가를 관리할 수는 있다.

26 ★☆☆ 정답 ①

정답 해설

화폐수요는 소득의 증가함수이자 이자율의 감소함수이다. 이를 설명하는 다양한 이론들이 있지만 대표적으로 케인즈는 장래 이익 획득의 기회에 대비하여 유동성이 높은 화폐를 보유하려는 동기인 투기적 동기를 제시하며 투기적 동기의 화폐수요를 이자율의 감소함수로 가정하였다.

오답 해설

② 물가가 상승하면 거래적 동기의 현금통화 수요는 증가한다.

③ 요구불예금 수요가 증가하면 M1 수요는 증가한다.

④ 실질 국내총생산이 증가하면 M1 수요는 증가한다.

⑤ 신용카드 보급기술이 발전하면 현금통화 수요가 감소한다.

27 ★★☆   답 ④

정답 해설

소비자물가지수는 수입생필품을 포함하지만 자본재를 비포함하고, GDP 디플레이터는 수입 생필품을 포함하지 않고 자본재를 포함하는 등 두 물가지수에 포함되는 품목이 다르다. 또한 측정 방식도 달라 소비자물가지수는 과대측정가능성을 가지고 GDP 디플레이터는 과소측정가능성을 가진다. 따라서 둘 중 어느 지수가 소비자들의 생계비를 더 왜곡한다고 하기는 어렵다.

28 ★★★   답 ⑤

정답 해설

(ㄱ) 준칙적 통화정책을 사용할 때 중앙은행이 먼저 실제 인플레이션율을 결정하고 민간이 기대 인플레이션을 결정하게 된다. 중앙은행이 0%의 인플레이션율을 유지할 경우 민간은 $\pi = \pi_e = 0$으로 기대 인플레이션율을 설정하므로 $u = 0.03 - 2(\pi - \pi_e)$에 이를 대입하면 $u = 0.03$이 도출된다.

(ㄴ) 최적 인플레이션율로 통제했을 때 역시 만약 민간이 합리적인 기대를 통해 기대 인플레이션율을 중앙은행이 결정한 인플레이션율로 맞추게 된다면 $\pi = \pi_e = 1$로 기대 인플레이션율을 설정하여 $u = 0.03 - 2(\pi - \pi_e)$에 이를 대입하면 $u = 0.03$이 도출된다. 이러한 결과는 민간이 합리적인 기대를 할 경우 어떤 정책을 택하든 자연실업률의 수준에서 벗어나지 못하는 정책 무력성 명제를 나타낸다고 할 수 있다.

29 ★★☆   답 ①

정답 해설

ㄱ. 총공급 곡선이 수직일 경우 독립투자가 증가해도 산출량에는 변화가 없으므로 독립투자승수가 이전보다 감소한다.

ㄴ. 독립투자 증가 시 이자율이 상승하여 투자가 다시 감소한다면 구축효과로 인해 독립투자승수가 이전보다 감소한다.

오답 해설

ㄷ · ㄹ. 정부지출, 세금, 수출, 수입 등이 외생적으로 증가하는 것은 독립투자승수를 변화시키지 못한다.

30 ★☆☆   답 ⑤

정답 해설

A국의 국내총생산은 기업 甲과 기업 乙의 매출액 합계에서 중간투입액 합계를 빼서 구하거나, 기업 甲과 기업 乙의 요소소득에 대한 총지출을 더하여 구할 수 있다.

오답 해설

① 기업 甲의 이윤이 50이므로, 요소소득에 대한 총지출은 400이다.

② 기업 甲의 부가가치는 매출액에서 중간투입액을 뺀 것과 같으며, 400이다.

③ 기업 甲의 이윤은 기업 乙의 이윤과 50으로 같다.

④ 기업 甲의 요소소득에 대한 총지출은 400이고, 기업 乙의 요소소득에 대한 총지출은 500이므로 A국의 임금, 이자, 임대료, 이윤에 대한 총지출은 900이다.

31 ★★☆   답 ①

정답 해설

인플레이션율을 감소시킬 경우 단기적으로 필립스곡선을 따라 이동하며 실업률을 증가시킨다. 하지만 장기적으로는 인플레이션 기대가 조정되고 필립스곡선이 이동함에 따라 실업률이 자연실업률 수준으로 돌아가게 된다.

오답 해설

② · ④ 장기 필립스곡선이 수직이므로 장기적으로 실업률은 자연실업률 수준으로 돌아가게 된다.

③ 인플레이션 저감비용을 인플레이션을 감소시키는 대신 감수해야 하는 실업률의 증가분으로 책정한다면 필립스곡선의 형태가 동일하므로 장기적으로 인플레이션 저감비용은 변하지 않는다.

⑤ 합리적 기대가설에서는 단기적으로도 정책의 효과가 없으므로 결과는 동일하지 않다.

32 ★☆☆   답 ③

정답 해설

'생산가능인구＝경제활동인구＋비경제활동인구, 경제활동인구＝취업자＋실업자'이다. 따라서 문제에서 생산가능인구는 3,000만 명, 경제활동인구는 1,500만 명이므로 비경제활동인구는 1,500명이고 생산가능인구에 대한 비경제활동인구의 비율은 50%이다.

33 ★★☆   답 ③

$\Pi_t = 0.04$, $\Pi_{t-1} = 0.08$을 $\Pi_t - \Pi_{t-1} = -0.8(U_t - 0.05)$에 대입하면 $U_t = 10\%$가 도출된다. 현재 실업률이 5%이기 때문에 실업률 증가분은 5%p이고 세 번째 가정에 따르면 GDP는 10% 감소한다. 인플레이션율을 4%p 낮출 경우 GDP 변화율(%)이 10%이므로, 인플레이션율을 1%p 낮출 경우 감소되는 GDP 변화율(%)인 희생률은 2.5로 도출된다.

34 ★★★   답 ②

ㄱ. 긴축재정으로 IS곡선이 좌측이동할 경우 외환 초과수요로 환율이 상승하므로 원화가치는 하락한다.

ㄷ. IS곡선이 좌측이동하지만 환율 상승으로 다시 우측이동하여 제자리로 돌아오므로 최종적인 균형에서의 소득수준은 변하지 않는다.

ㄴ. 역시 원래 균형으로 회귀하므로 이자율이 변하지 않아 투자지출은 증가하지 않는다.

ㄹ. 환율 상승 및 원화 평가절하로 인해 순수출이 증가한다.

35 ★★☆   답 ④

균제상태에서 $\Delta k = sf(k) - (\delta + n)k = 0$이 성립하므로 $f(k) = 2k^{0.5}$, $s = 0.3$, $\delta = 0.25$, $n = 0.05$를 대입하면 $0.6k^{0.5} - 0.3k = 0$으로 정리할 수 있다. 이 방정식을 풀면 $k = 4$가 도출되고 1인당 생산함수 $y = 2k^{0.5}$에 대입하면 $y = 4$가 도출된다.

36 ★☆☆   답 ③

ㄱ · ㄹ. 폐쇄경제 하에서 지출을 늘리면 IS곡선이 오른쪽으로 이동하며, 이자율을 유지하려고 하면 LM곡선도 오른쪽으로 이동해야 한다. LM곡선이 오른쪽으로 이동하는 과정에서 통화량이 증가한다.

ㄴ · ㄷ. IS곡선과 LM곡선이 모두 오른쪽으로 이동하여 형성되는 새로운 균형점에서는 소득수준이 기존에 비해 증가한다.

37 ★★☆   답 ③

ㄱ. 정부지출 증가로 IS곡선은 오른쪽으로 이동하며 AD곡선 또한 오른쪽으로 이동하므로 소득수준은 증가한다.

ㄹ. IS곡선이 오른쪽으로 이동하여 이자율이 증가하므로 투자지출은 감소한다.

ㄴ. IS곡선이 오른쪽으로 이동하여 이자율이 증가한다.

ㄷ. AS곡선이 수평이므로 LM곡선의 이동을 수반하지 않아 명목 통화량은 변하지 않는다.

38 ★☆☆   답 ②

계산해 보지 않더라도 P_e가 3에서 5로 증가할 때 총수요곡선은 그대로이고 총공급곡선은 왼쪽으로 이동하므로 (ㄱ) 균형소득수준은 하락하고 (ㄴ) 균형물가수준은 상승함을 알 수 있다.
$P_e = 3$을 직접 대입해서 풀 경우 $Y = 1.5$, $P = 2.5$가 도출되며, $P_e = 5$를 대입해서 풀 경우 $Y = 0.5$, $P = 3.5$가 도출되므로 동일한 결론을 얻을 수 있다.

39 ★☆☆   답 ①

누진세 체계 하에서는 고소득 구간에 속할수록 세율이 높아지기 때문에 예상보다 높은 인플레이션이 발생할 경우 사람들이 직면하는 세율이 높아질 수 있다. 따라서 정부의 조세수입은 증가할 수 있다.

40 ★★☆   답 ①

각 값을 넣어 정리하면 $Y = 100 + 0.6Y + 100 + 100 - 0.4Y$이므로 $Y = 375$, $X - M = -50$이 도출된다. 한계수입성향이 0.1로 감소하면 $M = 0.1Y$이므로 다시 대입하여 정리하면 $Y = 100 + 0.6Y + 100 + 100 - 0.1Y$이므로 $Y = 600$, $X - M = 40$이 도출된다.
따라서 (ㄱ) 균형국민소득과 (ㄴ) 순수출 모두 증가한다.

제3과목 | 부동산학원론

01	02	03	04	05	06	07	08	09	10
⑤	②	②	⑤	④	③	④	⑤	③	②
11	12	13	14	15	16	17	18	19	20
②	①	②	②	⑤	④	④	③	①	①
21	22	23	24	25	26	27	28	29	30
③	①	⑤	②	③	④	①	⑤	①	④
31	32	33	34	35	36	37	38	39	40
⑤	⑤	②	③	③	④	①	④	④	③

01 ★☆☆　　　　　　　　　　📖 ⑤

정답 해설

복합부동산이 아니라 복합개념의 부동산에 대한 설명이다. 복합부동산이란 토지와 그 토지 위의 정착물이 각각 독립된 거래의 객체이면서도 마치 하나의 결합된 상태로 다루어져 부동산활동의 대상으로 삼는 것을 말한다.

02 ★☆☆　　　　　　　　　　📖 ②

오답 해설

① 필지는 법률적 개념으로 다른 토지와 구별되는 권리가 동일한 일단의 토지이다.
③ 나지가 아니라 공지에 대한 설명이다.
④ 표본지가 아니라 표준지에 대한 설명이다.
⑤ 공한지가 아니라 한계지에 대한 설명이다.

03 ★☆☆　　　　　　　　　　📖 ②

오답 해설

ㄱ. [×] 부증성으로 인해 물리적 공급은 불가능하나, 이용전환을 통한 토지의 용도적 공급이 가능하다.
ㄹ. [×] 인접성으로 인해 외부효과가 발생한다.

04 ★★☆　　　　　　　　　　📖 ⑤

정답 해설

수요의 가격탄력성이 비탄력적이면 가격의 변화율보다 수요량의 변화율이 더 작아진다. 반면에 수요의 가격탄력성이 탄력적이면 가격의 변화율보다 수요량의 변화율이 더 커진다.

05 ★★☆　　　　　　　　　　📖 ④

정답 해설

- A부동산의 기울기는

$Q_d = 200 - P \rightarrow P = 200 - Q_d \rightarrow$ 기울기는 1

$Q_s = 10 + \dfrac{1}{2}P \rightarrow P = 2Q_s - 20 \rightarrow$ 기울기는 2

수요는 탄력적이고, 공급은 비탄력적이므로 수렴형이다.

- B부동산의 기울기는

$Q_d = 400 - \dfrac{1}{2}P \rightarrow P = 800 - 2Q_d \rightarrow$ 기울기는 2

$Q_s = 50 + 2P \rightarrow P = \dfrac{1}{2}Q_s - 25 \rightarrow$ 기울기는 $\dfrac{1}{2}$

수요는 비탄력적이고, 공급은 탄력적이므로 발산형이다.

06 ★★☆　　　　　　　　　　📖 ③

정답 해설

선형이론이 아니라 동심원이론에 대한 설명이다.
버제스의 동심원이론에 따르면,
㉠ 도시의 확장은 침입과 경쟁, 천이의 과정에서 확장된다.
㉡ 고용기회가 많고, 접근성이 양호한 지역은 저소득계층이 차지한다.
㉢ 범죄, 질병 등이 많이 발생하는 지역은 도심 안쪽에 위치한다.

07 ★★★　　　　　　　　　　📖 ④

정답 해설

㉠ 정보가 불확실한 경우

$= \dfrac{(2억\ 7,500만\ 원 \times 0.6) + (9,350만\ 원 \times 0.4)}{(1+0.1)^1}$

$= 1억\ 8,400만\ 원$

㉡ 정보가 확실한 경우 $= \dfrac{2억\ 7,500만\ 원}{(1+0.1)^1} = 2억\ 5,000만\ 원$

㉢ 정보가치 $= 2억\ 5,000만\ 원 - 1억\ 8,400만\ 원 = 6,600만\ 원$

08 ★★☆ 　　　　　　　　　　　　　　　　　📖 ⑤

오답 해설

① 일반상품의 시장과 달리 비조직성을 갖고 지역을 확대하는 특성이 있다.
② 토지의 자연적 특성인 지리적 위치의 고정성으로 인하여 지역화된다.
③ 매매의 장기성으로 인하여 유동성과 환금성이 낮다.
④ 거래정보의 대칭성으로 인하여 정보수집이 어렵고 은밀성이 커진다.

09 ★★☆ 　　　　　　　　　　　　　　　　　📖 ③

정답 해설

균형가격은 수요량과 공급량이 일치할 때이다.

(1) 단기시장에서 균형가격과 균형량

　단기공급함수는 $Q=300$, 수요함수는 $Q=400-\frac{1}{2}P$

　→ ㉠ 균형가격은 $300=400-1/2P \rightarrow P=200$
　　　㉡ 균형량은 300

(2) 장기시장에서 균형가격과 균형량

　장기공급함수는 $Q=P+250$, 수요함수는 $Q=400-\frac{1}{2}P$

　→ ㉠ 균형가격은 $P+250=400-\frac{1}{2}P \rightarrow \frac{3}{2}P=150$
　　　→ $P=100$
　　　㉡ P 대신 100을 삽입하면 균형량은 350이 된다.

(3) 결과

　㉠ 균형가격 : $200 \rightarrow 100$ ∴ 100 감소
　㉡ 균형량 : $300 \rightarrow 350$ ∴ 50 증가

10 ★★★ 　　　　　　　　　　　　　　　　　📖 ②

오답 해설

• 표준주택가격의 조사·평가는 한국부동산원이 담당한다.
• 공동주택가격의 공시권자는 국토교통부장관이다.
• 표준지공시지가는 표준지의 사용·수익을 제한하는 사법상의 권리가 설정되어 있는 경우 이를 반영하지 않고 평가한다.
• 표준지공시지가는 감정평가법인 등이 개별적으로 토지를 감정평가하는 경우에 기준이 된다.

11 ★★★ 　　　　　　　　　　　　　　　　　📖 ②

정답 해설

ㄱ. 경사도가 15도 이하인 경우는 완경사이고 15도 초과 시에는 급경사라 한다.
ㄴ. 광대 1면 : 폭 25m 이상 도로에 1면이 접한 토지
　　중로 1면 : 폭 12m 이상~25m 미만 도로에 1면이 접한 토지
　　소로 1면 : 폭 8m 이상~12m 미만 도로에 1면이 접한 토지

12 ★★★ 　　　　　　　　　　　　　　　　　📖 ①

오답 해설

② 검인계약서제 –「부동산등기특별조치법」
③ 토지은행제 –「공공토지의 비축에 관한 법률」
④ 개발부담금제 –「개발이익 환수에 관한 법률」
⑤ 분양가상한제 –「주택법」

13 ★★☆ 　　　　　　　　　　　　　　　　　📖 ②

정답 해설

용도지역은 다음과 같다.

도시지역	• 주거지역(전용주거지역, 일반주거지역, 준주거지역) • 상업지역(중심상업지역, 일반상업지역, 유통상업지역, 근린상업지역) • 공업지역(전용공업지역, 일반공업지역, 준공업지역) • 녹지지역(보전녹지지역, 생산녹지지역, 자연녹지지역)
관리지역	계획관리지역, 생산관리지역, 보전관리지역
농림지역	
자연환경 보전지역	

14 ★★★ 　　　　　　　　　　　　　　　　　📖 ②

오답 해설

• 부동산정책이 자원배분의 비효율성을 악화시키는 것을 정부의 실패라 한다.
• 부동산거래신고제(2005년), 부동산실명제(1995년)
• 개발행위허가제는 현재 시행되나 택지소유상한제는 현재 시행되고 있지 않다.
• 분양가상한제는 이용규제에 해당하나 개발부담금제는 간접 개입에 해당한다.

15 ★★★   답 ⑤

영업수지계산

- 가능총소득(4천만 원)−공실손실상당액 및 대손충당금(가능총소득의 25%, 1천만 원)=유효총소득(3천만 원)
- 유효총소득(3천만 원)−영업경비(가능총소득의 50%인 2천만 원)=순영업소득(1천만 원)

① 부채감당률(DCR)$=\dfrac{\text{순영업소득(1천만 원)}}{\text{원리금상환액(1천만 원)}}=1.0$

② 채무불이행률(DR)

$=\dfrac{\text{영업경비(2천만 원)}+\text{원리금상환액(1천만 원)}}{\text{유효총소득(3천만 원)}}=1.0$

③ 총부채상환비율(DTI)$=\dfrac{\text{원리금상환액(1천만 원)}}{\text{연소득(5천만 원)}}=0.2$

④ 부채비율(debt ratio)

$=\dfrac{\text{저당투자액(2억 원)}}{\text{지분투자액[=가치(4억 원)−대출액(2억 원)=2억 원]}}$
$=1.0$

⑤ 영업경비비율(OER, 유효총소득 기준)

$=\dfrac{\text{영업경비(2천만 원)}}{\text{유효총소득(3천만 원)}}=0.666$

16 ★★★   답 ④

(1) 각 할인율에서 순현가

   ㉠ 할인율 5%인 경우

     현금유입의 현재가치(303,465천 원)−현금유출(3억 원)=3,465천 원

   ㉡ 할인율 6%인 경우

     현금유입의 현재가치(295,765천 원)−현금유출(3억 원)=−4,235천 원

(2) 보간법

5%+1%×

$\dfrac{\text{순현가}(5\%, 3,465\text{천 원})}{\text{순현가}(5\%, 3,465\text{천 원})−\text{순현가}(6\%, −4,235\text{천 원})}$
$=5.45\%$

17 ★★☆   답 ④

무위험자산이 없는 경우의 최적 포트폴리오는 효율적 프론티어와 투자자의 무차별곡선이 접하는 점에서 결정되는데, 투자자가 위험선호형일 경우 최적 포트폴리오는 위험기피형에 비해 고위험−고수익 포트폴리오가 된다.

18 ★★☆   답 ③

ㄱ. [×] 현금유출의 현가합이 4천만 원이고 현금유입의 현가합이 5천만 원이라면, 수익성지수는 1.25이다.

ㄴ. [×] 내부수익률은 투자로부터 발생하는 현재와 미래 현금흐름의 순현재가치를 0으로 만드는 할인율을 말한다.

ㄷ. [×] 재투자율로 내부수익률법에서는 내부수익률을 사용하지만, 순현재가치법에서는 요구수익률을 사용한다.

19 ★★★   답 ①

② 원금균등분할상환방식이 아닌 원리금균등분할상환방식이다.

③ 연금의 현재가치계수가 아니라 감채기금을 사용한다.

④ 연금의 미래가치계수에 일시불의 현재가치계수를 곱하면 연금의 현재가치계수가 된다.

⑤ 저당상수에 연금의 현재가치계수를 곱하면 1이 된다.

20 ★★★   답 ①

② 가치상승공유형대출(SAM : Shared Appreciation Mortgage)은 담보물의 가치상승 일부분을 차입자가 사전약정에 의해 대출자에게 이전하기로 하는 조건의 대출이다.

③ 기업구조조정 부동산투자회사에 대하여는 주식분산, 자산구성, 1인당 주식소유한도, 처분제한을 제한하는 규정이 없다. 반면에 현물출자와 최저자본금에 대한 제한 규정은 존재한다.

④ 저당담보부증권(MBS)은 부채금융이고, 조인트벤쳐(joint venture)는 지분금융에 속한다.

⑤ 우리나라의 공적보증형태 역모기지제도로 현재 주택연금, 농지연금만이 시행되고 있다.

21 ★★☆   답 ③

③ 부동산개발PF ABCP는 부동산개발PF ABS에 비해 만기가 짧아서, 대부분 사모로 발행된다. 반면에 부동산개발PF ABS는 특별목적회사(SPC)에서 채권을 발행하며, 대체로 발행기간이 장기간이며, 대부분 공모로 발행된다.

22 ★★☆   답 ①

정답 해설

공인회계사는 자산운용 전문인력에 해당되지 않는다.

> 부동산투자회사법 제22조(자기관리부동산투자회사의 자산운용 전문인력)
>
> ① 자기관리 부동산투자회사는 그 자산을 투자 · 운용할 때에는 전문성을 높이고 주주를 보호하기 위하여 대통령령으로 정하는 바에 따라 자산운용 전문인력을 상근으로 두어야 한다.
> 1. 감정평가사 또는 공인중개사로서 해당 분야에 5년 이상 종사한 사람
> 2. 부동산 관련 분야의 석사학위 이상의 소지자로서 부동산의 투자 · 운용과 관련된 업무에 3년 이상 종사한 사람
> ② 제1항에 따른 자산운용 전문인력은 자산운용에 관한 사전교육을 이수하여야 한다.

23 ★★★   답 ⑤

정답 해설

- (A) 5년 거치가 있을 경우 : 5년 경과 후에 1회차 원금상환 시작함
  - ㉠ 1회차 원리금 상환액
    = 대출금(1.2억)×월 저당상수(0.00474)=568,800원
  - ㉡ 1회차 이자지급액
    = 대출금(1.2억)×이자율$\left(\frac{3}{12}\%\right)$=300,000원
  - ㉢ 원금상환액
    = 원리금상환액(568,800원)−이자지급액(300,000원)
    = 268,800원
- (B) 거치가 없을 경우
  - ㉠ 1회차 원리금 상환액
    = 대출금(1.2억)×월저당상수(0.00422)=506,400원
  - ㉡ 1회차 이자지급액
    = 대출금(1.2억)×이자율$\left(\frac{3}{12}\%\right)$=300,000원
  - ㉢ 원금상환액
    = 원리금상환액(506,400원)−이자지급액(300,000원)
    = 206,400원
∴ 원금상환액의 차이(A−B)
  = 268,800원−206,400원=62,400원

24 ★★★   답 ②

정답 해설

저당대출차입자에게 주어진 조기상환권은 콜옵션의 일종으로 차입자가 조기상환을 한다는 것은 대출잔액을 행사가격으로 하여 대출채권을 매각하는 것과 같다.

25 ★★☆   답 ③

정답 해설

주어진 지문은 담보신탁에 대한 설명이다.

담보신탁은 부동산을 담보로 하여 금융기관에서 자금을 차용하려는 경우에 이용하는 방법으로서 담보신탁을 의뢰하면 신탁회사는 부동산감정평가의 범위 내에서 수익증권을 발급하고 부동산소유자는 이를 해당 은행에 제출하여 자금의 대출을 받는 방식이다.

오답 해설

① 관리신탁은 부동산소유자가 맡긴 부동산을 총체적으로 관리 · 운용하여 그 수익을 부동산소유자 또는 부동산소유자가 지정한 사람(수익자)에게 배당하는 것을 말한다.

② 처분신탁은 부동산소유자가 맡긴 부동산에 대하여 처분시까지의 총체적 관리행위 및 처분행위를 신탁회사가 행하며, 처분대금을 부동산소유자 또는 수익자에게 교부하는 것을 말한다.

④ 토지개발신탁은 토지소유자가 토지를 신탁회사에게 위탁하면 신탁회사는 그 토지를 개발시킨 다음 임대하거나 분양하는 방식으로서 토지신탁이라고도 한다.

⑤ 명의신탁(을종 관리신탁)은 관리의 일부(소유권 관리)만을 위임받아 신탁업무를 수행하는 것을 말한다.

26 ★☆☆   답 ④

정답 해설

㉠ 건폐율 = $\frac{건축면적(120)}{대지면적(200)} \times 100 = 60\%$

㉡ 용적률 = $\frac{지상1층(120) + 지상2층(120)}{대지면적(200)} \times 100 = 120\%$

- 용적률에 지하면적은 포함되지 않는다.
- 대지면적은 토지면적(240m²)에서 도시 · 군계획시설(공원)저촉 면적(40m²)을 뺀 200m²이다.

27 ★☆☆   🔖 ①

정답 해설

환지방식은 수용방식에 비해 종전 토지소유자에게 개발이익이 귀속될 가능성이 큰 편이다.

오답 해설

② 수용방식은 토지매입비가 수반되기 때문에 환지방식에 비해 사업비의 부담이 큰 편이다.

③ 수용방식은 환지방식에 비해 개발이익환수가 용이하기 때문에 기반시설의 확보가 용이한 편이다.

④ 환지방식은 토지소유주에게 개발 후에 각종 비용을 제외하고 돌려주기 때문에 수용방식에 비해 사업시행자의 개발토지 매각부담이 적은 편이다.

⑤ 환지방식은 원소유주에게 토지를 재분배하기 때문에 수용방식에 비해 종전 토지소유자의 재정착이 쉬운 편이다.

28 ★★☆   🔖 ⑤

정답 해설

모두 옳은 표현이다.

29 ★★★   🔖 ①

정답 해설

교육에 관한 업무는 시·도지사의 업무로서 정책심의위원회의 심의사항에 해당하지 않는다.

> 공인중개사법 제2조의2(공인중개사 정책심의위원회)
> ① 공인중개사의 업무에 관한 다음 각 호의 사항을 심의하기 위하여 국토교통부에 공인중개사 정책심의위원회를 둘 수 있다.
> 1. 공인중개사의 시험 등 공인중개사의 자격취득에 관한 사항
> 2. 부동산 중개업의 육성에 관한 사항
> 3. 중개보수 변경에 관한 사항
> 4. 손해배상책임의 보장 등에 관한 사항

30 ★★☆   🔖 ④

정답 해설

하천구역에 포함되어 사권이 소멸된 포락지는 개인소유재산이 아니므로 중개대상물이 될 수 없다.

31 ★★☆   🔖 ⑤

정답 해설

종합부동산세와 재산세의 과세기준일은 매년 6월 1일이다.

32 ★★☆   🔖 ⑤

정답 해설

증거주의에 대한 설명이 아니라 탐문주의에 대한 설명이다. 증거주의란 부동산권리분석사가 행한 일련의 조사·확인·판단은 반드시 증거에 의해서 뒷받침되어야 한다는 것을 말한다. 탐문주의란 부동산권리분석활동에 필요한 여러 가지 자료와 정보를 부동산권리분석사가 직접 탐문하여 얻는 것을 말한다.

33 ★★★   🔖 ②

정답 해설

등기사항전부증명서를 통해 확인할 수 없는 것은 유치권, 점유권, 법정지상권, 분묘기지권이다.

34 ★☆☆   🔖 ③

정답 해설

"인근지역"이란 감정평가의 대상이 된 부동산(이하 "대상부동산"이라 한다)이 속한 지역으로서 부동산의 이용이 동질적이고 가치형성요인 중 지역요인을 공유하는 지역을 말한다(감정평가에 관한 규칙 제2조 제13호).

35 ★★☆   🔖 ③

정답 해설

균형의 원칙이 아니라 적합의 원칙에 대한 설명이다. 균형의 원칙이란 부동산의 유용성이 최고도로 발휘되기 위해서는 내부적 구성요소(생산요소) 간의 결합비율이 균형을 이루어야 한다는 것을 말한다.

36 ★★★   🔖 ④

정답 해설

감정평가업자는 법령에 다른 규정이 있는 경우, 의뢰인의 요청이 있는 경우, 감정평가의 목적에 비추어 사회통념상 필요하다고 인정되는 경우에 감정평가조건을 붙여 감정평가할 수 있다. 감정평가조건을 붙일 때에는 감정평가조건의 합리성, 적법성 및 실현가능성을 검토하여야 한다. 다만, 법령에 다른 규정이 있는 경우라서 감정평가조건을 붙여 감정평가하는 경우에는 감정평가조건의 합리성, 적법성 및 실현가능성의 검토를 생략할 수 있다(감정평가에 관한 규칙 제6조 제2항, 제3항).

37 ★☆☆   답 ①

정답 해설

감정평가업자는 선박을 감정평가할 때에 선체·기관·의장(艤裝)별로 구분하여 감정평가하되, 각각 원가법을 적용하여야 한다(감정평가에 관한 규칙 제20조 제3항).

38 ★★★   답 ④

정답 해설

대상토지 가액

= 기준 공시지가(6,000,000원) × 시점수정(1.02)

    × 가로조건(1.05) × 환경조건(0.9) × 그 밖의 요인(1.5)

= 8,675,100원/m²

39 ★★★   답 ④

정답 해설

㉠ 재조달원가

    = 공사비(100만 원) × 연면적(200) × 건축비지수(1.1)

    = 22,000만 원

㉡ 매년감가액

$$= \frac{\text{재조달원가}(22,000\text{만 원}) - \text{잔존가격}(0)}{\text{경제적 내용연수}(40\text{년})} = 550\text{만 원}$$

㉢ 감가누계액

    = 매년감가액(550만 원) × 경과연수(4년) = 2,200만 원

    (주의) 승인시점(2016.06.30)과 기준시점(2021.04.24)에서 만년감가기준은 4년이 된다.

㉣ 적산가격

    = 재조달원가(22,000만 원) − 감가누계액(2,200만 원)

    = 198,000,000원

40 ★★★   답 ③

정답 해설

직접환원법에서 사용할 환원율은 시장추출법으로 구하는 것을 원칙으로 한다. 다만, 시장추출법의 적용이 적절하지 않은 때에는 요소구성법, 투자결합법, 유효총수익승수에 의한 결정방법, 시장에서 발표된 환원율 등을 검토하여 조정할 수 있다.

더 알아보기

감정평가실무기준

■ 수익방식의 주요 감정평가방법

1. 수익환원법

(1) 정의

① 수익환원법이란 대상물건이 장래 산출할 것으로 기대되는 순수익이나 미래의 현금흐름을 환원하거나 할인하여 대상물건의 가액을 산정하는 감정평가방법을 말한다.

② 수익가액이란 수익환원법에 따라 산정된 가액을 말한다.

(2) 환원방법

① 직접환원법은 단일기간의 순수익을 적절한 환원율로 환원하여 대상물건의 가액을 산정하는 방법을 말한다.

② 할인현금흐름분석법은 대상물건의 보유기간에 발생하는 복수기간의 순수익(이하 "현금흐름"이라 한다)과 보유기간 말의 복귀가액에 적절한 할인율을 적용하여 현재가치로 할인한 후 더하여 대상물건의 가액을 산정하는 방법을 말한다.

③ 수익환원법으로 감정평가할 때에는 직접환원법이나 할인현금흐름분석법 중에서 감정평가 목적이나 대상물건에 적절한 방법을 선택하여 적용한다. 다만, 부동산의 증권화와 관련한 감정평가 등 매기의 순수익을 예상해야 하는 경우에는 할인현금흐름분석법을 원칙으로 하고 직접환원법으로 합리성을 검토한다.

제4과목 | 감정평가관계법규

01	02	03	04	05	06	07	08	09	10
①	②	④	①	⑤	④	①	⑤	②	①
11	12	13	14	15	16	17	18	19	20
③	②	③	③	⑤	⑤	③	⑤	④	④
21	22	23	24	25	26	27	28	29	30
③	③	①	①	③	②	②	①	②	④
31	32	33	34	35	36	37	38	39	40
④	③	②	②	⑤	④	⑤	⑤	④	③

01 ★★☆   답 ①

정답 해설

연구시설은 공간시설이 아니라, 공공문화체육시설이다.

오답 해설

② 방재시설 – 유수지
③ 유통 · 공급시설 – 시장
④ 보건위생시설 – 도축장
⑤ 교통시설 – 주차장

02 ★★☆   답 ②

정답 해설

광역계획권을 지정한 날부터 3년이 지날 때까지 관할 시 · 도지사로부터 광역도시계획의 승인 신청이 없는 경우는 국토교통부장관이 단독으로 광역도시계획을 수립하는 경우에 해당한다.

> 국토의 계획 및 이용에 관한 법률 제11조(광역도시계획의 수립권자)
> ① 국토교통부장관, 시 · 도지사, 시장 또는 군수는 다음 각 호의 구분에 따라 광역도시계획을 수립하여야 한다.
> 1. 광역계획권이 같은 도의 관할 구역에 속하여 있는 경우 : 관할 시장 또는 군수가 공동으로 수립
> 2. 광역계획권이 둘 이상의 시 · 도의 관할 구역에 걸쳐 있는 경우 : 관할 시 · 도지사가 공동으로 수립
> 3. 광역계획권을 지정한 날부터 3년이 지날 때까지 관할 시장 또는 군수로부터 제16조 제1항에 따른 광역도시계획의 승인 신청이 없는 경우 : 관할 도지사가 수립

> 4. 국가계획과 관련된 광역도시계획의 수립이 필요한 경우나 광역계획권을 지정한 날부터 3년이 지날 때까지 관할 시 · 도지사로부터 제16조 제1항에 따른 광역도시계획의 승인 신청이 없는 경우 : 국토교통부장관이 수립
> ② 국토교통부장관은 시 · 도지사가 요청하는 경우와 그 밖에 필요하다고 인정되는 경우에는 제1항에도 불구하고 관할 시 · 도지사와 공동으로 광역도시계획을 수립할 수 있다.
> ③ 도지사는 시장 또는 군수가 요청하는 경우와 그 밖에 필요하다고 인정하는 경우에는 제1항에도 불구하고 관할 시장 또는 군수와 공동으로 광역도시계획을 수립할 수 있으며, 시장 또는 군수가 협의를 거쳐 요청하는 경우에는 단독으로 광역도시계획을 수립할 수 있다.

03 ★★☆   답 ④

오답 해설

① 특별시장 · 광역시장 · 특별자치시장 · 특별자치도지사 · 시장 · 군수는 관할 구역에 대하여 도시 · 군기본계획을 수립하여야 한다(국토의 계획 및 이용에 관한 법률 제18조 제1항).
② 시장 또는 군수가 도시 · 군기본계획을 변경하려면 지방의회의 의견을 들어야 한다(국토의 계획 및 이용에 관한 법률 제21조 제1항).
③ 도시 · 군기본계획을 변경하기 위하여 공청회를 개최한 경우, 공청회에서 제시된 의견이 타당하다고 인정되면 도시 · 군기본계획에 반영하여야 한다(국토의 계획 및 이용에 관한 법률 제20조 제1항).
⑤ 도지사는 시장 또는 군수가 수립한 도시 · 군기본계획에 대하여 관계 행정기관의 장과 협의하였다면, 지방도시계획위원회의 심의를 거쳐야 하며, 승인권자의 승인을 받는다(국토의 계획 및 이용에 관한 법률 제22조의2 제2항).

04 ★★☆   답 ①

정답 해설

국토의 계획 및 이용에 관한 법률 시행령 제57조 제4항 제3호(시 · 군 · 구도시계획위원회의 심의를 거쳐야 하는 사항)
• 면적이 (30)만 제곱미터 미만인 토지의 형질변경
• 부피 (3)만 세제곱미터 이상 50만 세제곱미터 미만의 토석채취

05 ★★☆   🔖 ⑤

[정답 해설]

⑤ 시가화조정구역의 지정에 관한 도시 · 군관리계획의 결정은 시가화 유보기간이 끝난 다음날부터 그 효력을 잃는다(국토의 계획 및 이용에 관한 법률 제39조 제2항).

06 ★★☆   🔖 ④

[오답 해설]

ㄷ. [×] 매수의무자는 매수하기로 결정한 토지를 매수 결정을 알린 날부터 2년 이내에 매수하여야 한다(국토의 계획 및 이용에 관한 법률 제47조 제6항).

07 ★☆☆   🔖 ①

[정답 해설]

① 「지역개발 및 지원에 관한 법률」에 따른 지역개발사업구역은 공동구를 설치하여야 하는 지역 등에 해당하지 않는다.

> **국토의 계획 및 이용에 관한 법률 제44조(공동구의 설치)**
> ① 다음 각 호에 해당하는 지역 · 지구 · 구역 등(이하 이 항에서 "지역 등"이라 한다)이 대통령령으로 정하는 규모를 초과하는 경우에는 해당 지역 등에서 개발사업을 시행하는 자(이하 이 조에서 "사업시행자"라 한다)는 공동구를 설치하여야 한다.
> 1. 「도시개발법」 제2조 제1항에 따른 도시개발구역
> 2. 「택지개발촉진법」 제2조 제3호에 따른 택지개발지구
> 3. 「경제자유구역의 지정 및 운영에 관한 특별법」 제2조 제1호에 따른 경제자유구역
> 4. 「도시 및 주거환경정비법」 제2조 제1호에 따른 정비구역
> 5. 그 밖에 대통령령으로 정하는 지역
>
> **국토의 계획 및 이용에 관한 법률 시행령 제35조의2(공동구의 설치)**
> ① 법 제44조 제1항 각 호 외의 부분에서 "대통령령으로 정하는 규모"란 200만제곱미터를 말한다.
> ② 법 제44조 제1항 제5호에서 "대통령령으로 정하는 지역"이란 다음 각 호의 지역을 말한다.
> 1. 「공공주택 특별법」 제2조 제2호에 따른 공공주택지구
> 2. 「도청이전을 위한 도시건설 및 지원에 관한 특별법」 제2조 제3호에 따른 도청이전신도시

08 ★☆☆   🔖 ⑤

[정답 해설]

주민의 입안제안에 따른 지구단위계획에 관한 (도시 · 군관리계획)결정의 고시일부터 (5년) 이내에 이 법 또는 다른 법률에 따라 허가 · 인가 · 승인 등을 받아 사업이나 공사에 착수하지 아니하면 그 (5년)이 된 날의 다음날에 그 지구단위계획에 관한 (도시 · 군관리계획) 결정은 효력을 잃는다(국토의 계획 및 이용에 관한 법률 제53조 제2항).

09 ★★☆   🔖 ②

[정답 해설]

국토의 계획 및 이용에 관한 법률 시행령 제84조 제1항 참고
② 일반상업지역(80%)

[오답 해설]

① 제1종일반주거지역(60%)
③ 계획관리지역(40%)
④ 준공업지역(70%)
⑤ 준주거지역(70%)

10 ★★★   🔖 ①

[정답 해설]

① 도시 · 군계획시설의 설치로 인하여 토지 소유권 행사에 제한을 받는 자에 대한 보상에 관한 사항은 조례가 아닌 도시철도법에 따른다.

11 ★★☆   🔖 ③

[정답 해설]

③ 정당한 사유 없이 지가의 동향 및 토지거래의 상황에 관한 조사를 방해한 자는 과태료 부과 대상에 해당한다(국토의 계획 및 이용에 관한 법률 제144조 제1항 제2호).

> **제130조(토지에의 출입 등)**
> ① 국토교통부장관, 시 · 도지사, 시장 또는 군수나 도시 · 군계획시설사업의 시행자는 다음 각 호의 행위를 하기 위하여 필요하면 타인의 토지에 출입하거나 타인의 토지를 재료 적치장 또는 임시통로로 일시 사용할 수 있으며, 특히 필요한 경우에는 나무, 흙, 돌, 그 밖의 장애물을 변경하거나 제거할 수 있다.
> 1. 도시 · 군계획 · 광역도시 · 군계획에 관한 기초조사
> 2. 개발밀도관리구역, 기반시설부담구역 및 제67조 제4항에 따른 기반시설설치계획에 관한 기초조사
> 3. 지가의 동향 및 토지거래의 상황에 관한 조사
> 4. 도시 · 군계획시설사업에 관한 조사 · 측량 또는 시행

국토의 계획 및 이용에 관한 법률 제144조(과태료)

① 다음 각 호의 어느 하나에 해당하는 자에게는 1천만 원 이하의 과태료를 부과한다.

1. 제44조의3 제2항에 따른 허가를 받지 아니하고 공동구를 점용하거나 사용한 자
2. 정당한 사유 없이 제130조 제1항에 따른 행위를 방해하거나 거부한 자
3. 제130조 제2항부터 제4항까지의 규정에 따른 허가 또는 동의를 받지 아니하고 같은 조 제1항에 따른 행위를 한 자
4. 제137조 제1항에 따른 검사를 거부·방해하거나 기피한 자

② 다음 각 호의 어느 하나에 해당하는 자에게는 500만 원 이하의 과태료를 부과한다.

1. 제56조 제4항 단서에 따른 신고를 하지 아니한 자
2. 제137조 제1항에 따른 보고 또는 자료 제출을 하지 아니하거나, 거짓된 보고 또는 자료 제출을 한 자

12 ★★☆ 답②

정답 해설

「택지개발촉진법」에 따라 지정된 택지개발지구에서 시행되는 사업이 끝난 후 10년이 지난 지역에 수립하는 지구단위계획의 내용 중 건축물의 용도제한의 사항은 해당 지역에 시행된 사업이 끝난 때의 내용을 유지함을 원칙으로 할 것'은 지구단위계획의 수립기준을 정할 때 고려하여야 하는 사항이 아니라 지정대상지역의 고려 대상이다.

13 ★☆☆ 답③

정답 해설

'ㄱ. 정비사업에 관한 계획, ㄴ. 수산자원보호구역의 지정에 관한 계획, ㄷ. 기반시설의 개량에 관한 계획'은 도시·군관리계획에 해당한다.

국토의 계획 및 이용에 관한 법률 제2조(정의)

4. "도시·군관리계획"이란 특별시·광역시·특별자치시·특별자치도·시 또는 군의 개발·정비 및 보전을 위하여 수립하는 토지 이용, 교통, 환경, 경관, 안전, 산업, 정보통신, 보건, 복지, 안보, 문화 등에 관한 다음 각 목의 계획을 말한다.
   가. 용도지역·용도지구의 지정 또는 변경에 관한 계획
   나. 개발제한구역, 도시자연공원구역, 시가화조정구역(市街化調整區域), 수산자원보호구역의 지정 또는 변경에 관한 계획

다. 기반시설의 설치·정비 또는 개량에 관한 계획
라. 도시개발사업이나 정비사업에 관한 계획
마. 지구단위계획구역의 지정 또는 변경에 관한 계획과 지구단위계획
바. 입지규제최소구역의 지정 또는 변경에 관한 계획과 입지규제최소구역계획

14 ★★☆ 답③

정답 해설

③ 개별공시지가에 이의가 있는 자는 그 결정·공시일부터 30일 이내에 서면으로 이의를 신청할 수 있다.

부동산 가격공시에 관한 법률 제11조(개별공시지가에 대한 이의신청)

① 개별공시지가에 이의가 있는 자는 그 결정·공시일부터 30일 이내에 서면으로 시장·군수 또는 구청장에게 이의를 신청할 수 있다.

② 시장·군수 또는 구청장은 제1항에 따라 이의신청 기간이 만료된 날부터 30일 이내에 이의신청을 심사하여 그 결과를 신청인에게 서면으로 통지하여야 한다. 이 경우 시장·군수 또는 구청장은 이의신청의 내용이 타당하다고 인정될 때에는 제10조에 따라 해당 개별공시지가를 조정하여 다시 결정·공시하여야 한다.

③ 제1항 및 제2항에서 규정한 것 외에 이의신청 및 처리 절차 등에 필요한 사항은 대통령령으로 정한다.

15 ★★☆ 답⑤

정답 해설

⑤ 표준지공시지가는 감정평가법인등이 제출한 조사·평가보고서에 따른 조사·평가액의 산술평균치를 기준으로 한다(부동산 가격공시에 관한 법률 시행령 제8조 제4항).

16 ★★☆ 답 ⑤

표준주택가격의 공시사항에 모두 포함한다.

부동산 가격공시에 관한 법률 제16조(표준주택가격의 조사ㆍ산정 및 공시 등)

① 국토교통부장관은 용도지역, 건물구조 등이 일반적으로 유사하다고 인정되는 일단의 단독주택 중에서 선정한 표준주택에 대하여 매년 공시기준일 현재의 적정가격(이하 "표준주택가격"이라 한다)을 조사ㆍ산정하고, 제24조에 따른 중앙부동산가격공시위원회의 심의를 거쳐 이를 공시하여야 한다.

② 제1항에 따른 공시에는 다음 각 호의 사항이 포함되어야 한다.

1. 표준주택의 지번
2. 표준주택가격
3. 표준주택의 대지면적 및 형상
4. 표준주택의 용도, 연면적, 구조 및 사용승인일(임시사용 승인일을 포함한다)
5. 그 밖에 대통령령으로 정하는 사항

부동산 가격공시에 관한 법률 시행령 제29조(표준주택가격의 공시사항)

법 제16조 제2항 제5호에서 "대통령령으로 정하는 사항"이란 다음 각 호의 사항을 말한다.

1. 지목
2. 용도지역
3. 도로 상황
4. 그 밖에 표준주택가격 공시에 필요한 사항

---

17 ★★☆ 답 ③

③ 등록한 감정평가사가 징계로 감정평가사 자격이 취소된 후 5년이 지나지 아니한 경우 국토교통부장관은 그 등록을 취소하여야 한다.

감정평가 및 감정평가사에 관한 법률 제12조(결격사유)

다음 각 호의 어느 하나에 해당하는 사람은 감정평가사가 될 수 없다.

1. 삭제
2. 파산선고를 받은 사람으로서 복권되지 아니한 사람
3. 금고 이상의 실형을 선고받고 그 집행이 종료(집행이 종료된 것으로 보는 경우를 포함한다)되거나 그 집행이 면제된 날부터 3년이 지나지 아니한 사람
4. 금고 이상의 형의 집행유예를 받고 그 유예기간이 만료된 날부터 1년이 지나지 아니한 사람
5. 금고 이상의 형의 선고유예를 받고 그 선고유예기간 중에 있는 사람
6. 제13조에 따라 감정평가사 자격이 취소된 후 3년이 지나지 아니한 사람
7. 제39조 제1항 제11호 및 제12호에 따라 자격이 취소된 후 5년이 지나지 아니한 사람

감정평가 및 감정평가사에 관한 법률 제19조(등록의 취소)

① 국토교통부장관은 제17조에 따라 등록한 감정평가사가 다음 각 호의 어느 하나에 해당하는 경우에는 그 등록을 취소하여야 한다.

1. 제12조 각 호의 어느 하나에 해당하는 경우
2. 사망한 경우
3. 등록취소를 신청한 경우
4. 제39조 제2항 제2호에 해당하는 징계를 받은 경우

---

18 ★★☆　　　　　　　　　　　　답 ⑤

⑤ 감정평가법인 등은 그 직무의 수행을 보조하기 위하여 피성년후견인을 사무직원으로 둘 수 없다.

> **감정평가 및 감정평가사에 관한 법률 제24조(사무직원)**
> ① 감정평가법인 등은 그 직무의 수행을 보조하기 위하여 사무직원을 둘 수 있다. 다만, 다음 각 호의 어느 하나에 해당하는 사람은 사무직원이 될 수 없다.
> 1. 미성년자 또는 피성년후견인·피한정후견인
> 2. 이 법 또는 「형법」 제129조부터 제132조까지, 「특정범죄 가중처벌 등에 관한 법률」 제2조 또는 제3조, 그 밖에 대통령령으로 정하는 법률에 따라 유죄 판결을 받은 사람으로서 다음 각 목의 어느 하나에 해당하는 사람
> 가. 징역 이상의 형을 선고받고 그 집행이 끝나거나 그 집행을 받지 아니하기로 확정된 후 3년이 지나지 아니한 사람
> 나. 징역형의 집행유예를 선고받고 그 유예기간이 지난 후 1년이 지나지 아니한 사람
> 다. 징역형의 선고유예를 받고 그 유예기간 중에 있는 사람
> 3. 제13조에 따라 감정평가사 자격이 취소된 후 1년이 경과되지 아니한 사람
> 4. 제39조 제1항 제11호 및 제12호에 따라 자격이 취소된 후 3년이 경과되지 아니한 사람

19 ★★☆　　　　　　　　　　　　답 ④

④ 국토교통부장관은 감정평가법인이 업무정지처분 기간 중에 감정평가업무를 한 경우에는 그 설립인가를 취소하여야 한다.

> **감정평가 및 감정평가사에 관한 법률 제32조(인가취소 등)**
> ① 국토교통부장관은 감정평가법인 등이 다음 각 호의 어느 하나에 해당하는 경우에는 그 설립인가를 취소(제29조에 따른 감정평가법인에 한정한다)하거나 2년 이내의 범위에서 기간을 정하여 업무의 정지를 명할 수 있다. 다만, 제2호 또는 제7호에 해당하는 경우에는 그 설립인가를 취소하여야 한다.
> 2. 감정평가법인 등이 업무정지처분 기간 중에 제10조에 따른 업무를 한 경우
> 7. 감정평가법인 등이 제21조 제3항이나 제29조 제3항에 따른 감정평가사의 수에 미달한 날부터 3개월 이내에 감정평가사를 보충하지 아니한 경우

20 ★★☆　　　　　　　　　　　　답 ④

④ 국가 외의 자는 기부를 조건으로 축조하는 경우 국유재산에 영구시설물을 축조할 수 있다.

> **국유재산법 제18조(영구시설물의 축조 금지)**
> ① 국가 외의 자는 국유재산에 건물, 교량 등 구조물과 그 밖의 영구시설물을 축조하지 못한다. 다만, 다음 각 호의 어느 하나에 해당하는 경우에는 그러하지 아니하다.
> 1. 기부를 조건으로 축조하는 경우

21 ★★☆　　　　　　　　　　　　답 ③

③ 중앙관서의 장은 행정재산의 사용허가를 철회하려는 경우에 청문을 하여야 한다.

> **국유재산법 제37조(청문)**
> 중앙관서의 장은 제36조에 따라 행정재산의 사용허가를 취소하거나 철회하려는 경우에는 청문을 하여야 한다.

22 ★★☆　　　　　　　　　　　　답 ③

① 중앙관서의 장은 행정재산 중 보존용재산에 대해 보존목적의 수행에 필요한 범위에서만 그에 대한 사용허가를 할 수 있다(국유재산법 제30조 제1항).
② 행정재산을 주거용으로 사용허가를 하는 경우에는 수의의 방법으로 사용허가를 받을 자를 결정할 수 있다(국유재산법 시행령 제27조 제3항 제1호).
④ 행정재산으로 할 목적으로 기부를 받은 재산에 대하여 기부자나 그 상속인, 그 밖의 포괄승계인에게 사용허가하는 경우 사용료의 총액이 기부를 받은 재산의 가액에 이르는 기간 이내로 한다(국유재산법 제35조 제1항 단서).
⑤ 행정재산의 사용허가에 관하여는 「국유재산법」에서 정한 것을 제외하고는 「국가를 당사자로 하는 계약에 관한 법률」의 규정을 준용한다(국유재산법 제31조 제3항).

23 ★★☆   답 ①

① 정부는 정부출자기업체를 새로 설립하려는 경우에는 일반재산을 현물출자할 수 있다(국유재산법 제60조 제1호).

② 총괄청은 5년 이상 활용되지 아니한 일반재산을 민간사업자와 공동으로 개발할 수 있다(국유재산법 제59조의2 제1항 제1호).
③ 중앙관서의 장은 다른 법률에 따라 그 처분이 제한되는 경우 일반재산을 매각할 수 없다(국유재산법 제48조 제1항 제2호).
④ 국가가 직접 행정재산으로 사용하기 위하여 필요한 경우 일반재산인 동산과 사유재산인 동산을 교환할 수 있다(국유재산법 제54조 제1항 제1호).
⑤ 일반재산을 매각하는 경우 해당 매각재산의 소유권 이전은 매각대금의 완납 이전에 할 수 없다(국유재산법 제51조 제1항).

24 ★☆☆   답 ①

① "지하층"이란 건축물의 바닥이 지표면 아래에 있는 층으로서 바닥에서 지표면까지 평균높이가 해당 층 높이의 2분의 1 이상인 것을 말한다.

25 ★★★   답 ③

① 이행강제금은 건축신고 대상 건축물에 대하여 부과할 수 있다(건축법 제80조 제1항 제1호).
② 이행강제금의 징수절차는 「지방행정제재 부과금의 징수 등에 관한 법」에 따라 징수한다(건축법 제80조 제7항).
④ 허가권자는 위반 건축물에 대한 시정명령을 받은 자가 이를 이행하면 새로운 이행강제금의 부과를 즉시 중지하되, 이미 부과된 이행강제금은 징수하여야 한다(건축법 제80조 제6항).
⑤ 허가권자는 최초의 시정명령이 있었던 날을 기준으로 하여 1년에 2회 이내의 범위에서 해당 지방자치단체의 조례로 정하는 횟수만큼 그 시정명령이 이행될 때까지 반복하여 이행강제금을 부과 · 징수할 수 있다(건축법 제80조 제5항).

26 ★★★   답 ②

① 21층 이상의 건축물을 특별시나 광역시에 건축하려면 특별시장, 광역시장의 허가를 받아야 한다(건축법 제11조 제1항 단서).
③ 허가권자는 숙박시설에 해당하는 건축물의 건축을 허가하는 경우 해당 대지에 건축하려는 건축물의 용도 · 규모가 주거환경 등 주변환경을 고려할 때 부적합하다고 인정되는 경우에는 건축위원회의 심의를 거쳐 건축허가를 하지 아니할 수 있다(건축법 제11조 제4항 제1호).
④ 허가권자는 허가를 받은 자가 허가를 받은 날부터 2년 이내에 공사에 착수하지 아니한 경우라도 정당한 사유가 있다고 인정되면 1년의 범위에서 공사 기간을 연장할 수 있다(건축법 제11조 제7항 제1호).
⑤ 분양을 목적으로 하는 공동주택의 건축허가를 받으려는 자는 대지의 소유권을 확보하여야 한다(건축법 제11조 제11항 제1호).

27 ★☆☆   답 ②

광역시장은 도시 · 군계획시설에서 가설건축물을 건축하는 경우 그 허가권자에 해당하지 않는다.

> **건축법 제20조(가설건축물)**
> ① 도시 · 군계획시설 및 도시 · 군계획시설예정지에서 가설건축물을 건축하려는 자는 특별자치시장 · 특별자치도지사 또는 시장 · 군수 · 구청장의 허가를 받아야 한다.

28 ★☆☆   답 ①

"일반측량"이란 기본측량, 공공측량 및 지적측량 외의 측량을 말한다.

> **공간정보의 구축 및 관리 등에 관한 법률 제2조(정의)**
> 이 법에서 사용하는 용어의 뜻은 다음과 같다.
> 6. "일반측량"이란 기본측량, 공공측량 및 지적측량 외의 측량을 말한다.

29 ★☆☆　　　　　　　　　　　　답 ②

정답 해설

② 지목이 유원지인 토지를 지적도에 등록하는 때에는 '원'으로 표기하여야 한다.

공간정보의 구축 및 관리 등에 관한 법률 시행규칙 제64조 (지목의 표기방법)

지목을 지적도 및 임야도(이하 "지적도면"이라 한다)에 등록하는 때에는 다음의 부호로 표기하여야 한다.

지목	부호	지목	부호
전	전	철도용지	철
답	답	제방	제
과수원	과	하천	천
목장용지	목	구거	구
임야	임	유지	유
광천지	광	양어장	양
염전	염	수도용지	수
대	대	공원	공
공장용지	장	체육용지	체
학교용지	학	유원지	원
주차장	차	종교용지	종
주유소용지	주	사적지	사
창고용지	창	묘지	묘
도로	도	잡종지	잡

30 ★★☆　　　　　　　　　　　　답 ④

정답 해설

- 토지소유자는 지목변경을 할 토지가 있으면 그 사유가 발생한 날부터 (60일) 이내에 지적소관청에 지목변경을 신청하여야 한다(공간정보의 구축 및 관리 등에 관한 법률 제81조).
- 지적소관청은 축척변경을 하려면 축척변경 시행지역의 토지소유자 (3분의 2) 이상의 동의를 받아야 한다(공간정보의 구축 및 관리 등에 관한 법률 제83조 제3항).

31 ★★☆　　　　　　　　　　　　답 ④

정답 해설

④ 합병하려는 토지의 소유자별 공유지분이 다른 경우가 아니라, 지적소관청이 착오로 합병을 잘못한 경우에 직권정정사유가 된다.

공간정보의 구축 및 관리 등에 관한 법률 시행령 제82조 (등록사항의 직권정정 등)

① 지적소관청이 법 제84조 제2항에 따라 지적공부의 등록사항에 잘못이 있는지를 직권으로 조사·측량하여 정정할 수 있는 경우는 다음 각 호와 같다.

1. 제84조 제2항에 따른 토지이동정리 결의서의 내용과 다르게 정리된 경우
2. 지적도 및 임야도에 등록된 필지가 면적의 증감 없이 경계의 위치만 잘못된 경우
3. 1필지가 각각 다른 지적도나 임야도에 등록되어 있는 경우로서 지적공부에 등록된 면적과 측량한 실제면적은 일치하지만 지적도나 임야도에 등록된 경계가 서로 접합되지 않아 지적도나 임야도에 등록된 경계를 지상의 경계에 맞추어 정정하여야 하는 토지가 발견된 경우
4. 지적공부의 작성 또는 재작성 당시 잘못 정리된 경우
5. 지적측량성과와 다르게 정리된 경우
6. 법 제29조 제10항에 따라 지적공부의 등록사항을 정정하여야 하는 경우
7. 지적공부의 등록사항이 잘못 입력된 경우
8. 「부동산등기법」 제37조 제2항에 따른 통지가 있는 경우 (지적소관청의 착오로 잘못 합병한 경우만 해당한다)
9. 법률 제2801호 지적법개정법률 부칙 제3조에 따른 면적 환산이 잘못된 경우

32 ★★☆　　　　　　　　　　　　답 ③

오답 해설

① 법인의 합병에 따른 등기는 단독으로 신청하여야 한다(부동산등기법 제23조 제3항).
② 등기의무자는 공유물을 분할하는 판결에 의한 등기를 단독으로 신청할 수 있다(부동산등기법 제23조 제4항).
④ 등기관이 직권에 의한 표시변경등기를 하였을 때에는 등기관은 지체 없이 그 사실을 지적소관청과 소유권의 등기명의인에게 알려야 한다. 다만, 등기명의인이 2인 이상인 경우에는 그 중 1인에게 통지하면 된다(부동산등기법 제36조 제2항).
⑤ 토지가 멸실된 경우에는 그 토지 소유권의 등기명의인은 그 사실이 있는 때부터 1개월 이내에 그 등기를 신청하여야 한다(부동산등기법 제39조).

33 ★★☆   정답 ②

② 등기관이 권리의 변경이나 경정의 등기를 할 때에는 등기상 이해관계 있는 제3자의 승낙이 없는 경우에 주등기로 하여야 한다(부동산등기법 제52조).

부동산등기법 제52조(부기로 하는 등기)

등기관이 다음 각 호의 등기를 할 때에는 부기로 하여야 한다. 다만, 제5호의 등기는 등기상 이해관계 있는 제3자의 승낙이 없는 경우에는 그러하지 아니하다.

1. 등기명의인표시의 변경이나 경정의 등기
2. 소유권 외의 권리의 이전등기
3. 소유권 외의 권리를 목적으로 하는 권리에 관한 등기
4. 소유권 외의 권리에 대한 처분제한 등기
5. 권리의 변경이나 경정의 등기
6. 제53조의 환매특약등기
7. 제54조의 권리소멸약정등기
8. 제67조제1항 후단의 공유물 분할금지의 약정등기
9. 그 밖에 대법원규칙으로 정하는 등기

---

34 ★★★   정답 ②

ㄴ. [×] 위탁자가 수탁자를 대위하여 신탁등기를 신청하는 경우 신탁등기의 신청은 해당 부동산에 관한 권리의 설정등기의 신청과 동시에 할 필요가 없다.

ㄷ. [×] 수익자나 위탁자는 수탁자를 대위하여 신탁등기의 말소등기를 신청할 수 있다.

부동산등기법 제82조(신탁등기의 신청방법)

① 신탁등기의 신청은 해당 부동산에 관한 권리의 설정등기, 보존등기, 이전등기 또는 변경등기의 신청과 동시에 하여야 한다.

② 수익자나 위탁자는 수탁자를 대위하여 신탁등기를 신청할 수 있다. 이 경우 제1항은 적용하지 아니한다.

③ 제2항에 따른 대위등기의 신청에 관하여는 제28조 제2항을 준용한다.

---

35 ★★★   정답 ⑤

⑤ 가등기의무자는 가등기명의인의 동의가 있는 경우에만 단독으로 가등기의 말소를 신청할 수 있다.

부동산등기법 제93조(가등기의 말소)

① 가등기명의인은 제23조 제1항에도 불구하고 단독으로 가등기의 말소를 신청할 수 있다.

② 가등기의무자 또는 가등기에 관하여 등기상 이해관계 있는 자는 제23조 제1항에도 불구하고 가등기명의인의 승낙을 받아 단독으로 가등기의 말소를 신청할 수 있다

---

36 ★★☆   정답 ④

① 판결에 의한 등기는 승소한 등기권리자와 등기의무자가 단독으로 신청할 수 있다(동산·채권 등의 담보에 관한 법률 제41조 제3항).

② 등기관이 등기를 마친 경우 그 등기는 등기신청을 접수한 때 효력을 발생한다(동산·채권 등의 담보에 관한 법률 제45조 제2항).

③ 등기관의 결정에 대한 이의신청은 집행정지의 효력이 없다(동산·채권 등의 담보에 관한 법률 제53조 제3항).

⑤ 「동산·채권 등의 담보에 관한 법률」에 따른 담보권의 존속기간은 5년을 초과하지 않는 기간으로 이를 갱신할 수 있다(동산·채권 등의 담보에 관한 법률 제49조 제1항).

37 ★★☆   정답 ⑤

⑤ 건축물의 건폐율 또는 용적률을 10퍼센트 미만의 범위에서 확대하는 경우는 주민의견 청취절차를 거치지 않아도 되나, 건축물의 용적률을 20퍼센트 미만의 범위에서 확대하는 경우는 주민의견 청취절차를 거쳐야 한다(도시 및 주거환경정비법 시행령 제13조 제4항 제7호).

도시 및 주거환경정비법 시행령 제13조(정비구역의 지정을 위한 주민공람 등)

④ 법 제15조 제3항에서 "대통령령으로 정하는 경미한 사항을 변경하는 경우"란 다음 각 호의 어느 하나에 해당하는 경우를 말한다.

1. 정비구역의 면적을 10퍼센트 미만의 범위에서 변경하는 경우(법 제18조에 따라 정비구역을 분할, 통합 또는 결합하는 경우를 제외한다)
2. 정비기반시설의 위치를 변경하는 경우와 정비기반시설 규모를 10퍼센트 미만의 범위에서 변경하는 경우
3. 공동이용시설 설치계획을 변경하는 경우
4. 재난방지에 관한 계획을 변경하는 경우
5. 정비사업시행 예정시기를 3년의 범위에서 조정하는 경우
6. 「건축법 시행령」 별표 1 각 호의 용도범위에서 건축물의 주용도(해당 건축물의 가장 넓은 바닥면적을 차지하는 용도를 말한다. 이하 같다)를 변경하는 경우
7. 건축물의 건폐율 또는 용적률을 축소하거나 10퍼센트 미만의 범위에서 확대하는 경우
8. 건축물의 최고 높이를 변경하는 경우
9. 법 제66조에 따라 용적률을 완화하여 변경하는 경우
10. 「국토의 계획 및 이용에 관한 법률」 제2조 제3호에 따른 도시·군기본계획, 같은 조 제4호에 따른 도시·군관리계획 또는 기본계획의 변경에 따라 정비계획을 변경하는 경우
11. 「도시교통정비 촉진법」에 따른 교통영향평가 등 관계 법령에 의한 심의결과에 따른 변경인 경우
12. 그 밖에 제1호부터 제8호까지, 제10호 및 제11호와 유사한 사항으로서 시·도조례로 정하는 사항을 변경하는 경우

38 ★★☆

답 ⑤

정답 해설

⑤ 조합이 시행하는 재건축사업에서 추진위원회가 추진위원회 승인일부터 2년이 되는 날까지 조합설립인가를 신청하지 아니하는 경우에는 정비구역의 지정권자는 정비구역 등을 해제하여야 한다(도시 및 주거환경정비법 제20조 제1항 제2호 다목).

39 ★☆☆

답 ④

정답 해설

도시 및 주거환경정비법 제2조(정의)

2. "정비사업"이란 이 법에서 정한 절차에 따라 도시기능을 회복하기 위하여 정비구역에서 정비기반시설을 정비하거나 주택 등 건축물을 개량 또는 건설하는 다음 각 목의 사업을 말한다.
　가. 주거환경개선사업 : 도시저소득 주민이 집단거주하는 지역으로서 정비기반시설이 극히 열악하고 노후·불량건축물이 과도하게 밀집한 지역의 주거환경을 개선하거나 단독주택 및 다세대주택이 밀집한 지역에서 정비기반시설과 공동이용시설 확충을 통하여 주거환경을 보전·정비·개량하기 위한 사업

40 ★☆☆

답 ③

정답 해설

도시 및 주거환경정비법 제2조(정의)

4. "정비기반시설"이란 도로·상하수도·구거(溝渠 : 도랑)·공원·공용주차장·공동구(「국토의 계획 및 이용에 관한 법률」 제2조 제9호에 따른 공동구를 말한다. 이하 같다), 그 밖에 주민의 생활에 필요한 열·가스 등의 공급시설로서 대통령령으로 정하는 시설을 말한다.

도시 및 주거환경정비법 시행령 제3조(정비기반시설)

법 제2조 제4호에서 "대통령령으로 정하는 시설"이란 다음 각 호의 시설을 말한다.

1. 녹지
2. 하천
3. 공공공지
4. 광장
5. 소방용수시설
6. 비상대피시설
7. 가스공급시설
8. 지역난방시설
9. 주거환경개선사업을 위하여 지정·고시된 정비구역에 설치하는 공동이용시설로서 법 제52조에 따른 사업시행계획서(이하 "사업시행계획서"라 한다)에 해당 특별자치시장·특별자치도지사·시장·군수 또는 자치구의 구청장(이하 "시장·군수 등"이라 한다)이 관리하는 것으로 포함된 시설

제5과목 | 회계학

01	02	03	04	05	06	07	08	09	10
②	⑤	③	⑤	③	⑤	③	①	②	①
11	12	13	14	15	16	17	18	19	20
③	④	④	①	④	②	②	②	③	④
21	22	23	24	25	26	27	28	29	30
④	①	①	④	①	⑤	⑤	①	②	⑤
31	32	33	34	35	36	37	38	39	40
④	②	⑤	②	⑤	③	④	③	⑤	②

01 ★☆☆　　　　　　　　　　　답 ②

정답 해설

의사결정의 차이를 발생시키는 질적특성은 목적적합성이다.

오답 해설

① 근본적 질적 특성은 목적적합성과 표현의 충실성이다.
③ 보고기간이 지난 정보도 적시성을 갖는 경우가 있다.
④ 정보가 비교가능하기 위해서는 비슷한 것은 비슷하게 보여야 하고 다른 것은 다르게 보여야 한다.
⑤ 오류 없는 서술이란 현상의 기술이나 절차상에 오류나 누락이 없는 정보의 제공을 의미한다.

02 ★★☆　　　　　　　　　　　답 ⑤

정답 해설

현금성자산은 유동성이 매우 높은 단기투자자산으로서 확정된 금액의 현금으로 전환이 용이하고 가치변동의 위험이 경미한 자산을 말한다. 취득일로부터 만기일 또는 상환일이 3개월 이내인 채무증권이나 상환우선주 등은 현금성자산으로 분류된다. 지분상품은 만기가 없으므로 현금성자산으로 분류되지 않는다.

03 ★★☆　　　　　　　　　　　답 ③

정답 해설

공정가치를 측정하기 위해 사용하는 가치평가기법은 관측할 수 있는 투입변수를 최대한 사용하고 관측할 수 없는 투입변수는 최소한 사용한다.

더 알아보기

공정가치 측정이란 측정일 현재 시장 상황에서 시장참여자 사이의 정상거래에서 자산이나 부채가 교환되는 것으로 가정하여 측정하는 것을 의미한다.

04 ★★★　　　　　　　　　　　답 ⑤

정답 해설

당기순이익＝80,000－65,000－5,000＝10,000 (증가)

더 알아보기

당기손익－공정가치 측정 금융부채에서 시장상황의 변동으로 인한 공정가치 차이는 당기손익에 반영되나 신용위험 변동으로 인한 공정가치 차이는 기타포괄손익에 반영된다.

05 ★☆☆　　　　　　　　　　　답 ③

정답 해설

제시문은 영업권에 대한 설명이다. 내부적으로 창출한 영업권은 자산으로 인식하지 않는다.

06 ★★★　　　　　　　　　　　답 ⑤

정답 해설

- 당기순이익＝6,000＋10,000＋5,000＝21,000 (감소)
- 이자비용＝50,000×12%＝6,000
- 감가상각비＝50,000÷5＝10,000
- 재평가손실＝50,000－10,000－35,000＝5,000

07 ★★☆　　　　　　　　　　　답 ③

정답 해설

기말자본
＝10,000(기초자본)－600(자기주식 취득)
　＋1,000(당기순이익 발생)＋800(기타포괄이익 발생)
＝11,200

08 ★★★ 답 ①

정답 해설

- 이연수익 $= 10,000 \times 1,050 \div (9,450 + 1,050) = 1,000$
- 포인트 개별 판매가격 $= 2,000 \times 0.7 \times 75\% = 1,050$

09 ★★☆ 답 ②

정답 해설

자본증가액 $= (80,000 \times 1.1 - 2,000) \times 40\% = 34,400$

10 ★☆☆ 답 ①

정답 해설

ㄱ. 창고가 작아 기말 현재 외부에 보관중인 (주)감평의 원재료는 (주)감평의 기말재고 자산에 포함된다.

오답 해설

ㄴ. (주)감평이 선적지 인도조건으로 판매하였으나 기말 현재 도착하지 않은 상품은 이미 선적된 시점에서 매입된 것으로 계상하게 되므로 매입자의 기말재고자산으로 포함시켜야 하며, 판매회사인 (주)감평의 재고자산에 포함시켜서는 안 된다.

ㄷ. (주)감평이 고객에게 인도하고 기말 현재 고객이 사용의사를 표시한 시용품은 기말재고자산에 포함되지 않는다.

ㄹ. (주)감평이 FOB 도착지 인도조건으로 매입하였으나 기말 현재 도착하지 않은 상품은 목적지에 도착된 시점에서 매입되는 것으로 계상하므로 아직은 판매자의 재고자산이다. 그러므로 매입회사인 (주)감평의 재고자산에 포함시켜서는 안 된다.

11 ★★☆ 답 ③

정답 해설

③ 변동대가의 추정이 가능한 경우, 계약에서 가능한 결과치가 두 가지뿐일 경우(예 기업이 성과보너스를 획득하거나 획득하지 못하는 경우)에는 가능성이 가장 높은 금액이 변동대가의 적절한 추정치가 될 수 있다. 가능성이 가장 높은 금액은 가능한 대가의 범위에서 가능성이 가장 높은 단일 금액(계약에서 가능성이 가장 높은 단일 결과치)이다.

12 ★★☆ 답 ④

정답 해설

④ 공정가치로 평가하게 될 자가건설 투자부동산의 건설이나 개발이 완료되면 해당일의 공정가치와 기존 장부금액의 차액은 당기손익으로 인식한다.

13 ★☆☆ 답 ④

정답 해설

④ 포괄손익계산서에 특별손익 항목은 없다.

14 ★★☆ 답 ②

정답 해설

- 장부가액
  $= 1,000,000 - (1,000,000 - 50,000) \div 5 \times 3 = 430,000$
- 감가상각비 $= (430,000 - 잔존가치) \div 4 = 100,000$
- 잔존가치 $= 30,000$

15 ★★☆ 답 ①

정답 해설

상품 매입원가
$= 110,000 - 10,000 + 10,000 + 5,000 - 2,000 + 500$
$= 108,500$

16 ★☆☆ 답 ④

정답 해설

- 비용 $= 28,822 + 80,061 = 108,883$
- 이자비용 $= 100,000 \times 2.40183 \times 12\% = 28,822$
- 감가상각비 $= 240,183 \div 3 = 80,061$

17 ★★★ 답 ②

정답 해설

- 가중평균유통주식수
  $= (18,400 \times 1.02 \times 6 + 20,400 \times 2 + 18,900 \times 4) \div 12$
  $= 19,084$
- 무상증자비율 $= 400 \div (18,400 + 1,600) = 2\%$
- 공정가치 미만 유상증자는 무상증자비율을 구하여 소급조정한다.

18 ★★☆   답 ②

정답 해설

- 충당부채＝120,000＋350,000＝470,000
- 미래의 예상 영업손실은 충당부채로 인식하지 않는다.

19 ★★★   답 ③

정답 해설

- 유효법인세율＝107,000÷500,000＝21.4%
- 당기법인세부채
  ＝(500,000＋20,000＋15,000＋15,000)×20%＝110,000
- 이연법인세자산＝15,000×20%＝3,000
- 법인세비용＝110,000－3,000＝107,000

20 ★★★   답 ④

정답 해설

- 무형자산상각비＝(50,000＋100,000)÷10＝15,000
- 개발비 손상차손＝150,000－15,000－80,000＝55,000

더 알아보기

연구단계와 개발단계를 구분할 수 없는 경우에는 모두 연구단계로 본다.

21 ★☆☆   답 ④

정답 해설

계약에 상업적 실질을 요한다.

22 ★★☆   답 ①

정답 해설

직접 소유하고 운용리스로 제공하는 건물 또는 보유하는 건물에 관련되고 운용리스로 제공하는 사용권자산은 투자부동산으로 분류한다.

23 ★☆☆   답 ①

정답 해설

매출원가＝(700×7대)＋(100×7대÷10대)＝4,970

24 ★★★   답 ④

정답 해설

- 주식보상비용＝5,500＋2,000＝7,500
- 장기미지급비용
  ＝(100－40)×20×15－(6,000＋6,500)＝5,500
- 현금＝10명×20개×10＝2,000

25 ★★☆   답 ①

정답 해설

기타포괄이익＝(20주×240)－(20주×180＋150)＝1,050

26 ★☆☆   답 ⑤

정답 해설

순현금흐름＝1,500－600＋200－300＋100－300＝600

더 알아보기

자산의 증가는 현금의 유출로 처리하고, 부채의 증가는 현금의 유입으로 처리한다.

27 ★★☆   답 ⑤

정답 해설

당기순이익
＝2,000＋(2,800－2,500)＋(2,800－2,200)＝2,900

28 ★☆☆   답 ①

정답 해설

잡수익과 기계장치의 오류는 전년도 장부마감으로 인해 당년도 당기순이익에 영향을 미치지 않는다.

29 ★★☆   답 ②

정답 해설

손상차손＝3,500－max(1,200, 1,800)＝1,700

30 ★★☆   답 ⑤

정답 해설

보증손실충당부채
＝(1,500×3%－5－15)×20＋(4,000×3%－30)×20
＝2,300

31 ★★☆   답 ④

균형성과표는 기업 내의 비전과 전략을 구체화하고 모든 역량을 집중하여 실행할 수 있도록 동기부여하는 평가지표이다.

① 재료처리량공헌이익은 순매출액에서 재료원가만을 차감하여 구한다.
② 수명주기원가계산에서 공장자동화가 이루어지면서 제조단계보다 제조이전단계에서의 원가절감 여지가 높아졌다고 본다.
③ 목표원가계산은 사전원가계산이라고도 하는데 제조과정 이전단계에서의 원가절감을 강조한다.
⑤ 품질원가는 예방원가와 평가원가의 합인 통제원가와 내부 실패원가와 외부 실패원가의 합인 실패원가로 이루어져 있다.

32 ★★☆   답 ②

- 정상공손수량 $= 10,000$개 $\times 10\% = 1,000$개
- 정상공손원가 $= 1,000$개 $\times (30 + 70\% \times 20) = 44,000$

33 ★★★   답 ⑤

전체이익 감소액
$= 280,000 \times 20\% + 100,000 - 60,000 = 96,000$

34 ★★☆   답 ②

- 실제 제품생산량 $= 24,000 \div (2.5 \times 2$시간$) = 4,800$
- 표준임률 $= 26,000 \div 10,400$시간 $= 2.5$

35 ★☆☆   답 ⑤

E $= 100,000$(변동원가) $+ 50,000$(고정원가) $= 150,000$

36 ★★☆   답 ③

- 예정배부율 $= 928,000 \div 80,000 = 11.6$
- 실제 기계작업시간 $= 840,710 \div 11.6 = 72,475$

37 ★★☆   답 ④

- FOH $= 750,000 \div 5,000 = 150$
- 기초재고수량 $= (500 \times 150 + 30,000) \div 150 = 700$

38 ★☆☆   답 ③

예상영업이익 $= 500,000 \times 120\% - 300,000 = 300,000$

39 ★★☆   답 ⑤

- 가중평균공헌이익률 $= 5,250,000 \div 15,000,000 = 35\%$
- $35\% = 25\% \times 23\% + 75\% \times$ 제품B의 공헌이익률
- 제품B의 공헌이익률 $= 39\%$

40 ★★☆   답 ②

- 영업이익 $= 2,500,000 \times 10\% = 250,000$
- 잔여이익 $= 250,000 - 2,500,000 \times$ 최저필수수익률 $= 25,000$
- 최저필수수익률 $= 9\%$

할 수 있다고 믿는 사람은 그렇게 되고,
할 수 없다고 믿는 사람도 역시 그렇게 된다.

– 샤를 드골 –

PART 04

2020년 제31회
기출문제 정답 및 해설

| 제1교시 | 민법 / 경제학원론 / 부동산학원론 |
| 제2교시 | 감정평가관계법규 / 회계학 |

제1과목 | 민법

01	02	03	04	05	06	07	08	09	10
②	③	②	①	②	③	①	③	③	①
11	12	13	14	15	16	17	18	19	20
③	④	⑤	③	⑤	②	④	②	⑤	②
21	22	23	24	25	26	27	28	29	30
④	①	②	④	⑤	③	①	⑤	①	③
31	32	33	34	35	36	37	38	39	40
①	④	⑤	④	④	②	③	⑤	①	④

01 ★☆☆ 답 ②

정답 해설

② 헌법상의 기본권은 제1차적으로 개인의 자유로운 영역을 공권력의 침해로부터 보호하기 위한 방어적 권리이지만 다른 한편으로 헌법의 기본적인 결단인 객관적인 가치질서를 구체화한 것으로서, 사법(私法)을 포함한 모든 법 영역에 그 영향을 미치는 것이므로 사인간의 사적인 법률관계도 헌법상의 기본권 규정에 적합하게 규율되어야 한다. 다만 기본권 규정은 그 성질상 사법관계에 직접 적용될 수 있는 예외적인 것을 제외하고는 사법상의 일반원칙을 규정한 민법 제2조, 제103조, 제750조, 제751조 등의 내용을 형성하고 그 해석 기준이 되어 간접적으로 사법관계에 효력을 미치게 된다[2008다38288 전합].

02 ★☆☆ 답 ③

정답 해설

③ 현행 민법은 태아의 권리능력에 관하여 개별주의를 취하고 있다[81다534].

03 ★★☆ 답 ②

정답 해설

② 전 등기명의인이 미성년자이고 당해 부동산을 친권자에게 증여하는 행위가 이해상반행위라 하더라도 일단 친권자에게 이전등기가 경료된 이상 특별한 사정이 없는 한 필요한 절차를 적법하게 거친 것으로 추정된다[2001다72029].

오답 해설

① 제한능력자 제도는 사적자치의 원칙이라는 민법의 기본이념, 특히 자기책임 원칙의 구현을 가능케 하는 도구로서 인정되는 것이고, 거래의 안전을 희생시키더라도 제한능력자를 보호하고자 함에 근본적인 입법취지가 있다[2008다78996].

③ 지문자체가 불분명하지만, 친권자가 미성년인 자(子)의 이름으로 대리행위를 한 것으로 보인다. 이 경우 본인인 자(子)는 대리효과의 귀속주체로서 권리능력만 있으면 되고, 그이 법정대리인은 본인인 자(子)의 미성년임을 이유로 대리행위를 취소할 수 없다.

④ 미성년자의 친권자인 모가 자기 오빠의 제3자에 대한 채무의 담보로 미성년자 소유의 부동산에 근저당권을 설정하는 행위가, 채무자를 위한 것으로서 미성년자에게는 불이익만을 주는 것이라고 하더라도, 민법 제921조 제1항에 규정된 '법정대리인인 친권자와 그 자 사이에 이해상반되는 행위'라고 볼 수는 없다[91다32466].

⑤ 대리인은 행위능력자임을 요하지 않는다(제117조). 즉 제한능력자도 대리행위를 유효하게 할 수 있고, 본인은 대리인의 제한능력을 이유로 대리행위를 취소할 수 없다. 다만 대리인이 대리권을 수여받은 후에 피성년후견인이 된 때에는 대리권이 소멸한다(제127조 제2호). 제117조의 취지는 본인이 적당하다고 판단하여 제한능력자를 대리인으로 선정한 이상 대리인의 제한능력으로 인한 불이익은 본인이 감수해야 한다는 것이다.

04 ★★★ 답 ①

정답 해설

① 부재자로부터 재산처분권까지 위임받은 재산관리인은 그 재산을 처분함에 있어 법원의 허가를 요하는 것은 아니다[72다2136].

더 알아보기

법원이 재산관리인을 선임한 경우

지위	법정대리인
가정법원	가정법원은 선임한 재산관리인을 언제든지 개임할 수 있고, 선임된 재산관리인은 언제든지 가정법원에 신고한 후 사임할 수 있다.

처분 권한	① 관리행위 → 보존·이용·개량하는 범위로 한정 되고 법원의 허가를 얻어 하는 처분행위도 부재 자를 위하는 범위에 한정된다. ② 기왕의 처분행위 → 재산관리인의 권한초과행위 허가의 결정은 장래의 처분행위를 위한 경우뿐 아니라 기왕의 처분행위를 추인하는 행위로도 할 수 있다. ③ 권한초과처분허가를 얻어 부동산을 매매한 후 그 허가결정이 취소된 경우 → 그 권한초과처분허가 처분은 유효 ④ 법원의 허가 없이 그 관리재산을 매도한 행위 → 무효
의무	관리할 재산의 목록을 작성하고, 법원이 명하는 처분 을 수행하며, 법원의 명(命)이 있으면 재산관리및 반 환에 관하여 (부재자에게) 상당한 담보를 제공해야 한다.
권리	보수를 법원에 청구할 수 있고, 재산관리를 위해 지 출한 필요비와 그 이자 및 과실 없이 받은 손해의 배 상을 청구할 수 있다.

05 ★★★　　　　　　　　　　답 ②

정답 해설

② 설립중의 회사로서의 실체가 갖추어지기 이전에 발기인이
취득한 권리·의무는 구체적 사정에 따라 발기인 개인 또는
발기인조합에 귀속하는 것으로서 이들에게 귀속된 권리·의
무를 설립후의 회사에 귀속시키기 위하여는 양수나 채무인
수 등의 특별한 이전행위가 있어야 한다[90누2536].

더 알아보기

법인의 본질

	법인의제설	법인실재설
제34조 권리 능력의 범위	법률이 인정하는 범 위에 한정하여 권리 능력 인정	목적수행에 적당한 범위까지 확장
행위능력	이사의 행위는 법인 에 대해 대리행위에 불과	이사의 행위는 법인 자신의 행위임
제35조 불법 행위능력	① 법인의 불법행위 　능력 부정 ② 제35조 제1항 전 　문 → 법인의 불법 　행위 규정은 정책 　적규정 ③ 제35조 제1항 후 　문 → 이사개인의 　불법행위능력 당 　연인정	① 법인의 불법행위 　능력 인정 ② 제35조 제1항 전 　문 → 법인의 불법 　행위 규정은 당연 　규정 ③ 제35조 제1항 후 　문 → 이사 개인의 　불법행위 규정은 　정책적규정
법인격없는 사단·재단 인정여부	소극	적극

06 ★★☆　　　　　　　　　　답 ③

정답 해설

③ 민법 제35조 제1항은 "법인은 이사 기타 대표자가 그 직무
에 관하여 타인에게 가한 손해를 배상할 책임이 있다"라고
정한다. 여기서 '법인의 대표자'에는 그 명칭이나 직위 여하,
또는 대표자로 등기되었는지 여부를 불문하고 당해 법인을
실질적으로 운영하면서 법인을 사실상 대표하여 법인의 사
무를 집행하는 사람을 포함한다고 해석함이 상당하다. 그리
고 이러한 법리는 주택조합과 같은 비법인사단에도 마찬가
지로 적용된다[2008다15438].

07 ★☆☆　　　　　　　　　　답 ①

정답 해설

① 주물의 소유자나 이용자의 상용에 공여되고 있더라도 주물
자체의 효용과는 직접 관계없는 물건은 종물이 아니다[2007
도7247]. 따라서 주물 자체의 효용과는 직접적인 관계가 없
고 주물 소유자·이용자의 상용에 공여되는 가전제품·식
기·침구 등은 가옥의 종물이 아니다.

08 ★★☆　　　　　　　　　　답 ③

정답 해설

ㄱ. 제3자가 타인의 동의를 받지 않고 타인을 보험계약자 및 피
보험자로 하여 체결한 생명보험계약은 보험계약자 명의에
도 불구하고 실질적으로 타인의 생명보험계약에 해당한다.
상법 제731조 제1항에 의하면 타인의 생명보험에서 피보험
자가 서면으로 동의의 의사표시를 하여야 하는 시점은 '보
험계약 체결시까지'이고, 이는 강행규정으로서 이를 위반한
보험계약은 무효이므로, 타인의 생명보험계약 성립 당시 피
보험자의 서면동의가 없다면 그 보험계약은 확정적으로 무
효가 되고, 피보험자가 이미 무효가 된 보험계약을 추인하
였다고 하더라도 그 보험계약이 유효로 될 수 없다[2009다
74007].

ㄹ. 변호사 아닌 甲과 소송당사자인 乙이 甲은 乙이 소송당사
자로 된 민사소송사건에 관하여 乙을 승소시켜주고 乙은 소
송물의 일부인 임야지분을 그 대가로 甲에게 양도하기로 약
정한 경우 위 약정은 강행법규인 변호사법 제78조 제2호에
위반되는 반사회적 법률행위로서 무효이다[89다카10514].

오답 해설

ㄴ. 건물 임차인이 자신의 비용을 들여 증축한 부분을 임대인
소유로 귀속시키기로 하는 약정은 임차인이 원상회복의무
를 면하는 대신 투입비용의 변상이나 권리주장을 포기하는
내용이 포함된 것으로서 특별한 사정이 없는 한 유효하므
로, 유익비의 상환을 청구할 수도 없다[94다44705, 44712].

ㄷ. '사단법인의 사원의 지위는 양도 또는 상속할 수 없다'고 한
민법 제56조의 규정은 강행규정이 아니라고 할 것이므로,

정관에 의하여 이를 인정하고 있을 때에는 양도 · 상속이 허용된다[91다26850].

09 ★☆☆　　　　　　　　　　　　답 ③

오답 해설

① 매매계약이 '불공정한 법률행위'에 해당하여 무효인 경우에도 무효행위의 전환에 관한 민법 제138조가 적용될 수 있다[2009다50308].

② 불공정한 법률행위로서 무효인 경우에는 무효행위의 추인에 의해 무효인 법률행위가 유효로 될 수 없다[94다10900].

④ 제103조가 행위의 객관적인 성질을 기준으로 하여 그것이 반사회질서적인지 여부를 판단할 것임에 반하여 제104조는 행위자의 주관적인 사항을 참작하여 그 행위가 현저하게 공정을 잃은 것인지 여부를 판단할 것이므로 제104조는 제103조의 예시규정에 해당한다[65사28]. 따라서 불공정한 법률행위의 요건을 갖추지 못한 법률행위도 반사회질서행위가 될 수 있다.

⑤ 기부행위[92다52238], 증여계약과 같이 아무런 대가관계 없이 당사자 일방이 상대방에게 일방적인 급부를 하는 법률행위는 그 공정성 여부를 논의할 수 있는 성질의 법률행위가 아니다[99다56833].

10 ★★☆　　　　　　　　　　　　답 ①

정답 해설

① 어떠한 계약의 체결에 관한 대리권을 수여받은 대리인이 수권된 법률행위를 하게 되면 그것으로 대리권의 원인된 법률관계는 원칙적으로 목적을 달성하여 종료하는 것이고, 법률행위에 의하여 수여된 대리권은 그 원인된 법률관계의 종료에 의하여 소멸하는 것이므로(민법 제128조), 그 계약을 대리하여 체결하였던 대리인이 체결된 계약의 해제 등 일체의 처분권과 상대방의 의사를 수령할 권한까지 가지고 있다고 볼 수는 없다[2008다11276].

11 ★★☆　　　　　　　　　　　　답 ③

정답 해설

③ 타인의 대리인으로 계약을 한 자가 그 대리권을 증명하지 못하고 또 본인의 추인을 얻지 못한 때에는 상대방의 선택에 좇아 계약의 이행 또는 손해배상의 책임이 있는 것인바 이 상대방이 가지는 계약이행 또는 손해배상청구권의 소멸시효는 그 선택권을 행사할 수 있는 때로부터 진행한다 할 것이고 또 선택권을 행사할 수 있는 때라고 함은 대리권의 증명 또는 본인의 추인을 얻지 못한 때라고 할 것이다[64다1156].

오답 해설

① 추인은 다른 의사표시가 없는 때에는 계약시에 소급하여 그 매매계약은 확정적으로 효력이 생긴다(제133조 본문).

② 민법 제132조는 본인이 무권대리인에게 무권대리행위를 추인한 경우에 상대방이 이를 알지 못하는 동안에는 본인은 상대방에게 추인의 효과를 주장하지 못한다는 취지이므로 상대방은 그때까지 민법 제134조에 의한 철회를 할 수 있고, 또 무권대리인에의 추인이 있었음을 주장할 수도 있다[80다2314].

④ 상대방의 최고권은 의사의 통지로서 준법률행위에 해당하고, 상대방의 선의 · 악의를 불문하고 인정된다(제131조). 악의의 丙은 乙에게 추인 여부의 확답을 최고할 수 있다.

⑤ 무권대리행위에 대하여 본인의 추인이 있으면 무권대리행위는 처음부터 유권대리행위이었던 것과 마찬가지로 다루어진다. 따라서 甲은 자신이 미성년자임을 이유로 매매계약을 취소하지 못한다(제133조 참조).

12 ★★☆　　　　　　　　　　　　답 ④

정답 해설

④ 법률에 관한 착오라 하더라도 그것이 법률행위 내용의 중요부분에 관한 것인 때에는 표의자는 그 의사표시를 취소할 수 있다[80다2475].

13 ★★★　　　　　　　　　　　　답 ⑤

정답 해설

⑤ 사기에 의한 의사표시를 취소하는 경우 취소를 주장하는 자와 양립되지 않는 법률관계를 가졌던 것이 취소 이전에 있었던가 이후에 있었던가는 가릴 필요 없이 사기에 의한 의사표시 및 그 취소 사실을 몰랐던(선의) 모든 제3자에 대해 대항하지 못한다[75다533]. 제3자 丁은 선의이기만 하면 되고 과실유무는 불문하고 보호된다.

14 ★★☆　　　　　　　　　　　　답 ③

정답 해설

③ 도달이라 함은 사회통념상 상대방이 통지의 내용을 알 수 있는 객관적 상태에 놓여 있는 경우를 가리키는 것으로서, 상대방이 통지를 현실적으로 수령하거나 통지의 내용을 알 것까지는 필요로 하지 않는 것이므로, 상대방이 정당한 사유 없이 통지의 수령을 거절한 경우에는 상대방이 그 통지의 내용을 알 수 있는 객관적 상태에 놓여 있는 때에 의사표시의 효력이 생기는 것으로 보아야 한다[2008다19973].

15 ★☆☆

정답 해설

ㄱ. [○] 주택매매계약에 있어서 매도인으로 하여금 주택의 보유기간이 3년 이상으로 되게 함으로써 양도소득세를 부과받지 않게 할 목적으로 매매를 원인으로 한 소유권이전등기는 3년 후에 넘겨받기로 특약을 하였다고 하더라도, 그와 같은 목적은 위 특약의 연유나 동기에 불과한 것이어서 위 특약 자체가 사회질서나 신의칙에 위반한 것이라고는 볼 수 없다[91다6627].

ㄴ. [○] 경매에 있어서는 불공정한 법률행위 또는 채무자에게 불리한 약정에 관한 것으로서 효력이 없다는 민법 제104조, 제608조는 적용될 여지가 없다[80마77].

ㄷ. [○] 도박자금으로 금원을 대여함으로 인하여 발생한 채권을 담보하기 위한 근저당권설정등기가 경료되었을 뿐인 경우와 같이 수령자가 그 이익을 향수하려면 경매신청을 하는 등 별도의 조치를 취하여야 하는 경우에는, 그 불법원인급여로 인한 이익이 종국적인 것이 아니므로 등기설정자는 무효인 근저당권설정등기의 말소를 구할 수 있다[94다54108].

16 ★★★

정답 해설

ㄱ. [○] 형성권이란 권리자의 일방적인 의사표시나 행위로써 법률관계를 형성(발생·변경·소멸)시킬 수 있는 권리를 말한다.

ㄴ. [○] 원칙적으로 형성권인 단독행위에는 조건이나 기한을 붙일 수 없다(제493조 제1항 단서). 정지조건부 해제의 의사표시처럼 일정한 경우에는 단독행위에 정지조건을 붙이는 것이 허용된다.

ㄹ. [○] 형성권의 경우에 특히 제척기간의 필요성이 강하며, 형성권에는 제척기간만 인정되고 소멸시효는 인정되지 않는다.

오답 해설

ㄷ. [×] 추인은 상대방이나 무권대리인의 동의나 승낙을 필요로 하지 않는 본인의 일방적 의사표시인 단독행위이고, 따라서 추인은 의사표시 전부에 대해 행해져야 하고 그 일부에 대해 추인하거나 그 내용을 변경하여 추인한 경우에는 상대방의 동의를 얻지 못하는 한 무효이다[81다카549].

17 ★☆☆

정답 해설

④ 조건의 성취로 인하여 불이익을 받을 당사자가 신의성실에 반하여 조건의 성취를 방해한 때에는 상대방은 그 조건이 성취한 것으로 주장할 수 있다(제150조 제1항).

18 ★★★

정답 해설

② 채무불이행으로 인한 손해배상청구권의 소멸시효는 채무불이행시로부터 진행한다[94다54269].

19 ★★★

오답 해설

① 취득시효를 주장하는 자는 점유기간 중에 소유자의 변동이 없는 토지에 관하여는 취득시효의 기산점을 임의로 선택할 수 있고, 취득시효를 주장하는 날로부터 역산하여 20년 이상의 점유 사실이 인정되면 취득시효를 인정할 수 있는 것이다[93다46360].

② 전 점유자의 점유를 아울러 주장하는 경우에도 어느 단계의 점유자의 점유까지를 아울러 주장할 것인가도 이를 주장하는 사람에게 선택권이 있고, 다만 전 점유자의 점유를 아울러 주장하는 경우에는 그 점유의 개시시기를 어느 점유자의 점유기간 중의 임의의 시점으로 선택할 수 없는 것이다[97다56822].

③ 채권의 소멸시효가 완성된 경우 이를 원용할 수 있는 자는 시효로 인하여 채무가 소멸되는 결과 직접적인 이익을 받는 자에 한정되고, 그 채무자에 대한 채권자는 자기의 채권을 보전하기 위하여 필요한 한도 내에서 채무자를 대위하여 이를 원용할 수 있을 뿐이므로 채무자에 대하여 무슨 채권이 있는 것도 아닌 자는 소멸시효 주장을 대위 원용할 수 없다[2005다11312].

④ 소멸시효는 압류 또는 가압류, 가처분으로 인하여 중단된다(제168조 제2호). 그러나 '압류 또는 가압류'는 금전채권의 강제집행을 위한 수단이거나 그 보전수단에 불과하여 취득시효기간의 완성 전에 부동산에 압류 또는 가압류 조치가 이루어졌다고 하더라도 이는 취득시효의 중단사유가 될 수 없다[2018다296878].

중단사유		중단시점	새로운 시효진행 시점
청구	재판상 청구(=제소)	소제기시	확정판결시
청구	재판에 준하는 절차	파산절차 참가	채권신고시	파산절차 종료시
		강제집행절차에서의 배당요구와 파산선고 신청도 중단 사유가 된다.		
		지급 명령	지급명령 신청시	지급명령 확정시
		화해를 위한 소환	화해신청시	화해성립시
		임의 출석	임의출석시	판결확정시
			임의출석은 당사자 쌍방이 임의로 법원에 출석하여 소송에 관하여 구두변론 함으로써 제소 및 화해신청을 하도록 허용하는 제도이다. 만약 화해가 불성립하면 1개월 이내에 소를 제기함으로써 출석한 시점을 기준으로 해서 중단의 효력이 생긴다.		
		조정 신청	조정신청시	조정확정시
			조정신청이 취하되면 그날로부터 1개월 내에 소를 제기해야 중단의 효력이 생긴다.		
	재판외 청구 (=최고)		최고가 상대방에게 도달시	6개월 내에 취한 재판상 청구 등 다른 시효중단조치의 절차 종료시
			의사의 통지로서 도달하면 6월의 기산점이 시작됨		
압류·가압류·가처분			신청시	그 절차 종료시
			가압류로 인한 본안의 승소 판결 확정시 그 채무명의에 의한 본집행이 종료시부터 시효가 진행한다.		
승인			면책적 채무인수가 있은 경우, 채무승인에 따라 채무인수일로부터 새로이 진행된다[99다12376].		
			소멸시효 완성 전의 채무승인을 말하고 시효완성 후의 채무의 승인은 시효이익의 포기이다.		

20 ★☆☆   답 ②

정답 해설

② 소멸시효 이익의 포기는 가분채무의 일부에 대하여도 가능하다[2011다109500].

21 ★☆☆   답 ④

정답 해설

④ 점유권, 소유권은 소멸시효에 걸리지 않고, 피담보채권이 존재하는 동안 담보물권도 소멸시효에 걸리지 않으나, 지상권과 지역권은 20년의 소멸시효에 걸린다.

오답 해설

① 일물일권주의(一物一權主義)의 원칙상, 물건의 일부분, 구성부분에는 물권이 성립할 수 없는 것이어서 구분 또는 분할의 절차를 거치지 아니한 채 하나의 부동산 중 일부분만에 관하여 따로 소유권보존등기를 경료하거나, 하나의 부동산에 관하여 경료된 소유권보존등기 중 일부분에 관한 등기만을 따로 말소하는 것은 허용되지 아니한다[2000다39582].

② 권원이 없는 자가 타인의 토지 위에 나무를 심었다면 특별한 사정이 없는 한 토지소유자에 대하여 나무의 소유권을 주장할 수 없다[2015다69907].

③ 일반적으로 일단의 증감 변동하는 동산을 하나의 물건으로 보아 이를 채권담보의 목적으로 삼으려는 이른바 집합물에 대한 양도담보설정계약체결도 가능하며 이 경우 그 목적 동산이 담보설정자의 다른 물건과 구별될 수 있도록 그 종류, 장소 또는 수량지정 등의 방법에 의하여 특정되어 있으면 그 전부를 하나의 재산권으로 보아 이에 유효한 담보권의 설정이 된 것으로 볼 수 있다[88다카20224].

⑤ 소유권을 양도함에 있어 소유권에 의하여 발생되는 물상청구권을 소유권과 분리, 소유권 없는 전소유자에게 유보하여 제3자에게 대하여 이를 행사케 한다는 것은 소유권의 절대적 권리인 점에 비추어 허용될 수 없는 것이라 할 것으로서, 일단 소유권을 상실한 전소유자는 제3자인 불법점유자에 대하여 물권적청구권에 의한 방해배제를 청구할 수 없다[68다725 전합].

22 ★★★   답 ①

정답 해설

① 부동산에 관하여 소유권이전등기가 마쳐져 있는 경우에는 그 등기명의자는 제3자에 대하여뿐 아니라 그 전(前)소유자에 대하여서도 적법한 등기원인에 의하여 소유권을 취득한 것으로 추정되는 것이므로 이를 다투는 측에서 그 무효사유를 주장·입증하여야 한다[94다10160].

오답 해설

② 원시취득자와 승계취득자 사이의 합치된 의사에 따라 승계취득자 앞으로 직접 소유권보존등기를 경료 하였다면, 그 소유권보존등기는 실체적 권리관계에 부합되어 적법한 등기로서의 효력을 가진다[94다44675].

③ 등기는 물권의 효력발생요건이고 효력존속요건이 아니므로 물권에 관한 등기가 원인없이 말소된 경우에 그 물권의 효력에는 아무런 영향을 미치지 않는다고 봄이 타당한 바, 회복등기를 마치기 전이라도 말소된 소유권이전등기의 최종명

의인은 적법한 권리자로 추정된다고 하겠으니 동 이전등기가 실체관계에 부합하지 않은 점에 대한 입증책임은 이를 주장하는 자에게 있다[81다카923].

④ 미등기건물을 그 대지와 함께 매도하였다면 비록 매수인에게 그 대지에 관하여만 소유권이전등기가 경료되고 건물에 관하여는 등기가 경료되지 아니하여(미등기건물의 소유자는 그 건물을 건축한 원시취득자임) 형식적으로 대지와 건물이 그 소유 명의자를 달리하게 되었다 하더라도 매도인에게 관습상의 법정지상권을 인정할 이유가 없다[2002다9660 전합].

⑤ 부동산에 관하여 근저당권설정등기가 경료되었다가 그 등기가 위조된 등기서류에 의하여 아무런 원인 없이 말소되었다는 사정만으로는 곧바로 근저당권이 소멸하는 것은 아니라고 할 것이지만, 근저당권설정등기가 원인 없이 말소된 이후에 그 근저당 목적물인 부동산에 관하여 다른 근저당권자 등 권리자의 경매신청에 따라 경매절차가 진행되어 경락허가결정이 확정되고 경락인이 경락대금을 완납하였다면, 원인 없이 말소된 근저당권은 이에 의하여 소멸한다[98다27197].

23 ★☆☆　　　　　　　　　　　　　　　📖②

정답 해설

② 부동산물권(소유권·지상권·지역권·전세권·저당권)과 이에 준하는 권리(채권담보권·권리질권·부동산임차권)의 설정·이전·변경·소멸의 청구권을 보전하려 할 때(부동산매매에서 매수인의 소유권이전청구권), 또는 이러한 청구권이 시기부·정지조건부이거나(시험에 합격하면 토지를 양도하기로 한 경우) 기타 장래에 있어서 확정(예약완결권)될 것인 때에 하는 등기이다. 물권적 청구권을 보존하기 위한 가등기, 소유권보존등기의 가등기는 할 수 없다[81다카1110].

오답 해설

① 소유권을 양도함에 있어 소유권에 의하여 발생되는 물상청구권을 소유권과 분리, 소유권 없는 전소유자에게 유보하여 제3자에게 대하여 이를 행사케 한다는 것은 소유권의 절대적 권리인 점에 비추어 허용될 수 없는 것이라 할 것으로서[68다725 전합], 물권적 청구권을 물권과 분리하여 양도하지 못한다.

③ 건물을 신축하여 그 소유권을 원시취득한 자로부터 그 건물을 매수하였으나 아직 소유권이전등기를 갖추지 못한 자는 그 건물의 불법점거자에 대하여 직접 자신의 소유권 등에 기하여 명도를 청구할 수는 없다[2007다11347].

④ 건물철거는 그 소유권의 종국적 처분에 해당하는 사실행위이므로 원칙으로는 그 소유자(등기명의자)에게만 그 철거처분권이 있다고 할 것이나 그 건물을 매수하여 점유하고 있는 자는 등기부상 아직 소유자로서의 등기명의가 없다 하더라도 그 권리의 범위 내에서 그 점유 중인 건물에 대하여 법률상 또는 사실상 처분을 할 수 있는 지위에 있고 그 건물이

건립되어 있어 불법으로 점유를 당하고 있는 토지소유자(甲)는 위와 같은 지위에 있는 건물점유자(丁)에게 그 철거를 구할 수 있다[86다카1751].

⑤ 매매계약이 합의해제된 경우에도 매수인에게 이전되었던 소유권은 당연히 매도인에게 복귀하는 것이므로 합의해제에 따른 매도인의 원상회복청구권(매수인 명의의 말소등기청구권)은 소유권에 기한 물권적 청구권이라고 할 것이고 이는 소멸시효의 대상이 되지 아니한다[80다2968].

24 ★☆☆　　　　　　　　　　　　　　　📖④

정답 해설

④ 부동산 등기는 현실의 권리 관계에 부합하는 한 그 권리취득의 경위나 방법 등이 사실과 다르다고 하더라도 그 등기의 효력에는 아무런 영향이 없는 것이므로 증여에 의하여 부동산을 취득하였지만 등기원인을 매매로 기재하였다고 하더라도 그 등기의 효력에는 아무런 하자가 없다[80다791].

오답 해설

②·③ 진정명의의 회복을 위한 소유권이전등기는 이미 자기 앞으로 소유권을 표상하는 등기가 되어 있었거나 법률에 의하여 소유권을 취득한 진정한 소유권자가 그 등기명의를 회복하기 위한 방법으로 그 소유권에 기하여 현재의 등기명의인을 상대로 진정한 등기명의의 회복을 원인으로 한 소유권이전등기절차의 이행을 구하는 것이다[88다카20026].

⑤ 부동산등기법 제75조의 말소회복등기란 어떤 등기의 전부 또는 일부가 실체적 또는 절차적 하자로 부적합하게 말소된 경우에 말소된 등기를 회복하여 말소당시에 소급하여 말소가 없었던 것과 같은 효과를 생기게 하는 등기를 말하는 것이므로 어떤 이유이건 당사자가 자발적으로 말소등기를 한 경우에는 말소회복등기를 할 수 없다[89다카5673].

25 ★★☆　　　　　　　　　　　　　　　📖⑤

정답 해설

⑤ 가등기에 기한 본등기청구권은 채권으로서 가등기권자가 가등기설정자를 상속하거나 그의 가등기에 기한 본등기절차 이행의 의무를 인수하지 아니하는 이상, 가등기권자가 가등기에 기한 본등기절차에 의하지 아니하고 가등기설정자로부터 별도의 소유권이전등기를 경료받았다고 하여 혼동의 법리에 의하여 가등기권자의 가등기에 기한 본등기청구권이 소멸하지는 않는다 할 것이다[2004다59546].

오답 해설

① 순위 보전의 대상이 되는 물권변동의 청구권은 그 성질상 양도될 수 있는 재산권일 뿐만 아니라 가등기로 인하여 그 권리가 공시되어 결과적으로 공시방법까지 마련된 셈이므로, 이를 양도한 경우에는 양도인과 양수인의 공동신청으로 그 가등기상의 권리의 이전등기를 가등기에 대한 부기등기의 형식으로 경료할 수 있다고 보아야 한다[98다24105 전합].

② 소유권이전청구권의 보전을 위한 가등기가 있다 하여 반드시 소유권이전등기할 어떤 계약관계가 있었던 것이라 단정할 수 없으므로 소유권이전등기를 청구할 어떤 법률관계가 있다고 추정이 되는 것도 아니라 할 것이다[79다239].

③ 가등기는 그 성질상 본등기의 순위보전만의 효력이 있고 후일 본등기가 경료된 때에는 본등기의 순위가 가등기한 때로 소급함으로써 가등기후 본등기 전에 이루어진 중간처분이 본등기보다 후순위로 되어 실효될 뿐이고 본등기에 의한 물권변동의 효력이 가등기한 때로 소급하여 발생하는 것은 아니다[92다21258].

④ 가등기권자가 소유권이전의 본등기를 한 경우에는 등기관은 부동산등기법 175조 제1항·제55조 제2호에 의하여 가등기 이후에 한 제3자의 본등기를 직권말소할 수 있다[4294민재항675 전합]. 즉, 乙의 본등기가 경료되면 丙의 저당권은 등기관이 직권으로 말소한다.

26 ★☆☆　　　　　　　　　　　정답 ③

정답 해설

③ 민법 제249조가 규정하는 선의·무과실의 기준시점은 물권행위가 완성되는 때(물권적 합의+인도)이므로, 물권적 합의가 동산의 인도보다 먼저 행하여지면 인도된 때를, 인도가 물권적 합의보다 먼저 행하여지면 물권적 합의가 이루어진 때를 기준으로 해야 한다[91다70].

27 ★☆☆　　　　　　　　　　　정답 ①

정답 해설

① 점유매개관계가 종료하면 간접점유자가 물건의 반환을 청구할 수 있어야 하므로 직접점유자(점유매개자)의 점유는 권원의 성질상 타주점유에 해당한다.

28 ★★☆　　　　　　　　　　　정답 ⑤

정답 해설

⑤ 점유자가 과실을 취득한 경우에는 통상의 필요비는 청구하지 못한다(제203조 단서). 그러나 특별필요비와 유익비는 청구할 수 있다.

오답 해설

① 제201조 제1항

② 선의의 기준시점은 과실에 관해 독립한 소유권이 성립하는 시기이다. 즉, 천연과실의 경우에는 원물로부터 분리하는 때(제102조 제1항)에 선의여야 과실을 취득하고, 법정과실(제102조 제2항)이나 사용이익의 경우에는 선의인 일수의 비율에 따라 그 과실·이익을 취득한다.

③ 악의의 점유자는 수취한 과실을 반환하여야 하며 소비하였거나 과실로 인하여 훼손 또는 수취하지 못한 경우에는 그 과실의 대가를 보상하여야 한다(제201조 제2항).

④ 점유물이 점유자의 책임있는 사유로 인하여 멸실 또는 훼손한 때에는 악의의 점유자는 그 손해의 전부를 배상하여야 한다. 소유의 의사가 없는 점유자는 선의인 경우에도 손해의 전부를 배상하여야 한다(제202조).

29 ★★☆　　　　　　　　　　　정답 ①

정답 해설

① 토지의 매수인이 아직 소유권이전등기를 마치지 않았더라도 매매계약의 이행으로 토지를 인도받은 때에는 매매계약의 효력으로서 이를 점유·사용할 권리가 있으므로, 매도인이 매수인에 대하여 그 점유·사용을 법률상 원인이 없는 이익이라고 하여 부당이득반환청구를 할 수는 없다[2014다2662].

30 ★★★　　　　　　　　　　　정답 ③

정답 해설

ㄱ. [×] 부동산에 관한 취득시효가 완성된 후 취득시효를 주장하거나 이로 인한 소유권이전등기청구를 하기 이전에는 등기명의인인 부동산 소유자로서는 특별한 사정이 없는 한 시효취득 사실을 알 수 없으므로 이를 제3자에게 처분하였다 하더라도 불법행위가 성립할 수 없으나(원칙), 부동산의 소유자가 취득시효의 완성 사실을 알 수 있는 경우에 부동산 소유자가 부동산을 제3자에게 처분하여 취득시효 완성을 주장하는 자가 손해를 입었다면 불법행위를 구성한다 할 것이며, 부동산을 취득한 제3자가 부동산 소유자의 이와 같은 불법행위에 적극 가담하였다면 이는 사회질서에 반하는 행위로서 무효이다[97다56495].

ㄴ. [×] 가등기는 후일 본등기가 경료된 때에는 본등기의 순위가 가등기한 때로 소급하는 것 뿐이지 본등기에 의한 물권변동의 효력이 가등기한 때로 소급하여 발생하는 것은 아니므로, 乙을 위하여 이 사건 토지에 관한 취득시효가 완성된 후 乙이 그 등기를 하기 전에 甲이 취득시효완성 전에 이미 설정되어 있던 가등기에 기하여 소유권이전의 본등기를 경료하였다면 乙은 시효완성 후 부동산소유권을 취득한 제3자인 甲에 대하여 시효취득을 주장할 수 없다[92다21258].

오답 해설

ㄷ. [○] 전 점유자의 점유를 승계한 자는 그 점유 자체와 하자만을 승계하는 것이지 그 점유로 인한 법률효과까지 승계하는 것은 아니므로 부동산을 취득시효기간 만료 당시의 점유자로부터 양수하여 점유를 승계한 현 점유자는 자신의 전 점유자에 대한 소유권이전등기청구권을 보전하기 위하여 전 점유자의 소유자에 대한 소유권이전등기청구권을 대위행사할 수 있을 뿐, 전 점유자의 취득시효 완성의 효과를 주장하여 직접 자기에게 소유권이전등기를 청구할 권원은 없다[93다47745 전합].

31 ★☆☆　🔖 ①

정답 해설

① 공유물분할의 규정은 제215조(건물을 구분소유하는 경우의 공용부분), 제239조(경계에 설치된 경계표·담·구거)의 공유물에는 적용하지 아니한다(제268조 제3항).

오답 해설

② 주종을 구별할 수 없는 동산의 부합(제257조 후문)·혼화(제258조)는 당연히 공유한다.

③·④·⑤ 무주물 공동선점(제252조), 유실물의 공동습득(제253조), 매장물의 공동발견(제254조 본문), 공유물의 과실취득(제102조)은 해석상 공유로 인정된다.

32 ★★☆　🔖 ④

정답 해설

④ 부동산실명법 제8조 제2호에 따라 부부간 명의신탁이 일단 유효한 것으로 인정되었다면 그 후 배우자 일방의 사망으로 부부관계가 해소되었다 하더라도 그 명의신탁약정은 사망한 배우자의 다른 상속인과의 관계에서도 여전히 유효하게 존속한다[2011다99498].

더 알아보기

명의신탁이 유효인 경우

대내관계 (신탁자와 수탁자)	① 신탁자가 목적물의 소유권을 보유한다. ② 타인에게 명의신탁한 대지위에 제3자가 신탁자의 동의를 얻어 건물을 신축한 경우 → 수탁자는 제3자를 상대로 건물철거를 청구할 수 없다. ③ 명의신탁에 의해 부동산의 소유자로 등기된 자 → 타주점유이므로 등기부취득시효를 할 수 없다.
대외관계 (제3자와의 관계)	① 수탁자는 대외적인 관계에서 완전한 소유자이다. ② 명의신탁된 부동산을 명의신탁자가 매도한 경우 → 제569조 소정의 타인의 권리매매에 해당하지 아니한다. ③ 수탁자로부터 부동산을 매수한 제3자 → 선의, 악의를 불문하고 소유권을 취득한다. ④ 제3자가 수탁자의 배임행위에 적극가담한 경우 → 무효 ⑤ 명의신탁자가 불법점유자나 무효등기명의자에게 직접 그 명도나 말소등기를 청구하지 못하고, 수탁자를 대위해서 행사해야 한다. ⑥ 명의신탁된 건물에서 공작물책임이 문제되는 경우 → 신탁자가 소유자로서 책임을 진다.

33 ★☆☆　🔖 ⑤

정답 해설

⑤ 타인의 동산에 가공한 때에는 그 물건의 소유권은 원재료의 소유자에게 속한다(제259조 제1항).

34 ★★★　🔖 ④

정답 해설

ㄴ. [×] 건물공유자의 1인이 그 건물의 부지인 토지를 단독으로 소유하면서 그 토지에 관하여만 저당권을 설정하였다가 위 저당권에 의한 경매로 인하여 토지의 소유자가 달라진 경우에도, 위 토지 소유자는 자기뿐만 아니라 다른 건물공유자들을 위하여도 위 토지의 이용을 인정하고 있었다고 할 것인 점, 저당권자로서도 저당권 설정 당시 법정지상권의 부담을 예상할 수 있었으므로 불측의 손해를 입는 것이 아닌 점, 건물의 철거로 인한 사회경제적 손실을 방지할 공익상의 필요성도 인정되는 점 등에 비추어 위 건물공유자들은 민법 제366조에 의하여 토지 전부에 관하여 건물의 존속을 위한 법정지상권을 취득한다고 보아야 한다[2010다67159].

ㄷ. [×] 동일인의 소유에 속하는 토지 및 그 지상 건물에 관하여 공동저당권이 설정된 후 그 지상 건물이 철거되고 새로 건물이 신축된 경우에는 그 신축건물의 소유자가 토지의 소유자와 동일하고 토지의 저당권자에게 신축건물에 관하여 토지의 저당권과 동일한 순위의 공동저당권을 설정해 주는 등 특별한 사정이 없는 한 저당물의 경매로 인하여 토지와 그 신축건물이 다른 소유자에 속하게 되더라도 그 신축건물을 위한 법정지상권은 성립하지 않는다[98다43601 전합].

ㄹ. [×] 민법 제366조의 법정지상권은 저당권 설정 당시부터 저당권의 목적되는 토지 위에 건물이 존재할 경우에 한하여 인정되며, 토지에 관하여 저당권이 설정될 당시 그 지상에 토지소유자에 의한 건물의 건축이 개시되기 이전이었다면, 건물이 없는 토지에 관하여 저당권이 설정될 당시 근저당권자가 토지소유자에 의한 건물의 건축에 동의하였다고 하더라도 그러한 사정은 주관적 사항이고 공시할 수도 없는 것이어서 토지를 낙찰받는 제3자로서는 알 수 없는 것이므로 그와 같은 사정을 들어 법정지상권의 성립을 인정한다면 토지 소유권을 취득하려는 제3자의 법적 안정성을 해하는 등 법률관계가 매우 불명확하게 되므로 법정지상권이 성립되지 않는다[2003다26051].

ㄱ. [○] 저당권설정 당시 동일인의 소유에 속하고 있던 토지와 지상 건물이 경매로 인하여 소유자가 다르게 된 경우에 건물소유자는 건물의 소유를 위한 민법 제366조의 법정지상권을 취득한다. 그리고 건물 소유를 위하여 법정지상권을 취득한 사람으로부터 경매에 의하여 건물의 소유권을 이전받은 매수인은 매수 후 건물을 철거한다는 등의 매각조건하에서 경매되는 경우 등 특별한 사정이 없는 한 건물의 매수취득과 함께 위 지상권도 당연히 취득한다[2012다73158].

35 ★☆☆　　　　　　　　　　답 ⑤

⑤ 종전의 승역지 사용이 무상으로 이루어졌다는 등의 다른 특별한 사정이 없다면 통행지역권을 취득시효한 경우에도 주위토지통행권의 경우와 마찬가지로 요역지 소유자는 승역지에 대한 도로 설치 및 사용에 의하여 승역지 소유자가 입은 손해를 보상하여야 한다고 해석함이 타당하다[2012다17479].

① 지역권은 물권으로서 요역지의 편익을 위해 승역지를 지배할 수 있는 권리로서 지역권에는 승역지를 점유할 수 있는 권능이 없으므로 요역지의 편익에 방해되지 않는 범위에서 승역지 소유자도 승역지를 사용할 수 있고, 지역권에 의해 승역지 소유권의 용익권능이 전면 배제되는 것은 아니다.
② 지역권은 요역지와 분리하여 양도하거나 다른 권리의 목적으로 하지 못한다(제292조 제2항).
③ 통행지역권의 경우에 지역의 대가로서의 지료는 그 요건이 아니다. 그렇지만 통행지역권의 취득시효가 인정되면, 도로가 개설된 상태에서 승역지가 이용되고 또한 다른 사정이 없는 한 그 존속기간에 제한이 없어 승역지 소유자의 승역지에 대한 사용 및 소유권 행사에 상당한 지장을 주게 되므로 그에 따른 불이익에 대하여 승역지 소유자를 적절히 보호할 필요가 있다[2012다17479].
④ 민법 제294조는 지역권은 계속되고 표현된 것에 한하여 같은 법 제245조의 규정을 준용한다고 규정하고 있으므로 점유로 인한 지역권 취득기간의 만료로 통행지역권을 시효취득하려면 요역지의 소유자가 타인의 소유인 승역지 위에 통로를 개설하여 그 통로를 사용하는 상태가 위 제245조에 규정된 기간 동안 계속되어야 한다[90다16283].

통행지역권의 시효취득
① 요역지의 소유자가 승역지상에 통로를 개설하여 승역지를 사용하고 있는 객관적 상태(계속, 표현)가 20년간 계속한 사실이 있어야 한다.
② 자기 토지(요역지)에 통로를 개설한 경우에는 승역지가 타인 소유의 토지임을 전제로 하는 통행지역권이 성립될 여지가 없다.
③ 요역지소유자가 스스로 통로를 개설하지 않는 한 통행지역권을 시효취득하지 못한다.
④ 통로의 개설 없이 일정한 장소를 오랜 시일 통행한 사실만으로는 지역권을 취득할 수 없다.
⑤ 요역지 토지의 불법점유자는 그 토지를 사용할 정당한 권원이 없는 자이므로 주위토지통행권이나 유치권을 취득할수 없고, 통행지역권을 시효취득할 수 없다.
⑥ 시효취득의 경우 승역지의 사용으로 그 소유자가 입은 손해를 보상하여야 한다.

36 ★★★　　　　　　　　　　답 ②

② 전세권이 존속하는 동안은 전세권을 존속시키기로 하면서 전세금반환채권만을 전세권과 분리하여 확정적으로 양도하는 것은 허용되지 않는 것이며, 다만 전세권 존속 중에는 장래에 그 전세권이 소멸하는 경우에 전세금 반환채권이 발생하는 것을 조건으로 그 장래의 조건부 채권을 양도할 수 있을 뿐이라 할 것이다[2001다69122].

① 전세권이 용익물권적 성격과 담보물권적 성격을 겸비하고 있다는 점 및 목적물의 인도는 전세권의 성립요건이 아닌 점 등에 비추어 볼 때, 당사자가 주로 채권담보의 목적으로 전세권을 설정하였고, 그 설정과 동시에 목적물을 인도하지 아니한 경우라 하더라도, 장차 전세권자가 목적물을 사용·수익하는 것을 완전히 배제하는 것이 아니라면, 그 전세권의 효력을 부인할 수는 없다[94다18508].
③ 전세목적물의 소유권이 이전된 경우 민법이 전세권 관계로부터 생기는 상환청구, 소멸청구, 갱신청구, 전세금증감청구, 원상회복, 매수청구 등의 법률관계의 당사자로 규정하고 있는 전세권설정자 또는 소유자는 모두 목적물의 소유권을 취득한 신 소유자로 새길 수밖에 없다고 할 것이므로, 전세권은 전세권자와 목적물의 소유권을 취득한 신 소유자 사이에서 계속 동일한 내용으로 존속하게 된다고 보아야 할 것이고, 따라서 목적물의 신 소유자는 구 소유자와 전세권자 사이에 성립한 전세권의 내용에 따른 권리의무의 직접적인 당사자가 되어 전세권이 소멸하는 때에 전세권자에 대하여 전세권설정자의 지위에서 전세금반환의무를 부담하게 되고,

구 소유자는 전세권설정자의 지위를 상실하여 전세금반환의무를 면하게 된다[99다15122].

④ 전세권이 기간만료로 종료된 경우 전세권은 전세권설정등기의 말소등기 없이도 당연히 소멸하고, 저당권의 목적물인 전세권이 소멸하면 저당권도 당연히 소멸하는 것이므로 전세권을 목적으로 한 저당권자는 전세권의 목적물인 부동산의 소유자에게 더 이상 저당권을 주장할 수 없다[98다31301].

⑤ 전세권을 목적물로 하는 저당권의 설정은 전세권의 목적물 소유자의 의사와는 상관없이 전세권자의 동의만 있으면 가능한 것이고, 원래 전세권에 있어 전세권설정자가 부담하는 전세금반환의무는 전세금반환채권에 대한 제3자의 압류 등이 없는 한 전세권자에 대해 전세금을 지급함으로써 그 의무이행을 다할 뿐이라는 점에 비추어 볼 때, 전세권저당권이 설정된 경우에도 전세권이 기간만료로 소멸되면 전세권설정자는 전세금반환채권에 대한 제3자의 압류 등이 없는 한 전세권자에 대하여만 전세금반환의무를 부담한다고 보아야 한다[98다31301].

더 알아보기

전세권에 대하여 저당권이 설정된 경우

① (용익권능) 전세권이 기간만료로 종료된 경우 전세권은 전세권설정등기의 말소등기 없이도 당연히 소멸하고, 저당권의 목적물인 전세권이 소멸하면 저당권도 당연히 소멸하는 것이므로 전세권을 목적으로 한 저당권자는 전세권의 목적물인 부동산의 소유자에게 더 이상 저당권을 주장할 수 없다.

② 저당권이 설정된 전세권의 존속기간이 만료된 경우에 저당권자는 전세권자의 전세금반환채권에 대하여 압류 및 추심명령 또는 전부명령을 받거나 제3자가 전세금반환채권에 대하여 실시한 강제집행절차에서 배당요구를 하는 등의 방법으로 자신의 권리를 행사할 수 있다.

③ 전세금반환채권에 대한 제3자의 압류 등이 없는 한 전세권설정자는 전세권자에 대해서만 전세금반환의무를 부담한다.

37 ★★★   답 ③

[정답 해설]

③ 수급인의 공사잔금채권이나 그 지연손해금청구권과 도급인의 건물인도청구권은 모두 건물신축도급계약이라는 동일한 법률관계로부터 생긴 것이므로, 수급인의 손해배상채권도 건물에 관해 생긴 채권이며 채무불이행에 의한 손해배상청구권은 원채권의 연장이므로 물건과 원채권 사이에 견련관계가 있으면 그 손해배상채권에 관하여 유치권항변을 내세울 수 있다[76다582].

[오답 해설]

① 유치권이 타물권인 점에 비추어 볼 때 수급인의 재료와 노력으로 건축되었고 독립한 건물에 해당하는 기성부분은 수급인의 소유이므로, 수급인은 공사대금을 지급받을 때까지 이에 대해 유치권을 가질 수 없다[91다14116].

② 어떠한 물건을 점유하는 자는 소유의 의사로 선의 평온 및 공연하게 점유한 것으로 추정될 뿐만 아니라 점유자가 점유물에 대하여 행사하는 권리는 적법하게 보유하는 것으로 추정되므로 점유물에 대한 유익비상환청구권을 기초로 하는 유치권의 주장을 배척하려면 적어도 그 점유가 불법행위로 인하여 개시되었거나 유익비지출 당시 이를 점유할 권원이 없음을 알았거나 이를 알지 못함이 중대한 과실에 기인하였다고 인정할만한 사유의 상대방 당사자의 주장입증이 있어야 한다[66다600, 601].

④ 부동산 경매절차에서의 매수인(경락인)은 민사집행법 제91조 제5항에 따라 유치권자에게 그 유치권으로 담보하는 채권을 변제할 책임이 있는 것이 원칙이나, 채무자 소유의 건물 등 부동산에 경매개시결정의 기입등기가 경료되어 압류의 효력이 발생한 후에 채무자가 위 부동산에 관한 공사대금 채권자에게 그 점유를 이전함으로써 그로 하여금 유치권을 취득하게 한 경우, 점유자로서는 위 유치권을 내세워 그 부동산에 관한 경매절차의 매수인에게 대항할 수 없다. 그러나 이러한 법리는 경매로 인한 압류의 효력이 발생하기 전에 유치권을 취득한 경우에는 적용되지 아니하고, 유치권 취득시기가 근저당권설정 후라거나 유치권 취득 전에 설정된 근저당권에 기하여 경매절차가 개시되었다고 하여 달리 볼 것은 아니다[2008다70763].

⑤ 민법 제321조는 '유치권자는 채권 전부의 변제를 받을 때까지 유치물 전부에 대하여 그 권리를 행사할 수 있다.'고 규정하고 있으므로, 유치물은 그 각 부분으로써 피담보채권의 전부를 담보하며, 이와 같은 유치권의 불가분성은 그 목적물이 분할 가능하거나 수개의 물건인 경우에도 적용된다. 다세대주택의 창호 등의 공사를 완성한 하수급인이 공사대금채권 잔액을 변제받기 위하여 위 다세대주택 중 한 세대를 점유하여 유치권을 행사하는 경우, 그 유치권은 위 한 세대에 대하여 시행한 공사대금만이 아니라 다세대주택 전체에 대하여 시행한 공사대금채권의 잔액 전부를 피담보채권으로 하여 성립한다[2005다16942].

정답 해설

⑤ 금전채권의 채무자가 채권자에게 담보를 제공한 경우 특별한 사정이 없는 한 채권자는 채무자로부터 채무를 모두 변제받은 다음 담보를 반환하면 될 뿐 채무자의 변제의무와 채권자의 담보 반환의무가 동시이행관계에 있다고 볼 수 없다. 따라서 채권자가 채무자로부터 제공받은 담보를 반환하기 전에도 특별한 사정이 없는 한 채무자는 이행지체 책임을 진다[2019다247651].

더 알아보기

질권과 저당권의 비교

구분	질권	저당권
공통점	물적 담보, 원칙적으로 약정담보물권(부종성·수반성·물상대위성·불가분성), 경매신청권, 우선변제권	
공시방법	목적물 인도(유가증권은 증권의 교부 또는 배서·교부)	등기·등록
목적물 점유	요함	요하지 않음(목적물 점유 요부가 양자의 기본적 차이이다)
객체(목적·목적물)	양도가능한 동산과 일정한 재산권(지상권·전세권·부동산임차권 등을 제외한 채권·무체재산권·질권)	등기로 공시되는 부동산 소유권·지상권·전세권, 광업권·어업권. 등기·등록으로 공시되는 일정한 동산과 재단
사회적 기능	서민금융수단	투자수단
규율의 중점	채무자 보호(유질계약 금지)	저당권자의 지위확보(유저당계약 허용)
투하자본의 회수방법	전질	저당권부 채권의 양도·입질
피담보채권의 범위제한	원칙적으로 1개 물건에 1개 질권이 설정되므로 제한이 없다(제334조-'지연배상은 1년분에 한한다'는 제한이 없고 다른 약정 가능)	1개 물건에 다수의 저당권이 설정될 수 있으므로 후순위자 보호를 위해 피담보채권의 범위를 제한한다(제360조)
목적물의 범위	부합물과 질권자가 점유하고 있는 종물에 미치고 과실수취권 있음	부합물·종물에 미치고 저당부동산의 압류 후에는 과실에도 미침
권리실행 방법	경매·간이변제충당(채권질권은 직접청구·강제집행)	담보권실행을 위한 경매와 유저당
효력	우선변제적·유치적 효력	우선변제적 효력
우선변제적 효력의 내용	우선변제 충당 가능	목적물 강제집행 후 순위에 따라 상대적 우선변제
목적물 사용·수익	보존에 필요한 사용과 채무자 승낙시의 사용·대여 가능(담보가치=교환가치+사용가치)	불가(담보가치=교환가치)
담보권자의 의무	선관의무와 채권소멸시의 목적물반환의무(비용상환청구권)	없음
목적물침해에 대한 구제	점유보호청구권과 질권에 기한 물권적 청구권[多]	저당권에 기한 방해제거·예방청구권(설정자 유책사유시의 담보물보충청구권은 공통적)
특별소멸 사유	질권자의 목적물반환[多], 질권설정자의 소멸청구	적용 안됨
기타	공신의 원칙 내지 선의취득, 유질계약금지, 변제시까지의 목적물 유치, 심리적 압박에 의한 간접적 변제촉구는 질권에만 해당한다.	
저당권의 우월성		채무자가 담보목적물을 사용·수익할 수 있고, 그 수익으로 변제자금을 마련할 수 있다. 기업재산의 경우 신용매개·투자매개 기능이 특히 크다. 등기·등록 등 공시방법이 확실하다. 동산이나 재단의 등기·등록제도를 마련함으로써 그에 대한 저당권 설정이 가능하다.

정답 해설

① 근저당권이 설정된 후에 그 부동산의 소유권이 제3자에게 이전된 경우에는 현재의 소유자가 자신의 소유권에 기하여 피담보채무의 소멸을 원인으로 그 근저당권설정등기의 말소를 청구할 수 있음은 물론이지만, 근저당권설정자인 종전의 소유자도 근저당권설정계약의 당사자로서 근저당권설정등기의 말소를 구할 수 있는 계약상 권리가 있다[93다16338 전합].

오답 해설

② 저당권의 피담보채무의 범위에 관하여 민법 제360조가 지연배상에 대하여는 원본의 이행기일을 경과한 후의 1년분에 한하여 저당권을 행사할 수 있다고 규정하고 있는 것은 저당권자의 제3자에 대한 관계에서의 제한이며 채무자나 저당권설정자가 저당권자에 대하여 대항할 수 있는 것이 아니다[90다8855].

③ 근저당권은 원본, 이자, 위약금, 채무불이행으로 인한 손해배상 및 근저당권의 실행비용을 담보하는 것이며, 이것이 근저당에 있어서의 채권최고액을 초과하는 경우에 근저당권자로서는 그 채무자 겸 근저당권설정자와의 관계에 있어서는 그 채무의 일부인 채권최고액과 지연손해금 및 집행비용만을 받고 근저당권을 말소시켜야 할 이유는 없을 뿐 아니라, 채무금 전액에 미달하는 금액의 변제가 있는 경우에 이로써 우선 채권최고액 범위의 채권에 변제충당한 것으로 보아야 한다는 이유도 없으니 채권 전액의 변제가 있을 때까지 근저당의 효력은 잔존채무에 여전히 미친다고 할 것이다[2010다3681].

④ 민법 제370조, 제342조에 의한 저당권자의 물상대위권의 행사는 구 민사소송법(2002. 1. 26. 법률 제6626호로 전문 개정되기 전의 것) 제733조에 의하여 담보권의 존재를 증명하는 서류를 집행법원에 제출하여 채권압류 및 전부명령을 신청하거나, 구 민사소송법 제580조에 의하여 배당요구를 하는 방법에 의하여 하는 것이고, 이는 늦어도 구 민사소송법 제580조 제1항 각 호 소정의 배당요구의 종기까지 하여야 하는 것으로 그 이후에는 물상대위권자로서의 우선변제권을 행사할 수 없다고 하여야 할 것이다[2002다13539].

⑤ 미곡 등 대체물채권의 담보인 저당권의 채권액은 당사자 사이에서 정한 채권의 당초 변제기일의 시가로 산정한 가격을 채권액으로 볼 것이고, 그 변제기일에서의 산정가격이 부동산등기법 제143조에 따라 기재된 채권의 가격을 초과할 때는 그 초과분에 대하여는 채권자가 다른 채권자에 대하여 우선권을 행사할 수 없을 뿐이다[74마136].

정답 해설

④ 저당권은 피담보채권과 분리하여 양도하지 못하는 것이어서 저당권의 양도에 있어서도 물권변동의 일반원칙에 따라 저당권을 이전할 것을 목적으로 하는 물권적 합의와 등기가 있어야 저당권이 이전된다고 할 것이나, 이 때의 물권적 합의는 저당권의 양도ㆍ양수받는 당사자 사이에 있으면 족하고 그 외에 그 채무자나 물상보증인 사이에까지 있어야 하는 것은 아니라 할 것이고, 단지 채무자에게 채권양도의 통지나 이에 대한 채무자의 승낙이 있으면 채권양도를 가지고 채무자에게 대항할 수 있게 되는 것이다[2002다15412].

오답 해설

① 저당권의 효력은 저당부동산에 대한 압류(경매개시결정의 송달 또는 등기)가 있은 후에 저당권설정자가 그 부동산으로부터 수취한 과실 또는 수취할 수 있는 과실에 미친다(제359조 본문).

② 피담보채권을 저당권과 함께 양수한 자는 저당권이전의 부기등기를 마치고 저당권실행의 요건을 갖추고 있는 한 채권양도의 대항요건을 갖추고 있지 아니하더라도 경매신청을 할 수 있다[2004다29279].

③ 후순위 근저당권자가 경매를 신청한 경우 선순위 근저당권의 피담보채권은 그 근저당권이 소멸하는 시기, 즉 경락인이 경락대금을 완납한 때에 확정된다고 보아야 한다[99다26085].

⑤ 부동산등기법 제149조는 같은 법 제145조의 규정에 의한 공동담보등기의 신청이 있는 경우 각 부동산에 관한 권리에 대하여 등기를 하는 때에는 그 부동산의 등기용지 중 해당 구 사항란에 다른 부동산에 관한 권리의 표시를 하고 그 권리가 함께 담보의 목적이라는 뜻을 기재하도록 규정하고 있지만, 이는 공동저당권의 목적물이 수 개의 부동산에 관한 권리인 경우에 한하여 적용되는 등기절차에 관한 규정일 뿐만 아니라, 수 개의 저당권이 피담보채권의 동일성에 의하여 서로 결속되어 있다는 취지를 공시함으로써 권리관계를 명확히 하기 위한 것에 불과하므로, 이와 같은 공동저당관계의 등기를 공동저당권의 성립요건이나 대항요건이라고 할 수 없다[2008다57746].

제2과목 | 경제학원론

01	02	03	04	05	06	07	08	09	10
④	④	④	③	①	④	②	②	②	①
11	12	13	14	15	16	17	18	19	20
③	④	②	②	④	④	③	②	②	①
21	22	23	24	25	26	27	28	29	30
②	⑤	④	⑤	①	③	②	⑤	⑤	③
31	32	33	34	35	36	37	38	39	40
④	③	②	②	②	②	①	①	①	⑤

01 ★☆☆

답 ④

정답 해설

수요의 가격탄력성이란 어떤 재화가격이 변화할 때 그 재화의 수요량이 얼마나 변하는가를 나타내는 지표로서 수요량의 변화율을 가격의 변화율로 나눈 수치로 구해진다.

$\varepsilon_P = -\dfrac{\Delta Q_D/Q_D}{\Delta P/P} = -\dfrac{\Delta Q_D}{\Delta P} \cdot \dfrac{P}{Q_D} = 2\dfrac{P}{10-2P} = 1$을 만족하는 P를 계산하면 $P=2.5$가 도출된다.

02 ★☆☆

답 ④

정답 해설

평균비용 $AC = \dfrac{TC}{Q} = \dfrac{100}{Q} + Q$, 한계비용 $MC = 2Q$이므로 $Q=10$일 때 두 비용은 모두 20으로 같다.

오답 해설

① $AVC = Q$이므로 평균가변비용곡선은 직선이다.

② $AFC = \dfrac{100}{Q}$이므로 평균고정비용곡선은 직각쌍곡선이다.

③ $MC = 2Q$이므로 한계비용곡선은 직선이다.

⑤ 평균비용 $AC = \dfrac{TC}{Q} = \dfrac{100}{Q} + Q$의 최솟값은 $Q=10$일 때의 값 20이다.

03 ★★★

답 ④

정답 해설

$Max U(L, Y) = \sqrt{L} + \sqrt{Y}$, $s.t. w(24-L) = Y$를 풀면 주어진 소득 하에서 효용을 극대화하는 여가(L) 및 복합재(Y)의 값을 구할 수 있다.

$\dfrac{M_L}{M_Y} = \dfrac{\dfrac{1}{2\sqrt{L}}}{\dfrac{1}{2\sqrt{L}}} = \dfrac{\sqrt{Y}}{\sqrt{L}} = \dfrac{P_L}{P_Y} = \dfrac{w}{1}$일 때 주어진 효용이 극대화되므로 $Y = w^2 L$을 제약식 $s.t. w(24-L) = Y$에 대입하면

$L = \dfrac{24}{w+1}$이 도출된다. 따라서 시간당 임금 w가 3에서 5로 상승할 때, 효용을 극대화하는 甲의 여가시간은 6에서 4로 2만큼 감소한다.

04 ★★☆

답 ③

정답 해설

시장균형 생산량은 역공급함수 $P = 440 + Q$와 역수요함수 $P = 1200 - Q$가 만나는 지점인 $Q = 380$이다. 사회적 최적 수준의 생산량은 역공급함수 $P = 440 + Q$와 외부한계편익을 고려한 사회 전체의 수요함수인

$P = $ 역수요함수 $+ EMB = 1260 - 1.05Q$가 만나는 지점인 $Q = 400$이다. 정부가 X재를 사회적 최적수준으로 생산하도록 단위당 보조금을 S만큼 지급한다면 공급함수는

$P = 440 + Q - S$이며 수요함수인 $P = 1200 - Q$이 만나는 지점이 사회적 최적 수준인 $Q = 400$이 되도록 하는 $S = 40$이다.

05 ★★★

답 ①

정답 해설

$Min C = 3L + 5K$, $s.t. 4L + 8K = 120$를 풀면 재화 120을 생산하기 위해 비용을 최소화하는 요소 묶음을 도출할 수 있다. 두 식 모두 $L-K$평면에서 직선이므로 $3L + 5K$가 최소화되기 위해서는 두 직선 중 비용곡선의 기울기(의 절댓값)가 더 크므로 $L=0$, $K=15$여야 한다.

06 ★★★   답 ④

정답 해설

독점기업은 $MR=MC$인 지점에서 생산량을 결정하며 수요곡선 상에서 가격을 결정한다. 따라서 모든 소비자를 대상으로 이윤을 극대화하는 가격을 설정해서 판매한다면 $MR'=90-4Q=MC=10$인 $Q=20$이며 이 때의 $P=90-2Q=50$이다.

원래의 수요함수 $Q=45-\frac{1}{2}P$에서 20만큼이 제외된 새로운 수요함수는 $Q'=25-\frac{1}{2}P'$이므로 $MR'=50-4Q'=MC=10$인 $Q'=10$이며 이 때의 $P'=30$이다.

07 ★★☆   답 ②

정답 해설

X재 가격이 12, Y재 가격이 1일 경우, $MaxU(x, y)=xy$, $s.t.12x+y=96$을 풀어서 X재와 Y재의 소비량을 구할 수 있다.

$\frac{M_X}{M_Y}=\frac{y}{x}=\frac{P_X}{P_Y}=\frac{12}{1}$이므로 $y=12x$를 제약식에 대입하면 $x=4$, $y=48$이 도출된다.

X재 가격이 3, Y재 가격이 1일 경우, $MaxU(x, y)=xy$, $s.t.3x+y=96$을 풀어서 X재와 Y재의 소비량을 구할 수 있다.

$\frac{M_X}{M_Y}=\frac{y}{x}=\frac{P_X}{P_Y}=\frac{3}{1}$이므로 $y=3x$를 제약식에 대입하면 $x=16$, $y=48$이 도출된다. 따라서 X재 소비량은 증가하고 Y재 소비량은 변하지 않는다.

08 ★★★   답 ②

정답 해설

가격 상한 설정 이전에는 X재 시장의 수요곡선 $Q_D=500-4P$와 공급곡선 $Q_S=-100+2P$이 만나는 지점인 $P=100$, $Q=100$에서 균형이 성립한다.

이 때의 소비자잉여는 $25\times100\times\frac{1}{2}=1250$이며

생산자잉여는 $50\times100\times\frac{1}{2}=2500$이다.

가격 상한 설정 이후에는 $P=80$의 수준에서 수요가 180이고 공급이 60이므로 $Q=60$의 수준에서 생산이 이루어진다.

이 때의 소비자잉여는 $(45+30)\times60\times\frac{1}{2}=2250$이며

생산자잉여는 $30\times60\times\frac{1}{2}=900$이다.

따라서 소비자잉여는 증가하고 생산자잉여는 감소한다.

09 ★☆☆   답 ②

정답 해설

완전경쟁시장에서 기업은 $P\geq AVC$를 만족하는 범위에서 $P=MC$를 만족하는 생산계획을 세우므로,

$P=1=MC=\frac{wq}{100}$, $w=4$를 만족하는 단기공급량으로는 $q=25$가 도출된다.

10 ★★☆   답 ①

정답 해설

ㄱ. [○] 甲의 효용함수는 레온티에프 효용함수이고 X재와 Y재는 완전 보완재이므로 X재 가격이 하락하더라도 대체효과는 발생하지 않는다.

ㄴ. [○] $MaxU(x, y)=\min[x, y]$를 위해서는 $x=y$가 성립해야 하므로, X재 가격 하락 이전에는 $x=y=90$이 甲의 효용을 극대화하는 소비량이다. X재 가격만 8로 하락할 경우 $8x+10y=1800$, $x=y$를 만족하는 $x=y=100$이 甲의 효용을 극대화하는 소비량이다. 따라서 X재 소비량의 변화는 100이며 그 중 대체효과가 0이므로 소득효과는 100이다.

오답 해설

ㄷ. [×] 한계대체율은 효용함수에 의해 결정되는데, 효용함수는 변하지 않으므로 한계대체율도 변하지 않는다.

ㄹ. [×] X재 가격 하락 이전에는 $x=y=90$, X재 가격 하락 이후에는 $x=y=100$이므로 X재 소비와 Y재 소비는 모두 증가한다.

11 ★★☆   답 ③

정답 해설

완전경쟁시장에서 소비자잉여는 $(70-10)\times100\times\frac{1}{2}=3000$

이며, 독점시장에서 소비자잉여는 $(70-40)\times50\times\frac{1}{2}=750$

이고 생산자잉여는 $(40-10)\times50=1500$이다. 완전경쟁시장에서의 사회적 후생과 독점시장에서의 사회적 후생의 차이인 750은 자중손실로 사라지는 잉여이므로, 소비자로부터 독점기업에게 이전되는 후생의 크기는 독점시장에서 생산자잉여의 크기인 1500이다.

12 ★★☆ 답 ④

정답 해설

a=4와 같이 a<5인 값을 대입해 보면 (인하, 인하)가 유일한 내쉬균형으로 도출된다.

오답 해설

① a>5 이면, (인상, 인상), (인하, 인하)가 모두 내쉬균형이다.
② −1<a<5 이면, 甲의 우월전략은 인하이다. 기업은 서로 담합하는 것이 아니라 가격인하 경쟁을 하게 된다.
③ a<−5 이면, (인하, 인하)가 유일한 내쉬균형이다.
⑤ a=5인 경우 내쉬균형은 (인상, 인상), (인하, 인하)이며, a<5인 경우 내쉬균형은 (인하, 인하)이다.

13 ★★☆ 답 ②

정답 해설

ㄱ. [○] 공공재의 사회적 한계편익곡선은 각 개인의 수요함수를 수직합해서 도출되므로, $P=220-2Q$이다.
ㄷ. [○] 공공재 생산의 한계비용이 50일 때, $50=140-Q$를 만족하는 $Q=90$이다.

오답 해설

ㄴ. [×] $80<Q$일 때 甲은 공공재를 소비하지 않으므로 공공재의 사회적 한계편익곡선은 乙의 수요함수인 $P=140-Q$이다.
ㄹ. [×] 공공재 생산의 한계비용이 70일 때, $70=220-2Q$를 만족하는 $Q=75$이다.

14 ★★☆ 답 ②

정답 해설

ㄱ. [○] 가격 변화 전 두 재화의 가격이 $P_X=4$, $P_Y=2$라면, $P_X x + P_Y y = 4 \times 2 + 2 \times 6 \leq 24$이므로 甲은 가격 변화 전 B를 선택할 수 있었다.
ㄷ. [○] ㄱ에 따라 가격 변화 전 B를 선택할 수 있었음에도 불구하고 A를 선택한 것은 A를 B보다 현시선호한다는 의미이다. 하지만 재화가격이 바뀐 후, 동일하게 A와 B를 모두 선택할 수 있는데 B를 선택한 것은 B를 A보다 현시선호한다는 의미이다. 현시선호의 약공리는 만약 한 상품묶음 Q_0가 상품묶음 Q_1보다 현시선호되면 어떠한 경우에라도 Q_1은 Q_0보다 현시선호될 수 없다는 공리이므로, 甲의 선택은 현시선호 약공리를 만족하지 못한다.

오답 해설

ㄴ. [×] 가격 변화 후 두 재화의 가격이 $P_X=3$, $P_Y=3$ 이라면 $P_X x + P_Y y = 3 \times 5 + 3 \times 1 \leq 24$이므로 甲은 가격 변화 전 A를 선택할 수 있었다.

ㄹ. [×] 일반적으로 효용을 극대화하는 합리적인 소비자의 선택은 현시선호의 약공리를 만족한다. 이 문제에서는 약공리가 만족되지 못하므로 효용을 극대화하는 소비를 하고 있다고 보기는 어렵다.

15 ★☆☆ 답 ④

정답 해설

ㄴ. [○] P_C가 증가할 때 Q_D가 감소하므로 맥주는 치킨의 보완재이다.
ㄷ. [○] 식에 따르면 P_C가 증가할 때 Q_D가 감소한다.

오답 해설

ㄱ. [×] I가 증가할 때 Q_D가 증가하므로 맥주는 열등재가 아닌 정상재이다.

16 ★★★ 답 ④

정답 해설

완전경쟁시장의 장기균형은 (1) $P=LMC$로 한계수입과 한계비용이 일치하여 기업들이 산출량을 변경할 유인이 없으며, (2) $P=LAC$로 무이윤이 성립하여 신규기업의 진입 또는 기존기업의 이탈의 유인이 없으며, (3) $D=S$로 시장 전체의 수요와 공급이 일치하여 가격이 상승, 하락할 이유가 없어진 상태를 뜻한다. 개별 기업 입장에서 조건1과 2를 합하면 $P=LMC=LAC$이므로, 문제의

$$LAC(q)=40-6q+\frac{1}{3}q^2=LMC(q)=40-12q+q^2$$를 만족

하는 $q=9$가 개별기업의 생산량이 될 것이며, 이를 다시 식에 대입하여 도출된 $P=13$이 시장 가격이 된다.

$D(P)=2,200-100P$이므로 $P=13$일 때의 시장 균형 생산량 $Q=900$이며 동일한 비용구조를 갖는 기업은 동일한 가격에서 동일한 양을 생산하므로 $Q=q \times$ 기업의 수가 된다. 따라서 시장에 존재하는 기업의 수는 100이 된다.

17 ★★★ 답 ③

정답 해설

기업의 비용극소화 의사결정은 $minC=wL+rK\ s.t.$ $Q=5L^{0.5}K^{0.5}$이다. $MRTS_{LK}=\dfrac{K}{L}=\dfrac{w}{r}$이며 이를 제약식에 대입해서 정리하면 $L=\dfrac{1}{5}\sqrt{\dfrac{r}{w}}Q$, $K=\dfrac{1}{5}\sqrt{\dfrac{w}{r}}Q$가 도출된다. 이렇게 정리된 L과 K를 목적식에 대입하면 $C=\dfrac{2}{5}\sqrt{wr}Q$의 비용함수가 도출된다. 따라서 $MC=AC=\dfrac{2}{5}\sqrt{wr}$이므로 평균비용과 한계비용은 생산량의 증가와 무관하게 일정하다.

정답 해설

ㄱ. [○] 한계대체율은 무차별곡선의 기울기로서,

$MRS_{XY} = \dfrac{M_X}{M_Y}$이다. 두 소비자의 효용함수가

$U(x, y) = xy$라면 한계대체율$= \dfrac{y}{x}$이므로 초기부존에서

甲의 한계대체율 $= \dfrac{5}{10} = 0.5$,

乙의 한계대체율 $= \dfrac{10}{5} = 2$이다.

ㄷ. [○] 甲의 수요곡선은

$maxU_甲 = x_甲y_甲, \; s.t. p_x x_甲 + p_x x_甲 = 10p_x + 5p_y$를 통해

$x_甲 = \dfrac{10p_x + 5p_y}{2p_x}, \; y_甲 = \dfrac{10p_x + 5p_y}{2p_y}$로 도출된다.

마찬가지 방법으로, 乙의 수요곡선은 $x_乙 = \dfrac{5p_x + 10p_y}{2p_x}$,

$y_乙 = \dfrac{5p_x + 10p_y}{2p_y}$로 도출된다.

왈라스법칙에 의하면 두 시장 중 한 시장만 균형을 이루면 나머지 시장은 자동으로 균형을 이루므로, x재에 대한 A와 B의 초과수요곡선을 구한 뒤 초과수요의 합이 0이 되도록 하는 가격 체계를 찾으면 된다.

$Z_x{}^甲 + Z_x{}^乙 = \left(\dfrac{10p_x + 5p_y}{2p_x} - 10\right) + \left(\dfrac{5p_x + 10p_y}{2p_x} - 5\right) = 0$을

만족하는 가격체계는 $\dfrac{p_x}{p_y} = 1$이다.

따라서 X재 가격이 1일 때, Y재 가격은 1이 된다.

오답 해설

ㄴ. [×] 초기부존에서 甲과 乙의 효용은 각각 50이다. 甲의 X 재 1단위와 乙의 Y재 2단위가 교환된다면 甲의 효용은 63, 乙의 효용은 48이 되어 甲에게는 이득이지만 乙에게는 손해이므로 파레토 개선이 아니다.

ㄹ. [×] $x_甲 = \dfrac{10p_x + 5p_y}{2p_x}, \; y_甲 = \dfrac{10p_x + 5p_y}{2p_y}$이며 일반균형에서

$\dfrac{p_x}{p_y} = 1$이므로 甲의 X재 소비량과 Y재 소비량은 모두 7.5 이다.

정답 해설

완전경쟁시장에서 공급곡선이 완전 비탄력적이라면 정부가 세금을 부과할 때 그 세금은 모두 공급자 측에 귀착된다. 따라서 판매자가 받는 가격만 제품 1단위당 4만큼 감소하여 16이 되고, 구입자가 내는 가격은 시장 균형가격인 20과 동일하다.

정답 해설

자본투입을 늘리고 노동투입을 줄일 경우 생산성도 높아지고 비용도 줄어들기 때문에 동일한 양의 최종생산물을 산출하면서도 비용을 줄일 수 있다.

정답 해설

ㄱ. [○] 시장가격이 50인데 평균비용이 55이기 때문에 $\pi = TR - TC$는 음수이므로 손실이 발생하고 있다.

ㄷ. [○] 시장가격이 50이고 평균가변비용은 45이므로 총수입으로 가변비용을 모두 충당하고 있다.

오답 해설

ㄴ. [×] 가격이 평균가변비용보다 낮다면 조업을 중단하는 것이 낫지만, 시장가격이 50이고 평균가변비용은 45이기 때문에 조업을 계속하는 것이 낫다.

ㄹ. [×] 시장가격이 50이고 평균비용은 55이므로 총수입으로 고정비용을 모두 충당하지는 못한다.

정답 해설

기업이 임금을 낮출 경우 생산성이 높은 노동자는 더 높은 임금을 주는 곳으로 이직할 확률이 높으므로 생산성이 낮은 노동자가 기업에 남을 확률이 더 높다.

정답 해설

$Q = AL^{0.75}K^{0.25}$를 전미분하면 $\widetilde{Q} = \widetilde{A} + 0.75\widetilde{L} + 0.25\widetilde{K}$가 된다. 이 때 $\widetilde{L} = 10\%$, $\widetilde{K} = 10\%$, $\widetilde{A} = 10\%$를 대입하면 $\widetilde{Q} = 20\%$ 가 도출되므로 생산량은 20% 증가한다.

오답 해설

① 자본탄력성 $\varepsilon_K = \dfrac{dY}{dK}\dfrac{K}{Y}$로 정의되므로 문제의 생산함수를 대입하여 계산하면 0.25이다.

② 노동분배율은 0.75이고, 자본분배율은 0.25이므로 노동분배율은 자본분배율보다 크다.

③ A는 기술진보 등을 포함하는 총요소생산성을 의미한다.

⑤ L과 K를 각각 두 배로 증가시키면 Q도 두 배로 증가하므로, $Q = AL^{0.75}K^{0.25}$는 1차 동차의 규모수익불변인 생산함수이다.

24 ★☆☆　　　　　　　　　　　　　　📘 ⑤

정답 해설

사람들은 금기에 사용할 수 있는 모든 정보를 사용하여 합리적이고 효율적으로 항상소득을 예측하므로, 우리가 사용할 수 있는 정보로 예측할 수 없는 일이 벌어지지 않는 한 소비는 일정하게 유지되며, 소비는 예측할 수 없는 사건에 의해서만 변화한다는 것이 임의보행가설이다. 따라서 임의보행가설에 따르면 소비의 변화는 현재 사용할 수 있는 정보로는 예측할 수 없다.

25 ★★☆　　　　　　　　　　　　　　📘 ①

정답 해설

테일러 준칙은 중앙은행이 명시적, 묵시적으로 따르는 금리결정방식으로, 적극적 준칙의 사례이다. 대표적인 테일러 준칙의

형태는 $i = \pi + a + \alpha(\pi - \pi^*) - \beta\dfrac{(y^* - y)}{y^*}$

(단, i는 명목이자율, π는 인플레이션율, π^*는 목표 인플레이션율, y는 실제 GDP, y^*는 잠재 GDP, $\alpha > 0$, $\beta > 0$이다)
인플레이션갭과 산출량갭이 확대되면

$(\pi - \pi^*)$와 $\dfrac{(y - y^*)}{y^*}$의 크기가 커지므로 테일러 준칙에 따르면

정책금리를 인상하게 된다.

오답 해설

④ 지급준비율을 인하할 경우 시중 통화량이 증가해 인플레이션갭과 산출량갭이 더 확대되므로 적절한 중앙은행의 정책이 아니다.

26 ★★☆　　　　　　　　　　　　　　📘 ③

정답 해설

황금률 균제상태란 수많은 균제상태 중 1인당 소비를 극대화하는 상태이므로 $\max c^* = f(k^*) - (\delta + n)k^*$를 만족하는 1인당 자본량이 황금률의 자본량이 된다.

$\dfrac{\partial c^*}{\partial k^*} = MP_K - (\delta + n) = 0$일 때 1인당 소비가 극대화되며 인구

증가가 없어 $n = 0$이므로, 황금률 균제상태가 달성되는 조건은 자본의 한계생산이 감가상각률과 같을 때이다.

27 ★★☆　　　　　　　　　　　　　　📘 ②

정답 해설

ㄴ. [○] 유동성함정은 화폐수요가 이자율에 대해 극단적으로 탄력적인 경우를 의미하므로 LM곡선이 수평선이다.

ㄹ. [○] 유동성함정은 화폐수요의 이자율탄력성이 무한대여서 추가적인 화폐공급이 이자율을 하락시키지 못하고 모두 화폐수요로 흡수되는 경우를 뜻한다.

오답 해설

ㄱ. [×] 유동성함정과 IS곡선의 기울기는 직접적인 연관성이 없다. IS곡선은 수직일 수도, 수평일 수도, 우하향할 수도 있다.

ㄷ. [×] 유동성함정에 빠질 경우 재정정책의 효과가 강력해지고 통화정책의 효과는 무력해진다.

28 ★★★　　　　　　　　　　　　　　📘 ⑤

정답 해설

주어진 자료로는 구매력평가 환율만을 구할 수 있을 뿐 명목환율을 구할 수 없으므로 판단할 수 없는 보기이다.

오답 해설

① 빅맥의 원화가격은 5,000원에서 5,400원으로 변화했으므로 8% 상승했다.

② 빅맥의 1달러당 원화 가격은 1,000원에서 900원으로 변화했으므로 10% 하락했다.

③ 환율의 하락은 원화의 평가절상을 의미하므로, 달러 대비 원화의 가치는 10% 상승했다.

④ 구매력평가설이 성립한다면 실질환율은 항상 1이므로 실질환율은 두 기간 사이에 변하지 않았다.

29 ★★★　　　　　　　　　　　　　　📘 ⑤

정답 해설

ㄱ. [○] 피셔방정식에 따르면 $i = r + \pi$의 관계가 성립하므로, 한국의 명목이자율은 3%이고 물가상승률은 ㄴ에 따르면 3%이므로 실질이자율은 0%이다. 미국의 명목이자율은 2%이고 물가상승률은 2%이므로 실질이자율은 0%고, 따라서 한국과 미국의 실질이자율은 같다.

ㄷ. [○] 이자율평가설이 성립할 경우 $i = i^* + \dfrac{e^e_{+1} - e}{e}$의 관계

가 성립한다.(단, i는 국내 이자율, i^*는 해외 이자율, e^e_{+1}는 다음 기 예상 환율, e는 현재의 환율) 문제에서 주어진

값들을 각각 대입하면 $0.03 = 0.02 + \dfrac{e^e_{+1} - 1,000}{1,000}$을 만족

하는 $e^e_{+1} = 1,010$으로 도출된다.

ㄴ. [○] ㄷ에서 도출한 바에 따르면 $\dfrac{\Delta e}{e} = 0.01$이고 미국의 물

가상승률이 2%로 $\dfrac{\Delta P^*}{P} = 0.02$이므로 $\dfrac{\Delta P}{P} = 0.03$으로 도

출된다.
따라서 한국의 물가상승률은 3%로 예상된다.

30 ★★☆   달 ③

정책무력성명제란, 합리적 기대를 가정하고 물가가 신축적이라면 사전에 예상된 정책은 실질변수에 영향을 미치지 못하게 되는 것을 뜻한다. 총공급충격에 의한 스태그플레이션은 외부충격으로 인해 AS곡선이 좌측으로 이동하는 것이므로 정책무력성명제와 무관하다.

31 ★☆☆   달 ④

소비자 甲의 예산제약식은 $C_1 + \dfrac{C_2}{1+r} = W + Y_1 + \dfrac{Y_2}{1+r}$ 이므로, 문제에서 주어진 값들을 대입하면

$800 + \dfrac{C_2}{1+0.02} = 200 + 1{,}000 + \dfrac{300}{1+0.02}$ 이다.

이를 만족하는 $C_2 = 708$ 이다.

32 ★☆☆   달 ③

개방경제에서 $Y = C + I + G + X - M$ 이 성립하므로,
문제에서 주어진 조건들을 대입하면
$Y = 300 + 200 + 100 + 150 - 150 = 600$ 이다.
문제에는 세금에 대한 정보가 직접적으로 주어지지 않았지만,
$T = Y - C - S_P = 600 - 300 - 250 = 50$ 이므로
재정수지는 $T - G = -50$ 이다.

33 ★☆☆   달 ②

② 고정환율제도에서는 정부지출 증가로 인해서 IS가 우측으로 이동하며, 외환 초과공급 상태를 벗어나기 위해 통화량이 증가해 LM도 우측으로 이동하므로 국민소득이 증가한다.

① 환율제도와 무관하게 A국의 이자율은 일정하게 유지된다.
③ 변동환율제도에서는 A국의 국민소득이 유지된다.
④ 고정환율제도에서는 환율이 고정되어 있고 정부지출확대로 Y가 증가하므로 A국의 경상수지는 악화된다.
⑤ 변동환율제도에서는 외환 초과공급 상태가 환율하락으로 조정되므로 A국의 통화는 평가절상되어 통화가치가 상승한다.

34 ★★☆   달 ②

통화공급을 150만큼 늘리기 위한 중앙은행의 본원통화 증가분을 구하려면 통화승수를 도출해야 한다.

통화승수는 $m = \dfrac{cr+1}{cr+rr}$ 이므로

(단, cr은 현금예금비율, rr은 지급준비율이다)

문제의 주어진 값들을 대입하면 $m = \dfrac{1+1}{1+1/3} = \dfrac{3}{2}$ 이 도출된다.

따라서 통화공급을 150만큼 늘리기 위한 본원통화의 증가분은 100이다.

35 ★☆☆   달 ②

소규모 개방경제에서는 $Y = C + I + NX$가 성립하므로, 주어진 조건들을 대입하면 $100 = 60 + (40 - 10) + (12 - 2\varepsilon)$이 된다.
이를 만족하는 실질환율은 $\varepsilon = 1$이다.

36 ★★★   달 ②

개방경제모형에서는 $Y = C + I + G + (X - M)$이 성립한다. 먼저 정부지출과 세금이 변화하기 전의 균형국민소득과 경상수지를 구하면, $Y = [400 + 0.75(Y - T)] + 200 + G + 500 - [200 + 0.25(Y - T)]$로,
정리해서 $Y = 1{,}800 - T + 2G$, $X - M = 300 - 0.25(Y - T)$가 도출된다. 만약 정부지출과 세금을 똑같이 100만큼 늘리면, Y는 100만큼 증가하며 Y와 T가 모두 100만큼 증가하므로 경상수지 $X - M$는 불변이다.

37 ★☆☆   달 ④

케인즈의 국민소득결정모형에서는 $Y = C + I + G$가 성립한다. 정부지출이 10일 때의 균형국민소득은 $Y = 0.7Y + 80 + 10$에서 $Y = 300$이 도출된다. 정부지출이 20으로 증가할 때의 균형국민소득은 $Y = 0.7Y + 80 + 20$에서 $Y = \dfrac{1{,}000}{3}$이 도출된다.

따라서 균형국민소득의 증가분은 $\dfrac{100}{3}$이다.

38 ★★★　　　　　　　　　　　답 ①

정답 해설

① 실물경기변동이론은 합리적 기대와 최적화 원리에 기반하므로 가계는 기간별로 최적의 소비 선택을 하게 된다.

오답 해설

② 실물경기변동이론은 새고전학파의 이론으로서 가격에 대한 신축성을 전제한다.

③ 실물경기변동이론은 화폐의 중립성을 가정한다.

④ 가격의 비동조성(staggering pricing)이론은 가격이 시차를 두고 결정되어 경직성을 갖는다는 이론으로 새케인즈학파 경기변동이론에 속한다.

⑤ 공급충격이 경기변동의 원인이라고 주장한 것은 실물경기변동이론이다.

39 ★★☆　　　　　　　　　　　답 ①

정답 해설

ㄱ. [○] IS–LM모형에서 물가수준이 하락할 경우 실질통화 공급이 증가하여 LM곡선이 우측으로 이동하므로 명목 이자율이 하락한다.

오답 해설

ㄴ. [×] 명목 이자율이 하락하면 투자는 증가한다.

ㄷ. [×] 물가 수준이 하락하면 실질 통화량은 증가하지만 명목 통화량은 그대로이다.

40 ★★☆　　　　　　　　　　　답 ⑤

정답 해설

정부가 미래 정부지출을 축소한다는 조건에서 현재조세를 줄일 경우, 민간은 가처분 소득의 증가로 인식해 현재소비를 증가시킨다.

제3과목 | 부동산학원론

01	02	03	04	05	06	07	08	09	10
④	④	②	③	⑤	②	③	③	⑤	②
11	12	13	14	15	16	17	18	19	20
①	④	③	②	①	①	②	⑤	⑤	⑤
21	22	23	24	25	26	27	28	29	30
①	③	③	②	②	④	③	③	①	⑤
31	32	33	34	35	36	37	38	39	40
①	③	④	①	⑤	①	④	⑤	②	⑤

01 ★☆☆　　　　　　　　　　　　　답 ④

정답 해설

합병·분할의 가능성이 아니라 용도 다양성에 대한 설명이다.

02 ★★☆　　　　　　　　　　　　　답 ④

정답 해설

부동산 권리분석의 특별원칙은 능률성, 안정성, 증거주의, 탐문주의가 있는데 주어진 제시문은 안정성의 하위원칙에 대한 설명이다.

03 ★☆☆　　　　　　　　　　　　　답 ②

정답 해설

주어진 제시문은 부증성에 대한 설명이다.

04 ★★☆　　　　　　　　　　　　　답 ③

정답 해설

여러 가지 증거를 가지고 판독하는 작업으로서 판독에 대한 설명이다.

05 ★★☆　　　　　　　　　　　　　답 ⑤

정답 해설

수익분석법이 아니라 수익환원법에 대한 설명이다.
수익분석법이란 일반기업 경영에 의하여 산출된 총수익을 분석하여 대상물건이 일정한 기간에 산출할 것으로 기대되는 순수익에 대상물건을 계속하여 임대하는 데에 필요한 경비를 더하여 대상물건의 임대료를 산정하는 감정평가방법을 말한다.

06 ★★★　　　　　　　　　　　　　답 ②

정답 해설

권리금을 개별로 감정평가하는 것이 곤란하거나 적절하지 아니한 경우에는 일괄하여 감정평가할 수 있다. 이 경우 감정평가액은 합리적인 배분기준에 따라 유형재산가액과 무형재산가액으로 구분하여 표시할 수 있다.

더 알아보기

감정평가 실무기준
4. 권리금의 감정평가
4.1 정의
① 권리금이란 임대차 목적물인 상가건물에서 영업을 하는 자 또는 영업을 하려는 자가 영업시설·비품, 거래처, 신용, 영업상의 노하우, 상가건물의 위치에 따른 영업상의 이점 등 유형·무형의 재산적 가치의 양도 또는 이용대가로서 임대인, 임차인에게 보증금과 차임 이외에 지급하는 금전 등의 대가를 말한다.
② 유형재산이란 영업을 하는 자 또는 영업을 하려고 하는 자가 영업활동에 사용하는 영업시설, 비품, 재고자산 등 물리적·구체적 형태를 갖춘 재산을 말한다.
③ 무형재산이란 영업을 하는 자 또는 영업을 하려고 하는 자가 영업활동에 사용하는 거래처, 신용, 영업상의 노하우, 건물의 위치에 따른 영업상의 이점 등 물리적·구체적 형태를 갖추지 않은 재산을 말한다.
4.2 자료의 수집 및 정리
권리금의 가격자료에는 거래사례, 수익자료, 시장자료 등이 있으며, 대상 권리금의 특성에 맞는 적절한 자료를 수집하고 정리한다. 유형재산의 경우에는 해당 물건의 자료의 수집 및 정리 규정을 준용한다.
4.3 권리금의 감정평가방법
4.3.1 권리금의 감정평가 원칙
① 권리금을 감정평가할 때에는 유형·무형의 재산마다 개별로 감정평가하는 것을 원칙으로 한다.
② 제1항에도 불구하고 권리금을 개별로 감정평가하는 것이 곤란하거나 적절하지 아니한 경우에는 일괄하여 감정평가할 수 있다. 이 경우 감정평가액은 합리적인 배분기준에 따라 유형재산가액과 무형재산가액으로 구분하여 표시할 수 있다.

4.3.2 유형재산의 감정평가

① 유형재산을 감정평가할 때에는 원가법을 적용하여야 한다.

② 제1항에도 불구하고 원가법을 적용하는 것이 곤란하거나 부적절한 경우에는 거래사례비교법 등으로 감정평가할 수 있다.

4.3.3 무형재산의 감정평가

4.3.3.1 무형재산의 감정평가방법

① 무형재산을 감정평가할 때에는 수익환원법을 적용하여야 한다.

② 제1항에도 불구하고 수익환원법을 적용하는 것이 곤란하거나 부적절한 경우에는 거래사례비교법이나 원가법 등으로 감정평가할 수 있다.

4.3.3.2 수익환원법의 적용

무형재산을 수익환원법으로 감정평가할 때에는 무형재산으로 인하여 발생할 것으로 예상되는 영업이익이나 현금흐름을 현재가치로 할인하거나 환원하는 방법으로 감정평가한다. 다만, 무형재산의 수익성에 근거하여 합리적으로 감정평가할 수 있는 다른 방법이 있는 경우에는 그에 따라 감정평가할 수 있다.

4.3.3.3 거래사례비교법의 적용

무형재산을 거래사례비교법으로 감정평가할 때에는 다음 각 호의 어느 하나에 해당하는 방법으로 감정평가한다. 다만, 무형재산의 거래사례에 근거하여 합리적으로 감정평가할 수 있는 다른 방법이 있는 경우에는 그에 따라 감정평가할 수 있다.

1. 동일 또는 유사 업종의 무형재산만의 거래사례와 대상의 무형재산을 비교하는 방법

2. 동일 또는 유사 업종의 권리금 일체 거래사례에서 유형의 재산적 가치를 차감한 가액을 대상의 무형재산과 비교하는 방법

4.3.3.4 원가법의 적용

무형재산을 원가법으로 감정평가할 때에는 대상 상가의 임대차 계약 당시 무형재산의 취득가액을 기준으로 취득 당시와 기준시점 당시의 수익 변화 등을 고려하여 감정평가한다. 다만, 무형재산의 원가에 근거하여 합리적으로 감정평가할 수 있는 다른 방법이 있는 경우에는 그에 따라 감정평가할 수 있다.

4.3.4 유형재산과 무형재산의 일괄감정평가

① 유형재산과 무형재산을 일괄하여 감정평가할 때에는 수익환원법을 적용하여야 한다.

② 제1항에도 불구하고 수익환원법을 적용하는 것이 곤란하거나 부적절한 경우에는 거래사례비교법 등으로 감정평가할 수 있다.

---

07 ★★★　　　　　답③

[정답 해설]

- 순영업소득(9,000만 원)

= 가능조소득(1억 원) − 공실상당액(5% : 500만 원)

− 영업경비(500만 원)

- 영업경비(500만 원)

= 재산세(300만 원) + 화재보험료(200만 원)

- 환원이율(8%)

= [토지비율(40%) × 토지환원율(5%)]

+ [건물비율(60%) × 건물환원율(10%)]

- $\dfrac{\text{순영업소득(9,000만 원)}}{\text{환원율(8\%)}}$ = 수익가격(1,125,000,000원)

08 ★★★　　　　　답③

[정답 해설]

대상토지가격

= $\dfrac{\text{대상토지(200)}}{\text{사례토지(250)}}$ × 거래가격(6억 원) × 지가변동율(1.03)

× 개별요인(1.08)

= 533,952,000원

09 ★★☆　　　　　답⑤

[정답 해설]

토지와 건물의 일괄, 과수원, 자동차는 거래사례비교법을 적용한다.

[오답 해설]

토지는 공시지가기준법을 적용하고, 건물은 원가법, 임대료는 임대사례비교법을 적용한다.

10 ★★★　　　　　답②

[정답 해설]

- 순영업소득

= 유효총소득(8,000만 원) − 영업경비(700만 원)

= 7,300만 원

- 부채감당율 = $\dfrac{\text{순영업소득(7,300만 원)}}{\text{부채서비스액(4,000만 원)}}$ = 1.825

- 환원이율

= 저당상수(0.09) × 부채감당율(1.825) × 대부비율(30%)

= 0.049275

11 ★★★　　　　　　　　　　　　답 ①

정답 해설

레일리의 B도시에 대한 A도시의 구매지향비율 $\left(\dfrac{B_A}{B_B}\right)$

$= \dfrac{B_A}{B_B} = \dfrac{P_A}{P_B} \times \left(\dfrac{D_B}{D_A}\right)^2$

$= \dfrac{\text{A도시의 인구}}{\text{B도시의 인구}} \times \left(\dfrac{\text{B도시까지의 거리}}{\text{A도시까지의 거리}}\right)^2$

$= \dfrac{45,000}{20,000} \times \left(\dfrac{18}{36}\right)^2$

$= \dfrac{9}{4} \times \dfrac{1}{4} = \dfrac{9}{16}$

∴ '도시 A로의 인구유인비율 : 도시 B로의 인구유인비율
　＝36% : 64%'이다.

12 ★★★　　　　　　　　　　　　답 ④

정답 해설

이 이론은 부동산 자산시장과 이용시장을 연계하여 전체 부동산 시장의 작동을 설명하는 이론으로서 임대료, 자산가격, 신규건설, 공간재고 4개의 내생변수 균형이 결정된다는 이론이다.
4사분면은 신규건설과 재고의 멸실량과 관계를 나타낸 것으로서 균형상태에서는 재고의 변화없이 정확하게 멸실되는 양만큼 신규로 건설된다는 것을 전제로 한다.

13 ★☆☆　　　　　　　　　　　　답 ③

정답 해설

헨리 조지의 토지 단일세에 대한 설명이다. 토지 단일세란 오직 토지만 세금을 부과하고 토지 이외는 세금을 부과하지 않는다는 것으로 지대인 불로소득에 대하여 세금을 부과하면 세금이 임차인에게 전혀 전가되지 않는다는 내용이다.

14 ★☆☆　　　　　　　　　　　　답 ②

오답 해설

① 토지비축제는 직접개입이고, 개발부담금제도는 간접개입에 해당된다.
③ 최고가격제도는 이용규제이고, 부동산조세는 간접개입에 해당된다.
④ 보조금제도는 간접개입이고, 용도지역지구제는 이용규제에 해당된다.
⑤ 담보대출규제, 부동산거래허가제는 이용규제에 해당된다.

15 ★★☆　　　　　　　　　　　　답 ①

정답 해설

가. 종합 토지세는 2005년부터 폐지되었고 대신에 종합부동산세에 편입되었다.
나. 공한지세는 논란으로 재산세에 편입되면서 지금은 폐지되었다.
라. 택지소유상한제도 폐지된 제도이다.

16 ★☆☆　　　　　　　　　　　　답 ①

정답 해설

주어진 제시문은 환지방식에 대한 설명이다.
환지방식은 사업 후에 개발토지 중에 각종 비용을 공제한 후에 원소유자에게 되돌려 주는 방식이다.

17 ★☆☆　　　　　　　　　　　　답 ②

정답 해설

회계적수익률법(ARR)은 화폐의 시간가치를 고려하지 않는 방식이다.
화폐의 시간가치를 고려하는 방식은 순현재가치법, 내부수익률법, 수익성지수법, 현가회수기간법이 이에 속한다.

18 ★★☆　　　　　　　　　　　　답 ⑤

정답 해설

용도지역지구제에 따른 용도 지정 후, 관련법에 의해 사인의 토지이용이 제한된다.

19 ★☆☆　　　　　　　　　　　　답 ⑤

정답 해설

혼합관리방식에 있어 관리상의 문제가 발생할 경우, 책임소재에 대한 구분이 불명확하다.

20 ★★☆   답 ⑤

정답 해설

후분양은 개발업자의 시장위험을 증가시키는 반면에 선분양제도가 개발업자의 시장위험을 감소시킨다.

21 ★★☆   답 ①

오답 해설

② 지불이체채권(MPTB)의 모기지 소유권은 발행자에게 이전되고, 원리금 수취권은 투자자에게 이전된다.
③ 저당담보부채권(MBB)의 조기상환위험과 채무불이행 위험은 발행자가 부담한다.
④ 다계층증권(MBB)은 혼합형 증권으로 구성되어 있다.
⑤ 상업용 저당증권(CMBS)은 공적 유동화중개기관 이외에서도 발행된다.

22 ★★☆   답 ③

정답 해설

「부동산개발업의 관리 및 육성에 관한 법률」 제2조에 따르면 "부동산개발"이란 다음 각 목의 어느 하나에 해당하는 행위를 말한다. 다만, 시공을 담당하는 행위는 제외한다.
가. 토지를 건설공사의 수행 또는 형질변경의 방법으로 조성하는 행위
나. 건축물을 건축 · 대수선 · 리모델링 또는 용도변경 하거나 공작물을 설치하는 행위

23 ★★☆   답 ③

정답 해설

금융기관의 입장이 아니라 사업주의 입장에 대한 설명이다. 즉, 사업주는 부외금융이기 때문에 채무수용능력이 높아지는 특징이 있다.

24 ★★★   답 ②

정답 해설

ㄱ. BOT방식 : 사업주가 시설준공(B) 후 소유권을 취득하여, 일정 기간 동안 운영(O)을 통해 운영수익을 획득하고, 그 기간이 만료되면 공공에게 소유권을 이전(T)하는 방식
ㄴ. BTL방식 : 사업주가 시설준공(B) 후 소유권을 공공에게 귀속(T)시키고, 그 대가로 받은 시설 운영권으로 그 시설을 공공에게 임대(L)하여 임대료를 획득하는 방식
ㄷ. BTO방식 : 사업주가 시설준공(B) 후 소유권을 공공에게 귀속(T)시키고, 그 대가로 일정 기간 동안 시설 운영권(O)을 받아 운영수익을 획득하는 방식

ㄹ. BOO방식 : 사업주가 시설준공(B) 후 소유권을 취득(O)하여, 그 시설을 운영(O)하는 방식으로, 소유권이 사업주에게 계속 귀속되는 방식

25 ★★☆   답 ②

오답 해설

① 원리금균등분할상환 방식의 경우, 원리금의 합계가 매기 동일하다.
③ 다른 조건이 일정하다면, 대출채권의 듀레이션(평균 회수기간)은 원리금균등분할상환 방식이 원금균등분할상환 방식보다 길다.
④ 체증분할상환 방식은 장래 소득이 증가될 것으로 예상되는 차입자에게 적합한 대출방식이다.
⑤ 거치식 방식은 대출자 입장에서 금리수입이 증가하는 상환 방식이다.

26 ★★★   답 ④

정답 해설

- 부채서비스액 $= \dfrac{\text{순영업소득(3,000만 원)}}{\text{부채감당율(1.5)}} = 2{,}000$ 만 원
- 대출액 = 부채서비스액(2,000만 원) ÷ 저당상수(0.1) = 2억 원
- 대부비율 $= \dfrac{\text{대출액(2억 원)}}{\text{매매가격(5억 원)}} = 40\%$

27 ★★★   답 ③

정답 해설

- 미상환 잔금 = 대출액 × 잔금비율 $\left(\dfrac{\text{연금현가(잔여기간)}}{\text{연금현가(전체기간)}}\right)$
- 전체기간 : 20년, 상환기간 : 7년, 잔여기간 : 13년
- 연금현가 $= \dfrac{1-(1+i)^{-n}}{i}$
- 잔금비율

$$= \dfrac{\dfrac{1-(1+0.04)^{-13}}{0.04}}{\dfrac{1-(1+0.04)^{-20}}{0.04}} = \dfrac{1-0.6}{1-0.46} = \dfrac{0.4}{0.54}$$

$$= 0.74074$$

- 미상환 잔금 = 5억 원 × 0.74074 = 3억 7037만 원

28 ★★★

정답 해설

- 가능조소득
  = 연 임대료(24만 원) × 임대면적(100)
  = 2,400만 원
- 유효총소득
  = 가능조소득(2,400만 원) − 공실손실상당액(240만 원)
- 순영업소득 = 유효총소득(2,160만 원) − 영업경비(648만 원)
- 세전현금수지
  = 순영업소득(1,512만 원) − 부채서비스액(600만 원)
- 세후현금수지
  = 세전현금수지(912만 원) − 소득세(182.4만)
  = 729.6만 원

29 ★☆☆

정답 ①

정답 해설

다른 조건이 일정하다면, 승수법에서는 승수가 작을수록 더 좋은 투자안이다. 승수값이 클수록 회수기간이 더 길어진다는 의미를 말한다.

30 ★★☆

정답 ⑤

정답 해설

연금의 미래가치계수가 아니라 감채기금계수를 사용한다. 감채기금계수는 미래 1원을 만들기 위해서 매기간 납입할 금액을 파악하고자 하는 방식이다.

31 ★☆☆

정답 ①

정답 해설

빈지는 일반적으로 바다와 육지사이의 해변 토지와 같이 소유권이 인정되지 않으며 이용실익이 있는 토지이다. 반면에 법지란 법률상 존재하지만, 활용실익이 적거나 없는 토지를 말한다.

32 ★★☆

정답 ③

정답 해설

투자자의 개별적인 위험혐오도에 따라 무위험률이 아니라 위험할증률이 결정된다. 요구수익률 중에 위험은 위험할증률에 가산된다.

33 ★★☆

정답 ④

정답 해설

물을 이용할 수 있는 권리는 지표권에 해당된다. 지하권은 토지소유자가 지하공간으로부터 어떤 이익을 획득하거나 사용 할 수 있는 권리를 말한다.

34 ★★★

정답 ①

정답 해설

주거용 건물 건설업은 부동산업의 세분류 항목에 포함되지 않는다.

〈한국표준산업분류(제10차) 부동산업〉

대분류	중분류	소분류	세분류	세세분류
부동산업	부동산업	부동산 임대업 및 공급업	부동산 임대업	• 주거용 건물임대업 • 비주거용 건물임대업 • 기타 부동산임대업
			부동산 개발 및 공급업	• 주거용 건물 개발 및 공급업 • 비주거용 건물 개발 및 공급업 • 기타 부동산개발 및 공급업
		부동산 관련 서비스업	부동산 관리업	• 주거용 부동산관리업 • 비주거용 부동산관리업
			부동산 중개 및 감정 평가업	• 부동산 중개업 및 대리업 • 부동산 투자자문업 및 감정평가업

35 ★★☆

정답 ⑤

정답 해설

가치발생요인은 다음과 같다.

- 부동산의 유용성(有用性 : 효용성) : 부동산이 제공하는 여러 가지 유용한 편익을 통칭하는 것이다.
- 상대적 희소성 : 토지는 사람들이 요구하는 특정 토지에 대한 공급이 상대적으로 제한(상대적 희소성)되어 있기 때문에 가치를 지닌다.
- 유효수요 : 어떤 물건을 구입할 의사와 대가를 지불할 능력을 갖춘 유효수요가 있어야 한다.
- 이전성 : 법적 개념으로 어떤 재화가 가치가 있으려면 그 재화의 권리 등의 이전이 될 수 있어야 한다. 여기서 ⑤ 이전성은 법률적인 측면에서의 가치발생요인이다.

36 ★★★ 답 ①

(1) 수요와 공급을 일치시킨다.

수요함수: $Q_D = 100 - P$, 공급함수: $2Q_S = -40 + 3P$,

$$Q_S = -20 + \frac{3}{2}P$$

∴ 균형가격=48, 균형량=52

(2) 탄력성을 구하기 위하여 수요함수와 공급함수를 미분을 한다.

① 수요의 가격탄력성(ϵ_p):

$$\frac{dQ}{dP} \times \frac{P}{Q} = \left| -1 \times \frac{48}{52} \right| = \frac{12}{13}$$

② 공급의 가격탄력성(η): $\frac{dQ}{dP} \times \frac{P}{Q} = \frac{3}{2} \times \frac{48}{52} = \frac{18}{13}$

37 ★★★ 답 ④

① 공인중개사법에 의한 공인중개사자격을 취득한 자를 공인중개사라고 하고, 공인중개사법에 의하여 중개사무소의 개설등록을 한 자를 개업공인중개사라고 말한다.

② 선박법 및 선박등기법에 따른 선박은 등기여부를 불문하고 공인중개사법에 의한 중개대상물에 해당하지 않는다.

③ 개업공인중개사에 소속된 공인중개사로서 중개업무를 수행하거나 중개업무를 보조하는 자는 소속공인중개사에 해당한다.

⑤ 중개보조원이란 공인중개사가 아닌 자로서 중개대상물에 대한 현장안내 및 일반서무 등 개업공인중개사의 중개업무와 관련된 단순한 업무를 보조하는 자를 말한다.

38 ★★☆ 답 ⑤

취득세, 등록면허세, 재산세는 지방세에 해당한다. 국세는 상속세, 증여세, 종합부동산세, 양도소득세가 이에 속한다.

〈부동산 조세의 종류〉

구분	취득단계	보유단계	처분단계
국세	상속세(누진세), 증여세, 인지세	종합부동산세(누진세), 소득세, 법인세	양도 소득세
지방세	취득세(비례세), 등록세	재산세 (누진세, 비례세)	

39 ★★★ 답 ②

종량세란 단위당 t원의 조세를 부과하는 방식으로 조세를 부과하면 공급곡선이 상방으로 평행이동 또는 수요곡선이 하방으로 평행이동한다. 조세는 공급자에게 부과하거나 소비자에게 부과하나 결과는 같다.

(1) 조세부과 전 주택시장의 균형가격과 균형거래량은 다음과 같다.

수요와 공급을 일치시키면 균형거래량과 균형가격을 측정할 수 있다.

균형거래량(Q)은 52($= 200 - 2Q_D = 3Q_S - 60$, $5Q = 260$, $Q = 52$)이고, 이를 수요함수(혹은 공급함수)에 대입하면 균형가격(P)=96임을 알 수 있다.

(2) 조세부과 후 주택가격과 균형거래량은 다음과 같다.

단위당 10만 원의 조세가 부과되면 공급곡선이 10만 원만큼 상방으로 이동하므로 공급함수가 $P = 3Q_S - 50$으로 바뀌게 된다. 이제 조세부과 이후의 균형거래량을 구하면 $Q = 50$($= 200 - 2Q_D = 3Q_S - 50$, $5Q = 250$, $Q = 50$)이고, 이를 수요함수(혹은 공급함수)에 대입하면 균형가격(P)=100임을 알 수 있다.

그러므로 조세부과에 따라 거래량은 2만 호 감소하고, 가격은 4만 원 상승한다.

따라서 조세부과에 따른 사회적 후생손실(즉, 초과부담)은

$$10억 \; 원\left(= \frac{1}{2} \times 세금(10만 \; 원) \times 거래량(2만 \; 호) = 10억 \right)이$$

된다.

참고로 단위당 조세액(10만 원) 중에 소비자에게 전가되는 부분이 4만 원이고, 공급자에게 6만 원이 전가된다. 이때 정부의 조세수입은 500억 원($= 10만 원 \times 50만 호 = 500억 원$)으로 계산된다. 이 중 소비자가 부담하는 부분은 200억 원($= 4만 원 \times 50만 호 = 200억 원$)이고 공급자가 부담하는 부분은 300억 원($= 6만 원 \times 50만 호 = 300억 원$)이 된다.

40 ★★☆ 답 ⑤

거래당사자가 부동산의 거래신고를 한 후 해당 거래계약이 취소된 경우에는 취소가 확정된 날부터 30일 이내에 해제 등의 신고를 하여야 한다.

제4과목 | 감정평가관계법규

01	02	03	04	05	06	07	08	09	10
③	④	②	②	④	①	③	②	①	②
11	12	13	14	15	16	17	18	19	20
③	④	③	②	③	⑤	①	④	④	①
21	22	23	24	25	26	27	28	29	30
⑤	④	③	⑤	②	④	④	⑤	⑤	②
31	32	33	34	35	36	37	38	39	40
②	①	⑤	⑤	②	③	①	④	③	⑤

01 ★★☆　　정답 ③

[정답 해설]

③ 도시 · 군관리계획을 입안할 수 있는 자가 입안을 제안받은 경우 그 처리 결과를 제안자에게 알려야 한다.

[오답 해설]

① 도시 · 군관리계획 결정의 효력은 제32조제4항에 따라 지형도면을 고시한 날부터 발생한다(국토의 계획 및 이용에 관한 법률 제31조 제1항).

② 시 · 도지사는 국토교통부장관이 입안하여 결정한 도시 · 군관리계획을 변경하거나 그 밖에 대통령령으로 정하는 중요한 사항에 관한 도시 · 군관리계획을 결정하려면 미리 국토교통부장관과 협의하여야 한다(국토의 계획 및 이용에 관한 법률 제30조 제2항).

④ 도시 · 군관리계획도서 및 계획설명서의 작성기준 · 작성방법 등은 대통령령으로 정하는 바에 따라 국토교통부장관이 정한다(국토의 계획 및 이용에 관한 법률 제25조 제4항).

⑤ 도지사가 도시 · 군관리계획을 직접 입안한 경우에는 관계 특별시장 · 광역시장 · 특별자치시장 · 특별자치도지사 · 시장 또는 군수의 의견을 들어 직접 지형도면을 작성할 수 있다(국토의 계획 및 이용에 관한 법률 제32조 제3항).

02 ★☆☆　　정답 ④

[정답 해설]

④ 5년마다 타당성 여부를 재검토하여 정비하여야 한다.

> 국토의 계획 및 이용에 관한 법률 제23조(도시 · 군기본계획의 정비)
> ① 특별시장 · 광역시장 · 특별자치시장 · 특별자치도지사 · 시장 또는 군수는 5년마다 관할 구역의 도시 · 군기본계획에 대하여 타당성을 전반적으로 재검토하여 정비하여야 한다.

03 ★★☆　　정답 ②

[정답 해설]

② 시장 또는 군수가 개발행위허가에 경관에 관한 조치를 할 것을 조건으로 붙이는 경우 미리 개발행위허가를 신청한 자의 의견을 들어야 한다.

[오답 해설]

① 응급조치인 경우에는 허가 없이 선 조치 후 1개월 이내에 신고하여야 한다(국토의 계획 및 이용에 관한 법률 제 56조 제4항).

③ 성장관리계획을 수립한 지역에서 하는 개발행위는 중앙도시계획위원회와 지방도시계획위원회의 심의를 거치지 아니한다(국토의 계획 및 이용에 관한 법률 제59조 제2항 제2호).

④ 국가나 지방자치단체가 시행하는 개발행위는 이행보증금을 예치하지 않는다(국토의 계획 및 이용에 관한 법률 제60조 제1항 제1호).

⑤ 기반시설부담구역으로 지정된 지역은 중앙도시계획위원회의 심의를 거쳐 한 차례만 3년 이내의 기간 동안 개발행위허가를 제한할 수 있다. 다만 심의를 거치지 않고 2년 이내의 기간 동안 개발행위허가의 제한을 연장할 수 있다(국토의 계획 및 이용에 관한 법률 제63조 제1항 제5호). 따라서 최대 5년 이내의 기간 동안 개발행위허가를 제한할 수 있다.

04 ★★☆　　정답 ②

[정답 해설]

② 주거 및 교육 환경 보호나 청소년 보호 등의 목적으로 청소년 유해시설 등 특정시설의 입지를 제한할 필요가 있는 지구는 특정용도제한지구이다(법 제37조 제1항 제8호).

05 ★★☆   답 ④

오답 해설

ㄴ. [×] 1킬로미터 이내에 위치한 지역이다.

06 ★★☆   답 ①

오답 해설

② 광역도시계획이 우선한다.

③ 국가계획에 포함될 수 있다. 국가에서 정책적인 목적의 실천을 위한 토지이용계획으로서 도시·군관리계획으로 결정할 사항이 포함될 수 있다.

④ 도시 단위에서의 부문별 계획은 도시·군기본계획에 부합하여야 한다.

⑤ 비용을 부담하게 할 수 있는 것이지, 부담하게 하여야 하는 것이 아니다.

07 ★★☆   답 ③

오답 해설

ㄴ·ㄷ. [×] 청문은 취소 또는 말소처분하는 경우에 실시하는 절차이며, 토지거래계약 허가는 국토의 계획 및 이용에 관한 법령에서 규정하는 사항이 아니다.

08 ★☆☆   답 ②

정답 해설

② 기반시설의 설치가 곤란한 지역을 대상으로 지정한다(국토의 계획 및 이용에 관한 법률 제66조 제1항).

> 국토의 계획 및 이용에 관한 법률 제66조(개발밀도관리구역)
> ① 특별시장·광역시장·특별자치시장·특별자치도지사·시장 또는 군수는 주거·상업 또는 공업지역에서의 개발행위로 기반시설(도시·군계획시설을 포함한다)의 처리·공급 또는 수용능력이 부족할 것으로 예상되는 지역 중 기반시설의 설치가 곤란한 지역을 개발밀도관리구역으로 지정할 수 있다.

09 ★★☆   답 ①

오답 해설

② 광역계획권의 지정에는 지방의회의 의견 및 동의를 받아야 하는 절차는 없다.

③ 조정은 공동 또는 단독으로 신청할 수 있다.

④ 시·도지사가 공동으로 수립하는 것이 원칙이다. 광역계획권의 지정 3년 이내에 승인신청을 하지 않거나, 국가계획상 필요한 경우에 국토교통부장관이 수립한다.

⑤ 도지사가 승인권자인 경우이다.

10 ★☆☆   답 ②

오답 해설

① 상업지역 – 1만 제곱미터 미만

③ 보전녹지지역 – 5천 제곱미터 미만

④ 관리지역 – 3만 제곱미터 미만

⑤ 자연환경보전지역 – 5천 제곱미터 미만

11 ★☆☆   답 ③

오답 해설

① 재활용시설 – 환경기초시설

② 방수설비 – 방재시설

④ 주차장 – 교통시설

⑤ 도축장 – 보건위생시설

12 ★☆☆   답 ④

정답 해설

④ 준공업지역의 용적률 상한선은 400퍼센트 이하이고, 준주거지역이 500퍼센트 이하이다.

13 ★★★   답 ③

오답 해설

① 중앙도시계획위원회와 시·도 도시계획위원회는 25명 이상 30명 이하의 위원으로 구성한다.

② 시·도 도시계획위원회의 위원장은 위원 중에서 해당 시·도지사가 임명 또는 위촉하며, 부위원장은 위원 중에서 호선한다.

④ 지방 도시계획위원회에도 분과위원회를 둔다.

⑤ 중앙도시계획위원회 및 지방도시계획위원회의 심의 일시·장소·안건·내용·결과 등이 기록된 회의록은 1년의 범위에서, 중앙도시계획위원회의 경우에는 심의 종결 후 6개월, 지방도시계획위원회의 경우에는 6개월 이하의 범위에서 해당 지방자치단체의 도시·군계획조례로 정하는 기간이 지난 후에는 공개 요청이 있는 경우 대통령령으로 정하는 바에 따라 공개하여야 한다.

14 ★☆☆   답 ②

정답 해설

② 원본의 경우는 발급일부터 5년, 관련 서류의 경우는 2년 이상 보존하여야 한다.

15 ★★☆ 🖺 ③

정답 해설

③ 감정평가법인등은 소속 감정평가사 또는 사무직원을 고용하거나 고용관계가 종료된 때에는 국토교통부장관에게 신고하여야 한다.

16 ★★☆ 🖺 ⑤

정답 해설

⑤ 감정평가사의 직무와 관련하여 금고 이상의 형을 2회 이상 선고받아(집행유예 포함) 그 형이 확정된 경우이다. 다만, 과실범의 경우는 제외한다.

17 ★★☆ 🖺 ①

정답 해설

① 해당 비주거용 표준부동산이 소재하는 시·도지사 및 시장·군수·구청장의 의견을 들어야 한다.

18 ★★☆ 🖺 ④

오답 해설

① 단독주택 중에서 선정한다.
② 한국부동산원에 의뢰한다.
③ 표준주택가격은 개별주택가격을 산정하는 경우에 그 기준이 되며, 개별주택가격 및 공동주택가격은 주택시장의 가격정보를 제공하고, 국가·지방자치단체 등이 과세 등의 업무와 관련하여 주택의 가격을 산정하는 경우에 그 기준으로 활용될 수 있다.
⑤ 50퍼센트 이내로 국고에서 보조할 수 있다.

19 ★★☆ 🖺 ④

정답 해설

④ 토지가격비준표 작성의 적정성에 관한 사항은 감정평가업자가 검토·확인하여야 하는 사항에 해당하지 않는다.

20 ★★☆ 🖺 ①

정답 해설

① 행정재산은 처분하지 못한다. 다만, 다음 어느 경우에는 교환하거나 양여할 수 있다(국유재산법 제27조 제1항).

> **국유재산법 제27조(처분의 제한)**
> ① 행정재산은 처분하지 못한다. 다만, 다음 각 호의 어느 하나에 해당하는 경우에는 교환하거나 양여할 수 있다.
> 1. 공유(公有) 또는 사유재산과 교환하여 그 교환받은 재산을 행정재산으로 관리하려는 경우
> 2. 대통령령으로 정하는 행정재산을 직접 공용이나 공공용으로 사용하려는 지방자치단체에 양여하는 경우

21 ★★☆ 🖺 ⑤

정답 해설

⑤ 정부가 자본금의 전액을 출자하는 법인이거나 기본재산의 전액을 출연하는 법인이 행정재산을 직접 비영리공익사업용으로 사용하고자 하여 사용허가하는 경우이다.

22 ★★☆ 🖺 ④

오답 해설

① 총괄청은 일반재산 관리·처분 사무의 일부를 위탁받을 수 있다.
② 구분하여야 한다. 대장가격이 3천만 원 이상인 경우는 두 개의 감정평가업자의 평가액을 산술평균한 금액으로, 3천만 원 미만인 경우나 지자체 또는 공공기관에 처분하는 경우는 하나의 감정평가업자의 평가액으로 결정한다.
③ 조림을 목적으로 하는 토지와 그 정착물의 대부기간은 20년 이상으로 한다.
⑤ 일반재산을 매각하는 경우 소유권 이전은 매각대금이 완납된 후에 하여야 한다. 다만, 매각대금을 나누어 내게 하는 경우에는 매각대금이 완납되기 전에 소유권을 이전할 수 있다.

23 ★★☆ 🖺 ③

오답 해설

① 행정재산은 시효취득의 대상이 아니다.
② 사권이 설정된 재산은 그 사권이 소멸된 후가 아니면 국유재산으로 취득하지 못한다. 다만, 판결에 따라 취득하는 경우에는 그러하지 아니하다.
④ 직접 도로, 하천, 항만, 공항, 철도, 공유수면, 그 밖의 공공용으로 사용하기 위하여 필요한 경우에는 무상으로 관리전환할 수 있다.
⑤ 등기일부터 10년간은 처분할 수 없다.

24 ★★☆ 답 ⑤

정답 해설

⑤ 「도로법」에 따른 도로점용허가는 의제사항이 아니다.

25 ★★☆ 답 ②

오답 해설

① 운수시설은 산업 등 시설군에 해당한다.

③ 공장은 산업 등 시설군에 해당한다.

④ 수련시설은 교육 및 복지시설군에 해당한다.

⑤ 종교시설은 문화 및 집회시설군에 해당한다.

26 ★★☆ 답 ④

오답 해설

ㅁ. [×] 상업지역과 주거지역에서의 물류시설의 경우에는 대지면적이 200제곱미터 이상인 경우에 조경을 설치하여야 한다.

27 ★★☆ 답 ④

정답 해설

④ 기둥과 보가 목구조인 경우에는 연면적 500제곱미터 이상인 경우이다.

28 ★☆☆ 답 ⑤

정답 해설

⑤ 전이 아니라 답에 대한 설명이다. 전은 물을 상시적으로 이용하지 않고, 곡물·원예작물(과수류는 제외한다)·약초·뽕나무·닥나무·묘목·관상수 등의 식물을 주로 재배하는 토지와 식용으로 죽순을 재배하는 토지이다.

29 ★★☆ 답 ⑤

정답 해설

⑤ 지적전산자료를 신청하려는 자는 지적전산자료의 이용 또는 활용 목적 등에 관하여 미리 관계 중앙행정기관의 심사를 받아야 한다.

30 ★★☆ 답 ②

정답 해설

② 소유권의 지분은 공유지연명부와 대지권등록부의 등록사항이다.

공간정보의 구축 및 관리 등에 관한 법률 제72조(지적도 등의 등록사항)

지적도 및 임야도에는 다음 각 호의 사항을 등록하여야 한다.

1. 토지의 소재
2. 지번
3. 지목
4. 경계
5. 그 밖에 국토교통부령으로 정하는 사항

공간정보의 구축 및 관리 등에 관한 법률 시행규칙 제69조(지적도면 등의 등록사항 등)

① 법 제72조에 따른 지적도 및 임야도는 각각 별지 제67호 서식 및 별지 제68호 서식과 같다.

② 법 제72조 제5호에서 "그 밖에 국토교통부령으로 정하는 사항"이란 다음 각 호의 사항을 말한다.

1. 지적도면의 색인도(인접도면의 연결 순서를 표시하기 위하여 기재한 도표와 번호를 말한다)
2. 지적도면의 제명 및 축척
3. 도곽선(圖廓線)과 그 수치
4. 좌표에 의하여 계산된 경계점 간의 거리(경계점좌표등록부를 갖춰 두는 지역으로 한정한다)
5. 삼각점 및 지적기준점의 위치
6. 건축물 및 구조물 등의 위치
7. 그 밖에 국토교통부장관이 정하는 사항

31 ★★☆ 답 ②

정답 해설

② 국가나 지방자치단체가 취득하는 토지인 경우 : 해당 토지를 관리하는 행정기관의 장 또는 지방자치단체의 장이 토지소유자가 하여야 하는 신청을 대신할 수 있다. 다만, 등록사항 정정 대상 토지는 제외한다.

32 ★★☆ 답 ①

오답 해설

차임지급시기, 임차보증금, 존속기간, 임차권의 양도 또는 임차물의 전대에 대한 임대인의 **동의사항**은 등기원인에 그 사항이 있는 경우에만 기록하는 사항이다.

33 ★★☆ 답 ⑤

정답 해설

⑤ 제시문의 두 경우 모두 1개월 이내에 신청하여야 한다.

34 ★★☆   🔒 ⑤

정답 해설

⑤ 종중, 문중, 그 밖에 대표자나 관리인이 있는 법인 아닌 사단이나 재단에 속하는 부동산의 등기에 관하여는 그 사단이나 재단을 등기권리자 또는 등기의무자로 하여 그 사단이나 재단의 명의로 그 대표자나 관리인이 신청한다.

35 ★★★   🔒 ②

오답 해설

① 권리자가 2인 이상인 경우에는 권리자별 지분을 기록하여야 하고 등기할 권리가 합유인 때에는 그 뜻을 기록하여야 한다.

③ 등기관이 소유권 외의 권리에 대한 처분제한 등기를 할 때 부기로 하여야 한다.

④ 등기관이 환매특약의 등기를 할 때 매수인이 지급한 대금, 매매비용, 환매기간을 기록하여야 한다. 다만, 환매기간은 등기원인에 그 사항이 정하여져 있는 경우에만 기록한다.

⑤ 등기관이 소유권보존등기를 할 때 등기원인과 그 연월일을 기록하지 아니한다.

36 ★★☆   🔒 ③

오답 해설

① 동산담보권의 효력은 담보목적물에 부합된 물건과 종물에 미친다. 다만, 법률에 다른 규정이 있거나 설정행위에 다른 약정이 있으면 그러하지 아니하다.

② 동산담보권은 피담보채권과 분리하여 타인에게 양도할 수 없다.

④ 동산담보권의 실행을 중지함으로써 담보권자에게 손해가 발생하는 경우에 채무자 등은 그 손해를 배상하여야 한다.

⑤ 담보권자는 자기의 채권을 변제받기 위하여 담보목적물의 경매를 청구할 수 있다.

37 ★★☆   🔒 ①

정답 해설

① 정비기반시설에 경찰서는 해당하지 않는다.

38 ★★★   🔒 ④

오답 해설

① 1년이 아니라 2년이다.

② 2년이 아니라 3년이다.

③ 1년이 아니라 2년이다.

⑤ 조합설립추진위원회가 구성되지 아니한 구역에서 토지등소유자의 100분의 30 이상이 해제를 요청한 경우는 정비구역 등의 직권해제 사유에 해당한다.

39 ★☆☆   🔒 ③

정답 해설

③ 감사가 조합을 대표한다.

40 ★★☆   🔒 ⑤

정답 해설

> **도시 및 주거환경정비법 제40조(정관의 기재사항 등)**
> ① 조합의 정관에는 다음 각 호의 사항이 포함되어야 한다.
> 1. 조합의 명칭 및 사무소의 소재지
> 2. 조합원의 자격
> 3. 조합원의 제명·탈퇴 및 교체
> 4. 정비구역의 위치 및 면적
> 5. 제41조에 따른 조합의 임원(이하 "조합임원"이라 한다)의 수 및 업무의 범위
> 6. 조합임원의 권리·의무·보수·선임방법·변경 및 해임
> 7. 대의원의 수, 선임방법, 선임절차 및 대의원회의 의결방법
> 8. 조합의 비용부담 및 조합의 회계
> 9. 정비사업의 시행연도 및 시행방법
> 10. 총회의 소집 절차·시기 및 의결방법
> 11. 총회의 개최 및 조합원의 총회소집 요구
> 12. 제73조 제3항에 따른 이자 지급
> 13. 정비사업비의 부담 시기 및 절차
> 14. 정비사업이 종결된 때의 청산절차
> 15. 청산금의 징수·지급의 방법 및 절차
> 16. 시공자·설계자의 선정 및 계약서에 포함될 내용
> 17. 정관의 변경절차
> 18. 그 밖에 정비사업의 추진 및 조합의 운영을 위하여 필요한 사항으로서 대통령령으로 정하는 사항
> ② 시·도지사는 제1항 각 호의 사항이 포함된 표준정관을 작성하여 보급할 수 있다.
> ③ 조합이 정관을 변경하려는 경우에는 제35조 제2항부터 제5항까지의 규정에도 불구하고 총회를 개최하여 조합원 과반수의 찬성으로 시장·군수등의 인가를 받아야 한다. 다만, 제1항 제2호·제3호·제4호·제8호·제13호 또는 제16호의 경우에는 조합원 3분의 2 이상의 찬성으로 한다.

오답 해설

ㄱ. [×] 조합의 명칭 및 사무소의 소재지의 경우에는 조합원 과반수의 찬성으로 시장·군수등의 인가를 받아야 한다.

제5과목 | 회계학

01	02	03	04	05	06	07	08	09	10
②	⑤	③	③	①	④	②	②	②	①
11	12	13	14	15	16	17	18	19	20
①	⑤	①	②	①	②	③	④	④	④
21	22	23	24	25	26	27	28	29	30
②	④	④	②	④	③	전항정답	③	③	⑤
31	32	33	34	35	36	37	38	39	40
④	⑤	①	②	⑤	①	⑤	③	④	③

01 ★★☆　　　　　　　　　　　目 ②

정답 해설

중요성은 기업 특유 관점의 목적적합성을 의미하므로 회계기준위원회는 중요성에 대한 확일적인 계량 임계치를 정하거나 특정한 상황에서 무엇이 중요한 것인지를 미리 결정할 수 없다.

02 ★★☆　　　　　　　　　　　目 ⑤

정답 해설

⑤ 경영진은 재무제표를 작성할 때 계속기업으로서의 존속가능성을 평가해야 한다.

오답 해설

③ 유동성·비유동성 구분법에 따르면 이연법인세자산은 유동자산으로 분류하지 아니한다.

03 ★★☆　　　　　　　　　　　目 ③

정답 해설

- 기말 공정가치 = 6,000 × 1,500 = 9,000,000
- 기말 장부금액 = 9,000,000 × 4/5 = 7,200,000
- 재평가잉여금 = 9,000,000 − 7,200,000 = 1,800,000

04 ★★★　　　　　　　　　　　目 ③

정답 해설

- 무이자부 어음일 경우 처분손실(A)
  = 1,200,000 × 12% × 1/12 = 12,000
- 이자부어음일 경우 처분손실(B)
  − 만기금액
    = 1,200,000 + (1,200,000 × 9% × 4/12) = 1,236,000
  − 할인액 = 1,236,000 × 12% × 1/12 = 12,360
  − 현금수령액 = 1,236,000 − 12,360 = 1,223,640
  − 처분손실
    = 1,223,640(현금수령액) − 1,227,000(할인일의 어음가치)
    = (3,360)

05 ★★☆　　　　　　　　　　　目 ①

정답 해설

- 투자부동산의 공정가치모형 적용 시 20x1년도 당기순이익
  = 1,000,000 − 80,0000 = 200,000 (감소)
- 원가모형 적용 시 20x1년도 당기순이익
  = (1,000,000 − 100,000)/5 = 180,000 (감소)
- 원가모형을 적용할 경우 당기순이익 = 20,000 증가

06 ★★☆　　　　　　　　　　　目 ④

정답 해설

- 20x1년 말 감가상각 후 장부금액
  = 1,600,000 − (1,600,000 × 1/4) = 1,200,000
- 회수가능액
  = max{순공정가치(690,000), 사용가치(706,304)}
  = 706,304
- 20x1년 말 사용가치
  = (300,000 × 2.4018) − {20,000(철거비) × 0.7118}
  = 706,304
- 손상차손 = 1,200,000 − 706,304 = 493,696

07 ★★★　　　　　　　　　　　　답 ⑤

정답 해설

- 20x1년도 환경설비 취득원가
  = 5,000,000 + 124,180(복구충당부채) = 5,124,180
- 20x1년 초 복구충당부채
  = 200,000 × 0.6209(5기간, 10%, 현가) = 124,180
- 20x1년 말 환경설비 장부금액
  = 5,124,180 − (5,124,180 × 1/5) = 4,099,344
- 20x1년 말 복구충당부채 장부금액
  = 124,180 + 12,418 = 136,598
- 20x2년 초 새로 추정된 복구충당부채
  = 300,000 × 0.6355 = 190,650
- 복구충당부채 증가금액 = 190,650 − 136,598 = 54,052
  → 관련 의무가 증가하였으므로 환경설비 장부금액에 54,052 를 증가시킨다.
- 20x2년도 총비용
  − 감가상각비 = (4,099,344 + 54,052) × 1/4 = 1,038,349
  − 복구충당부채 이자비용 = 190,650 × 12% = 22,878
  − 20x2년도 총비용 = 1,038,349 + 22,878 = 1,061,227

08 ★☆☆　　　　　　　　　　　　답 ②

오답 해설

회사가 유지, 관리하는 상하수도 공사비나 내용연수가 영구적 이지 않은 배수공사비용 및 조경공사비용은 토지가 아닌 별도 자산으로 인식한다.

09 ★☆☆　　　　　　　　　　　　답 ②

정답 해설

- 저가재고(4,000) = 실제수량 × 80(순실현가능가치)
- 실제수량 = 50개

더 알아보기

재고자산감모손실과 재고자산평가손실을 모두 매출원가에 포함하므로 판매가능재고에서 차감할 기말재고는 저가재 고이다.

10 ★★☆　　　　　　　　　　　　답 ①

정답 해설

- 20x3년 1월 1일 개발비의 원가
  = 500,000 + 400,000 = 900,000
- 20x3년 개발비 상각액 = 900,000 × 1/4 = 225,000

더 알아보기

개발비의 원가는 인식기준 충족 이후 지출분의 합계이다.

11 ★☆☆　　　　　　　　　　　　답 ①

정답 해설

- 발행시점의 시장이자율로 할인한 현재가치(12%)
  = (1,000,000 × 0.7118) + (100,000 × 2.4018) = 951,980
- 유효이자율로 할인한 현재가치(13%)
  = (1,000,000 × 0.6931) + (100,000 × 2.3612) = 929,220
- 사채발행비 = 951,980 − 929,220 = 22,760

12 ★★★　　　　　　　　　　　　답 ⑤

정답 해설

- 20x1년 말 순확정급여부채
  = 20,000(기초 순확정급여부채) + 1,200(순이자)
  　+ 85,000(당기근무원가) − 60,000(사외적립자산)
  　+ 2,800(재측정요소 순액)
  = 49,000
- 퇴직급여관련비용
  = 1,200(순이자) + 85,000(당기근무가) = 86,200

더 알아보기

퇴직종업원에게 지급한 현금은 부채와 자산에 동일한 금액 이 반대로 영향을 주기 때문에 순확정급여부채에 영향을 주지 않는다.

13 ★★☆　　　　　　　　　　　　답 ①

정답 해설

- 주식발행초과금
  = 7,000(현금) + 1,000(주식선택권) − 5,000(자본금) = 3,000
- 주식발행초과금 = 35명 × 10개 × 60% × 3,000 = 630,000

14 ★★☆　　　　　　　　　　　　답 ②

정답 해설

- 계약부채 = 100,000 + 10,000 = 110,000
- 매출수익 = 110,000 + 11,000 = 121,000

15 ★★☆　　　　　　　　　　　　답 ①

정답 해설

- 거래 이전 부채비율 = 80,000/20,000 = 400%
- 거래 이후 부채비율 = 55,000/15,000 = 367%
거래 이후 부채비율이 400%에서 367%로 감소한다.

16 ★★☆   답 ②

정답 해설

② 자기주식 50주를 주당 15,000에 처분 시 부채총계는 변하지 않지만 자본총계는 자기주식처분에 따른 현금유입액만큼 증가하므로 750,000 증가한다.
- 20x2년 초 부채비율
  = 6,000,000(부채총계) ÷ 3,000,000(주주지분) = 200%
- 자기주식 50주를 주당 15,000에 처분 시 부채비율
  = 6,000,000 ÷ 3,750,000 = 160%

오답 해설

① · ④ · ⑤ 자기주식의 소각, 주식배당, 무상증자는 자본총계를 변화시키지 않으므로 부채비율은 영향을 받지 않는다.
③ 보통주 50주를 주당 10,000에 유상증자하는 경우 자본총계가 500,000 증가하고, 부채비율은 '6,000,000 ÷ 3,500,000 = 약 171%'가 된다.

17 ★★☆   답 ③

정답 해설

- 지방자치단체로부터 차입한 자금의 공정가치
  = 100,000 × 0.7350 = 73,500
- 지방자치단체로부터 100,000을 차입하였으므로 공정가치보다 초과 지급한 금액이 정부보조금이 된다. 따라서 정부보조금은 26,500이다.
- 20x1년 말 장부금액
  = 100,000 − 25,000(감가상각누계액) − 19,875(정부보조금 잔액)
  = 55,125

18 ★★☆   답 ④

정답 해설

- 20x1년 말 장부금액 = 1,000,000 × 4/5 = 800,000
- 20x2년 감가상각비
  = (800,000 + 325,000) × 2/6(이중체감법) = 375,000
- 20x2년 말 장부금액 = 1,125,000 − 375,000 = 750,000
- 20x3년 초 처분 시 수취한 현금
  = 750,000 + 10,000(처분이익) = 760,000

19 ★★☆   답 ④

정답 해설

- 기계장치 공정가(1,000,000) + 리스제공자의 리스개설직접원가(0)
  = (고정리스료 × 3.1699) + {400,000(매수선택권 행사가격) × 0.6830}
- 고정리스료 = 229,282

더 알아보기

고정리스료는 리스제공자가 결정한다. 해당 문제에서는 리스이용자인 (주)감평의 리스개설직접원가가 제시되어 있는데 리스료 결정에 반영되는 리스개설직접원가는 리스제공자의 리스개설직접원가이므로 해당 부분을 잘 구분하여야 한다.

20 ★★★   답 ④

정답 해설

- 20x1년 초 일반적인 신용기간을 이연하여 판매한 매출의 매출채권
  = 40,000 × 2.7232 = 108,928
- 20x1년 말 매출채권 장부금액
  = (108,928 × 1.05) − 40,000 = 74,374
- 20x2년도 이자수익 = 74,374 × 5% = 3,719
- 20x2년 총수익
  = 3,719(이자수익) + 125,000(매출) = 128,719

해당 거래는 재구매조건부 판매로 풋옵션 행사가 유의적이라고 판단하였기 때문에 20x1년 12월 1일에는 매출이 아닌 차입거래로 인식한다.

→ 재구매조건부 판매 시 120,000과 125,000과의 차이금액은 이자비용이 되며, 풋옵션이 행사되지 않은 채 소멸되었기 때문에 소멸된 20x2년도에 매출로 인식한다.

21 ★★★   답 ②

정답 해설

- 영업에서 창출된 현금(100,000)
  = 법인세비용차감전순이익(?) + 1,500(감가상각비)
    + 2,700(이자비용) − 700(사채상환이익)
    − 4,800(매출채권 증가) + 2,500(재고자산 감소)
    + 3,500(매입채무 증가)
  → 법인세비용차감전순이익 = 95,300
- 이자지급액 = 2,700 − 1,000 = 1,700
- 법인세지급액 = 4,000 + 2,000 = 6,000
- 영업활동순현금흐름
  = 100,000(영업에서 창출된 현금) − 1,700(이자지급액)
    − 6,000(법인세지급액)
  = 92,300

22 ★★★ 팝 ④

정답 해설

- 당기법인세
  $= \{490,000(회계이익) + 125,000(감가상각비한도초과액)$
  $+ 60,000(접대비한도초과액) - 25,000(미수이자)\} \times 20\%$
  $= 130,000$
- 이연법인세자산
  $= 125,000(감가상각비한도초과액) \times 20\% = 25,000$
- 이연법인세부채 $= 25,000(미수이자) \times 20\% = 5,000$
- 법인세비용 $= 130,000 + 5,000 - 25,000 = 110,000$

23 ★★☆ 팝 ④

정답 해설

- 공정가치 미만의 유상증자이므로 500주(공정가치 발행분)와
  1,300주(무상증자 요소)를 분리하여 1,300주는 기초유통주식
  수인 12,000주와 7월 1일 공정가치발행분 500주에 안분해
  야 한다.
  - 기초유통주식수에 안분할 무상증자 요소
    $= 1,300주 \times (12,000/12,500) = 1,248주$
  - 7월 1일 유상증자 주식에 안분할 무상증자 요소
    $= 1,300주 - 1,248주 = 52주$
- 가중평균유통보통주식수
  $= (13,248주 \times 12/12) + (552주 \times 6/12) - (1,800주 \times 3/12)$
  $= 13,074주$
- 당기순이익
  $= 13,074주 \times 900(기본주당순이익) = 11,766,600$

24 ★☆☆ 팝 ②

정답 해설

현금
$= 470,000(기계장치) + 340,000 + 10,000(처분손실)$
$\quad - 800,000$
$= 20,000$

25 ★★☆ 팝 ④

정답 해설

- 20x2년 초 부채요소의 장부금액
  $= 93,934 + 3,087(전환권조정 상각액) = 97,021$
- 20x2년 전환사채 행사 시 증가하는 주식발행초과금
  $= 97,021 \times 60\% - 자본금 + 전환권대가 대체액$
  $= 58,213 - (60주 \times 500) + 6,066 \times 60\% = 31,853$

26 ★☆☆ 팝 ③

정답 해설

재고자산감모손실
$= 장부상 재고 - 실사재고 = 250,000 - \{(800개 \times 100)$
$\quad + (250개 \times 180) + (400개 \times 250)\}$
$= 25,000$

27 ★★★ 팝 전항 정답

정답 해설

- 20x1년 말 재평가잉여금
  $= 850,000(공정가치) - 800,000(장부금액) = 50,000$
- 20x1년도는 회수가능액이 900,000이므로 손상은 발생하지
  않았다.
- 20x2년 말 손상인식 전 감가상각 후 장부금액
  $= 850,000 - (850,000 \times 1/4) = 637,500$
  → 재평가잉여금 50,000을 모두 상각하고도
    손상차손이 12,500 발생하였으므로 회수가능액은
    $637,500 - 62,500 = 575,000$이다.
- 순공정가치는 568,000으로 회수가능액보다 작기 때문에 회
  수가능액은 사용가치로 결정되었고 사용가치는 575,000임을
  알 수 있다.

> ※ 해당 문제는 재평가시 재평가잉여금을 이익잉여금으로
>   대체할 수 있는데 해당 부분에 대한 단서규정이 없어.
>   문제오류로 전항정답 처리된 문제입니다. 다만, 재평가
>   잉여금의 이익잉여금 대체는 선택사항이라 구체적인
>   언급이 없는 경우 대체하지 않는 것으로 풀이하는데 이
>   에 따라 회계처리를 하면 정답은 ④번이 됩니다. 본서에
>   서는 위와 같은 풀이로 ④번을 정답으로 하여 풀이하였
>   습니다.

28 ★★★ 팝 ③

정답 해설

- 20x1년 초 AC 금융자산의 공정가치
  $= (2,000,000 \times 0.7938) + (80,000 \times 2.5771) = 1,793,768$
- 20x1년 초 건물의 취득가액
  $= 10,000,000 + 206,232(공채 부수취득에 따른 차액)$
  $= 10,206,232$
- 20x1년 말 건물의 감가상각비
  $= 10,206,232 \times 1/10 = 1,020,623$
- 20x1년 말 AC금융자산의 이자수익
  $= 1,793,768 \times 8\% = 143,501$
- 20x1년 당기순이익에 미치는 영향
  $= (1,020,623) + 143,501 = (877,122) 감소$

29 ★★★ 답 ③

정답 해설

- 20x1년 당기순이익에 미치는 영향
  =(180,000)+(250,000)=(430,000) 감소
- 20x1년 기타포괄이익에 미치는 영향
  =80,000(재평가잉여금) 증가
- 20x1년 10월1일

(차)		(대)	
감가상각비	180,000	감가상각누계액	180,000
감가상각누계액	180,000	건물	2,400,000
투자부동산	2,300,000	재평가잉여금	80,000

- 20x1년 12월 31일

(차)		(대)	
투자부동산평가 손실	250,000	투자부동산	250,000

30 ★★☆ 답 ⑤

정답 해설

투자채무상품은 AC로 분류하나 FVOCI로 분류하나 처분손익은 동일하다.

- 20x1년 말 AC금융자산 장부금액
  =(896,884×1.08)−40,000=928,635
- 20x2년 초 AC금융자산 처분이익
  =940,000−928,635=11,365 증가

31 ★★☆ 답 ④

정답 해설

- 직접노무비 발생액=45,000+15,000+20,000=80,000
- 당기제품제조원가
  =40,000(기초재공품)+30,000(직접재료비)+80,000(직접노무비)+40,000(제조간접비)−50,000(기말재공품)
  =140,000

32 ★☆☆ 답 ⑤

정답 해설

- 상호배분법에 따른 연립방정식
  − S1=270,000+0.2S2
  − S2=450,000+0.5S1
  → S1=400,000, S2=650,000
- P1의 총원가(590,000)
  =250,000(부문발생원가)+(0.2×400,000)
  +(용역제공비율×650,000)
  → 용역제공비율=40%

33 ★★☆ 답 ①

정답 해설

기말재공품원가
=(8,000단위×15)+(4,000단위×18)=192,000

오답 해설

- 선입선출법에 따른 완성품환산량
  − 직접재료원가
  =22,000단위+8,000단위(기말재공품)=30,000단위
  − 가공원가
  =(10,000단위×60%)+22,000단위
  +(8,000단위×50%)
  =32,000단위
- 완성품환산량 단위당 원가(선입선출법)
  − 직접재료원가
  =450,000(당기발생원가)÷30,000단위=15
  − 가공원가=576,000(당기발생원가)÷32,000단위=18

34 ★★☆ 답 ②

정답 해설

- 제품 A의 추가가공 의사결정
  − 증분수익=400단위×(450−120)=132,000
  − 증분비용=추가가공원가 (150,000)
  − 증분손실=(18,000)
- 제품 B의 추가가공 의사결정
  − 증분수익=450단위×(380−150)=103,500
  − 증분비용=추가가공원가 (80,000)
  − 증분이익=23,500
- 제품 C의 추가가공 의사결정
  − 증분수익=250단위×(640−380)=65,000
  − 증분비용=추가가공원가 (70,000)
  − 증분손실=(5,000)

오답 해설

ㄱ‧ㄹ. 제품 C의 증분수익 65,000에 증분비용 70,000을 차감하면, 증분손실 5,000이 발생한다. 추가가공 시 증분이익이 발생하는 것만 가공공정을 거쳐야 한다.

ㅁ. 결합원가는 매몰원가로 추가가공 의사결정에서는 고려할 필요가 없다.

35 ★★☆ 답 ⑤

정답 해설

능률차이(60,000)
=실제시간×12(표준임률)−25,000단위×2시간×12
→ 실제시간=55,000시간

36 ★★☆　　　　　　　　　　　　　目 ①

- 변동원가계산 영업이익(352,000)＋기말제품재고액의 차이－기초제품재고액의 차이(20,000)
  ＝전부원가계산 영업이익(374,000)
  → 기말제품재고액의 차이＝42,000
- 변동원가계산에 의한 기말제품재고액은 전부원가계산에 의한 기말제품재고액보다 42,000 작으므로
  78,000－42,000＝36,000

37 ★★☆　　　　　　　　　　　　　目 ⑤

정답 해설

- 손익분기점 매출액＝90,000÷30%(공헌이익률)＝300,000
- 세후목표이익 달성을 위한 매출액
  ＝90,000＋60,000(세전이익)÷30%
  → 세후목표이익 달성을 위한 매출액＝500,000
- 안전한계
  ＝500,000－300,000(손익분기점 매출액)＝200,000

38 ★★★　　　　　　　　　　　　　目 ③

정답 해설

- 4월 중 현금유입액
  ＝(700,000×80%)＋(800,000×20%)＝720,000
- 4월 중 현금유출액
  ＝(500,000×60%)＋(600,000×40%)＝540,000
- 4월의 현금잔액
  ＝450,000(기초잔액)＋720,000－540,000－20,000(급여)
  －10,000(임차료)
  ＝600,000

39 ★☆☆　　　　　　　　　　　　　目 ④

정답 해설

구분	단위당 시간	총시간
10단위	150시간	150시간
20단위	150시간×90%＝135시간	270시간
40단위	135시간×90%＝121.5시간	486시간

- 추가로 30단위 생산에 소요되는 직접노무시간
  ＝486시간－150시간＝336시간
- 직접노무원가＝336시간×1,200＝403,200

40 ★★★　　　　　　　　　　　　　目 ③

정답 해설

- 증분수익
  － 변동제조원가 절감액(2,000단위×750)＝1,500,000
  － 정제조간접원가 절감액(800,000×20%)＝160,000
  － 임대수익 200,000
- 증분비용 : 외부구입액(2,000단위×900)＝(1,800,000)
- 증분이익 : 60,000 (증가)

비관론자는 모든 기회 속에서 어려움을 찾아내고,
낙관론자는 모든 어려움 속에서 기회를 찾아낸다.

− 윈스턴 처칠 −

정답 한눈에 보기!

2024년 제35회 감정평가사 1차 기출문제

제1과목 민법

01 ④	02 ④	03 ⑤	04 ①	05 ①
06 ④	07 ④	08 ①	09 ④	10 ③
11 ③	12 ②	13 ④	14 ④	15 ⑤
16 ①	17 ④	18 ④	19 ⑤	20 ②
21 ①	22 ③	23 ②	24 ①	25 ①
26 ①	27 ④	28 ⑤	29 ③	30 ⑤
31 ④	32 ②	33 ③	34 ②	35 ⑤
36 ④	37 ⑤	38 ③	39 ②	40 ③

제2과목 경제학원론

01 ②	02 ③	03 ②	04 ②	05 ⑤
06 ①	07 ⑤	08 ④	09 ④	10 ④
11 ③	12 ④	13 ②	14 ①	15 ⑤
16 ③	17 ⑤	18 ①	19 ③	20 ①
21 ⑤	22 ⑤	23 ①	24 ①	25 ④
26 ④	27 ①	28 ④	29 ③	30 ④
31 ⑤	32 ①	33 ②	34 ③	35 ②
36 ②	37 ③	38 ④	39 ①	40 ③

제3과목 부동산학원론

01 ②	02 ④	03 ④	04 ④	05 ②
06 ②	07 ④	08 ③	09 ⑤	10 ③
11 ④	12 ⑤	13 ⑤	14 ②	15 ①
16 ④	17 ②	18 ④	19 ①	20 ④
21 ④	22 ①	23 ③	24 ④	25 ②
26 ④	27 ⑤	28 ③	29 ③	30 ①
31 ④	32 ①	33 ③	34 ④	35 ④
36 ①	37 ③	38 ①	39 ④	40 ①

제4과목 감정평가관계법규

01 ④	02 ④	03 ④	04 ①	05 ②
06 ④	07 ④	08 ④	09 ①	10 ③
11 ①	12 ②	13 ④	14 ④	15 ④
16 ④	17 ④	18 ⑤	19 ②	20 ④
21 ④	22 ⑤	23 ②	24 ②	25 ②
26 ①	27 ③	28 ①	29 ⑤	30 ③
31 ④	32 ③	33 ⑤	34 ④	35 ①
36 ⑤	37 ⑤	38 ①	39 ④	40 ①

제5과목 회계학

01 ②	02 ④	03 ⑤	04 ②	05 ①
06 ②	07 ④	08 ②	09 ④	10 ①
11 ①	12 ⑤	13 ②	14 ⑤	15 ①
16 ⑤	17 ⑤	18 ②	19 ②	20 ①
21 ⑤	22 ⑤	23 ②	24 ①	25 ①
26 전항정답	27 ①	28 ①	29 전항정답	30 ②
31 ⑤	32 ⑤	33 ①	34 ④	35 ②
36 ⑤	37 ④	38 ②	39 ④	40 ②

정답 한눈에 보기!

제1과목 민법

01	02	03	04	05
⑤	④	⑤	⑤	①
06	07	08	09	10
③	④	②	⑤	①
11	12	13	14	15
⑤	③	①	①	②
16	17	18	19	20
③	①	①	②	②
21	22	23	24	25
⑤	①	⑤	⑤	④
26	27	28	29	30
⑤	③	③	②	②
31	32	33	34	35
④	⑤	⑤	③	⑤
36	37	38	39	40
②	④	④	③	①

제2과목 경제학원론

01	02	03	04	05
④	⑤	①	③	④
06	07	08	09	10
③	⑤	③	②	③
11	12	13	14	15
⑤	⑤	⑤	②	②
16	17	18	19	20
②	④	④	④	①
21	22	23	24	25
②	①	⑤	①	②
26	27	28	29	30
⑤	②	②	④	⑤
31	32	33	34	35
④	③	⑤	②	⑤
36	37	38	39	40
④	④	④	③	①

제3과목 부동산학원론

01	02	03	04	05
①	③	①	③	⑤
06	07	08	09	10
④	①	⑤	⑤	②
11	12	13	14	15
⑤	③	②	④	④
16	17	18	19	20
③	④	①	⑤	④
21	22	23	24	25
④	②	②	①	⑤
26	27	28	29	30
④	②	②	④	⑤
31	32	33	34	35
①	②	⑤	⑤	②
36	37	38	39	40
④	②	⑤	④	②

제4과목 감정평가관계법규

01	02	03	04	05
①	①	④	③	⑤
06	07	08	09	10
②	③	⑤	②	②
11	12	13	14	15
①	⑤	②	②	①
16	17	18	19	20
④	②	②	②	③
21	22	23	24	25
⑤	④	⑤	①	⑤
26	27	28	29	30
③	⑤	④	④	②
31	32	33	34	35
④	①	③	③	③
36	37	38	39	40
②	③	④	⑤	④

제5과목 회계학

01	02	03	04	05
①	①	⑤	③	④
06	07	08	09	10
①	②	⑤	①	②
11	12	13	14	15
②	③	③	④	⑤
16	17	18	19	20
③	④	③	①	③
21	22	23	24	25
④	④	②	④	⑤
26	27	28	29	30
⑤	②	⑤	④	④
31	32	33	34	35
②	⑤	③	④	④
36	37	38	39	40
⑤	④	⑤	①	⑤

정답 한눈에 보기! 2022년 제33회 감정평가사 1차 기출문제

제1과목 민법

01 ①	02 ④	03 ⑤	04 ⑤	05 ⑤
06 ②	07 ⑤	08 ⑤	09 ⑤	10 ⑤
11 ①	12 ④	13 ⑤	14 ⑤	15 ①
16 ④	17 ①	18 ②	19 ③	20 ③
21 ④	22 ①	23 ②	24 ④	25 ③
26 ①	27 ④	28 ②	29 ②	30 ①
31 ③	32 ②	33 ②	34 ①	35 ①
36 ③	37 ③	38 ③	39 ①	40 ②

제2과목 경제학원론

01 ②	02 ②	03 ④	04 ⑤	05 ①
06 ②	07 ④	08 ④	09 ④	10 ①
11 ④	12 ③	13 ①	14 ④	15 ①
16 ①	17 ③	18 ②	19 ②	20 ①
21 ④	22 ②	23 ②	24 ①	25 ①
26 ④	27 ④	28 ②	29 ②	30 ②
31 ④	32 ④	33 ⑤	34 ①	35 ②
36 ⑤	37 ⑤	38 ⑤	39 ③	40 ①

제3과목 부동산학원론

01 ②	02 ②	03 ④	04 ④	05 ①
06 ②	07 ②	08 ⑤	09 ⑤	10 ①
11 ⑤	12 ⑤	13 ①	14 ①	15 ①
16 ③	17 ②	18 ①	19 ⑤	20 ②
21 ⑤	22 ③	23 ②	24 ①	25 ③
26 ⑤	27 ④	28 ④	29 ①	30 ⑤
31 ⑤	32 ⑤	33 ④	34 ①	35 ⑤
36 ②	37 ①	38 ④	39 ②	40 ②

제4과목 감정평가관계법규

01 ⑤	02 ②	03 ②	04 ④	05 ⑤
06 ⑤	07 ④	08 ①	09 ⑤	10 ②
11 ③	12 ④	13 ④	14 ⑤	15 ②
16 ④	17 ④	18 ④	19 ④	20 ②
21 ②	22 ④	23 ②	24 ①	25 ②
26 ②	27 ④	28 ②	29 ③	30 ⑤
31 ③	32 ④	33 ④	34 ⑤	35 ⑤
36 ③	37 ⑤	38 ②	39 ④	40 ⑤

제5과목 회계학

01 ④	02 ②	03 ③	04 ①	05 ③
06 ①	07 ④	08 ⑤	09 ①	10 ③
11 ①	12 ②	13 ①	14 ①	15 ⑤
16 ④	17 ④	18 ④	19 ④	20 ⑤
21 ③	22 ⑤	23 ②	24 ⑤	25 ①
26 ①	27 ④	28 ②·③	29 ⑤	30 ⑤
31 ④	32 ④	33 ②	34 ②	35 ③
36 ⑤	37 ②	38 ③	39 ④	40 ③

2021년 제32회 감정평가사 1차 기출문제

정답 한눈에 보기!

제1과목 민법

01	⑤	02	③	03	①	04	⑤	05	④
06	①	07	⑤	08	④	09	③	10	②
11	④	12	①	13	④	14	⑤	15	①
16	④	17	②	18	③	19	⑤	20	②
21	①	22	④	23	①	24	④	25	⑤
26	③	27	⑤	28	④	29	②	30	⑤
31	④	32	⑤	33	③	34	④	35	⑤
36	②	37	③	38	②	39	④	40	②

제2과목 경제학원론

01	③	02	⑤	03	②	04	④	05	④
06	⑤	07	①	08	③	09	⑤	10	②
11	⑤	12	③	13	⑤	14	⑤	15	①
16	②	17	②	18	④	19	④	20	⑤
21	②	22	⑤	23	②	24	②	25	⑤
26	①	27	④	28	⑤	29	⑤	30	⑤
31	①	32	④	33	③	34	③	35	④
36	③	37	③	38	②	39	①	40	①

제3과목 부동산학원론

01	⑤	02	②	03	②	04	⑤	05	②
06	③	07	④	08	⑤	09	④	10	②
11	②	12	①	13	④	14	④	15	③
16	④	17	④	18	⑤	19	①	20	①
21	③	22	①	23	⑤	24	⑤	25	④
26	④	27	②	28	⑤	29	①	30	④
31	⑤	32	⑤	33	③	34	③	35	③
36	④	37	①	38	④	39	②	40	③

제4과목 감정평가관계법규

01	①	02	②	03	④	04	①	05	⑤
06	④	07	②	08	②	09	⑤	10	①
11	②	12	⑤	13	③	14	②	15	⑤
16	⑤	17	③	18	②	19	③	20	②
21	⑤	22	③	23	①	24	②	25	④
26	②	27	②	28	①	29	②	30	④
31	④	32	③	33	⑤	34	③	35	⑤
36	④	37	⑤	38	⑤	39	④	40	③

제5과목 회계학

01	②	02	⑤	03	③	04	⑤	05	③
06	⑤	07	③	08	①	09	②	10	①
11	④	12	②	13	③	14	④	15	①
16	④	17	②	18	②	19	③	20	④
21	④	22	①	23	①	24	④	25	①
26	⑤	27	⑤	28	①	29	②	30	⑤
31	④	32	⑤	33	⑤	34	⑤	35	⑤
36	⑤	37	④	38	⑤	39	⑤	40	②

정답 한눈에 보기!

2020년 제31회 감정평가사 1차 기출문제

제1과목 민법

01 ②	02 ②	03 ③	04 ①	05 ②
06 ③	07 ①	08 ③	09 ③	10 ③
11 ③	12 ①	13 ③	14 ③	15 ①
16 ③	17 ⑤	18 ⑤	19 ③	20 ⑤
21 ②	22 ④	23 ③	24 ④	25 ⑤
26 ④	27 ①	28 ⑤	29 ①	30 ⑤
31 ③	32 ④	33 ⑤	34 ④	35 ⑤
36 ②	37 ③	38 ⑤	39 ①	40 ④

제2과목 경제학원론

01 ②	02 ④	03 ④	04 ④	05 ⑤
06 ④	07 ④	08 ④	09 ③	10 ①
11 ④	12 ③	13 ③	14 ②	15 ①
16 ③	17 ③	18 ⑤	19 ②	20 ④
21 ④	22 ⑤	23 ④	24 ⑤	25 ①
26 ②	27 ⑤	28 ⑤	29 ②	30 ③
31 ③	32 ②	33 ⑤	34 ②	35 ③
36 ②	37 ③	38 ①	39 ①	40 ⑤

제3과목 부동산학원론

01 ②	02 ④	03 ③	04 ⑤	05 ③
06 ④	07 ④	08 ③	09 ③	10 ⑤
11 ⑤	12 ③	13 ⑤	14 ⑤	15 ①
16 ①	17 ④	18 ⑤	19 ②	20 ①
21 ①	22 ③	23 ③	24 ②	25 ②
26 ①	27 ③	28 ⑤	29 ①	30 ③
31 ④	32 ③	33 ④	34 ①	35 ⑤
36 ①	37 ④	38 ④	39 ①	40 ⑤

제4과목 감정평가관계법규

01 ③	02 ⑤	03 ②	04 ⑤	05 ②
06 ⑤	07 ④	08 ④	09 ④	10 ④
11 ①	12 ③	13 ③	14 ①	15 ②
16 ③	17 ④	18 ③	19 ③	20 ②
21 ②	22 ①	23 ③	24 ④	25 ④
26 ⑤	27 ④	28 ②	29 ②	30 ②
31 ④	32 ④	33 ④	34 ④	35 ②
36 ③	37 ①	38 ⑤	39 ⑤	40 ⑤

제5과목 회계학

01 ②	02 ④	03 ⑤	04 ②	05 ①
06 ④	07 ⑤	08 ⑤	09 ④	10 ①
11 ④	12 ⑤	13 ⑤	14 ③	15 ①
16 ⑤	17 ⑤	18 ④	19 ④	20 ③
21 ②	22 ②	23 ②	24 ④	25 ④
26 ②	27 전항정답	28 ④	29 ②	30 ⑤
31 ④	32 ⑤	33 ①	34 ②	35 ③
36 ①	37 ⑤	38 ③	39 ④	40 ③

실패해도 후회하지 않을 거라는 걸 알았지만,
한 가지 후회할 수 있는 것은 시도하지 않는 것뿐이라는 걸 알고 있었어요.

– 제프 베조스 –

감정평가사 제1차 시험 답안지

성 명

교시(차수) 기재란

( )교시 · 차

문제지 형별 기재란

( )형

선택과목 1

선택과목 2

수험번호

① ② ③

Ⓐ Ⓑ

필적감정용 기재란

합격의 기쁨

감독위원 확인

(인)

※ 본 답안지는 마킹 연습용 모의 답안지입니다.

문번	1	2	3	4	5	문번	1	2	3	4	5
1	①	②	③	④	⑤	21	①	②	③	④	⑤
2	①	②	③	④	⑤	22	①	②	③	④	⑤
3	①	②	③	④	⑤	23	①	②	③	④	⑤
4	①	②	③	④	⑤	24	①	②	③	④	⑤
5	①	②	③	④	⑤	25	①	②	③	④	⑤
6	①	②	③	④	⑤	26	①	②	③	④	⑤
7	①	②	③	④	⑤	27	①	②	③	④	⑤
8	①	②	③	④	⑤	28	①	②	③	④	⑤
9	①	②	③	④	⑤	29	①	②	③	④	⑤
10	①	②	③	④	⑤	30	①	②	③	④	⑤
11	①	②	③	④	⑤	31	①	②	③	④	⑤
12	①	②	③	④	⑤	32	①	②	③	④	⑤
13	①	②	③	④	⑤	33	①	②	③	④	⑤
14	①	②	③	④	⑤	34	①	②	③	④	⑤
15	①	②	③	④	⑤	35	①	②	③	④	⑤
16	①	②	③	④	⑤	36	①	②	③	④	⑤
17	①	②	③	④	⑤	37	①	②	③	④	⑤
18	①	②	③	④	⑤	38	①	②	③	④	⑤
19	①	②	③	④	⑤	39	①	②	③	④	⑤
20	①	②	③	④	⑤	40	①	②	③	④	⑤

문번	1	2	3	4	5	문번	1	2	3	4	5
1	①	②	③	④	⑤	21	①	②	③	④	⑤
2	①	②	③	④	⑤	22	①	②	③	④	⑤
3	①	②	③	④	⑤	23	①	②	③	④	⑤
4	①	②	③	④	⑤	24	①	②	③	④	⑤
5	①	②	③	④	⑤	25	①	②	③	④	⑤
6	①	②	③	④	⑤	26	①	②	③	④	⑤
7	①	②	③	④	⑤	27	①	②	③	④	⑤
8	①	②	③	④	⑤	28	①	②	③	④	⑤
9	①	②	③	④	⑤	29	①	②	③	④	⑤
10	①	②	③	④	⑤	30	①	②	③	④	⑤
11	①	②	③	④	⑤	31	①	②	③	④	⑤
12	①	②	③	④	⑤	32	①	②	③	④	⑤
13	①	②	③	④	⑤	33	①	②	③	④	⑤
14	①	②	③	④	⑤	34	①	②	③	④	⑤
15	①	②	③	④	⑤	35	①	②	③	④	⑤
16	①	②	③	④	⑤	36	①	②	③	④	⑤
17	①	②	③	④	⑤	37	①	②	③	④	⑤
18	①	②	③	④	⑤	38	①	②	③	④	⑤
19	①	②	③	④	⑤	39	①	②	③	④	⑤
20	①	②	③	④	⑤	40	①	②	③	④	⑤

문번	1	2	3	4	5	문번	1	2	3	4	5
1	①	②	③	④	⑤	21	①	②	③	④	⑤
2	①	②	③	④	⑤	22	①	②	③	④	⑤
3	①	②	③	④	⑤	23	①	②	③	④	⑤
4	①	②	③	④	⑤	24	①	②	③	④	⑤
5	①	②	③	④	⑤	25	①	②	③	④	⑤
6	①	②	③	④	⑤	26	①	②	③	④	⑤
7	①	②	③	④	⑤	27	①	②	③	④	⑤
8	①	②	③	④	⑤	28	①	②	③	④	⑤
9	①	②	③	④	⑤	29	①	②	③	④	⑤
10	①	②	③	④	⑤	30	①	②	③	④	⑤
11	①	②	③	④	⑤	31	①	②	③	④	⑤
12	①	②	③	④	⑤	32	①	②	③	④	⑤
13	①	②	③	④	⑤	33	①	②	③	④	⑤
14	①	②	③	④	⑤	34	①	②	③	④	⑤
15	①	②	③	④	⑤	35	①	②	③	④	⑤
16	①	②	③	④	⑤	36	①	②	③	④	⑤
17	①	②	③	④	⑤	37	①	②	③	④	⑤
18	①	②	③	④	⑤	38	①	②	③	④	⑤
19	①	②	③	④	⑤	39	①	②	③	④	⑤
20	①	②	③	④	⑤	40	①	②	③	④	⑤

절취선

수험자 유의사항

1. 시험 중에는 통신기기(휴대전화, PDF 등) 및 전자기기를 소지하거나 사용할 수 없습니다.
2. 시험 문제지에 수험번호와 성명을 반드시 기재하시기 바랍니다. (부정행위예방)
3. 시험시간이 종료되면 즉시 답안작성을 멈춰야 하며, 종료시간 이후 계속 답안을 작성하거나 감독위원의 답안제출 지시에 불응할 때에는 당해 시험을 무효로 하고 부정행위자로 처리될 수 있습니다.
4. 기타 감독위원의 정당한 지시에 불응하여 타 수험자의 시험에 방해가 될 경우 퇴실조치 될 수 있습니다.

답안카드 작성시 유의사항

1. 답안카드는 반드시 검정색 사인펜으로 기재하고 마킹해야 합니다.
2. 답안카드를 잘못 작성했을 시에는 카드를 교체하거나 수정테이프를 사용하여 수정할 수 있으나 불완전한 수정처리로 인해 발생하는 전산자동판독불가 등 불이익은 수험자에게 있으니 주의하시기 바랍니다.
   - 수정테이프 이외의 수정액, 스티커 등은 사용불가
   - 답안카드 왼쪽(성명, 수험번호 등 마킹을 제외한 '답안란만' 수정 가능
3. 성명란은 수험자 본인의 성명을 정자체로 기재합니다.
4. 해당차수(교시)시험을 기재하고 해당란에 마킹합니다.
5. 시험문제지 형별기재란은 시험문제지 형별을 기재하고 해당 형별을마킹란은 해당 형별을 마킹합니다.
6. 수험번호란은 숫자로 기재하고 아래 해당번호에 마킹합니다.
7. 필적감정용 기재란은 '합격의 기쁨'을 정자체로 기재합니다.
8. 시험문제지 형별 및 수험번호 등 마킹착오로 인한 불이익은 전적으로 수험자의 귀책사유입니다.
9. 감독위원의 날인이 없는 답안카드는 무효처리됩니다.
10. 상단과 우측의 검은색 띠(▌▌▌▌) 부분은 낙서를 금지합니다.

부정행위 처리규정

시험 중 다음과 같은 행위를 하는 자는 당해 시험을 무효로 하고 자격별 관련규정에 따라 일정기간 응시할 수 있는 자격을 정지합니다.

1. 기타와 관련된 대화, 답안카드 교환, 다른 수험자의 답안카드 및 문제지를 보고 답안을 작성, 대리시험을 치르거나 치르게 하는 행위
2. 시험문제 내용과 관련된 물건을 휴대하여 사용하거나 이를 주고받는 행위
3. 통신기기(휴대전화, PDA 등) 및 전자기기를 사용하여 답안카드를 작성하거나 다른 수험자를 위하여 답안을 송신하는 행위
4. 다른 수험자와 성명 또는 수험번호를 바꾸어 작성 제출하는 행위
5. 기타 부정 또는 불공정한 방법으로 시험을 치르는 행위

마킹주의

바르게 마킹 :	●
잘못 마킹 :	⊗, ◐, ⊘, ○, ⊕, ◑

(예 시)

성 명	
홍 길 동	

교시(차수) 기재란

( )교시·차	①	②	③

문제지 형별 기재란

( )형	Ⓐ	Ⓑ

선택과목 1

선택과목 2

수험번호

0	1	3	2	9	8	0	1
⑩	⑩	⑩	⑩	⑩	⑩	⑩	
①	●	①	①	①	①	①	①
②	②	②	●	②	②	②	②
③	③	●	③	③	③	③	③
④	④	④	④	④	④	④	④
⑤	⑤	⑤	⑤	⑤	⑤	⑤	⑤
⑥	⑥	⑥	⑥	⑥	⑥	⑥	⑥
⑦	⑦	⑦	⑦	⑦	⑦	⑦	⑦
⑧	⑧	⑧	⑧	⑧	●	⑧	⑧
⑨	⑨	⑨	⑨	●	⑨	⑨	⑨

감독위원확인란

감 감 독 ⑩

절취선

감독위원확인

(인)

성 명

교시(차수) 기재란
( )교시·차
문제지 형별 기재란
( ) 형

① ② ③
A　B

선택과목 1
선택과목 2

수 험 번 호

⑨⑧⑦⑥⑤④③②①⓪

검정평가사 제1차 시험 답안지

※ 본 답안지는 마킹 연습용 모의 답안지입니다.

감정평가용 기재란
합격의 기쁨

필적감정용 기재란
합격의 기쁨

문번	1	2	3	4	5
1	①	②	③	④	⑤
2	①	②	③	④	⑤
3	①	②	③	④	⑤
4	①	②	③	④	⑤
5	①	②	③	④	⑤
6	①	②	③	④	⑤
7	①	②	③	④	⑤
8	①	②	③	④	⑤
9	①	②	③	④	⑤
10	①	②	③	④	⑤
11	①	②	③	④	⑤
12	①	②	③	④	⑤
13	①	②	③	④	⑤
14	①	②	③	④	⑤
15	①	②	③	④	⑤
16	①	②	③	④	⑤
17	①	②	③	④	⑤
18	①	②	③	④	⑤
19	①	②	③	④	⑤
20	①	②	③	④	⑤
21	①	②	③	④	⑤
22	①	②	③	④	⑤
23	①	②	③	④	⑤
24	①	②	③	④	⑤
25	①	②	③	④	⑤
26	①	②	③	④	⑤
27	①	②	③	④	⑤
28	①	②	③	④	⑤
29	①	②	③	④	⑤
30	①	②	③	④	⑤
31	①	②	③	④	⑤
32	①	②	③	④	⑤
33	①	②	③	④	⑤
34	①	②	③	④	⑤
35	①	②	③	④	⑤
36	①	②	③	④	⑤
37	①	②	③	④	⑤
38	①	②	③	④	⑤
39	①	②	③	④	⑤
40	①	②	③	④	⑤

수험자 유의사항

1. 시험 중에는 통신기기(휴대전화, PDF 등) 및 전자기기를 소지하거나 사용할 수 없습니다.
2. 시험 문제지에도 수험번호와 성명을 반드시 기재하시기 바랍니다. (부정행위예방)
3. 시험시간이 종료되면 즉시 답안작성을 멈춰야 하며, 종료시간 이후 계속 답안을 작성하거나 감독위원의 답안제출 지시에 불응할 때에는 당해 시험을 무효로 하고 부정행위자로 처리될 수 있습니다.
4. 기타 감독위원의 정당한 지시에 불응하여 타 수험자의 시험에 방해가 될 경우 퇴실조치 될 수 있습니다.

답안카드 작성시 유의사항

1. 답안카드는 반드시 검정색 사인펜으로 기재하고 마킹하여야 합니다.
2. 답안카드를 잘못 작성했을 시에는 카드를 교체하거나 수정테이프를 사용하여 수정할 수 있으나 불완전한 수정처리로 인해 발생하는 전산자동판독불가 등으로 인한 수험자에게 있으니 주의하시기 바랍니다.
   - 수정테이프 이외의 수정액, 스티커 등은 사용불가
   - 답안카드 왼쪽(성명, 수험번호 등) 마킹을 제외한 답안마킹란만 수정 가능
3. 성명란은 수험자 본인의 성명을 정자체로 기재합니다.
4. 해당차수(교시)시험을 기재하고 해당란에 마킹합니다.
5. 시험문제지 형별기재란은 시험문제지 형별을 기재하고 해당 형별(지정)란에 해당 형별을 마킹합니다.
6. 수험번호란은 숫자로 기재하고 아래 해당번호에 마킹합니다.
7. 필적감정용 기재란은 '합격의 기쁨'을 정자체로 기재합니다.
8. 시험문제지 형별 및 수험번호 등 마킹착오로 인한 불이익은 전적으로 수험자의 귀책사유입니다.
9. 감독위원의 날인이 없는 답안카드는 무효처리됩니다.
10. 상단과 우측의 검은색 띠(▐▐▐▐) 부분은 낙서를 금지합니다.

부정행위 처리규정

시험 중 다음과 같은 행위를 하는 자는 당해 시험을 무효로 하고 자격별 관련규정에 따라 일정기간 동안 시험에 응시할 수 있는 자격을 정지합니다.

1. 시험과 관련된 대화, 답안카드 교환, 다른 수험자의 답안카드 및 문제지를 보고 답안을 작성, 대리시험을 치르거나 치르게 하는 행위
2. 시험문제 내용과 관련된 물건을 휴대하여 사용하거나 이를 주고받는 행위
3. 통신기기(휴대전화, PDA 등) 및 전자기기를 사용하여 답안카드를 작성하거나 다른 수험자를 위하여 답안을 송신하는 행위
4. 다른 수험자와 성명 또는 수험번호를 바꾸어 작성 제출하는 행위
5. 기타 부정 또는 불공정한 방법으로 시험을 치르는 행위

마킹주의
바르게 마킹 : ●
잘못 마킹 : ⓧ, ⊙, Ⓥ, ○, ①, ⊖

(예 시)

성 명
홍길동

교시(차수) 기재란
( )교시·차   ① ② ③

문제지 형별 기재란
( )형   Ⓐ Ⓑ

선택과목 1   Ⓐ Ⓑ
선택과목 2

수험번호
0 1 3 2 9 8 0 1

감독위원확인란
김감독 ⑨

감정평가사 제1차 시험 답안지

성명

교시(차수) 기재란
( )교시·차
문제지 형별 기재란
( )형

| ① | ② | ③ |
| Ⓐ | Ⓑ | |

선택과목 1

선택과목 2

수험번호

⓪	⓪	⓪	⓪	⓪	⓪	⓪	⓪
①	①	①	①	①	①	①	①
②	②	②	②	②	②	②	②
③	③	③	③	③	③	③	③
④	④	④	④	④	④	④	④
⑤	⑤	⑤	⑤	⑤	⑤	⑤	⑤
⑥	⑥	⑥	⑥	⑥	⑥	⑥	⑥
⑦	⑦	⑦	⑦	⑦	⑦	⑦	⑦
⑧	⑧	⑧	⑧	⑧	⑧	⑧	⑧
⑨	⑨	⑨	⑨	⑨	⑨	⑨	⑨

감독위원확인
(인)

※ 본 답안지는 마킹 연습용 모의 답안지입니다.

필적감정용 기재란
합격의 기쁨

문번	1	2	3	4	5	문번	1	2	3	4	5
1	①	②	③	④	⑤	21	①	②	③	④	⑤
2	①	②	③	④	⑤	22	①	②	③	④	⑤
3	①	②	③	④	⑤	23	①	②	③	④	⑤
4	①	②	③	④	⑤	24	①	②	③	④	⑤
5	①	②	③	④	⑤	25	①	②	③	④	⑤
6	①	②	③	④	⑤	26	①	②	③	④	⑤
7	①	②	③	④	⑤	27	①	②	③	④	⑤
8	①	②	③	④	⑤	28	①	②	③	④	⑤
9	①	②	③	④	⑤	29	①	②	③	④	⑤
10	①	②	③	④	⑤	30	①	②	③	④	⑤
11	①	②	③	④	⑤	31	①	②	③	④	⑤
12	①	②	③	④	⑤	32	①	②	③	④	⑤
13	①	②	③	④	⑤	33	①	②	③	④	⑤
14	①	②	③	④	⑤	34	①	②	③	④	⑤
15	①	②	③	④	⑤	35	①	②	③	④	⑤
16	①	②	③	④	⑤	36	①	②	③	④	⑤
17	①	②	③	④	⑤	37	①	②	③	④	⑤
18	①	②	③	④	⑤	38	①	②	③	④	⑤
19	①	②	③	④	⑤	39	①	②	③	④	⑤
20	①	②	③	④	⑤	40	①	②	③	④	⑤

문번	1	2	3	4	5	문번	1	2	3	4	5
1	①	②	③	④	⑤	21	①	②	③	④	⑤
2	①	②	③	④	⑤	22	①	②	③	④	⑤
3	①	②	③	④	⑤	23	①	②	③	④	⑤
4	①	②	③	④	⑤	24	①	②	③	④	⑤
5	①	②	③	④	⑤	25	①	②	③	④	⑤
6	①	②	③	④	⑤	26	①	②	③	④	⑤
7	①	②	③	④	⑤	27	①	②	③	④	⑤
8	①	②	③	④	⑤	28	①	②	③	④	⑤
9	①	②	③	④	⑤	29	①	②	③	④	⑤
10	①	②	③	④	⑤	30	①	②	③	④	⑤
11	①	②	③	④	⑤	31	①	②	③	④	⑤
12	①	②	③	④	⑤	32	①	②	③	④	⑤
13	①	②	③	④	⑤	33	①	②	③	④	⑤
14	①	②	③	④	⑤	34	①	②	③	④	⑤
15	①	②	③	④	⑤	35	①	②	③	④	⑤
16	①	②	③	④	⑤	36	①	②	③	④	⑤
17	①	②	③	④	⑤	37	①	②	③	④	⑤
18	①	②	③	④	⑤	38	①	②	③	④	⑤
19	①	②	③	④	⑤	39	①	②	③	④	⑤
20	①	②	③	④	⑤	40	①	②	③	④	⑤

문번	1	2	3	4	5	문번	1	2	3	4	5
1	①	②	③	④	⑤	21	①	②	③	④	⑤
2	①	②	③	④	⑤	22	①	②	③	④	⑤
3	①	②	③	④	⑤	23	①	②	③	④	⑤
4	①	②	③	④	⑤	24	①	②	③	④	⑤
5	①	②	③	④	⑤	25	①	②	③	④	⑤
6	①	②	③	④	⑤	26	①	②	③	④	⑤
7	①	②	③	④	⑤	27	①	②	③	④	⑤
8	①	②	③	④	⑤	28	①	②	③	④	⑤
9	①	②	③	④	⑤	29	①	②	③	④	⑤
10	①	②	③	④	⑤	30	①	②	③	④	⑤
11	①	②	③	④	⑤	31	①	②	③	④	⑤
12	①	②	③	④	⑤	32	①	②	③	④	⑤
13	①	②	③	④	⑤	33	①	②	③	④	⑤
14	①	②	③	④	⑤	34	①	②	③	④	⑤
15	①	②	③	④	⑤	35	①	②	③	④	⑤
16	①	②	③	④	⑤	36	①	②	③	④	⑤
17	①	②	③	④	⑤	37	①	②	③	④	⑤
18	①	②	③	④	⑤	38	①	②	③	④	⑤
19	①	②	③	④	⑤	39	①	②	③	④	⑤
20	①	②	③	④	⑤	40	①	②	③	④	⑤

절취선

수험자 유의사항

1. 시험 중에는 통신기기(휴대전화, PDF 등) 및 전자기기를 소지하거나 사용할 수 없습니다.
2. 시험 문제지에도 수험번호와 성명을 반드시 기재하시기 바랍니다. (부정행위예방)
3. 시험시간이 종료되면 즉시 답안작성을 멈춰야 하며, 종료시간 이후 계속 답안을 작성하거나 감독위원의 답안제출 지시에 불응할 때에는 당해 시험을 무효로 하고 부정행위자로 처리될 수 있습니다.
4. 기타 감독위원의 정당한 지시에 불응하여 타 수험자의 시험에 방해가 될 경우 퇴실조치 될 수 있습니다.

답안카드 작성시 유의사항

1. 답안카드는 반드시 검정색 사인펜으로 기재하고 마킹하여야 합니다.
2. 답안카드를 잘못 작성했을 시에는 카드를 교체하거나 수정테이프를 사용하여 수정할 수 있으나 불완전한 수정처리로 인해 발생하는 전산자동판독불가 등의 불이익은 수험자에게 있으니 주의하시기 바랍니다.
   - 수정테이프 이외의 수정액, 스티커 등은 사용불가
   - 답안카드 왼쪽(성명, 수험번호 등) 마킹란을 제외한 '답안마킹란'만 수정 가능
3. 성명란은 본인의 성명을 정자체로 기재합니다.
4. 해당차수(교시)시험을 기재하고 해당란에 마킹합니다.
5. 시험문제지 형별기재란은 시험문제지 형별을 기재하고 해당 형별마킹란에 마킹합니다.
6. 수험번호란은 숫자로 기재하고 아래 해당번호에 마킹합니다.
7. 필적감정용 기재란은 '합격의 기쁨'을 정자체로 기재합니다.
8. 시험문제지 형별 및 수험번호 등 마킹착오로 인한 불이익은 전적으로 수험자의 귀책사유입니다.
9. 감독위원의 날인이 없는 답안카드는 무효처리됩니다.
10. 상단과 우측의 검은색 띠(▌▌▌▌) 부분은 낙서를 금지합니다.

부정행위 처리규정

시험 중 다음과 같은 행위를 하는 자는 당해 시험을 무효로 하고 자격별 관련규정에 따라 일정기간 동안 시험에 응시할 수 있는 자격을 정지합니다.

1. 시험과 관련된 대화, 답안카드 교환, 다른 수험자의 답안카드 및 문제지를 보고 답안을 작성, 대리시험을 치르거나 치르게 하는 행위
2. 시험문제 내용과 관련된 물건을 휴대하여 사용하거나 이를 주고받는 행위
3. 통신기기(휴대전화, PDA 등) 및 전자기기를 사용하여 답안카드를 작성하거나 다른 수험자를 위하여 답안을 송신하는 행위
4. 다른 수험자와 성명 또는 수험번호를 바꾸어 작성·제출하는 행위
5. 기타 부정 또는 불공정한 방법으로 시험을 치르는 행위

마킹
주의

| 바르게 마킹 : ● |
| 잘못 마킹 : ⊗, ⊙, ⊘, ○, ◑, ① |

(예 시)

성 명	홍 길 동

교시(차수) 기재란
( )교시 · 차 ① ② ③

문제지 형별 기재란
( )형 Ⓐ Ⓑ

선택과목 1

선택과목 2

수험번호

0 1 3 2 9 8 0 1

(수험번호 마킹란)

감독위원란
김 강 득 ㉑

좋은 책을 만드는 길, 독자님과 함께하겠습니다.

2025 시대에듀 감정평가사 1차 전과목 5개년 기출문제집 + 최신기출무료특강

개정3판1쇄 발행	2024년 07월 03일 (인쇄 2024년 06월 19일)
초 판 발 행	2021년 08월 20일 (인쇄 2021년 07월 23일)
발 행 인	박영일
책 임 편 집	이해욱
저 자	박기인 · 황사빈 · 정유현 · 윤효묵 · 구갑성 · 유준수
편 집 진 행	박종현
표지디자인	박종우
편집디자인	박지은 · 고현준
발 행 처	(주)시대고시기획
출 판 등 록	제10-1521호
주 소	서울시 마포구 큰우물로 75 [도화동 538 성지 B/D] 9F
전 화	1600-3600
팩 스	02-701-8823
홈 페 이 지	www.sdedu.co.kr

I S B N	979-11-383-7323-4 (13360)
정 가	30,000원

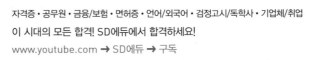